자바 API 디자인:
자바 프레임워크 아키텍트가 알려주는
API 설계 이론과 실제

자바 API 디자인:

자바 프레임워크 아키텍트가 알려주는
API 설계 이론과 실제

지은이 야로슬라프 툴라흐

펴낸이 박찬규   옮긴이 이대엽   디자인 북누리   표지디자인 아로와 & 아로와나

펴낸곳 위키북스   전화 031-955-3658, 3659   팩스 031-955-3660

주소 경기도 파주시 문발로 115 세종출판벤처타운 311호

가격 35,000   페이지 536   책규격 188 x 240mm

초판 발행 2015년 05월 12일

ISBN 978-89-98139-96-4 (93000)

등록번호 제406-2006-000036호   등록일자 2006년 05월 19일

홈페이지 wikibook.co.kr   전자우편 wikibook@wikibook.co.kr

Practical API Design: Confessions of a Java Framework Architect Paperback by Jaroslav Tulach

Original English language edition published by Apress, Inc.

Copyright © 2012 by Apress.

Korean edition copyright © 2015 by WIKIBOOKS

All rights reserved.

이 책의 한국어판 저작권은 대니홍 에이전시를 통한 저작권자와의 독점 계약으로 위키북스가 소유합니다.

신 저작권법에 의해 한국 내에서 보호를 받는 저작물이므로 무단 전재와 복제를 금합니다.

이 책의 내용에 대한 추가 지원과 문의는 위키북스 출판사 홈페이지 wikibook.co.kr이나

이메일 wikibook@wikibook.co.kr를 이용해 주세요.

이 도서의 국립중앙도서관 출판시도서목록 CIP는

서지정보유통지원시스템 홈페이지(http://seoji.nl.go.kr)와

국가자료공동목록시스템(http://www.nl.go.kr/kolisnet)에서 이용하실 수 있습니다.

CIP제어번호 2015012168

자바
API
디자인

어느
자바 프레임워크
아키텍트의 고백

자바 프레임워크
아키텍트가 알려주는
API 설계 이론과 실제

야로슬라프 툴라흐 지음

이대엽 옮김

Apress®   위키북스

PART

01

이론과 정당성

PART

02

실제 설계

PART

03

일상 생활

저자 소개

야로슬라프 툴라흐(Jaroslav Tulach)는 나중에 썬에 인수된 넷빈즈의 설립자
이자 초기 아키텍트다. 넷빈즈의 기반이 되는 기술을 만든 사람으로서 지금도 넷
빈즈 오픈소스 프로젝트의 성공에 기여하는 모든 프로그래머들의 설계 실력을
향상시키는 방법을 모색하는 프로젝트를 진행하고 있다.

감사의 글

내가 지금까지 만난 최고의 편십자인 세르트얀(Geertjan)과 패트릭(Patrick)의 도움이 없었다면 이 책은 쓸 수 없었을 것이다. 그 밖의 다른 모든 분들께도 정말 감사드린다. 더 자세한 사항은 http://thanks.apidesign.org를 참고한다.

들어가며

또 한 권의 설계 책인가?

"프로그래밍 세계에는 이미 설계 책이 충분하다"라고 생각할지도 모르겠다. 사실 너무나도 많아서 내가 왜 또 한 권의 설계 책을 쓰려고 하는 것인지(그리고 특히 왜 여러분이 읽어야 할지) 묻는 것도 이해가 된다. 특별히 객체 지향 시스템의 디자인 패턴에 관해서는 『디자인 패턴: 재사용성을 지닌 객체지향 소프트웨어의 핵심 요소』[1]가 있다. 이 책은 이른바 "4인조(Gang of Four)"가 쓴 책으로, 객체 지향 언어를 이용하는 모든 개발자가 반드시 읽어야 하는 책이다. 더불어 디자인 패턴을 설명하는 데 특화된 책도 많으며, 그러한 책은 모두 특정 유형의 애플리케이션을 작성할 때 유용하다. 게다가 비공식적인 자바 프로그래머의 바이블인 『이펙티브 자바』[2]도 있다. 이러한 사실을 감안하면 또 한 권의 설계 책이 정말로 필요할까?

나는 그럴 필요가 있다고 생각한다. 나는 넷빈즈 API(Application Programming Interface)를 1997년부터 설계해왔다. 나는 프레임워크나 공유 라이브러리를 설계하는 사람이 거칠 수 있는 거의 모든 단계를 거쳐왔다. 초창기에는 자바 언어의 감을 천천히 익히면서 다른 언어에서 효과적이라고 알고 있던 코드 작성 스타일을 적용해보려고 노력했다. 그 이후로 자바에 유창해졌다. 그 당시에는 자바로 작성한 내 코드에 다양한 패턴들을 적용하는 것이 너무 간단해 보였다. 이윽고 겉으로 보이는 것만큼 늘 간단하지만은 않다는 사실을 깨달았지만 말이다. 나는 전통적인 패턴들이 넷빈즈 같은 객체 지향 애플리케이션 프레임워크에는 적절하지 않으며, 완전히 다른 기술이 필요하다는 사실을 깨달았다.

가장 오래된 넷빈즈 API는 1997년에 설계됐다. 그중 일부는 여전히 사용되고 있으며, 10년간의 서비스 이후에도 적절히 동작하고 있다. 솔직히 말하자면 처음 설계됐을 때와는 정확히 같은 API가 아니었지만 말이다. 시간이 지나면서 새로운 요구사항을 수용하고 라이브러리의 기능을 확장하며, 초보자의 실수를 고쳐야 했다. 그럼에도 API 클라이언트는 여전히 자신이 작성하고 컴파일한 코드를 실행할 수 있다. 요즘 나오는 최신 버전의 라이브러리를 사용하는 경우에도 말이다. 이것은 우리가 늘 가능한 한 하위 호환성을 유지하기 위해 노력했기 때문에 가능한 일이다. 그 결과, 10년이 넘은 라이브러리를 대상으로 작성된 프로그램이 현재 버전에서도 동작할 가능성이 높다. 이러한 투자 보전, 즉 하위 호환성을 보장하는 방식으로 라이브러리를 진화하게 한 결정은 일반적인 설계 책, 최소한 내가 지금까지 읽어본 책에서는 볼 수 없는 내용이다. 모든 넷빈즈 API가 문제 없이 진화한 것

1 에릭 감마, 리처드 헬름, 랄프 존슨, 존 블라시디스 지음, GoF의 디자인 패턴: 재사용성을 지닌 객체지향 소프트웨어의 핵심 요소(Design Patterns: Elements of Reusable Object-Oriented Software), 피어슨에듀케이션코리아(PTG), 2007

2 조슈아 블로크 지음, 이병준 옮김, 이펙티브 자바(Effective Java), 인사이트, 2014

은 아니지만 넷빈즈 팀은 이제 이 기술을 높은 수준까지 익혔다고 생각하며, 이 기술이 다른 프로그래머들에게도 폭넓게 필요할 것이라고 생각한다. 이러한 이유로 이 책의 상당 부분은 하위 호환성을 유지하는 것과 하위 호환성을 보장하는 방식으로 유지보수하는 데 적합한 코드를 제작하는 특별한 API 설계 패턴에 관한 내용에 할애했다.

넷빈즈 프로젝트를 진행할 때 직면한 또 하나의 도전과제는 협동 작업의 확장성이었다. 1997년 당시에는 API를 내가 직접 작성했다. 다른 넷빈즈 엔지니어들은 "그냥" 코드를 작성했다. 즉, 계속해서 내가 제공한 API를 활용하면서 다양한 넷빈즈 IDE의 사용자 인터페이스와 구현체를 만들었다. 그 결과, 자연스럽게 병목지점이 생겨났다. 다양한 넷빈즈 IDE의 기능을 작업하는 사람의 수가 늘어나 API에 대한 수요를 한 명의 "아키텍트"가 처리하기에는 벅찰 정도가 된 것이다. 시간이 지나면서 변화가 절실해졌다. 우리는 넷빈즈 개발팀의 대다수가 직접 API를 설계할 수 있기를 바랐다. 동시에 사람들이 만든 API 간에 일정 수준의 일관성도 유지하고 싶었다. 이것은 큰 문제로 발전했는데, 개발자들이 일관성을 보장하고 싶지 않았기 때문이 아니라 내가 일관성의 의미를 개발자들에게 설명할 수 없었기 때문이다. 어쩌면 여러분은 뭔가를 조리 있게 설명하는 방법을 모르는 상태에서도 뭔가를 하는 방법을 알고 있다는 느낌을 알지도 모르겠다. 이게 바로 내가 처한 상황이었다. 나는 API를 어떻게 설계하는지 알고 있다고 생각했지만 다른 사람들이 따랐으면 하는 가장 중요한 제약조건을 가까스로 공식화하기까지 수개월이 걸렸다.

늦은 밤의 API 이야기

나는 API 설계 및 API 공표에 대해 오랫동안 관심이 있었다. 나는 이 주제로 썬 마이크로시스템즈 내에서, 그리고 넷빈즈 협력사를 대상으로 갖가지 강연을 했다. 그러나 이 주제와 관련된 나의 첫 공개 강연은 샌 프란시스코에서 열린 자바원 2005에서 한 것이었다. 친구인 팀 부드로(Tim Boudreau)와 나는 "오랫동안 건재할 API를 작성하는 법"이라는 제목으로 제안서를 제출했다. 강연은 오후 10시 30분에 시작하는 것으로 예정됐는데, 아마도 제안서 초록에 "Ajax"나 "웹 2.0" 같은 유행어가 포함돼 있지 않았기 때문일 것이다. 그 야심한 시각은 강연을 하기에는 적당하지 않았는데, 파티, 공짜 맥주, 기타 늦은 밤에 집중력을 떨어뜨리는 것들과 경쟁해야 했기 때문이다. 우리는 비관적이었고 한두 명만이 우리를 위로해주기 위해 나타날 것이라고 예상했다. 강연 장소에 도착했을 때 바로 옆 방의 JDBC 드라이버 강연이 있을 곳을 보고 기분이 더욱 안 좋아졌다. JDBC 강연장 복도에는 사람들로 가득 차 있었다. 우리는 그곳에 있는 사람들이 모두 데이터베이스 관련 주제에 관심이 있는 이들일 거라고 생각했다. 하지만 놀랍게도 거기에 있던 대부분의 사람들은 우리 강연을 기다리고 있던 것이었대 발표장은 금방 채워졌다. 전 좌석이 찼고, 사람들은 바닥에 앉거나 벽에 기대 서기 시작했다. 심지어 문을 열어둬야만 했고 많은 사람들이 밖에서 들어야만 했다. 결국 내가 참여했던 것 중에서 가장 흥미진진한 강연이었다.

그 이후로 나는 API 설계와 관련된 정보가 필요하다는 사실을 알게 됐다. 그 강연에 대한 기억은 이 책을 쓰는 동안 동기부여가 되지 않을 때마다 기운을 북돋아줬다. 내가 발견한 적절한 API 설계 규칙을 문서화할 필요가 있음을 떠올리는 데 도움이 됐다. 이러한 규칙은 일반적인 설계 책에 널리 퍼져 있는 지식을 토대로 하지만 이 책에서 강조되고 확장되는데, API를 설계하는 것은 그 자체로 특별한 요건을 가지고 있기 때문이다.

API 설계는 다르다

기존 설계 책으로 충분하지 않은 이유는 프레임워크나 공유 라이브러리를 설계하는 것이 사내 시스템을 설계하는 것보다 복잡한 작업이기 때문이다. 폐쇄적인 시스템(사설 데이터베이스에 접근하면서 직접 구축한 서버에서 실행되는 웹 애플리케이션 같은)을 구축하는 것은 집을 짓는 것과 같다. 어떤 집은 작고, 어떤 집은 크며, 때로는 마천루도 있다. 하지만 이 모든 경우에도 집은 각기 주인이 한 명씩 있고 그 주인은 변경에 대해 책임진다. 필요하다면 주인은 지붕을 바꾸거나 창을 새로운 것으로 교체하거나 방 안에 벽을 새로 세우거나 기존 벽을 허무는 등을 할 수 있다. 물론 그중에서 적용하기가 쉬운 변경사항도 있다. 지붕을 교체하는 것은 바닥에 큰 피해를 주지 않을 것이다. 창을 같은 크기의 다른 창으로 교체하는 것은 다른 부분에 영향을 줄 가능성이 낮다. 하지만 창을 더 큰 창으로 교체하는 것은 그리 간단하지 않을 수도 있다. 엘리베이터의 크기를 두 배로 늘리는 것은 보통 거의 불가능한 작업이다. 특이한 상황을 제외하면 기존의 1층 바닥과 그 위의 바닥들을 위로 옮기면서 새로운 1층 바닥을 그 아래에 집어넣으려고 할 사람은 없다. 그러자면 너무나도 많은 문제가 발생하기 때문에 그렇게 해서 얻게 될 혜택이 비용을 상쇄하지 못할 것이다. 한편으로 이 모든 것은 기술적으로는 가능해 보인다. 주인이 그렇게 할 필요성을 느낀다면 그렇게 할 수도 있다.

사내 소프트웨어 시스템도 이와 비슷하다. 전형적인 한 명의 주인이 있고 그 주인은 대개 모든 것을 통제할 수 있다. 시스템의 특정 부분에 대해 새로운 버전을 업로드할 필요가 있다면 그렇게 할 수 있다. 데이터베이스 스키마를 변경할 필요가 있다면 그것도 가능하다. 변경사항 중에는 복잡한 것들도 분명 있다. 데이터베이스 스키마를 변경하는 것은 어딘가에서 NullPointerException을 예방하는 한 줄짜리 버그 수정에 대한 변경보다 훨씬 더 큰 파급효과를 줄 가능성이 높다. 그럼에도 상상 속에서는 어떠한 변경도 가능하다. 주인은 모든 것을 통제할 수 있고 시스템을 메이저 업그레이드할 필요가 실제로 있다면 심지어 잠시 동안 시스템을 내릴 수도 있다. 게다가 사내 시스템의 변경사항을 관리하는 데 유용한 설계 원칙도 많다. 개발자들이 코드를 구조화하는 데 유용한 디자인 패턴에 관한 책도 있다. 시스템 설계와 정확성 테스트를 위한 방법론도 있다. 사람들의 업무를 조직화하고 이끄는 방법을 설명하는 책도 있다. 결국 중요한 것은 사내 시스템을 유지보수하는 것은 잘 알려져 있고 무서화된 프로세스처럼 보인다는 것이다

하지만 API를 작성하는 것은 다르다. 이를 우주에 비유해보자. "집"에 비유한 것만큼 직관적이지는 않지만 이러한 사고 훈련은 유용할 것으로 입증될 것이다. "알려진" 우주를 떠올려보는 것으로 시작해보자. 여기서 "알려진"이라고 분명하게 말한 이유는 우주 전체, 즉 기존의 별, 은하계, 그 밖의 것

들, 그리고 중요하지 않은 예를 들자면 모든 물리 법칙을 아는 인간은 아무도 없기 때문이다. 인간은 지금껏 우주의 아주 작은 부분만을 볼 수 있을 뿐이다. 우리의 시야가 우주에서 보여지는 모든 것들을 규정한다. 다시 말해 우리의 눈 앞에 있는 것은 "알려진" 우주다. 여기엔 수많은 물체와 현상이 있지만 우리의 예상과 경험을 토대로 시야 너머에는 다른 별과 은하계가 있고 그것들은 여태껏 인간에게 알려지지 않은 것임을 알 수 있다. 이러한 경험은 때때로 사람들이 더 나은 장비를 제작하거나 새로운 자연 법칙을 인식하고 이해하는 과정을 통해 시야 너머로 나아가 새로운 사물이나 규칙을 발견해왔다는 사실에 기초한다.

우주는 그대로 있는 것이 아니라 언제나 변화한다. 그러나 완전히 무작위로 변화하지는 않는다. 행성과 별, 그 밖의 것들에 어떤 일이 일어날지는 일정한 규칙을 따른다. 예를 들어, 누군가가 시야 너머로 가서 새로운 별을 찾더라도 그 별은 당연히 내일도, 그다음 날도, 그리고 그다음 날도 거기에 있을 것이다. 사실 별은 이동하고, 회전하며 심지어 폭발할 수도 있다. 하지만 이 모든 것들은 자연 법칙을 따른다. 별이 무작위로 나타나고, 사라지고, 움직인다는 우주 마일스톤 X(Universe Milestone X)를 2주마다 발표할 사람은 아무도 없다. 세계가 그런 식으로 작동한다면 우리가 우주를 인식하고 이해하는 바와 충돌할 것이다. 우리는 그저 *별이 발견되고 나면 그것이 영원할 것이라고만 안다*. 심지어 아무도 지켜보고 있지 않을 때도 그 별이 여전히 있을 것이라고 믿는다. 음, 분명 그렇다. 별은 지구상의 누군가가, 다른 태양계의 누군가가, 우주상의 다른 어떤 생명체가 관찰하거나 아니면 아무도 관찰하지 않을 수도 있다. 하지만 별 자체는 그것이 관찰되고 있는지 알지 못하며, 별이 할 수 있는 유일한 일은 자연 법칙을 따르는 것이며, 따라서 *일단 발견되고 나면 영원히 존재하는 것이다*.

훌륭한 API도 이와 비슷하다. 공유 라이브러리가 특정 버전에서 새로운 함수를 도입하면 그것은 새로운 별을 발견하는 것과 같다. 새로운 버전을 사용하는 사람은 해당 함수를 보고 그것을 사용할 수 있다. 해당 함수를 사용할 수 있지만 반드시 사용할 필요는 없다. 이것은 어디까지나 프로그래머의 시야에 달린 문제다. API 사용자의 거의 대다수가 알지 못하는 기능을 추가하는 것도 가능하다. 하지만 거기에 의존해서는 안 된다. 내가 경험한 바로는 API 사용자는 정말로 창의적이다. API 사용자의 시야가 API 설계자의 시야보다 훨씬 더 넓을 때도 있다. 뭔가를 오용하는 방법이 있다면 사용자가 그렇게 할 가능성이 높다. 결과적으로 함수 자체나 해당 함수의 제작자도 그것이 사용되거나 얼마나 자주 사용되는지 알지 못할 가능성이 높다. 전 세계에 수많은 사용자가 있을 수도 있고, 아예 한 명도 없을 수도 있지만 훌륭한 API 설계 법칙을 위반하려고 하지만 않는다면, 즉 하위 호환성을 위반하려고 하지만 않는다면 누군가가 지켜보고 있다고 가정하고, 따라서 함수도 그대로 유지보수해야 한다. "API는 별과 같아서 한번 도입되고 나면 영원히 그 자리에 존재한다."

우주와 API 설계를 비유하는 것이 또 있다. 그것은 우리가 우주를 이해하는 방법과 라이브러리를 진화시키는 방법과 관련이 있다. 고대 그리스인들은 행성, 즉 토성과 목성까지의 움직임을 파악하고 관찰할 수 있었고, 따라서 "알려진" 우주의 행성들을 정의할 수 있었다. 하지만 고대 그리스인들이 행성이 움직이는 이유를 설명하려고 노력했음에도 현재 기준에 따르면 그들은 성공하지 못했다. 행성을 움직이게 하는 법칙은 여전히 그들의 시야 밖에 존재했다. 이것은 니콜라스 코페르니쿠스(Nicolaus Copernicus)가 태양 중심 체계 지동설을 제안하고 요하네스 케플러(Johannes Kepler)가 태양 주위로 행성이 움직이는 궤도와 속도를 설명하는 세 개의 법칙을 발견했던 르네상스 시대까지도 이어졌다. 이러한 발견은 "대상"을 정확히 설명해줌으로써 우주에 대한 지식 수준을 드높였다. 하지만 "이유"를 아는 사람은 아무도 없었다. 1687년이 돼서야 비로소 아이작 뉴턴이 케플러의 법칙을 설명하고 물리적인 힘의 개념을 소개했다. 이로써 케플러의 법칙이 왜 참인지 밝혀졌을 뿐 아니라 알려진 우주의 엄청난 팽창이 시작되기도 했는데 뉴턴의 법칙 덕분에 물리학이 알려진 우주에서 사물 간에 일어나는 거의 모든 것을 설명할 수 있었기 때문이다.

다양한 측정 수단을 통해 뉴턴의 법칙으로는 설명할 수 없는 행위, 특히 속도가 빠른 사물의 행위가 있다는 것이 증명된 19세기 말까지는 모든 것이 문제 없어 보였다. 뭔가가 그다지 맞지 않다는 축적된 증거들은 알베르트 아인슈타인이 상대성 이론을 발견하는 데 이바지했고, 상대성 이론은 굉장히 빠른 속도로 움직이는 사물을 비롯해 우주를 이해하는 데 크게 기여했다. 사실 아인슈타인의 이론은 뉴턴의 이론을 확장한 것으로서 사물이 적당히 느리게 움직이는 경우에는 두 이론이 같은 결과를 보인다.

이러한 물리적이고 역사적인 여행이 대체 API 설계와 무슨 관계가 있을까? 이어지는 몇 개의 단락에서는 어떤 신이 API 라이브러리를 통해 사람들과 의사소통하고 있다고 가정해보자. 이 라이브러리에서는 인간에게 "알려진" 우주에 대한 인터페이스를 부여한다. 고대 그리스인들이라면 0.1 버전의 라이브러리를 사용할 텐데, 이 버전에서는 행성과 각 행성의 이름만 열거할 것이다. 그리 풍부하지 않은 API라는 짐은 분명하시만 어떤 사용사와 특징 시점에서는 이것으로도 충분할지 모른다. 가령, 행성과 행성의 이름을 확인하는 데는 충분하다. 기존 라이브러리의 상태와는 상관없이 개선을 제안하는 사람들은 늘 있을 것이다. 비슷하게 0.1 버전의 우주 라이브러리는 미흡한 것으로 파악됐는데, 케플러가 행성의 움직임에 대한 법칙을 정말로 이해하고 싶어했기 때문이다. 따라서 이 단락에 존재하는 가상의 신은 케플러에게 우주 1.0이라는 업데이트를 내려준다. 이 버전의 라이브러리에서는 특정 시간대의 각 행성의 공간 좌표를 제공할 수 있으며, 그리스인들에게 제공됐던 원래의 기능은 그대로 유지되고 계속해서 동작할 것이다.

그러나 사용자는 절대로 만족하는 법이 없고, 이것은 물리학자들도 마찬가지다. 그래서 가상의 신도 뉴턴이 새로운 메이저 버전의 우주 2.0을 출시하게끔 도와야 했다. 이 버전에서는 태양과 각 행성 간의 실제 중력에 관한 정보뿐 아니라 힘, 가속도, 우주에서의 물체(행성에만 국한된 것이 아니라)의 속도를 계산하는 편리한 서브루틴까지 제공했다. 말할 것도 없이 그리스인들과 케플러가 제공한 이전 버전의 기능은 모두 이전 버전에서처럼 계속 동작할 것이다.

여기까지는 모든 추가사항을 쉽게 이해할 수 있었다. 이전 단락에 존재하는 가상의 신은 단순히 새로운 기능만 추가했을 뿐이다. 그런데 역사상의 한 지점에서 물리학자들이 우주의 법칙이 모두 알려졌고 물리학 자체에도 설명할 게 아무것도 남아있지 않은 것 같다고 주장한다면 어떻게 해야 할까? 인류를 괴롭혀보자! 가상의 신은 마이컬슨(Michelson) 실험을 만들어내는데, 이 실험은 아인슈타인으로 하여금 상대성 이론을 공식화하도록 이끈다. 최신 버전의 우주 라이브러리는 이제 더는 손쉽게 하위 호환성을 보장할 수 없는 문제에 직면하는데, 새로 도입된 아이디어가 뉴턴을 비롯해 이전의 물리학자들이 이뤄낸 모든 것들이 약간씩 틀렸다는 것이었기 때문이다! 하지만 그와 같은 급격한 변화도 하위 호환성을 보장하는 모드로 관리할 수 있다. 아주 높은 속도에서만 잘못된 결과가 도출될 위험이 있다. 이러한 속도는 뉴턴과 그 전임자들이 측정할 수 있는 것보다 훨씬 더 높은 속도이고, 따라서 호환되지 않는 부분이 있음에도 이전에 수행했던 측정에서는 비일관성을 증명하거나 우주 라이브러리의 동작 방식이 바뀌었다는 것을 아무도 증명할 수 없었다.

이처럼 터무니없는 물리학 우화의 교훈은 우주에 대한 우리의 이해가 계속 진화하고 있다는 것이다. 이것은 우리가 만든 라이브러리API도 마찬가지다. 낙관론자들은 동의하지 않을 수도 있겠지만 나는 인류가 결코 전 우주를 이해하게 될 것이라 생각하지 않는다. 아직까지는 우주에 관해 계속해서 더 배울 것이라고 예상한다. 다르게 생각하는 개발자도 있겠지만 우리가 만든 거의 모든 라이브러리 가운데 활발하게 사용되는 라이브러리의 API는 절대로 완성되지 않을 것이다. 그것들은 언제까지고 진화할 것이다. 우리는 거기에 대비해야만 한다. 우리는 우주에 대해 우리가 이해하는 바를 수정할 준비를 갖춰야만 하고 우리가 만든 라이브러리 API를 강화하고 향상시킬 준비를 반드시 해야 한다.

집을 짓거나 사내 소프트웨어 시스템을 구축하는 것과 달리 이렇게 하려면 개발자들이 현재 버전의 API를 코딩하고 있는 동안 미래에 관해 생각할 필요가 있다. 내가 알기로 이것은 지금까지 API 설계에 적용된 일반적인 접근법이 아니다. 게다가 현재 시중에 나오는 책들과 거기서 제안하는 내용은 이 같은 생각에 그다지 도움되지 않는다. 그러한 책에 실린 디자인 패턴은 주로 단일 버전을 기술하는 데 사용된다. 그러한 디자인 패턴을 사용하는 사람들은 현재 버전의 맥락에서만 생각한다. 사람들은 이전 버전을 최소한으로 참조하거나 향후 릴리스에서 어떤 일이 일어날지에 관해 별로 생각하지 않을 때가 많다. 그럼에도 공유 라이브러리나 프레임워크를 작성할 경우에는 이러한 기술이 필요하다. 우리는 집을 설계하는 일을 그만두고 우주를 설계하는 법을 배울 필요가 있다. 우리는 "API라는 별이 발견되고 나면 그것은 영원히 우리 곁에 있을 것이다"라는 사실을 배울 필요가 있다.

이 책은 누가 읽어야 할까?

서점에서 이 책을 손에 들고 이 책을 사야 할지 말아야 할지 판단하는 중이라면 이 책이 여러분을 위한 책인지 궁금할 것이다. 나는 여러분을 모르기 때문에 그 질문에 답할 수는 없다. 하지만 이 책이 왜 나 자신에게 필요했고 왜 이 책을 쓰기로 했는지는 설명할 수 있다. 넷빈즈 API를 설계하고 있었을 때 나는 그때그때마다 배우는 중이었다. 초기에는 직관에 따라 움직였고 API를 작성하는 일은 일종의 예술이라고 생각했다. 그게 사실일 수도 있는데, 그렇게 하려면 창의적이어야 하기 때문이다. 그러나 API 작성이 예술적인 훈련에 불과한 것은 아니다. 시간이 지나면서 나는 내가 해야 했던 모든 작업의 이면에 놓인 구조를 파악하기 시작했고, 평범한 API를 *훌륭한* API로 바꾸는 측정 가능한 기준을 공식화했다.

이 책은 넷빈즈 팀에서 API의 품질을 측정할 때 따른 기준을 설명한다. 그뿐만 아니라 우리가 왜 그러한 기준을 따랐는지도 설명한다. 우리가 현재의 위치에 있기까지는 수년에 걸친 시행착오가 있었다. 바퀴를 재발명하는 것은 그다지 시간을 생산적으로 쓰는 것은 아니기 때문에 순수하게 예술적인 설계보다 좀 더 공학적인 설계를 선호하는 모든 API 아키텍트에게 이 책을 추천한다. 넷빈즈 초기에는 API를 작성하는 사람이 나밖에 없었다. 당시에는 "위원회를 통해서는 훌륭한 API가 설계될 수 없다"라는 말을 믿기까지 했다. 설계자가 한 명이면 형식적인 규칙 없이도 일관성을 유지할 수 있다. 하지만 일의 규모가 커지면 한 명의 설계자로는 전혀 감당할 수 없게 된다. 이를 넷빈즈 환경에서도 발견했다. 그래서 내가 하는 일은 전체적인 일관성은 유지하면서 더 넓은 범위의 사람들이 API를 설계하는 방법을 찾는 것이었다. 그때 나는 API 설계 이면의 이론을 비롯해 우리가 API를 작성하도록 이끄는 동기, 그리고 어떤 API가 좋은지 여부를 평가할 때 반드시 따라야 할 규칙들을 설명하기 위해 이 책을 쓰기 시작했다. 그리고 나서 넷빈즈 개발자들에게 내 접근법을 전달하고 그들이 API를 작성하게 한 다음, 설계 작업의 처음부터 끝까지 개발자들을 지켜보고 조언해줬다. 내가 알기로 이 방법은 효과가 좋았다. API가 10년 동안 진화하고 우리가 그때그때마다 배워왔다는 점을 고려하면 우리가 만든 API는 비교적 일관되고 대부분의 요구사항을 충족한다. 만약 여러분이 API 설계를 지켜봐야 하는 지위에 있다면 여러분도 이 책에서 제안하는 내용이 유용하다고 생각할지도 모른다.

나 스스로 "API"라는 용어의 의미를 정립하고 있었을 때 사실 이 용어의 의미가 굉장히 넓다는 사실을 발견했다. API를 작성하기 위해 프레임워크나 라이브러리를 작성할 필요는 없다. 다른 사무실에서 일하는 동료가 쓸 클래스 하나를 작성하는 경우에도 사실 API를 작성하고 있는 셈이다. 왜일까? 여러분이 만든 클래스를 써야 하는 개발자는 여러분이 해당 클래스에 있었던 메서드를 삭제하거나 메서드의 이름을 바꾼다면, 혹은 클래스 내의 메서드의 동작 방식을 바꾼다면 그다지 달가워하지 않을 것이기 때문이다. 공유 라이브러리에서 사용할 API를 작성할 때도 정확히 같은 문제가 발생한다. 어쩌면 클래스 사용자가 여럿일 수도 있는데, 클래스를 변경했을 때 해당 클래스의 모든 사용자가 코드를 재작성해야 한다면 비효율의 악몽이 시작될 수도 있다. 그러한 악몽이 일어나서는 안 된다. 클래스를 API로 여긴다면 골칫거리가 덜할 것이다. 게다가 클래스를 그런 식으로 생각하는 것은 어렵지 않다. 이는 클래스를 좀 더 신중하게 설계하고, 호환성을 보장하는 방식으로 진화시키며, 다른 훌륭한 API 설계 실천법을 적용할 필요가 있다는 의미다. 이 같은 관점에서 거의 모든 개발자는 API 설계라는 일을 하고 있거나 해야만 한다.

API의 핵심부는 해당 API의 동작 방식에 있다. API가 어떻게 동작하는지 설명할 때 테스트가 중요한 역할을 한다. 적절히 테스트하지 않고는 훌륭한 API를 작성하기가 거의 불가능에 가깝다. 이 책의 여러 장에서는 테스트 패턴, 즉 여러 번에 걸친 릴리스에도 유효하게끔 외부에서도 볼 수 있는 라이브러리의 여러 측면들을 테스트하는 방법을 간략하게 살펴본다. 이 책에서는 시그너처, 단위 테스트, 호환성 검사 도구를 비롯해 다양한 종류의 테스트를 언급할 것이다. 따라서 이 책은 API 호환성도 검사해야 하는 사람들에게 가치 있는 책이다.

마지막으로 이야기하지만 한 가지 중요한 점은 널리 사용되는 라이브러리를 가지고 있다는 것은 해당 라이브러리를 제작하는 사람에게 좋은 자산이 될 수 있다는 것이다. 이 자산을 늘리는 것은 기존 사용자를 만족시키고, 동시에 새로운 사용자가 참여해서 그것을 사용하도록 마음을 이끄는 것을 의미한다. 사용자 기반이 충분히 풍부해야 라이브러리를 제작하고 유지보수하는 데 들어간 노력을 실제로 현금화할 수 있다. 이 책에서는 이 부분도 살펴볼 것이며, 따라서 좀 더 사업 지향적인 관점에서 소프트웨어 개발을 검토하는 사람들에게도 흥미로울 수 있다.

이 책은 자바에만 유용한가?

넷빈즈는 자바로 작성된 통합 개발 환경(IDE, Integrated Development Environment)이자 프레임워크이며 내가 가진 대부분의 API 설계 지식은 넷빈즈 프로젝트를 토대로 하고 있기 때문에 이 책이 자바 개발 밖에서도 유용한지 궁금할 수 있다. 이 질문에 대한 내 대답은 '그렇다'다. 이 책에서는 훌륭한 API 설계를 위한 일반적인 가이드라인을 살펴본다. 이러한 가이드라인과 원리는 어떤 프로그래밍 언어의 어떤 API에도 적용할 수 있다. 이 책에서 다루는 내용에는 API를 만들게 되는 이유를 비롯해 훌륭한 API 문서를 작성하고 구조화하기 위한 규칙과 동기, 하위 호환성의 원칙들이 있다. 그러한 원칙들은 C, 포트란, 펄, 파이썬, 하스켈을 비롯한 다양한 언어에 적용할 수 있다.

물론 더 자세히 설명해야 하는 경우에는 자바 같은 언어에 특화된 기능을 언급할 수밖에 없다. 우선 자바는 객체 지향 언어다. 객체 지향 언어를 대상으로 API를 설계하는 것은 상속 설계나 가상 메서드, 캡슐화 같은 것에 기인한 고유의 고려사항이 있다. 따라서 이 책에서 다루는 원칙 중 일부는 C나 포트란과 같은 "오래된 언어지만 훌륭한" 비객체 지향 언어에 비해 C++나 파이썬, 자바 같은 객체 지향 언어에 좀 더 적용하기 쉽다.

게다가 자바는 가비지 컬렉터를 사용하는 새로운 언어 진영에 속한다. 사실 자바가 업계에서 널리 사용된다는 것은 제품 애플리케이션에서 가비지 컬렉터를 사용하는 것이 가능하고 또 그것으로부터 혜택을 받을 수 있다는 점을 증명한다. 자바가 나오기 전 업계에서는 개발자가 명시적으로 메모리의 할당과 해제를 통제하는 C, C++ 등과 같이 흔히 사용되는 언어에서 제공하는 전통적인 메모리 관리를 선호했다. 당시에는 스몰토크(Smalltalk)나 에이다(Ada)처럼 가비지 컬렉터를 지원하는 언어는 실험적으로 여겨지거나 적어도 소프트웨어 업계 전반적으로 사용되기에는 모험스러운 일로 여겨졌다. 자바는 이 같은 상황을 완전히 바꿨다. 현재 소프트웨어 엔지니어의 대다수는 자동 메모리 관리 체계를 갖춘 고성능 프로그래밍 언어의 개념에 대해 비웃지 않으며, 프로그래머들은 더는 그러한 언어를 사용하기를 두려워하지 않는다. 하지만 자동 메모리 관리 체계는 여러분이 만드는 API에 영향을 준다. 예를 들어, C와 달리 자바에서는 새로운 객체를 생성하려면 malloc과 비슷한 생성자가 필요하지만 그것과 쌍을 이루는 해제 API는 필요하지 않다. 여러분은 그러한 해제 API를 공짜로 가질 수 있다. 이것은 이 책에서 취하는 특정 접근법이 가비지 컬렉터를 갖춘 언어, 다시 말해 자바에 의해 대중화된 메모리 관리 방식을 사용하는 새로운 언어에 좀 더 적용하기 쉽다는 것을 의미한다.

자바는 가상 머신과 동적 컴파일의 사용을 대중화하기도 했다. 정적 컴파일이 이뤄지는 동안 자바 소스코드는 여러 개의 클래스 파일로 옮겨진다. 그러고 나면 이러한 파일은 배포되고 서로 링크되지만 그 과정은 프로그램이 실행되는 동안에만 일어난다. 게다가 이러한 클래스 파일은 최종 애플리케이션이 실행되는 실제 프로세서 아키텍처에 독립적인 형식으로 돼 있다.

이 과정은 개별 클래스 파일을 서로 링크시키기도 하고 클래스 파일의 명령어(instruction)를 실제 프로세서의 명령어로 변환하기도 하는 런타임 환경을 통해 이뤄진다. 자바 초기에는 이 또한 자바가 다른 언어와 다른 부분이었다. 성능이 좋은 프로그램은 가상 머신에 의해 해석될 수 없고, 포트란으로 작성해 그 프로그램을 실행하는 운영체제의 어셈블리 언어에서 가장 최적화된 기능을 사용하도록 직접적으로 컴파일돼야 한다는 사실을 누구나 알고 있었다. 나를 포함한 일부 사람들은 C나 C++로 코드를 작성해도 빠른 프로그램을 만들어내는 것이 가능하다는 사실을 인정했다. 그러나 여전히 자바에서 취한 접근법은 많은 이들이 성공할 가능성이 낮을 것이라고 여겼다.

하지만 시간이 지나면서 가상 머신을 기반으로 한 언어가 어떤 장점들을 가지고 있다는 점이 입증됐다. 예를 들어, 모든 수치형 타입은 프로그램이 실행되는 플랫폼과 무관하게 같은 길이를 가지고 있는데, 이로써 기반 아키텍처를 이해해야 할 필요성이 대폭 줄어든다. 그뿐만 아니라 자바 프로그램은 뭔가가 잘못됐을 때 세그먼테이션 폴트를 내면서 망가지지 않는다. 가상 머신은 메모리가 부적절한 C 포인터 연산으로 손상되지 않고 변수가 언제나 올바른 타입을 갖도록 보장한다. 그럼에도 성능 문제는 초기 자바 구현체에서 지속적으로 발생했다. 하지만 시간이 지남에 따라 인터프리터마저도 속도가 빨라졌고, 새로 만들어지는 다른 언어들도 이러한 "가상" 머신을 활용하는 방식을 채용하게 할 만큼 빠른 코드를 만들어내는 JIT(just-in-time) 컴파일러로 대체됐다. 그 결과, 현재 "가상 머신"이라는 용어는 널리 받아들여지고 사용되고 있다. 이 책에서도 클래스 파일의 포맷에 좀 더 집중하긴 하지만 가상 머신도 어느 정도 다루고 있는데, 클래스 파일의 포맷이 바로 가상 머신의 공통어이기 때문이다.

자바 언어의 구문이 가상 머신 자체에 어떤 의미를 갖는가를 올바르게 이해하려면 클래스 파일의 포맷을 이해하는 것이 중요하다. 가상 머신의 언어로 말하고 가상 머신의 눈으로 클래스 파일을 보면 편할 것이다. C 같은 다른 프로그래밍 언어에도 자체적인 추상 바이너리 인터페이스(ABI, abstract binary interface) 모델이 있기는 하지만 자바에서 사용되는 것은 적어도 두 가지 측면에서 특별하다. 첫째, 당연히 객체 지향이다. 둘째, 늦은 링크(late linkage)를 허용한다. 즉, 일반 C 오브젝트 파일에 포함돼 있는 것보다 훨씬 더 많은 정보를 담고 있다. 그 결과, 가상 머신을 연구해서 얻은 지식은, 오래됐지만 훌륭한 비객체 지향 언어에는 적용하기가 다소 어렵다. 그러한 지식이 자바의 가상 머신을 흉내 낸 다른 현대 언어에는 유용할 수 있지만 말이다.

자바는 API의 문서화를 실제 코드와 연관시킨 최초의 언어이기도 하다. 자바에는 자바독(Javadoc)을 통해 누구나 사용할 수 있는 코드에 주석을 다는 대중화된 수단이 있다. 이를 통해 API의 실제 동작 방식과 API의 문서화가 훨씬 더 가까워져서 좀 더 간편하게 최신 내용을 유지할 수 있다. 다른 모든 언어에서도 주석을 사용할 수 있지만 자바독은 주석으로부터 실제로 브라우징이 가능한 문서를 만들어내고, 자바의 모든 API 문서화에 일관성을 부여하는 기본 뼈대를 만들어준다. 한편으로 이것은 더는 자바에만 특화된 부분이 아니다. 이 방식은 아주 유용하다고 입증되어 자바 이후에 만들어진 거의 모든 언어에서는 자바독과 비슷한 개념을 포함하고 있다. 다른 이미 존재하는 언어의 경우에는 이러한 코드와 문서의 연동을 새로 추가하는 별도의 도구가 만들어지고 있다. 이러한 이유로 API 사용자의 이해를 간소화하기 위한 자바독의 유용성과 장단점을 분석해 보면 이 책에서는 거의 모든 프로그래밍 언어에 적용 가능한 결론을 낼 것이다.

자바 5에서는 제네릭을 지원하도록 바뀌었다. 이 책에서 모든 자바 언어 구문을 다루지는 않지만 그것을 무시할 수는 없다. 제네릭은 API 설계에서 중요하고 새로운 현상을 만들어낸다. 왜 새로울까? 전통적인 객체 지향 언어는 상속을 통해 재사용을 장려하기 때문이다. 두 번째로 흔한 형태의 코드 재사용, 즉 합성(composition)을 통한 재사용도 가능했지만 이것은 어디까지나 이차적 구성물(second-class citizen)에 해당한다. 이렇게 되는 가장 중요한 이유는 상속은 언어 구문으로 내장돼 있는 반면 합성은 직접 손으로 코드를 작성하고 올바르게 입력하기가 어렵기 때문이다. 그와 동시에 합성을 통한 재사용을 선호하고 상속을 이차적 구성물로 만든 언어들도 만들어졌는데, 특히 하스켈 같은 현대적인 함수형 언어가 여기에 해당한다. 어떤 사람들은 두 접근법 모두 각기 이점이 있고, 객체 지향 언어와 다형적인 타입을 가진 함수형 언어를 결합시키는 데 많은 시간을 쏟는다고 생각하기도 하다

자바의 제네릭은 이러한 결합의 결과다. 어떤 이들은 제네릭이 너무 복잡하다고 비판하기도 하는데, 1997년에 내가 연구한 바로는 이를 더 나은 방식으로 하기도 어려웠다. 나는 언어 팀에서 이뤄낸 결과에 만족하는데, 이제 상속과 합성은 거의 동등한 수준에 이르렀기 때문이다. 이러한 이유로 이 책

에서도 제네릭에 관해 이야기할 것이다. 그렇게 하면 이 책에서 다루는 부분들이 하스켈 같은 언어와도 좀 더 가까워질 것이다.

이 책을 다른 언어에 적용할 수 있는 이유가 하나 더 있다. 바로 이 책에서는 자바를 있는 그대로 받아들이기 때문이다. 이 책에서는 API 설계 문제를 처리하는 데 적합한 새로운 언어를 만들어내지 않는다. 대신 우리가 알고 있는 자바를 이용한다. 모든 원칙과 권장사항은 구체적인 코딩 스타일에 관한 것이지 새로운 키워드나 선행조건 또는 후행조건, 불변식 검사를 추가하는 것과 무관하다. 이 것은 소프트웨어 공학에서나 필요한 것이며, 언어는 정해져 있을 때가 많고, 그러한 제약조건 내에서 목표(이를테면, 일반적으로 사용되는 라이브러리를 만들어내는)를 달성해야 하기 때문이다. 이 것은 그리 놀랄 만한 일이 아니다. 새로운 API를 배우는 데는 약간의 노력이 필요할 수도 있지만 그 것은 새로운 언어를 배우는 것에 비할 바는 아니다.

사용할 언어는 거의 항상 정해져 있기 때문에 API 설계 원칙들은 그러한 언어로 표현해야 한다. C 로 훌륭한 API를 작성하는 것이 가능하다면 자바로 훌륭한 API를 작성하지 못할 이유도 없을 것이다. 그러한 이유로 이 책에는 일반 자바로도 충분하다. 요약하자면 이 책에는 어떤 언어에도 적용 가 능한 일반적인 부분들이 들어 있다. 다른 부분에서는 객체 지향 개념에 관해 이야기하며, 좀 더 깊게 파고들어야 할 때마다 자바의 경우를 보여준다.

API를 작성하는 법 배우기

API를 올바르게 개발하는 사람들이 있다는 것은 틀림없는 사실이다. 그렇지 않다면 지금처럼 훌륭하고 유용한 소프트웨어 제품들은 없을 것이다. 하지만 간혹 설계 원칙들과 API 설계의 *주요 규칙*들이 무의식적으로 받아들여질 때가 있다. 설계자들은 결정을 이끄는 원래의 동기를 실제로 인식하거나 이해하지 않은 채로 규칙을 따르는 경향이 있다. 그 결과, 훌륭한 API 설계에 관한 무의식적 지식이 시행착오로 쌓이고, 이렇게 되는 데는 당연히 시간이 걸린다. 게다가 이러한 과정의 결과로 API 설계를 "올바르게" 하는 방법에 관한 조언들이 체계적이지 못한 방식으로 모일 때가 많다. 이것은 앞으로 한 걸음 더 나아가는 것이긴 하지만 그러한 조언 모음은 두 가지 문제를 겪을 때가 많다. 첫째, 이러한 조언은 보통 특정 영역에만 국한될 때가 많다. 예를 들어, 한 프로젝트나 특정 그룹의 사람들에게만 효과가 있고, 다른 팀에도 유용하다거나 다른 프로젝트에도 적용할 수 있다는 것이 전 혀 보장되지 않는다.

둘째, 이러한 경우 사고 방식이 다른 사람들에게 지식을 전달하기가 어렵다. 여러분이 경험한 바로는 자바 클래스가 자바 인터페이스보다 더 선호되고 이 경험이 특정 문제를 해결하는 데서 얻은 것이라면 그 경험을 다른 시나리오에 전달하기는 어렵다. 다른 이들에게 이것이 올바른 접근법이라고 설득할 수는 있겠지만 결국 그와 관련된 이유를 적절히 설명하지 않고는 신념을 기초로 해당 접근법을 수용하기만을 바랄 수밖에 없다. 신념은 추종자와 거부자만을 만들어낼 수 있을 뿐 지식을 전달하는 용도로는 적합하지 않다.

무의식적인 넷빈즈 API 설계

넷빈즈 프로젝트의 구성원들도 그러한 시기를 거쳤다. 우리는 무엇이 효과적이고 무엇이 효과적이지 않은 것에 대해 다소 "느낌"만으로 API를 설계하는 갖가지 다양한 경험을 했다. 하지만 이 지식은 기초부터 착실히 쌓이지 않았다. 즉, API 설계 지식이 진지한 추론이나 설계 결정에 대한 이유를 이해하는 과정을 통해 구축되지 않았다. 오히려 느낌에 더 가까웠고 그러한 느낌을 자아낸 이유는 우리의 무의식 속에 발견되지 않은 채로 그대로 남아 있다. 그렇다 보니 다른 사람에게 지식을 전달하려고 할 때 문제가 발생했다. 그들은 우리의 경험을 과소평가했고 우리를 신뢰할 이유가 없었다. 이를 계기로 우리는 그들이 우리를 신뢰해야 할 이유와 실제 경험에 관해 훨씬 더 깊게 생각해야 했고, 그 결과 훌륭한 API 설계의 측정 가능성을 공식화하는 데 이바지했다. 이 책은 그러한 고민의 결과다. 지금까지의 경험들은 그동안 우리가 내려온 가정 너머에 숨겨진 논리를 밝히는 데 이바지한 정보를 드러낼 것이다. 우리는 이러한 논리를 의식적이자 인식 가능해진, 그리고 듣고 싶어 하는 모든 이들에게 합리적으로 설명할 수 있는 무언가로 바꿨다.

대답할 만한 가장 중요한 질문은 바로 "왜 API를 만드는 것인가?"와 사실 "API란 무엇인가?"다. 이 책에서는 이러한 질문에 관해 자세히 살펴본다.

우리가 경험한 바로는 여기서 조언한 모든 내용들은 읽거나 이해하거나 심지어 동의하지 않고서도 소프트웨어 제품의 개발에 참여하는 모든 이들이 기본적인 동기와 용어를 이해하는 데 도움될 것이다. 이로써 문제를 더 잘 파악하고 이해하게 되고 문제의 복잡성이 숨김없이 드러날 것이다. 모든 개발팀원들이 각자의 눈으로 "API 설계"를 바라볼 수 있을 경우 서로 이해한 바를 공유하게 되어 의사소통이 단순해지고 의사결정을 따로 설명할 필요가 없어진다. 결국 이것은 개발팀원 간의 협동뿐 아니라 팀 및 분산 협력사 간의 협동을 향상시키고, 결과적으로 더 나은 품질의 소프트웨어로 이어진다.

이러한 이유로 이 책은 모든 사람들을 대상으로 한다. 이 책에서는 API를 설계하는 기본적인 동기를 실명하고, 개발자들을 위해 예제와 기법을 제공하며, API를 설계하는 이들을 위해 훌륭한 아키텍처의 측면들을 설명하고, API 품질을 평가하기 위한 측정 가능한 원칙들을 제공한다.

아직도 이 책을 읽어야 할지 자문하고 있다면 훨씬 더 짧은 대답은 다음과 같다. "그렇다, 여러분은 이 책을 읽어야 한다!"

이 책은 정말로 노트인가?

이 책에 적합한 형식을 고민하기 시작했을 때 나는 두 가지 극단적인 접근법 사이에서 선택할 수 있는 다양한 접근법을 검토했다. 한 극단에서는 API 설계를 수행할 때 필요한 동기, 이유, 과정에 대해 엄밀하고 과학적인 설명을 쓸 수 있다. 이렇게 하면 어떤 프로젝트에도 적용 가능한 일련의 제안과 규칙들이 만들어질 것이다. 물론 이것은 이 책의 구체적인 목표 중 하나다. 그것들은 일반적으로 적용 가능해야 하고 우리가 지난 10년간 넷빈즈 프로젝트에서 한 일을 단순히 설명하는 것이어서는 안 된다. 다른 한 극단에서는 적절한 설명이 없는 조언은 소용없다고 굳게 믿는 것이다. 나는 "왜"를 이해할 수 없는 상태에서 "무엇"을 따르는 것을 진짜 싫어한다. 나는 늘 맥락을 이해하고, 직접 다양한 해법을 평가한 다음, 그 상황에서 최선의 것으로 보이는 해법을 선택한다. 이러한 이유로 우리의 설계 규칙을 받아들이도록 동기를 부여한 맥락을 공유하고 싶다. 이러한 맥락을 제공하는 가장 좋은 방법은 당시에 넷빈즈 프로젝트에서 마주친 실제 문제를 설명하는 것이다. 그 결과, 이 책은 노트에 아주 가깝다.

또한 연구일지 형식은 이 책이 만들어진 과정과 상당히 유사하다. 그것은 한 번에 쓴 것이 아니라 여러 해에 걸쳐 주제가 추가됐다. 충분히 일반적으로 보이는 문제를 해결해야 할 때마다 이 책의 목차에 새로운 주제를 추가하고 해법에 관해 생각해본 다음 나중에 그것을 적었다. 이것은 우리의 규칙을 기록하는 가장 효과적인 방법이었고, 실제로 그 결과인 최종 결과물은 연구일지와 비슷하다. 바로 매일매일 작성하는 것이 아닌 각 문제마다 작성하는 연구일지 말이다!

두 접근법의 장점을 모두 취하기 위해 이 책에서 분석한 각 주제에는 넷빈즈 프로젝트에서 해결해야 할 실제 상황을 설명하는 내용이 포함돼 있다. 그런 다음 문제는 어떠한 프레임워크나 공유 라이브러리 프로젝트에도 적용할 수 있는 일반적인 권장사항으로 바뀐다. 이것은 우리가 사용했던 "사고 경로"와 비슷하다. 즉, 먼저 문제가 있다면 그것을 분석한 후 문제를 극복하는 규칙을 고안해낸다. 마찬가지로 이는 독자로 하여금 우리의 "사고 경로"를 검증하고 조언이 실제로 다른 상황에서도 적용 가능하고 우리가 일반화한 내용이 실제로 올바른지 확인할 수 있는 기회를 준다. 여러분은 "참고 사례"에서 설명한 상태를 여러분의 프로젝트에 변용하기 시작해서 동일한 사고 단계를 적용하고 그러한 사고 단계가 실제로 우리가 조언한 내용으로 귀결되는지 확인하는 과정을 시작할 수 있다.

API 설계의 세계는 아름답고, 그리고 지금까지 대부분 밝혀지지 않은 채로 남아 있다. 그럼에도 API 설계 지식은 필요하다. 오늘날 구축되고 있는 소프트웨어 시스템들은 규모가 굉장히 커지고 있고, 소프트웨어 시스템을 적절히 구축하고 신뢰할 수 있게 만들려면 최고의 공학적 실천법을 적용해야 한다. API 설계는 그러한 실천법 중 하나다. 이 책을 여러분의 21세기 소프트웨어 개발의 안내서로 삼아라! 우리의 넷빈즈 API 설계 모험이 여러분의 학습 표본이 되게 하고, 그로부터 도출된 일반적인 조언들이 비슷한 실수를 없애는 데 이바지하게 하라. 여러분이 API 설계 단계들을 매끄럽게 통과하는 데 이 책이 도움되길 바라고, 그리고 그 과정에서 지난 1997년부터 시작된 우리의 여정에서 발견된 규칙들을 다시금 발명하는 일이 없기를 바란다.

PART

01

이론과 정당성

애플리케이션 프로그래밍 인터페이스(API; Application Programming Interface)를 만들고 설계하고 작성하는 과정은 예술적인 탐구이자 과학적인 탐구로 볼 수 있다. 관점에 따라 API 아키텍트는 세상을 바꾸려는 예술가이거나 여러 세계를 잇는 다리를 만들려는 기술자에 해당한다. 내가 아는 대부분의 사람들은 예술가에 가까운데, 예술가야말로 창의성, 자연스러움, 아름다움과 떼려야 뗄 수 없는 관계에 있기 때문이다. 하지만 순수하게 예술적인 접근법에는 중대한 문제가 하나 있다. 바로 감정은 전달 가능하지 않다는 점이다. 감정은 지극히 주관적이다. 다른 이에게 감정을 설명하는 일에는 복잡성이 따른다. 어떤 정서를 유발하는 작품을 만드는 일은 가능해도, 작품을 감상한 두 사람이 똑같은 반응을 보인다고 보장할 수 없으며, 아마 그것 또한 예술의 목표일 것이다. 결과적으로 API를 작성하는 아키텍트는 그림을 그리는 예술가와 마찬가지로 자신이 한 일이 잘못 이해될 위험을 무릅써야 한다. 그러한 경우 API를 사용하는 개발자는 아키텍트의 의도와는 전혀 다른 느낌을 받을 것이다.

그렇더라도 그렇게까지 잘못된 건 아닐지도 모른다. 하지만 문제는 API 아키텍트가 어떤 집단 내에서 API를 개발하기로 하거나 개발해야 할 때 일어난다. 이 경우 금세 API의 다양한 특성들이 위험에 노출된다. 예를 들어, API의 가장 중요한 특성은 일관성으로, API 사용자가 미처 예상하지 못한 사항 때문에 생기는 불쾌함을 방지한다. API가 일관성을 유지하려면 설계 집단의 각 구성원 사이에 상당한 조율이 필요하다. 그러나 각 구성원이 API 설계를 개별 예술가의 관점에서 수행한다면 조율하기가 어렵다. 구성원 사이의 비전 공유가 필요하다. 그리고 그 집단에서 비전을 기술하는 데 쓸 수 있는 어휘가 있어야 한다. 또한 비전을 달성하는 결과를 만들어 내는 데 쓸 방법론도 필요하다. 이를 인식하고 나면 API 아키텍트는 API 설계 프로세스가 예술적 체계가 아닌 공학적 체계가 되기를 바랄 것이다. 20명의 예술가와 일해본 적이 있고, 그리고 20명의 기술자와 일하는 것과 비교해 본 사람이라면 왜 그런지 금방 이해할 수 있다.

위원회에 의한 설계

나는 넷빈즈 초창기부터 넷빈즈 API의 대부분을 설계하고 작성했다. 당시 우리는 *위원회를 통해서는 훌륭한 API를 설계할 수 없다*고 굳게 믿고 있었다. 그렇게 생각한 이유는 다른 개발자들은 주로 설계된 API를 사용하고, API의 기능을 구현하며, 이미 존재하는 API를 평가하고 개선하는 데 목표를 뒀기 때문이다. 하지만 점차 자체적인 API를 만드는 개발자가 나오기 시작했다.

나는 그러한 시도를 가까이에서 지켜보고, 거기에 조언을 해줬으며, 때때로 다른 개발자들에게 다른 식으로 해보거나 내가 보기에 이상한 부분들을 제거해보라고 말해주기도 했다. 때로는 손수 그러한 부분을 다시 작성해보고 내가 만든 버전을 사용하길 주장하기도 했다. 하지만 점차 불편한 상황에 처하게 된다는 사실을 깨달았다. API가 어떤 모습이었으면 좋겠는지 알고 있어도 내가 가진 비전을 적절히 설명하지는 못했다. 게다가 동료들이 언제나 내 조언을 귀담아 듣거나 따르고 싶어 하진 않았기에 그들이 왜 내 조언을 고려해봐야 하는지도 설명할 수 없었다. 나는 다른 개발자들이 작업한 결과에 거부권을 행사할 수도 있었지만 그렇게 한다고 해서 문제가 해결되는 것도 아니었다. 뭔가가 잘못됐다는 느낌이 들었다. 그렇지만 잘못된 것이 무엇이고 왜 잘못됐는지 설명할 수 없었다. 서로 공유하는 용어가 부족해서 의사소통은 제한적이었다. API는 순수하게 예술적인 접근법으로만 설계됐기에 이러한 상황은 불가피했다.

1년이 지나서야 진상을 파악할 수 있었다. 추가로 개발된 API 하나가 외부 개발자의 관심을 끌었다(넷빈즈는 오픈소스 프로젝트다). 처음에는 외부 기여자가 버그 수정에 열을 올렸다. 그러더니 자신만의 하위 프로젝트를 만들어서 자체적인 API를 설계하기 시작했다. API의 원소유자가 나한테 와서 하위 프로젝트의 API가 점점 나빠지고 있는 이유를 찾는 것을 도와줄 수 있는지 물었다. 그는 새로 만들어진 API를 좋아하지 않았고 자신이 참여 중인 프로젝트에 해당 API가 통합되지 않길 바랐다. 하지만 그 API에서 무엇이 잘못됐는지 표현할 재간이 없었다. 할 수 있는 것은 *자신이 가지고 있던 비전*에 해당 API가 부합하지 않는다고 말하는 것 정도였다. 이러한 상황은 내게 완벽한 기시감을 불러일으켰다. 그가 작업한 결과가 넷빈즈 API의 비전(아니면 최소한 내가 해석한 바)에 맞지 않는다고 말했던 적이 있기 때문이다!

나조차도 꽤 오랜 시간이 걸렸지만 API를 설계하고 다른 이들과 함께 내가 좋아하는 API를 설계하는 일을 한 지 몇 년이 지나서야 비로소 API 설계가 공학적 체계로 접근할 수 있다는 사실을 깨달았다. 처음에는 그리 분명하지 않았지만 이 분야에도 객관적인 구석이 상당히 많다. 결론적으로 말해서 API 설계 프로세스는 기술자가 이해할 수 있는 무언가, 즉 과학적인 무언가로 바꾸는 것이 가능하다.

모든 실제 지식 분야에는 배경이 되는 이론, 바로 해당 분야의 주제를 형성하는 세계를 규정하는 이론이 필요하다. 그러한 세계는 분명하고 명확하게 규정될 필요가 있다. 분명함이 떨어질수록 학문의 엄밀함도 떨어지고, 예술에 더 가까워진다. 1장에서는 API 설계라는 세계를 정의한다. 여기서는 API 설계에서 다뤄야 할 다양한 주제를 살펴본다. 그리고 API 설계 과정에서 마주치게 될 상황에 대해서도 분석한다. 아울러 동일한 이론을 알고 있는 사람들이 API 세계를 구성하는 요소와 그러한 요소 간의 관계를 더 잘 파악하는 데 활용할 수 있는 공통 어휘를 구축하기 시작한다. 이러한 기반을 토대로 나중에 API 설계 이론이라는 주제에 관해 좀 더 복잡하고 불확실한 결론을 내릴 수 있다.

사용자층이 두터운(특히 전 세계 사람들이 사용하는) 좋은 API를 작성하기란 쉽지 않다. 모든 사람에게는 문제를 이해하고 바라보는 자신만의 방법이 있다. 그들을 한 번에 모두 만족시키기란 대체로 불가능하다. 게다가 API가 전 세계 사용자를 대상으로 삼는다면 다양한 문화적 차이도 다뤄야 한다. 이러한 이유로 훌륭하고 사용자층이 두터운 API를 작성하는 일이 어려운 것이다.

전 세계 독자를 대상으로 책을 쓰는 것도 마찬가지로 쉽지 않은 일이다. 다시 말하지만, 개인적 선호 및 문화적 선호와 관련된 문제는 사람들이 읽고 싶어하는 방식에 영향을 준다. 개중엔 배경을 먼저 알고 싶어 하는 사람들도 있고 바로 예제로 건너뛰어 전체적으로 내용이 유용한지 알고 싶어하는 사람들도 있다. 이러한 두 진영을 한꺼번에 모두 만족시키기란 불가능해 보인다. 에드거 W. 다익스트라(Edsger W. Dijkstra)가 자신의 논문인 "대서양에는 두 면이 있다는 사실에 관하여"[1]에서 아주 잘 기술했듯이 어떤 사람들은 이론적인 접근법이 어렵고 지루하며, 더 나아가 실전 예제는 훨씬 더 흥미롭다고 생각한다. 아마 그들이 한 말은 적어도 문화적인 맥락에서는 맞을지도 모른다. 반면 또 어떤 사람들은 공통 어휘를 구축하는 데 시간을 더 보내고 탐험 중인 세계를 차근차근 이해하고 싶어 한다. 내용 소개를 빠짐없이 하지 않고는 이렇게 하기가 쉽지 않다. 하지만 그렇게 하지 않으면 용어가 두 가지 의미를 지닐 수도 있고, 이것은 종종 혼동을 야기한다. 분명 두 진영을 한 번에 만족시키기란 쉬운 일이 아니다. 하지만 나는 모든 사람들을 만족시키기 위해 최선을 다하겠다.

안정적인 API

우리가 탐구하고자 하는 이 세계의 기본적인 용어 중 하나는 *안정적인 API*다. 나는 이 용어를 넷빈즈 프로젝트에서 다양한 사람들과 이야기할 때 아주 많이 사용해 왔고, 이때 아무런 문제도 예상하지 않았다. 그동안 이 용어는 내게 아주 명확하고 분명한 의미를 지닌 단어로 보였다.

그런 후에 나는 동료 중 한 명이 그 용어를 설명하는 것을 들은 적이 있다. 그는 *API가 절대로 변화를 겪지 않아야만 해당 API가 안정적이라고* 이야기했다! 안정적인 API가 일종의 "안정성"을 띨 가능성은 높지만 그럼에도 때로는 변경될 필요가 있다.

나는 이처럼 기본 API 어휘에서 나온 용어의 의미가 사람들마다 다른 해석 오류의 문제를 늘 겪는다. 당연히 이 같은 해석 오류는 대화 전체를 망친다. 사람들이 서로를 이해한다고 생각한다면(실제로는 그렇지 않은데도) 아예 이야기를 나누지 않는 편이 낫다. 이야기할 때 구체화되는 이미지는 완전히 엇갈리고, 그러한 것들은 의사소통에 결코 도움되지 않는다.

이러한 이유로 기본 용어를 정의하는 데 시간을 들이는 것이 좋다고 생각한다.

---

1 에드거 다익스트라, "대서양에는 두 면이 있다는 사실에 관하여(On the fact that the Atlantic Ocean has two sides)"(1976), http://www.cs.utexas.edu/~EWD/transcriptions/EWD06xx/EWD611.html

용어에 관한 혼동을 방지하고자 1부에서는 어휘 구축과 API 설계의 일반적인 측면을 분석하는 데 할애한다. 여기서는 기본 용어의 어휘를 구축하고 전체적인 API 설계 노력의 동기를 설명하며, 설계 과정의 주요 목표를 대략적으로 잡는다. 이러한 학습 방식이 마음에 들지 않고 기초적인 내용이 필요하지 않는다고 생각한다면 훨씬 많은 코드 예제와 팁, 요령, 다양한 기법이 담긴 2부로 바로 넘어가도 무방하다. 2부의 내용이 낯설어 보여도 놀라진 말자. 그것은 1부에서 다루는 배경 지식을 건너뛰었다는 신호일지도 모른다. 아울러 도구, 컴파일러 등에 관한 실질적인 조언을 얻고 싶다면 3부부터 읽어도 된다. 그러나 재차 말하지만 앞에서 경고한 바를 염두에 두자. 내가 제시한 조언이 이해되지 않는다면 그것은 기반이 되는 API 설계 이론과 관련 내용을 이해하지 않고 건너뛰었기 때문일지도 모른다.

더는 지체하지 말고 이론으로 뛰어들자. 먼저 진행 속도에 박차를 가할 기초적인 사항을 살펴보겠다. 적절한 API 설계에 대한 감을 잡기 위해 왜 API를 설계하고, 무엇을 설계하며, 어떻게 설계하는가에 관한 가장 기본적인 질문으로 시작해보자.

CHAPTER 1

현대 소프트웨어 구축의 예술

소프트웨어 개발의 역사는 짧다. 그 역사는 사람들이 최초의 컴퓨터 프로그램을 작성해서 가까스로 실행한 이후로 100년도 채 되지 않았다. 역사는 짧지만 소프트웨어 개발의 역사는 다른 모든 지적 발명을 연상케 한다. 지금까지 들어본 가장 흥미로운 비유는 컴퓨터 과학의 역사를 사람들이 현실 세계를 이해하기 위해 시도했던 방법과 비교하는 것이다. 이러한 비교의 결과는 훌륭한 API가 왜 필요한지 잘 설명해준다. 이 부분에 관해 자세히 살펴보자.

합리주의, 경험주의, 무지

현대 과학의 르네상스는 두 가지 주요한, 그렇지만 여전히 극단적인 철학적 접근법을 낳은 듯했다. 합리주의는 이성을 정보의 주된 원천으로 보고 순수한 사고를 활용하는 것만으로 현실 세계를 이해하고 묘사하는 것이 가능하다고 가정했다. 이러한 사상을 지지한 철학자로는 근대 과학의 창시자인 르네 데카르트(Rene Descartes, 1596~1650)와 고트프리트 빌헬름 라이프니츠(Gottfried Wilhelm Leibniz, 1646~1716), 그리고 범신론의 창시자인 바뤼흐 스피노자(Benedict Spinoza, 1632-1677)가 있다.

이러한 사상은 갈릴레오 갈릴레이의 낙체 법칙(낙하하는 두 물체는 무게와 상관없이 항상 같은 가속도로 낙하한다)에서 처음으로 자극받았다. 이 법칙은 자연스러운 예상과는 완전히 어긋나는데, 벽돌과 종이를 떨어뜨리려고 해본 사람이라면 두 물체가 동시에 지면에 닿을 확률이 높지 않다고 알고 있기 때문이다. 갈릴레오를 비롯한 다른 근대 과학자들의 탁월함은 그러한 현상이 다양한 자연 법칙(자유 낙하 법칙은 그중 일부에 불과하다)의 상호 협력에 의한 것이라고 본 데 있다. 갈릴레오는 낙체 법칙을 어떻게 발견했을까? 그는 사고 실험을 했다. 그는 크기와 무게가 같은 두 개의 단단한 공이 떨어진다고 상상했다. 실제로 두 공은 동시에 지면에 도달할 것이다. 그런 다음 그는 같은 실험을 이번에는 단단한 공 하나와 중간을 갈라 두 부분으로 나눈 공 하나(그렇지만 두 부분을 아주 가깝게 맞붙인)로 하는 것으로 상상했다. 이 실험의 결과는 결국 첫 번째 실험과 정확히 같다. 즉, 두 물체는 동시에 낙하한다. 이제 갈라진 공의 두 부분을 천천히 분리하기 시작하면 어떻게 될까? 심지어 두 부분을 자그마한 철사로 이어서 하나의 몸체를 형성하게 할 수도 있다. 사실, 공의 두 부분을 센티미터, 미터, 또는 그 이상 떨어뜨려도 이 물체는 계속해서 온전한 공 하나와 같은 속도로 낙하할 것이다. 그리고 마지막으로 설명하지만 중요한 것은 철사를 제거하더라도 같은 결과를 얻으리라는 점이다! 이러한 결과는 자연적인 경험과 전적으로 배치된다. 우리가 경험한 바에 따르면 종

잇조각은 돌보다 느리게 떨어진다. 이 같은 순수한 사고 실험은 무게가 낙하하는 물체의 가속도에
영향을 주지 않는다는 것을 설명해준다.

무의식적 수학과 물리

이 책을 읽는 동안 내가 물리학에 자주 빗대서 설명한다는 사실을 알게 될 것이다. 그렇다. 그 이유는 페트르 보펜카(Petr
Vopěnka)가 쓴, 현대 수학과 물리학의 성공에서의 무의식의 중요성에 관한 책[1]을 읽고 나서 그의 철학적인 설명을 내 머릿
속에서 지울 수가 없었기 때문이다. 때때로 나는 그가 고찰한 내용의 일부를 아주 압축된 형태로만 재사용하곤 하는데, 그
의 책은 800쪽이 넘고 모든 용어에 대한 적절한 해석을 조심스럽게 전개해 나가기 때문이다. 하지만 이 책은 그렇지 못하
다. 그의 모든 개념을 자세히 설명하는 것은 이 책의 범위와 목적을 벗어난다. 그렇기에 간혹 단순화한 내용에 대해서는 미
리 양해를 구한다.

사람들은 갈릴레오가 자신의 유명한 법칙을 피사의 사탑에서 돌을 떨어뜨리면서 발견했다고 말한
다. 어쩌면 실제로 그렇게 했을지도 모르지만 확실히 그러한 작용을 설명할 수 있었던 것은 바로 사
고 실험 덕분이었다. 머릿속 생각만으로 관찰과 경험이 틀렸음을 증명할 수 있었던 것은 그때가 처
음이었다. 비록 현실에서는 더 가벼운 물체가 무거운 물체에 비해 조금 느리게 낙하하지만(이것이
바로 우리가 경험으로 아는 바다) 이제 우리는 중력에 간섭하는 다른 법칙이 낙하 속도의 차이를 만
들어낸다는 사실을 안다. 이것은 순수 이성의 위력을 보여주고 라이프니츠와 데카르트에게 경험보
다 이성을 선호하게 하는 자극을 준 실험이었다. 이 실험은 합리주의라는 철학 운동 전체에 촉매제
역할을 했다. 실제로 이 접근법에서는 연구 주제가 타당하고 또 그래야만 한다고 믿는다. 그리고 사
실 이성을 통해 발견할 수 있는 것이라면 그것의 근원도 이성적이어야 한다.

영국 해협의 맞은 편에는 경험주의가 있었다[2]. 거의 동시대에 데이빗 흄(David Hume,
1711~1776), 존 로크(John Locke, 1632~1704), 조지 버클리(George Berkeley,
1685~1753) 같은 영국의 위대한 지성들은 앎의 주된 원천이 경험이라고 주장했다. 세상을 보고,
듣고, 느끼지 않고서는 정신은 그것에 관해 "생각해 낼" 기회가 전혀 없다는 것이다. 이해한다는 것
은 경험한다는 것을 의미한다(또는 좀 더 과학적인 방식으로 말하자면 실험한다는 것이다). 심지어
여기서도 과학적 실험을 생각이나 가정이 유효하다는 것을 검증하는 원천으로 전파한 최초의 과학
자인 갈릴레오까지 거슬러 올라갈 수 있다. 경험론자의 관점에서 세상은 합리적일 필요가 없다. 세

---

1   페트르 보펜카 「유럽의 문화와 권력의 초석(Úhelný kámen evropské vzdelanosti a moci)」 프라하 출판사, 1999

2   (옮긴이) 이어서 언급하는 경험주의 철학자들이 모두 영국 제도 출신임을 의미한다.

상은 완전하게 알지 못할 수도 있고, 아예 존재하지 않을 수도 있으며, 그리고 사실 전혀 문제가 되지 않는다. 감각의 인지가 타당하기만 하다면 세상을 모두 이해할 필요는 없는 것이다.

오늘날의 관점에서 보면 세상을 인지하는 이러한 두 양극단의 관점은 사실 그렇게까지 멀리 떨어져 있지 않다. 적어도 현대 과학에서는 이론을 검증하기 위한 실험의 가치를 알고 있다. 게다가 데카르트도 과학에 실험이 필요하다는 점도 알고 있었다. 그러면 우리에게는 두 가지 상반된 관점을 하나로 합치는 것은 큰 문제가 아닐 것이다. 그리고 오늘날에는 그렇게 하기가 아주 쉽다. 우리는 살아가면서 대체로 우리를 둘러싸고 있는 철학적 측면에 크게 신경 쓰지 않으며, 그것의 결과에 더 관심을 둔다. 삶은 즐거워야 하고, 지루하지 않아야 하며, 사리에 맞아야 한다. 하지만 우리가 일상적으로 사용하는 것들은 "그저" 동작해야 한다. 우리는 보통 그것들이 어떻게 동작하는지 신경 쓰지 않는다. 예를 들어, 우리는 자동차와 휴대전화에 관해 전적으로 무지하다. 우리는 그것들을 사용하는 것은 타당하다고 생각하지만 그것들이 어떻게 동작하는지 전혀 알지 못한다. 우리는 완전히 무지한 채로 산다.

무지에 대한 합리적 접근

API를 작성하고 전 세계 독자를 대상으로 하는 책을 쓴다는 것은 쉽지 않은 일이다. 개인적 선호와 문화적 차이는 우리가 직면한 문제에 접근하는 방식에 영향을 준다. 합리주의자들은 이론(실제 대상 너머에 존재하는 내적 연관성에 관한)에 관해 이야기하길 좋아하고, 나중에야 이론을 현실 세계와 연결하는 실제 사례를 만든다. 반면 경험론자들은 가능한 한 실제 경험을 얻길 좋아하며, 그리고 나중에야 (설사 존재한다면) 세계를 구성하는 대상들 간의 관계를 판단한다.

이 책에서는 선택적 무지(selective cluelessness)의 관점에서 API 설계를 설명한다. 이 책에서는 신뢰할 만한 결과를 얻는 과정에서 API를 우리의 무지를 극대화하기에 완벽한 도구로 본다. 무지라는 것이 정말로 무엇인가를 정확하게 느끼는 것이 반드시 필요하다. 하지만 합리주의자의 관점에서 그 용어를 이해할 것이다(여기서는 사례가 아닌 이론으로 시작한다). 이것은 모든 사람들이 선호하는 접근법은 아닐 수도 있지만 두 진영을 동시에 모두 만족시킬 수는 없다. 어쨌든 너무 실망할 필요는 없다. 이론이 끝나는 대로 API 설계라는 과학을 위한 공통 어휘를 갖게 될 테니 말이다. 그리고 실제 응용도 충분히 다룰 것이다.

무지는 우리 다수가 삶을 살아가는 한 방법이다. 무지는 오늘날 적용되는 합리주의와 경험주의를 합친 결과다. 무지는 우리 주위의 모든 곳에 있다. 무지는 우리가 프로그램을 작성하고 소프트웨어 공학을 행하는 방법에도 존재한다.

지금까지의 소프트웨어의 진화

1940년대와 50년대 초기에는 프로그래밍이 어려웠다. 사람들은 컴퓨터 언어를 구사하기 위해 기계어를 배워야 했고, 레지스터의 크기와 개수를 알아야 했으며, 더 심각한 경우에는 드라이버를 가지고 개별 연산 단위 간의 신호 전달을 물리적으로 수행하는 전선을 연결해야 했다. 알고리즘을 고안하는 데 필요한 작업과 그것을 실행 가능한 프로그램으로 바꾸는 데 드는 노력은 지루하고 기계적인 작업에 아주 가까웠다.

포트란(FORTRAN)의 단순화는 마치 하늘에서 내려준 것과 같았다. 포트란은 마치 경험주의자처럼 프로그래머로 하여금 제한된 범위의 수학공식을 계산할 수 있는 세계를 열어줬다. 프로그래머들은 어셈블리어를 이해해야 한다거나 컴퓨터의 기술적인 내부 구조를 알아야 한다는 걱정을 더는 할 필요가 없었다. 그들은 이러한 세부사항에 관해 완전히 잊어버리고 중요한 일에 훨씬 더 집중할 수 있었다. 바로 수학공식을 알고리즘적인 단계로 변환해서 계산하는 데 집중할 수 있었다. 포트란은 사람들이 계산할 수도 있는 것들을 최소한으로 제한하면서 소프트웨어 개발 프로세스를 단순화했다. 이것은 경험주의자들의 큰 승리를 의미했다.

하지만 프로그래밍은 여전히 수련하기가 쉽지 않았고 단순함에 대한 요구는 계속해서 늘어났다. 코볼(COBOL) 같은 새로운 언어가 "초보 프로그래머도 이해하기 쉬운"이나 "경영진도 읽을 수 있는 언어" 같은 비전을 가지고 나타나서 프로그래밍과 관련된 특정 작업을 훨씬 더 단순하게 만들었다. 오늘날 신규 시스템을 코볼로 작성하려고 진지하게 고려해 보는 사람은 아무도 없다. 하지만 당시 코볼은 일반 어셈블리어 또는 심지어 포트란과 비교해서도 데이터베이스에 접근하고 조작하는 데 필요한 지식의 양을 대폭 줄였다.

하지만 모든 사람들이 이를 반기진 않았다. 이성을 믿는 사람들이 있었고, 그런 사람은 늘 있어왔다. 바로 세계와 그 세계를 구성하는 요소는 합리적이어야 한다고 생각하는 사람들 말이다. 그런 사람들은 우리 주위에서도 찾을 수 있으며, 프로그래머 사이에서는 훨씬 더 그렇다. 50년대에 존 매카시(John McCarthy) 같은 합리주의자는 람다 계산법의 수학적 모델을 기반으로 한 리스프(LISP) 언어를 발명했다(그래서 리스프는 그 자체로 견고한 이론적 기반을 갖추고 있다). 수학은 거의 항상 합리주의적인 분야이기 때문에 이러한 기반은 순수한 추론이 뒷받침됐다. 리스프가 설계되는 동안 "수학적 간결함이 다른 무엇보다도 중요해진" 시기가 있었다는 소문이 있다. 이것은 바로 합리주의의 징후가 아닌가! 이 언어는 유용할 필요도 없고 심지어 구현 가능하지 않을 수도 있지만 순수하고 깔끔하고 합리적이어야 하는 것이다.

어떤 사람들은 컴퓨터 과학 분야에는 유럽 학파와 미국 학파라는 양대 학파가 있다고 말하기도 한다. 미국 학파가 보통 더 실용적인 반면(물론 실용주의가 미국에서 발명됐으므로) 유럽 학파는 원대한 비전을 추구한다. 컴퓨터 공학 설계에서도 이를 관찰할 수 있다. 위대한 유럽인의 정신이 기능보다 합리주의를 선호하는 다양한 사례가 있다. 메시지 기반 컴퓨팅과 세마포어 동기화 패턴을 발명한 에드거 W. 다익스트라(Edsger W. Dijkstra)는 "컴퓨팅에 관한 선집: 개인적 관점(Selected Writings on Computing: A Personal Perspective)"에서 "프로그래밍은 수학적 성격이 강한 엄격한 공학적 규율의 형태로 나타났다."[3]라고 썼다. 정말 그렇다면 우리는 모두 합리주의의 길을 걷고 있을 것이다. 하지만 주위의 다른 사람들이 회계 프로그램, 병원 환자 데이터베이스 등을 프로그래밍하는 모습을 보면 요리할 때 수학이 필요없는 것처럼 수학은 거의 사용되지 않는다는 생각이 든다. 사실 좋은 알고리즘은 수학적 배경이 필요할지 모른다. 하지만 또 한 명의 위대한 유럽의 지성이자 파스칼(Pascal), 오베론(Oberon) 및 다양한 시스템을 발명한 니클라우스 워스(Niklaus Wirth)가 언급했듯이 "단순하고 우아한 해법이 더 효과적이지만 그러한 해법은 찾기가 더 어렵고 더 오랜 시간이 걸린다." 물론 그 말이 맞다. 적기출시(time to market)가 가장 큰 성공의 척도가 되는 시대에서는 순수하고 깔끔한 해법을 끝없이 탐구하는 데 투자할 시간은 없다.

오늘날의 소프트웨어 공학 세계에서는 합리주의자들의 접근법이 설 자리가 없음을 확인할 때인 듯하다. 이것은 특히 합리주의라는 교회에서 예배를 드리는 프로그래머가 바닥을 드러내고 있기 때문이다. 혹은 그림 1.1에서 볼 수 있듯이 프로그래머가 거의 완전히 자취를 감추고 있다. 이것은 새로운 현상이 아니며, 다익스트라가 언급한 또 다른 말을 인용하자면 "훌륭한 프로그래밍은 아마 오늘날의 평균적인 프로그래머가 지닌 지적 능력을 넘어설 것이다." 사실이다. 하지만 새로운 프로그램에 대한 수요는 늘어나고 있다. 그 부분에 대해서는 어떻게 해야 할까?

그림 1.1 생계형 HTML 코더

세계를 이해하는 것에 비유하자면 합리주의나 경험주의는 평범한 인간에게는 거의 중요하지 않으며, 뻔한 조언을 하자면 무지해지라는 것이다. 프로그래밍과 관련된 상황도 이와 비슷하다. 세계, 또는 적어도 우리 사회에서는 일하기 위해 모든 인간이 철학자일 필요는 없다. 교육을 충분히 받지 않은 사람들(즉, 우리 중에서 조금 더 무지한)도 함께 살 수 있게 사회가 구성돼 있으며, 그럼에도 모

---

3 에드거 다익스트라, 『컴퓨팅에 관한 선집: 개인적 관점(Selected Writings on Computing: A Personal Perspective)』, 스프링거–베르라그, 1982

든 것이 제대로 동작하는 듯하다. 이와 비슷하게 소프트웨어 공학에서는 모든 프로그래머가 고등 교육을 받은 과학자일 필요는 없다. 지금 우리가 하는 것만큼이나 훨씬 더 많은 소프트웨어를 제공하고 싶다면 프로그래머들이 무지해져도 여전히 신뢰할 수 있는 시스템을 만들어내는 체계가 필요하다.

사실 앞에서 언급한 무지는 완전히 프로그래밍을 모른다는 의미가 아니다. 키보드로 아무 문자를 입력했을 때 컴파일 가능한 프로그램이 만들어질 가능성은 낮다. 코드를 작성하는 법을 아는 것이 프로그래머의 전제 조건이다(이것은 마치 TV 광고를 보고, 그것을 받아들여, 그것에 대해 논의하는 것이 특정 인간 사회에 필요한 기술인 것과 같다). 소프트웨어 공학의 무지가 가리키는 바는 프로그래머들이 많이 알지 못해도 좋은 결과를 달성할 수 있게 하는 것을 의미한다. 어떤 지식이 필요하고, 어떤 지식이 필요하지 않은지 일반화할 수는 없지만 목표는 개발자들이 어느 정도만 알아도 되게끔 만들어주는(즉, 필요한 지식을 선택할 수 있는) 코딩 실천법을 찾는 데 있다. 나는 이것을 선택적 무지라 부르겠다.

거대한 기반 요소

21세기 들어 첫 10년 동안 만들어진 평균적인 시스템은 우아함이라곤 찾아볼 수 없거나 아주 조금밖에 없는, 거대한 먼지 더미와도 같다. 이러한 시스템은 늘 가능한 한 최소한의 노력으로 일을 해치우는 것을 목표로 삼는다. 그래서 공학 팀에서는 필요 이상으로 무거운 경우에도 기존의 소프트웨어 프레임워크를 재사용하는 경향이 있다.

웹 상에 웹 페이지 올리기

최근에 서버에 동적 웹 페이지를 올릴 일이 있었다. 두 가지 방법이 있었는데, 특정 포트에 소켓을 열고, 들어오는 연결로부터 스트림을 읽은 다음 응답으로 뭔가를 쓰는 방법과 기존 기술을 가지고 시스템을 조립하는 방법이었다. 나는 두 방법을 모두 시도해봤다.

"맨 처음부터 만드는" 방법은 문제없이 동작했다. 나는 HTTP 명세를 읽고, 들어오는 헤더를 파싱해 출력 결과를 만들었다. 이 방법은 비교적 적은 양의 코드로도 가능했고 약간의 디버깅을 거친 후에는 문제없이 동작했다. 하지만 그 이후로 추가 기능(페이지 보안, POST 요청 처리 등)이 필요해졌다. 나는 RFC 문서를 읽고 이러한 기능들을 구현할 수도 있었다. 하지만 그러자면 거기에 쓰고 싶은 시간보다 훨씬 더 작업할 양이 많았다.

"조립" 접근법을 시도한 것은 이런 이유에서였다. 톰캣 웹 서버를 이용해 서블릿을 하니 작성한 후 실정 파일의 프로퍼티를 조정하자, 짜잔 모든 것이 동작했다. 다만 한 가지 단점이 있었다. 50KB에 달하는 코드 대신 갑자기 1MB가 넘는 프로그램이 만들어진 것이다!

오늘날의 시스템은 대단히 많은 기반 요소(building block)로 구성된다. 기술 스택 전체를 혼자서 만드는 사람은 아무도 없다. 그 대신 신뢰할 수 있고 저렴한 운영체제를 설치할 확률이 높다. 그런 다음 운영체제를 기반으로 널리 사용되는 웹 서버를 설치하고 데이터베이스 서버를 추가한다. 이런 수 메가바이트에 달하는 프로그램을 설치하고 나면 기초적인 문제(HTML 페이지 생성 같은)를 해결할 준비가 끝난다. 이 시점까지는 아주 쉬운 작업이다. 하지만 아무도 시스템 전체가 단순하다고 이야기할 수 없다. 사실 그것은 아주 복잡하고, 지구상에서 이 모든 것을 이해할 수 있는 사람은 단 한 명도 없다. 이것은 무지의 완벽한 예다. HTML 페이지를 만드는 프로그래머는 전체 시스템에서 최소한의 부분만 알아도 일을 완료할 수 있다.

이러한 접근법 전체는 불도저로 코딩하는 것과 같은 형상을 떠오르게 한다. 즉, 데이터베이스가 필요하면 시스템에 데이터베이스 서버를 추가하자. 혹은 좀 더 안정적인 런타임 환경이 필요하면 자바와 애플리케이션 서버를 설치하자. 이러한 프레임워크가 얼마나 무거운가는 상관없이 커다란 불도저가 그러한 프레임워크를 먼지 더미 위에다 옮겨준다는 사실을 늘 발견할 수 있다. 애플리케이션이 너무 많은 메모리를 소비하기 시작하면 합리주의 관점에서 애플리케이션을 최적화하는 방안을 고려할 수도 있다. 하지만 불도저가 있으면 모든 문제가 똑같아 보이고 몇 기가바이트 메모리를 구입하기만 하면 된다. 시스템이 계속해서 느려지면 클러스터링이나 가상화에 투자할 수도 있다. 그리고 애플리케이션이라는 비트 더미는 규모가 점점 커지고 작아질 일이 거의 없을 것이다.

문제는 불도저 코딩법을 이용하는 것이 그렇게 나쁘냐다. 사실 워스가 말한, 더 효과적이지만 찾기까지 시간이 너무 많이 걸리는 "단순하고 우아한 해법"을 찾고자 노력하는 것보다 더 생산성이 높을 가능성이 크다. 웹을 둘러보면 불도저와 유사한 접근법을 이용해(그럴 가능성이 높은) 만들어진 깔끔하고 훌륭한 애플리케이션과 서버를 볼 수 있다. 아마존, 야후! 등은 대형 사이트에 속하며, 이런 사이트들도 큰 문제 없이 잘 동작한다. 이것은 불도저 방식이 현대 소프트웨어 시스템을 설계하고 코딩하는 성공적인 방법임을 의미하는 듯하다. 우리 모두가 가진 놀라울 정도의 컴퓨팅 능력은 주먹구구식 컴퓨팅을 향해 크게 기울어져 있다. 그리고 그 방법은 정말로 통한다!

아름다움, 진리, 우아함

앞에서 무지를 칭찬한 내용이 눈에 거슬릴 분들이 많을 것이다. 어째서 육중한 무한궤도형 트랙터에서 일어나는 먼지 더미가 우아함을 대체할 수 있다는 걸까? 어째서 그러한 애플리케이션이 그렇게 지저분해 보이는데도 올바를 수 있다는 걸까? 이럴 순 없다! 글쎄, 그럴 수 있다. 우리는 우리를 사로잡고 있는 생각들을 좀 더 가까이에서 살펴볼 필요가 있다.

과학의 근원은 여전히 우리를 지탱하고 있으면서 늘 우리가 생각하는 방식에 영향을 준다. 그것은 수세기 이전에 고대 그리스인들에 의해 뿌리내렸고 여전히 우리가 진리와 아름다움 간의 관계를 대하는 방식을 형성한다. 그리스 철학자의 관점에서 대부분의 귀중한 과학적 지식은 명료하고(관련된 오해로 과학적 지식의 의미가 가려지지 않았다) 정확했다. 즉, 모호한 부분이 없었다. 아니나 다를까 높이 평가되는 과학은 대부분 기하학이었다. 주된 이유는 기하학은 현실 세계에 관한 과학이 아니라 기하학적인 과학, 즉 두 점 사이의 선은 직선이고, 구는 절대적으로 둥글다 등등이었기 때문이다. 다른 과학은 이 정도 수준의 완벽함에 필적할 수 없었고, 특히 현실 세계를 연구하는 과학은 더욱 그러했다. 구체 모양의 돌도 거리를 두고 보면 기하학적 구체처럼 보일 수도 있다. 하지만 좀 더 가까이 가면 구체 모양은 인지상의 착각이었음이 더욱 분명해진다. 따라서 돌에 관한 과학은 정확성이 떨어지고 순수 기하학만큼 명료해질 수 없다. 따라서 물체가 만들어지는 과정에서 발생하는 실수를 감안할 필요가 있다.

그리스인들이 생각하는 기하학적 세계와 현실 세계 간의 주된 차이점은 안정성이었다. 현실 세계의 물체는 끊임없이 변화한다. 예를 들어, 오늘 존재하는 돌은 내일 산산조각 나거나 조각으로 깎일 수 있다. 반면 기하학적 세계의 물체는 절대적으로 안정적이다. 이를테면, 사각형을 둘러싼 원은 항상 같은 상태를 유지할 것이며, 직각은 언제나 90도일 것이다. 결과적으로 기하학에 관한 사고와 추론(기하학적 물체와 그것들의 관계)은 영원히 유효하다. 기하학상의 진리는 현실 세계에 관한 진리와는 달리 영원히 지속된다. 그러한 이유로 그리스인들은 기하학을 절대적인 진리에 관한 학문으로 봤다.

기하학적 세계의 물체는 복잡성에 따라 각양각색이다. 예를 들어, 원을 정의하려면 원의 중심과 반지름이 필요하다. 타원을 정의하려면 하나가 아닌 두 개의 반지름이 필요하다. 이는 원이 타원보다 정의하기 쉽다는 의미다. 이와 비슷하게, 정사각형은 직사각형보다 단순하다. 기하학에서 명료성을 선호한다고 보면 원과 정사각형은 타원이나 직사각형보다 "순수"하거나 더 아름답다고 할 수 있다. 그리스 철학자들은 이를 깨닫자마자 기하학의 세계는 진리의 공간이지 아름다움의 공간이 됐다. 그 이후로 진리와 아름다움은 비단 기하학 분야뿐 아니라 예술과 다른 분야에서도 단짝으로 여겨졌다. 그리스 조각은 상당히 기하학적인데, 신체 부위 간의 다양한 비율에 세심한 주의를 기울여 만들어졌으며(이를테면, 머리는 몸 전체의 1/8이어야 하고, 황금비가 있다는 등), 기하학적 진리, 아름다움, 우아함이 맞물려 있다.

비율과 아름다움, 조화에 관한 고전 그리스 양식 및 그리스 사상은 르네상스 시기 동안 예술과 과학 분야에 널리 퍼졌다. 사실 그 당시의 예술은 르네상스라는 이름에서 알 수 있듯이 그리스의 미학적 유산을 토대로 만들어졌다. 그런데 그러한 영향은 예술 분야를 넘어 다양한 분야에 퍼져서 철학은 물론 태동기에 있던, 현실 세계에 관한 새로운 학문인 물리학에도 파고들었다. 갈릴레오를 비롯한 여러 학자들은 기하학을 현실 세계에 접목했다. 그들은 이상적이고 완벽한 기하학의 세계를 가져와 현실 세계의 바탕에 깔았다. 유리창을 통해 보듯이 현실 세계를 살펴보기 시작했고, 현실 세계는 물론 그 뒤에 놓인 기하학적 세계까지 바라봤다. 이를테면, 현실 세계의 물체를 질점(mass point)으로, 물체의 움직임을 궤적으로, 물체의 회전을 원운동으로 보기 시작했다. 이러한 과정에서 기하학은 현실 세계와 점점 더 가까워졌다. 기하학의 세계는 현실 세계의 너머에 존재하는 세계로 자리 잡았다. 그리고 기하학과 함께 진리와 아름다움이 현실 세계로 들어왔다.

르네상스 시대의 물리학(아이작 뉴턴의 물리학 법칙과 이전의 기하학과의 결합으로 완성된)이 이끌어낸 커다란 성공은 물리학이야말로 가장 완벽한 학문인 것처럼 보이게 만든다. 물리학은 현실 세계를 설명했을뿐더러 기하학과 똑같은 우아함도 지녔다. 행성은 타원형 궤도로 움직이고, 탑에서 떨어뜨린 물체가 현실 세계의 법칙에 따라 떨어진다는 것은 과학에서 이미 알고 이해하고 있는 부분이다. 이러한 지식을 토대로 미래를 예측하는 것도 가능하다. 물리학은 세계에 대해 알고, 세계가 어떻게 돌아가는지 알고 있으며, 법칙 너머의 진리에 대해서도 알고 있다. 결과적으로 세계는 더는 어둡고 모호한 곳이 아니라 아름다움으로 충만한 곳이 됐다. 재차 언급하지만 뉴턴의 물리학을 아는 사람은 진리와 아름다움이 다시 한번, 이번에는 기하학적 세계만이 아니라 현실에서도 맞물려 있다는 사실을 알 수 있다.

뉴턴의 물리학은 르네상스 시대의 마지막 걸작으로, 르네상스 시대의 물리학을 완성했다. 뉴턴의 물리학은 우아하고, 정확하며, 아름답다. 세계가 유클리드의 기하학적 공간을 기반으로 만들어진 것으로 설명하는데, 사실 이것은 최선의 설명이자 가장 유한한 형태의 합리주의다. 그러한 세계는 경험을 이용할 필요 없이 순수한 정신적 작용으로도 발견할 수 있다. 하지만 그 이후로 물리학은 변화했다. 아인슈타인은 그러한 공간이 유클리드의 기하학적 공간과 달리 휘어진 공간으로 인식하는 데 이바지했다. 양자론은 기하학(크기는 문제가 되지 않는다)이 현실 세계의 모델이라는 자격을 박탈했다. 세상은 너무 복잡해졌고, 현대 물리학은 그리스 기하학과 아예 무관해졌다. 과학은 여전히 유용함과 동시에 다양한 진리를 예측할 수 있지만 기하학에서 멀어진 것의 부수효과로 세계는 점점 더 아름다움이 자리 잡을 수 없는 곳이 돼 가는 듯하다.

한편으로 소프트웨어 엔지니어를 비롯한 대부분의 성인들은 물리학에 관해 뉴턴이 발견한 만큼은 알고 있다. 우리 중 다수는 상대성 이론에 관해 들어본 적이 있을 것이다. 하지만 상대성 이론에 관해 설명할 수 있는 이는 많지 않다. 그러한 이유로 우리에겐 아직까지 세계가 짜임새 있고 아름다우며, 심지어 가장 엄밀한 자연 과학, 바로 뉴턴의 물리학을 기반으로 하는 것처럼 보이는 것이다. 그러한 이유로 우리는 세계의 나머지 부분들이 마찬가지로 아름다울 거라고 확신하고 예상하는 듯하다. 사실 모든 학문은 기하학과 물리학만큼 순수해지려고 노력한다. 진리와 아름다움이 합쳐져야만 일반적으로 훌륭한 학문으로 받아들여진다. 어쩌면 아름다움은 아무런 구조가 없는 카오스 이론과 달리 그저 더 자연스럽게 인식하고 기억할 수 있는 것에 불과할지도 모른다.

영화 '이니그마'

최근에 이니그마(Enigma)라는 영화를 볼 기회가 있었다. 이 영화는 제2차 세계대전 당시의 보안 암호화를 기반으로 한 로맨스 영화다. 주인공인 수학자는 수학을 좋아하느냐는 질문을 받는다. 거기에 주인공은 이렇게 대답한다. "저는 숫자를 좋아해요. 숫자에는 진리와 아름다움이 나타나기 때문이죠. 방정식이 아름답게 보이기 시작할 때 당신은 자신이 어디에 있는지 알게 되고, 숫자가 존재의 비밀에 더 가깝게 데려다 줄 겁니다." 그리스인들이 가진 진리, 아름다움, 우아함에 대한 이상을 이보다 더 훌륭하게 찬미할 수는 없다. 과학자가 아닌 사람들을 위한 로맨스 영화에 이런 문장이 나온다는 것은 진리, 아름다움, 우아함이 서로 밀접해 있다는 인식이 대부분의 사람들 마음속에 깊이 자리 잡고 있음을 의미한다.

컴퓨터 과학과 소프트웨어 공학이라고 해서 아름다움과 진리를 선호하지 않을 이유는 없다. 하지만 한 가지 염두에 둘 것은 소프트웨어를 만드는 일차적인 목표는 소프트웨어를 안정적으로 출시하는 데 있다. 출시 주기의 막바지 과정에서 아름다움은 사실 엔지니어가 가장 마지막에 생각해야 할 것 중 하나다. 우리는 중대한 버그를 고치거나, 좀 더 정확히 말하면 버그를 우회한 다음 제품을 출시하는 편이 낫다고 생각한다. 사실 단순함과 우아함은 전혀 목표로 삼지 않는다. 단순함과 우아함이 필요하다고는 느끼지만 그것들이 들어설 자리는 없다. 이제 이러한 사실을 알고 있으니 무지를 현재와 미래의 소프트웨어 개발 방법론으로 제시할 수 있겠다.

더 무지해져라!

앞에서 단순함과 우아함이 오늘날 성공적으로 배포된 소프트웨어 시스템이 목표가 아니라는 점을 살펴봤다. 철학과 마찬가지로 합리주의는 일상의 현실 세계를 이해하기에 지나치게 학문적이다. 가장 전도유망한 개발 방식은 "불도저" 접근법을 실용적으로 활용하는 것인 듯하다. 바로바로 사용할 수 있는 컴포넌트를 재사용하고, 커다란 기성 라이브러리를 가지고 애플리케이션을 구성하며, 그것들을 함께 연동해 *어떻게* 동작하는지 완전히 이해하지 못한 상태에서도 확실히 작동하게 만드는 것이다. 이러한 견해를 거부하는 분들도 많을 것이다. 그러나 대부분은 인지하지 못하겠지만 이것은 오늘날의 대형 소프트웨어 프로젝트의 배경에 자리 잡고 있는 사실상의 업계 표준 방식이다. 이제 이러한 점을 확실히 알게 됐으니 문제는 이처럼 무지한 접근법을 훨씬 더 잘 작동하게 할 수 있느냐다.

불도저 방식에 관해 한 가지 칭찬해야 할 점은 대부분의 프로그래머들(심지어 참여자임에도)이 시스템의 상당 부분을 이해하지 못해도 훌륭한 결과를 만들어낼 수 있다는 것이다. 처음에는 이 점이 소름끼칠지도 모른다. 한편으로 우리는 늘 이렇게 하고 있다. 자동차를 운전하기 위해 자동차의 설계를 이해하고 싶지는 않을 것이다. 양치질을 하기 위해 화학을 이해할 필요는 없다. 이와 비슷한 식으로 간단한 Win32 애플리케이션을 개발하기 위해 윈도우 코드를 이해할 필요는 없다. API에 관한 지식(이 경우 Win32)과 적절한 문서를 어디서 찾을 수 있는가만 알면 상당히 효율적인 윈도우 프로그래밍을 할 수 있다. 이는 거의 모든 시스템에 대해서도 마찬가지다. 리눅스, 자바, 웹용 코드를 작성하려면 빙산의 일각만 배워도 되며, 그것만으로도 대부분의 코드를 작동시키는 데 충분할 것이다. 이렇게 할 수 있는 이유는 모든 라이브러리나 프레임워크를 감싸는 추상화 때문이다. 이러한 추상화, 즉 API는 모든 복잡성을 감춘다. 그리고 그것이 바로 이 책의 주제다.

선택적 무지가 늘수록 시스템이 더 안정적으로 바뀐다. 이 책 전반에 걸쳐, 모든 것을 이해하지는 못해도 여러분의 라이브러리를 사용하는 사람들을 돕는 다양한 방법을 살펴볼 것이다. 이어지는 출시 작업에도 계속 효과적인 방식으로 말이다.

무지의 기원

"무지"라는 용어를 처음 접한 것은 2006년 10월, 오레곤 주의 포틀랜드에서 열린 OOPSLA 콘퍼런스에서였다. 강연자로 초빙된 마틴 리나드(Martin Rinard)는 "소프트웨어 시스템의 구축과 유지보수에 대한 이해의 최소화"라는 논쟁적이면서 영감을 불어넣어주는 이야기를 했다.

거기서 그는 인간의 두뇌는 한정돼 있고 아주 한정된 양의 데이터만 다룰 수 있다는 관찰 결과를 제시했다. 더욱더 큰 애플리케이션을 구축하는 것이 목표라면 애플리케이션에 대해 한정된 지식만 가진 상태에서 애플리케이션을 구축하는 방법을 배울 필요가 있다. 그는 다음의 세 가지 방향을 설명했다.

- 프로그램 검증
- 시스템 공학
- 오류 포용

> 그는 강연에서 오류를 내포한 상태에서도 그런대로 괜찮은 수준의 프로그램을 만드는 방법을 모색했다. 사실 그 방법은 진리, 아름다움, 우아함을 선호하는 사람들에게는 아주 끔찍한 모습이었다. 하지만 현실적인 소프트웨어 시스템을 구축하고자 하는 사람들에게는 그런대로 괜찮은 절충안이었다.
>
> 나는 리나드 씨가 소개한 내용이 아주 마음에 들었고 오류와 관련해서 그가 내린 결론에 동의하며, 이 책에서는 이제 시스템 공학에 집중하고 프로그램 검증에 대해 일부 다룰 것이다. 하지만 여전히 신뢰할 수 있는 시스템을 만드는 가운데서도 가능한 한 무지에 도달하는 방법을 배우는 것은 매력적이고 가치 있는 목표가 될 것이다.

"무지"라는 용어는 불쾌함을 주려는 의도로 만들어진 것이 아니다. 여기서는 다양한 유형의 이해를 구분하려는 데 있다. 특정 주제를 활용하는 데 필요한 정도만 이해하는 얕은 이해가 있을 수 있고, 기반이 되는 원칙을 이해하는 깊은 이해도 있을 수 있다. 일상 생활에서는 대개 얕은 이해만 필요하다. 텔레비전을 볼 때도 텔레비전이 어떻게 동작하는지 심도 있게 이해할 필요는 없다. 정확한 위치를 파악해야 하더라도 지구 주위를 돌고 있는 정교한 인공위성 체계를 이해할 필요는 없다. 각 인공위성의 위치나 기능도 우리와 무관하다. 우리에게는 GPS에 표시되는 위도와 경도를 파악하는 정도면 충분하다. 물론 누군가는 더 많이 알아야 할 상황도 있다. 이를테면, GPS 장비나 자동차, TV를 수리하는 사람은 훨씬 더 폭넓게 알 필요가 있다. 그럼에도 그런 사람들조차도 얕은 이해만이 필요하다. 그들 또한 모든 자그마한 세부사항에 관해서까지 알 필요는 없다. TV나 자동차에 관한 거의 모든 것을 배우는 것도 확실히 가능하며, 필요하다면 그렇게 할 수 있다. 하지만 보통 그 정도까지 이해할 필요는 없으며, 그러한 이유로 대부분의 사람들은 일상생활의 활동에서 얕은 지식만 가지고 있는 것이다.

비슷한 맥락으로 소프트웨어 개발에서의 무지는 우리가 적어도 대부분의 경우에는 얕은 지식에만 의지할 수 있음을 의미한다. 여기서 "선택적 무지"라는 용어는 우리가 뭔가를 심도 있게 아는 데 중요하고 중요하지 않은 것을 적극적으로 선택하도록 상기시키는 역할을 한다. 그것이 바로 *선택적 무지*(이 책의 나머지 부분에서 대부분 *무지*라고만 칭하는)가 대단히 긍정적인 용어인 이유다.

CHAPTER 2

API를
만드는 이유

API를 설계하는 것은 쉬운 일도 아니고 비용이 적게 드는 것도 아니다. API를 만드는 것은 확실히 API를 전혀 제공하지 않는 제품을 출시하는 것에 비해 해야 할 일이 많다. 그럼에도 "무지"라는 맥락에서 이 책의 주된 메시지는 적절한 API를 이용하면 시스템에 대한 이해를 최소화하면서도 더 나은 시스템을 설계할 수 있다는 것이다. 시스템을 구성하는 개별 컴포넌트의 API를 적절히 설계하고 사용하면 해당 컴포넌트를 설계하는 데 사용된 시스템 공학 방법론을 개선할 수 있다. 시스템 공학 기술을 향상시키는 것은 무지의 혜택을 최대화하는 방법 중 하나다.

분산 개발

무지 모델은 전 세계 소프트웨어 프로젝트에서 수집한 커다란 기반 요소를 사용하는 데 토대를 둔다. 제품 팀은 가능한 한 많이 재사용하고, 모든 것들을 전부 직접 작성하지 않는 식으로 가장 중요한 차별화 요소, 즉 애플리케이션의 실제 로직에 집중할 수 있다. 기반 구조(infrastructure)를 만들고 작성하는 데 더는 시간을 보낼 필요가 없고, 다른 사람들이 만든 프레임워크와 기타 유용한 라이브러리들을 재사용할 수 있다. 이제 사내에서 사용할 목적으로 SQL 데이터베이스 서버를 작성하는 사람은 아무도 없다. 사람들은 시장에서 확실히 자리를 잡은 상용 소프트웨어 제공업체에서 만든 데이터베이스 서버를 사용하거나 최근에 만들어진 오픈소스 프로젝트를 활용한다. 개인용으로 만든 SQL 데이터베이스 서버의 구현체 때문에 고생하는 것은 비효과적인 자원 낭비로 여겨질 것이다. 이 같은 현상이 다른 여러 소프트웨어 기술 영역에서도 일어난다. 웹 및 애플리케이션 서버, 언어와 해당 언어의 라이브러리, 통합 개발 환경(IDE), 리치 클라이언트 애플리케이션 프레임워크는 모두 소프트웨어 기반 요소로 자리 잡고 있다. 미리 포장해둔 음식이나 조립식 아파트 블록과 마찬가지로 소프트웨어 기반 요소들은 곧바로 사용 가능한 상태가 되고 조립된 다음, 필요에 따라 다듬어질 수 있다. 이러한 접근법은 소프트웨어 시스템을 제작하는 데 필요한 개발 시간을 현격히 줄인다.

애플리케이션 전체를 조립할 경우 개별 기반 요소들을 함께 연동할 필요가 있다. 이러한 요소는 서로 어떤 식으로든 소통할 필요가 있다. 보통 잘 정의된 API를 통해 그렇게 하는데, 각 컴포넌트의 API는 무지를 늘리는 첫걸음에 해당하며, 각 컴포넌트의 모든 내부 구조를 이해하고 알아야 할 필요가 없다. 대개 컴포넌트의 매뉴얼을 읽어보고 그것의 API를 이용해 여러분이 만드는 애플리케이션에 해당 컴포넌트를 성공적으로 포함시키기만 해도 충분하다. API는 기반 요소의 역할을 하는 컴포넌트의 모든 세부사항을 이해해야 할 필요성을 최소화한다.

추상화 누출

API는 각 컴포넌트의 기능과 내부 구현에 대한 추상화로 볼 수 있다. 보통 추상화를 이해하는 것만으로도 충분하지만 어떤 경우에는 컴포넌트의 내부 구조가 API를 통해 "누출"되기도 한다. 한 예로, 파일시스템 추상화를 살펴보자. 일반적인 파일 시스템은 트리와 비슷한 계층 구조로 구성된 파일과 디렉터리의 집합이다. 어떤 자원을 알고 있으면 그것의 내용을 조회하거나 하위 자원의 목록을 조회할 수 있다. 자원의 내용은 스트림 형태로 표현된다. 이는 오늘날 사용 가능한 거의 모든 운영체제에서 사용되는 잘 알려진 추상화. 이러한 추상화 덕분에 일반적인 애플리케이션 프로그래머들은 파일시스템의 실제 저장소와 유형을 다루는 작업의 세부사항과 격리된다. 파일을 읽기 위해 파일이 하드디스크나 CD-ROM, USB, 네트워크에 있는지 아는 것은 중요하지 않다. 추상화는 항상 동일하게 유지된다.

하지만 때로는 이러한 추상화 너머의 실제 구현이 누출되기도 한다. 예를 들어, USB를 대상으로 작업할 경우 드라이브의 내용을 읽는 도중에 사용자가 USB를 뽑아버려 디스크가 사라질 수 있다. 또는 네트워크의 경우에는 네트워크 속도가 느리거나 네트워크 상태가 좋지 않아 긴 지연시간을 경험할 수 있다. 이러한 상황에서는 추상화뿐 아니라 적어도 부분적으로는 추상화 너머의 구현에 대해서도 이해할 필요가 있다.

한편 선택적 무지라는 관점에서는 이러한 부분을 감내할 만하다. 공통 API는 기본적인 추상화에 해당하며, 지연시간 또는 제거된 디스크로부터 파일을 읽어들이려고 할 때 발생하는 충돌에 개의치 않는다면 제 기능을 수행한다. 지연시간이나 충돌이 신경 쓰인다면 그러한 상황을 감지해 처리하는 더 향상된 방법도 많다. 따라서 파일시스템 API는 우리가 무지해지는 데 도움을 주지만 필요할 때 우리의 지식이 늘어나는 것은 막지 못한다. 이것은 기능하는 모든 API에 해당하는 이야기다.

일반적인 애플리케이션은 하나 또는 몇 개의 라이브러리로 구성되지 않는다. 오늘날 개발되는 애플리케이션은 전 세계에서 구할 수 있는 다양한 오픈소스 라이브러리를 활용한다. 오픈소스로 제공되는 것으로는 유닉스 계열 커널이나 기반 C 라이브러리, 명령줄 유틸리티부터 시작해, 웹 서버와 웹 브라우저에 이어 앤트(Ant), 톰캣(Tomcat), JUnit, JavaCC 등과 같은 자바 유틸리티에까지 이른다. 사실 이러한 각 라이브러리는 저마다 API를 보유하고 있으며, 그 결과 그러한 소프트웨어를 작성하는 사람들은 모두 API를 설계하는 일에 몸담고 있는 셈이다(그러한 사실을 인지하느냐 여부와 상관없이).

이 같은 조립 접근법은 *리눅스 배포판*에서 흔히 볼 수 있는 운영 모델이다. 리눅스 배포판은 다양한 사람들이 작성하며, 그것을 가지고 패키지화해서 함께 합쳐진다. 보통 배포판 제작사에서는 중앙 관리 유틸리티를 만들어 선택한 컴포넌트들이 함께 잘 동작하게끔 어느 정도의 품질 보증을 제공한다. 이러한 방식은 대부분의 제작사와 사용자에게 효과적인 듯하며, 배포판을 제작하는 데 드는 비용을 낮추는 데 이바지한다. 이러한 모델이 성공적이라는 증거로 맥 OS X이 애플에서 제작한 다수의 애드온이 포함된 FreeBSD 유닉스 배포판이라는 점을 알아두자.

분산 개발은 고유의 특징을 갖고 있다. 가장 쉽게 알 수 있는 부분은 전체 애플리케이션의 소스코드가 더는 개발자의 완전한 통제하에 있지 않다는 것이다. 소스코드는 전 세계에 퍼져 있다. 이런 식으로 소프트웨어를 제작하는 방법은 사내 소스코드 저장소에 들어 있는 소스코드를 가지고 애플리케이션 전체를 만들어내는 방식과 확연히 다르다.

이 모델에서 한 가지 알아둬야 할 점은 여러분이 제품 전체의 일정을 온전히 통제할 수 없다는 것이다. 소스코드뿐 아니라 개발자들도 전 세계에 퍼져 있어 각자의 일정(여러분이 온전히 통제할 수 없는)에 맞춰 일하고 있다. 하지만 이 같은 상황은 생각만큼 보기 드물거나 위험하지 않다. 50명 이상의 사람들로 구성된 팀과 프로젝트 일정을 세워보려고 해본 사람이라면 누구나 "완전한 통제"란 기껏해야 우리에게 위안을 주는 환상에 불과하다는 것을 안다. 어떤 기능을 빼거나 이전 버전을 출시할 준비를 늘 하고 있어야 한다. 이 같은 모델은 분산 개발에도 적용된다. 모든 사람들은 기본적으로 어떤 라이브러리의 새 버전이나 이전 버전을 자유롭게 사용할 권리를 가지고 있다.

사실 훌륭한 API에 대한 필요성이 늘어나는 것은 비단 오픈소스 때문만은 아니다. 상용 소프트웨어 제작사에서도 공유 라이브러리와 프레임워크를 상당수 제작한다. 그들 중 다수는 SQL 같은 기존 표준을 구현하거나 자체적인 API를 제공한다. 하지만 자유로운 라이선스 정책을 갖춘 오픈소스 운동은 재사용 가능한 기반 요소로 사용되는 컴포넌트가 만들어지는 주된 원천으로 자리 잡았다. 오픈소스 솔루션은 아무런 비용을 치르지 않고도 그것들을 사용할 수 있는 최종 사용자에게 잘 알려져 있다. 하지만 아무런 라이선스 제약이 없다는 점 때문에 오픈소스 솔루션들은 개발자에게도 중요하다. 기존 컴포넌트를 여러분이 만드는 애플리케이션의 일부로 사용하는 것은 어려운 일이 아니다. 누군가가 하기 전까지는 그것은 거의 항상 시간 문제다. 이는 모든 오픈소스 컴포넌트는 조만간 API를 필요로 하리라는 것을 의미한다. 이러한 컴포넌트는 자신만의 프로젝트를 시작하는 대학생부터, 자신만의 장난감 프로젝트들을 진행해온 개발자, 그리고 오픈소스 방식의 개발을 사업 기회로 여기는 회사에 근무하는 개발자에 이르기까지 다양한 개발자들에게서 개발된다. 이들은 실력도 각자 다르고 일하는 방식도 다르다. 그와 상관없이 훌륭한 API를 만드는 것은 중요한데, API는 라이브러리를 무지한 상태에서 사용하기 위한 첫 단계이기 때문이다. 가지고 있는 라이브러리와 프레임워크가 많을수록 더 좋다, 하지만 API가 그러한 라이브러리의 내부적인 특징을 기밀하게 반영하게 하는 것은 무지한 상태에서의 재사용이 성공하는 데 필수적이다. API 설계가 중요한 것은 바로 이 때문이며, 그것이 바로 이 책을 쓰게 된 주된 이유 중 하나다.

애플리케이션 모듈화

모듈화된 애플리케이션은 고도로 분산된 팀에서 개발한 개별 컴포넌트들로 이뤄진다. 이러한 컴포넌트는 API를 제공하기도 하지만 적절히 기능할 수 있으려면 실행 환경에서 특정 API나 다른 기능들도 필요로 한다. 이를테면, 톰캣 서버는 자바 런타임 구현을 필요로 한다. 이와 비슷하게 표준 C++ 템플릿 라이브러리에서 printf를 호출하려면 libc가 필요하다. 수많은 컴포넌트가 확장성을 갖추고 나면 가장 중요한 도전과제는 전체 그림을 볼 수 있는 것이다. 그래야만 전체 시스템을 "이해"할 수 있게 되어 시스템 내의 모든 컴포넌트의 상호작용이 제대로 이뤄진다. 이전 절에서는 컴포넌트 API를 통해 중요한 것을 선택적으로 고를 수 있음을 확인했다(즉, 대부분의 경우 내부 구조를 무시하고 API에만 집중한다). 하지만 시스템에 수백 또는 수천 개의 컴포넌트가 포함돼 있다면 이것조차도 무지한 상태로 다루기에는 너무나도 방대한 양의 정보에 해당한다. 그래서 지금부터 컴포넌트에 대한 이해를 최소화하면서도 이러한 컴포넌트로부터 동작하는 시스템을 조립할 수 있는 능력을 향상시키는 방법을 살펴보고자 한다.

무엇보다도 가장 중요한 교훈은 컴포넌트에 이름이 필요하다는 것이다. 이러한 이름은 고유해야 하고, 시스템 내에서 컴포넌트를 식별할 수 있어야 하며, 서술적이어야 한다. kernel은 리눅스 커널에 쓰기 좋은 이름이고, libc는 기본 C 라이브러리에 쓰기에 괜찮은 이름이며, org.netbeans.api.projects는 프로젝트 사용법을 설명하는 넷빈즈 컴포넌트에 딱 맞는 이름이다. 일반적으로 모든 기존 컴포넌트는 이름을 가지고 있어서 컴포넌트에 이름이 필요하리라 예상하는 것은 자연스러워 보인다. 그러나 이 같은 측면을 좀 더 자세히 살펴보면 이러한 이름이 기계보다는 사람에게 더 중요하다는 사실을 알 수 있다. 이러한 이름이 단순히 자동화된 처리에만 유의미했다면 0xFE970A3C429B7D930E 같은 16진수 형태를 사용할 수도 있었다. 대개 컴포넌트의 이름을 사람들이 쓰는 이름으로 짓는다는 사실은 컴포넌트가 일차적으로 사람을 대상으로 한다는 점을 증명한다. 이름은 고객과 최종 사용자에게 유용한데, 그들은 제공자로부터 이끌어내야 할 기능을 발견할 때 이름을 이용하기 때문이다. 또 이러한 컴포넌트를 이용해 애플리케이션을 제작하는 제공자와 조립자에게도 이름은 유용하다.

사용할 개별 컴포넌트의 이름을 어떻게 지어야 할지 알고 나면 이제 각 컴포넌트가 필요로 하는 환경을 살펴볼 차례다. 어떤 컴포넌트도 진공 상태에서 동작할 수 없다. 불가피하게 주변 환경으로부터 서비스를 필요로 할 것이다. 다시 한번 말하지만 각 컴포넌트의 실제 요건을 완전히 이해하는 것도 가능하며, 가장 정확하게는 내부 구현을 조사하거나, 또는 더 나은 방법은 컴포넌트가 실행되는 과정에서 주변 환경으로부터 무엇을 필요로 하는지 관찰하는 식으로 파악하는 것이다. 하지만 이것은 선택적 무지 모드의 운용과는 거리가 먼데, 라이브러리를 새로 제작하는 애플리케이션의 기반 요소로 사용하기에 앞서 조립자가 각 라이브러리의 모든 세부사항을 거의 다 알고 있어야 한다는 것을 의미하기 때문이다. 만약 그래야 했다면 라이브러리 도입에 커다란 걸림돌로 작용할 것이다. 사실 대부분의 라이브러리 사용자는 라이브러리 내부가 어떻게 작동하는지 잘 알지 못한다. 라이브러리는 마땅히 그래야 한다. 라이브러리 사용자는 라이브러리에 대해 최소한의 사항만 알고 있어도 원하는 작업을 수행할 수 있어야 한다. 이는 개별 컴포넌트를 적절히 작성하고 설명함으로써 달성할 수 있다. 각 컴포넌트가 자동으로 처리 가능한 방식으로 필요한 환경에 관한 정보를 전달한다면 조립자는 최대한 무지한 상태를 유지할 수 있는데, 인간이 컴파일러나 링커, 조립과 관련된 도구와 상호작용하지 않고도 필요한 환경을 추론할 수 있기 때문이다.

모듈화된 시스템의 각 컴포넌트는 그것이 필요로 하는 다른 모든 컴포넌트에 관한 정보를 가지고 있다. 컴포넌트 제작자는 이러한 정보를 딱 한 번만 명시할 필요가 있으며, 어떤 경우에는 패키징 도구가 그와 같은 정보를 자동으로 추론할 수도 있다. 예를 들어, 페도라(Fedora), 맨드리바(Mandriva), 수세(SUSE) 같은 리눅스 배포판에서 배포판의 개별 패키지를 생성하는 데 사용되는 시스템인 rpmbuild는 다른 어떤 라이브러리를 사용 중인지 파악하기 위해 자동으로 각 네이티브 동적 라이브러리를 조사해서 이러한 라이브러리를 제공하는 패키지에 대한 의존성을 자동으로 조정한다. 이 같은 작업이 자동 또는 수동으로 이뤄지느냐와 관계없이 이 작업은 딱 한 번만 이뤄진다. 이 작업을 개별 컴포넌트를 제작하는 개발자, 즉 컴포넌트의 내부 구조를 알고, 필요한 환경을 파악하고 있으며, 컴포넌트의 의존성을 올바르게 명시할 수 있는 개발자가 할 수도 있다. 이것은 선택적 무지의 또 한 가지 사례다. 즉, 한 엔지니어가 고민하고 시간을 들여 컴포넌트 의존성을 명시한다. 그러고 나면 해당 컴포넌트를 사용하는 모든 사용자(최종 애플리케이션을 조립하는 사람이나 단순히 그러한 컴포넌트를 이용하고자 하는 다른 개발자)는 무지한 상태로 컴포넌트의 이름으로 의존성을 명시하고 자동화된 시스템이 나머지를 처리하게 할 수 있다.

클래스패스 조립의 악몽

모든 자바 개발자가 일반 자바를 기반으로 프로그램을 만들던 시절은 영원히 사라졌다. 유용한 자바용 오픈소스 라이브러리는 엄청나게 많고 날마다 늘어나고 있다. 그 결과, 요즘 작성되는 거의 모든 자바 애플리케이션은 아파치 커먼즈(Apache Commons)나 HttpClient, JUnit, Swing 위젯 등 이미 작성되어 패키징된 JAR에 의존한다. 사실 그렇게 만들어진 애플리케이션을 구동하려면 클래스패스(classpath)를 올바르게 설정해야 한다. 직접적으로 사용되는 라이브러리를 포함시키기는 쉽지만 각 라이브러리가 별도의 의존성(똑같이 의존관계를 충족해야 할)을 저마다 가지고 있는 경우도 있는데, 이러한 의존성의 의존성이 계속 이어져 꽤나 악몽 같은 상황이 벌어질 수 있다.

근래에 괜찮은 템플릿 엔진인 프리마커(FreeMarker)를 넷빈즈 소스에 라이브러리로 포함할 기회가 있었다. `freemarker.jar`를 포함시키는 건 쉬웠지만 모든 클래스가 잘 링크되는지 확인하려고 했을 때 언짢은 경험을 했다. 해당 JAR에서는 아파치 앤트(Apache Ant), 자이썬(Jython), JDOM, log4j, 아파치 커먼즈 로깅 같은 다른 여러 프로젝트들도 참조하고 있었다. 이러한 프로젝트가 모두 프리마커를 실행하는 데 필요한 환경일까? 아니면 이러한 라이브러리가 없어도 프리마커를 실행할 수 있을까? 만약 후자의 경우라면 어떤 기능이 이런 클래스를 사용하거나 또는 실행 시 충돌할까? 나는 알 수 없었고, 사실 알고 싶지도 않았다. 나는 무지한 상태에 있을 수 있길 바랬지만 그렇게 할 수 없었다. 나는 소스를 조사해서 프리마커를 평범하게 사용하는 도중에는 이러한 클래스가 사용되지 않는지 확인해야 했다. 나는 프리마커가 필요한 의존성을 명시하는 데 어느 정도 모듈화된 시스템(넷빈즈 런타임 컨테이너에서 사용하는 것과 같은)을 사용하길 간절히 바랬다.

분산 개발의 도전과제에 대한 기술적인 해답은 애플리케이션의 모듈화다. 모듈화된 애플리케이션은, 모든 단위 요소가 직접적으로 다른 단위 요소에 개입하는 식으로 코드가 단 하나의 긴밀하게 결합된 덩어리를 이루는 긴밀하게 결합된 코드 덩어리에 비해 더 작고 분리된 코드 덩어리로 구성된다. 이러한 코드 덩어리는 잘 격리돼 있고, 고유하게 식별할 수 있으며, 다른 사람들이 사용할 수 있게 잘 정의된 인터페이스를 제공하며, 올바르게 기능하는 데 필요한 환경(올바르게 기능하기 위한 다른 컴포넌트나 단위 요소의 필요성과 같은)을 신중하게 기술한다. 그리고 나면 개별 팀에서는 이러한 코드 덩어리를 자체적인 생명주기와 일정하게 개발할 수 있으며, 리눅스 배포판 제작사에 의해 이 같은 사실이 입증되기도 했다. 하나의 중앙 기관(배포자)에서는 결과물을 조립할 수 있고, 이러한 업무 방식은 일정과 팀 분리와 관련된 위험을 최소화하는 데 이바지한다. 게다가 무지 모드에서 작업하는 것도 가능해지는데, 단위 요소를 제작하는 개발자들이 의존성을 올바르게 기술하기만 한다면 단위 요소를 조립하는 사람들은 컴포넌트의 내부 구조에 관해 잘 몰라도 최종 애플리케이션을 성공적으로 구성할 수 있다.

하지만 새로운 도전과제가 나타난다. 컴포넌트가 진화한다는 것이다. 컴포넌트는 정적이지 않고 변화한다. 버그 수정, 기능 개선, 신규 기능으로 말미암아 API는 지속적으로 변화할 가능성이 있으며, 결과적으로 이름만으로는 그러한 컴포넌트들을 고유하게 식별하기가 힘들어진다. 그러한 독립 컴포넌트들이 함께 동작하게끔 보장하려면 컴포넌트에서 실제로 제공해야 할 API가 어떤 것인지 파악해야 한다.

가령 자바로 작성된 클래스에서 `String.contains(String)` 메서드를 참조하고 있다면 해당 코드는 자바 5에서만 실행할 수 있는데, 자바 5의 `String` 클래스에서 이 메서드를 제공하기 때문이다. 하지만 이 코드는 자바 6에서도 실행할 수 있는데, 같은 메서드를 자바 6에서도 사용할 수 있기 때문이다. 자바 팀의 호환성 정책 덕분에 최신 버전인 자바 7에도 이 메서드를 사용할 수 있다. 반면 이전 버전의 자바에서는 그 메서드를 제공하지 않아서 해당 코드를 실행할 수 없다. 따라서 그러한 자바 버전에서는 해당 클래스를 올바르게 링크하지 못한다.

사실 클래스나 애플리케이션의 정확한 요구사항을 포착할 필요가 있을 때는 반드시 해당 클래스나 애플리케이션에서 호출하는 메서드 및 참조하는 클래스와 필드를 모두 나열해야 한다. 물론 그런 식으로 의존성을 설명하는 것은 너무 장황하고 가독성이 떨어질 것이며, 때로는 실제 소스코드 자체보다 훨씬 더 규모가 클 것이다. 다음과 같이 이야기하는 클래스를 상상해 보자. 즉, "생성자와 length 및 indexOf 메서드가 포함된 java.lang.String을 제공하는 자바 버전이 필요하고, 내 클래스에서는 java.io.Serializable(String 클래스에서 구현하는)에도 의존해." 등과 같이 말이다. 사실 이처럼 특정 컴포넌트의 실제 버전을 지칭하는 상세 명세는 내가 강조하고자 하는 무지 접근법을 직접적으로 거스른다. 기계에서 이러한 제약조건을 자동으로 확인할 수 있더라도 인간에게는 이러한 명세가 너무나도 사용하기 어렵다. 인간은 단순한 방식을 선호한다. 이를테면, 컴포넌트의 각 개정판에 대해 자연수로 번호를 매기는 것이 있다. 이런 식이라면 "자바 5에서는 내 라이브러리가 잘 동작할 겁니다."처럼 간단하게 말할 수 있을 것이다.

하지만 단순히 숫자를 사용하는 방법도 복잡해질 수 있다. 컴포넌트 A(자바 5에 대한 의존성을 정의한)와 컴포넌트 B(자바 6에 대한 의존성을 정의한)를 가지고 애플리케이션을 조립하고 싶다고 해보자(그림 2.1 참고). 이 경우 A와 B를 동시에 실행하는 자바는 딱 하나만 있을 수 있는데, 문제는 어느 것을 사용하느냐다. 이 문제를 해결하기 위해 대부분의 API 개발 모델에서는 호환성(compatibility)이라는 개념을 활용한다. 보통 이것은 어떤 API가 버전 N에 도입되면 그 API는 후속 버전인 N+1, N+2, N+3 등에도 있으리라는 것을 의미한다. 이는 그림에 나온 예제가 안고 있는 문제를 해결하며, 조립된 애플리케이션이 자바 6에서도 실행되리라는 것을 의미한다. 즉, 컴포넌트 B는 자바 6을 명시적으로 필요로 하며, 컴포넌트 A는 자바 5를 필요로 하지만 컴포넌트 A는 이러한 두 버전 간의 호환성 덕분에 자바 6에서도 동작할 것이기 때문이다. 실제로 이런 방식은 최종 애플리케이션을 조립하는 사람들의 삶을 상당히 간소화한다. 즉, 최종 애플리케이션을 구성할 때 무지한 상태를 유지할 수 있다. 이때 필요한 것은 단 하나의 "사소한" 전제다. 바로 하위 호환성(backward compatibility)을 유지하는 것이다. 이것은 전혀 사소한 작업이 아니다. 하위 호환성을 유지하는 일은 꽤나 복잡하고 무지한 상태에서 수행할 수 없는 일이며, 따라서 이 책을 읽는 내내 중점적으로 주의를 기울여야 할 부분이다. 하위 호환성은 우리가 집중해야 할 "선택적 무지"의 일부를 차지한다. 즉, 분산 팀에서 제작한 컴포넌트로 큰 애플리케이션을 조립할 때 무지를 최대화하기 위해서는 그러한 팀들이 개별 컴포넌트와 API를 주의 깊게 개발하고, 더 나아가 호환성 있는 방식으로 그러한 작업을 수행하게 할 필요가 있다.

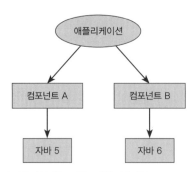

그림 2.1 동시에 두 가지 다른 버전의 컴포넌트를 필요로 하는 애플리케이션

비선형적인 버전 관리

가장 자주 사용되는 소프트웨어 번호 체계는 자연수를 기반으로 하지 않는다. 그 대신 사람들은 점으로 나뉜 십진수 체계를 사용한다. 소프트웨어 개발에서 비선형적인 측면을 수용하려면 이렇게 해야 하는데, 여기서 비선형적인 측면이란 개발이 한 방향으로 이뤄지지 않고 버그 수정 릴리스와 버그 수정 릴리스의 버그 수정 릴리스 등을 나타내는 여러 개의 흐름으로 나뉘는 것을 말한다. 그림 2.2에서 볼 수 있듯이 1.1.1과 같은 버전(버전 2에 비해 기능이 덜 포함돼 있을 것으로 예상되는)은 사실 버전 2보다 나중에 출시될 수 있다.

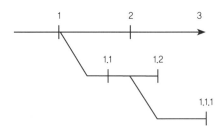

그림 2.2 버전 번호 체계는 트리를 형성한다.

모듈화된 애플리케이션을 구성하는 각 부분에는 버전 번호가 지정돼 있으며, 보통 1.34.8과 같이 점으로 구분되는 자연수의 집합이다. 새 버전이 출시되면 1.34.10이나 1.35.1, 2.0과 같이 새로이 더 큰 버전 번호를 갖게 된다(사전순으로).

컴포넌트의 식별자명과 최소 필요 버전을 명시하는 식으로 모듈화된 시스템의 다른 컴포넌트에 대한 의존성을 표현할 수 있다. XML 파서나 기설치된 데이터베이스 드라이버, 텍스트 편집기, 웹 브라우저가 존재하는지 요청할 수 있으며, 이것들은 모두 특정 버전의 인터페이스를 제공한다. 가령, 어떤 기능에서 xmlparser >= 3.0이나 webbrowser >= 1.5 등을 요구할 수도 있다. 이는 완전한 호환성을 가정한다. 즉, 조립된 시스템이 최신 버전의 단위 모듈에서도 잘 동작하리라 예상할 수 있다.

라이브러리의 전체 변경 이력을 단 하나의 버전 번호로 표현하려는 것은 다소 어리석어 보인다. 그럼에도 그것은 꽤나 현실적인 방법이고, 가장 중요한 것은 여러분을 무한한 무지 상태에 이르게 해 준다는 것이며, 동시에 각 라이브러리의 개별 개발자에게는 일련의 변경사항을 손쉽게 파악할 수 있는 번호로 된 버전으로 캡슐화할 기회를 준다.

의존성 체계를 사용하는 것은 특정 규칙을 따를 때만 효과가 있다. 첫 번째 규칙은 새 버전이 출시되더라도 이전 버전에서 효과가 있었던 계약은 모두 새 버전에서도 여전히 유효하리라는 것이다. 물론 말로는 쉽다. 그렇지 않다면 품질 관리 부서는 아무짝에도 쓸모 없을 것이다. 두 번째 규칙은 외부 의존성이 변경될 경우 가능한 한 빨리 그러한 변화를 전달해야 한다는 것이다. 따라서 모듈화된 시스템의 일부가 HTML 편집기 같은 새로운 기능에 의존하기 시작하면 htmleditor >= 1.0과 같이 새 의존성을 추가해야 한다. 아울러 버전 1.7에 도입된 웹 브라우저의 새 기능을 사용하기 시작했다면 webbrowser >= 1.7을 요구하도록 의존성을 갱신해야 한다.

특정 버전의 컴포넌트에는 우회해야 할 버그가 포함돼 있을 수 있다. 이러한 이유로 두 번째 버전 (구현 버전)은 보통 컴포넌트와 연관돼 있다. 명세 버전과 달리 구현 버전은 보통 Build20050611과 같은 문자열이며, 문자열이 같은지만 검사할 수 있다. 이 방법은 버그를 우회하기에 더 나은 방법인데, 버그가 3.1 (명세) 버전에 존재한다고 해서 3.2 버전에도 있을 거라는 의미는 아니기 때문이다. 그러한 이유로 버그 수정이나 특정 버전에 대한 특수 처리를 위해 구현 버전을 라이브러리와 연계하는 것이 유용할 수 있다.

버전 관리 체계 및 의존성 체계에서는 시스템을 구성하는 모든 부분의 요구사항이 모두 충족되도록 보장하는 관리자가 필요하다. 그러한 관리자는 각 부분을 설치할 때 시스템 내의 모든 것들이 일관된 상태를 유지하는지 검사할 수 있다. 데비안이나 RPM 패키지가 리눅스 배포판에서 이런 식으로 동작한다(소프트웨어 패키지를 설치하거나 제거할 때 각각 dpkg와 rpm 명령어가 사용된다). 하지만 그와 같은 의존성은 실행 중에 특정 런타임 측면을 처리하는 데도 활용할 수 있다.

예를 들어, 넷빈즈 기반 애플리케이션은 런타임에 로딩되는 모듈로 구성돼 있다. 넷빈즈 모듈 시스템에서는 선언된 의존성을 이용해 어떤 컴포넌트가 존재하는지 파악하는 것뿐만 아니라 각 모듈에 필요한 부모 ClassLoader도 결정함으로써 클래스패스 구성과 컴포넌트 선택이 격리된다. 이 시스템에서는 각 컴포넌트마다 개별 클래스 로더를 제공함으로써 독립 모듈의 클래스패스 격리도 보장한다. 게다가 각 컴포넌트의 의존성을 선언하도록 강제하기도 하는데, 외부 모듈에 대한 의존성을 선언하지 않으면 모듈에서 외부 모듈에 들어 있는 코드를 호출할 수 없으며, 모듈의 의존성 중 일부가 충족되지 않으면 모듈이 아예 적재(load)되지도 않는다.

중요한 것은 의사소통이다

이제 이상적인 애플리케이션이라면 어때야 할지 확실히 감이 올 것이다. 그것은 무지라는 개념을 기반으로 하고 애플리케이션을 최종적으로 조립하는 사람을 위해 무지를 최대화하려 한다. 그 결과, 우리의 이상적인 애플리케이션은 모듈화된 아키텍처를 기반으로 한다. 애플리케이션의 각 모듈은 전 세계에 퍼져 있는 다양한 그룹의 사람들이 작성할 것으로 예상된다. 애플리케이션에서는 각자의 일정에 따라 각자의 이익을 위해 작업하는 기여자들을 통해 목표를 달성한다. 이 같은 구조는 가장 기본적인 문제를 확연히 드러낸다.

대부분의 모듈은 격리된 상태로 존재하지 않는다. 모듈들은 다른 모듈에서 제공하는 환경에 의존한다. 일부 한정된 기능만을 다른 누군가가 제공하는 API를 사용하지 않는 진공 상태에서 작성할 수 있다. 사실 대부분의 모듈화된 컴포넌트는 다른 컴포넌트에서 제공하는 서비스를 필요로 한다. 이는 그러한 모듈을 작성하는 개발자가 외부 모듈에서 제공하는 API를 사용하는 법을 발견하고 이해해야 한다는 것을 의미한다. 다른 모듈 또한 프로그래머가 작성했기 때문에 우리는 잠재적인 의사소통 문제에 직면하는 셈이다.

API는 기계를 위한 것이 아니다

API의 주된 대상이 컴퓨터가 아니라 인간, 즉 개발자라는 사실을 깨닫기까지는 꽤 오랜 시간이 걸렸다. 초창기에 했던 생각은 그 반대였다. 사실 컴파일된 프로그램을 생각해 보면 프로그램의 주된 그리고 실제로 유일한 소비자는 컴퓨터다. 프로그램은 작성된 후 실행되기 위해 컴파일된다. 그 결과, 프로그래머가 컴퓨터와 의사소통해야 한다고 생각하는 것도 일리가 있다.

하지만 API의 경우에는 그렇지 않다. API는 상세하고, 문서돼 있으며, 사실 컴퓨터가 원하는 바와 굉장히 다르다. 이러한 사실을 깨달았을 때 내가 학교에서 프로그래밍을 배울 때 익힌 일반적인 코딩 방법만으로는 충분하지 않다는 사실을 알게 됐다. API를 설계하는 것은 별개의 일이다. 나는 API를 설계하는 법을 배우지 못했고 다른 프로그래머들도 마찬가지일 것이다.

공유 라이브러리와 다양한 프레임워크를 제작하는 사람들은 사용자와 접촉할 필요가 있다. 그들은 자신들이 만든 라이브러리를 잠재적으로 사용할 수 있는 개발자들과 이야기를 나눌 필요가 있다. 의사소통하는 방법에는 여러 가지가 있다. 예를 들어, 이메일을 주고받거나 전화회의에 참여할 수도 있지만 그러자면 얼굴을 맞대거나 귀를 맞대는 상호작용이 필요하다. 하지만 가장 일반적으로 사용되는 의사소통 채널은 바로 API 자체와 해당 API의 문서다. 대부분의 경우 API 사용자가 찾아서 연구해야 할 대상은 바로 문서다. 모듈화된 애플리케이션의 개발이 성공적이고 효과적이려면 명확하고 이해하기 쉬우며, 잘 문서화돼 있고, 가능한 한 스스로를 설명할 수 있는 API가 필요하다. 이러한 API는 개별 개발자들이 실제로 어디에 있든 상관없이 그들의 업무를 수월하게 만들어줄 것이다.

그러한 API는 공유 지식을 토대로 하고 잠재적인 사용자가 손쉽게 이해할 수 있어야 한다. 신뢰할 수 있는 API가 되려면 반드시 사용 시 일어날 만한 실수를 방지하고 진화할 준비를 갖춰야 하는데, 처음부터 완벽한 API는 거의 없기 때문이다. 여기서 살펴보고자 하는 내용은 대부분 향후 API의 개선 가능성을 제한하는 실수를 방지하는 방법이다.

여기서 중요한 조건은 분리(separation)다. 분리에는 API 설계와 유지를 위한 규칙이 따른다. 아무것도 분리하지 않고 제품 전체가 긴밀하게 결합돼 있어서 한 번 빌드된 후 잊혀진다면 API를 고민할 필요가 없다. 그러나 현실 세계의 제품들은 모듈화된 방식으로, 서로에 관해 알 필요가 없는 컴포넌트화된 아키텍처와 팀을 통해 각자 독립적인 일정에 따라 각자의 프로젝트를 독립적으로 진행하는 상태에서 개발되기 때문에 그러한 의사소통에 이용할 수 있는 안정적인 계약(stable contract)이 필요하다.

모든 프로젝트에 API 수준의 품질이 필요하진 않다

얼마 전에 우리가 하는 일과 진행 중인 프로젝트, 그리고 프로젝트를 구성하는 방식에 관해 사촌과 이야기를 나눈 적이 있다. 나는 사촌에게 무지라는 개념을 소개하고 선택적 무지가 좀 더 신뢰할 수 있는 소프트웨어 시스템을 만드는 데 도움될 수 있다고 제안했다. 사촌은 약간 다른 관점을 제시하긴 했지만 그와 같은 부분에 대해 대부분 의견이 일치했다.

간혹, 특히 최종 사용자 기능을 제공할 때는 API 수준의 코드 품질을 확보하기 위해 고군분투할 필요는 없는 듯하다. 시스템 사용자는 "오직" 인간이며, 인간은 자동화된 시스템에 비해, 사소한 오류에 대해서는 크게 개의치 않을 때가 많다. 게다가 시스템은 배포된 이후에 변경될 가능성이 높지 않다. 시스템은 몇 년 동안 맡은 역할을 수행하고, 필요하다면 완전히 재작성되거나 또는 실제로 맨 처음부터 조립된 시스템으로 교체될 수 있다.

이것은 API가 포함된 모듈 단위를 작성하는 것과는 다르다. 이러한 모듈 단위는 밤하늘의 별처럼 존재하며 쉽사리 폐기되거나 새로운 것으로 대체될 수 없다. 하지만 이것은 모든 프로젝트가 이 책에서 설명하는 원칙을 따를 필요는 없음을 의미한다. 이 책에서 설명하는 원칙들은 시스템에서 핵심적인 역할을 수행하는 재사용 가능한 컴포넌트에 적용하기 좋다. 시스템 바깥에 위치한 기능 단말(leaf)들은 미래에 관해 걱정하지 않고도 작동할 수 있으며, 이것은 "한번 작성한 후 버린다"라는 소프트웨어 방법론의 한 예다.

그런데 이러한 기능 단말은 보통 전체 시스템의 핵심이 되는 중심 컴포넌트를 기반으로 만들어진다. 그러한 컴포넌트는 이 책의 주제이고, API 설계의 모범사례에 따라 개발된다. 사실 사촌조차도 앞으로 여러 해 동안 사용될 가능성이 있기 때문에 적절히 다뤄야 할 핵심 라이브러리가 시스템에 있었다고 인정해야만 했다.

경험적 프로그래밍

새로운 API에 합리주의적인 관점으로 접근하는 사람은 거의 없다. API를 연구해서 그 API 안에 감춰져 있는 모든 사상을 이해하려고 노력하는 사람은 없다. 대부분 그 반대다. 즉, 오늘날 사람들은 가능한 한 모든 것들을 이해하지 않은 채로 자신이 맡은 일을 빠르게 해치우고 싶어 한다. 굳이 그럴 필요가 없다면 그렇게까지 API에 관해 생각할 필요가 없다.

1장에서 언급한 경험주의 철학자들은 자부심이 생길 것이다. 숙고하고, 연구하고, 이해해야 할 이유를 대는 대신 개발자들은 그냥 API에서 메서드를 하나 호출해 보고, 코드가 동작하면 거기에 만족한다. 그렇지 않다면 다른 뭔가를 호출해 보고 어떻게 되는지 지켜본다. 넷빈즈 개발자들 사이에서는 이것이 "경험적 프로그래밍"으로 알려져 있다. 즉, API를 이용해 실험을 해보고, 결과가 신통치 않으면 다른 방법을 시도해 본다. 경험이 선행하고, 뒤이어 이해하는 과정이 이어질 수 있지만 그럴 필요가 없을 때도 있다.

이는 API의 구조에 영향을 준다. API는 스스로 설명할 필요가 있다. 즉, 문서가 없어도 사용할 수 있어야 한다. API는 해결해야 할 과업을 통해 API 요소의 사용자를 자연스럽게 이끌어야 한다. 해법은 코드를 입력하는 동안 손쉽게 발견할 수 있어야 하고, IDE가 다양한 힌트를 제공하긴 하지만 힌트는 주제에 초점을 맞춰야 하고 사용자를 올바른 경로에서 벗어나지 않게 해야 한다. 오직 이런 방식으로만 API를 이용하는 실험이 경험적으로 성공할 수 있다.

반환값은 null이어서는 안 된다

나 또한 내가 사용하는 API를 깊이 있게 이해할 때, 특히 메서드 호출의 반환값과 관련해서 경험적 프로그래밍 방식을 선호한다는 사실을 인정하지 않을 수 없다.

자바 언어의 null 값은 특별하다. 객체 타입의 변수에는 모두 null을 할당할 수 있다. null을 역참조할 경우 NullPointerException이 발생한다. 잘 동작하는 프로그램에서는 이러한 예외를 제거하는 것이 바람직하다. 이를 위해 메서드를 호출하거나 obj 필드에 접근하기 전에 항상 obj != null 검사를 할 수 있다. 하지만 이 같은 방법은 소스코드를 지저분하고 읽기 어렵게 만든다.

그 결과, 특정 그룹의 프로그래머들은 null을 예외적인 값으로 취급하게 됐고, 라이브러리를 설계할 때 가능한 한 null을 사용하지 않으려고 함으로써 자바독에서 "이 메서드에서는 절대 null을 반환하지 않습니다." 같은 주석을 심심찮게 볼 수 있게 됐다. 사실 넷빈즈 프로젝트에서는 기본적으로 이렇게 하기로 했는데, 문서에서 어떤 메서드가 null을 매개변수로 받거나 결과값을 null로 반환할 수 있다고 선언돼 있지 않는 한 해당 메서드에서는 null을 받아들이지 않거나 절대 null을 반환하지 않는다.

하지만 문서에 그와 같은 가정이 들어 있음에도 반환값이 null이 아닌지 검사하는 부분을 상당히 많이 찾을 수 있다. 그러한 검사의 결과는 false일 수 없다. 그러나 이를 장담할 수 있는 사람은 아무도 없고, 문서화된 내용을 읽지 않았다면 특히 그렇다.

이것은 방어적인 경험적 프로그래밍의 일종이다(때때로 나도 사용하는). 미안해 하기보다는 안전하게 가는 편이 더 낫다. 이미 프로그램이 출시되어 수천 명의 사용자에게 배포됐다면 NullPointerException이 발생하기보다는 null 검사를 수행하고 조용히 종료하는 편이 더 낫다.

이따금 API를 처음으로 평가할 목적으로 복사해서 손쉽게 수정할 수 있는 구체적인 코드 예제를 만드는 것이 도움될 때가 있다. 그러한 코드 예제에서 가장 자주 쓰이는 API 사용법을 다룬다면 API의 첫인상을 유쾌하게 만들 가능성이 높다. 이후로 코드 작성이 점점 복잡해지고 잠재적으로 문서를 읽을 필요성이 생길지도 모른다. 이는 감내할 만한 일이다. 누군가가 API를 실험하는 데 시간을 투자하고 작업을 완료하는 데 성공한다면 API에 대한 태도는 이미 긍정적일 것이다. 그리고 긍정적인 분위기에서는 시간을 들여 문서를 읽고 API에서 제공하는 감춰진 기능들을 발견하는 것이 더 유용해 보일 수도 있는데, 이미 API의 유용성이 입증됐기 때문이다.

경험적 프로그래밍 방식은 우리와 함께하며, 각 API는 이러한 유형의 사용자도 대비해야 한다. API 메서드명, 클래스명, 메서드가 올바른 코드 작성에 보탬이 될수록 경험적 첫 번째 사용자가 API를 사용하는 데 성공하고 API에 관해 더 배우려고 할 가능성이 높아진다.

첫 번째 버전은 늘 쉽다

다른 프로그래머들이 여러분의 API를 사용하게끔 설득하고 싶다면 먼저 그들의 신뢰를 얻어야 한다. 한 번 이상 출시된 제품에 대해 안정적인 API를 제작하고 유지보수할 수 있는 능력이 있음을 다른 프로그래머들이 신뢰하게끔 만들어야 한다. API를 사용하기가 얼마나 어려우냐와 관계없이 새 버전의 컴포넌트가 출시되고 거기에 의존하는 모든 클라이언트 코드를 갑자기 재작성해야 할 때 위기의 순간이 찾아온다. 최종 사용자가 새로운 버전의 운영체제를 설치했을 때 마이크로소프트 윈도우용 애플리케이션이 동작하지 않는다면 얼마나 많은 제작사가 마이크로소프트 윈도우용 애플리케이션을 작성해야 할지 생각해 보라. 따라서 API 설계란 신뢰다. 이 책에서 설명하는 모범사례를 따르면 하위 호환성을 위반하는 변화를 방지할 가능성을 최대화할 수 있고, 따라서 그러한 신뢰를 얻고 유지할 수 있다.

간혹 호환성 단절이 불가피할 때도 있는데, 우리는 종종 불완전한 현실 세계에 살고 있기 때문이다. 하지만 가급적 호환성 단절은 피하자. 컴포넌트의 사용자는 적절한 사전 경고이자 지원 중단된 컴포넌트를 사용하는 기존 코드를 마이그레이션하는 방법을 훌륭하게 문서화한 지원 중단(deprecated)의 개념을 고려했을 때 그러한 호환성 단절을 받아들일지도 모른다. 하지만 매번 출시할 때마다 그와 같은 코드 재작성이 필요하다면 클라이언트는 API를 포기하고 고통스러운 마이그레이션 문제가 없는 다른 프로젝트로 갈아탈 가능성이 높다. 호환성 단절은 컴포넌트 사용자에게 상당한 비용을 초래하는데, 애초부터 그러한 컴포넌트를 사용해온 것에 대한 사실상의 형벌인 셈이다. 호환성 단절은 신뢰를 저버리는 것이다.

열심히만 노력한다면 최초 버전에 완벽한 API를 만들어낼 수 있을 거라 이야기하는 사람도 있다. 그 말이 맞을 수도 있지만 그러한 목표를 달성하려면 각고의 노력을 기울여야 한다. 최선을 다했음에도 API를 통해 요건을 충족했던 요구사항은 시간이 지나면서 진화할 가능성이 높다. 요구사항이 바뀔 경우 최선의 시나리오는 API가 단지 불충분해지는 것이다. 더 안 좋은 경우는 API가 완전히 쓸모없어지는 것이다. 어떤 경우든 API가 요구사항이 바뀌는 상황에 대비하고 기존 클라이언트를 망가뜨리지 않고도 그러한 변화를 허용하게끔 만드는 편이 훨씬 더 현명하다. 따라서 앞으로 이 책에서 논의할 내용의 상당수는 API가 미래에 대비할 수 있게 만드는 것과 관련이 있다.

이것은 변명이 아니다!

첫 번째 버전은 거의 결코 완벽할 수 없다는 사실은 처음에는 일부러 형편없이 설계하는 것에 대한 변명이 되지 않는다. 첫 번째 버전을 변경하는 것보다 첫 번째 버전을 설계하는 것이 늘 훨씬 더 쉽다. 이러한 이유로 오늘의 관점에서 완벽해 보이는 것이 내일의 관점에서는 형편없을지도 모른다는 사실을 잊지 않은 채로 첫 번째 버전은 가능한 한 완벽하게 만들려고 노력해야 한다. 변경해야 할 시점은 반드시 온다.

API의 첫 번째 버전을 만드는 것은 언제나 쉽다. 어려운 부분은 차후 버전을 제작하는 데 있다. API가 동작했던 방식을 훼손하지 않으면서 API를 변경하고 새로운 기능을 추가하는 것은 기존 API의 모든 사용법을 마음속으로 상상해 보면서 새로운 버전에서도 계약이 충족되도록 보장해야 하는 정교한 기술이다.

진화는 불가피하고, 호환 가능한 방식으로 진화하는 능력을 갖춘 API를 만드는 일은 API 클라이언트를 위해 필요한 일이다. 우리는 컴포넌트를 신뢰할 수 있는 확률을 최대화하면서 동시에 버그를 수정하고 새로운 요구사항을 처리하는 제작자의 능력을 보전해야만 한다. 쉽게 말해 "사면초가"와 같은 상황에 빠지는 것을 피하고 싶을 것이다. 진화에 대비하도록 설계된 API는 업그레이드가 이뤄지더라도 클라이언트 부분에 수고를 들일 필요가 없을 것이다.

언론의 자유처럼

진화할 수 있는 능력 외에도 훌륭한 API 설계의 다른 중요한 측면들이 있다. API는 문서화돼야 한다. 그뿐만 아니라 이해할 수 있어야 하고 사용하기 쉬워야 한다. 하지만 이 중에서도 진화하는 능력이야말로 가장 중요한 것이다. API를 진화시킬 수 있다면 API의 초기 버전에 있었던 문제도 언제든지 고칠 수 있다.

이것은 인간의 권리와도 흡사하다. 모든 인간의 권리 중에서도 가장 중요한 것은 언론의 자유를 누릴 권리다. 언론의 자유가 있다면 다른 보장받지 못한 권리에 관해 이야기함으로써 다른 권리를 요구할 수 있다. 다른 어떤 권리를 보장받지 못했다면 그것을 위해 투쟁해서 어쩌면 그것을 획득할 수 있다.

API가 진화에 대비하고 있다면, 심지어 API가 깔끔하지 못하고 문서화되지 않고 사용하기 어렵더라도 새 버전을 출시하고 API를 업데이트해서 이러한 문제를 고칠 수 있다. 이러한 이유로 라이브러리와 그것의 인터페이스를 설계할 때 고려해야 할 여러 측면 가운데 진화를 가장 중요한 측면으로 본다.

개반자들은 불필요한 작업, 특히 신중하지 못한 라이브러리 제작사 때문에 발생하는 작업을 달가워하지 않기 때문에 호환 가능한 방식으로 진화할 준비를 갖춘 API를 만드는 일은 다른 소프트웨어 컴포넌트에서 사용할 라이브러리를 작성하는 사람에게 굉장히 중요하다.

CHAPTER 3

훌륭한 API를
결정하는 요소

자바로 라이브러리를 작성하는 사람들 사이에서는 API가 클래스와 메서드, 그리고 거기에 주석을 다는 자바독으로만 구성된다고 오해하는 경우가 많다. 사실 자바독이 API 가시성(visibility)이라는 중요 지표의 역할은 수행하지만 "API"는 이러한 관점보다 훨씬 더 폭넓은 용어이며 다른 여러 유형의 인터페이스를 포괄한다.

다시 한번 우리가 왜 API 개발에 관심을 보이는지 떠올려보자. 우리는 무지한 상태에서 공유 라이브러리, 프레임워크, 기성 애플리케이션 뼈대, 그리고 이러한 것들을 조합한 것과 같은 커다란 기반 요소를 토대로 애플리케이션을 조립하고 싶기 때문이다. 우리는 이러한 기반 요소를 설계하는 사람들이 자신이 맡은 일을 잘 한다면(즉, API를 적절히 작성한다면) 조립이 간단해지고 디버깅, 소스코드 읽기, 소스코드 패치를 비롯해 일반적으로 다른 사람들이 무슨 일을 했는지 이해하느라 시간을 낭비할 필요가 없을 것이라고 생각한다. 간단히 말해 "무지 모드"에서 작업할 수 있으리라는 것이다.

소스코드 활용

3장은 다양한 코드 예제가 담긴 첫 번째 장이라서 소스코드를 활용하는 방법을 언급하는 게 맞을 것 같다. 이 책에 담긴 모든 코드 예제는 실제 프로젝트에서 가져온 것이다. 직접 코드 예제를 내려받아 활용할 수 있다. 소스코드는 `http://source.apidesign.org`에서 안내에 따라 내려받을 수 있다.

이러한 관점에서 보는 API는 아마 여러분이 맨 처음에 머릿속에 떠올렸을 법한, 자바독에 한정된 개념의 "API"보다 훨씬 더 다채롭다. 용어를 더 구체적으로 이해할 수 있도록 3장에서는 API 유형의 예를 몇 가지 나열하겠다.

메서드와 필드 시그너처

가장 이해하기 쉽고 논란이 적은 API의 예는 클래스 및 해당 클래스의 메서드와 필드다. 아마 자바로 라이브러리를 제작하는 사람들은 모두 라이브러리를 클래스가 담긴 JAR 파일로 패키지화할 것이다. 그리고 나면 이러한 클래스와 클래스의 멤버는 라이브러리의 API가 된다.

물론 모든 시그너처가 API를 구성하는 것은 아니다. 공개되지 않은(nonpublic) 클래스나 비공개(private) 또는 패키지 비공개(package private) 필드 및 메서드 같은 요소는 다른 프로그래머가 사용해야 할 계약의 일부가 아니라는 것이 일반 상식이다. 리플렉션이나 다른 저수준 기법을 이용해 그러한 요소에 접근하는 것이 가능할 때도 있지만 이러한 기법은 흔히, 그리고 정확히 말하면

핵(hack)으로 여겨진다. 즉, 시스템 컴포넌트 간의 의사소통에 리플렉션이 필요하다면 뭔가가 잘
못됐거나 사용 가능한 API가 충분하지 않다는 것을 의미한다. 그러한 핵이 동작해야 한다고 명시된
API 계약은 전혀 없기 때문에 그러한 핵은 버전에 따라 동작 여부가 불투명하다고 예상할 수 있다.

하지만 유효하고 유용한 API를 만드는 데 리플렉션을 사용할 수 없다는 것은 사실이 아니다. 기
본 자바 플랫폼에서도 코드 작성을 단순화하고 때로는 심지어 새로운 코드 작성 패턴을 정의하는
데 리플렉션이 성공적으로 사용된 예를 찾을 수 있다. 예를 들어, 자바빈(JavaBean) 명세에서
는 빈 사용자가 설계 시점에서 이용할 수 있는 메서드와 필드 목록을 구한 다음 리플렉션을 이용
해 이를 수정할 수 있다. 다른 예로, 어떤 클래스의 인스턴스를 생성하기 위해 공개 생성자(public
constructor)를 요구할 때가 많은데, 일부 코드에서 클래스의 이름을 미리 알지 못한 상태에서도
Class.newInstance를 이용해 클래스의 인스턴스를 구하기 때문이다. 따라서 리플렉션을 사용하는 것
이 도움될 수 있지만 조심성 있게 사용해야만 한다. 특히 이러한 기법이 사용된 API를 쓰는 사람들
을 위해 반드시 명확하게 문서화해야 한다.

파일과 파일의 내용

앞 절의 내용 못지않게 중요한 것은 애플리케이션에서 읽거나 쓰는 파일 및 해당 파일의 형식이다.

한 예로 텔넷 애플리케이션과 커버로스(Kerberos) 인증 시스템 간의 통신이 어떻게 이뤄질 수 있
을지 생각해 보자. 두 컴포넌트는 같은 사람이 개발했을 가능성이 낮은데, 암호화 처리에 필요한 기
술은 소켓 통신을 처리하는 데 필요한 기술과 다소 다르기 때문이다. API는 이 두 컴포넌트가 함께
동작하게끔 만들 수 있다.

텔넷 애플리케이션에서는 /etc/telnet.rc 같은 공유 시스템 위치뿐 아니라 $HOME/.telnetrc에 위치
한 사용자 개인 설정으로부터 환경설정 파일을 읽는다. 커버로스는 이러한 사실을 토대로 설치 시점
에 텔넷이 인증 시스템을 호출하게 하는 내용으로 공유 파일의 내용을 수정한다. 그러고 나면 텔넷
애플리케이션에서는 이 정보를 이용해 적절한 라이브러리를 불러와 사용자의 로그인 비밀번호를 인
증한다.

샌드위치 기반 파일 환경설정

유닉스 애플리케이션과 달리 일부 자바애플리케이션은 디스크를 전혀 건드리지 않고도 존재할 수 있다. 반면 넷빈즈 플랫폼, 그리고 특히 넷빈즈 플랫폼의 환경설정은 파일을 기반으로 만들어져 있다. 하지만 디스크 상의 파일을 직접적으로 다루지 않는다. 그 대신 가상 파일의 개념을 기반으로 한다.

넷빈즈 플랫폼 기반 애플리케이션의 환경설정 영역은 유닉스의 /etc 디렉터리의 내용과 비슷하다. 모든 유틸리티(유닉스의)나 모듈(넷빈즈 플랫폼의 경우)은 설정 매개변수를 구하기 위해 읽어오는 하나 이상의 전용 공간을 가지고 있다. 예를 들어, 그림 3.1에서 볼 수 있는 넷빈즈 플랫폼의 메뉴와 툴바를 생성하는 시스템에서는 /Menu나 /Toolbar 디렉터리에서 데이터를 읽어온다. 사실 이러한 공간은 중요 API를 형성하는데, 다른 모듈에서 그곳에 자체적인 환경설정 파일을 등록하기 위해서는 그러한 위치를 알아야 하기 때문이다. 위치의 이름은 임의로 변경될 수 없는데, 그렇게 되면 현재 등록돼 있는 내용이 더는 인식되지 않을 것이기 때문이다. 게다가 거기에 들어 있는 내용은 같은 이유로 안정적으로 유지돼야 한다.

그림 3.1 넷빈즈 메뉴와 툴바는 파일 디렉터리의 내용을 토대로 만들어진다.

이것은 유닉스의 /etc 환경설정 영역과 비교할 만하다. 하지만 한 가지 큰 차이점이 있다. 넷빈즈 환경설정 디렉터리에 들어 있는 대부분의 파일은 가상적인 특성을 띤다. 즉, 여러 XML 파일시스템으로부터 가져온다. 커다란 샌드위치와 마찬가지로 환경설정은 다양한 계층으로부터 구성된다. 각 컴포넌트(넷빈즈 모듈)는 다음과 같이 다수의 파일을 등록할 수 있는 XML 파일시스템 계층을 제공할 수 있다.

```
<filesystem>
    <folder name="Menu">
        <file name="Open.instance"/>
    </folder>
</filesystem>
```

그리고 나면 시스템에서는 이러한 계층을 하나의 파일시스템으로 병합한다. 이것은 현대 리눅스 배포판의 unionfs와 비슷하게 동작한다. 그런 다음 이처럼 커다랗게 병합된 파일시스템은 넷빈즈 시스템을 실행하는 데 필요한 실제 환경설정 데이터를 제공하는 데 사용된다. 이 모든 것들은 개별 컴포넌트 계층으로 구성된 커다란 샌드위치처럼 느껴진다.

나는 2000년에 내가 이렇게 발명한 것에 대해 꽤나 자부심을 가지고 있는데, 이것은 다수의 자그마한 설정 파일들을 디스크 상에서 제거하고 그것들을 각 모듈로부터 직접 읽어오는 가상 파일로 교체했기 때문이다. 게다가 이 방법은 제공된 파일들이 설치된 모듈의 목록과 항상 일관된 상태를 유지한다는 점에서 상당한 이점도 제공한다(컴포넌트가 설치됐을 때 파일이 디스크로 복사되고 모듈이 설치 제거(uninstall)됐을 때 파일이 제거된다면 그렇지 않을 수도 있다).

이러한 "파일 기반 API"의 중요성은 누가 봐도 분명하다. 가령 텔넷에서 변경사항을 읽어오는 공유 파일의 위치가 /etc/telnet5.rc로 바뀐다면 아무도 변경된 사항을 읽어오지 못할 것이므로 원래 위치에서 커버로스가 수정한 사항은 무용지물이 될 것이다. 아울러 파일 형식이 바뀌면 설치 과정에서 커버로스가 문법적으로 올바르지 않게 파일을 변경할 수도 있다. 그렇게 되면 변경 작업이 실패하고 파일 전체를 성공적으로 읽어오지 못하게 되어 텔넷 클라이언트가 실행되지 않을 수 있다.

환경변수와 명령줄 옵션

환경변수와 명령줄 인터페이스는 라이브러리라는 맥락에서 중요하게 여겨지지 않을 때가 많다. 하지만 유닉스의 매뉴얼 페이지에는 "환경(ENVIRONMENT)"이라는 절이 있다는 데서 알 수 있듯이 이러한 "인터페이스"는 특정 환경에서 굉장히 중요하다. 유닉스 세계에서는 셸 프로그램을 작은 도구를 연쇄적으로 호출하는 방식으로 작성하는 것이 일반적이다.

이러한 도구를 실행하기 위해 상당한 양의 정보를 환경변수에서 가져온다. 예를 들어, 실행된 프로그램을 찾는 경로는 PATH라는 변수에 저장돼 있다. PATH를 바꾸는 식으로 실행된 프로그램의 의미를 바꿀 수 있다. 예를 들어, 컴퓨터를 해킹하는 기초적인 수법 중 하나는 su 유틸리티의 의미를 재정의하는 것이다. 단순히 잠금 해제된 누군가의 컴퓨터 앞에 앉아 여러분에게 비밀번호를 메일로 전송하는 셸 스크립트를 작성한 후 셸 스크립트의 이름을 su로 지정하고 /bin/su에 위치한 표준 su 프로그램을 실행하는 대신 여러분이 만든 셸 스크립트를 먼저 찾도록 PATH를 변경하기만 하면 된다. 프로그램이 읽어오는 환경변수에 서로 다른 값을 제공하는 식으로 프로그램의 동작 방식에 커다란 영향을 줄 수 있다. 여기서 중요한 것은 파일과 환경변수가 클래스명과 메서드 시그너처와 마찬가지로 API라는 것이다. 이것은 유닉스 명령줄 유틸리티뿐 아니라 모듈화된 애플리케이션 내의 소프트웨어 라이브러리에도 적용되는 이야기다. 외부 코드에서 접근할 수 있는 출력 결과와 임의 문자열은 특정 컴포넌트 API의 일부로 볼 수 있다.

자바 애플리케이션에서의 환경변수

오랜 시간 동안(자바 1.1에서 자바 5까지) 자바 API에는 환경변수를 읽어오는 수단이 부족했다. 이것은 아마도 이러한 변수가 모든 운영체제에서 사용할 수 있는 것이 아닐뿐더러 거기에 의존하는 코드는 이식성이 떨어진다는 생각 때문이었을 것이다. 하지만 때로는 이러한 변수를 사용하지 않고 실제 애플리케이션을 작성하기가 힘들 때도 있다. 예를 들어, 넷빈즈 IDE의 CVS 및 서브버전 지원 플러그인에서는 버전 관리 작업을 수행하기 위해 명령줄 도구를 호출해야 했다. 이러한 도구는 윈도우와 유닉스 시스템에서의 동작 방식을 제어하기 위한 환경 API를 제공한다. 넷빈즈 IDE 내부에서는 적절한 환경변수를 통해 이러한 명령줄 도구를 호출해야 했고, 특정 전역 사용자 변수도 그러한 도구로 자주 전달해야 했다. 이러한 이유로 자바 애플리케이션 안에서 현재 환경변수를 읽어올 필요가 있었고, 특별한 실행 스크립트를 이용해 이렇게 했다. 하지만 이제 이 같은 낡은 기법들을 제거할 수 있는데, 자바 5에서 환경변수를 읽어오는 표준 API를 제공하기 때문이다.

자바에는 시스템 프로퍼티(system property)라고 하는 환경변수에 대한 부분적인 대체재가 있다. 아무 자바 메서드에서 System.getProperty에 문자열 이름을 전달해 프로퍼티와 연관된 값을 읽어올 수 있다. 이는 유닉스 환경변수와 비슷하다. 즉, 시스템 프로퍼티는 자바 가상 머신이 구동될 때 자바 가상 머신에 전달될 수 있다. 아울러 자바 가상 머신이 실행 중인 도중에 프로퍼티 값을 변경하는 것도 가능하다.

넷빈즈에서는 시스템의 특정 부분의 기본 동작 방식을 바꾸기 위해(이를 가능하게 만들고 싶긴 하지만 너무 많이 공개하고 싶지는 않다) 이러한 *프로퍼티 기반 API*를 자주 사용하곤 한다. 이 기법을 이용하면 드래그 앤드 드롭 과정에서 약간씩 다르게 동작하거나 클립보드 접근과 관련된 특정 핵을 비활성화하거나 테스트를 실행하는 데 좀 더 적합한 동작 방식으로 변경하는 등과 같은 미세한 조정이 가능하다. 이러한 API는 넷빈즈 IDE를 사용하거나 넷빈즈 플랫폼을 위한 모듈을 작성할 때는 필요하지 않으며, 주로 넷빈즈 플랫폼을 기반으로 다양하게 맞춤화된(customized) 애플리케이션을 제작하는 사람들과 회사를 대상으로 한다. 자바독 API에 기재된 클래스와 메서드만큼 중요하지 않지만 우리는 이러한 API도 적절히 문서화하며 이러한 API가 추후 릴리스에서도 망가지지 않도록 최선을 다한다. 우리에게는 이것이 진짜 API이며, 이는 모든 이들의 특정 목적을 잘 달성한다.

물론 유닉스 유틸리티는 환경변수에만 반응하지 않는다. 또 한 가지 중요하게 사용되는 API는 호출 시점에 전달되는 인자 목록이다. 예를 들어, 앞의 사례에서 su 유틸리티는 누가 로그인하는지 알고 있는데, su는 로그인 대상을 나타내는 인자와 함께 호출되기 때문이다. 인자가 해석되는 방식 또는 인자를 제공하는 순서를 변경하거나, 혹은 지원되던 뭔가를 지원하지 않으면 기존 방식의 인자를 가지고 새 버전의 유틸리티를 호출하는 애플리케이션은 완전히 망가질지도 모른다. 따라서 입력 매개변수를 비롯해 시스템 작동에 영향을 줄 수 있는 문서화된 변수도 API에 해당한다.

API로서의 텍스트 메시지

파이프 사용은 유닉스를 유닉스 이전 및 이후 운영체제와 고유하게 구분되게 했다. 도구 유틸리티들은 환경변수와 명령줄에서 제공한 매개변수로만 제어되지 않는다. 유틸리티에 텍스트 입력을 전달하고 그 결과를 받을 수노 있다. 그러한 유틸리티를 하나의 애플리케이션으로 연결하는 것은 유닉스 시스템의 일반적인 활용법이자 모든 유닉스 시스템 사용자에게 가장 강력하고 이해하기 쉬운 코딩 패턴으로 여겨진다. 그 결과 프로그램이 읽고 출력하는 것은 무엇이든 API로 볼 수 있고, 또 API일 때가 많다. 그러므로 이를 신중하게 검토할 필요가 있으며, 다음 절에서 이 주제에 관해 설명하겠다.

여러분이 출력하거나 읽은 텍스트는 중요한 API가 될 수 있다. 이미 앞에서 환경설정 파일과 프로그램에 전달하고 프로그램으로부터 전달되는 입출력 스트림의 경우를 언급한 바 있지만 그게 다가 아니다. 자바에서는 모든 객체에서 toString 메서드를 이용해 객체 자체를 문자열로 변환할 수 있다. 단순히 클래스명과 16진수 객체 해시 코드를 출력하기만 하는 toString 메서드의 기본 구현은 전혀 유용하지 않다. 디버깅을 위해 자바 객체가 좀 더 의미 있는 정보를 반환하도록 toString 메서드를 재정의할 때가 많다. 이것이 문제가 될 수도 있는데, 때때로 그 값이 너무 많은 의미를 담고 있어 외부 컴포넌트에서 거기에 의존하게 되는 경우가 있기 때문이다. 이처럼 의도하지 않은 API는 분산 개발의 가능성, 즉 API를 만드는 주된 동기를 저해할 수 있다.

toString의 오용

toString 메서드의 오용은 넷빈즈의 FileObject.toString()에서 일어났다. FileObject는 FTP, HTTP, XML 파일시스템 등과 같은 가상 파일시스템을 넷빈즈 플랫폼으로 연결해주는 java.io.File의 넷빈즈 래퍼다. 처음에는 toString 메서드에서 우연히 로컬 파일명과 정확히 일치하는 두 문자열을 연결한 값을 반환했다. 그 결과 new File(fileObject.toString())를 실행해 올바른 로컬 파일에 접근할 수도 있었다. 하지만 이 방법은 우연에 불과했고 CVS나 다른 버전 관리 시스템에서 관리하는 파일 또는 JAR 파일의 멤버에 대해서는 동작하지 않았다. 하지만 로컬 디스크 상에서(그러한 코드가 동작하는 것처럼 보일) 자신이 작성한 코드를 테스트하는 개발자들은 결국 제품 모듈에서도 이 방법을 사용할 것이다. 물론 다른 가상 파일시스템이 사용되자마자 문제가 발생했다.

우리는 이 문제를 해결하기로 하고, toString()에서 URL을 반환하고 사람들에게 어쨌거나 사용해야 했을 getPath() 메서드를 사용해 달라고 이야기했다. 하지만 몇 주 뒤에 동료들이 URL을 반환하는 toString에 의존하기 시작하는 것을 발견했다! 다행히도 이러한 사실을 릴리스하기 전에 일찌감치 발견했고, toString 메서드에서 아무런 의미가 없는 값을 반환하도록 변경할 수 있었다. 이제 toString에서는 접두어로 시작하고 URL이 온 다음 16진수 System.identityHashCode() 값으로 구성된 결과를 반환한다. 이 방법은 우리의 목적을 달성하고 이 메서드가 유용하지 않다는 사실을 분명하게 전해주는 듯하다. 결과적으로 동료들은 getPath()를 사용하고 있으며, 이 메서드는 애시당초 개발자들이 가상 파일시스템의 루트로부터 상대 경로를 구하는 데 사용했어야 할 실제 API다. 하지만 결말은 행복하지 않았다. getPath()의 자바독에서는 이것이 상대경로라고 경고하고 있긴 하지만 파일 객체가 로컬 파일을 나타내는 경우에는 우연히 디스크 상의 실제 경로이기도 했다. 상당수의 사람들이 실제로 존재하는 new File(to.getPath())에 의존하기 시작했고, 그 결과 우리가 상대 루트를 변경하려고 했을 때 그들이 작성한 코드가 망가졌다. 데자뷰였을까?

이와 비슷한 경우로 API에서 그래픽 사용자 인터페이스(GUI, Graphical User Interface) 컴포넌트에 누구나 볼 수 있는 문자열 이름을 제공하는 것이 남용을 초래했고, 해당 GUI 컴포넌트를 변경한 결과 클라이언트가 예상치 못하게 망가지는 상황을 목격한 적이 있다. 모듈화된 시스템의 컴포넌트에서 확인 가능한 정보는 남용될 수 있고, 또 분명 그렇게 된다. 그러므로 API 계약에 명시된 내용의 범위를 명확하게 제시하는 것이 중요하다.

텍스트 메시지를 파싱하는 것 말고는 다른 방법이 없는 상황을 조심해야 한다! 정보를 다른 방식으로 이용할 수 없다면 사람들은 여러분의 코드를 통해 생성된 텍스트 형태의 출력 결과를 파싱할 것이다. 예를 들어, JDK의 Exception.printStackTrace(OutputStream)에서 바로 그런 일이 일어났다. JDK 1.4 전까지는 이 메서드의 출력 결과를 파싱하는 것 말고는 예외가 발생하는 원인을 파악할 방법이 전혀 없었다. 사실 넷빈즈 IDE에서도 그렇게 했는데, 다른 많은 사람들도 각자의 애플리케이션에서 그렇게 하고 있었기 때문이다. 그 결과, 기존의 비공식적인 스택 트레이스 포맷이 API가 됐고 클라이언트 코드를 망가뜨리지 않고서는 이러한 포맷을 변경할 수 없었다. API를 진지하게 여긴다면 이 같은 상황을 조심해야 한다.

자바 1.4에서는 이처럼 잘못된 API 사용을 파악하고 문제가 고쳐졌다. Exception 클래스에는 같은 정보를 좀 더 구조적인 형태로 반환하는 getStrackTrace() 메서드가 새로 생겼다. 이로써 텍스트 형태의 출력 결과를 파싱해야 할 필요가 완전히 없어졌고 신규 애플리케이션에서는 그렇게 할 가능성이 컸다. 하지만 자바 1.4 이전에 작성된 애플리케이션은 아무것도 바뀌는 것이 없었다. 즉, 계속해서 텍스트 형태의 출력 결과를 파싱하는 데 의존하고 새 메서드의 도움을 전혀 받을 수 없었다. 그 결과 여전히 텍스트 형태의 포맷을 그대로 유지해야 한다! 이것은 API가 별과 같아서 생기는 결과다. 즉, 누군가가 별을 발견하고 나면 별은 그 자리에서 영원히 빛나야 한다.

프로토콜

프로토콜은 텍스트 및 파일 기반 API와 관련이 있다. 프로토콜은 네트워크를 통해 전달되는 메시지의 형식이며, 그러한 이유로 굉장히 중요하다. 읽기 또는 쓰기를 위해 소켓을 열 때마다 그 즉시 API 트랜잭션에 진입하게 되는데, 이것은 평범한 트랜잭션이 아니고 로컬 인터페이스를 통한 일반적인 API 사용에 비해 잠재적으로 훨씬 더 위험한 트랜잭션에 해당한다.

첫 번째 문제는 외부에서 제공되는 경우를 제외하고 접근 제어가 없다는 것이다. 자바에서는 접근 제어를 위해 public, private, protected, package private을 사용할 수 있지만 열린 소켓은 그러한 선택권을 제공하지 않는다. 여러분이 컴퓨터에 지정된 포트에 접근할 수 있는 사람이라면 누구나 접속해서 통신하고 거기에 의존할 수 있다. 이러한 API의 좋은 점은 독립적으로 서버를 실행하는 다른 측에 애플리케이션을 배포하지 않는 한 접근 빈도와 통신 내역을 계산하고 분석할 수 있다는 것이다(그 모든 일들이 "여러분의" 서버에서 일어나기 때문에). 이는 잠재적인 소켓의 오용을 분석하는 데 도움될 수 있다. 즉, 다른 사람들이 소켓을 사용할 때 무슨 짓을 하는지 알 수 있고, 그들의 요청을 분석할 수 있으며, 응답이 정상적으로 이뤄지도록 보장할 수 있다. 시간이 지남에 따라 응답을 조정할 수 있지만 여전히 어떤 연결도 처리할 수 있음을 보장해야 한다. 이는 여러분이 열어둔 포트로 접속할 수 있는 사람을 제한할 방법이 없기 때문이다. 이제 API가 된 포트는 모든 이들에게 열려 있다.

네트워크 프로토콜의 사용으로 증폭되는 다른 문제는 애플리케이션과 통신하는 데 사용되는 다양한 클라이언트와 프로토콜 버전이 광범위하게 급증한다는 것이다. 한번은 버전 관리 시스템인 서브버전(Subversion)의 개발에 관한 흥미로운 기사를 읽은 적이 있는데, 프로그램이 진화하는 과정에서 개발자들이 직면한 도전과제와 서브버전에서 사용하는 프로토콜과 관련된 내용이었다[1]. 사실 서브버전 개발자들은 여러 방면에서 계속 싸움을 이어 나가야 하는데, 그 이유는 서브버전의 API가 광범위하기 때문이다. 명령줄 도구로서의 서브버전은 인자와 환경의 지배를 받고 있다. 버전 관리 시스템으로서의 서브버전은 로컬에 체크아웃된 파일에 관한 메타데이터를 저장하고 이해해야 한다. 그뿐만 아니라 서브버전 개발자들에게는 특정 프로토콜로 서버에 접속해 인터넷을 통해 업데이트하고 체크아웃하는 클라이언트도 필요하다. 딱 하나의 서브버전 시스템만 있었다면 이 문제는 단순했을 것이다. 하지만 다른 여느 소프트웨어와 마찬가지로 시스템은 진화한다. 기존 버그도 수정해야 하고 새로운 기능도 꾸준히 추가해야 한다. 그 결과, 로컬 체크아웃은 몇 주 전에 만들어진 버전의 도구로 하고, 나중에 새로운 버전으로 작업을 수행하게 될지도 모른다. 그러한 버전에서는 데이터를 이해하거나 적어도 데이터를 대상으로 작업을 수행할 수 있는지 판단할 필요가 있다. 이 판단이야말로 가장 중요한 부분이다. 즉, 다른 버전에서 데이터를 만들어냈다는 사실을 서브버전이 확인하고 나면 데이터에 대한 작업을 거부하고 사용자가 도구를 업데이트하도록 요청할 수 있다. 이것은 버전 불일치를 해결하는 그런대로 괜찮은 방법이다. 하지만 이것은 로컬에서만 통하는 방법이다.

불일치 현상은 로컬 작업에서 일어날 수도 있지만 분명 서버 통신에서도 일어난다. 서버에 있는 서브버전 시스템의 버전은 그 서버에 접근하는 로컬 컴퓨터에서 사용되는 것과 다를 것이라고 거의 확신할 수 있다. 왜냐고? 대개 클라이언트 컴퓨터는 무수히 많고 각각은 다양한 버전의 서브버전 클라이언트가 포함된 배포판을 실행 중이다. 서버에서는 앞에서 설명한 것과 같은 기법을 통해 클라이언트가 특정 버전으로 업그레이드하도록 요청할 수도 있지만 이 방법은 효과가 없을 것이다. 우선 각 시스템에 대한 새로운 버전의 서브버전 클라이언트를 구하기가 쉽지 않을 수 있다. 하지만 그렇

---

1 가렛 루니(Garrett Rooney), "하위 호환성 보존하기"(2005), http://www.onlamp.com/pub/a/onlamp/2005/02/17/backwardscompatibility.html

게 했더라도 문제는 해결되지 않을 것이다. 서브버전 프로젝트는 많고 각각은 자체적인 서버에서 동작하고 있으며, 각기 약간씩 다른 버전의 시스템을 사용하고 있을 것이다. 각 서버에서 특정 버전의 클라이언트를 요구한다면 svn1, svn1.0.1, svn1.1, svn1.2.3 등과 같은 버전이 클라이언트 시스템에 설치돼 있어야 할 테고, 각 서브버전 서버에 접속할 때마다 어느 버전을 사용해야 할지 기억해야 할 것이다. 이처럼 어떤 한 도구의 호환되지 않는 다양한 버전이 확산되는 문제는 끔찍한 사용자 경험을 만들어내고 사람들이 프로토콜의 하위 호환성을 좀 더 잘 지키는 다른 버전 관리 시스템으로 옮겨가게 만들 가능성이 높다.

프로토콜 형태의 API가 하위 호환성을 지키는 방식으로 진화해야 하는 이유는 그러한 API가 각 참여자의 독립적인 생명주기 문제를 가중시키기 때문이다. 일단 프로토콜이 정의되고 나면 해당 프로토콜이 사용되기 시작한다. 그 프로토콜과 통신하는 다양한 클라이언트 프로그램이 만들어질 수 있고, 그러한 프로그램은 버전이 여러 개이고 이러한 버전은 전 세계의 다양한 컴퓨터 상에서 절대 예측할 수 없는 방식으로 업그레이드된다. 그 결과, 서로 통신하는 두 개의 프로그램은 서로 다른 버전을 사용하고 분명 약간 다른 버전의 프로토콜을 필요로 할 것이다. 하지만 그와 같은 상황에도 두 프로그램은 서로 통신할 필요가 있다.

로컬로 제한된 서버

넷빈즈 IDE를 비롯해 넷빈즈 플랫폼을 기반으로 하는 애플리케이션은 주로 데스크톱 기반이지만 한 번은 프로토콜 기반 API와 그것의 진화 문제를 "즐겨볼" 기회를 누릴 수 있었다. 넷빈즈 애플리케이션은 싱글턴(singleton)이다. 이를테면, 대개 사용자마다 단 하나의 애플리케이션 인스턴스만이 존재한다. 사용자가 동일한 애플리케이션을 두 번째로 호출하면 아무런 일도 일어나지 않으며, 이전에 실행되고 있던 인스턴스의 창을 앞으로 옮기고 동작을 마친다. 결과적으로 두 번째 인스턴스가 구동되는 법은 없다. 이는 소켓 서버와 결합된 잠금 파일을 이용해 이뤄진다. 각 넷빈즈 기반 애플리케이션은 구동 시 임의의 로컬 포트를 할당하고, 해당 포트 번호를 잠금 파일에 기록한 후 포트를 리스닝한다. 또 다른 인스턴스가 구동될 때마다 해당 인스턴스에서는 잠금 파일이 존재하는지 검사한다. 잠금 파일이 발견되면 포트 번호를 읽어온 후 포트에 연결해 애플리케이션의 이전 인스턴스가 여전히 살아 있는지 확인한다. 만약 그렇다면 이 두 개의 프로세스는 명령줄 인자를 교환하고 몇 가지 계산을 수행한 후 서로에게 입출력 스트림을 전송한다. 그리고 나면 두 번째 인스턴스가 존재하게 된다. 이것은 이미 실행 중인 애플리케이션에 --open 〈파일명〉과 같은 추가적인 인자를 전달하고 싶을 때 유용하다.

통신 프로토콜은 꽤 간단하고 독자적이다. 내가 이 코드를 작성했을 때는 이것을 확장성 있게 바꾸거나 범용적으로 만들 필요가 없었다. 그냥 이 코드를 같은 애플리케이션의 두 인스턴스 간의 통신에 사용했다. 나는 이 코드를 완전히 통제할 수 있고, 통신 채널의 송신자와 수신자 측을 올바르게 변경한다면 거기에 새로운 기능을 안전하게 추가할 수 있으리라 생각했다.

몇 번 넷빈즈를 출시하고 나서야 그것이 순진한 생각이었음을 깨달았다. 나는 버그 보고를 받았고, 이를 면밀하게 조사하고 나자 어떤 이유로 사람들이 넷빈즈 IDE 6.0을 통해 이미 실행 중인 넷빈즈 IDE 5.5에 연결하려고 했다는 사실을 알아낼 수 있었다. 그런데 이 두 버전에서는 약간 다른 버전의 프로토콜을 사용하고 있기 때문에 이미 실행 중인 넷빈즈 IDE에 연결하는 것은 되지 않는다.

그 이후로 나는 각 프로토콜의 초반부는 적절한 핸드셰이크에 할애해야 한다는 사실을 배웠다. 심지어 프로토콜이 로컬에서 비공개 통신을 하는 데 사용되더라도 말이다.

프로토콜을 중단시키는 것은 서브버전에서 다른 버전 관리 시스템으로 바꾸는 것과 같은데, 이것은 제아무리 좋게 포장해도 굉장히 고통스러운 경험이다. 이러한 이유로 프로토콜이 일종의 핸드셰이크를 수행할 수 있다는 것이 중요하다. 핸드셰이크는 통신이 이뤄질 때 맨 먼저 수행해야 할 활동이다. 이 과정에서 통신 상의 각 피어가 버전을 소개함으로써 이해를 위한 공통의 언어를 선정할 수 있다. 다른 요구사항으로는 가능한 모든 클라이언트 버전의 조합에 대해 공통의 언어를 확보하는 것이 있다. 그러한 언어에서는 복잡한 작업을 표현하는 것을 허용하지 않을 수도 있는데, 서브버전 체크 아웃(checkout), 상태 확인(status), 비교(diff) 같은 공통적인 상황에 대해서는 "기초 영어"로도 충분하기 때문이다.

새로운 기능이 추가되면 프로토콜 언어에도 새로운 표현이 필요해지기 때문에 프로토콜은 진화할 가능성이 높다. 하지만 서브버전의 최종 사용자나 서브버전 라이브러리의 사용자가 프로토콜의 변화를 직접 다뤄야 할 일은 절대 없을 것이다. svn1이나 svn1.0.1, svn1.1, svn1.2.3 또는 다른 어떤 버전이 필요할지는 중요하지 않다. 어느 프로토콜을 사용할지에 대한 판단은 서브버전 바이너리나 라이브러리 내에 감춰져 있어야 한다. 내부적으로는 같은 프로토콜의 다양한 방언과 상호작용하기 위해 svn1, svn1.0.1, svn1.1, svn1.2.3 코드의 사본을 제각기 담고 있을 수도 있지만 일반적인 사용법의 경우 API 사용의 단순함을 위해 클라이언트에게는 이 같은 사항이 노출되지 않을 것이다.

동작 방식

API는 컴포넌트의 내부로부터 우리를 보호하기 위해 존재한다. API는 우리가 무지한 상태를 유지할 수 있게끔 만들어주며, 그럼에도 블랙박스 기반 요소를 이용해 애플리케이션을 만들 수 있다. 그렇다면 API의 정의는 표면에서 멈춘다는 의미일까? 이것이 사실이라고 해도 나쁘진 않을 것이다. 하지만 대개는 그렇지 않다. 즉, API에서 제공되는 추상화가 얼마나 훌륭한가와는 상관없이 기저에 놓인 구현이 유출되어 API의 일부를 구성할 때도 많다.

지금까지 API가 결국 클래스나 메서드 시그너처에 불과하다고 생각하는 사람들을 많이 만났다. 그 너머에서 일어나는 일은 무엇이든 "구현"에 해당하며, 이러한 세부사항은 전혀 API에 해당하지 않는다는 것이다. 나도 이런 식으로 생각한 적이 있다. 넷빈즈 QA 부서에서 우리가 하위 호환성을 지키고 있는지 물었을 때 나는 API의 공개 시그너처를 변경하지 않았기에 하위 호환성을 지키고 있다고 주장했다. 하지만 틀렸다. 컴포넌트를 제작하는 주된 목적은 모듈화된 시스템을 제작하는 과정을 단순화하는 데 있다. 호환성은 시스템의 일부를 새로운 버전으로 교체할 수 있고, 시스템이 기존에 동작하던 방식으로 계속 동작하리라는 것을 의미한다. "시스템이 동작할 것이다"라는 것은 가장 중요한 호환성 제약조건이다. 이것은 시그너처보다 깊은 곳에 존재하는 메서드의 내부 구현에 영향을 받는다.

어떤 메서드가 한 버전에서 null이 아닌 값을 반환한다고 주장한다면 해당 메서드가 null을 반환하도록 변경하는 것은 사실 호환성이 지켜지지 않는 변경사항에 해당한다. 그러한 변경사항은 외부에서 관찰될 수 있고 컴포넌트 사용자에게 부정적인 영향을 주기 때문이다. 어떤 인터페이스의 메서드가 자바 AWT 이벤트 디스패처 스레드에서 호출되는 것으로 돼 있다면 아무 스레드에서 이 메서드를 호출하도록 컴포넌트를 변경하면 인터페이스의 기존 구현이 망가질 수 있다. 이 경우 비주얼 컴포넌트를 생성하고 사용자와 상호작용하며 대화상자를 표시하는 등의 작업을 더는 하지 못할 수도 있다. 프로그램 흐름이나 호출 순서, 부지불식간에 의존하는 잠금과 같은 API의 다른 여러 행위적 측면들이 이것과 관련이 있다.

이러한 사례는 API의 동작 방식을 완전히 파악하기가 훨씬 더 어려움에도 이것이 아주 중요한(가장 중요한 것이 아니라면) API 계약의 일부라는 점을 보여준다. 컴포넌트의 동작 방식이 변하지 않은 채로 유지될 때만 해당 컴포넌트의 사용자가 무지한 상태에서 최종 애플리케이션의 컴포넌트 버전을 교체할 수 있다. 그러한 경우에만 새로운 버전으로 업그레이드되더라도 기능이 훼손되지 않으리라 신뢰할 수 있다. 이러한 이유로 이 책에서는 컴포넌트의 동작 방식을 API로 취급할 것이다.

I18N 지원과 L10N 메시지

API라고 해서 모든 이들을 대상으로 설계되는 것은 아니다. 만약 내가 일반 리눅스 C 개발자라면 리눅스 커널 간의 내부 API에 관해서는 신경 쓸 필요가 없다. 그것들은 너무 저수준에 해당하는 것이라서 나의 무지 수준을 훨씬 넘어선다. 그러한 모든 세부사항은 C 개발자의 주의를 흩뜨리고 압도시킬 것이다. 나는 이러한 세부사항들이 나 자신의 프로그래밍 시야에서 완전히 벗어나길 바란다.

한편 이러한 API에 관심을 기울이는 사람들도 있으며, 그들에게는 이 같은 API가 적절하고 흥미롭게 여겨진다.

다양한 API가 다양한 그룹을 대상으로 삼는 것은 일반적인 현상이다. 매우 극단적인 경우 중 하나는 현지화(localization) 그룹에서 개별 모듈을 다양한 언어로 번역하는 데 사용하는 국제화(internationalization) 지원이다. 자바에서는 보통 ResourceBundle을 통해 국제화가 처리된다. 코드 자체에 텍스트 형태의 메시지를 직접 기입하는 대신 키를 정의하고 ResourceBundle에 특정 키에 대한 실제 텍스트를 요청한다. 키와 메시지 간의 매핑은 Bundle.properties, Bundle_en.properties, Bundle_ko.properties 등에 위치하며, 프로그램이 실행되는 과정에서 현재 사용자의 언어와 연관된 번들로부터 읽어온다.

대개 개발자들은 기본 언어(대부분 영어)가 담긴 Bundle.properties를 제공한다. 그리고 나면 코드 작성자 외의 누군가가 다른 언어에 대한 현지화 버전을 개발한 후 배포한다. 이러한 번역은 각자 서로 다른 일정에 따라 잠재적으로 원본 코드 개발자와는 굉장히 멀리 떨어진 전 세계에 퍼져 있는 사람들을 통해 통해 이뤄질 때가 많다.

라이브러리를 대상으로 코드를 작성하는 것과 같은 일반 API 사용자의 관점에서는 Bundle 키가 저수준의 구현 세부사항에 해당한다. Bundle 키를 사용하는 것은 리플렉션을 이용해 API 자체에서 공개적으로 노출되지 않은 비공개 클래스, 메서드, 필드에 접근하는 것과 같다. 거기에 의존하는 것은 좋은 습관과 상식에 반한다. 이를 자바독에 문서화하거나 이를 통해 일반 API 사용자를 고생하게 만드는 것은 바람직하지 않다. 이 같은 API는 이러한 사용자 그룹의 시야에서 완전히 벗어난다.

일본어 로캘이 지정된 솔라리스

넷빈즈에서는 ResourceBundle 클래스를 살짝 확장한 버전을 사용하고 대부분의 경우 이 버전은 잘 동작한다. 하지만 때로는 이러한 계약을 넘어 어느 정도 확장할 필요가 있다. 이 경우 대개 화를 자초하게 된다.

최근에 나는 세미 온라인(semi-online) 계약을 정의했는데, 이 계약에서 넷빈즈 사용자 인터페이스(UI)의 일부는 웹 사이트에서 읽어오게 돼 있다. 공통적인 주소로부터 HTML 페이지를 읽어 그것을 파싱한 후 파싱한 결과를 부분적으로 보여주고 UI 버튼이나 레이블 등을 생성하는 데 부분적으로 사용된다. 나는 가까스로 내 리눅스 환경에서 손쉽게 동작하도록 만들었다. 하지만 번역 그룹에서 작업을 시작했을 때 금방 다수의 오류 보고를 받았다.

현지화하는 사람들이 솔라리스를 자주 사용하고 대부분 일본어로 번역하기 때문에 나는 대부분의 버그 보고를 이러한 조합에서 받았다. 버그를 재현하는 일은 그리 재미 있지 않았다. 솔라리스로 부팅해서 일본어 로그인 세션으로 시작한 다음 터미널이나 넷빈즈, 브라우저를 여는 방법을 알아내는 과정은 따로 이야기할 만한 주제. 하지만 이러한 조합에서 굉장히 문제가 많이 발생했던 이유는 내가 주로 사용했던 리눅스 환경과 달리 대부분의 일본어 시스템에서는 UTF-8 인코딩이 아닌 euc_ja를 사용하기 때문이었다. 다양한 인코딩 간의 변환은 애플리케이션에서 비일관된 결과를 보여줄 때가 많다.

애플리케이션은 가장 부하가 심한 조건에서 테스트하는 것이 좋다. 넷빈즈 및 현지화 관련 API의 경우 가장 많은 오류를 일으키는 가장 복잡한 조합은 일본어 로캘이 설정된 솔라리스였다.

현지화 그룹에게는 번들 키가 중요 API이자 아마도 가장 중요한 API에 해당할 것이다. 프로그래머와 현지화 담당자 간의 분산 개발을 단순화하려면 기존 키의 제거나 이름 변경을 제한하는 것 같은 훌륭한 API 진화 규칙을 따르는 것이 좋은데, 그러한 변경사항은 호환성을 보장하지 않기 때문이다.

넓은 의미의 API

지금쯤이면 아마 명확하게 느껴지겠지만 API의 정의는 클래스와 메서드, 또는 함수와 시그너처의 단순한 집합을 훨씬 넘어선다. API는 대규모 시스템 컴포넌트를 무지한 상태로 조립하는 데 유용하다는 의미에서 단순 텍스트 메시지부터 컴포넌트 자체의 복잡하고 이해하기 힘든 행위까지 망라한다. 데이터베이스나 XML 스키마를 임의로 변경하거나 WDDL이나 REST, IDL 서비스의 의미를 재정의했을 때 발생할 수 있는 상황을 상상해 보라. 이것들은 모두 API의 범주에 속하고 진화를 염두에 두고 설계해야 마땅하다.

API의 품질을 검사하는 법

앞에서도 언급했듯이 사람들은 정확함과 우아함을 연관시키는 경향이 있다. 이와 비슷하게 훌륭한 API의 특성을 논의해야 할 때 훌륭한 API라면 아름다워야 한다고 말하는 사람들이 많다. 사실 아름답다는 것은 이점에 해당한다. 좋은 인상은 늘 처음 만났을 때 만들어지고 뭔가가 괜찮고 마음에 든다면 그것을 받아들일 가능성이 굉장히 높다. 이 같은 이유로 아름다운 API를 설계하려고 부단히 노력하는 것을 인정하지만 아름답다는 이유만으로 훌륭한 API라고 판단할 수는 없다.

아름다움의 정의와 측정은 주관적이다. 아름다움에 관해서는 단 둘 사이에서도 의견이 엇실릴 수 있다. 모든 이들은 각자 선호하는 바가 다르다. 이를 API 설계에 적용하면 각 API는 독창적이고 API 사용자에게 서로 다른 기술을 요구한다는 것을 의미한다. 이것은 API의 폭넓은 사용을 막을 수도 있다. 아름다움은 예술의 영역에 속하는 반면 소프트웨어 공학은 공학에 해당한다. 공학의 일차적인 목표는 동작하는 시스템을 만드는 것이다. 고대 그리스인들이 우리의 마음속 깊은 곳에 남긴 유산, 즉 뭔가가 올바르다면 그것은 아름답기도 해야 한다는 사실이 우리의 주요 목표인 사용하기 쉽고, 폭넓게 사용되며, 생산성 있는 API를 설계하는 것에서 벗어나게 해서는 안 된다. 공학적 접근법에서는 제품의 품질을 측정하는 객관적인 방법을 필요로 한다. 우리는 각 API가 특정 목표를 충족하는지 측정할 방법을 만들어야 한다.

이어지는 절에서는 API 사용자가 볼 수 있는 다양한 측면에 관해 살펴보고 각 측면의 중요성과 그것들을 준수하는 방법을 분석하겠다. 이 책의 대상 독자는 엔지니어이고 엔지니어는 모든 것을 측정하도록 배운다는 사실을 감안했을 때 여기서 하려는 모든 측정 행위는 아름다움을 품질 기준으로 사용할 수 없다는 안타까운 현실을 어느 정도 보상해줄 것이다. 아름다움은 측정 불가능하고, 따라서 품질 기준으로 사용하기에는 미흡하기 때문이다.

이해도

API를 사용해야 하는 사람들은 반드시 API를 이해할 수 있어야 한다. 이것은 모호한 말이지만 가장 중요한 사항이기도 하다. 앞에서 이미 API란 API를 작성하는 프로그래머와 해당 API를 대상으로 구현체를 작성하는 프로그래머 간의 의사소통에 관한 것이라고 언급한 바 있다. 구어와 마찬가지로 이러한 둘 간의 의사소통이 이뤄질 수 없다면 의사소통 채널, 즉 API를 이용하는 과정에서 문제가 생긴다.

API를 작성하는 것과 가장 비슷한 활동은 책을 쓰는 것이다. 한 명의 작가가 있고 다수의 독자가 있다. 독자는 작가에 관해 알고 있지만 작가는 독자에 관해 아는 바가 거의 없거나 전무하다. 독자의 실력과 지식을 정확히 추측하는 것은 이해하기 쉬운 API를 만드는 정교한 기술의 하나다.

모든 사람의 세계관은 시야에 따라 규정된다. 우리와 가까이에 있는 항목은 뚜렷하게 보이고 시야에서 멀어질수록 점점 흐릿해진다. 시야 너머에 존재하는 것은 시야에서 사라지기 때문에 전혀 알 수 없다. 훌륭한 API에서 제공하는 개념은 사용자의 시야 안에 놓여 있어야 하는데, 그렇지 않으면 개념을 이해할 수 없을 것이다. API 설계자는 대상 청중의 공통 지식이 무엇인지 이해하고 API를 설계할 때 이러한 지식을 이해해야 한다. 때때로 시야를 넘어 새로운 개념을 도입함으로써 시야를 확장하는 것도 해볼 만한 일이다. 하지만 이것은 점진적이고 단계별로 이뤄져야 하는데, 시야를 넘어가는 것은 늘 미지의 영역에서 길을 잃어버릴 위험과 연관돼 있기 때문이다.

자바로 코드를 작성할 경우 사람들이 java.* 라이브러리에서 사용되는 개념은 대부분 알고 있다고 예상하는 편이 안전하다. 반복자, 열거형, 입출력 스트림, 자바빈, 리스너, 비주얼 컴포넌트는 거의 모든 자바 프로그래머라면 익히 들어봤을 법한 객체다. 익숙한 용어와 클래스, 표현을 사용하면 학습 곡선을 줄일 수 있으며, 이로써 API 사용자의 인지적 부담이 줄어든다.

코딩과 관련된 요소가 생소할 경우 간단한 해결책이 있다. 이 해결책은 API 사용자의 대부분이 먼저 당면한 작업과 비슷한 작업을 수행하는 기존 애플리케이션을 찾아서 애플리케이션을 복사한 다음 자신의 필요에 맞게 애플리케이션을 수정한다는 관찰 결과를 기반으로 한다. 이러한 이유로 API가 얼마나 특이한가는 문제가 되지 않는다. 애플리케이션의 사용법을 보여주는 예제가 많을수록 개발자들이 자신의 필요와 근접하는 뭔가를 찾을 가능성이 높아진다. 그뿐만 아니라 개발자들이 API를 이해하게 될 가능성도 상당히 높아진다. API에서 사용하는 개념이 새로울수록 방대한 양의 예제에서 얻게 되는 혜택도 많아진다.

일관성

손쉽게 검사할 수 있는 API의 또 한 가지 중요한 측면은 API가 일관성을 띠고 있느냐다. API 사용자가 어떤 개념을 배우는 데 시간을 투자해야 한다면 전체 API에 걸쳐 해당 개념이 일관되게 적용돼 있는 것이 중요하다. 예를 들어, 객체에 대한 팩터리를 등록하는 방법이 있을 경우 모든 팩터리 타입은 해당 등록 메커니즘을 사용해야 한다. 이렇게 하면 API 사용자가 관리해야 할 위험 요소와 특별한 경우의 수가 줄어든다.

이와 비슷하게 특정 메서드는 반드시 특정 스레드에서만 호출해야 한다는 내용의 문서를 남기기보다는 전체 API나 클래스에 동일한 스레드 처리 모델이 사용되게 하는 편이 더 바람직하다.

API의 수명 관점에서는 동일한 개발 스타일을 따르거나 적어도 API의 진화 스타일을 명확하게 전달하는 것이 중요하다. API의 특정 부분이 다른 부분과 다른 식으로 진화해오고 있다는 사실을 알게 되면 곤란하다.

일례로 org.w3c.dom 인터페이스의 경우를 살펴보자. 이 인터페이스들은 JDK 1.3 버전에 추가됐다. 표준 자바 API의 인터페이스는 클라이언트가 구현할 수 있는 것과 달리 org.w3c.dom의 인터페이스들은 "퍼블릭 도메인(public domain)"이라는 경고가 있었음에도 클라이언트가 이를 구현할 수 없다고 이야기하는 곳이 아무데도 없었다. java.lang.Runnable을 구현하는 것은 안전하게 여겨진다.

이를테면, `java.lang.Runnable`에 새 메서드를 추가할 사람은 아무도 없을 텐데, 굉장히 많은 클라이언트에서 해당 인터페이스를 구현하고 있기 때문이다. 하지만 `org.w3c.dom`에 새 메서드를 추가하는 일이 새 버전의 JDK에서 일어났다. 이는 문제를 일으킬 수 있는데, 해당 인터페이스를 구현했던 사람들은 컴파일을 위해서는 더는 구현체에 의존할 수 없었기 때문이다. 대부분의 애플리케이션이 아무런 문제가 없었지만 특정 부분의 호환성은 사라졌고, 개발자들은 이것을 이전 버전에서는 완벽하게 동작했던 코드가 더는 컴파일할 수 없다는 것으로 받아들였다. 처음부터 명확하게 전달되지 않을 경우 이러한 유형의 진화는 신뢰를 저버리는 최악의 경우에 해당한다.

발견 가능성

API를 사용할 사람들이 API를 발견하지 못하거나 사용법을 손쉽게 이해할 수 없다면 가장 아름다운 API조차도 무용지물에 불과하다.

프로젝트에서 문제를 해결하는 데 유용한 API를 제공한다고 하면서 아무런 소개 내용이나 가이드 없이 5개의 패키지와 30개의 클래스로 구성된 자바독밖에 주지 않는다면 아마 최악의 상황일 것이다. 이러한 예가 바로 `java.awt.Image`의 자바독이다. `java.awt.Image`는 화면에 표시되거나 표준 이미지 형식으로 저장할 수 있는 그래픽 이미지를 표현하는 클래스다. 이 클래스는 추상 클래스인데, 대부분의 사용자가 원하는 것은 디스크에서 이미지를 불러오는 것이다. 그런데 이 클래스에는 "이미지는 반드시 플랫폼에 특화된 방식으로 획득해야만 합니다"라는 이해하기 힘든 안내문이 담겨 있다. 자바독을 현명하게 읽을 줄 아는 사람이라면 `BufferedImage` 하위 클래스가 있다는 사실을 파악하고 이 클래스를 살펴봤을 것이다. 이 클래스의 빈 이미지는 생성할 수 있지만 이러한 이미지 클래스의 자바독으로는 디스크에서 불러온 이미지의 인스턴스를 구하거나 화면에 이미지를 그리거나, 이미지를 저장하는 방법과 관련된 힌트를 찾을 수 없다. 이것은 참조 문서의 요건을 충족하는 완벽한 예로, 문서화된 기능을 이용해 어떤 유용한 작업을 하기 위한 진입점을 찾으려는 사용자에게 아무 도움도 되지 않는다.

대부분의 경우 API 사용자는 구체적인 클래스에 관심을 두지 않는다. API 사용자는 자신이 맡은 일을 끝내는 데 관심이 있다. 이러한 목적으로 API 사용법이 나오는 예제를 보는 것이 더 중요한데, 이를 통해 여러분이 하고자 하는 것과 가까운 API 사용법을 선택할 수 있다. 이것은 오픈소스 프로젝트의 성공을 부분적으로 설명해 주는데, 대개 기존 소스를 복사하는 것으로 프로젝트를 시작할 수 있기 때문이다. 사실 소스는 문서의 역할을 수행하고 처음에 안내하는 역할을 할 수 있다. HTML

자체의 역사를 생각해 보자. 웹 초창기에는 대부분의 디자이너들은 브라우저에서 본 코드 예제를 복사했다. 월드 와이드 웹 자체가 최고의 오픈소스 프로젝트일지도 모른다.

어떤 유형의 API를 제공하느냐와 상관없이 중요한 것은 출발점 역할을 수행하고 사람들이 당면 문제를 해결하는 방향으로 이끌어줄 곳을 하나 만드는 것이다. 사람들은 클래스 측면에서 생각하지 않기 때문에 실제 또는 적어도 예상되는 목표와 작업에 근거해 최적의 방식으로 이러한 진입점을 구성하는 것이 중요하다.

단순한 작업은 쉬워야 한다

API가 여러 대상 사용자를 지원할 때가 있다. 예를 들어, 자바의 JNDI를 이용하면 이름을 기준으로 객체를 발견하고 자체적인 이름 해석기(name resolver)를 추가할 수 있다. 이 두 가지 동작은 전혀 다른 두 API 사용자 그룹을 대상으로 만들어진 것이다.

JNDI는 하나의 예에 불과하지만 사실 이처럼 다양한 대상 사용자가 API를 사용하는 일은 여러 API에서 일어난다. 가장 먼저 저지르는 실수이자 가장 기초적인 실수는 서로 다른 측면과 관련된 항목을 한 API에 집어넣는 것이다. 이것은 발견 가능성을 방해하는데, API의 한 측면에 관심이 있는 사람들이 완전히 다른 사용자를 대상으로 설계된 API 때문에 주의가 산만해지기 때문이다.

이때 취하는 가장 보편적인 접근법은 API를 둘 이상으로 나누는 것이다. 즉, 하나는 호출자를 대상으로 하고, 나머지(가장 바람직한 경우는 별도의 패키지나 네임스페이스에 들어 있는)는 서비스나 확장 기능을 제공하기 위해 API에 그것들을 추가하는 제공자를 대상으로 하는 것이다. JNDI에서 취한 훌륭한 접근법은 확연히 구분되는 대상 사용자를 위해 별도의 인터페이스를 만든 것이었고, 인터페이스를 완전히 다른 패키지로 쪼갰다. 결과적으로 API를 호출하는 측에서는 javax.naming과 javax.naming.event만을 사용하고, 구현하는 측에서는 javax.naming.spi 등을 주로 사용한다.

이렇게 분리하는 방법은 자동적인 유효범위를 제공한다는 점에서 API를 문서화하는 것보다 훨씬 더 중요하다. 즉, API의 대상 사용자들은 문서 색인에 있는 클래스마다 "이 클래스가 나한테 필요한가?"라는 질문을 던질 필요 없이 손쉽게 자신이 연구 분야에 집중하고 관심이 있는 영역에 신경 쓸 수 있다.

이러한 분리를 잘못 수행하거나 또는 더 심각한 경우 잘못된 대상 사용자(대개 더 규모가 작은)를 대상으로 최적화한다면 API의 유용성이 대폭 줄어들 수 있다. 예를 들어, JavaMail API에는 굉장히 많은 개념과 클래스가 포함돼 있다. 개발자 측에서 단순히 메일을 보내거나 메일 서버에서 메시지 목록을 가져오려면 상당한 양의 작업을 해야 하며, 반복적인 코드도 매우 많이 필요하다. 반면 전체 API는 새로운 프로토콜을 구현하는 제공자를 굉장히 작성하기 쉽게 최적화돼 있다. 여기서 문제는 *메일을 주고받고자 하는 애플리케이션의 수가 메일과 유사한 메시지를 주고받기 위한 데이터 전달 프로토콜의 수보다 훨씬 더 많다는 것이다.* 이를 증명할 수는 없겠지만 자바 기반 메일 애플리케이션이 비교적 보기 드문 것은 바로 이러한 잘못된 최적화 때문일 가능성이 분명히 있다.

투자 보전

API를 설계하는 사람이라면 누구나 상대를 공평하게 대하는 것이 중요하다. 다시 말해 API 사용자에게 잘 대해줘야 한다는 것이다. 그러면 API 사용자는 해당 API를 더 많이 사용하게 되고, 그 반대도 마찬가지다. 자바로 애플리케이션을 제작하는 사람이 많아질수록 나중에 다른 자바 애플리케이션이 만들어질 가능성도 높아진다. 가령 JUnit 라이브러리를 사용하는 개발자가 많아질수록 JUnit 라이브러리 및 JUnit이 대표하는 개발 스타일의 중요성도 높아진다. 라이브러리 사용자가 되려면 라이브러리를 이해하고 그것이 일을 줄인다는 확신을 가질 필요가 있다. 하지만 무엇보다도 API 사용자가 API를 진정으로 편안하게 느끼려면 새로운 버전의 라이브러리가 출시됐을 때도 자신이 작업한 내용이 망가지거나 사라지지 않을 것이라고 믿어야만 한다. 라이브러리를 대상으로 코드를 작성하는 것은 시간과 연구, 노력, 돈을 *투자*하는 것이다. API 설계자의 가장 우선적이고 중요한 책임은 API를 사용하는 사람들의 투자를 보전하는 것이다.

API 사용자는 API에게 대단히 소중한 존재다. 사용자가 한 작업은 존중과 존경을 받을 권리가 있다. 사용자 경험이 개선될수록 사용자가 API를 사용하는 느낌이 더 좋아질 것이고 API를 더 잘 홍보하고 전파할 것이다. 이 모든 것들은 API를 사용하는 사람들을 더 행복하게 만들 것이다. 참여자의 투자를 보전하고 늘 API 계약을 호환성을 유지하는 방식으로(혹은 최소한 예측 가능한 방식으로) 진화시키려고 노력하는 것이 중요한 것은 바로 이런 이유에서다. 새 버전의 라이브러리는 기존 클라이언트 모듈이 정상적으로 계속 실행되도록 보장해야 한다. 그렇지 않은 경우에도 기존 소스를 컴파일하기 위해 업데이트하고 새로운 릴리스의 계약을 사용하는 것이 쉽도록 보장해야 한다. 아울러 호환성을 위반하는 요소가 발생하기에 앞서 업데이트가 필요한지 여부를 예상하고 있어야 한다.

라이브러리를 사용하는 데는 두 가지 모드가 있다. 다소 경직된 환경이나 분산된 환경에서는 이전 버전의 라이브러리를 사용하는 애플리케이션 바이너리가 최종 사용자에게 설치돼 있을지도 모른다.

모든 사람들을 만족시키려면 새로운 버전의 라이브러리가 업데이트됐을 때 애플리케이션이 문제를 일으키지 않고도 계속 동작해야 한다. 그렇게 된다면 애플리케이션 제작자의 투자가 잘 보전되고 있다고 볼 수 있다.

다소 유연한 환경에서는 소스코드를 구해서 그것을 재컴파일할 여지가 있다. 오픈소스 세계 및 널리 알려진 리눅스 배포판에서는 이런 일이 비일비재하다. 이러한 환경에서는 절대적인 바이너리 호환성이 필요하지 않을 수도 있는데, 새로운 버전을 재컴파일하기 쉬워야 하기 때문이다. 이러한 상태가 충족되고 예상하는 바가 모두 올바르게 설정돼 있으면 투자를 보전한다는 목표도 대부분 달성된다.

이 같은 투자 보전의 다른 측면에는 라이브러리의 API를 "더 낫게" 만들고자 하는 선의의 바람이 있다. 여기서 "더 낫다"는 것은 메서드 이름을 더 이해하기 쉬운 것으로 바꾸거나 API 패턴을 더 이해하기 쉽게 구조를 재정비하는 것 등을 의미한다. 이러한 활동은 최초 릴리스를 수행하기 전에는 환영할 만하다. 하지만 첫 번째 릴리스를 하고 나면 이 같은 활동은 기존 API 클라이언트 코드를 망가뜨리는 부담과 관련된 문제보다 우선할 수 없다. 반면 자신의 사용자를 소중하게 여기지 않는 사람들만이 이러한 활동을 중요시하는 태도를 보인다.

CHAPTER 4

시시각각
변하는 표적

API를 비롯해 소프트웨어 시스템의 설계와 개발이 출시일에 완성되는 것으로 생각하는 사람이 많다. 이것은 흔치 않은 경우다. 소프트웨어에서 중요한 부분 가운데 "완성"되는 것은 거의 없다. 보통 초기 릴리스는 소프트웨어 시스템 생명주기의 첫 단계에 불과하며, 여러 후속 릴리스가 이어질 것이다. 이 같은 이야기는 API에도 마찬가지로 적용된다. 훌륭한 API라면 단순히 초기 릴리스에만 괜찮아 보이는 것이 아니라 몇 년이 흐른 후에도 살아남아 여전히 좋은 상태를 유지할 것이다.

첫 번째 버전은 결코 완벽하지 않다

이미 2장의 "첫 번째 버전은 늘 쉽다" 절에서 첫 번째 버전을 만드는 것이 쉽다고 언급한 바 있다. 아울러 첫 번째 버전은 완벽하지 않을 가능성이 높다는 점도 언급했다. 이 두 가지 관찰 결과는 거의 모든 API가 시간이 지남에 따라 진화할 필요가 있음을 가리킨다. API에 대한 요구사항은 시간이 지남에 따라 변할 것이고, 과거에 유효했던 요구사항이 더는 맞지 않을 수도 있다. 아울러 모든 프로그램에는 적어도 한 개의 버그가 존재한다. 때때로 버그를 고쳐야 할 때가 있는데, 이는 또 한 가지 널리 퍼져 있는 믿음인 "대개 버그 하나를 고치면 새로운 버그가 두 개 생긴다"로 이어진다. 이러한 공통적인 관찰의 결과는 어느 소프트웨어 시스템에도 해당하며, API라고 해서 예외는 아니다.

지금이야말로 단념하고 "첫 번째 버전은 결코 완벽하지 않다"는 것을 인정하기에 적절한 시점이다. 노력의 양과 상관없이 릴리스된 버전에는 버그가 포함돼 있을 테고, 사용자는 여러분이 설계한 범위를 넘어서는 작업에 그 버전을 사용하려고 할 것이다. 수정 구슬을 가지고 있지 않는 이상, 이를 피할 수 없는 인생의 현실로 받아들이는 것 외에는 할 수 있는 게 많지 않다.

이러한 관찰의 결과가 회의주의로 이어질 필요는 없다. API가 진화할 필요가 있다는 사실은 나쁜 신호가 아니라 단순히 현실 인식에 불과하다. 진화에 대비해서 설계한다면(가급적 첫 번째 버전에서) API 사용자에게 문제를 일으키지 않고도 진화가 가능할 것이다. 모든 API 제작자는 진화 계획을 마련해 둬야 한다. 즉, 향후 릴리스에서 API에 어떤 일이 발생할지 전략적인 차원에서 알고 있어야 한다. 그러한 계획에는 두 가지 적용 가능한 접근법이 있다. 한 가지 극단적인 접근법은 기존 API를 포기하고 모든 것을 처음부터 새로 재작성하는 것이다. 다른 하나는 기존 클라이언트에 대한 동작 방식을 변경하지 않은 채로 보고된 문제를 해결하려고 노력하고 기존 API를 향상시키려고 노력하는 것이다.

점진적인 향상 접근법은 이상적인 경우 API 클라이언트 측에서 아무런 작업을 하지 않고도 버그 수정을 비롯해 잠재적으로 성능 향상 및 개선된 룩앤필을 전달할 수 있다. 클라이언트는 여전히 기존

API에 의지할 수 있고 새롭고 개선된 버전도 이용할 수 있다. 이 접근법은 버그를 수정할 때마다 새로운 두 개의 버그가 생길 가능성이 높다는 점만 제외하면 최상의 전략일 것이다. 모든 새로운 릴리스는 기존 API 클라이언트에게 문제를 일으킬 수 있는데, 이러한 이유로 이 정도 수준의 협업을 달성하는 것도 어려울 수 있다.

동일한 작업을 수행하기 위해 기존 API를 포기하고 또 다른 API를 작성하는 방법은 비호환성 문제를 방지한다. 기존 API는 그대로 남기 때문에 기존 API를 사용하는 클라이언트에게는 잠재적인 문제가 발생하지 않으며, 새 API는 새롭고 더 나은 가능성을 제공할 수 있다. 이 접근법의 유일한 문제는 기존 클라이언트가 코드를 재작성해서 새 버전의 API로 업그레이드하지 않는 이상 그들은 기존 API를 고수할 것이라는 점이다. 따라서 이 접근법의 단점도 가볍지만은 않다.

코드를 완전히 재작성하는 방법은 사소한 비호환성 문제를 방지한다는 이점이 있지만 고객들이 새로운 릴리스에서 제공할 기능 향상의 혜택을 절대 받지 못하게 된다는 단점이 있다. 향상된 기능도 중요하지만 호환성은 더욱더 중요하다. 이러한 양극단 사이의 균형을 잡는 것은 API를 유용하게 만드는 섬세한 기술에 해당한다.

하위 호환성

새로운 버전의 API가 기존 버전을 대상으로 작성되고(작성되거나) 컴파일된 클라이언트와도 동작할 수 있는 것을 하위 호환성이라 한다. "하위 호환성"을 지키는 것은 거의 모든 API 제작자의 목표인데, 하위 호환성이 실제 및 잠재 사용자의 신뢰도를 높이기 때문이다. 하지만 하위 호환성의 수준은 다양하며, 서로 다른 수준의 호환성을 달성하는 것에는 중요성과 복잡성 측면에서 각기 차이점이 있다.

소스 호환성

호환성과 관련해서 맨 먼저 직면하는 측면은 컴파일할 수 있느냐다. 가령 자바 1.3을 대상으로 프로그램을 작성하면 자바 1.4에서도 컴파일될까? 작성 가능한 모든 프로그램을 컴파일할 수 있다면 자바 1.3과 1.4는 소스 호환성(*source compatibility*)이 있다고 할 수 있다. 하지만 소스 호환성은 달성하기가 쉽지 않다. 그 이유는 주로 실행 포맷, 즉 클래스 파일에 추가되는 *편의성 문법(syntactic sugar)* 때문이다. 예를 들어(그리고 넷빈즈 IDE에서도 정확히 똑같은 경우를 접한 적이 있다) 누군가가 다음과 같이 JDK 1.3을 대상으로 하는 클래스를 작성했다고 해보자.

```java
public class WrappingIOException extends IOException {
    private IOException cause;

    public WrappingIOException(IOException cause) {
        this.cause = cause;
    }

    public IOException getCause() {
        return cause;
    }
}
```

이 프로그램은 자바 1.3에서는 컴파일되지만 자바 1.4에서는 컴파일에 실패할 텐데, 컴파일러는 이 코드에서 자바 1.4에 도입된 메서드(getCause())를 재정의(override)하려고 한다고 생각할 것이기 때문이다. 하지만 그 메서드에서는 Throwable을 반환하므로 IOException을 반환하는 메서드로는 재정의할 수 없다. 자바 1.4 언어 규칙에서는 메서드의 이름과 인자는 같더라도 반환형이 다른 경우에는 메서드 재정의를 금지하고 있기 때문에 컴파일이 실패할 것이다. 놀랍게도 자바 1.5에서는 이렇게 해도 문제가 없는데, 자바 언어가 유효한 진화의 한 단계로 좀 더 구체적인 반환형으로 변경하는 것을 받아들였기 때문이다.

서브클래싱(subclass)이 가능한 클래스에 새 메서드를 추가하는 것은 소스 호환성을 위험에 빠뜨리지만 여기서 지적하고자 하는 바는 그것 말고도 더 있다. 기존 패키지에 클래스를 추가하는 것 또한 문제를 일으킬지도 모른다. 자바 1.1로 작성된 다음과 같은 코드를 상상해 보자.

```java
import java.awt.*;
import java.util.*;

/** java.util.List가 생기기 전인 JDK 1.2에서는 컴파일이 가능했다 */
public class VList extends List {
    Vector v;
}
```

자바 1.1에서는 이 프로그램이 문제 없이 컴파일됐지만 자바 1.2가 출시되자 코드에 문제가 생겼다. 자바 1.2에서는 새로운 컬렉션 클래스가 도입됐고, 그중에 java.util.List도 있었다. 그 결과 앞의 코드에서 List라는 클래스명은 모호해졌는데, List가 java.awt.List(자바 1.1로 컴파일하는 동안에는)를 의미할 수도 있고 java.util.List를 의미할 수도 있기 때문이다. 요약하자면 기존 패키지에 새로운 클래스를 추가하면 소스 호환성이 깨진다.

클래스에 새 메서드를 추가하는 것이 소스 호환성이 깨지는 현상을 야기하고 새 클래스를 추가하는 것 또한 호환성을 깨지게 할 수 있음을 확인했다. 메서드나 클래스를 제거하는 것도 호환성을 깨트리는데, 그렇다면 어떻게 해야 할까? 아예 아무것도 변경하지 말아야 할까? 소스 호환성을 포기해야 할까? 이러한 딜레마에 직면하면 소스 호환성을 포기하는 편이 아마 더 나을 것이다.

물론 이전 버전의 API에 대해 소스를 컴파일할 수 있을 경우 새 버전에 대해서도 소스 호환성이 지켜지도록 열심히 노력하는 것은 합당한 목표지만 앞에서 보여준 바와 같이 그렇게 하기란 쉽지 않고 와일드카드 임포트(wildcard import) 같은 문법적 요소가 추가됨으로써 소스 호환성이 깨질 수 있다. 이러한 이유로 자바에서 절대적인 소스 호환성을 보장하기 위해 과도하게 노력하는 것은 적절하지 않다. 자바 언어는 소스 호환성을 폭넓게 지원하도록 설계돼 있지 않다. 자바는 다른 목표를 가지고 있으며, 누군가가 소스를 가지고 재컴파일하더라도 실수를 바로잡기가 그다지 어렵지 않다. 예를 들어, 와일드카드 임포트를 명시적인 임포트로 대체하기란 비교적 쉽다.

바이너리 호환성

이전 버전의 라이브러리를 가지고 컴파일된 프로그램이 다시 컴파일하지 않고도 새로운 버전의 API와 링크될 수 있다면 바이너리 호환성(binary compatibility)을 달성할 수 있다. 바이너리 호환성은 두 가지 시나리오가 가능하다는 점에서 달성할 만한 목표다. 첫째, 애플리케이션을 작성한 다음 그것을 한 버전의 라이브러리와 컴파일하는 동시에 사람들이 다른 버전으로도 사용하게 만들 수 있다. 이 경우 애플리케이션의 유지보수와 패키징, 배포가 대폭 간소화된다. 둘째, 이전 버전의 라이브러리를 대상으로 빌드된 바이너리만 가지고 있는 사용자가 애플리케이션이 재컴파일될 때까지 기다리지 않고도 새로운 버전의 라이브러리로 마이그레이션할 수 있다. 이 두 시나리오는 구성의 유연성을 높이고 모듈 제작자와 사용자에게 자유를 부여한다는 면에서 바람직하고 유용하다. 이러한 수준의 상호운용성을 달성하려면 소스가 컴파일된 바이너리 포맷에 대해 조금은 알고 있어야 한다. 자바의 경우 클래스 파일의 포맷을 이해하고 자바 가상 머신(JVM; Java Virtual Machine)에 클래스가 로딩되는 방식을 이해하는 것을 의미한다. 다음 단락에서는 소스와 바이너리 호환성의 차이점을 살펴보고 비교해 보겠다.

.class 파일 포맷은 원본 소스코드와 비슷하다(같지는 않다). 가장 먼저 알아둬야 할 차이점은 소스 호환성에서 경험한 와일드카드 임포트 관련 문제가 사라졌다는 것인데, 클래스 파일 내의 모든 이름이 패키지를 포함한 전체 클래스명(fully qualified name)으로 돼 있기 때문이다. 아울러 필드나 메서드의 이름에 소스에서 표현되는 이름이 포함돼 있는 것은 물론 메서드나 필드의 실제 타입이 지정돼 있다. 메서드의 경우 이것은 모든 인자의 타입, 그리고 더 놀랍게도 반환형까지도 의미한다. 결과적으로 자바 소스에서는 불가능한 일이지만 이름과 인자가 같고 반환형만 다른 두 개의 메서드가 클래스 파일에 존재하는 것이 가능하다.

```
/** 이것은 자바 코드가 아니지만 바이트코드 안에서는 문제가 없다 */
public abstract class DoubleReturnType {
    public abstract String getName(int x);
    public abstract StringBuffer getName(int x);
}
```

위 소스는 자바에서는 유효하지 않으며, 내가 아는 자바 컴파일러는 컴파일을 거부할 것이다. 반면 위 코드는 자바에서는 컴파일되지 않겠지만 이를 클래스 파일로 변환할 경우에는 완벽하게 유효한 코드다. 이것이 바로 자바 언어와 자바 바이너리 포맷 사이의 중요한 차이점 중 하나다.

클래스 파일 내용의 이름 변경 체계

클래스 파일은 같은 메서드의 두 가지 버전(반환형이 각각 다른)을 포함할 수 있다. 하지만 문제는 그러한 바이트코드로 컴파일되는 자바 코드를 어떻게 작성하느냐다.

이 문제의 답은 약간의 바이트코드 패치 기법을 사용하는 것이다. 이를테면, 클래스 파일의 내용이나 구조를 대상으로 직접적으로 연산을 수행할 수 있다. 이것은 자바 파일의 소스코드를 변경하는 것보다 조금 더 복잡한데, .class는 또 다른 바이너리 포맷이기 때문이다. 하지만 클래스 파일의 내용은 잘 문서화돼 있고 비교적 이해하기 쉽다. 게다가 jasm, BCEL, classfile 등과 같은 다양한 고수준 라이브러리를 이용하면 바이트코드를 분석하고 변경하는 데 도움을 받을 수 있다.

한때 넷빈즈 프로젝트에서 하위 호환성 문제를 고쳐야 할 때가 있었다. 두 가지 getIcon 메서드가 필요했는데, 하나는 javax.swing.Icon을 반환하고 다른 하나는 javax.swing.ImageIcon을 반환해야 했다. 그런데 이렇게 하는 가장 간단한 방법은 두 메서드의 이름을 다르게 지정한 후 최종 클래스 파일에서 검색 및 치환하는 것이었다. 그래서 아래와 같이 조금 이상하긴 하지만 유효한 자바 소스를 컴파일했다.

```
public static ImageIcon getIcon() { return null; }
public static Icon g3tIcon() { return null; }
```

그런 다음 바이트코드에서 g3tIcon을 getIcon으로 바꿨다. 간단하고 효과적인 방법이다. 이렇게 해서 매개변수와 이름이 같고 반환형만 다른 두 메서드가 만들어졌다.

```xml
<!--
    다음 타깃에서는 자바 소스를 컴파일한 다음
    .class 파일 안의 토큰을 치환한다.
-->
<target name="-build-and-rename">
    <mkdir dir="build/apimerge/classes" />
    <javac srcdir="src-apimerge" destdir="build/apimerge/classes"
        source="1.4" target="1.4" classpath="${cp}" />
    <!--
        다음은 치환할 내용이다. 치환은 텍스트 기반으로 이뤄지므로 바이트 값을
        문자로 취급하는 인코딩을 사용해야 한다. 예를 들어, UTF-8을 사용하는 것은 불가능한데,
        UTF-8은 표준 자바 헤더인 0xCAFEBABE를 적절히 처리하지 못하기 때문이다.
        따라서 서유럽 인코딩을 사용하는 것이 적당하다.
    -->
    <replace dir="build/apimerge/classes" casesensitive="true"
        encoding="iso-8859-1" summary="true">
        <include name="**/*.class" />
        <replacetoken>g3tIcon</replacetoken>
        <replacevalue>getIcon</replacevalue>
    </replace>
</target>
```

어떤 필드에 접근할 경우 해당 필드가 정의된 클래스의 이름이 표현된다는 사실도 알아두자. 가상 머신이 메서드를 찾을 때는 모든 가능한 상위 클래스까지 찾는 데 비해 필드를 찾을 때는 지정된 클래스에서만 필드를 찾는다. 결과적으로 필드 대신 메서드를 노출하는 편이 더 나은데, 이렇게 할 경우 나중에 운신의 폭이 좀 더 넓어지기 때문이다.

객체 지향 언어를 사용할 때는 메서드를 선언하는 것과 메서드를 재정의하는 것의 의미를 반드시 이해해야 한다. 핫스팟(HotSpot) 같은 현대 가상 머신에서는 구현 방법이 다르긴 하지만 오래된 "가상 메서드 테이블(virtual methods table)" 형태의 설명이 이 개념을 잘 설명해준다. final 키워드를 지정하지 않은 메서드가 여러 개 포함된 클래스를 정의할 경우 사실상 테이블을 하나 만들게 된다. 이 테이블에는 메서드의 이름들(및 인자 타입과 반환값에 대한 설명과 함께)이 해당 메서드

를 호출했을 때 실제로 실행되는 코드와 매핑돼 있다. 하위 클래스를 만들면 앞에서 설명한 것과 똑같은 테이블이 만들어지고, 이 테이블은 특정 메서드가 호출됐을 때 실행되는 새로운 코드를 가리키는 다른 포인터들로 채워진다. 그리고 나면 메서드를 호출하는 코드에서는 항상 테이블을 검사해서 시그너처를 기준으로 올바른 메서드를 찾아 테이블에 등록된 실제 코드를 호출한다. 이것은 간단하지만 강력한 방법이다. 이런 식으로 프로그램의 실제 실행은 동적인 특성을 띠는데, 객체, 클래스, "가상 메서드 테이블"에 따라 실행되는 실제 코드가 달라지기 때문이다. 이러한 전체 그림을 염두에 두고 있으면 유용한데, 객체 지향 언어에서 상속이 동작하는 방식에 관해 많은 것을 설명해 주기 때문이다.

표 4.1은 java.lang.Object에 정의된 특정 기반 메서드를 호출했을 때 어떤 일이 일어날지 보여준다. 예를 들어, "toString" 행에서는 Object 타입의 객체가 하나 있고 해당 객체를 대상으로 toString 메서드를 호출했을 때 해당 객체의 실제 타입이 String일 경우 실제로 호출되는 것은 String에서 제공하는 메서드라는 사실을 알 수 있다. 이러한 테이블은 정의된 모든 클래스와 연관돼 있다. 가상 메서드(자바에서는 final 키워드를 지정하지 않은 메서드)가 특정 클래스를 대상으로 호출될 때마다 그것을 적절한 테이블에서 찾는다고 보면 된다. 정확한 테이블은 메서드를 호출한 코드가 담긴 객체의 런타임 타입으로부터 추론된다. 이것은 마법이 아니다. 하지만 객체 지향 프로그래밍 너머에 존재하는 핵심 기술을 알아두면 도움될 것이다. 가령 재정의 가능한 메서드의 유일한 용도는 테이블 매핑 메서드의 이름을 실제 코드로 대체하는 것임을 알아두는 것이 좋다.

표 4.1 기본 자바 클래스에 대한 가상 메서드 테이블의 예

메서드	객체	문자열	숫자	정수
"equals"	Object.equals	String.equals	Object.equals	Integer.equals
"toString"	Object.toString	String.toString	Object.toString	Integer.toString
"finalize"	Object.finalize	Object.finalize	Object.finalize	Object.finalize

자바의 바이너리 호환성에는 특유의 문제가 있다. 예를 들어, 어떤 프로그램을 두 가지 버전의 라이브러리를 대상으로 컴파일한다면 그 결과로 만들어지는 바이트코드는 동일할 거라고 생각할 수도 있다. 글쎄, 때로는 그럴 수도 있겠지만 그렇지 않을 때가 많다. 문제는 *중복정의된 메서드(overloaded method)*라는 개념에 있다. 메서드명은 같지만 매개변수가 다른 두 메서드는 중복정의된다. 예를 들어, java.util.Arrays에는 toString 메서드가 여러 개 있으며, 각각은 byte[], short[], Object[]와 같이 서로 다른 배열 타입을 받는다. 그러므로 이러한 메서드는 중복정의된 것이다. toString 메서드를 호출하면 컴파일러는 메서드를 호출할 때 전달된 매개변수 타입에 따라 가장 적절한 메서드를 선택한다. 매개변수를 여러 메서드에 적용할 수 있다면 컴파일러는 자바 언어 명세에 정의된 규칙에 따라 "가장 근접한" 메서드를 선택한다.

StringBuffer에 추가된 비호환성

몇 년 동안 넷빈즈 프로젝트는 두 가지 최신 버전의 자바를 지원해 왔다. 여기에는 사용자가 최신 자바 버전으로 강제로 업그레이드하지 않아도 된다는 이점이 있다. 하지만 우리가 이전 릴리스의 자바 언어 및 런타임에 도입된 기능과 API만을 사용해야 한다는 단점도 있다.

자바 1.4가 나왔을 때 우리는 새로운 라이브러리를 쓰고 싶은 마음이 굴뚝 같았다. 리플렉션을 이용해 1.3에는 없었던 신규 메서드와 클래스를 호출할 수도 있었다. 하지만 이 방법을 쓰자니 마음이 편치 않았다. 이 방법을 쓸 경우 컴파일러가 수행하는 타입 제어를 기대할 수 없고 리플렉션을 이용할 때마다 수많은 예외를 잡아야 한다. 이 같은 이유로 우리는 빌드 스크립트를 수정해 자바 1.3을 대상으로 컴파일할 때는 *14.java로 끝나는 소스 파일을 무시하고, 자바 1.4를 대상으로 빌드할 때만 그러한 파일을 컴파일하게 했다. 그런 식으로 자바 1.4에 도입된 기능만 호출하는 코드를 모두 그러한 클래스에 채워서 두 가지 버전의 자바를 대상으로 컴파일할 수 있었다. 이러한 아이디어를 conditionaluseofapi 예제 프로젝트(다운로드 가능한 코드에 들어 있는)에서 볼 수 있으며, 다음은 파사드(facade) 정의다.

```java
interface AddString {
    public void addString(String msg);
    public String getMessage();
}
```

이제 두 개의 서로 다른 구현체가 만들어졌으니 이전 또는 최신 버전의 자바가 실행 중이냐에 따라 올바른 구현체를 선택할 필요가 있다.

```java
AddString add;

try {
    Class onlyOn15 = Class.forName("java.lang.StringBuilder");
    Class codeOn15 = Class.forName("conditionaluseofapi.StringBuilderAdd15");
    add = (AddString) codeOn15.newInstance();
} catch (ClassNotFoundException ex) {
    add = new StringBufferAdd();
}
```

결과적으로 최신 자바 버전을 대상으로 컴파일하면 필요한 클래스를 모두 가지고 그러한 클래스의 기능을 모두 이용할 수 있다. 반면 이전 버전을 가지고 컴파일하면 클래스의 수는 더 적지만 그러한 버전에 대해서도 코드가 실행되는 것을 보장할 수 있다. 우리는 이 방법을 상당히 안전한 해결책으로 생각했다. 사실 우리는 최신 버전의 자바에서만 이용 가능한 API를 우연히 사용하게 될까 봐 두려웠다. 이런 이유로 지원되는 두 버전을 대상으로 동시에 컴파일했던 것이다. 이처럼 동시에 컴파일하는 방법은 새로 도입된 API가 무분별하게 사용되는 일을 방지하고 두 가지 버전의 자바를 대상으로 제품이 실행되는 것을 보장했는데, 적어도 우리는 그렇게 생각했다.

놀랍게도 NoSuchMethodError가 간혹 발생하기도 했다. 이를 어느 정도 조사하고 나서 이런 현상이 다음과 같은 코드 때문에 일어난다는 사실을 발견했다.

```
StringBuffer sb = new StringBuffer();
StringBuffer another = new StringBuffer();
sb.append(another);
```

사실 문제는 자바 1.4의 StringBuffer에 1.3 버전에는 없었던 append(StringBuffer sb) 메서드가 새로 도입됐다는 것이었다. 하지만 자바 초기부터 StringBuffer에는 append(Object obj)이라는 일반 메서드가 있었다. 그 결과, 앞의 코드는 전혀 다른 메서드 호출로 컴파일되는데도 두 JDK 상에서 잘 컴파일된다!

보다시피 이중 컴파일을 이용한 기법은 예상한 대로 동작하지 않았다. 자바 1.4를 대상으로 컴파일된 코드는 1.3에서 실행할 수 없었다. 하지만 1.4의 기능을 사용하고 싶다는 욕구가 강했기에 우리는 제품 빌드를 개선했다. 즉, 1.4 버전으로만 컴파일하는 대신 두 번 컴파일했다. 먼저 자바 1.3으로 컴파일하는데, 이때 **/*14.java 클래스는 모두 무시하지만 모든 메서드는 자바 1.3 API로 올바르게 해석된다. 그리고 나서 JDK 1.4로 다시 한번 컴파일하는데, 이때 이전에 컴파일한 클래스는 그대로 두고 이전 컴파일에서 누락된 **/*14.java 파일을 추가한다.

바이너리 호환성에 관해 생각할 때 중복정의된 메서드 말고도 미처 예상치 못한 요소는 많다. 어떤 이유에선지 바이트코드 포맷은 문자열과 정수 같은 원시 값(primitive value)을 특별한 방식으로 다룬다. API 클래스에 public static final 문자열이나 정수 상수를 정의한다면 그러한 문자열이나 상수의 값은 평범한 Object나 다른 타입의 경우처럼 참조되지 않고, 대신 그것을 참조하는 클래스로 복사된다. 이것은 새 버전의 API에서 원시 상수 같은 것들의 값을 변경하더라도 해당 API의 클라이언트(이미 컴파일된)가 보는 값은 변경되지 않는다는 것을 의미한다. 이 같은 특성을 JBuilder API에서 버전 관리에 사용한 것과 같은 다소 특이한 기법에 이용할 수 있다.

```
public abstract class API {
    public static final int VERSION = 1;

    protected API() {
        System.err.println("Initializing version " + VERSION);
```

```
        init(API.VERSION);
        System.err.println("Properly initialized: " + this);
    }


    protected abstract void init(int version) throws IllegalStateException;
}

public class Impl extends API {
    protected void init(int version) throws IllegalStateException {
        if (version != API.VERSION) {
            throw new IllegalStateException("Wrong API version error!");
        }
    }
}
```

앞의 코드를 살펴보자. init 메서드 안에서 이상한 검사를 하는 이유는 뭘까? 전달된 값은 VERSION이고, 이 값을 VERSION과 다시 한번 확인한다. 실제로 1 == 1이나 다름없다! 이 값들은 같아야 한다. 물론 API 와 Impl 클래스가 동시에 컴파일된다면 두 값이 같아야 한다. 하지만 Impl 클래스가 이미 작성돼 있다고 상상해 보라. 예를 들어, 누군가가 이미 JBuilder용 확장 모듈을 작성한 후 이를 재컴파일하지 않고 새로운 버전의 API에서 실행하려고 한다고 해보자.

```
public static final int VERSION = 2;
```

이 경우 Impl.init 메서드 안의 검사는 실패한다. 검사에서는 실제로 2 != 1을 비교하는데, Impl 클래스는 API.VERSION이 1이었을 때 컴파일된 시점 이후로 API.VERSION의 값을 기억하고 있기 때문이다. 놀랍지만 사실이다. 그러므로 원시 상수의 값을 변경하는 것은 호환성을 보장하지 않는다는 점을 기억해 두자!

바이트코드 포맷은 자바 소스와 비슷하다. 여기엔 좋은 점도 있고 나쁜 점도 있다. 좋은 점은 이해하기 쉽다는 것이다. 나쁜 점은 오해의 소지를 남기기 쉽다는 것이다. 하지만 API를 작성할 때 바이너리 포맷은 어떤 애플리케이션이 그것이 사용하는 라이브러리로 링크될지를 결정하는 최종 판단 기준이다. 이러한 이유로 라이브러리의 자바 코드가 어떤 바이트코드로 변환되는지 이해하는 것이 중요하다. 확신이 서지 않을 때는 클래스를 디스어셈블해서 실제 상태를 검사해 본다. 그리고 미리 놀랄 것에 대비한다!

기능적 호환성(아메바 효과)

새로운 버전의 라이브러리가 이전 버전을 대체할 수 있으면서도 애플리케이션의 나머지 부분과 성공적으로 링크될 수 있다는 사실 말고도 무지라는 목표를 달성하는 데 필요한 것은 많다. 앞에서 언급한 무지의 의미를 떠올려보자. 무지란 모듈화된 개별 부분에 대해 가능한 한 적게 아는 상태에서도 그러한 부분들을 가지고 애플리케이션을 조립할 수 있는 능력이다. 바이너리 호환성을 확보했다면 시스템을 링크할 수 있다는 것이 보장되지만 그렇다고 시스템이 실제로 동작한다고 보장할 수는 없다. 바이너리 호환성은 이러한 더 중요한 호환성을 위한 초기 전제조건에 불과하다.

무지한 상태에서의 조립 및 컴포넌트 기반 시스템을 업그레이드하는 것의 목표는 분산 개발을 가능하게 하는 데 있다. 각자 독립적으로 일하는 프로그래머들은 반드시 자신이 작성하는 애플리케이션을 다양한 시간대에 다양한 버전의 라이브러리를 대상으로 컴파일할 수 있어야 하며, 그럼에도 취합된 결과 바이너리(작동 가능한)를 최종 사용자에게 배포할 수 있어야 한다. 이를 위해서는 함께 링크시키는 것만으로는 충분하지 않다. 물론 링크는 필요 조건이지만 그 수준을 넘어 각 부분들이 각기 예정된 방식으로 동작할 수 있게 만들어야 한다. 이를 *기능적 호환성(functional compatibility)*이라고 할 수 있다.

기능적 호환성을 정의하기란 간단하다. 앞에서도 살펴봤듯이 이전 버전의 라이브러리를 대상으로 컴파일할 수 있는 코드가 새 버전의 라이브러리에 대해서도 컴파일할 수 있다면 새 버전의 라이브러리와 이전 버전의 라이브러리는 소스 호환성이 있는 것이다. 링크할 수 있었던 애플리케이션을 지금도 링크할 수 있다면 바이너리 호환성이 있는 것이다. 어떤 프로그램을 새 버전의 라이브러리를 대상으로 실행했을 때와 이전 버전의 라이브러리를 대상으로 실행했을 때 늘 동일한 결과를 보인다면 해당 라이브러리는 기능적으로 호환성이 있는 것이다. 이것은 간단한 정의지만 놀라운 의미를 함축하고 있다.

라이브러리가 어떻게 동작해야 할지 알고 있고, 훌륭한 명세와 완벽한 문서화, 예상되는 동작 방식에 대한 적절한 설명이 있다고 상상해 보자. 물론 이것은 상상에 불과하다. 훌륭한 문서화 같은 것이 있을 리가 없다. 현실에서 문서화된 내용을 보면 늘 낡은 내용으로 채워져 있고 대개 전체의 일부만 설명할 뿐이다. 하지만 누군가가 이상적인 분석을 수행하고 애플리케이션이 정확히 어떤 모습이어야 할지 안다고 가정해 보자. 예를 들어, 애플리케이션은 그림 4.1과 같은 모습일 수도 있다.

그림 4.1 우리가 생각하는 애플리케이션의 모습

하지만 소프트웨어 개발에 관해 알려진 진실 중 하나는 모든 애플리케이션에는 적어도 하나의 버그가 존재한다는 것이다. 하지만 이것이 의미하는 바는 무엇일까? 버그는 예상된 동작 방식을 위반하는 것이다. 그래서 사실 애플리케이션의 동작 방식이 그림 4.1과 일치해야 한다고 생각할 수도 있겠지만 어떤 점에서는 실제 기능이 예상한 상태와 다를 것이다. 어떤 측면에서는 코드가 예상한 바를 완전하게 구현하지 않기도 하고, 또 어떤 경우에는 예상한 것보다 더 많은 일들을 수행하기도 한다. 이러한 상황을 시각적으로 표현하면 그림 4.2와 같다.

그림 4.2 애플리케이션의 실제 모습

문제는 차이가 나는 곳에 숨겨져 있다! 앞에서 보여준 그림이 라이브러리의 예상 동작 방식과 실제 동작 방식을 설명하고 있다고 상상해 보라. 명세는 명확한데 간혹 구현이 예정대로 동작하지 않을 때가 있다. 때로는 예상한 것보다 더 많은 일을 할 때도 있다. 그러한 라이브러리를 대상으로 코드를 작성하는 프로그래머는 명세를 읽을 가능성이 낮다. 현장에서는 완전히 막히지 않는 이상 실제로 명세를 읽는 사람은 거의 아무도 없다. 그전까지는 "일단 해보고 결과를 확인하는" 접근법을 취한다. 예를 들어, 코드를 작성해서 시도해 보고, 코드가 동작하면 끝내는 식이다. 그리고 물론 명세가 아닌 구현의 동작 방식을 관찰한다. 이런 식으로 하다 보면 구체화되지 않거나 명세와 모순되는 동작 방식에 의존하게 될 수도 있다. 분명 이 두 가지 상황은 향후 버전의 라이브러리와 그것을 사용하는

애플리케이션이 원만하게 공존하는 데 방해가 된다. 몇 가지 버그 수정을 비롯해 어쩌면 새로운 기능도 몇 가지 포함된 새로운 버전의 라이브러리를 릴리스할 경우 실제 동작 방식은 그림 4.3과 같이 바뀐다.

그림 4.3 다음 버전에서의 애플리케이션의 모습

이번에도 구현은 예상과 멀어진다. 게다가 이전 버전과도 다른 방식으로 멀어진다. 이러한 변화는 새로운 버전마다 일어날 가능성이 높다. 라이브러리의 실제 동작 방식은 아메바가 자신의 형태를 바꾸는 것처럼 형태를 달리할 것이다. 결과적으로 라이브러리의 특정 사용법이 더는 유효하지 않을 수도 있고, 호환성 있는 API를 작성하는 주요 목표를 달성하기가 위태로워진다. 그러한 API는 저마다 릴리스 일정이 다른 분산 팀들이 다양한 버전이 함께 동작하게끔 의사소통하는 데 더는 도움을 주지 못한다.

모르는 것을 약속하기

넷빈즈를 통해 경험한 바로는 사람들은 기능적 호환성에 비해 소스 호환성과 바이너리 호환성을 좀 더 쉽게 받아들이곤 한다. 여러 가지 이유가 있겠지만 여기서는 내가 주된 원인이라고 생각하는 것들을 이야기하겠다.

소스 호환성이나 바이너리 호환성에 영향을 줄 수 있는 API를 노출할 때는 몇 가지 해야 할 일이 있다. 예를 들어, 어떤 클래스를 생성하려면 해당 클래스를 public으로 만들고 public 메서드를 추가한다. 모든 public 클래스가 API를 구성하는 것은 아니라고 이의를 제기하는 사람도 있지만 public 클래스가 API의 일부를 구성한다는 점을 납득시키는 것은 비교적 쉽다. 기능적 호환성의 경우 뭔가를 노출할 필요가 없다. 동작은 그냥 "일어난다".

아메바 모델이 보여주듯이 실제 동작 방식은 항상 우리가 예상한 바와 다르다. 어떤 의식적인 행동 때문에 그런 것은 아니지만 잘못된 동작 방식은 항상 일어난다. 아쉽게도 API를 사용하는 측에서는 의도된 동작 방식과 우연의 일치를 구분할 방법이 없다. 문제는 주로 외부 개발자가 라이브러리의 원본 버전을 대상으로 코드를 작성하고 명세의 범위를 벗어나지만 작동은 하기 때문에 작업을 완수하는 데 활용 가능한 기능에 의존할 때 발생한다. 다음 버전의 라이브러리에서는 이 기능이 작동을 중단하고 *기능적 호환성*이 갑작스럽게 유지되지 않을 수도 있다. 그렇다면 이 같은 상황에서는 누구를 탓해야 할까?

> 훌륭한 가게 주인이라면 고객을 탓하는 것이 이기는 전략은 아니라는 사실을 알 것이다. 마찬가지로 API 사용자가 API를 잘
> 못된 방법으로 사용했고 다음 버전의 API에서는 전과 동일한 방법으로 사용할 수 없다면 결국 API 소유자가 비난받을 가능
> 성이 높다. API가 성공을 목전에 두고 널리 사용된다면 더욱 그렇다.
>
> 이 같은 현실을 받아들이기란 쉽지 않다. 현재 버전의 모든 동작 방식이 API를 구성하게 된다는 조건으로 백지수표에 서명
> 할 사람은 아무도 없다. 모든 잘못된 동작 방식이 기능적 호환성이라는 계약의 책임이라고 주장하고 싶지도 않을 것이다.
> 그렇게 하는 것은 자연스럽지 않다는 느낌이 든다. 하지만 무지를 이용해 대규모 시스템을 구축하는 기술이 보편화된다면
> 여러분도 이 같은 태도를 취해야 한다.
>
> API 설계자는 명세의 일부로 상상했던 부분뿐만이 아니라 아메바 전체를 책임질 필요가 있다.

여러분 스스로의 행동을 책임지기란 쉽지 않은 일이다. 그러므로 API 설계자의 주된 목표는 API의
작동 방식을 가능한 한 명세에 가깝게 만들어 아메바 효과를 최소화하는 것이다. 이렇게 하기란 쉽
지 않다. API가 어떤 일을 해야 할지 명확하게 이해하고, 그것을 실제 프로그래밍 언어로 표현하는
기술이 탁월해야 하며, API 사용자가 API를 어떻게 사용할지(더불어 API를 어떤 식으로 오용하는
지도) 예상할 수 있어야 한다. 다음 절에서는 이를 달성하는 단계를 알아보고 아메바 효과를 최소화
하는 방법을 보여주겠다.

유스 케이스 지향의 중요성

API가 널리 사용될 경우 API의 모든 클라이언트를 알 수 없으리라는 점을 조심해야 한다. 예를 들
어, 리눅스 커널을 작성하는 사람은 ioctl 호출을 통해 커널로부터 뭔가를 가져오려는 전 세계 모든
이들의 동기나 목표, 생각을 전부 알 수는 없다. 이 같은 상황에서 할 수 있는 것은 커널 인터페이스
를 설계할 때 사용자의 작업을 예상하고 그것을 염두에 두고 일하는 것뿐이다. 마찬가지로 자바 및
자바의 핵심 라이브러리를 개발하는 사람들은 자바 사용자와 그들이 자바를 사용하는 방식을 전부
알지는 못한다. 그럼에도 성공적이고 널리 사용되는 API를 만들고자 하는 다른 여느 API 제작자와
마찬가지로 이러한 API 제작자들은 API 라이브러리를 이용해 무슨 일을 할 수 있고, 왜 해야 하고,
어떻게 할 수 있는지 이해하기 위해 API 사용자에 대해 생각해볼 필요가 있다.

알지 못하는 클라이언트에게 이야기할 수는 없으니 이 경우 두 가지 해법만이 있다. 즉, 사용자를 찾
아서 사용성 연구를 하거나 *유스 케이스 지향적인* 접근법을 취하는 것이다. 유스 케이스(API 사용
자의 행동을 상상한 것)를 이용해 작업한 다음 이러한 유스 케이스를 특별히 최적화한다. 사용성 연

구를 통해 사용자에게서 응답을 받는 것이 좋고, 이를 통해 유스 케이스에 관해 여러분이 예상하는 바가 올바른가도 확인할 수 있다. 여하튼 설계에 대한 출발점은 *왜, 무엇을, 어떻게*를 분석하는 것이어야 한다.

실제 사용자가 없는 무결점 API

한번은 어떤 사람이 이런 고민을 하는 것을 들은 적이 있다. 즉, 실제 사용자와의 상호작용이나 실제 사용자에게서 수집한 의견 없이 설계자가 인공적으로 설계한 API가 완벽한 API 혹은 적어도 오류가 없는 API가 되기는 어렵다는 것이었다. 어떤 API든 궁극적인 성공의 척도가 사용자의 만족이라는 것은 변함없는 사실이다. 대개 사용자는 자신이 원하는 바를 할 수 있고 그것을 손쉽게 할 수 있다면 만족한다.

이것은 닭이 먼저냐 달걀이 먼저냐 문제와 같다. API 없이는 사용자가 있을 수 없고, 훌륭한 API를 만들려면 사용자의 의견에 귀를 기울이고 사용자를 API 설계에 포함시킬 필요가 있다. 이러한 상황에서는 만족스러운 해결책이 나오지 않으리라 생각할 수도 있다. 하지만 우리는 이러한 상황에 늘 직면하기 때문에 해결책이 필요하다. 사실, 어떤 종류의 시스템을 설계하든 첫 번째 버전은 출시해야 한다. 첫 번째 버전은 실제 사용자의 의견을 기반으로 할 수는 없는데, 아직까지는 실제 사용자가 없기 때문이다. 이 부분에 대해 할 수 있는 것은 뭘까? 이때는 사용자를 상상해볼 필요가 있다. 즉, 사용자가 어떻게 하려고 할지 생각해 내고 추정해봐야 한다. 즉, 유스 케이스를 상상해볼 필요가 있다.

사실 이러한 유스 케이스는 인공적인 것에 불과하다. 유스 케이스는 현실과 거리가 멀 수도 있고 API의 실제 사용자가 나타나자마자 받게 되는 실제 요구사항과 상당히 다를 수도 있다. 이 관점에서 봤을 때 첫 번째 버전은 절대 완벽할 수가 없다. 하지만 무결점일 수는 있다. API 설계에 오류가 있다는 것은 일부 API가 불완전하기 때문이 아니다. 그런 경우는 흔하지만(시스템의 전 생애 동안 새로운 요구사항들이 수집된다) 그러한 API는 요구사항을 수용하기 위해 후속 개정판에서 확장될 수 없다. 이 책을 통해 배우겠지만 여러분은 초기 사용자가 API의 최초 버전을 이용해 작성한 코드를 망가뜨리지 않고도 이를 달성할 수 있다.

유스 케이스는 API에서 의도하는 사용법을 설명한 것으로서 잠재 사용자가 겪을 수 있는 문제를 구체적인 해결책 없이 보여준다. 잠재적인 문제를 사람들이 겪을 가능성이 높은 실제 문제와 최대한 가깝게 만드는 것은 진짜 유용한 해결책(이 경우 API)을 만들어 내기 위한 훌륭한 첫걸음이다. 여기서는 넷빈즈 플랫폼에 표함대 있고, JDBC 드라이버를 등록하는 법을 보여주는 넷빈즈 데이터베이스 탐색기(Database Explorer) API의 유스 케이스 사례를 살펴보자.

외부 모듈에서는 JDBC 드라이버를 등록할 수 있다. 이것의 전형적인 예는 데이터베이스 서버와의 통합을 제공하는 모듈이다. 이 경우 해당 모듈에서는 데이터베이스 서버용 JDBC 드라이버를

포함하고 데이터베이스 탐색기 *API*를 이용해 해당 드라이버를 데이터베이스 탐색기에 추가한다. *API*의 또 다른 클라이언트로는 *J2EE* 애플리케이션 서버와의 통합을 제공하는 모듈이 있을 수 있다. 간혹 *J2EE* 애플리케이션 서버에서는 설치 후 곧바로 사용할 수 있는 데이터베이스를 제공하기도 한다. 서버가 *IDE*에 등록되면 애플리케이션 서버에 포함된 데이터베이스 서버용 *JDBC* 드라이버가 데이터베이스 탐색기에 추가된다.

이 같은 유스 케이스를 토대로 이를 API에서 어떻게 가능하게 할지 생각해봐야 한다. 이처럼 API에서 이뤄져야 할 실제 단계를 설명한 것을 시나리오(scenario)라고 부르자. 사실 시나리오는 유스 케이스에 적힌 질문에 대한 답변이다. 유스 케이스에서는 "어떻게 이렇게 하는가?"를 묻고 시나리오에서는 "음, 이렇게 저렇게 할 필요가 있으며, 그러고 나면 완료된다."라고 답한다. 일례로 JDBC 드라이버 등록 유스 케이스에 대한 답변을 살펴보자.

드라이버는 *JDBCDriverManager*를 호출하거나 모듈 계층에서 드라이버를 기술한 *XML* 파일을 등록함으로써 등록된다. *XML* 파일은 *JDBC* 드라이버 *DTD*를 토대로 기술한다. *PostgreSQL*용 *JDBC* 드라이버를 기술하는 등록 파일의 예는 다음과 같다.

```
<!DOCTYPE driver PUBLIC
    '-//NetBeans//DTD JDBC Driver 1.0//EN'
    'http://www.netbeans.org/dtds/jdbc-driver-1_0.dtd'
>
<driver>
    <name value='postgresql-7' />
    <display-name value='PostgreSQL (v7.0 and later)' />
    <class value='org.postgresql.Driver' />
    <urls>
        <url value='file:/folder1/folder2/drivers/pg74.1jdbc3.jar' />
    </urls>
</driver>
```

이 파일은 모듈 계층의 *Databases/JDBCDrivers* 폴더에 등록해야 한다. IDE에서 번들로 포함된 *JAR*를 가리키려면 URL에서 *nbinst:/modules/ext/bundled-driver.jar* 같은 *nbinst* 프로토콜을 이용하면 된다.

시나리오는 추상적인 유스 케이스를 API에서 실제로 실현된 내용과 연결한다. 시나리오에서는 어떤 클래스나 인터페이스를 구현해야 하고, 그것들을 등록하려면 선언적인 파일을 어디에 어떻게 넣어야 할지 기술한다. 그뿐만 아니라 좀 더 깊이 있고 상세한 API, 즉 JDBC 드라이버에 대한 `JDBCDriverManger`의 자바독 및 문서 형식 정의(DTD; Document Type Definition)로 연결되는 링크를 제공한다. 이러한 형식을 취하는 이유는 API 사용자는 유스 케이스에 대한 추상적인 소개 내용을 읽는 것만으로도 해당 유스 케이스에 관심이 있는지 금방 알 수 있기 때문이다. 만약 유스 케이스에 관심이 있다면 시나리오에 기술된 예제에서 무엇을 해야 할지 기본적인 아이디어를 얻을 수 있다. 그걸로 충분하지 않더라도 사용자는 문서의 최종 출처가 어디에 있는지(자바독이나 DTD, 때로는 소스 자체의 어디에 있는지) 알 수 있다.

넷빈즈 문서는 하향식으로 구조화돼 있고, 이러한 구성이 사용자로 하여금 필요한 정보를 더욱 쉽게 찾거나 발견하는 데 유용하다고 생각한다. 하지만 내부적인 용도로도 "유스 케이스", "시나리오", "자바독"을 분리해서 사용하는데, 이렇게 하면 API가 훌륭한지 평가하는 데 도움이 되기 때문이다.

앞에서 보여준 아메바 모델은 API를 유지보수할 때 명세와 실제 구현 간의 "차이"가 가장 중요한 문제의 원천임을 말해준다. 이 같은 이유로 그러한 차이를 가능한 한 작게 만들기 위해 노력하는 것이 타당하다. 하지만 그러자면 최소한 적절한 명세가 필요하다. 그렇지 않다면 차이를 측정할 게 아무것도 없다.

넷빈즈 API를 개발하는 동안 최신 명세가 코드와 자바독을 작성하는 프로그래머의 머릿속에만 들어 있던 시절도 있었다. 그때는 작업의 결과가 좋은지 나쁜지 확인할 길이 없었고, 작업의 결과가 기대하는 바를 충족시키는지 규명할 수 없었다. 게다가 작업의 결과가 목표를 초과 달성하는지도 알지 못했다. 다시 말해, 아메바의 실제 모양이 예상한 바와 일치하는지 알 수 없었다. 그러한 측정을 할 수 있었던 건 명세를 실제로 작성한 사람뿐이었다. 하지만 명세를 작성한 사람은 대개 독립적으로 측정하기에는 너무 구현에 감정적으로 애착이 심했다. 물론 명세를 작성한 사람이 훌륭한 설계자였다면 모든 것이 문제없이 이뤄졌을 것이다. 팀에 이 같은 기술에 능숙한 사람이 있다면 그들을 신뢰해야 한다. 하지만 "첫 번째 버전은 결코 완벽하지 않다"라는 점을 기억하자. 더군다나 구루가 프로젝트를 떠나버린 나머지 모든 사람들이 자신의 실력과 상관없이 유지보수가 불가능한 산출물을 떠맡아야 할 것이다. 문서화가 충분하지 않고 고수준 관점이 걸여된 라이브러리는 어쩌면 천재의 작품일 수도 있지만 어쩌면 아주 취약할 수도 있다. 즉, 동작 방식을 조금만 바꾸려 해도 아무것도 작동하지 않거나 전체 아메바의 모양이 완전히 뒤바뀔 것이다. 새로운 모양은 기존에는 동작하던 모든 것들이 이제는 실패한다는 것을 의미할 수도 있다.

물론 사람들은 이런 식으로 일하고도 훌륭한 결과물을 내놓을 수 있다. 하지만 이것은 엔지니어보다는 예술가에게 더 좋은 모델이다. 그리고 좋든 싫든 지속 가능한 소프트웨어 공학에서는 대개 예술에 필요한 것과는 다른, 좀 더 정량화할 수 있는 정확도를 요구한다. 넷빈즈 팀에서 마침내 이를 깨닫고 "유스.케이스", "시나리오", "자바독"을 분리하는 것을 끊임없이 요구했을 때 그 결과를 확인하기 위해 오래 기다릴 필요가 없었다. 이제 API는 고수준 관점에서 시작해 API를 작성하는 사람과 더불어 더 많은 검토자의 평가를 받을 수 있다. 이제 우리는 더 낮고, 사려 깊고, 더 완전한 문서를 갖추게 됐고, API 또한 유지보수하기가 더욱 수월해졌다. 이 모든 것들은 이제 우리가 라이브러리의 이면에 놓인 동기를 분명하게 이해하고 있기 때문이다.

API 검토

넷빈즈는 다양한 수준의 API 개발을 거쳤다. 맨 처음에는 API를 아키텍트 한 명이 전담해서 개발했다. 그러고 나자 내가 병목지점이 되어 전체 팀의 진행 속도를 느리게 만들고 있음을 발견했다. 그래서 방법을 바꿔서 한 그룹의 사람들과 자애로운 독재자 한 명으로 구성했다. 지금은 팀 전체가 API를 개발한다. 이 두 가지 방법은 소프트웨어 개발 이론에서 굳건한 지지를 받고 있으며, 둘 중 어떤 것이 이상적이라고 할 수는 없다.

설계는 위원회에 의해 이뤄질 수 없다고 간주돼 왔다. 즉, 설계는 한 명의 아키텍트가 결정을 내려야 하는 것이다. 이렇게 하면 일을 간소화할 수 있지만 어느 정도만 그렇고 절대 일의 규모를 늘릴 수 없다. 하지만 이러한 규모 확장과 관련된 제약 전에도 선임 아키텍트는 심한 업무 부담을 받는다. 선임 아키텍트는 API를 설계 및 유지보수하거나 혹은 최소한 API가 어때야 할지 적절히 의사소통해야 할 책임이 있으며, 이렇게 하는 데는 시간이 걸리고 한계가 있다.

처음 몇 년 동안 넷빈즈에서 아키텍트 역할을 맡은 사람으로서 나는 이 방법으로는 일의 규모를 늘릴 수 없었다고 확신한다. 팀의 규모가 커지면서 모든 요구사항을 만족시키기가 점점 더 어려워졌다. 이 문제를 해결하는 방법은 숙련도가 가장 높은 사람을 골라 그들 스스로 필요한 API를 설계하게 하는 것이었다. 하지만 이 방법은 일관성 면에서 좋지 않았는데, 모두 자신만의 개인적인 스타일로 API를 설계했기 때문이다. 이 방법은 API 품질 면에서 좋지 않았다.

넷빈즈 팀은 API가 주로 사용자와의 의사소통을 위해 존재한다는 사실을 깨달았다. 아울러 훌륭한 설계는 저마다 일반적인 동기를 반드시 가지고 있다는 사실을 깨달았다. 그래서 지금은 다수의 API

제작자와 함께 API 검토를 수행하고자 하는 헌신적이고 열려 있는 사람들로 구성돼 있다. 사실 API의 일부로 간주할 수 있는 다양한 객체를 감안하면 모든 개발자들도 API 제작자라고 할 수 있다.

API를 변경할 필요가 있을 때마다 누구든지 변경 요청을 제출할 수 있다. 그러면 다른 사람들은 그것을 통합하기 전에 훌륭한 API가 되는 데 필요한 특성을 모두 갖추고 있는지 검토한다. 예를 들어, "성공적인 API 설계를 위한 규칙"을 충족하는지 검사한다.

- **유스 케이스 기반 API 설계:** API 설계 동기가 추상적이고 일반적인 수준으로 기술돼 있으며, 이를 통해 실제 시나리오에 대한 일반적인 설계 결정과 API가 최종적으로 실현된(예: 자바독을 통해) 결과물이 연결된다.

- **일관성 있는 API 설계:** 개별 개발자가 만든 API는 반드시 팀 전체에서 공유하는 일반적인 "모범 사례"와 부합해야 한다. 국부적으로 최적화돼 있지만 전체적으로 일관성이 결여된 인터페이스보다 예상 가능한 인터페이스가 더 낫다.

- **단순하고 깔끔한 API 설계:** 간단하고 공통적인 작업은 쉬워야 한다. 유스 케이스 기반 설계를 사용하고 있다면 자연스럽게 중요 유스 케이스가 구현하기 쉬운 시나리오를 통해 충족되는지 확인할 수 있다.

- **더 적은 것이 더 많다:** 유스 케이스에 기술된 대로 딱 필요한 기능만 노출돼야 한다. 이렇게 하면 아메바 모델의 예상과 현실 간의 차이를 방지할 수 있다.

- **진화 대비:** 라이브러리는 반드시 나중에 유지보수할 수 있어야 한다. 새로운 요구사항이 나타나거나 기존에 유지보수하던 사람이 떠나더라도 API가 위태로워져서는 안 된다.

초점이 분명한 작은 규모의 팀은 API 설계의 이러한 측면들을 점검할 수 있다. 좋은 소식은 팀이 API가 다루는 영역의 전문가가 될 필요는 없다는 것이다. 질문은 주제 중립적이고 API의 일반적인 측면과 관련돼 있기 때문에 누구나 그러한 측면을 측정할 수 있다. 그래서 넷빈즈에서는 현재 위원회에 의한 설계를 하지만 그럼에도 규모가 큰 팀을 통해 일관성과 확장성을 달성할 수 있다. 선임 검토자들이 무엇을 왜 해야 하는지 설명할 일은 없겠지만 작업은 분산되고 API 설계는 모두에게 열려 있다. http://openide.netbeans.org/tutorial/reviews에서 여러분도 참여해 보길 바란다.

API의 생명주기

이미 앞에서 API를 만드는 과정은 *의사소통*에 관한 것이라고 몇 차례 언급한 비 있다. API를 소비하는 사람과 API를 작성하는 사람이 있고, 어느 쪽에서든 의사소통을 시작할 수 있다.

어쩌면 사람들이 코드를 작성하고 나면 다른 사람들이 그 코드의 가치를 발견하고 거기에 보태고 싶어 하는 것일지도 모른다. 이 경우 API는 *자발적인 방식*으로 시작된다. 어떤 사람은 기능을 개발하고, 다른 어떤 사람은 그 기능이 유용하다는 사실을 발견하고 그것을 사용하기 시작한다. 나중에 그들은 서로를 발견하고 각자의 경험을 나누며 기능의 원래 설계가 충분히 일반적이지 않다거나 API로 사용될 의도로 만들어진 것이 아니라는 사실을 발견하게 될 수도 있다. 어떤 기능을 API로 진화시키기 위해서는 기능 개선을 위한 변경사항에 관해 논의해야 한다. 몇 차례 반복주기(iteration)를 거치고 나면 해당 기능은 유용하고 안정적인 계약이 될 수 있다.

해킹하지 말고 기여하라!

협동하려는 보편적인 의지는 이 같은 방식의 API 개발에 대한 전제 조건이며 각 개발자의 성공에 공헌한다. 최소한 기여하기를 희망하는 신규 API 사용자는 API 개발자에게 일부 API 기능의 특정 사용법에 관한 정보를 전달해야 한다. 이렇게 하지 않으면 API의 상태가 변화할 가능성이 낮고, 그러한 사용법은 적절한 API 사용법이라기보다는 계속해서 해킹에 가까워질 것이다.

반면 API 제공자는 그러한 요청에 대비하고 어떻게 대응할지 알고 있어야 한다. 예를 들어, 대안을 제시하지 않은 상태에서 "이 기능은 API가 아니니 사용하지 마세요."라고 말하는 것은 소용없는 짓이다. 대신 양측은 협동하고 함께 API를 유지보수할 수 있는 방법을 찾아야 한다. 그런데 그와 같이 유지보수하는 데는 비용이 많이 든다고 흔히들 걱정하는데, 14장의 "유지보수 비용 최소화하기" 절에서 논의하듯이 비용이 들지 않게 해야 한다.

한편, 실제로 API를 작성하거나 제공해 달라는 요청을 받지 않았는데도 API 사용자에게 다가가고 싶어하는 API 설계자도 있다. 이 같은 API 개발은 *설계와 비전*으로 만들어지는 듯하다. 이 시나리오에서는 시스템 내의 두 컴포넌트 간의 계약에 대한 필요성(알려졌거나 혹은 최소한 예상되는)이 존재한다. 요구사항이 수집되고 문제 영역의 조사가 끝났으며, 유스 케이스까지 이해되고 나면 누군가가 API를 설계하고 작성한다. 이제 다른 사람들이 현실 세계에서 해당 API를 사용할 수 있다. 이제 그들은 API를 평가하고, 버그를 제출하며, 개선사항을 제안할 수 있다. 이러한 모든 평가는 API가 유용하고 안정적인 계약으로 진화하는 데 이바지한다.

장기적인 투자

API는 필요하다. API가 없으면 무지한 상태에서 애플리케이션을 조립하는 것이 불가능하다. 하지만 API를 만든다고 해서 저절로 API가 널리 사용되는 것은 아니라는 점을 알아야 한다.

일례로, 넷빈즈에서 명령줄 API가 필요했던 적이 있다. 적어도 편집기에서 파일을 열기 위해 넷빈즈 실행파일에 전달하는 --open 파일명 인자를 지원하고 싶었다. 그러나 넷빈즈의 모듈화된 특성 때문에 이와 관련된 코드를 한 컴포넌트 내의 한

곳에만 둘 수는 없었다. 명령줄에 관해 알고 있는 모듈은 파일에 관해서는 아무것도 알지 못하게 돼 있고, 파일에 관해 알고 있는 모듈에서는 명령줄 매개변수에 접근할 수 없었다. 여러 릴리스에 걸쳐 우리는 이러한 두 모듈을 연결하고 파일 열기 요청을 적절히 처리하기 위한 비공개 및 문서화되지 않은 API를 만들었다. 하지만 넷빈즈 IDE 6.0에서는 누구나 사용할 수 있는 공식 API를 만들도록 준비했다.

현재 넷빈즈 6.0 IDE에서 명령줄 파싱 API를 사용하는 다른 모듈은 아무것도 없다. 그렇다면 API를 만드는 것은 무의미한 일이었을까? 나는 그렇게 생각하지 않는다. 이제 그것은 적절히 문서화돼 있어서 이미 메일링 리스트에서 해당 API의 사용법에 관한 질문이 올라온 것을 볼 수 있다. 이것은 사람들이 해당 API를 발견하고 그것을 사용할지 고민하고 있음을 의미한다. 그 API의 존재는 넷빈즈 플랫폼이 살아남을 가능성을 높이고 새로운 개발자의 관심을 불러일으킬 수도 있다. 하지만 그것이 널리 사용되기까지는 오랜 시간이 걸릴 것이다. 누구나 사용할 수 있게 만들어진 API(곧바로 사용하기 위해 요청하는 사람이 없는)는 일반적으로 장기적인 투자에 해당한다.

이 두 가지 경우는 다른 식으로 시작됐음에도 동일한 특성을 공유한다. 즉, API가 동작한다고 말할 수 있기 전에 피드백과 평가를 위한 시간이 필요하다는 것이다. 모든 API가 안정적인 API로 생애를 끝마치는 것은 아니다. 때로는 선택한 길이 성공적인 결과로 이어지지 않을 수도 있다. 그러한 경우에는 포기하는 편이 더 낫다. 때로는 계약의 양측이 *오붓한* 대화를 나눌 필요가 없다는 사실을 알게 될 수도 있다. 그러한 경우에는 그냥 이야기를 나누면 된다. 다음 릴리스 동안 협상이 효과가 없더라도 서로 좀 더 손쉽게 이야기하는 새로운 방법을 찾을 만큼 가까워진다.

이 모든 상황은 일어날 가능성이 있다. 하지만 문제가 개발자 간의 의사소통에 있기 때문에 여러분 자신을 명확하게 표현하는 것이 중요하다. API를 작성했는데 아직 미흡한 부분이 있다면 "어이, 아직 준비가 되지 않았다네. 한번 시험해 봐도 되겠지만 조심하라고."라는 식으로 명확하게 경고해야 한다. 반면 "이건 지금까지 내가 만든 것 중에서 가장 훌륭한 API야! 당신들이 살아 있는 동안에는 온전하게 지원될 거라고 장담해!"라는 식으로 자신만만하게 선언하는 경우도 있다. 이 경우 API 사용자의 마음을 사로잡을 순 있지만 가장 중요한 것은 API의 상태를 명확하고 분명해야 제시해야 한다는 것이다.

예를 들어, 리눅스 커널과 그것의 외부 인터페이스의 경우 안정 버전을 나타날 때 점 다음에 짝수를 기재하고, 개발 버전에 대해서는 점 다음에 홀수를 기재한다. 따라서 2.0, 2.2, 2.4, 2.6은 안정 릴리스이고, 2.1, 2.3, 2.5는 개발 중인 버전을 가리킨다. 이 같은 체계는 예상하는 바를 명확하게 전해주고 사용자는 취향에 맞는 릴리스를 선택할 수 있다. 즉, 새로운 기술의 언저리에서 위험하게 살거나 새로운 기능과 개선된 사항은 일부 없지만 안정 릴리스를 이용할 수 있다.

안정성 부족에 관해 라이브러리 사용자와 투명하게 의사소통하는 방법은 릴리스 번호를 0.x로 표시하는 것이다. 이 방법은 1.0에 도달하지 않은 뭔가가 여전히 개발 중이고 변경될 가능성이 있다는 것으로 통용되는 방법이다. 어떤 방법을 택하든 가장 중요한 것은 API 사용자가 그 방법과 거기에 함축된 의미를 이해하게 하는 것이다.

이어서 넷빈즈 API의 안정성 규칙을 설명하겠다. 넷빈즈(그리고 다른 대규모 프로젝트에서도 마찬가지지만)에서 직면한 복잡성 가운데 하나는 우리가 만든 API가 하나의 커다란 조각이 아니라 비교적 독립적인 API의 집합과 비슷하고 각 API의 진화 상태가 다르다는 것이다. 여전히 0.x 버전대에 속하는 API도 있고, 이미 성장해서 가장 높은 수준의 안정성을 확보했다고 할 수 있는 API도 있다.

API가 어떤 단계에 있고, 진화가 진행 중인지 혹은 안정적이라서 사용할 준비가 됐는지 분명하게 전달하기 위해 넷빈즈 팀에서는 API에 대한 안정성 분류 체계를 사용하기로 했다. 이것의 목적은 API 제작자에게 특정 라이브러리의 의도를 표현하는 수단을 부여하고 API 사용자에게 특정 API에 의존하고 싶거나 특정 API가 좀 더 성숙해질 때까지 기다려야 할지 판단하는 데 필요한 정보를 제공하는 것이다. 이를 위해 넷빈즈에서는 API 각각에 다음과 같은 범주 중 하나를 지정했다.

- *비공개(private)*는 접근 가능하나 모듈과 라이브러리 외부에서 사용할 용도로 만들어진 것은 아닌 기능에 부여하는 범주다. 어떤 기능이 비공개 범주에 속할까? 앞에서 환경 프로퍼티, 코드가 읽어 들이는 파일 등과 같이 API를 구성하는 요소에 관해 논의한 바 있다. 대개 코드 및 API 라이브러리에서는 공개된 통신에 사용될 의도가 없는 프로퍼티와 파일을 읽어 들인다. 가령 로깅을 활성화하는 프로퍼티나 캐시로 사용되는 파일을 들 수 있다. 이러한 외부 요소의 내용은 라이브러리의 작동 방식에 영향을 줄 수 있지만 그것에 의존하는 것은 신뢰하기 어렵다. 즉, 기존 버전에서는 동작할 수도 있겠지만 릴리스마다 변경되기 마련이기 때문에 그러한 요소에 의존하는 것은 위험성이 높고 자제해야 한다. 변경하기 전에 API를 검토하는 것은 필수는 아니지만 그러한 기능이 적절히 감춰져 있고 비공개적으로 문서화돼 있음을 보장하는 방법이자 이와 비슷한 작동 방식을 달성하는 더 나은 방법이 없음을 보장하는 방법으로서 권장된다.

- *프렌드(friend)* API는 시스템의 다른 부분에서(그러나 한정된 영역에서만) 사용하기 위해 고안된 것이다. 이 유형의 API는 필요할 때가 많은데, 대형 시스템에서는 어떤 컴포넌트가 다른 부분에 대한 의존성 없이 자체적으로 동작할 수 있는 가능성이 높지 않기 때문이다. 넷빈즈에서는 API 생산자와 소비자 간에 "계약서에 서명"하는 것을 요구하는데, 그렇게 함으로써 그들은 계약에 동의하고 API가 호환되지 않는 방식으로 변경될 수 있다는 것에 동의하게 된다. 그러한 "서면 계약"은 관련 당사자들이 동의하는 어떤 것도 의미할 수 있다. 넷빈즈에서는 계약을 강제하기 위해 각 모듈에서 해당 모듈의 API에 접근할 수 있는 "프렌드" 모듈의 목록을 지정할 수 있다(런타임에 강제된다). 이를 통해 한정된 수의 "테스터"만이 API를 사용할 수 있도록 의도적으로 결정하게 된다. 이렇게 하는 것은 API의 생산자와 사용자 사이에 긴밀한 개인적 관계가 있을 때라야 유의미한데, API가 재컴파일이 필요한

방식으로 변경될 경우 소스 호환성과 바이너리 호환성이 훼손될 수도 있기 때문이다. 이 같은 이유로 넷빈즈에서는 *같은 팀에서 제작하고 동시에 빌드한 모듈*에 대해서만 이러한 API 관계를 권장한다. API 클라이언트의 목록을 알고 있고, 클라이언트들은 변화에 맞추기로 동의했기 때문에 프렌드 계약은 모든 릴리스마다 비뀔 수 있다.

- *개발 중(Under development)*은 안정적인 API가 될 것으로 예상되는 불완전한 계약을 나타낸다. 이 범주는 리눅스에서 안정적이지 않은 개발 릴리스에 2.3.x, 2.5.x 버전을 표기하거나 각종 라이브러리의 0.x 릴리스의 넷빈즈 버전에 해당한다. 그와 같은 API는 어떤 클라이언트에서도 사용할 수 있다. 하지만 호환되지 않는 변경사항은 드물긴 하지만 각 릴리스 사이에도 나타날 수 있다. 호환되지 않는 변경사항에 대해서는 해결 불가능한 성능 문제나 완전히 잘못된 설계와 같이 그럴 만한 이유가 있어야 한다. 외관을 "성형"해서 다듬기만 하고 다른 것은 아무것도 개선하지 않는 식의 변경은 하지 말아야 한다. API 사용자는 실제 변경사항이 통합되기 전에 적절한 API 리뷰를 통해 모든 변경사항이 발표되는 적절한 메일링 리스트를 구독하는 것이 좋다. 이러한 수준의 안정성을 갖춘 API의 자바독은 개발 버전이 릴리스될 때마다 일별로 공표돼야 한다.

- *안정(stable)* 범주는 제품 품질에 도달했고, 공개적으로 사용할 준비가 된 인터페이스에 사용된다. 클라이언트는 새로운 버전이 릴리스됐을 때 호환성을 두려워하지 않고도 그러한 API에 의존할 수 있다. 이것은 안정적인 커널 버전(2.4.x, 2.6.x)이나 1.0으로 발표된 라이브러리 및 후속 버전의 라이브러리와 비슷하다. 이러한 API가 제품으로 릴리스되고 나면 지원 중단되어 적절히 "생을 마감"할 때까지 호환성을 유지하는 방식으로 유지보수돼야 한다. 안정적인 계약은 클라이언트의 투자를 보전해야 하며, 계약의 진화는 이러한 관점에서 이뤄져야 한다. 모든 변경사항은 코드에 통합되기 전에 적절한 API 검토를 통해 발표되고 논의를 거쳐야 한다. 안정적인 API에 대한 자바독은 개발 버전에 대해 일별로 공표되며, 마찬가지로 넷빈즈 IDE의 각 릴리스에 대해서도 공표되고 있다.

- *공식(Official)* API는 안정적이기도 하면서 넷빈즈의 공식 네임스페이스인 `org.netbeans.api`나 `org.netbeans.spi`, 또는 `org.openide` 중 하나로 패키징된다. 계약을 이 패키지로 패키징하고 릴리스의 일부로 만듦으로써 다른 사람들에게 해당 계약이 그것과 관련된 모든 결과에 대해 안정적이라는 사실을 알리는 셈이다. 이것의 목표는 무엇이 안정적인 계약이고, 무엇이 아닌지를 인식시키는 간단한 수단을 사용자에게 부여하는 데 있다. 공식 패키지 네임스페이스 중 하나에 들어 있는 클래스를 보면 해당 클래스가 안정적인 계약을 나타낸다는 것을 확신할 수 있다.

- *서드파티(third-party)* 인터페이스는 넷빈즈 규칙을 따르지 않는(따라서 분류하기가 어려운) 측에서 제공된다. 10장의 "다른 API를 사용하는 것을 조심하라" 절에서 살펴보겠지만 그러한 인터페이스를 계약의 일부로 노출해서는 안 된다.

- *표준(Standard)*은 서드파티 분류와 비슷하다. 게다가 넷빈즈 밖의 누군가가 제공하지만 그 사람은 자바 커뮤니티 프로세스(Java Community Process) 및 명세 요청의 경우와 같이 인터페이스가 호환성을 유지하는 방식으로 진화하리라 기대한다. 표준은 자주 변경되지도 않을뿐더러 호환되지 않는 방식으로 변경되지 않을 것으로 여겨진다.

- *지원 중단(deprecated)*은 마지막 범주다. 어느 정도 시간이 흐른 후 거의 모든 API는 현재 상태와 상관없이 쓸 모가 없어진다. 보통 같은 작업을 새롭고 더 나은 방식으로 지원하는 것이 개발되어 기존 API를 대체한다. 이 경우 기존 API를 지원 중단으로 표시한다. 안정성이 지원 중단으로 변경된 이전의 안정적인 API는 사용자가 새로운 대체재로 마이그레이션해야 한다는 사실을 전달받을 수 있게 한 릴리스 동안과 같이 적당한 기간 동안 지원 돼야 한다. 그 시간이 지나면 해당 API를 제품에서 제거할 수 있다. 반면 사용 가능한 상태이긴 하지만 라이브러리에서는 비활성화돼 있거나 필요 시 온라인 넷빈즈 모듈 레지스트리에서 내려받을 수 있는 라이브러리를 통해 사용할 수 있게 함으로써 기존 클라이언트를 위해 보존하려고 노력할 수도 있다.

4장을 시작할 때 나는 두 가지 서로 다른 API 개발 모델을 살펴봤다. *자발적*으로 API를 개발한다는 것은 앞에서 살펴본 API 범주를 고려했을 때 *비공개*나 *프렌드*를 도입하는 것을 의미한다. 다른 누군가가 API를 발견하고 그것이 유용하다는 사실을 알게 되면 API는 *안정* 계약으로 진화한다. 반면 의도적으로 개발된 API는 *개발 중* 상태로 시작해 약간의 작업을 거친 다음, 오히려 첫 릴리스 시점에 해당 API와 연관된 모든 약속 및 보증을 통해 *안정* 상태로 바뀔 가능성이 높다.

점진적 향상

첫 번째 버전은 완벽하지 않으리라는 것을 여러 차례에 걸쳐 언급했다. 사실 어떤 버전도 완벽하지는 못할 것이다. 언제든지 뭔가가 더 이상 정확하지 않거나 더는 이전 시나리오와 부합하지 않을 수 있다. 변화에 대응하는 두 가지 극단적인 형식이 있는데, 바로 점진적 진화를 통해 대응하거나 작은 빅뱅을 일으켜 대응하는 방식이다.

점진적 변경은 이를테면 새로운 메서드나 클래스를 추가하거나 XML DTD에 새로운 엘리먼트를 추가하는 것, 또는 라이브러리 기능에 영향을 주는 새로운 프로퍼티를 추가하는 것에 해당한다. 그러고 나면 이전에 사용 가능했던 API가 계속해서 동작하더라도 새로운 API가 나타난다.

반면 *빅뱅* 방식에서는 보통 기존 API를 완전히 개조해서 새로운 버전을 만들어내는 행위를 묘사한다. 분명 이전 버전을 사용 중인 클라이언트는 새로운 버전으로 전환하기가 수월하지 않을 것이며, 어느 버전을 사용할지 결정할 필요가 있다. 시스템 내의 한 컴포넌트는 한 버전하고만 동작할 수 있고, 한 번에 두 버전과 모두 동작하기란 불가능하다. 새로운 버전을 사용하기 위해서는 고통스럽고 큰 규모의 코드 재작성을 거쳐야 한다.

하지만 낙관주의자의 관점에서 보면 모듈 하나를 재작성하는 것에 "불과하다". 두 가지 버전(빅뱅 전후로)이 공존할 수 없을 경우 훨씬 더 복잡한 상황이 발생할지도 모른다. 그렇게 되면 시스템 내의 모든 컴포넌트는 기존 버전이나 새 버전 중 하나를 사용할 수 있으며, 동시에 사용하는 것은 허용되지 않는다. 이는 마이그레이션 문제를 배가시키는데, API의 기존 사용자는 모두 동시에 새로운 버전으로 마이그레이션해야 하기 때문이다. 이 같은 큰 규모의 재조직 프로젝트는 잘 조정해야 한다. 이것은 쉬운 일이 아니지만 불가능한 일도 아니다. 하지만 확실히 분산 개발의 정신에는 전적으로 위배된다.

점진적 향상의 문제는 변경이 "사소"하기 때문에 이전 버전의 API를 사용하는 클라이언트가 계속해서 API가 동작하리라고 믿는 것이 틀렸다는 것이다. 모든 변경은 잠재적으로 위험성을 내포하는데, 하나 이상의 호환되지 않는 부분을 가져올 수 있기 때문이다. 모든 비호환성은, 심지어 그것이 사소해 보이더라도 API의 클라이언트가 해당 API를 사용하는 데 심각한 악영향을 줄 수 있다. 아메바 모델 측면에서는 가능한 한 명세와 현실 간의 차이를 좁힌 상태에서 시작해야 한다. 그래야만 "사소한" 점진적 변경이 아무런 악영향을 초래하지 않으리라 확실히 약속할 수 있다.

빅뱅은 하위 호환성에 대해 현실적이며, 라이브러리 사용자가 새로운 버전으로 마이그레이션할 때 자신들이 작성한 코드가 새로운 API에 적응하게 만드는 데 시간을 투자해야 한다는 것을 명확하게 기술한다. 적어도 이것은 정직한 자세다. 하지만 여러 단계에서 문제가 생길 수 있다. 우선 뭔가를 다른 식으로 할 필요가 없다면 새로운 버전의 라이브러리로 전환하기가 쉽다. 하지만 구현을 완전히 재작성하는 데 시간을 투자해야 한다면 라이브러리를 전환하는 이유가 분명해야 한다. 라이브러리를 전환할 설득력 있는 이유가 없다면 사용자는 그냥 기존 버전에 머무를 것이다. 모든 프로젝트가 직면하는 가장 힘든 문제는 필요한 기능에 대한 일정을 수립하는 것임을 기억하자. 더 중요한 일이 있다면 새 버전의 라이브러리로 업그레이드하는 데 시간을 투자할 사람은 아무도 없다.

API 클라이언트에 대한 이 같은 태도는 협력적인 환경을 만들어내지 않는다. 하지만 훨씬 더 안 좋은 수준의 비협조적인 환경도 있다. 바로 *모 아니면 도라는 식의 전환*이다. 간혹 클라이언트가 한 번에 하나씩 새로운 버전으로 마이그레이션할 수 있다면 빅뱅 방식으로 전환하는 것도 나쁘지 않다. 하지만 모 아니면 도라는 식의 태도는 이를 불가능하게 만들고 "모두 기존 버전을 쓰든지, 아니면 즉시 새로운 버전을 사용하세요"라고 말한다. 이것은 이 책의 초반부에서 설명했듯이 분산 개발을 하는 분산된 그룹에 적용하기가 어렵다. 빅뱅 방식으로 자주 변경하고 모 아니면 도라는 식의 전환을 빈번히 요구하는 것은 API 클라이언트가 대체재를 찾게 만드는 가장 좋은 방법이다.

점진적인 업데이트의 예로 JDK 라이브러리 진화를 들 수 있다. JDK 라이브러리의 경우 새 버전에 패키지, 클래스, 메서드가 추가되더라도 이전의 API 클라이언트가 새로운 버전에서도 계속 동작하리라는 것이 대체로 보장된다. 결과적으로 이전 버전의 라이브러리를 대상으로 컴파일된 코드를 그대로 유지한 상태에서 새 버전의 JDK에서도 실행할 수 있다. 이것은 모두에게 유리한 상황이다.

빅뱅 방식으로 진화한 한 예를 JDK에서도 찾아볼 수 있다. 자바 5에 추가된 언어적 특징은 클라이언트로 하여금 중요한 결정을 내리게 한다. 즉, 제네릭을 사용하지 않고 자바 1.4 런타임에서도 실행하거나 제네릭을 사용하고 런타임도 전환하는 것이다. 새로운 자바 5의 언어적 특징이 채택되는 속도는 이것이 내리기 힘든 결정임을 증명한다. "더 나은 언어"로 전환하는 것보다 중요한 것이 있다는 이유로, 특히 애플리케이션이 이미 동작하고 있을 경우 자바 5의 언어적 특징을 채택하는 것이 미뤄질 때가 많다.

모 아니면 도 딜레마의 예로 리눅스 2.4에서 2.6 커널로 전환하는 것을 들 수 있다. 이 두 커널은 서로 완전하게 호환되지는 않기 때문에 특정 커널에 맞춰 애플리케이션을 수정해야 한다. 게다가 두 가지 버전의 커널을 동시에 실행하는 것은 불가능하다. 그렇다면 기존 애플리케이션은 2.4 버전에서 계속 사용하면서 새로운 애플리케이션은 2.6 버전에서 사용해야 할 것이다. 한 배포판에 들어있는 모든 애플리케이션은 한 릴리스에 도입돼야 했는데, 이것은 쉬운 일이 아니었다. 다행히도 커널 계층은 그렇게 크지 않아서 점진적이고 단계별 도입이 가능했다. 적어도 일부 배포판에서는 거의 모든 애플리케이션을 한 번에 두 가지 버전에서 모두 실행할 수 있게 만들기도 했다.

소프트웨어의 엔트로피

다른 한 가지 중요한 측면은 빅뱅 방식의 변경과 관련이 있다. 넷빈즈 동료인 팀 부드로는 그것을 *소프트웨어의 엔트로피*라고 부르고, "웃긴 얼굴 모델(funny faces model)"이라는 것으로 그것을 설명한다. 소프트웨어 프로젝트가 처한 상황을 전체적이고 객관적인 관점에서 바라보는 아메바 모델과 달리 이 모델에서는 소프트웨어 프로젝트의 상태가 해당 프로젝트를 유지보수하는 사람의 관점에서 어떻게 보이는지를 묘사한다.

모든 소프트웨어 프로젝트의 첫 번째 버전은 멋지다. 아무것도 없는 상태에서 시작해 무(zero)에서 모든 것을 만들어낸다. "무"에는 아무것도 없기 때문에 물려받을 문제도 없다. 첫 번째 버전은 항상 버그가 없는 상태로 만들어진다. 물론 코드를 작성하는 개발자는 최선을 다한다. 개발자의 눈으로 바라봤을 때는 결과물이 완벽하다는 의미다. 즉, 그림 4.4와 같이 아름답고, 잘 설계돼 있고, 체계적이다. 애플리케이션은 멋진 별 모양으로 구성된 모듈로 나뉘는데, 가운데에 위치한 별은 모든 API를 제공하고, 다른 별들은 상호 의사소통을 위해 API를 사용한다. 설계, 의존성, 그 밖의 모든 것들이 굉장히 멋지고 깔끔하다!

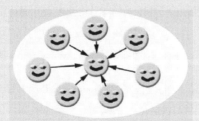

그림 4.4 첫 번째 버전은 항상 멋지다.

첫 번째 버전이 릴리스되자마자 버그가 발견되어 보고되기 시작한다. 버그는 고쳐야 한다. 두 번째 버전은 훨씬 더 힘든 상태로 시작한다. 두 번째 버전은 버그투성이로 알려진 것을 기반으로 만들어진다. 게다가 대부분의 소프트웨어 프로젝트가 그렇듯이 뭔가를 적절히 처리할 시간이 충분하지 않다. 결과적으로 시스템에 대한 변경은 더 이상 기존 버전의 경우만큼 멋지고 깔끔하지 않다. 그림 4.5에서 볼 수 있듯이 사람들은 지름길을 만들어내고 공식 API가 아닌 라이브러리를 사용하는 등의 행태를 보인다.

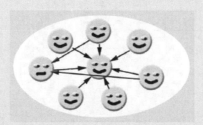

그림 4.5 행복한 순간은 오래 가지 않는다.

이러한 엔트로피의 증가는 후속 릴리스에서도 계속된다(그림 4.6). 코드는 유지보수하기가 더욱 어려워진다. 코드를 유지보수하는 개발자는 항상 불평하는데, 코드를 물려받거나 최초 코드를 작성한 사람이 사라진 경우에는 특히 그렇다.

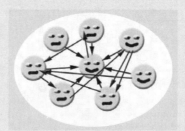

그림 4.6 엔트로피가 증가한다.

어느 순간 프로젝트는 개발자가 "제발 건드리지 마세요"라고 말하는 지경에 이른다(그림 4.7). 코드는 지저분해서 변경할 때마다 다른 어딘가에 문제가 생긴다. 문제가 너무 커져서 경영진까지도 뭔가가 잘못됐다는 사실을 분명히 알게 되어 완전한 빅뱅 방식의 재작성을 승인할지도 모른다.

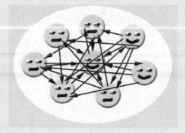

그림 4.7 이런, 이건 건들지 마세요!

십중팔구 새 버전은 원래 약속했던 것보다 시간이 더 걸릴 것이다. 심지어 이전 버전의 기능을 모두 포함하고 있지 않을 수도 있다. 하지만 멋지고 깔끔하다(그림 4.8). 당연히 아무것도 없는 상태에서 시작했기 때문이다. 설계상의 결함이 있을 이유가 없다. 기존에 가지고 있었던 첫 번째 버전과 같이 아름답다. 그리고 이제 우리가 원했던 상태로 마침내 접어든다…

그림 4.8 재작성은 언제나 멋지다.

그런데… 그렇지 않다면? 사실 첫 번째 버전을 실패하게 만든 것과 동일한 엔트로피가 재작성한 버전에도 적용될 가능성이 높다(그림 4.9). 다시 한번 코드는 지저분해질 것이고, 유지보수해야 할 것이며, 비정상적인 기법들이 도입되고, 첫 번째 버전이 겪었던 쇠퇴 과정이 서서히 반복될 것이다. 결과적으로 모든 것을 영원히 향상시키기로 돼 있던 빅뱅 방식의 변경은 이러한 약속을 전혀 이행하지 않는다. 큰 규모의 재작성을 진행하고 마무리하느라 고생했지만 처음 시작했던 지점으로 거의 되돌아온 셈이다. 전환하는 데 들인 노력은 아무 소용이 없었다.

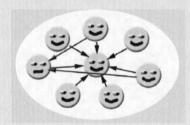

그림 4.9 엔트로피의 역습

빅뱅 방식의 변경에서 자주 발생하는 문제는 나중에도 전과 똑같은 방식으로 뭔가를 하고야 마는데도 더 나은 결과를 기대한다는 것이다. 이런 방법이 효과적일 리가 없다. 더 나은 결과가 필요하다면 개발하는 방식을 바꿔야 한다. 어쩌면 코딩 방식을 바꿔야 할지도 모른다. 아마 설계와 테스트 방법에 문제가 있을 것이다. 일하는 방식을 바꿔야만 더 나은 결과를 기대할 수 있다. 그래야만 빅뱅 방식의 재작성이 성공할 수 있다. 하지만 일하는 방식을 바꿀 수 있다면 큰 규모의 코드 재작성을 하지 않고도 소프트웨어 프로젝트를 개선할 수도 있다. 사실 첫 번째 버전을 개발하는 게 아니라면 프로젝트를 매끄럽고 우아하게 만들 수 있는 경우는 거의 없다. 그러나 1장의 "아름다움, 진리, 우아함"

에서 살펴본 바와 같이 아름다움은 소프트웨어 공학에서 가장 중요한 품질이 아니다. 그보다는 컴포넌트의 신뢰성과 해당 컴포넌트를 설계한 사람의 책임감이 필요하다. 그래야만 애플리케이션을 조립할 때 우리의 무지를 늘릴 수 있다.

얼마나 많은 사람들이 죽어야 하는가?

나는 구 공산권 국가에서 "젊은 개척자(young pioneer)"로 자랐다. 이것은 청년들을 대상으로 하는 조직이었는데, 나치 독일의 히틀러 유겐트(옮긴이: 독일 나치당의 청소년단)와 비슷하다. 그 당시는 내 인생에서 역설적인 비통함이 깃든 시기인데, 그때 유행했던 환상을 오늘날에도 쉽게 볼 수 있을 때면 특히 그렇다.

가장 심각한 환상 중 하나는 "세상을 더 나은 곳으로 만들자"는 비전이었다. 목표는 칭찬받을 만했지만 방법은 바람직하지 않을 때가 많았다. 나치즘과 마찬가지로 공산주의는 세계의 빈곤 상태에 책임이 있는 사람들을 찾아내 그런 사람들을 모두 제거하고 나면 세상의 모든 악이 사라질 것이라고 주장하는 것으로 시작됐다. 공산주의는 공장, 농장, 은행을 소유한 사람들을 찾아냈고(나치즘은 그중에서도 유태인을 찾아냈다), 이러한 범주에 속하는 사람들은 추방될 예정이었다(육체적 혹은 적어도 직업적으로는). 그러고 나면 세상은 더 나아질 것이었다. 하지만 공산주의의 경우 말할 필요도 없이 40년이나 지난 지금도 세상은 이전보다 더 나아지지 않았다.

그래서 나는 누군가가 세상을 더 나은 곳으로 만들자고 제안하는 소리를 들을 때마다 늘 "얼마나 많은 사람들이 죽어야 합니까?"라고 질문한다. 답변이 0 이상이면 그 아이디어는 무효가 된다. 그 아이디어가 구현될 경우 희생자가 생기겠지만 결국 세상은 더 나아지지 못할 것이다. 누군가를 죽여야만 뭔가를 개선할 수 있는 것은 아니다. 여기엔 각고의 노력이 필요한데, 다른 사람들의 노력이 아닌 바로 우리 자신들의 부단한 노력이 필요하다. 내 견해로는 세상을 더 나은 곳으로 만드는 유일한 방법은 영국이 전쟁에서 승리하도록 도운 처칠의 "피와 땀과 눈물"이라는 약속과 같이 부단히 노력하는 것이다.

이것은 내가 API 설계에서 빅뱅 방식의 변경을 좋아하지 않는 근본적인 이유다. 빅뱅 방식의 변경은 항상 세상을 구하는 척한다. 하지만 무엇보다도 빅뱅 방식의 변경은 사람들을 다치게 한다. 모든 API 사용자는 즉시 해당 API를 사용하는 것에 대한 대가를 치른다. 그 후 대개 훨씬 나중에 프로젝트가 계속 악화되는 와중에 빅뱅 방식의 변경이 세상을 더 나은 곳으로 만들 수도 있음을 알 수 있다. 간혹 실제로 그렇게 되기도 하지만 그것은 라이브러리 개발자도 태도를 바꿔서 API를 좀 더 책임감 있게 개발하기 시작할 때만 그렇다. 그렇지 않으면 더 나은 세상이 도래하는 것은 미뤄진다. 적어도 다음 빅뱅까지…

결론적으로 점진적 변경을 준비해야 한다. 점진적 변경은 필요할 것이고 특히 빅뱅 방식의 재작성과 비교하면 가장 피해가 적은 방식에 해당한다. API가 형편없는 형태라서 점진적 변경이 불가능하다면 개발 방식에 근본적인 변화가 있을 때만 빅뱅 방식의 변경이 정당화될 수 있다. 이 책에서는 주로 점진적 변경을 위한 적절한 API 설계 실천법에 관해 이야기한다. 빅뱅 방식의 변경이라는 주제를 다루게 된다면 주로 여러 개의 다양한 "큰 규모의" 버전이 공존하는 상황에 초점을 둘 것이다. 점진적 변경 방식만이 API 클라이언트가 겪는 고통을 최소화하면서 API가 개선되는 것을 보장할 수 있다.

PART

02

실제 설계

지금까지 이론은 충분히 다뤘다. 이제 현실 세계로 나아갈 차례다! 더는 지체하지 말고 실제 설계의 세계로 들어가보자.

1부에서는 API 설계의 동기와 목표를 살펴봤다. 독자 중에는 새로운 내용이나 논란의 여지가 있을 만한 내용을 배우지 않았다는 이유로 지루한 분들이 있을지도 모르겠다. 그럼에도 API 설계 이론에 대한 일반적인 소개는 필요했는데, 사람들이 같은 용어에 서로 다른 의미를 적용할 때 많은 오해가 일어날 수 있기 때문이다.

이론적인 부분은 완벽하지 않았을지도 모른다. 하지만 적어도 API 설계의 목표를 어느 정도 간략하게 소개하고 API의 품질을 측정하는 합리적인 접근법을 제공하기 위해 노력했다. 이제 이론을 몇 가지 실제 예제에 적용할 시간이 왔다. 여기서는 이론적 기초가 어떻게 자바에 반영될 수 있는지 살펴보겠다.

실제 소스가 필요하다!

이 책의 코드 예제는 실제 예제이며, 실제로 존재하는 소스의 일부를 보여준다. 그래서 코드 예제를 컴파일하고 수정하고 실행하고 디버깅할 수 있다. 예제를 선택할 때 응집성과 가독성 사이의 적절한 균형을 찾기 위해 노력했다. 소스코드 자체에 접근할 필요 없이 이 책 안의 코드 조각을 읽고 이해하는 것도 가능할 것이다. 하지만 어떤 것도 실제 경험을 대신할 수는 없다. 흥미로운 예제를 볼 때마다 http://source.apidesign.org에서 해당 소스를 내려받을 수 있다. 이것은 책 전용 페이지로서 관련 코드를 살펴보는 데 필요한 내용이 포함돼 있다.

이 책의 2부에서는 1부에 비해 동의하기 힘든 내용도 나올 것이다. 하지만 그게 문제가 되지는 않는다. 왜냐하면 일부러 약간의 논란을 불러일으키려고 한 것이기 때문이다. 하지만 이어지는 제안은 필요한 만큼만 받아들이길 바란다. 그러한 제안 중 어떤 것은 이상해 보일 수도 있고, 어떤 것은 너무 복잡해 보일 수도 있다. 따라서 스스로의 판단에 따라 현실의 시나리오에 적절히 적용하면 된다. 이 책에 들어있는 모든 제안사항은 1997년부터 현재까지에 이르는 넷빈즈 프로젝트에서 얻은 경험에서 우러난 것이므로 순전히 임의로 만들어진 것이 아니다. 이러한 제안사항들이 늘 최선의 해법은 아닐 수도 있겠지만 정도의 차이는 있을지언정 우리가 접했던 실제 문제들을 모두 해결했다.

나는 API가 의사소통에 관한 것이라고 여러 차례에 걸쳐 언급했다. 대개 의사소통은 사람들이 같은 언어를 공유할 때 더 성공석으로 이뤄지며, API 설계자가 공통석으로 이해할 수 있는 구성요소를 사용할 경우 의사소통에 도움이 된다. 기본적인 설계 용어는 대개 디자인 패턴을 중심으로 만들어지기 때문에 디자인 패턴을 출발점으로 삼는 것이 자연스럽다. 디자인 패턴은 잘 알려져 있다. 디자인 패턴을 주제로 한 책도 많다. 디자인 패턴은 널리 퍼져 있고 프로그래밍 강의에서 공통적으로 가르치는 내용이다. 따라서 디자인 패턴은 API 설계자 사이에서 기본적인 의사소통 어휘로 사용하기에 알맞다.

디자인 패턴은 "소프트웨어 설계 문제에 대한 반복되는 해결책"이다. 디자인 패턴은 공통적인 이름, 문제 설명, 해결책과 그 결과로 구성돼 있다. 이 모든 것이 우리의 머릿속에서 연결되면 이름이 입밖으로 나오고 같은(또는 적어도 비슷한) 좋이 모든 듣는 이들의 머릿속에서 울린다. 복잡한 자료 구조에 단순한 이름을 부여하면 의사소통이 간소화된다. 예를 들어, 뭔가를 "싱글턴"이라고 부름으로써 클래스 간의 관계와 클래스의 인스턴스, 생명주기 같은 갖가지 다양한 사실들을 손쉽게 표현할 수 있다. 초반 기대치를 설정할 수 있다. 이 모든 것들을 단 하나의 단어로 말이다! 이러한 이유로 디자인 패턴은 라이브러리나 API 아키텍처에 대한 설명을 간소화한다.

전통적인 디자인 패턴은 주로 사내 시스템 개발을 대상으로 한다. 하지만 그렇다고 해서 API 및 분산 소프트웨어 개발 세계에 아무런 가치가 없다는 의미는 아니다. 오히려 그 반대다. API 설계자들은 진심으로 디자인 패턴을 알아둘 필요가 있다. 하지만 "들어가며"에서 설명한 바와 마찬가지로 집을 짓는 것보다 우주를 설계하는 것이 약간 더 복잡하다. 따라서 강화된 버전의 디자인 패턴이 필요하다. "우주"를 설계하는 데 유용한 패턴이 필요하다.

그러한 이유로 API 디자인 패턴을 만들어보자. API 디자인 패턴도 여전히 API의 아키텍처 설명을 간소화는 데 도움을 준다는 의미에서 디자인 패턴에 해당한다. 하지만 한 가지 추가적인 특성이 있다. 바로 진화를 강조한다는 것이다. 패턴의 이름, 문제 설명, 해결책과 더불어 "진화 계획"이라는 것이 있다. 진화 계획은 API의 첫 번째 릴리스가 나온 이후로 일어나야 할 일을 설명하는 계획이다. 이미 "첫 번째 버전은 절대 완벽하지 않다"라고 여러 차례에 걸쳐 언급했다. 따라서 이전 버전의 API를 사용하는 사용자에게 호환성을 유지하는 동시에 해법이 어떻게 바뀌고 개선될 수 있는가를 설명하는 계획이 필요하다.

거의 모든 API는 개선이 필요할 것이다. 결과적으로 API 진화를 강조하는 것은 굉장히 중요하다. 완벽한 API보다 덜 완벽한 것을 고칠 기회를 확보하는 것은 API 설계에 대한 훌륭하고 적절한 패턴을 나타내는 징조다. 이를 지원하는 올바른 패턴을 알아두면 21세기의 성공적인 소프트웨어 개발로 나아갈 기회를 확보할 수 있다. 이를 염두에 두고 실제 API 설계 여정을 시작해보자.

CHAPTER 5

필요 이상으로
노출하지 마라

훌륭한 API 설계에는 다양한 특징이 있으며, 이 책에서는 그러한 여러 특징에 관해 살펴본다. 그렇지만 여기서는 가장 사소한 조언으로 시작하겠다. 이 조언은 널리 알려져 있고, 훌륭한 설계 책에서는 모두 설명하고 있지만 너무나 중요해서 매번 반복해서 설명할 필요가 있다. 바로 더 적게 노출할수록 더 좋다는 것이다.

API 설계자 중에는 다른 이들을 도와주길 좋아해서 API에 상당히 많은 도우미 메서드(helper method)와 유틸리티 클래스를 넣음으로써 다른 이들을 돕고 있다고 믿는 사람들이 있다. 그들은 모든 클래스를 public 클래스로 만들고, 상당수의 클래스가 public이나 protected가 지정된 멤버를 담고 있다. 이 같은 설계자들은 자신들이 노출한 기능들을 언젠가 누군가가 유용하다고 여길 거라 믿는다. 이타주의에 관해 별로 할 말은 없지만 이러한 설계자들은 그들이 해결할 수 있는 것보다 많은 문제를 일으키기도 한다. 클래스나 메서드를 API에 추가하는 것이 API에서 클래스나 메서드를 제거하는 것보다 훨씬 쉽다는 점을 늘 기억해두자. 그뿐만 아니라 API의 규모가 커질수록 API를 호환성 있게 유지보수해야 할 일도 늘어나며, 겉으로 노출되는 것이 많을수록 구현의 내부 구조를 변경할 때 누릴 수 있는 유연성은 줄어든다. 필요 이상으로 많이 노출하는 것은 사실 나중에 API가 개선되는 것을 방해할 수 있다.

기본적인 딜레마는 무언가를 API로 만들 것이냐 만들지 말 것이냐를 결정하는 것과 관련이 있다. 이 문제의 답은 적어도 넷빈즈 프로젝트의 "방법론"에 따르면 유스 케이스를 만들어보라는 것이다. 유스 케이스가 타당하다면 API에 어떤 클래스나 메서드가 포함되는 것도 정당화된다. 특정 메서드나 클래스에 대한 유스 케이스가 없거나 유스 케이스가 약간 미심쩍다면 API에서 해당 요소를 빼는 편이 낫다. 이렇게 하는 한 방법은 메서드나 클래스를 package private으로 만드는 것이다. API 사용자가 이에 불만을 토로하고 해당 요소에 접근할 수 있게 만들어 달라고 하면 여전히 해당 요소를 가시적으로 만들 수 있다. 하지만 요청한 시점보다 너무 일찍, 그리고 설득력 있는 유스 케이스 없이는 그렇게 해서는 안 된다.

실력이 부족할수록 API가 장황해진다

경험상 API 설계자의 경험이 적을수록 API에서 노출하는 요소가 많다. 이것은 주로 유스 케이스의 이해 부족에서 비롯될 수 있다. 이해 부족은 라이브러리의 특정 기능이 필요할 때마다 기존 메서드나 클래스를 public으로 만드는 결과를 낳는다. 이런 식으로 진화(아무런 전략이 없는)하다 보면 격리된 API 요소들이 무작위로 결합되는 상황으로 이어질 것이 거의 확실하다. 유스 케이스의 부재는 전략의 부재를 의미하며, 이것은 지저분한 결과로 이어진다.

경험이 부족한 설계자(다년간의 API 유지보수에서 오는 지혜가 부족한)는 API에 남겨둔 모든 것들이 잘못 사용될 수 있음을 깨닫지 못할 때가 많다. API를 통해 노출되는 모든 메서드와 클래스는 잘못 사용될 것이다. 즉, 저자가 의도했던 바와 다른 방식으로 사용될 것이다. 내가 아는 거의 모든 API 설계자는 이것이 사실임을 확인했다. 그리고 거의 모든 API 설계자는 동일한 결론에 다다랐다. 즉, API를 설계하는 데 드는 시간이 길수록 덜 노출하려 한다는 것이다.

그래서 첫 번째 조언은 API를 처음으로 릴리스하기에 앞서 제거할 수 있는 것은 모조리 제거하라는 것이다. 현실적으로 이 조언의 결과로 모든 것이 제거되지는 않을 것이다. 다른 이들과 나누려는 모든 이타주의적 의지의 이면에는 어떤 숨겨진 욕구가 있게 마련이다. 즉, API 설계를 이끌고 동기를 부여하는 뭔가 말이다. API 설계자는 자기 일에 대한 필요성을 느끼고 그것을 공유하고 싶어 한다. 나도 그런 기분을 알고, 여러 차례에 걸쳐 그런 기분을 느꼈다. 그것은 좋은 기분이다. 하지만 API를 공표하는 것은 첫걸음에 불과하다는 사실을 염두에 둬야 한다. 여러분은 API를 공표함으로써 나중에 훨씬 더 많은 일을 할 것이라고 약속하는 것이다. 여러분은 API를 호환성 있게 개발하고, 적절히 유지보수하며, 그리고 훨씬 더 많은 일을 할 것이라고 약속하는 것이다. 사실 첫걸음을 내딛음으로써 어떤 방향을 설정하고 다른 모든 단계에서 그 방향을 따르겠다고 약속하는 것이다. API 설계자가 API를 만들어야겠다고 느꼈다면 그런 단계를 밟는 데는 잘못된 부분이 하나도 없다. 한편으로 우리가 단순히 "걷기만" 할 때는 "방향"을 약속하지 않는 법을 배울 필요가 있다. 가장 간단하고 효과적인 해법은 최종 사용자에게 우리가 발걸음을 옮기고 있다는 사실을 감추는 것이다.

메서드가 필드보다 낫다

API를 감추기 위해 살펴볼 첫 번째 기법은 필드를 감추는 것이다. 필드를 직접 노출하기보다는 필드에 접근하는 메서드(보통 접근자(getter)와 설정자(setter))를 사용하는 편이 더 낫다. 그 이유는, 우선 필드에 접근하는 방법은 값을 읽거나 쓰는 것만 할 수 있는 데 반해 메서드를 호출할 때는 추가적인 작업을 많이 할 수 있기 때문이다. 접근자를 사용할 경우 늦은 초기화(lazy initialization)나 접근 동기화, 계산적인 알고리즘을 이용해 값을 조정할 수 있다. 반면 설정자를 이용하면 할당된 값이 올바른지 검사하거나 값이 변경됐을 때 리스너에게 알려줄 수 있다.

필드보다 메서드를 선호하는 다른 이유를 JVM 명세에서 발견할 수 있다. 한 클래스에서 그것의 상위 클래스로 메서드를 옮기는 것이 가능한데, 그렇게 해도 여전히 바이너리 호환성은 유지된다. 따라서 맨 처음에 `Dimension javax.swing.JComponent.getPreferredSize(Dimension d)`로 추가됐던 메서드가 새 버전에서 삭제되고 `Dimension java.awt.Component.getPreferredSize(Dimension d)`로 옮겨질 수 있는데, `JComponent`는 `Component`의 하위 클래스이기 때문이다. 이 같은 변화가 실제로 JDK 1.2에서 일어났고, 이것은 필드가 메서드에 의해 캡슐화돼 있었기에 가능한 일이었다. 필드에 대해서는 이렇게 할 수 없다. 클래스에 필드를 정의하고 나면 바이너리 호환성을 유지하기 위해 필드가 언제까지나 해당 클래스에 존재해야 하며, 이는 필드를 private으로 유지해야 하는 또 한 가지 이유에 해당한다.

캡슐화는 느리지 않다!

한 번은 닷넷 아키텍트가 성능을 위해 캡슐화를 희생해야겠다고 이야기하는 것을 들은 적이 있다. 그는 닷넷에 포함된 한 자료구조에 굉장히 자주 접근되는 필드가 포함돼 있고, 해당 필드는 접근자와 설정자로 감싸져 있어 애플리케이션의 속도를 상당히 떨어뜨린다고 했다. 글쎄, 아마 닷넷이라면 그렇게 할 필요가 있을지도 모른다. 하지만 자바에서는 그와 같은 기법이 전혀 필요하지 않다는 사실을 알아두자.

1998년 가을, 베를린에서 열린 썬 마이크로시스템즈 콘퍼런스에 참석한 적이 있는데, 여기서 자바소프트(JavaSoft)의 사장이 "네, 인터프리트된 코드가 컴파일된 코드보다 빠를 수 있습니다"라는 식으로 말하는 것을 들었다. 그 당시 나는 썬에서 일하기 전이었고 자바가 얼마나 느렸는지도 알고 있었다. 그래서 그 말을 들은 나와 청중 중 다수는 웃음을 터뜨렸다. 하지만 그 이후로 나는 그 말에 관해 오랜 시간 동안 생각했다. 한편 썬에서 핫스팟(HotSpot) 가상 머신을 릴리스했을 때 JVM은 상당한 성능 향상을 보였다. 핫스팟은 먼저 클래스 파일에서 제공되는 바이트코드를 해석한 다음 애플리케이션의 핵심 코드와 구성을 찾기 위해 애플리케이션을 모니터링한다. 잠시 후 핫스팟은 애플리케이션에서 가장 빈번하게 실행되는 부분들을 컴파일한다. 하지만 링크가 선행되는 정적 컴파일과 달리 핫스팟 컴파일러는 클래스가 이미 로드된 상태이기 때문에 링크 결과에 대해 이미 알고 있는 상태다. 그래서 핫스팟 컴파일러는 현재 구성에 대해 컴파일된 코드를 최적화할 수 있지만 일반 컴파일러처럼 일반적인 시나리오에 대해서는 최적화할 수 없다.

결과적으로 핫스팟 컴파일러는 가상 메서드를 인라인화(inline)하는 등의 일을 할 수 있다. C에서 가상 메서드를 흉내 내 본 적이 있는 사람이라면 이때 최소한 한 번은 메모리에 접근하고 간접 점프를 해야 한다는 사실을 알 것이다. 핫스팟 컴파일러는 이보다 훨씬 더 잘 할 수 있다. 핫스팟 컴파일러는 링크 정보를 알고 있기 때문에 어떤 가상 메서드가 전혀 재정의되지 않았다거나 다른 두 개의 클래스에서 해당 가상 메서드를 두 번에 걸쳐 재정의했다는 사실을 알아낼 수 있다. 그러고 나면 평범한 메서드 호출을 곧바로 메서드 본문으로 대체할 수 있다. 또는 가상 메서드를 재정의하는 곳이 두 군데 이상 있지만 그렇게 많지는 않다면 메모리에 대한 간접 접근을 단순한 조건 분기로 교체할 수도 있다. 이렇게 하면 정적 컴파일 또는 C에서 이를 흉내 내고자 하는 프로그래머가 사용해야 하는 일반적인 가상 메서드 테이블보다 훨씬 빠르다.

인터프리트된 코드가 컴파일된 코드보다 빠를 확률은 그리 높지 않은 것이 사실이나 베를린에서 들은 말을 조금 고친다면 "동적으로 컴파일된 코드는 정적으로 컴파일된 코드에 비해 빠를 수 있다"라고 말할 수 있으며, 이것이 바로 처음에 하려던 이야기였을 것이다. 우리는 핫스팟 컴파일러의 도움을 받아 이 말이 사실로 판명됐음을 알 수 있다.

핫스팟 가상 머신은 메서드가 굉장히 자주 호출될 경우 가상 메서드 호출을 포함해 메서드 호출을 인라인화하는 능력이 있다는 점을 기억하자. 그 결과, 빈번히 사용되는 접근자와 설정자 메서드는 핫스팟이 제거하기 때문에 성능에 영향을 주지 않는다. 따라서 자바에서는 성능을 위해 API 캡슐화를 희생할 필요가 없다.

public static final이 지정된 기본형(primitive) 또는 문자열 상수, enum 값, 불변 객체 참조 말고는 API에 필드를 노출해서는 안 된다. 대신 늘 메서드를 이용해 필드에 접근한다. 이 조언을 따른다면 다음 버전의 API에서는 메서드 내용을 수정하고, 검증(validation)과 확인(verification)을 제공하며, 메서드가 다른 식으로 동작하도록 중복 정의(overload)하고, 메서드를 상위 클래스로 옮기며, 동기화 모델을 변경할 수 있다.

생성자보다 팩터리가 낫다

생성자 대신 팩터리 메서드를 노출할 경우 나중에 API를 진화시키기가 수월해진다. API에서 생성자를 사용할 수 있게 되면 특정 클래스에 할당할 수 있는 인스턴스가 생성될뿐더러 하위 클래스를 반환하는 것이 허용되지 않으므로 해당 인스턴스는 정확히 해당 클래스 타입이 된다. 더불어 매번 새로운 인스턴스가 생성될 것이다.

대신 팩터리 메서드를 제공하면 운신의 폭이 늘어난다. 보통 팩터리 메서드는 생성자와 동일한 인자를 받아 해당 생성자가 정의된 클래스의 인스턴스를 반환하는 정적 메서드다. 팩터리 메서드의 첫 번째 장점은 반환하는 클래스의 타입이 유연하다는 것이다. 즉, 대상 클래스의 하위 클래스를 반환할 수 있는데, 이렇게 되면 다형성을 통해 코드를 깔끔하게 정리할 수 있다. 두 번째 장점은 인스턴스를 캐싱할 수 있다는 것이다. 생성자의 경우 매번 새 인스턴스가 생성되지만 팩터리 메서드는 이전에 인스턴스화했던 객체를 캐싱하고 그것들을 재사용해서 메모리를 절약할 수 있다. 세 번째 장점은 팩터리 메서드를 호출할 경우 동기화가 제한되는 일반 생성자와 달리 더 나은 동기화가 가능하다는 것이다. 이것은 팩터리 메서드를 전체적으로 동기화할 수 있기 때문인데, 여기엔 객체 생성 이전의 잠재적인 코드를 비롯해 인스턴스를 생성하는 코드, 그리고 객체가 생성되고 난 이후의 나머지 코드까지도 포함된다. 생성자에서는 절대 불가능한 일이다.

최근에 넷빈즈 API에서 제네릭을 사용하도록 재작성할 때 팩터리 메서드의 또 다른 장점을 발견했다. 팩터리 메서드를 이용하면 반환된 객체에 대한 매개변수화된 타입을 "생각해낼" 수 있는데, 생성자는 그렇게 하지 못한다는 것이다. 예를 들어, 넷빈즈 API에는 다음과 같은 클래스가 오랫동안 포함돼 있었다.

```java
public final class Template extends Object {
    private final Class type;

    public Template(Class type) {
        this.type = type;
    }

    public Class getType() {
        return type;
    }
}
```

```
    public Template() {
        this(Object.class);
    }
}
```

넷빈즈 소스를 JDK 1.5로 마이그레이션했을 때 Template 클래스를 내부 클래스 객체를 식별하는 type 매개변수로 매개변수화하는 것이 자연스러웠다. 이렇게 하는 데는 아무런 문제가 없었는데…

```
public final class Template<T> extends Object {
    private final Class<T> type;

    public Template(Class<T> type) {
        this.type = type;
    }

    public Class<T> getType() {
        return type;
    }

    // 이제 어떡하지!?
    public Template() {
        this(Object.class);
    }
}
```

… 바로 마지막 생성자가 나오기 전까지는 말이다. 이 생성자에서는 Template<Object>의 인스턴스를 생성하게 돼 있지만 이를 자바 1.5에서는 표현하지 못한다. 자바는 이러한 상황을 표현할 만큼 유연하지 않다. 이것이 설계상의 실수로 보일지도 모르겠다. 하지만 이 클래스를 처음 설계했을 때는 아직까지 설계되지 않은 자바 1.5 제네릭 타입 체계에 손쉽게 적용할 수 있을지 가늠하는 것보다 급히 해결해야 할 일들이 많았다. 나중에 그렇게 하자니 이미 너무 늦어버렸다. 우리에게 남은 유일한 방법은 해당 생성자를 지원 중단하고 미확인 형변환(unchecked cast)을 사용해 사람들에게 class 매개변수를 가진 다른 생성자를 사용하라고 이야기하는 것밖에 없었다. 한편 이 책에서 이야기하는 생성자를 노출하지 말고 팩터리 메서드를 사용하라는 조언을 따랐다면 상황은 훨씬 더 나았을 것이다. 그렇게 하면 create() 팩터리 메서드가 있을 것이고, 다음 코드가 문법적으로 올바른 것처럼 그러한 메서드에 제네릭을 적용하기가 훨씬 더 수월할 것이다.

```
public final class Template<T> extends Object {
    private final Class<T> type;

    public Template(Class<T> type) {
        this.type = type;
    }

    public Class<T> getType() {
        return type;
    }

    @Deprecated
    @SuppressWarnings("unchecked")
    public Template() {
        this((Class<T>) Object.class);
    }

    public static Template<Object> create() {
        return new Template<Object>(Object.class);
    }
}
```

이 예제는 메서드에 타입을 지정했을 때가 훨씬 더 유연하다는 것을 보여준다. 그 이유는 메서드(팩터리 메서드를 포함해서)는 생성자와 달리 해당 메서드가 포함된 클래스의 타입에 제약을 받지 않기 때문이다. 이것은 생성자보다 팩터리 메서드를 선호하는 또 한 가지 이유다.

모든 것을 final로 만들어라

사람들은 서브클래싱을 염두에 두고 설계하지 않을 때가 많으며, 그와 상관없이 서브클래싱을 허용하곤 한다. 여기엔 의도하지 않은 위험한 결과가 따르는데, API가 사용될 수 있는 방법의 가짓수가 대폭 늘어나기 때문이다. 다음과 같이 서브클래싱이 가능한 클래스에 포함된 간단한 메서드를 생각해 보자.

```
public class Hello {
    public void hello() {
```

```
        System.out.println("Hello");
    }
}
```

이 메서드는 문제를 일으킬 수 있는데, 외부 코드에서 이 메서드를 호출할 수 있기 때문이다.

```
public static void sayHello() {
    Hello hello = new Hello();
    hello.hello();
}
```

한편 이 메서드를 재정의해서 다른 일을 하게 할 수 있다.

```
private static class MyHello extends Hello {
    @Override
    public void hello() {
        System.out.println("Hi");
    }
}
```

이 메서드는 super를 대상으로 호출하는 식으로 재정의할 수도 있다.

```
private static class SuperHello extends Hello {
    @Override
    public void hello() {
        super.hello();
        System.out.println("Hello once again");
    }
}
```

원래 의도했던 것에 비해 여기서 제시할 수 있는 선택의 폭은 더 넓을 것이다. 하지만 해법은 간단하다. Hello 클래스를 final로 만들기만 하면 된다!

API를 작성할 때 사용자가 클래스를 서브클래싱하게 하고 싶지 않다면 이러한 행위를 금지하는 편이 낫다. 그것을 명시적으로 금지하지 않는다면 분명 API 사용자의 일부가 API를 서브클래싱할 것이다. 그렇게 되면 Hello 예제에서 확인했듯이 클래스에서 노출한 메서드를 사용하는 방법을 최소한 세 가지는 지원해야 할 것이다. 나중에 API를 진화시킬 수 있으려면 서브클래싱을 금지하는 편이 낫다. 이와 관련해서는 8장을 참고한다.

다시 한번 이야기하지만 가장 간단한 해법은 클래스를 final로 만드는 것이다. 다른 접근법으로는 비공개 생성자("생성자보다 팩터리가 낫다" 절에서 설명했듯이 어쨌거나 여러분도 사용해야 할)를 사용하거나 모든(또는 적어도 대부분의) 메서드를 final이나 private으로 만드는 것이 있다.

물론 이 방법은 클래스에만 효과가 있다. 인터페이스를 사용하기로 했다면 가상 머신 수준에서 외부 구현을 금지하지 못한다. 오로지 자바독을 통해 사람들에게 그렇게 하지 말라고 부탁할 수밖에 없다. 자바독은 의사소통하기에 나쁘지 않은 채널이지만 서브클래싱이 금지되지 않으면 사람들은 자바독에서 조언한 내용을 무시하고 어찌됐건 인터페이스를 구현할 것이다. 따라서 성능에 영향을 주지 않는다면 final 클래스를 이용해 가상 머신 수준에서 서브클래싱 가능성을 막는 방법이 더 낫다.

어울리지 않는 곳에 설정자 메서드를 넣지 마라

넷빈즈 API 개발로 몇 년 동안 고생하고 나서 배운 한 가지 교훈은 "진짜 API(true API)에는 설정자 메서드를 넣지 마라"는 것이다. 여기서 "진짜 API"란 뭔가를 제공하기 위해 반드시 구현해야만 하는 인터페이스를 의미한다. 어찌됐건 설정자 메서드가 필요하다면(보통은 그렇지 않지만) 그것들은 편의 기반 클래스에만 들어 있어야 한다.

이 규칙을 위반하는 사례로 javax.swing.Action을 살펴보자. setEnabled(boolean) 메서드는 Action 인터페이스에 적합하지 않다. 아마 이 메서드는 아예 존재하지 않아야 하겠지만 만약 존재한다면 Action 인터페이스의 구현을 단순화하기 위한 지원 클래스에 해당하는 AbstractAction의 protected 메서드여야 한다. boolean isEnabled() 메서드는 API다! 이것은 모든 이들이 호출할 메서드다. 그런데 setEnabled(boolean)은 누가 호출하게 될까? 기껏해야 액션을 만든 사람들밖에 없을 텐데, 이것은 다른 모든 이들에게는 구현 세부사항에 해당하기 때문이다. 여러분이 만든 액션에 전역적인 활성화 상태(보통 리스너가 프로그램 방식으로 활성화하거나 비활성화하는 식으로 조작하는)가 생긴다면 setEnabled(boolean)은 AbstractAction 같은 기반 클래스에 있으면 편리한 protected final 메서드다. 하지만 Action.setEnabled는 다음과 같은 이유로 잘못됐다.

- 알지 못하는 외부 클라이언트에서 이 메서드를 호출해야 한다고 암시하는데, 외부 클라이언트들이 이 메서드를 호출해서는 안 된다.

- 문맥에 의존적인 액션에는 의미가 없다(Action API는 일반적으로 이 같은 부분에 취약하다). 이 같은 부분에 스윙의 액션을 사용하는 적절한 방법을 찾으려고 열심히 노력했고 적절한 방법을 찾았다고 확신한다. 하지만 원래의 Action 클래스는 모듈화 설계를 전혀 고려하지 않았던 사람이 설계했음이 분명하다.

- 항상 활성화된 액션에 setEnabled 메서드가 있는 것은 적절하지 않다. 그러한 액션은 해당 액션과 관련해서 어떤 일이 발생하더라도 isEnabled에서는 true를 반환하려 할 것이다.

- 필요에 따라 액션의 활성화 장치가 isEnabled에서 계산되는 것은 적절하지 않다. 액션의 상태를 계산하도록 부탁받았을 때 설정자 메서드를 이용해 액션의 상태를 계산하는 것은 적절하지 않다. "풀(pull)" 전략을 구현해야 할 경우 결과를 제공하고 싶을 테지만 액션의 전역 상태에 관해 알고 있는 것처럼 행동해서는 안 된다. 그 대신 isEnabled의 값이 필요하면 시스템에서 올바른 상태를 조회하게 해야 할 것이다.

이 조언은 API 상의 모든 설정자 메서드를 부정하라는 의미가 아니다. 때로는 설정자 메서드가 유용할 때도 있다. 스프링의 의존성 주입과 같이 설정자 메서드가 필수불가결할 때도 있다. 하지만 설정자 메서드는 중복될 때가 많다. 설정자 메서드가 과도하게 많은 비슷한 사례를 다른 곳에서 찾을 수 있는데, 그것은 보통 API의 기능을 풍부하게 만들기 위한 바램의 결과로서 사실 이것은 역효과를 낳는다. 유지보수는 점점 번거로워지고, Action 예제에서도 봤듯이 API의 시맨틱을 파악하기가 힘들어진다. 여기서 전하는 조언은 간단하다. API에서 불필요한 설정자 메서드를 조심하라는 것이다.

프렌드 코드에서만 접근하는 것을 허용하라

API에서 너무 많은 것들을 노출하지 않으려고 할 때 또 한 가지 유용한 기법은 특정 기능에 대한 접근 권한을 "프렌드(friend)" 코드에만 부여하는 것이다. 이 범주에 속하는 기능으로는 클래스를 인스턴스화하거나 특정 메서드를 호출하는 것이 있다.

기본적으로 자바에서는 클래스의 프렌드를 같은 패키지에 들어 있는 클래스로만 한정한다. 같은 패키지 내의 클래스끼리 기능을 공유하고 싶다면 생성자나 필드, 메서드를 정의할 때 패키지 비공개(package private) 접근 제한자를 사용하면 된다. 그러고 나면 "프렌드"에서만 해당 생성자나 필드, 메서드에 접근할 수 있다.

"이 메서드는 호출하지 마세요!" 메서드는 이제 그만

자바독에서 메서드에 "절 호출하지 마세요. 저는 구현의 일부입니다(Do not call me, I am part of the implementation)"라거나 "내부적으로만 사용하세요(Only for internal use)" 같은 문장이 표시된 API를 본 적이 있을 것이다. 나는 이러한 메서드를 굉장히 자주 봐 왔는데, 나는 이것을 최악의 API 설계 안티패턴 중 하나로 여긴다. 이러한 메서드는 API의 전문성을 떨어뜨릴뿐더러 우회하기 쉬운 불필요한 구현 세부사항으로 API를 읽는 사람의 주의를 산만하게 한다.

이 같은 종류의 메서드는 보통 별도 패키지에 들어 있는 구현의 일부에서 API 패키지에서 제공하는 기능에 접근할 권한(즉, 프렌드 접근 권한)을 필요로 한다는 것을 암시한다. 프렌드 접근자 패턴이 만들어진 것은 바로 이런 경우 때문이다.

어떤 사람들은 프렌드 접근자 패턴이 너무 복잡하고 API에 복잡한 코드가 들어 있는 원치 않기도 한다. 이것은 얼토당토않은 생각이다! 자바의 프렌드 접근자 패턴은 코딩하기에 약간 더 복잡하다는 것이 사실이다. 하지만 그것은 구현 세부사항에 해당할 뿐 외부 API 사용자에게는 보이지 않는다. 그것은 무지라는 목표를 달성함으로써 API 사용자가 신경 써야 할 메서드의 수를 줄여주고 API를 사용할 때 무지한 상태에서 성공적으로 사용할 가능성을 대폭 높여준다.

따라서 여러분이 만든 API의 메서드에는 "이것은 구현 세부사항입니다"를 포함하지 않았으면 한다!

프렌드를 좀 더 넓은 범위의 클래스로 확장하는 것이 유용할 때도 있다. 예를 들어, 두 개의 패키지를 정의하는데, 하나는 순수 API에 대한 패키지이고, 다른 하나는 구현을 위한 패키지라고 해보자. 이 접근법을 취한다면 다음과 같은 기법이 도움될 것이다. 다음과 같이 Item이라는 클래스가 있다고 해보자.

```java
public final class Item {
    private int value;
    private ChangeListener listener;

    static {
        Accessor.setDefault(new AccessorImpl());
    }

    /** 프렌드만 인스턴스를 생성할 수 있다. */
    Item() {
    }

    /** 누구나 항목의 값을 변경할 수 있나. */
    public void setValue(int newValue) {
        value = newValue;
        ChangeListener l = listener;
```

```
        if (l != null) {
            l.stateChanged(new ChangeEvent(this));
        }
    }

    /** 누구나 항목의 값을 조회할 수 있다. */
    public int getValue() {
        return value;
    }

    /** 프렌드만이 변경 사항을 전달받을 수 있다. */
    void addChangeListener(ChangeListener l) {
        assert listener == null;
        listener = l;
    }
}
```

이 클래스는 API의 일부지만 API 패키지와 다른 패키지에 들어 있는 프렌드 클래스 밖에서는 이 클래스를 인스턴스화하거나 리스닝하지 못한다. 이 시나리오에서는 비API 패키지에서 Accessor를 정의할 수 있다.

```
public abstract class Accessor {
    private static volatile Accessor DEFAULT;

    public static Accessor getDefault() {
        Accessor a = DEFAULT;
        if (a != null) {
            return a;
        }

        try {
            Class.forName(Item.class.getName(), true, Item.class.getClassLoader());
        } catch (Exception ex) {
            ex.printStackTrace();
        }

        return DEFAULT;
```

```
    }

    public static void setDefault(Accessor accessor) {
        if (DEFAULT != null) {
            throw new IllegalStateException();
        }
        DEFAULT = accessor;
    }

    public Accessor() {
    }

    protected abstract Item newItem();
    protected abstract void addChangeListener(Item item, ChangeListener l);
}
```

이 Accessor에는 접근자의 인스턴스를 구하기 위한 정적 필드와 함께 Item 클래스의 모든 "프렌드" 기능에 접근하는 추상 메서드가 포함돼 있다. 주요 기법은 API 패키지에서 public이 아닌 클래스를 이용해 Accessor를 구현하는 것이다.

```
final class AccessorImpl extends Accessor {
    protected Item newItem() {
        return new Item();
    }

    protected void addChangeListener(Item item, ChangeListener l) {
        item.addChangeListener(l);
    }
}
```

누군가가 처음으로 api.Item에 접근했을 때 Accessor를 기본 인스턴스로 등록한다. Item 클래스에 정석 초기화사(initializer)를 추가하는 식으로 이렇게 알 수 있다.

```
static {
    Accessor.setDefault(new AccessorImpl());
}
```

이제 프렌드 코드에서는 이 접근자를 이용해 impl 패키지로부터 감춰진 기능을 호출할 수 있다.

```
Item item = Accessor.getDefault().newItem();
assertNotNull("Some item is really created", item);


Accessor.getDefault().addChangeListener(item, this);
```

런타임 컨테이너를 이용한 코드 보안

넷빈즈 플랫폼에 포함돼 있는 것과 같은 런타임 컨테이너는 여러분이 작성한 코드를 훨씬 더 안전하게 만들 수 있다. 이 경우 OpenIDE-Modules-Public-Packages: api.**를 지정해 클래스 로딩 단계에서 impl 패키지에 접근하는 것을 금지할 수 있다. Accessor 클래스의 메서드는 protected로 지정할 필요가 없는데, impl.Accessor를 정의한 모듈에서만 해당 클래스에 접근할 수 있기 때문이다. 그러면 다른 모듈에서 접근하는 것은 클래스 로딩 단계에서 허용되지 않을 것이다.

자바의 향후 버전에서는 함께 컴파일된 여러 패키지 간의 상호 접근을 허용하는 별도의 접근 제한자를 제공할지도 모른다. 하지만 기다릴 이유가 있을까? 새로운 접근 제한자(access modifier)를 사용할 수 있으려면 가상 머신이 바뀌어야 할 가능성이 높은데, 그러면 자바 6를 비롯해 기존 버전의 자바에서 해당 접근 제한자를 사용한 코드는 실행되지 못할 것이다. 접근자 패턴은 특별한 언어 구성물을 클래스의 고유한 처리 방식으로 대체하는데, 이 패턴은 거의 동일한 결과를 달성하면서 어떤 버전의 JVM에서도 동작한다. 여기서는 "거의"라고 분명히 언급했는데, 이 패턴에서 직접적으로 지원하지 않는 것이 하나 있기 때문이다. 즉, 새로운 접근 제한자는 프렌드 패키지에 들어 있는 코드가 API 패키지에 들어 있는 클래스(다른 곳에서는 볼 수조차 없는)를 확장하도록 허용한다는 것이다. 하지만 이러한 제약은 어렵지 않게 제거할 수 있는데, 하위 클래스를 사용하는 대신 10장의 "위임과 합성" 절에서 제안하는 바와 같이 위임을 사용하면 된다.

나는 이러한 API 디자인 패턴을 텔레인터페이스(teleinterface)라고 한다(그림 5.1). 괜찮은 공상과학 책에 나오는 우주선(초공간(hyperspace)에서 한 쪽에서 다른 쪽으로 여행하는)처럼 바깥의 평범한 공간에 있을 때는 우주선을 보거나 관찰할 수 없다. 텔레인터페이스 패턴을 이용하면 두 개의 뚜렷이 구분되는 집단이 서로 통신할 수 있는데, 이때 다른 누구도 그러한 상호작용을 볼 수는 없지만 그러한 상호작용이 존재한다는 사실은 알 수 있다.

그림 5.1 텔레인터페이스

프렌드 접근자는 그러한 API 디자인 패턴의 한 예다. 양측에서는 서로 통신할 필요가 있으며, 코드 바깥에서는 아무도 그러한 상호작용을 관찰할 수 없다. 통신은 "초공간"에서 이뤄진다. 이것은 강력한 설계 메타패턴이며, 이 책에서는 몇 가지 종류의 텔레인터페이스를 소개할 것이다.

객체를 만든 이에게 더 많은 권한을 부여하라

모든 객체 사용자가 해당 객체의 기능에 접근할 수 있어야 하는 것은 아니다. "모든 코드가 평등해 보여도 사실은 불평등한 부분이 존재한다." 이것은 여러 객체 지향 언어의 근간에 담겨 있는 오랜 객체 지향의 진리다. 그 결과, C++, 자바, 그리고 이와 비슷한 언어에서는 누가 무엇에 접근할 수 있느냐를 정의한 접근 제한자를 제공한다. 자바에서는 public, protected, package private, private을 제공하는데, 각각 모든 이들에게, 하위 클래스 및 같은 패키지에 들어 있는 코드에게, 같은 패키지에 들어 있는 코드에게, 같은 클래스에 들어 있는 코드에게 접근 권한을 준다. 이것은 세밀한 제어 방식이다. 모든 것이 공개돼 있는 스몰토크 진영에서 온 개발자 같이 어떤 개발자들은 이것이 너무 복잡하고 불필요하다고 불평할지도 모른다. 한편으로 이러한 접근 제한자만으로는 충분하지 않다고 간주될 수도 있다. 예를 들어, "프렌드 코드에서만 접근하는 것을 허용하라" 절에서는 "프렌드 패키지"에 권한을 더 줘야 할 때가 있음을 확인했다. 이번 절에서는 코드의 다른 부분에 비해 권한이 좀 더 필요한 코드와 관련된 흔히 접할 수 있는 경우에 대해 이야기하겠다.

유닉스(혹은 여러 사용자가 사용할 용도로 만들어진 비개인용 컴퓨터 시스템)에 관한 기초 지식이 있는 사람이라면 시스템 관리자로 알려진 몇몇 사람들만이 특정 연산을 수행할 수 있다는 사실이 놀랍지 않을 것이다. 데이터베이스를 조회하거나 웹 페이지를 $HOME/public_html 폴더에 배포하는 데는 문제가 없는데, 일반적으로 모든 사람들은 그렇게 하도록 허용된다. 하지만 아파치 웹 서버의 캐싱 정책을 설정하거나 데이터베이스를 변경하거나, 또는 (얼마나 위험할지 상상해보라!) 데이터베이스 스키마를 건드리거나 변경하는 권한은 대개 선택된 몇몇 사람에게만 부여된다. 이러한 연산을 수행하기 전에 그러한 각 개인들은 해당 연산을 수행할 권리가 있다는 사실을 시스템에 입증할 필요가 있다. 즉, 적절한 신원을 갖추고 있음을 입증해야 한다. 누구나 적절한 신원을 가지고 있다고 주장할 수는 있지만 비밀 내용을 알지 못한 채 거짓으로 주장하는 바는 성공할 가능성이 낮다. 전형적인 인증은 각 이름마다 할당된 역할과 함께 비밀스러운 이름 및 비밀번호 쌍을 기반으로 한다.

객체 지향 시스템의 세계도 이와 비슷하다. 객체는 시스템의 다양한 부분들을 돌아다니며, 특정 불변식(invariant)과 내부 상태의 기본적인 일관성을 보장하기 위해서는 시스템 내의 모든 코드에서 각 객체를 수정하고 설정하도록 내버려 두는 것은 현명한 처사가 아니다. 사실 앞에서도 언급한 바와 같이 접근 제한자는 여러분의 절친한 친구다. 뭔가를 외부 코드에서 보이지 않게 만들고 싶다면 해당 기능을 public이나 protected로 만들지 않으면 된다. 하지만 이렇게 하면 코드가 "관리자"가 되고, 다른 모든 이들은 일반 사용자가 된다. 이 방법은 사내 시스템에서는 효과가 있을지도 모른다. 하지만 API를 설계할 때는 이렇게 하는 것만으로는 부족한데, API를 "관리자"로 만들고 싶지는 않을 것이기 때문이다. 그 대신 API를 일반 사용자뿐 아니라 관리자도 이용할 수 있는 라이브러리로 만들고 싶을 것이다. 그럼 이를 달성할 수 있는 방법을 살펴보자.

우선 무엇이 효과가 없는지부터 살펴보자. API를 만든 사람의 권리를 API와 분리하려고 할 때 자주 시도하는 방법은 API 인터페이스나 클래스를 그것을 확장하는 지원 클래스와 함께 만드는 것이다. 그럼 지원 클래스에서는 추가적인 제어 수단(특히 API를 만든 사람을 위한)을 제공한다. 그러면 API의 다른 모든 메서드에서는 기반 인터페이스 클래스를 사용하게 되고, 구현자(implementor)에서는 지원 클래스를 이용해 손쉽게 계약을 구현하고 권한이 없는 사용자가 사용할 수 없는 추가 메서드에도 접근할 수 있다. `javax.swing.text.Document` 및 이 클래스의 지원 클래스인 `javax.swing.text.AbstractDocument`는 아마도 이 아이디어를 토대로 설계됐을 것이다. 이 방법은 대체로 효과가 있는데, `AbstractDocument`를 서브클래싱하는 것이 일반 `Document` 인터페이스의 모든 메서드를 구현하는 것보다 간단하기 때문이다. 게다가 `AbstractDocument`에는 protected `writeLock` 및 `writeUnlock`과 같이 구현자에서만 접근할 수 있는 메서드가 포함돼 있다. 이 방법은 그럴 듯해 보이지만 하위 클래스에서만 접근할 수 있게 제한한다. 따라서 다음과 같이 추가적인 "제작자 전용" 메서드를 같은 패키지 내의 모든 코드에 노출하는 코드(이런 코드가 필요할 때가 많다)를 손쉽게 찾아볼 수 있다.

```
public class MyDocument extends AbstractDocument {
    public MyDocument() {
        super(new StringContent());
    }

    final void writeLockAccess() {
        writeLock();
    }
}
```

AbstractDocument의 API 사용자가 이 같은 메서드를 중복하도록 강제하는 것은 바람직하지 않다. 더 잘 설계된 API라면 이처럼 중복되는 부분을 제거했을지도 모른다. 하지만 이것은 스타일과 관련된 문제이므로 주요 문제에 해당하지는 않는다.

AbstractDocument의 가장 큰 문제는 AbstractDocument에 "권한이 없는" API 사용자가 관심을 가질 만한 다른 유용한 메서드가 상당히 많이 포함돼 있다는 것이다. 여기에는 누구나 접근할 수 있는 readLock 및 readUnlock(왜 render를 사용하고 굳이 불필요한 Runnable을 생성할까?)나 getListeners(내가 첫 번째 리스너인지 확인한 후, 만약 그렇다면 모든 리스너를 재정렬하지 않는 게 어떨까?), 원본 Document 인터페이스에 넣기에는 너무 늦게 추가된 듯한 replace 같은 메서드가 있다. 요약하자면 javax.swing.text의 API를 호출하는 클라이언트가 호출하고 싶어할 수도 있는 메서드가 여러 개 있다는 것이다. 그러한 사용자는 어떻게 해야 할까? 그들은 문서 인스턴스를 가지고 그것을 AbstractDocument로 형변환한 다음 해당 메서드들을 호출한다. 그럼 보안은? 만약 관리자가 아닌 사람이 서버에 로그인하는 것이 AbstractDocument의 "권한을 가진" 메서드를 호출하는 것만큼 쉬웠다면 인터넷 상의 모든 서버는 이미 해킹됐을 것이다. 이러한 이유로 지원 클래스를 포함하는 이러한 API 인터페이스 패턴은 "권한을 가진" 접근 문제를 해결하지 못한다.

넷빈즈 FileSystem API

내가 어떻게 스윙의 텍스트 문서 API 문제에 관해 상당히 많이 알고 있는지 궁금할 것이다. 솔직히 말하자면 사실은 그렇지 않다. 대신 비슷한 실수를 저지른 적이 있는 넷빈즈 FileSystem API에 관해서는 많이 알고 있다. 그래서 JDK 느릿에서 비슷한 패턴을 찾아봤고, AbstractDocument가 괜찮고 유용한 안티 예제였다.

넷빈즈 FileSystem API에서는 가상 파일시스템이라는 개념을 도입했다. 가상 파일시스템에서는 일반 java.io.File에 맞춰 그와 같은 파일시스템을 구축할 수 있다. 아니면 HTTP나 FTP 서버에 대한 접근을 감싸거나 메모리에서만 상주하는 완전히 가상화된 파일을 표현할 수도 있다. 각 경우, 기반 API 인터페이스는 org.openide.filesystems.FileSystem이며,

이것은 일반 API 사용자를 대상으로 만들어진 것이다. 하지만 파일시스템을 구현하는 것은 쉽지 않은 일이기에 구현자를 돕기 위한 org.openide.filesystems.AbstractFileSystem라는 지원 클래스도 있다. 이 클래스에는 우연히도 기반 FileSystem API에서는 사용할 수 없는 몇 가지 흥미로운 메서드를 포함하곤 했다. 게다가 추가로 유용한 public 메서드와 함께 AbstractFileSystem에서 파생된 public LocalFileSystem도 있었다.

해당 API의 사용자는 일반 FileSystem을 이용하게 돼 있지만 어느 날 끔찍하게도 그렇게 되고 있지 않다는 사실을 발견했다! 넷빈즈 IDE에서는 거의 일반 java.io.File만 이용하기 때문에 LocalFileSystem으로 형변환하기가 상당히 안전했는데, 그러고 나면 몇 가지 멋진 메서드를 호출할 수 있었다. 이러한 메서드는 일부러 외부에 공개하지 않았다. 그것들은 오직 "허가를 받은" 사용자만이 접근할 수 있는 용도로 만들어졌다. 그 당시, 나는 근시안적으로 그러한 메서드를 호출할 API 사용자는 아무도 없을 것이라 믿었다. 하지만 API 사용자는 꽤나 창의적이고, 특히 자신이 맡은 작업을 신속하게 해치우기 위해서라면 무엇이든 하면서 무지 원칙을 고수할 때는 더욱 그랬다.

우리는 사람들이 이러한 메서드를 호출하지 못하게 해야 했다. 가장 먼저 취한 조치는 바이트코드 패치였다. 우리가 만든 바이트코드 패치에서는 하위 바이너리 호환성을 유지하면서 이러한 메서드를 protected로 변환했다. 나중에 로컬 파일을 표현하기 위해 LocalFileSystem을 사용하는 것을 중단했다. 대신 그것을 AbstractFileSystem에서 파생되지 않은 다른 구현으로 대체했는데, 이것은 어느 API의 일부도 아니었다. 사용자는 그것을 형변환할 필요가 없었는데, 호출할 만한 것을 아무것도 제공하지 않았기 때문이다.

자바에서 객체를 커스터마이즈할 때 자주 사용되는 방법은 객체를 자바빈으로 바꾼 다음 접근자와 설정자를 이용하는 것이다. 하지만 이 방법은 객체를 만든 사람에게 보안과 "권한이 필요한" 역할을 전혀 제공하지 않는다. 그렇지만 굉장히 간단한 사항을 하나 추가하면 이러한 설정자 기반 패턴을 "권한이 필요한" 모드를 지원하는 아주 탁월한 해법으로 바꿀 수 있다. 바로 public void setReadOnly() 메서드를 추가한 다음 모든 설정자 메서드가 이 메서드를 호출하기 전까지만 동작하도록 수정하면 된다. 그런 다음 예외(예: PropertyVetoException이나 IllegalStateException)를 던진다. 이러한 패턴의 예를 java.security.PermissionCollection에서 찾아볼 수 있는데, PermissionCollection을 이용하면 컬렉션을 만든 사람이 새로운 권한을 추가한 다음 setReadOnly를 호출해 해당 컬렉션을 불변적으로 만들 수 있다. 그러한 객체를 이용한 다른 코드에서는 모두 나중에 컬렉션의 상태를 읽을 수만 있고 수정할 권한은 없다. 사실상 비특권(nonprivileged) 모드로 실행되는 것이다. 이 방법은 잘 작동하고 유일하게 불만을 가질 수 있는 부분은 우아하지 않다는 점이다. 물론 1장의 "아름다움, 진리, 우아함" 절에서 살펴본 바와 같이 소프트웨어 설계는 아름다움에 관한 것이 아니다. 그럼에도 이 해법에는 몇 가지 실제적인 단점이 있다. 첫째, 두 그룹의 사람들을 위한 API가 섞여 있다는 것이다. 일반 사용자뿐만 아니라 특권 사용자 모두 같은 클래스의 API를 읽어야 하는데, 이는 혼란을 야기할 수 있다. 둘째, 상태 기반 API가 도입된다. 메서드를 동일한 순서로 호출하더라도 객체가 특권 모드에 있거나 이미 일반 모드로 전환됐느냐에 따라 문제 없이 동작하거나 예외가 발생할 수 있다. 이로써 객체의 시맨틱이 필요 이상으로 복잡해진다. 마지막으로 언급하지만 여전히 중요한 문제는 일반 모드로의 전환이 딱 한 번, 그리고 최종적으로 이뤄질 수 있다는 것이다. 일단 객체가 전환되고 나면 더는 특권 코드가 존재하지 않는다. 특정 상황에서는 이것이 달갑지 않은 제약일 수도 있다. 이 모든 문제로 인해 다른 이용 가능한 해법을 계속 조사해 보자.

다른 객체 지향 언어처럼 자바의 모든 클래스에는 객체를 생성하는 사람에 의해 딱 한 번만 호출할 수 있는 멤버가 있다. 이를 생성자라 한다. 이 같은 사실은 특권 모드(특권 코드가 제어할 수 있는 모든 것들은 객체가 생성됐을 때 전달해야 한다)를 구분하기 쉽게 만들어준다. 물론 "생성자보다 팩터리가 낫다" 절에서 제시했던 바와 같이 생성자보다 팩터리 메서드를 두는 편이 더 낫다. 이전의 "설정자 메서드 기반" 해법과 달리 이 방법은 시맨틱 문제를 해결하는데, 이 경우 상태를 유지하지 않기 때문이다. 특권 코드에서 할 수 있는 모든 것들은 객체가 생성되는 시점에 해당 객체에 주입된다. 아울러 이 방법은 혼합된 API의 문제를 일부 해결해준다. API 사용자가 어떤 객체 인스턴스에 대한 참조를 가지고 있을 경우, 대개 사용자들은 해당 객체의 생성자에 대한 문서를 읽지 않으며, 현대 개발 환경의 코드 자동완성에서도 생성자가 제공되지 않는다. 아울러 팩터리와 생성자는 대부분 이해하는 개념이다. 이 해법은 새로운 개념을 전혀 만들어내지 않기 때문에 자연스럽다. 요약하자면 이 방법이 아마 가장 적절한 해법일 것이다.

하지만 이 해법은 진화에 대비하고 있는가? 만약 누군가가 특권 코드에 새로운 메서드를 추가해야 한다면 어떻게 될까? 그러한 경우 추가 인자를 받는 새로운 생성자나 팩터리 메서드를 추가해야 할 것이다. 이것은 하위 바이너리 호환성을 보장하지만 그러한 각 추가사항은 팩터리 클래스의 규모를 늘린다. 그러나 문제는 거기에 있지 않다. 더 복잡한 문제는 그러한 메서드에서 받는 인자의 개수가 잠재적으로 상당히 늘어날 수 있다는 것이다. 긴 인자 목록, 특히 같은 타입의 인자 목록인 경우에는 채우는 일이 유쾌하지 않다. 글자를 잘못 입력하거나 인자를 잘못된 위치에 두기 십상이다. 보통 초반에는 이것이 문제가 되지 않지만 API가 진화함에 따라 상당히 복잡해질 수 있다. 따라서 팩터리 방식과 설정자 메서드 기반 접근법을 섞어 쓰는 것처럼 그와 같은 상황에 대비한 해법을 마련하는 것이 바람직하다. 간단히 다음과 같이 작성할 수 있다.

```
public static Executor create(Configuration config) {
    return new Fair(config);
}
```

```
public static final class Configuration {
    boolean fair;
    int maxWaiters = -1;

    public void setFair(boolean fair) {
        this.fair = fair;
    }

    public void setMaxWaiters(int max) {
        this.maxWaiters = max;
    }
}
```

이 접근법을 이용하면 새 팩터리 메서드를 추가하지 않아도 되고, 진화를 위해 그렇게 해야 할 필요가 있다면 Configuration 클래스에 새로운 설정자 메서드를 대신 추가하면 된다. 그러한 메서드를 추가하는 것은 안전한데, 클래스가 final이고 이 클래스의 유일한 용도는 create 팩터리 메서드의 인자이기 때문이다. Configuration 클래스에는 일부러 public 접근자 메서드를 아무것도 두지 않았기 때문에 이 시나리오 외에는 도움되지 않는다. 그러한 이유로 Configuration 클래스에 새 메서드를 추가하더라도 팩터리 메서드의 내부(API를 만든 사람의 통제하에 있는)에만 영향을 줄 수 있다. 따라서 입력 설정에서 추가적인 매개변수를 처리하기 위해 내부를 확장할 수 있다.

게다가 Configuration 클래스를 도입하는 것은 마지막 미해결 문제(비특권 코드가 이미 객체에 접근한 이후에 특권 코드가 특권 연산을 수행할 수 있는가)를 해결한다. 이것은 일반 팩터리 메서드와 마찬가지로 setReadOnly 패턴에서는 불가능한 것이었다. 이제 특권 코드에서는 Configuration 인스턴스에 대한 참조를 계속 유지하고 Configuration의 메서드를 호출해 이미 비특권 사용자에게 부여된 Executor 인스턴스의 매개변수를 수정할 수 있다. 그러한 사용자의 코드에서는 Configuration 인스턴스에 대한 참조를 획득할 기회가 없다(이 경우 형변환도 도움이 되지 않는데, 이것들은 두 개의 서로 다른 객체이기 때문이다). Configuration은 API를 통해서는 획득할 수 없는 비밀 토큰처럼 동작한다. 따라서 이 해법은 전적으로 안전하고 안심하고 쓸 수 있다.

뮤텍스와 특권 접근

넷빈즈 API에서도 이와 비슷한 문제를 겪은 적이 있다. Mutex라고 하는 직접 제작한 읽기/쓰기 잠금이 있었는데, Mutex의 메서드에서는 Runnable을 받아 그것을 읽기 모드나 쓰기 모드로 실행할 수 있었다. 이 방법은 효과적이었다. 하지만 특정 상황에서 새로 생성된 스레드가 많을 경우 성능에 영향을 주기도 한다는 사실을 발견했다. 그래서 다음과 같이 평범한 메서 드를 추가하는 방법을 검토했다.

```
lock.enterReadAccess();
try {
    // 연산을 수행
} finally {
    lock.exitReadAccess();
}
```

하지만 이 경우 악성 코드가 획득한 잠금을 해제하는 것을 잊어버려 그러한 잠금에 맞춰진 전체 서브시스템의 일관성이 깨 지는 것이 우려스러웠다. 그러나 우리가 작성한 코드에는 그와 같은 버그가 없다는 것을 확신할 수 있었으므로 특권 작성자 패턴을 사용하기로 했다.

우선 Runnable하고만 동작했던 Mutex의 원래 시그너처를 그대로 유지하고 Mutex를 추가했다. enter와 exit 메서드가 포함돼 있던 특권 정적 내부 클래스에서는 좀 더 효율적인 "enter/try/perform/finally/exit" 잠금 접근 패턴을 지원 했다. Mutex에 새로운 생성자를 추가해 Mutex.Privileged 인스턴스를 받게 했다.

```
private static final Mutex.Privileged PRIVILEGED = new Mutex.Privileged();
public static final Mutex MUTEX = new Mutex(PRIVILEGED);
```

이제 public Mutex를 생성하는 코드에서는 비특권 코드가 악의적으로 잠금의 일관성을 망칠 수 없도록 보장받으면서 동기 화에 대해 좀 더 빠르게 접근할 수 있는(그렇지만 오류가 생기기 쉬운) 비밀문(back door)을 만들어낼 수 있다.

자바에서는 객체 생성자(creator)에 대한 특별한 접근 제한자를 제공하지는 않지만 그와 같은 계약을 보장하는 API를 만드는 것은 가능하다. 여기엔 가장 간단하고 지저분한 것에서부터 가장 복잡하고 우아한 것에 이르기까지 다양한 해법이 있다. 개인적으로 가장 괜찮은 방법은 두 개의 클래스를 만드는 것이다 한 클래스에서는 객체 생성자에게 특권 접근 권한을 부여하고, 다른 클래스에서는 함께 사용하기 위한 공개 API를 제공하는 것이다.

깊은 계층구조를 노출하지 마라

어떤 사람들은 객체 지향 언어가 좋은 이유가 코드 재사용을 지원하기 때문이라고 주장하기도 한다. 특정 코드 패턴이 기존의 평범한 C에 비해 객체 지향 프로그래밍 언어로 더 잘 표현되는 것은 사실이다. 하지만 그렇다고 해서 코드의 "공유 가능성(sharability)"이 개선되는 것은 아닌데, 코드를 공유할 때 직면하는 주된 문제는 의사소통이기 때문이다. 공유할 뭔가를 제공하는 사람과 그것을 받아들여 재사용할 누군가가 있어야 한다. 단순히 객체 지향 언어를 사용한다고 해서 이렇게 되는 것은 아니다. 대신 재사용을 고려하고 그것을 준비할 필요가 있으며, 코드 재사용이 단순히 그 과정의 부산물로 저절로 일어나는 것은 아니라는 점을 염두에 둬야 한다. 여기서 내가 조언하고자 하는 바는 신중해야 하고, 그리고 무엇보다 깊은 계층구조를 조심해야 한다는 것이다.

고전적인 객체 지향 프로그래밍 언어는 자연과 자연의 진화에 영감을 받았다고 한다. 모든 포유류의 행위를 설명하는 기초적인 메서드가 포함된 Mammal 클래스를 비롯해 개와 고양이가 서로 다른 일을 하도록 메서드를 재정의한 Dog나 Cat과 같은 다양한 하위 클래스를 정의하는 예제는 모르는 사람은 없을 것이다. 이 예제는 객체 지향 언어가 가장 잘하는 것이 무엇인지를 보여줄뿐더러 객체 지향 언어의 목적 전체를 정당화하기도 한다. 자연을 설명하는 것이 얼마나 쉬운 일인지 보여줌으로써 객체 지향이라는 개념은 현실 세계를 기술하는 올바른 프로그래밍 기법으로 승격되기도 한다. 물리학이 평범한 기하학에 비해 현실 세계에 관해 사고하기가 더 나은 것처럼 객체 지향 언어는 전통적이고 절차적인 언어에 비해 현실 세계의 개념을 코드로 작성하고 포착하기에 더 적절한 수단으로 여겨진다.

10년 넘게 자바로 프레임워크를 유지보수하고 나니 이제 이렇게 생각하지 않는다. 뭔가(보통 클래스)가 메시지(자바에서는 메서드 호출)에 반응하고 특정 메서드를 재정의하고 거기에 다른 식으로 반응함으로써 메시지를 가로채고 그것의 의미를 변경하는 누군가가 있다는 것에는 이의가 없다. 하지만 솔직히 말해서 이것은 복잡한 switch 문에 지나지 않는다. 메서드 호출은 특정 코드를 직접 호출하는 것이 아니라 다수의 구현 중 하나를 선택하는 switch 문에 해당한다. switch 문은 하위 클래스 목록을 토대로 하고 다양한 개발자가 더욱더 많은 하위 클래스를 생성함에 따라 잠재적으로 규모가 커질 수 있다. 하지만 그것은 여전히 switch 문이다. 물론 객체 지향 프로그래밍을 강화된 switch 문으로 설명하는 것은 객체 지향 프로그래밍을 현실 세계를 모델링하는 데 도움을 주는 기술로 제시하는 것에 비해서는 멋지지 않다. 이 같은 이유로 전산학 강의에서 Mammal 예제를 고집하는 것이다. 하지만 이 책에서는 switch 문에 빗댄 설명을 통해 숨겨진 중요한 점을 드러내겠다. 즉, API를 작성할 때 코드를 작성하는 사람은 switch 문의 규모와 동작 방식을 알지 못한다는 것이다. 이 경우 코드 조각을 재사용할 수 있는 방법의 가짓수가 늘어나기 때문에 장점으로 볼 수 있다. 하지만 나중에 애플리케이션을 몇 번 릴리스하고 난 후 switch 문 작성에 실제로 참여하는 사람을 알 수 없다면 악몽과도 같은 일이 생길 수 있다. "switch" 코드를 작성하는 데 모르는 사람들도 참여할 수 있게 한다면 너무 열려 있어서 유지보수하지 못하게 될 수 있다.

따라서 클래스의 깊은 계층구조를 노출할 경우 API의 유용성을 향상시키지 못할 가능성이 높다. API를 작성할 때 "하위 클래스"라는 용어는 "switch 문 작성에 참여"할 수 있는 누군가에게 사용해서는 안 되고, 정확히 나처럼 행동하는, 즉 어떤 추가적인 행위를 더하는 누군가에게 사용해야 한다. 사실 많은 이들은 Human이 Mammal의 하위 클래스(특수화)라는 데 동의할 것이다. 하지만 이 사실을 API 설계에서 얼마나 사용할 수 있을까? 정말로 여러분은 JButton이 AbstractButton의 특수화이고 AbstractButton은 JComponent의 특수화이며, JComponent는 Container의 특수화이고, Container는 Component의 특수화라는 것을 주장하고 싶은 것인가? 물론 그렇지 않을 것이다! 여기서 서브클래싱은 단순히 구현 세부사항에 불과하다. 즉, 단순한 방식으로 코드를 작성할 수 있게 만들어주는 switch 문에 불과하다는 것이다. 하지만 이것은 API의 개념과는 관련이 없다. 만약 관련이 있다면 JButton을 Container로 사용하는 것이 일반적일 것이다. 다시 말해 JButton에 별도의 컴포넌트를 추가할 수도 있다는 것이다. 이런 식으로 코드를 작성하는 것이 가능할 수도 있겠지만 이것은 JButton의 의도된 사용법이 결코 아니다.

여기서 객체 지향 언어에서 흔히 볼 수 있는 API 결함을 확인할 수 있다. 여러분의 구현이 다른 클래스를 서브클래싱함으로써 혜택을 받을 수 있더라도 다른 모든 이들이, 그리고 결국 전체 API와 그것의 클라이언트가 해당 클래스를 노출하는 것으로부터 혜택을 받을 수 있으리라 기대해서는 안 된다. 하위 클래스가 switch 문을 구현하기 위한 목적으로만 존재한다면 이런 일이 일어날 가능성은 낮다. 여기서 조언하는 바는 깊은 계층구조를 노출하는 대신 애플리케이션의 실제 인터페이스를 정의하려고 노력하고 사용자가 그것을 구현할 수 있게 하라는 것이다. 뭔가 하위 클래스나 하위 인터페이스라면 그것은 원래의 상위 클래스나 인터페이스를 대신해서 사용될 수 있다는 사실을 늘 명심하다

Component를 간접적으로 확장하는 Frame과 비슷한 상황을 조심해야 한다. 모든 API 규칙을 고려했을 때 이 같은 관계는 Component가 사용되는 모든 곳에서 Frame을 사용할 수 있음을 의미할 것이다. 사실은 전혀 그렇지 않은데도 말이다. 프레임이 컴포넌트를 상속한다는 사실은 구현 세부사항에 불과하며, 컴포넌트 코드의 일부를 재사용하기 위한 switch 문에 지나지 않는다. 하지만 이것은 실제

API와는 아무런 관련이 없다. 이러한 유형의 객체 지향 재사용(잘못된 사용이라고 부르는 것이 더 나을 법한)은 흔히 볼 수 있으며, 특히 클래스 및 인터페이스의 계층구조가 깊은 경우에는 더욱 흔히 볼 수 있다. 이러한 이유로 상속 계층구조가 2단계보다 깊다면 잠깐 멈춰서 "지금 이게 API를 위한 것인가, 아니면 코드 재사용을 위한 것인가?"라고 자문하는 것이 도움될 것이다. 이 질문의 답이 후자라면 서브클래싱에 더 엄격해지거나 서브클래싱에 명시적으로 대비하도록 API를 재작성한다.

CHAPTER 6

구현이 아닌
인터페이스를 대상으로
코드를 작성하라

모든 코드에 유용한 오래되고 참된 경험칙은 "코드를 인터페이스와 구현으로 분리한 다음 시스템의 나머지 부분에서는 인터페이스에 의존하게 하라"는 것이다. 이 조언은 자바보다 훨씬 오래됐지만 참으로 맞는 말이라서 이 조언이 자바 API를 작성할 때 시사하는 바도 살펴볼 만한 가치가 있다. 6장에서는 다양한 각도에서 살펴본 내용을 제시한다.

먼저 이 경험칙은 어떤 동작하는 애플리케이션이 있고 API를 제공해서 다른 사람들이 애플리케이션에 접근할 수 있게 만들고자 할 경우 단순히 몇몇 클래스를 public으로 만든 다음 그것을 API라고 주장하는 것은 맞지 않음을 의미한다. 리팩터링을 하지 않고는 실제 API가 아닌 구현의 내부 구조를 노출하게 될 가능성이 높다. 따라서 코드를 API로 취급해서는 안 된다. 어느 정도 시간을 들여 코드를 다듬는 것이 좋다. 여러분이 왜 API를 만들고 있는지를 생각해 본다. 그런 다음 구현 코드를 한 줄 변경할 때마다 API의 아메바 모델이 거기에 영향을 받지 않게 한다.

넷빈즈 공개 API의 탄생

넷빈즈 API의 코드를 작성하는 일은 1997년, 잘 정의된 API와 해당 API와 분리된 구현, 그리고 그러한 API를 통해 상호작용하는 몇 가지 모듈을 만들자는 비전을 가지고 시작됐다.

그 당시에는 이것이 견고한 기반이었다(불도저를 이용해 무지한 방식으로 모든 것들을 모놀리식 애플리케이션 형태로 하나의 커다란 진흙 덩어리로 만드는 것보다는 훨씬 더 나았다). 우리는 모든 부분들을 동작하게 만들 수 있었다. 하지만 API로의 분리, 구현, 사용자 모듈은 물리적인 것보다 논리적인 것에 가까웠다. 예를 들어, 우리에겐 모든 것을 컴파일하는 단 하나의 빌드 스크립트밖에 없었다. 단순히 패키지 이름만 봐서는 어떤 패키지가 API에 포함되는지 여부를 알 수 없었다.

메일링 리스트를 사용하던 사람 중 하나는 API와 구현을 구분하는 것이 얼마나 어려운지에 관해 불만을 토로했다. 처음에는 그때그때 그 사람이 API를 찾도록 도와주기만 했다. 하지만 상황을 회고하고 나서 문제가 있다는 것을 깨달았다. 문제가 드러나게 해준 그분께 정말 감사드린다. 그분 덕분에 API는 1999년에 완전히 분리되고 패키징됐다. 그 당시 우리는 API를 org.openide와 하위 패키지에 넣었고, 핵심 구현은 com.netbeans.core에 넣었다. 그렇다. com.netbeans인 이유는 넷빈즈가 오픈소스가 되기 전이었기 때문이다. 나머지 부차적인 모듈은 com.netbeans.modules로 들어갔다.

코드를 재작성하는 동안 우리는 원본 소스코드가 얼마나 지저분했고 API와 API의 "독립적인" 구현 간에 얼마나 많은 상호의존성이 있었는지 알게 됐다. 기억할 만한 교훈? 단순히 애플리케이션의 일부가 API라고 주장하는 것만으로는 부족하다. API에 해당하는 부분들은 강조해서 보여줄 필요가 있다. 즉, 인터페이스를 구현과 분리해야 한다는 의미다.

"구현이 아닌 인터페이스를 대상으로 코드를 작성하라" 관점을 설명하는 데 사용할 수 있는 또 한 가지 논점은 정직한 API 사용자의 관점이다. API가 필요할 경우 속이려 하지 마라! 필요한 뭔가를 공개적으로 이용하거나 접근할 수 없더라도 리플렉션을 사용하지는 마라! 문서화되지 않은 특성과 파일에 의존하지 마라. API 제작자에게 적절한 API를 요청하라! 이는 장기적으로 API 공급자뿐만 아

니라 API 사용자가 서로의 요구를 이해하고 그러한 요구를 충족하기 위해서다. 종류를 막론하고 해킹은 금방 효과가 떨어지기 마련이다. 그보다는 API의 필요성을 명확하게 공식화하고 API의 유스케이스를 정의하며, API 제작자가 구현하는 데 도움을 주는 것이 훨씬 더 낫다. 실제 API 제작을 위해 협력하는 것은 구현을 대상으로 코드를 작성하는 것보다 훨씬 더 낫다.

자바로 API 코드를 작성하는 것에 대한 조언의 실제 응용과 관련된 한 가지 약간 더 기술적인 측면이 있다. 그러한 조언은 인터페이스를 대상으로 코드를 작성하길 제안하지만 그 조언은 자바보다 훨씬 오래 전부터 있었고, "인터페이스"라는 단어를 *자바* 맥락에서 사용하지 않는다. 그 조언을 고안한 사람을 대변할 생각은 없지만 그 당시에 가장 널리 사용되던 언어는 분명 C나 C++, 어쩌면 CORBA였을 것이다. CORBA의 인터페이스 정의 언어(IDL; interface definition language)에 포함된 인터페이스가 자바의 인터페이스를 연상시키기는 하지만 거기엔 "클래스" 대 "인터페이스" 같은 것이 없다. 마찬가지로 C++에도 그와 같은 구분은 존재하지 않는다. C++에서는 클래스(즉 메서드와 필드가 포함된 타입)만 사용되지만 인터페이스를 대상으로 코드를 작성하라는 조언은 C++에서도 유효했다. 이와 비슷하게 이 조언은 CORBA에도 적용되는데, 심지어 CORBA의 IDL에서는 인터페이스(즉 비정적 메서드만 있고 필드는 없는 타입)만 사용했는데도 말이다.

같은 조언이 자바에도 유효할까? 물론 인터페이스를 대상으로 코드를 작성하라는 말이 자바의 interface 키워드를 사용하는 것을 의미하지는 않지만 그와 같은 식으로 코드를 작성하면 API의 추상적인 정의가 실제 구현에서 분리된다는 사실을 이해할 필요가 있다. 이를 다양한 방법으로 달성할 수 있으며, 사실 그러한 방법 중 일부는 자바의 인터페이스로부터 도움을 받기도 하고, 일부는 자바 클래스를 사용함으로써 이점을 얻기도 한다.

API를 작성할 때 자바 인터페이스를 사용해야 할까, 아니면 자바 클래스를 사용해야 할까? 이 질문은 절대 끝나지 않는 일종의 종교전쟁을 불러일으키기에 좋다. 6장의 의도는 여기에 있지 않다. 사람들은 인터페이스 대 클래스라는 주제에 관해 확고한 의견을 피력하기도 하는데, 아마 그들 중 일부는 인터페이스를 성공적으로 사용해왔고, 또 다른 일부는 클래스를 성공적으로 사용해왔기 때문일 것이다. 각자의 경험은 다양할 수 있지만 사실 특정 상황에서는 클래스를 사용하는 것이 낫고, 또 어떤 상황에서는 인터페이스를 사용하는 것이 낫다는 신호에 불과할 수도 있다. 6장의 나머지 부분에서는 API 및 특히 두 해법의 진화적 특성을 이해하고, 각각을 언제 사용하는 것이 적절한지 파악하는 데 목표를 둔다.

메서드나 필드 제거하기

여러분은 API에 공개적으로 노출된 인터페이스나 클래스에서 메서드나 필드를 제거할 수 있는가? 글쎄, 누군가가 해당 메서드나 필드를 호출한다면 그렇게 할 수 없다. 우선 그와 같은 변경은 소스 호환성이 보장되지 않는다. 그러한 메서드를 호출하거나 필드에 접근하는 코드는 컴파일되지 않을 것이다. 게다가 바이너리 호환성도 보장하지 않는다. 해당 메서드가 포함된 기존 버전의 API를 대상으로 컴파일하고 새로운 버전을 대상으로 실행했다면 링크 과정이나 메서드를 호출하는 과정에서 런타임 예외가 발생할 것이다. 따라서 공개적으로 사용 가능한 클래스나 인터페이스에서 요소를 제거하는 것은 바람직하지 않다.

어쩌면 클래스 내의 필드나 메서드에 대해 접근을 제한하고 공개하지 않을 수도 있다. 그것들이 private이나 package private이었다면 바깥 세계로부터 감춰질 것이고 그렇게 해서 접근할 수 없을 것이다. 따라서 그것들을 제거하더라도 리플렉션을 이용하는 사람들을 제외하곤 피해볼 사람은 아무도 없다. 앞에서 설명한 바와 같이 의도하지 않은 곳에 리플렉션을 사용하는 것은(보통 거의 모든 API에서는) 좋지 않은 습관이다. 그래서 좋은 습관을 어기는 사람은 다칠 만한 이유가 있는 것이다.

여러분은 protected 메서드를 제거할 수 있는가? 글쎄, protected 메서드는 어떤 코드에서도 호출할 수 있는 것은 아니지만 하위 클래스에서는 super.theMethod()를 통해 호출할 수 있기 때문에 이를 제거하는 것은 바람직하지 않다. 어쩌면 클래스에 final이 지정된 경우처럼 하위 클래스가 있을 수 없는 경우에만 제거할 수 있을 것이다. 하지만 그런 경우가 아니라면 메서드를 protected로 만들 이유가 없다! 사실 API 중에는 protected 메서드가 final 클래스에 들어 있는 경우도 있지만 그것은 설계상의 실수일 때가 많다. 여기서 조언할 게 하나 있다면 API를 처음으로 릴리스하기에 앞서 그와 같은 사소한 실수를 발견해 없앨 수 있도록 API의 자바독을 만들어 읽으라는 것이다.

그런데 protected 메서드가 abstract이면 어떻게 될까? 바깥에서 해당 메서드를 읽을 수 있는 사람은 아무도 없는데, protected이고 하위 클래스에서도 그렇게 할 수 없기 때문이다. 직접 해봐도 컴파일러에서 "추상 메서드에는 직접적으로 접근할 수 없습니다(abstract method cannot be accessed directly)"라면서 오류가 발생한다. 결과적으로 protected abstract 메서드를 제거하더라도 소스 및 바이너리 호환성은 보장된다. 여전히 모든 것들이 컴파일되고 새롭게 수정된 버전에서도 실행될 것이다. 하지만 이 같은 변경은 호환성 있게 기능할 가능성이 낮다. 아마 메서드가 거기에 있는 데는 이유가 있을 테고, 하위 클래스에서는 특정 시점에 해당 메서드가 호출되리라 기대했을 것이다. 이제 하위 클래스의 구현체들은 전혀 호출되지 않을 것이고 시맨틱 또한 다를 것이다. 제거가 가능하긴 하지만 잠재적으로 위험하다. API 진화의 적절한 대안으로 이러한 시나리오를 계획하는 것은 현명한 처사가 아니다.

클래스나 인터페이스를 제거하거나 추가하기

클래스나 인터페이스에 접근할 경우(클래스나 인터페이스의 메서드를 호출하거나 필드를 참조할 경우) 해당 클래스를 제거하는 것은 소스 및 바이너리 차원에서 호환성을 깨뜨린다. 인터페이스와 클래스 사이에는 아무런 차이점이 없는 것처럼 보여도 일단 API에서 자리를 잡고 나면 그것들은 별과 같이 계속 자리를 지켜야 한다.

새로운 인터페이스나 클래스를 추가하는 데는 바이너리 관점에서 전혀 문제가 없다. 하지만 4장의 "소스 호환성" 절에서 이미 살펴봤듯이 와일드카드 임포트를 이용할 경우 소스 호환성이 깨질 수 있다. 그뿐만 아니라 진화를 허용하기 위해 소스 호환성을 깨뜨리고 바이너리 호환성을 유지하면서 새로운 클래스와 인터페이스를 기존 패키지에 추가하게 될 가능성이 굉장히 높다는 점에 관해서도 살펴봤다.

이것은 클래스나 인터페이스를 추가해도 괜찮다는 의미다. 하지만 자바 클래스를 추가하거나 자바 인터페이스를 추가하는 것에는 아무런 차이점이 없다는 사실을 알아둘 필요가 있다. API에 도입할 경우 클래스와 인터페이스는 동일한 방식으로 동작한다.

기존 계층구조에 인터페이스나 클래스 집어넣기

특정 상황에서는 기존 타입의 계층구조에 새로운 클래스나 인터페이스를 삽입하는 것이 이로울 수도 있다. 예를 들어, 두 가지 방식으로 안부를 전할 수 있는 타입이 있다고 해보자.

```
public abstract String sayHello();
public abstract String sayHelloTo(String who);
```

후속 릴리스에서 이 코드를 작성한 사람은 API를 단순화해서 "인자 없이" 안부를 전하는 요청을 처리할 수 있는 또 다른 타입을 제공하는 것이 적절하겠다고 판단한다.

```
public abstract class SimpleHelloClass {
    public abstract String sayHello();
}
```

그럼에도 기존 타입은 유지보수해야 한다. 이제 새로운 단순한 타입을 확장해 정의부에 안부를 전하는 좀 더 복잡한 방법을 추가해야 한다.

```
public abstract class HelloClass extends SimpleHelloClass {
}
```

이 같은 변경은 소스 및 바이너리 파일에 대해 하위 호환성을 보장하고, 클래스를 대상으로 리팩터링하느냐 인터페이스를 대상으로 리팩터링하느냐와 상관없이 기능도 그대로 유지된다. 유일한 제약 조건은 원본 및 새로운 Hello 타입에서 접근할 수 있었던(즉, 상속되거나 정의된) 메서드 전체가 동일하게 유지되거나 최소한 줄어들지는 않아야 한다는 것이다.

메서드나 필드 추가하기

이제 메서드와 필드에 관해 이야기할 텐데, 먼저 필드부터 시작하겠다. 5장의 "메서드가 필드보다 낫다" 절에서 API에 필드를 추가해서는 안 된다고 주장한 바 있다. 필드는 메서드에 비해 진화 관점에서 훨씬 더 제약이 많다. 이러한 이유로 static final 상수가 아닌 이상 API에 필드를 추가하는 것은 고려조차 해서는 안 되는 것이다. 반면 static final 상수를 추가하는 것은 수용할 만하며 바이너리 호환성을 지원한다.

정적 메서드를 추가하는 것은 바이너리 관점에서는 수용할 만하다. 하지만 정적 메서드는 분명 클래스에서만 나타날 수 있다. 정적 메서드는 중복 정의된 비슷한 메서드의 변종들이 이미 존재하는(심지어 비공개 하위 클래스에도) 경우처럼 소스 비호환성을 야기할 수 있다. 게다가 특정 메서드를 호출할 경우 컴파일러가 어느 변종을 호출해야 할지 알 수 없어서 컴파일 오류가 발생하기도 한다.

서브클래싱이 가능한 클래스에 추상 메서드를 추가하는 것은 호환성을 깨뜨리는 변경사항에 해당한다. 게다가 소스 호환성도 깨지는데, 추상 클래스가 아닌 하위 클래스에서 모든 추상 메서드를 구현하지 않은 경우 컴파일러가 컴파일을 거부하기 때문이다. 놀랍게도 그와 같은 변경은 바이너리 호환성을 깨뜨릴 수도 있고 깨뜨리지 않을 수도 있다. 그 이유는 가상 머신이 클래스와 해당 클래스의 메서드를 인터페이스와 해당 인터페이스의 메서드를 표현하는 방식과는 다른 식으로 디스패치하고 표현하기 때문이다. 그 결과, 가상 머신은 클래스 로딩 시점에 추상 메서드를 모두 구현하지 않은 클래스에 대해 오류를 발생시킨다. 이는 메서드가 호출되기 전까지 인터페이스에 대한 검사를 지연시킨다.

하지만 이것은 클래스에 비해 인터페이스를 사용하는 약간의 이점에 불과한데, 나중에 추가된 메서드에 대한 호출은 런타임 예외를 발생시킬 수 있기 때문이다. 그래서 자바독에 "기존 클라이언트에서 메서드를 구현하지 않았을 수도 있으므로 이 메서드를 호출하는 사람은 반드시 `UnsatisfiedLinkError`를 잡아야 한다"와 같은 내용을 넣어야 한다는 것은 그리 바람직하지 않다. 사실, 그렇게 하는 것은 다소 지저분한 API 개발로 이어지고, 아울러 기능적인 비호환성으로 이어진다.

결과적으로 추상 메서드를 서브클래싱이 가능한 클래스와 인터페이스에 추가하는 것을 최소화하기 위해 노력해야 한다. 아니면 클래스와 인터페이스를 서브클래싱할 수 없게끔 만들어야 한다.

여러분은 위험을 무릅쓰지 않고 비추상 메서드를 추가할 수 있는가? 우선 구현부가 포함된 메서드만 클래스에 추가할 수 있는데, 그럼 인터페이스와는 무관한 내용이 되고 만다. 서브클래싱이 가능한 클래스는 소스 호환성과 관련된 문제를 손쉽게 일으킬 수 있다는 점을 알아두는 것이 중요하다. 예를 들어, JDK 1.4가 막 출시되려고 했을 때 넷빈즈 API에는 `public Exception getCause()`라는 메서드가 정의된 예외가 있었다. 이 메서드는 JDK 1.3에서는 잘 동작했지만 JDK 1.4에서는 `Throwable`에 `public Throwable getCause()`라는 새로운 메서드가 도입됐다. 그 결과 우리는 큰 문제에 봉착했는데, 컴파일러가 우리가 만든 API를 컴파일하기를 거부했기 때문이다! 다행히도 JDK 1.4가 출시되기 몇 시간 전에 그 문제를 포착하고 메서드 이름을 변경할 수 있었다. 하지만 그렇게 하지 못했다면 JDK 1.3을 대상으로 작성한 API를 더는 JDK 1.4를 대상으로 컴파일할 수 없었을 것이다. 하지만 이것은 단순히 소스 호환성 문제였고 바이너리 차원에서는 아무런 문제가 없었다. 왜냐하면 가상 머신에서는 메서드 시그너처의 반환형을 인코딩해서 우리가 만든 메서드와 JDK에서 제공하는 메서드가 서로 다른 메서드로 간주될 테고, 따라서 아무런 문제가 없을 것이기 때문이다.

하지만 기존 클래스에 메서드를 추가할 경우 우연한 간섭(accidental interference)이 가장 큰 문제로 남는다. 넷빈즈의 `getCause()` 메서드의 반환형이 `Throwable`로 정의돼 있었다고 상상해 보자. 그러면 JDK 1.4의 `Throwable`에 추가된 것과 메서드 시그너처가 정확히 일치하게 될 것이다. 놀랍게도 프로그램은 여전히 작동하겠지만 이것은 순전히 우연이다! 넷빈즈의 getCause 메서드는 나중에 상위 클래스에 도입된 메서드의 시그너처와 정확히 일치할 것이다. 따라서 전혀 예상치 못한 순간에 호출될 수도 있다. 물론 이 같은 상황은 시맨틱을 망가뜨릴 수 있으며, 그리하여 의미적으로도 기능적으로도 호환성을 깨뜨린다.

새로운 메서드와 새로운 타입을 추가하라

어떤 기법은 이러한 "간섭"을 없애준다. 새로운 메서드를 추가할 경우 새로운 타입을 추가하고 해당 타입을 메서드 시그너처에서 사용할 수도 있다. 그것이 매개변수 중 하나이거나 메서드의 반환형이라면 메서드의 바이너리 시그너처로 인코딩된다.

이 기법은 바이너리 및 시맨틱 관점에서 수용할 만한 방법인데, 이러한 메서드 시그너처는 이전 버전에서 컴파일 가능한 어떤 것과도 일치할 수 없기 때문이다. 그 이유는 시그너처 내의 타입 중 하나가 그 당시에는 존재하지 않았기 때문이다. 이 기법을 이용할 경우 어떤 하위 클래스의 메서드도 우연히 호출될 가능성이 없기 때문에 우연한 간섭 현상을 전적으로 방지할 수 있다. 따라서 이러한 메서드를 추가하는 것은 바이너리 및 기능적으로 호환성 있는 변경에 해당한다.

우연한 간섭이 발생할 가능성은 특정 클래스를 사용하는 사용자의 수뿐만 아니라 새로 추가된 메서드의 이름에 따라 달라진다. java.awt.Toolkit에 새로운 메서드를 추가하는 것은 안전할 가능성이 높은데, 이 클래스의 구현체는 많지 않기 때문이다. 반면 java.lang.Object에 public boolean isValid()라는 메서드를 추가하는 것은 확실히 누군가의 코드를 망가뜨릴 것이다.

정리하면 서브클래싱이 가능한 클래스나 인터페이스에 메서드를 추가하는 것은 100퍼센트 호환성 있는 변경이 될 수 없다. 어쩌면 바이너리 호환성은 보장될 수도 있겠지만 소스 호환성은 보장되지 않는다. 거의 항상 의미적으로 호환성이 지켜지지 않는다. 신중을 기하자면 서브클래싱이 가능한 API 요소에 절대 메서드를 추가하려고 해서는 안 된다.

자바 인터페이스와 클래스 비교

앞 절에서 다룬 내용을 분석하고 나면 자바 인터페이스를 선호하는 사람과 자바 클래스를 선호하는 사람들 사이의 결코 끝나지 않는 싸움을 해결할 적절한 시점일지도 모르겠다.

자바 인터페이스의 가장 큰 기능은 다중 상속이다. 사실 그것이 가장 중요한 기능이라고 주장하는 이들도 많다. 하지만 넷빈즈 API를 통해 경험한 바에 따르면 API 상에서의 다중 상속은 실제로 필요한 경우가 거의 없었다. 다중 상속이 필요한 유일한 진짜 이유는 성능, 즉 점유 메모리의 양을 최소화하기 위해서다. 다중 상속을 이용하면 단 하나의 객체로 API의 인터페이스를 무제한으로 구현할 수 있다. 클래스의 경우 각 API 클래스마다 하나의 하위 클래스를 생성해야 할 것이며, 이러한 클래스가 다른 클래스와 관련돼 있으면 위임을 통해 인스턴스를 연결해야 한다. 이렇게 하면 점유 메모리의 양이 대폭 늘어날 수 있다. 무제한의 인터페이스를 구현하는 객체의 인스턴스 한 개는 인 텔 프로세서 상의 가장 일반적인 32비트 JVM에서 8바이트 메모리에 들어갈 수 있다. 하지만 API 클래스가 참조를 통해 상호 연결된 서로 다른 인스턴스로 구현되는 경우에는 각 API 클래스를 구현 하기 위해 각 인스턴스마다 최소 16바이트가 필요하다. 구현 객체 전체에는 인터페이스를 사용할 때에 비해 상당히 많은 메모리가 필요할 수도 있다. 하지만 이것은 다수의 객체, 분명 한두 개보다 많은 객체를 생성하는 경우에만 상당한 효과가 있는데, 이를테면, 컴파일러에 사용되는 추상 문법 트리 자료구조가 이것의 혜택을 받을 수 있다. 대부분의 기존 시나리오에 대해서는 성능에 대한 고 려가 인터페이스의 진화 문제보다 중요하게 여겨질 만큼 중요하지 않다.

외유내강

인터페이스 진화 관점에서 보면 기존 인터페이스에 메서드를 추가하는 것이 다소 어렵다는 것이 분명하다. 그렇게 하는 것이 힘들진 않지만 하위 호환성을 지키기 위해 노력하고자 한다면 거의 불 가능에 가깝다. 하지만 그러한 진화상의 약점은 인터페이스의 가장 큰 강점으로 손쉽게 전환할 수 있다.

종종 버전 관리가 가능한 인터페이스를 제공해야 할 때가 있다. 예를 들어, 자바 언어의 기능을 1.3, 1.4, 1.5 버전에서 표현하는 인터페이스가 필요할 수도 있다. 사실, 그러한 기능들은 동결돼 있어 서 변경할 수 없고 버전마다 다르다. 바로 여기서 인터페이스를 사용할 좋은 기회가 생긴다. Lan-guage13, Language14, Language15 인터페이스를 정의하고 누구라도 그것들을 구현할 수 있게 한다. 구현된 인터페이스를 선택함으로써 사용자도 지원되는 기능을 선택할 수 있고, 이러한 선택은 의식 적으로 이뤄진다. 코드를 작성하고 작성한 코드를 컴파일하는 동안 어느 언어 레벨이 지원될지 결정 된다. 인터페이스는 API라는 매개체를 통해 그와 같은 메시지를 전달하는 이상적인 도구다.

하지만 여기에는 숨겨진 문제가 하나 있다. 인터페이스가 급격히 늘어나며 클라이언트 코드가 대단 히 복잡해질 수 있다. 한때 넷빈즈에서는 인스턴스 제공자 인터페이스에서 이러한 문제에 직면한 적 이 있다. 다음과 같은 코드를 상상해 보자.

```java
public interface InstanceProvider {
    public Class<?> instanceClass() throws Exception;
    public Object instanceCreate() throws Exception;
}
```

나중에 가장 자주 사용되는 연산 중 하나가 제공자에서 클래스를 가져와 그것을 다른 클래스에 할당할 수 있는지 검사하는 것과 관련돼 있다는 사실을 알게 됐다. 넷빈즈에서는 이러한 질의를 너무나도 자주 수행하기 때문에 그것을 성능상의 병목지점으로 간주했고, 실제 인스턴스 파일을 메모리로 불러오는 연산을 방지할 방법이 필요했다. 그 결과 다음과 같은 코드를 작성했다.

```java
public interface BetterInstanceProvider extends InstanceProvider {
    public boolean isInstanceOf(Class<?> c);
}
```

이제 이 코드를 사용하는 모든 클라이언트뿐 아니라 서드파티에서 작성한 모든 모듈에서는 instanceof를 수행함으로써 참조하는 제공자가 "더 나은지" 검사하게 되고, 만약 그렇다면 제공자를 형변환한 다음 해당 제공자의 isInstanceOf 메서드를 호출한다.

이렇게 하면 새로운 문제가 생긴다. 우선 InstanceProvider를 사용하는 모든 클라이언트 코드는 재작성될 것이다. 이렇게 하기는 불가능한데, 코드가 전 세계에 퍼져 있고 그것을 완전히 통제할 수 있는 사람은 아무도 없기 때문에 여전히 클라이언트에서는 기존 접근법을 사용할 가능성이 높고, 따라서 성능은 개선되지 않을 것이다. 게다가 클라이언트 코드는 점점 복잡해진다. 모든 클라이언트에서는 instanceof 검사를 수행해 두 가지 방안을 모두 처리해야 한다. instanceof의 결과가 true이면 새로운 메서드를 사용해야 한다. 검사가 실패하면 myClass.isAssignableFrom(provider.instanceClass())를 실행하는 기존 동작 방식으로 되돌아가야 한다. 아울러 코드 전체에 그와 같은 "if" 문을 퍼뜨리는 것은 결코 바람직하지 않다.

```java
if (instance instanceof BetterInstanceProvider) {
    BetterInstanceProvider bip = (BetterInstanceProvider) instance;
    return bip.isInstanceOf(String.class);
} else {
    return String.class.isAssignableFrom(instance.instanceClass());
}
```

이러한 이유로 나는 변경되지 않을 인터페이스를 명시하는 데 자바 인터페이스를 사용하는 것을 선호한다. 하지만 API의 클라이언트 코드 곳곳에 instanceof 구문을 널리 퍼뜨리고 이용 가능한 여러 인터페이스 중에서 올바른 인터페이스를 선택하게끔 강제하지 않도록 주의해야 한다. 조만간 보여주겠지만 더 나은 방법들이 있다.

메서드를 추가하길 좋아하는 사람들의 천국

자바의 인터페이스가 메서드 추가에 대해서는 전적으로 불변적이지만 이와 정반대되는 경우가 있다. 이 시나리오에서는 메서드를 추가하는 것뿐만 아니라 메서드가 완전히 바이너리 호환성을 보장하도록 만들 수도 있다. 자바에서는 이를 final 클래스의 형태로 표현할 수 있다.

클래스를 final로 만들면 다른 사람이 해당 클래스를 서브클래싱하는 것을 막을 수 있다. 그 결과, 인터페이스나 추상 클래스에 메서드가 추가됐을 때 일반적으로 해결해야 할 문제에 관해 걱정하지 않아도 된다. 호환성을 위협하는 유일한 요인은 해당 클래스의 메서드가 호출되는 경우에 발생한다. 하지만 클래스 파일 포맷에서 메서드의 이름과 매개변수, 반환형을 기준으로 호출된 메서드를 완전히 구분하기 때문에 바이너리 차원에서는 호환성 문제가 발생할 수 없다. 하지만 보통 소스 차원에서는 호환성과 관련된 복잡한 문제가 있을 수 있다. void add(Integer i)라는 메서드가 있고 누군가가 다음 버전에 void add(Long l)를 추가하기로 했다고 상상해 보자. 일부 기존 소스는 더 이상 컴파일할 수 없을지도 모른다. 예를 들어, theObject.add(null)과 같은 코드에서는 컴파일 오류를 일으킬 텐데, 어느 메서드를 호출해야 할지 모호하기 때문이다. 하지만 이름과 인자의 수가 같은 메서드를 추가하지 않음으로써 이 같은 문제를 손쉽게 예방할 수 있다.

따라서 클래스나 인터페이스에 새로운 메서드를 추가해야 할 경우 final 클래스를 선택하라. final 클래스를 이용하면 인터페이스 절에서 설명한 복잡한 클라이언트 코드라는 문제에 마주치지 않을 것이다. InstanceProvider가 final 클래스라고 해보자.

```java
import java.util.concurrent.Callable;

public final class InstanceProvider {
    private final Callable<Object> instance;

    public InstanceProvider(Callable<Object> instance) {
```

```
        this.instance = instance;
    }

    public Class<?> instanceClass() throws Exception {
        return instance.call().getClass();
    }

    public Object instanceCreate() throws Exception {
        return instance.call();
    }
}
```

그러고 나면 이 클래스에 새로운 메서드를 추가하고 기본 구현체를 제공하는 것이 쉽고 안전하기 때문에 해당 클래스는 다음과 같이 된다.

```
import java.util.Arrays;
import java.util.HashSet;
import java.util.Set;
import java.util.concurrent.Callable;

public final class InstanceProvider {
    private final Callable<Object> instance;
    private final Set<String> types;

    public InstanceProvider(Callable<Object> instance) {
        this.instance = instance;
        this.types = null;
    }

    /**
     * 객체 생성을 위한 팩터리뿐 아니라 객체에 관한 추가 정보를 지정한다.
     * @param instance 객체를 생성할 팩터리
     * @param type 생성된 객체 인스턴스에 해당하는 클래스
     * @since 2.0
     */
    public InstanceProvider(Callable<Object> instance, String... types) {
        this.instance = instance;
```

```java
        this.types = new HashSet<String>();
        this.types.addAll(Arrays.asList(types));
    }

    public Class<?> instanceClass() throws Exception {
        return instance.call().getClass();
    }

    public Object instanceCreate() throws Exception {
        return instance.call();
    }

    /**
     * InstanceProvider가 지정한 타입의 객체를 생성할 수 있는지
     * 확인할 수 있게 해준다. 이 검사는 실제 객체나 해당 객체의
     * 구현 클래스를 메모리로 불러오지 않고도 이뤄질 수 있다.
     * @param c 검사할 클래스
     * @return 이 제공자에 의해 인스턴스가 만들어질 경우 c의 인스턴스
     * @since 2.0
     */
    public boolean isInstanceOf(Class<?> c) throws Exception {
        if (types != null) {
            return types.contains(c.getName());
        } else {
            // 실패 처리
            return c.isAssignableFrom(instanceClass());
        }
    }
}
```

인터페이스 예제와 다른 점은 2.0 버전 API의 클라이언트는 실제 인스턴스가 isInstanceOf에 대한
호출을 더 나은 방식으로 처리하는지 또는 그것이 기존 구현에 대한 실패 처리인지 신경 쓸 필요가
없다는 것이다. isInstanceOf 안의 조건 분기는 클라이언트를 대신해 그와 같은 판단을 처리해준다.
조건 분기는 앞의 인터페이스 예제와 비슷해 보일 수도 있지만 주된 차이점은 모든 조건 분기 로직
이 클라이언트로부터 감춰져 있고 한 곳에 집중돼 있어서 손쉽게 유지보수할 수 있다는 것이다.

추상 클래스는 유용한가?

지금까지는 불변적인 계약을 정의하고 싶을 때 자바 인터페이스를 사용해야 하고 메서드를 추가할 능력을 갖추고 싶을 때 자바 final 클래스를 사용해야 한다고 주장했다. 그럼 "추상 클래스를 사용해야 할 이유가 실제로 있는가?"라고 물어보는 것이 타당하다.

한마디로 답하자면 "아니오"다. API 내의 추상 클래스는 수상쩍고 종종 적절한 API 설계에 더 많은 시간을 비자발적으로 투자해야 한다는 것을 가리킨다. 좀 더 길게 답하자면 "글쎄, 어찌됐건 API에 추상 클래스를 사용할 이유가 있을 수도 있다"는 것이다.

우선 간혹 바이너리 호환성이 완전히 보장되는 API가 필요하지 않을 때가 있다. 이따금 클래스 구현의 수가 너무나도 제한적이어서 안전한 서브클래싱에 최적화하는 것이 적절하지 않을 때도 있다. 한 예로 java.awt.Toolkit을 들 수 있다. 이 클래스의 구현체로는 서너 개가 있으며, 수백 만의 클라이언트가 해당 클래스의 메서드를 호출한다. API 소유자는 하위 클래스에 대한 호환성을 포기할 가능성이 높고 심지어 해당 클래스에 새로운 추상 메서드를 추가할 가능성도 있다. 99.99퍼센트의 클라이언트에게는 이렇게 하는 것이 수용할 만한 일이며, 따라서 수용할 만한 접근법일 것이다. 유일한 문제는 넷빈즈가 해당 클래스를 구현하는 0.01퍼센트의 사용자에 속했다는 점이다! 우리는 이 클래스에 새로운 메서드를 추가한 모든 새로운 JDK 버전에 대해 문제를 경험했다. 하지만 다시 한번 말하지만 이것은 전적으로 태도에 관한 문제다. 99.99퍼센트의 호환성을 보장하는 것으로도 충분하다면 이 같은 식으로 추상 클래스를 사용하는 것은 그와 같은 상황에서 수용할 만한 일일 수도 있다.

자바 인터페이스와 비교했을 때 자바 추상 클래스의 또 한 가지 이점은 정적 메서드를 포함할 수 있다는 점이다. 모든 메서드가 추상 메서드인 깔끔한 인터페이스를 지정하고 싶더라도 인터페이스 클래스에 대한 자바독을 읽을 때 손쉽게 발견할 수 있는 정적 팩터리 메서드의 필요성이 있다면 추상 클래스를 사용하는 편이 적절할지도 모른다. 게다가 인터페이스와 그것을 생성하는 별도의 팩터리 클래스를 만들 수도 있지만 이것은 결국 취향의 문제다.

자바 인터페이스에 비해 자바 클래스의 세 번째 유용한 특징은 *접근 권한을 제한할* 수 있다는 점이다. public 자바 인터페이스에 포함된 모든 메서드는 공개되어 누구나 해당 메서드를 구현하거나 호출할 수 있다. 이때가 바로 추상 클래스를 사용하는 것이 적절한 시점일지도 모른다. 예를 들어, 모든 메서드를 protected abstract로 만들고 이런 식으로 다른 사람들이 구현할 수 있는 있지만 코드 바깥에서는 아무도 호출할 수 없는 인터페이스를 선언할 수도 있다. 특정 상황에서는 이렇게 하는 것이 유용할 수도 있다. 하지만 이 경우 위임을 할 수 없다는 사실을 명심해야 한다. 즉, 기존 인스턴스에 로깅과 같은 추가 기능을 더하는 데코레이터(decorator)를 생성할 수 없다. 간혹 이것은 상당히 심각한 제약일 수도 있다.

추상 클래스와 관련된 또 한 가지 가능성은 추상 클래스를 구현할 수 있는 사람을 한정할 수 있다는 것이다. 모든 메서드를 public abstract로 만들고 package private 생성자를 제공하거나 런타임 시에 특정 하위 클래스로 생성을 한정하는 것이다.

```
public abstract class InterfaceThatJustJoeCanImplement {
    protected InterfaceThatJustJoeCanImplement() {
        if (!"impl.joe.JoesImpl".equals(getClass().getName())) {
            throw new IllegalStateException(
                    "Sorry, you are not allowed to implement this class");
        }
    }

    public abstract void everyoneCallThisJoeWillHandleTheRequest();
}
```

런타임 검사가 깔끔하진 않지만 특정 구현자로 한정하는 역할은 충실히 이행한다. 인터페이스로는 이렇게 할 수 없을 것이다.

매개변수 증가를 위한 대비

API를 변경할 때 해결해야 할 가장 빈번한 질문 중 하나는 추가적인 매개변수를 이용해 기존 메서드를 어떻게 강화할 것이냐다. 이것은 자주 접할 수 있는 시나리오로서, 특히 API에 대한 요구사항이 끊임없이 바뀌는 경우에는 더욱 그렇다. 예를 들어, UI 목록의 내용을 계산하기 위해 프레임워크에서 호출하는 메서드가 있다고 해보자. 나중에 해당 내용뿐 아니라 계산되는 데이터를 설명하거나 분류하기 위한 추가 텍스트도 필요하다는 사실을 알게 됐다

이 같은 상황이 발생하면 다음과 같이 이전 메서드를 호출하는 새로운 메서드를 추가할 수 있다.

```
public abstract class Compute {
    /**
```

```
 * @return 이용할 문자열 목록
 * @since 1.0
 */
public abstract List<String> getData();

/**
 * 관련 설명과 함께 이용할 문자열을 계산한다. 하위 클래스에서 재정의해야 한다.
 * 기본적으로 {@link #getData}로 위임하고 제공된 문자열을 문자열과 그것의
 * 설명으로 사용한다.
 *
 * @return 이용할 설명 쌍의 이름
 * @since 2.0
 */
public Map<String, String> getDataAndDescription() {
    LinkedHashMap<String, String> ret = new LinkedHashMap<String, String>();
    for (String s : getData()) {
        ret.put(s, s);
    }
    return ret;
}
}
```

이 같은 상황도 일어날 수 있지만 이는 해당 메서드가 클래스 안에 있는 경우에만 가능하다. 이를 토대로 클라이언트에게 구현할 클래스를 부여하는 것은 클라이언트에게 인터페이스를 주는 해법만큼 깔끔하진 않다. 게다가 자주 서브클래싱되는 클래스에 메서드를 추가하는 것은 약간 위험하다. 이러한 이유로 Compute 클래스에 자바 인터페이스를 사용하는 방법이 선호되는 것이다. 하지만 그렇게 하면 새로운 메서드를 추가할 필요성을 단념할 수 있다. 확장된 인터페이스를 만드는 것도 가능하지만 진화와 관련해서는 응답/답장(response/reply) 패턴을 통해 상황을 개선할 수 있다.

```
public interface Compute {
    public void computeData(Request request, Response response);

    public final class Request {
        // 접근자만 public이고 나머지는 프렌드 코드에게만 숨겨진다
        Request() {
        }
```

```
    }

public final class Response {
    // 설정자만 public이고 나머지는 프렌드 코드에서만 사용할 수 있다
    private final Map<String, String> result;

    /** 프렌드 코드에게만 접근을 허용한다 */
    Response(Map<String, String> result) {
        this.result = result;
    }

    public void add(String s) {
        result.put(s, s);
    }

    public void addAll(List<String> all) {
        for (String s : all) {
            add(s);
        }
    }

    /** @since 2.0 */
    public void add(String s, String description) {
        result.put(s, description);
    }
}
    }
```

코드를 이런 식으로 구성하면 Compute.Request 클래스에 새로운 접근자를 추가하는 식으로 메서드 매개변수를 손쉽게 확장할 수 있다. 이때 Compute.Request는 불변적이고 final이라서 해당 클래스의 메서드는 호출만 가능하다. 이것은 아무런 위험을 무릅쓰지 않고도 거기에 메서드를 더 추가할 수 있다는 의미다.

한편으로 해당 메서드에서 반환해야 할 것이 더 많다면 Response 클래스에 새로운 설정자 메서드를 추가할 수 있다. add(String) 메서드나 setMessage(String) 메서드 등이 있을 수 있다. 다시 한번 이야기하지만 클래스가 final이기 때문에 새로운 메서드로 클래스를 확장하는 방식을 수용할 수 있다.

이 패턴은 자바 메서드에서 다수의 반환형을 지원하는 것이 미흡한 문제를 해결해 준다는 점도 알아두자. Compute.Response 메서드 내의 각 설정자 메서드는 사실 하나의 반환형이다.

이 패턴을 사용할 경우 요청과 응답 클래스를 final로 만드는 것이 중요하다. 그러한 클래스를 인터페이스로 만든다면 시스템은 안전하게 진화할 수 없을 것이다. 다른 사람들이 그러한 인터페이스를 한 버전에서 구현할 수도 있는데, 거기에 새로운 메서드를 추가하면 코드가 망가질 것이다. 서블릿 API에서 바로 이 같은 일이 일어났다. 서블릿 API 또한 요청과 응답 형식을 기반으로 한다. 하지만 자바 인터페이스는 이러한 두 타입을 모두 표현한다. 이것은 1.1 버전의 API를 구현한 서버에서는 해당 API를 단순히 다음 버전으로 대체할 수 없음을 의미하는데, 그 이유는 코드가 컴파일되지 않을 것이기 때문이다. 이 같은 코딩 기법이 필요한 일이 생긴다면 매개변수가 안전하게 진화할 수 있어야 한다는 점을 기억하자. 즉, 매개변수를 final 클래스로 만들어야 한다. 아울러 응답에서 뭔가를 읽어 들이거나 요청 객체에 뭔가를 써서는 안 된다는 점을 사람들에게 분명하게 알리기 위해 프렌드 접근자 패턴을 이용하는 것을 고려해 봐야 한다.

인터페이스 대 클래스

정리하면, 늘 구현이 아닌 인터페이스를 대상으로 코드를 작성하라. 한 가지 기억할 점은 여기서는 자바 인터페이스를 의미하는 것이 아니라 추상적인 정의를 의미한다는 것이다. 자바로 코드를 작성할 때는 자바 인터페이스를 사용해 불변적인 타입을 명시하고 메서드를 안전하게 추가할 수 있는 곳에서는 final 클래스를 타입으로 사용한다. 좀 더 복잡한 구조를 설계할 때는 확장성을 고민하고 요청과 응답 예제에서처럼 적절한 형식을 선택한다. 때때로 추상 클래스를 사용하는 것으로 충분할 때가 있다. 하지만 목표가 완전한 바이너리 호환성을 보장하는 것이라면 다른 누군가가 구현할 수 있는 클래스나 인터페이스에 절대 메서드를 추가해서는 안 된다는 것을 기억한다.

CHAPTER 7

모듈화 아키텍처를
사용하라

운영체제 및 운영체제를 기반으로 한 배포판이 모듈화된 방식으로 코드가 작성돼 있다는 사실에 놀랄 사람은 거의 없을 것이다. 최종 제품은 독립적으로 개발된 컴포넌트를 조립해서 만들어지는데, 이런 방식은 적당히 신뢰할 수 있는 방식으로 여러 시간대에 걸친 분산 협업과 작업흐름을 가능하게한다.

하지만 개별 애플리케이션에도 이와 비슷한 변화가 일어나고 있다. 개별 애플리케이션의 복잡성이 늘어남에 따라 독립적으로 개발된 부분들을 조립하는 방향으로 나아가고 있다. 이 같은 결론에 이르는 한 가지 방법은 애플리케이션을 *모듈화된 방식*으로 작성하는 것이다.

애플리케이션의 규모가 커지고 기능이 늘어남에 따라 애플리케이션을 개별 부분이나 컴포넌트, 모듈, 플러그인으로 분리할 필요가 점차 늘어난다. 이렇게 분리된 각 부분들은 모듈화 아키텍처의 한 요소가 된다. 각 부분은 독립적이어야 하고 다른 부분에서 사용할 수 있도록 잘 정의된 인터페이스를 제공해야 한다. 넷빈즈에서는 이러한 부분들을 *모듈*이라고 부르며, 이번 장에서 모듈화 아키텍처를 이야기하고 있으니 여기서도 모듈이라고 하겠다.

애플리케이션을 모듈로 나누는 것은 애플리케이션의 설계를 대폭 향상시킨다. 코드에서 한 덩어리로 된 부분, 즉 각 문장이 다른 각 문장에 접근할 수 있는 부분은 훨씬 더 상호 연결돼 있고 모듈을 사용하는 코드에 비해 가독성이 떨어진다는 점을 이해하기가 어렵지 않으며, 특히 아키텍처가 각 개별 모듈 내에서 그와 같이 제멋대로 호출되는 것을 허용하는 경우에는 더욱 그렇다.

모듈화된 애플리케이션을 객체 지향 애플리케이션과 비교하는 것은 스파게티 코드를 60년대의 구조적 프로그래밍과 비교하는 것과 비슷하다. 스파게티 코드라는 개념은 다루기 힘든 포트란이나 베이직 프로그램에 적용되곤 했는데, 이런 프로그램에서는 코드 어디서든 GOTO를 써서 프로그램 내의 다른 부분으로 이동할 수 있었다. 이것은 굉장히 혼란스러운 방식으로 이뤄지는 경향이 있었고, 경우에 따라 프로그램 제작자만이 이를 이해할 수 있었다. 구조적 프로그래밍은 for 문이나 while 문, if 문, 프로시저, 프로시저 호출과 같은 코드 블록을 도입하는 식으로 혼돈을 줄이려고 노력했다. 사실 이렇게 해서 상황은 나아졌는데, 애플리케이션의 가독성과 유지보수의 용이성이 개선됐기 때문이다. 예외적인 경우를 제외하면 적어도 메서드를 호출하면 한 번은 되돌아와야 한다는 사실을 확신할 수 있었다.

일반 객체 지향 형식의 프로그래밍은 어떤 점에서는 구조적 프로그래밍 자체가 자리 잡기 전의 상황과 비슷하다. 즉, 애플리케이션은 클래스로 가득 차고 사실상 어떤 메서드라도 다른 메서드를 호출할 수 있다. 메서드에 public, private, protected 접근 제한자가 지정돼 있더라도 대부분의 입도

(granularity)는 클래스 수준에서 이뤄진다. 하지만 클래스 수준으로는 애플리케이션의 기초적인 기반 요소의 역할을 하기에는 너무나도 작은 개체에 불과하다. 게다가 진화의 단위를 만들어내기에도 확실히 너무 작다.

넷빈즈에서 모듈화된 애플리케이션은 모듈로 구성되는데, 여기서 한 모듈은 클래스의 모음에 해당한다. 이러한 클래스 중 일부는 공개되어 다른 모듈에 노출된 API의 역할을 하기도 하며, 어떤 모듈은 비공개여서 외부에서 접근할 수 없게 돼 있기도 하다. 게다가 모듈에는 다른 모듈에 대한 의존성이 있는데, 이를 통해 고수준에서 실행에 필요한 기능적 환경을 명확히 서술한다. 물론 모듈 내에서도 여전히 최악의 코딩 관례를 적용할 수도 있다. 그럼에도 애플리케이션을 구성하는 모든 모듈 간의 의존성을 검사하는 식으로 애플리케이션의 아키텍처를 관찰할 수 있다. 한 모듈이 다른 모듈에 대한 의존성을 가지고 있지 않으면 해당 모듈의 클래스는 다른 모듈에 들어 있는 클래스에 직접적으로 접근할 수 없다. 이는 아키텍처를 대폭 정리하는 역할을 하는데, 코드에서 서로 관련이 없는 부분 간에 우연히 GOTO가 일어나는 것을 예방하기 때문이다.

어떤 개발자는 자신이 작성하는 애플리케이션이 너무나 작아서 모듈화 아키텍처의 혜택을 받을 수 없다고 주장하기도 한다. 글쎄, 지금 당장은 너무 작을지 몰라도 단순히 학생 프로젝트가 아니라면 거의 확실히 진화할 것이다. 애플리케이션이 진화함에 따라 규모도 늘어날 가능성이 높다. 지저분하고 상호 연결된 애플리케이션에서 더 나은 모듈화된 설계를 사용하도록 재작성하는 일은 대다수가 시도조차 꺼리는 복잡한 작업일 때가 많다. 오히려 사람들은 유지보수하기가 더 힘들지만 동작하는 것으로 알려진 기존의 모놀리식 코드를 가지고 살아가는 것을 선호한다. 일례로 JDK를 살펴보자! java.lang 패키지에 들어 있는 클래스는 java.io 패키지의 인터페이스를 구현하며, 때로는 java.util 패키지의 인터페이스를 구현하기도 한다. 게다가 모든 것들이 sun.* 패키지와 이어져 있다. 누군가가 JDK를 서로 악순환으로 상호 연결되지 않은 모듈화된 부분들로 나누는 것은 거의 불가능에 가깝다. 이것은 JDK가 "스파게티 객체 지향 방식"으로 작성돼온 것의 자연스러운 결과다.

넷빈즈에서의 스파게티 설계

이와 비슷한 스파게티 관련 문제가 넷빈즈에서도 일어났다. 애플리케이션이 항상 모듈화 방식으로 설계됐음에도 OpenAPIs라고 하는 거대한 모듈이 하나 있었는데, 여기엔 다른 모듈 간의 통신을 위한 모든 API가 담겨 있었다. 오늘날의 관점에서 보면 이것은 터무니없는 일이었다. 하지만 그 당시, 즉 1997년에서 2000년까지는 넷빈즈만큼 모듈화된 자바 프로젝트가 없었다. 그와 같이 거대한 모놀리식 API를 유지보수하는 관점에서 확장성 문제가 있으리라는 것을 깨닫기까지는 다소 시간이 걸렸다. 2000년쯤에는 각 모듈이 자체적인 API를 노출할 수 있어야 한다는 것이 분명해졌다. 그때 이후로 만들어진 모듈은 정확히 그렇게 한다. 하지만 커다란 모놀리식 OpenAPIs의 일부는 그대로 남아 있었다.

상황은 점차 나빠졌다. 릴리스할 때마다 고쳐야 할 것들이 생겼다. 개발자들은 OpenAPIs의 논리적 부분들을 분리하는 대신 그것들 간에 내부 의존성을 추가하기 시작했다. 상황은 `java.awt`를 참조하는 `java.lang`에 비견할 수준이 됐다. 때로는 내부 의존성 추가가 메서드 본문 내의 구현 세부사항으로 이뤄졌고, 때로는 API에 노출되기까지 했다! 2003년에 이르러서는 한계에 다다랐다. 우리는 첫 번째 중요한 절차를 밟았다. 불필요한 상호 참조를 정리하고 OpenAPIs 구성을 논리적인 부분들로 나눴다. 하지만 결과적으로 만들어지는 바이너리는 여전히 거의 하나의 커다란 모듈이었다. 그렇지만 적어도 코드가 논리적인 부분들 간의 불필요한 의존성으로 인해 더 망가지는 것은 방지할 수 있었다. 하지만 전체 모놀리식 모듈이 완전히 사라지기까지는 2년이 더 걸렸다.

4장의 "점진적 향상" 절에서는 *소프트웨어 엔트로피*라는 개념을 소개했다. 아키텍처의 악화, 즉 코드의 각 부분이 관련이 없는 서로 다른 부분과 상호작용하기 시작하는 것은 불가피한 일이다. 명시적으로 막지 않는 이상 이런 일은 일어나기 마련이다. 여기서 모듈화 프로그래밍은 그와 같은 엔트로피를 예방하는 데 도움이 된다. 하지만 모듈화 프로그래밍은 각 코드를 아름답게 만들지는 않는다. 물론 모듈 내에서 끔찍한 코딩 스타일을 계속해서 사용할 수 있다. 하지만 모듈화 접근법은 아키텍처를 고수준에서, 더 큰 컴포넌트 수준에서 만들어지게 할 수 있는데, 이 경우 제대로 된 결과물을 제공할 가능성도 높다. 다시 한 번 이야기하지만 이것은 성공에 필수적인 시스템의 핵심 부분들을 식별하고 활용하는 *선택적 무지*라는 비전을 따른다.

처음부터 모듈성을 염두에 두고 프로젝트를 시작하는 것이 중요하다. 모듈성은 더 명료한 설계, 더 나은 의존성 제어, 그리고 유지보수할 때 훨씬 큰 유연함을 제공한다. 프로젝트의 규모와 상관없이 모듈화 방식으로 설계하는 것은 시작부터 굉장히 요긴하다.

모듈화 설계의 유형

모든 모듈이 API를 노출할 필요는 없다. 예를 들어, 단순히 사용자 인터페이스에 기여하는 모듈도 있을 수 있다. 이것은 가장 단순한 형태의 모듈이다. 즉 *완전히 폐쇄된* 모듈로서 public 클래스가 없고 오로지 사용자 인터페이스만 가진 형태다. 이러한 모듈에 의존하는 모듈은 사용자 인터페이스의 어딘가에서 특정 기능을 이용할 수 있기 위해 해당 모듈에 의존하는 것이다. 넷빈즈의 즐겨찾기 (Favorite) 모듈이 바로 이러한 경우에 해당하는데, 즐겨찾기 모듈에서는 로컬 파일을 열람하는 "탐색기" 창을 제공한다. 애플리케이션에서 그러한 기능을 필요로 한다면 즐겨찾기 모듈에 의존할 수 있고, 사용자가 즐겨찾기 창을 사용할 수 있게 만들려면 이것만 있으면 된다. 하지만 그러한 모듈과 직접적인 API 상호작용이 일어날 가능성은 없다.

또 한 가지 간단한 경우는 *단순 라이브러리*다. 단순 라이브러리는 이해하기 쉽고 오픈소스 프로젝트 및 재사용 가능한 라이브러리(이를테면 아파치 커먼즈 컬렉션 같은)를 제작하는 개발자가 사용하는 보편적인 모듈 형식이다. 이것은 단순히 공개 클래스나 인터페이스 등과 같은 것들이 포함된 JAR 에 불과하다. 다른 이들은 이러한 모듈에 의존하거나 이 모듈의 클래스를 호출하거나, 클래스를 재정의하거나 서브클래싱해서 메서드를 재정의할 수 있다. 하지만 다수의 "제작사"를 지원하려는 경우는 없는데, 이것은 최적화 같은 개선사항이 생길 경우 그러한 개선사항을 소스포지(SourceForge) 또는 모듈이 저장돼 있는 주요 소스 저장소에도 반영해야 모든 클라이언트가 자동으로 그러한 혜택을 입는다고 가정하기 때문이다.

때로는 "제작사"가 여럿인 경우도 의미가 없을 텐데, 라이브러리가 애플리케이션의 사용자 인터페이스에서 제공하는 기능(워드프로세서의 스크립팅 API 같은)에 대해 접근 통제를 제공하기 때문이다. 다시 한번 이야기하지만 모듈은 다수의 비공개 클래스와 함께 공개 클래스를 포함하겠지만 일반적인 수준에서는 물리적인 패키징 및 사용법이 단순 라이브러리의 경우와 비슷하다.

다음 단계는 다수의 "제작사"를 지원하는 것이다. 어떤 명세에서는 API의 공개 문서를 설명, 명세, 코드 예제가 담긴 PDF 파일의 형태로 릴리스하는 방식을 선호하기도 한다. 그러고 나면 API 클래스를 작성하고 그것들이 명세를 준수하도록 보장하는 것이 개별 API 제공자의 몫이 된다. 가장 중요한 것은 API 제공자가 명세를 준수하는 구현체도 제공한다는 것이다. 간혹 실제 명세 JAR나 완전한 시스템이 "참조 구현체"로 릴리스될 때도 있다. 그러고 나면 다른 "제작사"에서는 인터페이스의 사본을 만들어 그러한 인터페이스의 내부 구조와 다양한 백엔드를 연동하고, 인터페이스와 구현 클래스가 모두 포함된 자체적인 독립형 JAR나 프레임워크를 배포할 수 있다. 클라이언트 코드는 컴파일되어 다른 제작사의 사본 중 하나를 대상으로 실행된다. 그럼 아마 한 제작사의 사본, 즉 참조 구현체를 대상으로 컴파일된 클라이언트 코드는 다른 제작사의 사본을 대상으로도 실행될 수 있을 텐데, 그 이유는 인터페이스의 이름과 시그너처가 일치할 것이기 때문이다. 이것이 사실이라는 것을 믿어야 하겠지만 말이다.

이 모든 것이 가능하긴 하나 그리 모듈화된 것은 아니다. 여기서 가장 큰 문제는 동일한 API에 대한 다수의 구현체가 동시에 사용될 수 없다는 점이다. 제작사 JAR의 API 부분이 겹칠 것이므로 가상 머신에는 한 번만 로드되거나 서로 다른 클래스로더에 의해 여러 번 로드될 수 있다. 이 중 어떤 것도 실제로 작동하는 것은 없다. 클래스가 한 제작사의 JAR로만 로드되고 나머지는 다른 버전이라면 두 구현체는 링크되지 않을 수도 있고 메서드를 찾지 못한다는 오류가 런타임에 발생할 수 있다. 반면 클래스가 두 번 로드되면 모든 클라이언트 코드에서는 어느 제작사의 모듈을 사용할지 사전에 결정해야 한다. 리플렉션을 사용하지 않고는 두 가지를 모두 사용할 수 없다. 이 같은 상황에서 유일한 희망은 두 구현체를 모두 로드하고 두 구현체 간에 공유될 단 하나의 최신 API를 로드하는 것이다. 이 방법은 효과가 있으며, 사실 일부 모듈화 시스템에서도 이 방법을 사용 중이다. 반면 이 접근법은 저절로 생기는 것이 아니다. API가 링크되고 두 구현체가 함께 동작할 수 있게 만들려면 API를 신중하게 설계하고 진화시켜야 한다. 이 같은 관점에서 보면 API가 특별(특정 구현체의 일부가 아닌)하다는 것을 인정하고 API를 자체적인 모듈로 분리하는 것이 좀 더 정직한 태도다.

다수의 "제작사" 문제를 실제 *모듈화 라이브러리*를 통해 해결할 수 있는 것은 바로 이러한 이유에서다. 이 경우 명세와 구현체를 서로 다른 모듈에 집어넣고 모듈 경계를 통해 그것들을 강제로 분리한다. 한 모듈에는 명세가 담긴다. 즉, 문서에 언급된 것처럼 인터페이스, 추상 클래스 등이 담긴다. 별도의 모듈이 하나 이상 있을 수도 있는데, 그것은 아마도 해당 명세를 구현하는 다른 제작사의 것일 것이다. 대개 명세 패키지에는 클라이언트가 구현체를 획득할 수 있게 해주는 자그마한 "진입점" 역할을 하는 생성자나 정적 팩터리 메서드가 최소한 하나는 있다.

JDK에는 구현체를 획득하고 등록하는 다양한 방법을 많이 찾아볼 수 있는데, 초기 JDK에는 그렇게 하는 뚜렷한 접근법이 없었기 때문이다. 예를 들어, SecurityManager에는 setSecurityManager 설정자 메서드가 있는데, 이 메서드는 예외를 던질 필요 없이 딱 한 번만 호출할 수 있다. URLStreamHandlerFactory도 비슷한데, 이 클래스에는 하나의 팩터리 클래스를 등록하는 설정자 메서드가 하나 포함돼 있다. 단 하나의 구현체만을 등록하게끔 허용하는 것은 특정 상황에서는 괜찮지만 이렇게 하는 것이 적절하지 않은 경우도 있다. 실제로 SecurityManager와 URLHandlerFactory

는 모두 다중 등록의 혜택을 누릴 수 있다. 넷빈즈도 그것의 한 예다. 넷빈즈 코드에서는 다수의 `SecurityManager`를 필요로 하는데, 보안 관심사는 다수의 모듈로 나뉠 수 있기 때문이다. 마찬가지로 다수의 `URLStreamHandlerFactory`가 필요한 이유도 많은 모듈에서 자체적인 URL 체계를 제공하려고 하기 때문이다.

이러한 이유로 다수의 팩터리 클래스를 등록하는 것을 허용하는 것이 낫다. 예를 들어, `JEditorPane.registerEditorKitForContentType`에서는 각 MIME 형식을 등록하도록 허용하는데, 다수의 모듈에서 자체적인 편집 도구를 등록하려고 할 것이기 때문이다.

한편 프로퍼티 기반 해법을 사용하는 경우도 있다. 예를 들어, `Toolkit`에서는 `java.awt.Toolkit` 프로퍼티의 값을 검사한다. 이 프로퍼티 값에는 기본 생성자가 포함된 `java.awt.Toolkit`의 하위 클래스의 이름이 담겨 있다. 그리고 나면 해당 생성자가 호출되어 `Toolkit`의 인스턴스를 획득하게 된다. 이 방법이 상당히 괜찮은 이유는 API가 (대다수의 사용자에게) 쓸모없는 설정자 메서드와 등록 메서드로 오염되지 않기 때문이다. 하지만 이 방법을 이용하려면 JVM의 런타임을 올바르게 구성해야 한다. 즉, 프로그램이 시작하는 시점이나 프로그램 실행 초기에 프로퍼티를 초기화해야 한다.

이러한 이유로 대부분의 현대적인(JDK 1.3부터) 방식의 등록 메커니즘에는 클래스패스 기반 해법이 따라온다. 구현체가 담긴 JAR 파일을 클래스패스에 두기만 하면 API에서 해당 구현체를 즉시 발견할 수 있다. JAXP(Java API for XML Processing)는 이러한 접근법의 한 예다. 해당 API는 대부분 공개 패키지에 담긴 인터페이스로 구성돼 있다. 더불어 `DocumentBuilderFactory` 같은 팩터리도 몇 가지 있다. 팩터리는 문서에 명시된 검색 절차에 따라 구현체를 찾는다. 즉, `META-INF/services/pkg.name.ClassName` 항목을 살펴본다.

클라이언트에서는 인터페이스 모듈을 대상으로 컴파일하고, 팩터리가 동작하려면 적어도 하나의 구현 모듈이 반드시 런타임에 이용 가능해야 한다는 요청을 표현할 수 있다. 아니면 API 모듈 자체가 그와 같은 요청을 발생시킬 수도 있다. 게다가 여러 버전의 "제작사" 구현체가 있을 수 있는데, 각각은 자동으로 등록된 후 API 모듈에서 발견될 수 있다.

진정한 모듈화 아키텍처에서는 *모듈화 라이브러리* 설계를 장려하고 아마도 적절한 곳에서는 다수 라이브러리 접근법을 이용하기도 할 것이다. 클래스를 복사하는 식으로 다수의 제작사 문제를 해결하는 것은 모듈화 세계에서는 그다지 좋은 설계가 아닌데, 명세의 실제 .class 파일이 여러 제작사에 걸쳐 중복되기 때문이다.

더 나아가 복사 기반 접근법은 제작사 구현체에 대한 업데이트와 관계없이 수정사항을 명세에 손쉽게 반영하지 못하게 한다. 이 경우 "이 JAR에서는 이러저러한 명세 버전과 이러저러한 구현체를 제공합니다"와 같은 특별한 시맨틱을 사용해야 하며, 모듈 시스템에서는 이것을 어떤 식으로든 해석해야 한다.

그에 반해 *모듈화 라이브러리* 접근법은 모듈화 시스템에서 사용하기 쉽고, "명세"나 "구현"에 특별한 시맨틱을 사용할 필요조차 없다. "명세"는 단순히 인터페이스와 한두 개의 팩터리가 포함된 일부 패키지를 노출하는 모듈에 해당하며, 여기엔 해당 명세에서 허용되는 행위를 설명하는 문서도 동반한다. "구현"은 단순히 명세 모듈에 의존하고 팩터리 구현체를 서비스 등록 시스템(그것이 무엇이든 간에)에 등록하는 노출된 패키지가 없는 모듈에 해당한다. "클라이언트"는 명세 모듈에 의존하고 팩터리 메서드를 호출하는 모듈에 해당한다.

넷빈즈 런타임 컨테이너를 통한 간접 의존성

명세가 사용되기 전에 적어도 하나의 구현체가 로드되도록 클라이언트나 명세가 요청할 수 있게 허용하는 일종의 "간접 의존성(indirect dependency)" 선언이 필요할 때가 있다. 넷빈즈 모듈 시스템에서는 이러한 목적으로 "제공-요구 토큰"(provide-require tokens, RPM 요구 목록과 비슷한)을 사용한다. 클라이언트에서는 단순히 모듈 버전 체계를 이용해 특정 버전의 명세를 요구할 수 있다. 구현체에서는 모듈 버전 체계를 이용해 새로운 명세 클래스를 대상으로 링크하고, org.w3c.dom.v2에 더해 org.w3c.dom.v3을, 또는 org.w3c.dom.v2 대신 org.w3c.dom.v3과 같은 새로운 토큰을 제공함으로써 특정 버전의 명세를 구현한다는 것을 선언할 수 있다. 명세에서는 그러한 구현체가 존재하도록 요구할 수도 있다.

그런데 JDBC에서는 *모듈화 라이브러리* 형식을 사용하려고 하지만 JDBC의 사용법은 원래부터 약간의 결함이 있다. 클라이언트에서는 드라이버를 로드하기 위해 드라이버 구현체의 클래스명을 알아야 하고 드라이버를 적재할 수 있는 ClassLoader의 위치를 알 수 있어야 한다. 클래스패스 구조가 단순한 애플리케이션에서는 문제될 것이 없지만 복잡한 모듈화 시스템에서는 상당한 장애물이 될 수 있다. 게다가 드라이버 등록은 정적이고, 일종의 해시 테이블을 사용하는데, 이는 사용되지 않는 드라이버는 언로드(unload)할 수 없다는 의미다. 따라서 이러한 사례를 흉내 내서는 안 된다! JDBC의 후속 버전에서는 ConnectionPool과 JNDI를 이용해 이러한 문제를 해결할 수도 있는데, 이는 J2EE 애플리케이션에는 매우 적합한 방법이지만 애플리케이션 서버를 사용하지 않는 경우에는 아마 번거로울 것이다.

상호컴포넌트 룩업과 통신

모듈화 설계의 유일한 목적은 애플리케이션의 개별 부분들을 다른 부분과 분리하는 데 있다. 두 개의 모듈을 서로 독립적으로 만들고 싶다면 서로에 관해 알아서는 안 된다. 대신 6장에서 살펴본 바와 같이 잘 정의된 인터페이스를 이용해 상호작용해야 한다.

데이터베이스가 필요한 모듈의 경우 직접적으로 `jdbc://mysql.mycompany.com`과 상호작용하기보다 `AbstractDatabaseService`와 상호작용하는 편이 훨씬 더 낫다. 모듈 코드에서는 `AbstractDatabaseService`를 정의하는 식으로 필요한 환경을 명확히 정의할 수 있다. 코드를 올바르게 작성한다면 누군가가 서비스의 구현체를 작성해 앞에서 정의한 환경 내에 있는 그와 같은 모듈로 전달하자마자 모듈에서는 어떤 데이터베이스도 이용할 수 있고, 이를 통해 설정의 용이성과 테스트 편의성이 높아진다. 사실 이 방법은 잠재적으로 객체 지향 스파게티 코드가 만들어질 가능성을 줄인다.

하지만 결국 가장 중요한 것은 모듈이 `jdbc://mysql.mycompany.com`과 상호작용하게 만들고 싶다는 것이다! 그래서 인터페이스를 대상으로 코드를 작성하는 식으로 코드를 개선해 왔는데, 그럼에도 *설정 문제(configuration problem)*를 해결할 필요가 있는데, 누군가는 모듈 환경을 준비해야 한다는 것이다. 그리고 나면 우리가 만든 모듈에서는 환경을 조회해 올바른 데이터베이스와 상호작용할 `AbstractDatabaseService`의 올바른 구현체를 획득해야 한다

보통 이것은 프레임워크에서 하는 일이다. 스프링, 자바 플랫폼, 엔터프라이즈 에디션 5(자바 EE 5) 등에서는 각자의 시스템을 *의존성 주입(dependency injection)*이라고 부르고, 이러한 목적으로 별도의 설정 파일을 사용할 때가 많다. 각 모듈에서는 필요한 환경을 정의하는데, 이때 어노테이션을 이용하거나 설정자 메서드를 이용하거나, 또는 생성자가 포함된 클래스를 이용한다. 그러고 나면 애플리케이션을 조립하는 쪽에서는 데이터베이스 서비스 및 해당 서비스의 매개변수, 기타 서비스를 설정한다. 그럼 이것들은 프레임워크의 서비스 풀에 들어간다. 프레임워크에서는 환경 목록에서 각 모듈을 찾아 환경을 채운다. 다시 말해, 추상적으로 정의된 서비스의 적절한 구현체를 "주입"한다.

이를 실제 예제를 통해 보여주고 그러한 문제를 해결하는 다양한 접근법과 각 접근법의 이점, 차이섬과 유사섬을 보여주기 위해 넷빈스 IDE를 통해 배포되는 예세인 *아나그램 세임*을 모듈화 형식으로 변환해보자. 이 애플리케이션의 핵심은 사용자에게 무작위로 섞인 단어를 보여주고, 사용자는 그

것을 해독해서 원래 순서로 맞추는 것이다. 구현이 아닌 인터페이스를 대상으로 코드를 작성하라는 조언에 따라 시스템의 세 가지 주요 부분에 대한 계약을 정의한다. 이 예제는 원본 단어를 만들어 내는 라이브러리와 단어를 섞는 방식이 포함된 비즈니스 로직, 그리고 사용자에게 게임을 보여주는 UI로 구성된다.

```java
public interface Scrambler {
    public String scramble(String word);
}

public interface WordLibrary {
    public String[] getWords();
}

public interface UI {
    public void display();
}
```

목표는 모듈화 라이브러리의 적절한 사용법을 보여주는 데 있으므로 이러한 API를 각기 분리된 개별 JAR에 집어넣는다. 그러고 나면 이러한 인터페이스의 실제 구현체는 다양한 다른 모듈들(API에 의존하고 인터페이스를 구현하는 클래스를 제공하는)에 위치하게 된다. 구현체는 다양할 수 있으며, 심지어 같은 인터페이스의 구현체가 여러 개 있을 수도 있다. 하지만 이 예제의 목적상 StaticWordLibrary를 정의한 모듈 하나와 SimpleScrambler를 정의한 모듈 하나, 그리고 Anagrams(스윙 컴포넌트를 사용하는 UI 구현체)를 제공하는 모듈 하나만 있으면 충분하다. 파일에서 단어를 읽어 들이는 라이브러리나 두 글자의 위치를 바꾸기만 하는 것 이상으로 단어를 읽기 어렵게 만드는 스크램블러, 그리고 스윙 UI 대신 게임용 명령줄 인터페이스와 같은 다른 구현체를 정의할 수도 있다. 하지만 이러한 추가적인 모듈을 만드는 것은 예제를 복잡하게 만들기만 할 것이며, 이미 정의한 내용만으로도 다양한 주입 방법을 보여주기에 충분하다. 여기서는 주입의 필요성을 보여준다는 사실을 확실히 알아두자! UI는 단어 라이브러리에 대한 참조를 필요로 하고 스크램블러를 동작하게 해야 한다. 기반 Anagrams 클래스에서는 참조를 획득하는 방법을 규정하지 않으며, 다양한 기술을 통해 동작하게끔 구현해야 할 두 개의 추상 메서드를 만드는 것으로 참조에 대한 필요성만이 정의돼 있다.

```
public abstract class Anagrams extends javax.swing.JFrame implements UI {

    protected abstract WordLibrary getWordLibrary();
    protected abstract Scrambler getScrambler();

    public void display() {
        initWord();
        setVisible(true);
    }
}
```

모듈화를 달성하면서도 이러한 메서드를 구현하는 가장 간단한 해법은 API나 통합 모듈 내에
registerXYZ 메서드를 몇 개 만드는 것이다. 모듈화를 유지하고 설정된 시스템의 인스턴스를 여러
개 만들 수 있도록 이러한 메서드에서 클래스를 받아들이게끔 만들어 보자. 이들 메서드에서는 단어
라이브러리에 대한 클래스 및 스크램블러에 대한 클래스에서 기본 생성자를 제공할 것으로 예상한
다. 한편 UI에 이러한 인스턴스를 주입하기 위해 UI에 대한 클래스에는 두 개의 인자를 받는 생성
자가 준비돼 있다. 추가 매개변수를 받는 생성자를 노출하는 것은 다양한 주입 프레임워크에서 공통
적인 관례다. 게다가 프레임워크에서는 설정자 메서드를 지원하기도 한다. 하지만 이번 등록 예제에
서는 인자가 있는 생성자를 호출하는 편이 더 간단하므로 여기서는 생성자를 사용하겠다.

```
public final class Launcher {
    private static Class<? extends WordLibrary> wordLibrary;
    private static Class<? extends Scrambler> scrambler;
    private static Class<? extends UI> ui;

    private Launcher() {
    }

    public static void registerWordLibrary(
            Class<? extends WordLibrary> libraryClass) {
        wordLibrary = libraryClass;
    }

    public static void registerScrambler(
            Class<? extends Scrambler> scramblerClass) {
        scrambler = scramblerClass;
    }
```

```java
        public static void registerUI(Class<? extends UI> uiClass) {
            ui = uiClass;
        }

        public static UI launch() throws Exception {
            WordLibrary w = wordLibrary.newInstance();
            Scrambler s = scrambler.newInstance();
            return ui.getConstructor(WordLibrary.class, Scrambler.class)
                    .newInstance(w, s);
        }
    }

public class AnagramsWithConstructor extends Anagrams {
    private final WordLibrary library;
    private final Scrambler scrambler;

    public AnagramsWithConstructor(WordLibrary library, Scrambler scrambler) {
        this.library = library;
        this.scrambler = scrambler;
    }

    @Override
    protected WordLibrary getWordLibrary() {
        return library;
    }

    @Override
    protected Scrambler getScrambler() {
        return scrambler;
    }
}
```

Launcher가 API의 일부라면 다른 사람들이 이용할 수 있는 모든 인터페이스와 함께 아주 멋진 모듈
화 라이브러리 예제를 보고 있는 셈이다. API 인터페이스의 다양한 구현체는 독립적일 수도 있으
며, 오직 실행기(launcher)만이 그러한 구현체를 연동하는 법을 알고 유연하게 구현체를 연동할
수 있다. 이를 위한 유일한 조건은 실행기를 사용하기에 앞서 누군가가 적절한 팩터리 클래스를 등
록하는 것이다. 이런 일이 일어나려면 전체 애플리케이션을 조립하는 사람이 초기화 코드를 실행하

고 모든 registerXYZ 메서드를 올바르게 호출해야 한다. 이것은 어려운 일이 아니다. 하지만 이것은 코딩 스타일의 미적 측면을 약화시키는데, 대개 애플리케이션을 조립하는 사람은 코드를 특정 언어로 작성하는 것을 선호하지 않기 때문이다. 대신 아예 아무것도 작성하지 않을 것이며, 필요하다면 단순히 외부 설정 파일만 조정할 것이다.

게다가 이러한 등록 메커니즘은 12장에서 분석한 바와 같이 절차적 등록의 단점을 모두 가지고 있다. 이 같은 방식은 구동 속도를 느리게 만들 수도 있다. 등록 메서드가 더 많고 각 인터페이스의 구현체가 훨씬 더 많다고 상상해 보자. 모든 구현 모듈은 애플리케이션이 구동될 때 실행될 필요가 있다. 그러한 모듈들은 적절한 메서드를 호출해 해당 모듈의 구현체를 등록할 필요가 있다. 이 방법은 비효율적일 수 있는데, 다양한 모듈의 클래스가 로드되고 링크되며, 실행돼야 하기 때문이다. 이 과정은 공짜로 이뤄지지 않는다.

제네릭 레지스트리

registerXYZ 메서드의 사용은 자연스럽고 이해하기가 어렵지 않다. 이러한 이유로 "설정 문제"를 해결할 때 아마도 맨 먼저 선택하게 되는 해법일 것이다. 사실 넷빈즈 프로젝트에서도 이 접근법으로 시작했다. 하지만 이러한 등록 메서드가 상당수 필요했기 때문에 그러한 메서드의 내부 구현이 대부분 동일하다는 사실을 금방 깨달았다. 등록 메서드에서 보유해야 할 타입을 제외하면 나머지는 거의 동일하게 반복적으로 작성되는 코드였다. 이러한 이유로 각 등록 메서드를 하나의 제네릭 메서드로 대체할 수 있을지 검토했다.

```java
private static Map<Class<?>, Object[]> instances =
    new LinkedHashMap<Class<?>, Object[]>();

public static void registerClass(Class<?> impl) {
    instances.put(impl, new Object[1]);
}

public static <T> T find(Class<T> whatType) {
    for (Map.Entry<Class<?>, Object[]> entry : instances.entrySet()) {
        if (whatType.isAssignableFrom(entry.getKey())) {
            if (entry.getValue()[0] == null) {
                try {
                    entry.getValue()[0] = entry.getKey().newInstance();
                } catch (Exception ex) {
                    throw new IllegalStateException(ex);
                }
```

```
            }
            return whatType.cast(entry.getValue()[0]);
        }
    }
    return null;
}
```

여러 등록 메서드 대신 모든 것의 등록 절차를 처리할 수 있는 단 하나의 메서드를 만들기로 결정하고, 이로써 반복되는 코드를 제거했다. 이 해법은 모든 등록 절차를 멋지게 통일했고, 사실 넷빈즈에서 현재 사용 중인 해법의 기반으로 자리 잡았다.

호출이 필요 없는(call-less) 연동을 수행하는 편이 더 낫다. 이 방법은 아무런 연동 코드를 실행할 필요도 없고 등록을 좀 더 선언적인 방식으로 수행한다. 자주 사용되는 이 같은 종류의 해법은 System.getProperty("...")를 호출하는 것을 기반으로 한다. 이 방법은 JDK에서도 흔히 볼 수 있고 상당히 괜찮은 방법인데, 호출이 필요 없는 등록을 허용할뿐더러 지연 연동(late binding)도 가능하기 때문이다. 구현 클래스는 그것이 실제로 필요한 실행 시점에만 가상 머신에 로드된다.

```java
@Override
protected WordLibrary getWordLibrary() {
    try {
        if (wordLibrary == null) {
            String implName = System
                    .getProperty("org.apidesign.anagram.api.WordLibrary");
            assert implName != null;
            Class<?> impl = Class.forName(implName);
            wordLibrary = (WordLibrary) impl.newInstance();
        }
        return wordLibrary;
    } catch (Exception ex) {
        throw new IllegalStateException(ex);
    }
}

@Override
protected Scrambler getScrambler() {
    try {
```

```
    if (scrambler == null) {
        String implName = System
                .getProperty("org.apidesign.anagram.api.Scrambler");
        assert implName != null;
        Class<?> impl = Class.forName(implName);
        scrambler = (Scrambler) impl.newInstance();
    }
    return scrambler;
} catch (Exception ex) {
    throw new IllegalStateException(ex);
}
}
```

이 해법에서는 최종 애플리케이션을 조립하는 사람이 여전히 일종의 설정을 제공해야 한다. 하지만 registerXYZ를 이용하는 해법과 달리 코드를 작성하지 않아도 된다. 대신 애플리케이션이 구동되기 전에 애플리케이션이 읽어 들일 프로퍼티 파일을 만들기만 하면 되고, 이 파일은 다양한 컴포넌트 선택에 영향을 줄 것이다. 이 방법은 애플리케이션의 최종 형태를 만드는 사람들에게 훨씬 더 편리한 방법인데, 프로퍼티 파일을 편집하는 일은 사전에 구성된 코드를 작성해 컴파일하고 실행하는 과정에 비해 훨씬 더 무지한 방식으로 이뤄질 수 있기 때문이다. 그럼에도 애플리케이션을 조립하는 사람은 구현 클래스의 이름을 알아야 하며, 이것은 전체 시스템을 최소한의 지식으로도 동작하게끔 만들고 싶은 사람에게는 너무나도 상세한 정보일지도 모른다.

프로퍼티 기반 설정은 다른 다양한 등록 형태로 대체할 수 있다. 가장 널리 알려진 형식 중 하나는 스프링 프레임워크에서 제공하는 것으로서, XML 설정 파일을 기반으로 한다.

```xml
<beans xmlns="http://www.springframework.org/schema/beans"
    xmlns:xsi="http://www.w3.org/2001/XMLSchema-instance"
    xsi:schemaLocation="http://www.springframework.org/schema/beans
http://www.springframework.org/schema/beans/spring-beans-2.5.xsd">
    <bean id="wordLibrary" class="org.apidesign.anagram.wordstatic.StaticWordLibrary" />
    <bean id="scrambler" class="org.apidesign.anagram.scramblersimple.SimpleScrambler" />
    <bean id="ui" class="org.apidesign.anagram.gui.AnagramsWithConstructor"
        autowire="autodetect" />
</beans>
```

XML 파일은 애플리케이션을 조립하는 사람이 무지한 상태를 유지할 수 있게끔 돕는다. XML 파일은 프로퍼티 파일을 편집할 때와 같은 양의 지식을 가지고 편집할 수 있으며, 그럼에도 설정자 메서드나 생성자를 통한 설정, 자동 와이어링 등을 비롯한 더욱 다양한 설정 옵션을 제공하면서 XML 스키마로 구체화된 형식을 통해 편집하기가 수월하다. 널리 사용되는 IDE 편집기에서는 힌트와 텍스트 자동 완성을 제공하므로 정확한 형식에 대한 최소한의 지식을 갖춘 사람이라도 요건에 맞게 파일을 변경할 수 있다. 그러고 나면 이 파일은 스프링의 ApplicationContext 구현체에서 읽어 들이며, ApplicationContext 구현체에서는 필요로 하는 설정된 인스턴스를 생성하는 데 필요한 모든 빈 인스턴스화와 상호 와이어링을 수행한다.

```
public static void main(String[] args) throws Exception {
    ApplicationContext context = new ClassPathXmlApplicationContext(
            "org/apidesign/anagram/app/spring/conf.xml");
    UI ui = (UI) context.getBean("ui", UI.class);
    ui.display();
}
```

스프링에서는 프로퍼티 기반 해법에 비해 더 큰 유연성을 제공하지만 아직까지 애플리케이션을 조립하는 사람이 와이어링에 참여하는 빈 클래스의 이름을 알아야 하는 듯하다. 때때로 이 방법은 유용한데, 특히 와이어링이 인터페이스를 구현하는 빈을 제공하는 개발자에 의해서도 이뤄지는 경우가 그렇다. 반면 클래스명을 안다는 것은 여전히 외부의 애플리케이션을 조립하는 사람에게는 상당한 양의 지식에 해당한다. 아울러 이것은 구현 클래스의 이름을 API의 일부로 만들어버리는데, 그러한 이름들이 최종 조립품을 만드는 외부 사용자에게 노출되기 때문이다. 그리고 6장에서 인터페이스와 구현을 분리하는 것에 관해 이야기할 때 주장해온 것처럼 구현 클래스를 직접적으로 참조하려고 해서는 안 된다.

가장 순수한 형태의 컴포넌트 주입

스프링 프레임워크의 접근법은 사실상의 표준이며, 누군가가 "의존성 주입"이라고 말하면 스프링에서 제공하는 해법을 가리킬 때가 많다. 이것은 한 제품이 완전한 하나의 기술과 동의어가 된 사례다. 여기에는 두 가지 의미가 내포돼 있다. 첫째, 여기엔 뚜렷한 목표가 있다. 즉, 의존성 주입의 의미를 정의하는 데 이바지하는 것인데, 우리 중 다수는 의존성 주입 같은 용어를 들으면 즉시 머릿속으로 스프링을 떠올리기 때문이다. 하지만 여기엔 제한적인 역할도 있다. 주입과 스프링 간의 연관성을 만들어내는 즉시 원래 문제에 적용 가능한 다른 해법을 보지 못할 수도 있다는 것이다.

이러한 종류의 정의 및 의미와 표현 간의 연관성을 제한하는 것은 프로그래밍에만 국한되지 않는다. 이 같은 일은 언제 어떤 상황에서도 일어난다. 우리 나라에서 룩스(Lux)는 모든 진공 청소기를 가리키는 동의어이며. 이름이 "Lux"로 끝나는 회사에서 생산하는 것만을 가리키지 않는다. 콜라는 모든 검정색 소다수를 가리키는 이름일 수 있다. 물리학에서 가져온 예를 더하자면 "시간"의 의미에 관해 생각해 보라. 시간을 초 단위로 표현하고 셀 수 있는가? 이것은 정확히 뉴턴이 제시한 방법이며, 대부분의 사람들이 시간을 바라보는 관점이기도 하다! 이것은 일상적으로 쓰기에 유용한 정의다. 하지만 시간에 대한 이 같은 정의는 아인슈타인의 상대성 이론과 다른 여러 현대 과학이 보여줬듯이 우리로 하여금 현실 세계가 시간을 상당히 다른 방식으로 다루고 있다는 사실을 거의 이해하지 못하게 만든다. 뉴턴의 정의는 너무나 명확하고, 너무나 유용해서 시간의 의미를 다른 맥락에서 인지하지 못하게 만든다.

추상적인 의미를 넘어서서 이해하는 것은 유용하다. 주입이라는 표현이 언급될 때마다 스프링을 머릿속에 떠올리는 것은 도움이 된다. 하지만 이 같은 시너지 효과가 지닌 잠재적으로 제한적인 특성을 알고 있어야 한다. 컴포넌트 주입 문제를 해결하는 데 스프링을 성공적으로 사용해왔다는 사실이 우리의 눈을 멀게 함으로써 다른 대안을 발견하지 못하게 만들어서는 안 된다.

이러한 이유로 컴포넌트 주입을 수행하는 가장 무지한 방법을 찾는 노력은 아직 끝나지 않았다. 우리는 애플리케이션을 조립하는 사람에게 훨씬 더 적은 지식을 부과하는 해결책을 마련하고 싶다. 다행히도 스프링 2.5에서는 구현 클래스에 어노테이션을 지정하는 옵션을 제공하는 식으로 이 방향으로 한 걸음 크게 내딛었다.

```java
@Service
public class SimpleScramblerAnnotated extends SimpleScrambler {
    public SimpleScramblerAnnotated() {
    }
}


@Service
public class StaticWordLibraryAnnotated extends StaticWordLibrary {
    public StaticWordLibraryAnnotated() {
    }
}


@Service("ui")
public class AnagramsAnnotated extends AnagramsWithConstructor {
    @Autowired
    public AnagramsAnnotated(WordLibrary library, Scrambler scrambler) {
        super(library, scrambler);
    }
}
```

어노테이션을 이용해 노출한 빈과 해당 빈의 이름, 그리고 다른 API에 대한 잠재적인 의존성(구현체가 올바르게 동작하게끔 만드는 데 필요한)까지 지정했다. 애플리케이션을 최종적으로 조립하는 사람은 더 이상 모든 구현체 클래스의 이름을 참조하는 설정 파일을 작성할 필요가 없으며, 스프링 프레임워크가 코드에 지정한 어노테이션을 사용하게 하면 된다.

```
<beans xmlns="http://www.springframework.org/schema/beans"
    xmlns:xsi="http://www.w3.org/2001/XMLSchema-instance"
    xmlns:context="http://www.springframework.org/schema/context"
    xsi:schemaLocation="http://www.springframework.org/schema/beans
        http://www.springframework.org/schema/beans/spring-beans-2.5.xsd
        http://www.springframework.org/schema/context
        http://www.springframework.org/schema/context/spring-context-2.5.xsd"
    >
    <context:component-scan base-package="org.apidesign.anagram.app" />
</beans>
```

그럼에도 모든 구현체가 담긴 패키지의 이름은 여전히 알아야 한다. 하지만 이 방식은 모든 클래스와 그것의 매개변수를 알아야 하는 방식에 비해 알아야 할 지식의 양이 훨씬 적다. 이것은 시작할 때 바랬던 상황과 거의 비슷하다. 애플리케이션을 조립하는 사람은 단순히 필요한 라이브러리를 선택하기만 하며, 일부는 API를 제공하고, 일부는 구현체를 제공한다. 그러고 나면 애플리케이션을 조립하는 측에서는 설정 파일을 작성하고 생성한 설정 내에서 애플리케이션을 실행한다. 이것은 registerXYZ 메서드를 이용한 원래의 접근법과 비교했을 때 상당히 진보한 방식이다. 한편으로 애플리케이션을 조립하는 사람은 여전히 설정 파일을 작성할 필요가 있다. 설정 파일 작성의 필요성도 제거할 수 있을까?

스프링에서 제공하는 해법을 확장해 설정 파일이 아예 없어도 동작하게끔 만드는 것도 가능하다. 아마도 차후 버전의 스프링 프레임워크에서는 그와 같은 확장기능을 자체적으로 제공할 것이다. 하지만 초점을 옮겨서 컴포넌트 주입을 하는 다른 방법을 살펴보기에 적절한 시점이다. 이번에는 "제네릭 레지스트리"와 프로퍼티 기반 등록의 장점을 취하는 해법을 살펴보자. 그러한 해법 중 하나는 JDK 1.3부터 사용되고 있는 자바 확장 메커니즘(Java Extension Mechanism)을 기반으로 하며, 자바 6의 java.util.ServiceLoader 클래스나 넷빈즈의 룩업(Lookup) 프레임워크의 클라이언트에서 이용할 수 있다.

주입이라는 용어

지금까지 보여준 예제에서 볼 수 있듯이 이용 가능한 해법의 범위는 넓다. 나는 이러한 모든 해법을 의존성 주입이라는 범주로 묶곤 했다. 하지만 의존성 주입의 사양은 내가 처음에 생각했던 것에 비해 더 엄격하다. 의존성 주입은 제어 역전(inversion of control)의 특별한 경우로 보는데, 이것은 기반구조에서 라이브러리를 호출하고, 요청을 받지 않고도 주입을 수행한다는 의미다. 스프링 기반 해법의 경우에는 이것이 사실이다. 하지만 등록 메서드나 프로토타입 기반 설정, 또는 자바 확장 메커니즘을 비롯한 다른 경우에는 아예 제어 역전이 존재하지 않는다. 그럼에도 구현체 주입이 성공적으로 처리된다. 이러한 기술들을 컴포넌트 주입이라고 부르기로 한 것은 바로 이런 이유에서다. 이 이름의 첫 번째 부분은 그것의 역할을 기술하고 나머지 부분은 유행어를 담고 있는데, 이것이 중요한 이유는 좋은 이름을 가진 기술은 적절한 개발자의 관심을 끄는 데 이바지하기 때문이다.

2001년에 우리는 자바원에 "상호컴포넌트 룩업과 통신(Intercomponent Lookup and Communication)"이라고 하는 제안서를 제출했다. 이 제안서는 이번 장의 주제와 거의 일치하는 내용으로, 우리는 이 주제가 모든 모듈화 애플리케이션에 중요하다고 생각했다. 하지만 자바원 선정 위원회에서는 그것이 얼마나 "멋진" 주제였는지 상상하지 못했거나, 혹은 아마도 그것이 무엇에 관한 것이었는지 상상하지 못한 것으로 보이는데, 이것은 "컴포넌트"라는 용어에 너무 많은 의미가 담겨 있기 때문이다. 이 용어로는 거의 어떤 것이든 상상할 수 있다. 제안서는 반려됐고, 이후 2006년에 내 동료인 팀 부드로와 나는 같은 주제를 "모듈화된 아키텍처에서의 발견 및 의존성 주입 패턴"이라는 이름으로 강연 신청을 했다. 물론 이번에는 신청이 받아들여졌다. 이것은 대상 청중에게 친근한 용어를 찾아야 한다는 것을 증명하는 또 하나의 사례에 해당한다. 즉, "의존성 주입"이라는 용어를 사용하면 낯설지 않은 것으로 보인다. API와 마찬가지로 적절한 이름을 부여하는 것은 의사소통에 중요하다. API 사용자가 여러분의 의도를 이해하기 쉽다면 사용자는 금방 API를 받아들일 것이다.

컴포넌트 주입의 일반 원칙이라고 해서 크게 차이는 없다. 추상 서비스를 정의한 후 이러한 서비스의 구현체를 요청하고, 다른 사람들이 풀에 자체적인 구현체를 등록하게 하면 된다. 하지만 스프링의 경우 주입은 "외부"에서 이뤄진다. 따라서 어떤 식으로든 어떤 추상 서비스를 실제 서비스 인스턴스로 채워야 할지 파악해야 한다. 그리고 나면 실행이 시작되기 전에 프레임워크가 그러한 추상 서비스를 채울 것이라고 기대할 수 있으며, 이것은 필드에 어노테이션을 지정하거나 설정 파일(초기화가 진행되는 동안 호출되는 설정자 메서드 및 생성자를 기술한)을 통해 이뤄질 수 있다. 결국 프레임워크가 애플리케이션을 둘러싸고 있으면서 애플리케이션에서 필요한 모든 자원을 획득할 수 있게 안전망을 제공하고 있다는 느낌을 받게 될 것이다.

넷빈즈에서 사용되는 자바 확장 메커니즘은 다르다. 스프링과 비교해서 모든 것들이 마치 "뒤집어진" 것처럼 느껴진다. 프레임워크가 수위를 눌러싸는 대신 Lookup은 호출해야 할 자그마한 라이브러리에 해당한다. 즉, 전체 애플리케이션은 Lookup 주위에 구축되고 필요할 때마다 Lookup을 호출한다. 구현체의 어디에 주입해야 할지 파악하기 위해 클래스 파일이나 설정 파일을 검사하는 대신 lookup 메서드를 호출하는 식으로 주입 지점을 정의한다.

```java
import org.openide.util.LookupEvent;
import org.openide.util.LookupListener;

class AnagramsWithLookup extends Anagrams {
    public AnagramsWithLookup() {
    }

    @Override
    protected WordLibrary getWordLibrary() {
        return Lookup.getDefault().lookup(WordLibrary.class);
    }

    @Override
    protected Scrambler getScrambler() {
        return Lookup.getDefault().lookup(Scrambler.class);
    }
}
```

이 방식은 12장에서 다룬 바와 같이 비선언적인 API의 장점과 단점을 모두 보여준다. 좀 더 구체적으로 말하면 애플리케이션의 모든 주입 지점을 파악하기 위해 애플리케이션을 정적으로 분석하기가 어렵다. 반면 여러분이 그것을 책임지고 좀 더 많은 통제권을 갖게 된다. 룩업에 대한 각 동적 호출은 서비스 주입 지점을 만들어낸다. 그리고 나면 라이브러리에서는 환경을 참조해 사용 가능한 서비스 구현체의 풀을 구축하고 각 요청에 대해 서비스 구현체를 반환한다. API를 라이브러리에 포함시킬 경우 구성이 단순해지는데, 실제 애플리케이션을 실행하고 쿼리를 실행하기에 앞서 어떤 특별한 코드를 실행할 필요가 없기 때문이다. 주입 지점은 단순히 메서드 호출로 만들어지기 때문에 코드를 실행하기 전에 주입을 수행할 필요가 없다. 이것은 구성이 지극히 단순하다는 의미다.

게다가 서비스 구현체 풀의 구성(최종 애플리케이션을 조립하는 사람이 누구냐와 상관없이 수행되는)도 아주 간단하다. Lookup.getDefault()의 기본 구현은 JDK의 확장 메커니즘을 기반으로 하기 때문에 아무런 설정 파일도 생성할 필요가 없고, 클래스패스만 올바르게 구성하면 된다. 코드에서 다음과 같은 코드를 호출함으로써 org.apidesign.anagram.api.WordLibrary와 같은 서비스를 찾는다고 해보자.

```java
Lookup.getDefault().lookupAll(org.apidesign.anagram.api.WordLibrary.class)
```

이 코드가 실행되자마자 구현체에서는 현재 클래스패스를 발견하고 `META-INF/services/org.`
`apidesign.anagram.api.WordLibrary`에 위치한 모든 리소스를 읽어 들여 클래스명을 알아내기 위해 분
석하고, 클래스를 인스턴스화한 후 해당 인스턴스들을 반환한다.

컴포넌트 주입 또는 서비스 로케이터

순수주의자들은 이것이 서비스 로케이터(service locator) 패턴에 불과하다고 주장할지도 모른다. 사실이다. Lookup API를
호출하는 것은 서비스 로케이터 패턴처럼 보인다. 하지만 그뿐이라면 주입이라고 부를 만한 자격이 전혀 없을 것이다. 중요
한 부분은 클래스패스 설정을 기반으로 발견하는 것에 있다. 이를 통해 컴포넌트는 정말로 라이브러리에 주입되는데, 단순
히 애플리케이션에 포함하기만 해도 주입되는 것이다.

이 방식은 특정 서비스 타입의 대체 구현체를 생성하고 등록하는 것을 비롯해 서비스를 사용하는 객체를 아무것도 변경하
지 않고도 최종 애플리케이션을 통해 어느 구현체가 사용될지를 지정하는 것을 손쉽게 만들어준다. 이것은 특히 단위 테스
트에서 유용한데, 서비스의 목(mock) 구현체를 테스트 대상 객체에 주입하기가 쉽기 때문이다.

```java
@Test
public void testInjectionOfServices() throws Exception {
    Anagrams ui = create();

    assertNull("No scrambler injected yet", ui.getScrambler());
    assertNull("No scrambler injected yet", ui.getWordLibrary());

    MockServices.setServices(
        ReversingMockScrambler.class, SingleMockLibrary.class
    );

    Scrambler s = ui.getScrambler();
    assertNotNull("Now we have scrambler", s);
    assertEquals(
        "It is the mock one", ReversingMockScrambler.class, s.getClass()
    );
    WordLibrary l = ui.getWordLibrary();
    assertNotNull("Now we have library", l);
    assertEquals(
        "It is the mock one", SingleMockLibrary.class, l.getClass()
    );

    ui.display();
```

```
    assertEquals(
        "The word from SingleMockLibrary is taken",
        "Hello World!", ui.getOriginalWord()
    );
    assertEquals(
        "The word is rotated using ReversingMockScrambler",
        "!dlroW olleH", ui.getScrambledWord()
    );
}

public static final class ReversingMockScrambler implements Scrambler {
    public String scramble(String word) {
        return new StringBuilder(word).reverse().toString();
    }
}

public static final class SingleMockLibrary implements WordLibrary {
    public String[] getWords() {
        return new String[] { "Hello World!" };
    }
}
}
```

정확히 이것들은 순수 의존성 주입을 나타내는 특징이다. Lookup이 그러한 특징들을 충족시킨다는 사실은 Lookup이 주입의 변종이 될 자격을 부여해준다.

이 같은 종류의 컴포넌트 주입은 직관적인 동시에 설정하기도 쉽고, 자바 표준에도 해당하는 방식이다. 앞에서도 언급했다시피 JDK 1.3에서는 META-INF/<서비스 네임스페이스>에 등록 형식을 정의했고, 그 이후로 JDK에서는 XML 파서와 변환기처럼 저마다의 목적을 위해 이 형식을 사용해왔다. 하지만 JDK 6부터는 등록된 서비스 구현체의 전체 목록을 조회하는 공개 API가 존재한다.

```
class AnagramsWithServiceLoader extends Anagrams {
    public AnagramsWithServiceLoader() {
    }

    @Override
```

```
    protected WordLibrary getWordLibrary() {
        Iterator<WordLibrary> it;
        it = ServiceLoader.load(WordLibrary.class).iterator();
        return it.hasNext() ? it.next() : null;
    }


    @Override
    protected Scrambler getScrambler() {
        Iterator<Scrambler> it;
        it = ServiceLoader.load(Scrambler.class).iterator();
        return it.hasNext() ? it.next() : null;
    }
}
```

그 결과, 이러한 종류의 컴포넌트 주입을 자바 6을 기반으로 하는 어떠한 애플리케이션에서도 연습할 수 있다. 이 경우 추가적인 라이브러리나 프레임워크는 전혀 필요하지 않다.

스프링과 룩업

Lookup을 기반으로 실제 의존성 주입 프레임워크를 구축할 수 있다는 것은 분명하다. 어떤 면에서는 Lookup이 기반 기술에 해당한다. 이것은 마치 주입을 위한 어셈블리어와 비슷한데, 이를 토대로 다양한 해법을 편의성 문법 형태로 추가하고, 제어 역전뿐 아니라 실제로 주입으로 분류할 수 있는 뭔가를 만들어낼 수 있다.

사실 우리에게는 스프링의 ApplicationContext와 Lookup을 이어주는 것이 있다. Lookup 인스턴스가 하나 있다면 그 것을 ApplicationContext로 감쌀 수 있고, 그 반대도 가능하다. 이는 이러한 두 기술이 동일한 표현력을 갖추고 있음을 명확하게 보여준다. 그뿐만 아니라 두 기술을 함께 섞어서 사용할 수 있다는 의미이기도 하다. 예를 들어, 스프링의 설정 XML 파일로 기술된 빈 정의를 가지고 Lookup을 통해 그러한 빈 정의에 접근할 수 있다. 또는 META-INF/<서비스 등록> 을 가지고 스프링의 의존성 주입 프레임워크와 함께 사용할 수도 있다. 가능성은 무한하며, 좀 더 자세한 사항을 알고 싶다 면 http://wiki.apidesign.org/wiki/Injection을 참고한다.

이미 JDK에는 ServiceLoader API가 포함돼 있기 때문에 왜 계속해서 Lookup을 제공하는지 궁금할 수 있다. 여기엔 세 가지 이유가 있다. 전자는 자바의 특정 버전에만 해당된다. ServiceLoader는 JDK 6에서만 사용 가능한데, 넷빈즈에서는 2001년부터 모든 JDK에 대한 Lookup 버전을 제공한다. 따라서 이전 JDK에서 실행할 필요가 있다면 이러한 이유로 Lookup을 고려해볼 수도 있다.

또 다른 이유는 넷빈즈 기반 애플리케이션의 동적인 특성 때문이다. 즉, 런타임에 모듈을 추가하거나 제거할 수 있기 때문에 넷빈즈 기반 애플리케이션의 실질적인 클래스패스는 변경되는 일이 흔하다. 이것은 META-INF/services/ 네임스페이스에 등록된 리소스도 변경될 수 있다는 의미다. 리소스가 변경되면 Lookup.getDefault 조회에서 제공되는 결과에도 영향을 줄 수 있다. 사용 가능한 서비스가 변경되면 많은 것들이 갱신돼야 할지도 모른다. 예를 들어, 누군가가 CVS 버전 관리 지원 기능을 제공하는 모듈을 삭제하면 해당 모듈의 통제하에 있었던 모든 파일의 상태를 갱신하고 변경해야 한다. 이것은 변경사항에 대해 통지받을 필요가 있다는 의미다. 이러한 용도로 Lookup 라이브러리에서는 리스너 지원 기능을 도입했다.

```java
private Lookup.Result<WordLibrary> libraries
    = Lookup.getDefault().lookupResult(WordLibrary.class);

private LookupListener listener = new LookupListener() {
    public void resultChanged(LookupEvent ev) {
        initWord();
    }
};
{
    libraries.addLookupListener(listener);
}
```

리스너가 지원된다는 것은 ServiceLoader보다 Lookup을 선호하는 두 번째 이유다. JDK는 여전히 정적 애플리케이션의 세계에 갇혀 있는데, 이 세계에서는 동적 클래스 로딩을 이용한 기법을 이용할 수는 있지만(넷빈즈에서 보여주는 바와 같이) 주류 기법으로는 여겨지지는 않는다. 따라서 ServiceLoader API에는 변경사항을 리스닝하는 수단이 없다. 게다가 리스너는 전통적인 의존성 주입 프레임워크로는 구현하거나 지원하기가 수월하지 않다. 이러한 프레임워크에서는 초기 구성 단계에 좀 더 정신적으로 주의를 요하고, 이후 모든 서비스가 구성되고 사용할 준비가 된 상태에서 프레임워크가 실행된다. 반면 리스너와 동적 모델을 이용하면 언제든지 변경사항을 예상할 수 있고, 그것들을 처리할 준비가 항상 돼 있을 것이다. 이 같은 동작 방식이 필요한 상황에서는 아마 Lookup이 올바른 선택일 것이다.

ServiceLoader보다 Lookup을 선호하는 세 번째이자 마지막 이유는 Lookup은 API의 양측, 즉 등록된 서비스를 조회하는 클라이언트용 API와 제공자를 위한 API를 모두 제공한다는 것이다. 이것은 양측이 자체적인 서비스 풀을 작성해 서비스를 등록하고 획득하는 새로운 방법을 정의하고 싶다는 것을 의미한다. 이는 Lookup API를 두 개의 뚜렷이 구분되는 컴포넌트 간의 독립적인 상호 작용을 위한 일반화된 프레임워크로 볼 수 있음을 의미한다. 사실 이것은 그림 7.1에 나온 것과 같이 텔레인터페이스의 한 예다.

그림 7.1 Lookup의 텔레인터페이스

이 그림의 한 쪽에서는 호출자가 서비스를 찾아 일반화된 Lookup API를 이용해 서비스를 획득하는 모습을 볼 수 있다. 반대쪽에서는 제공자가 서비스 풀을 유지하는 모습을 볼 수 있다. 중간에서는 Lookup API를 볼 수 있다. Lookup API는 조회 또는 서비스 풀 제공자에 관해 아무것도 알지 못하지만 이러한 양측을 연결하고 완전한 타입 안전을 유지한 채로 그렇게 할 수 있다. 타입은 숨겨진 상태로 한 쪽에서 다른 쪽으로 횡단하고, 그 과정 또한 눈에 보이지 않는다. 이를 통해 확장에 관해 아무것도 알지 못하는 상태에서도 상당히 확장 가능한 API를 정의할 수 있다.

확장점 작성하기

사람들이 자주 묻는 질문 중 하나는 어떻게 Lookup을 이용해 확장점(extension point), 즉 다른 모듈에서 기반 모듈의 특정 실행 시점에 기능을 구현하고 확장하는 추상화된 서비스를 정의하느냐다.

모듈이 여러 개 있고 한 모듈에서는 핵심 기능을 제공하고 다른 모듈에서는 해당 기능을 확장하고 싶다고 해보자 해당 기능을 구현하는 올바른 방법은 뭘까? 넷빈즈의 Lookup은 어떻게 확장점을 선언할까?

맨 먼저 핵심 모듈에 확장 인터페이스를 선언하고 그것을 API의 일부로 만든다. 이는 해당 인터페이스를 public으로 만드는 것을 의미하는데, 넷빈즈 런타임 컨테이너의 경우 모듈의 public 패키지까지도 포함하는 것을 의미한다. 핵심 모듈에서 다른 모듈에서 제공하는 다양한 '오늘의 팁'을 표시하고 싶다고 해보자. 그럼 다음과 같은 인터페이스를 정의한다.

```java
package org.apidesign.extensionpoint.api;

public interface TipOfTheDay {
    public String sayHello();
}
```

핵심 모듈에서 '오늘의 팁'을 표시하려고 할 경우 등록된 모든 TipOfTheDay 인스턴스를 시스템에 요청한 다음 그것들 중 하나를 무작위로 선택할 수 있다.

```java
Collection<? extends TipOfTheDay> all
    = Lookup.getDefault().lookupAll(TipOfTheDay.class);
List<TipOfTheDay> arr = new ArrayList<TipOfTheDay>(all);
Collections.shuffle(arr);

String msg;
String title;
int type;
if (arr.isEmpty()) {
    msg = "뭐라고 해야 할지 모르겠어요!";
    title = "등록된 제공자가 없음 ";
    type = JOptionPane.WARNING_MESSAGE;
} else {
    msg = arr.get(0).sayHello();
    title = arr.size() + "개의 제공자에서 선택됨";
    type = JOptionPane.INFORMATION_MESSAGE;
}
```

그런 다음 팁을 보여준다. 간단하다. 어렵지 않다. Lookup 인터페이스를 이용하는 것만으로 다른 모듈을 개선할 수 있는 레지스트리를 만들었다. 하지만 이를 개선하려면 다른 쪽에서도 작업할 게 있다. TipOfTheDay 구현체를 등록하고자 하는 각 모듈에서는 TipOfTheDay 클래스를 제공하는 모듈에 대한 의존성을 가지고 컴파일하고 실행할 때 그러한 의존성을 클래스패스에 둘 필요가 있다. 그래야만 자체적인 제공자 구현체를 통해 클래스를 작성할 수 있다.

```java
package org.apidesign.extensionpoint.impl2;

import org.apidesign.extensionpoint.api.TipOfTheDay;

public class HelloWorld implements TipOfTheDay {
    public String sayHello() {
        return "Hello World!";
    }
}
```

이제 남은 것은 클래스를 표준 자바 플랫폼 표준 에디션(자바 SE) 방식으로 등록하는 것이다. 즉, META-INF/services/org.apidesign.extensionpoint.api.TipOfTheDay라는 이름의 일반 텍스트 파일을 만들어 모듈 JAR에 넣는다. 이 파일에는 다음과 같은 딱 한 줄만 담겨 있어야 한다.

```
org.apidesign.extensionpoint.impl2.HelloWorld
```

이제 모듈은 여러분이 만든 확장점을 이용해 상호작용할 준비가 끝났다. 모듈의 설정은 최종 애플리케이션을 조립하는 사람이 담당하는데, 모듈의 동작 방식이 실제 런타임 클래스패스에 달려있기 때문이다. 다양한 TipOfTheDay 서비스 구현체를 제공하는 JAR를 이용해 구성한다면 동작 방식 또한 다양할 것이다.

순환 의존성의 필요성

어떤 런타임 시스템에서는 순환 의존성(cyclic dependencies)을 허용하기도 하는데, 순환 의존성은 꽤나 유용하며 레거시 코드를 다룰 때 특히 그렇다. 반면 이러한 기능을 새로 작성한 코드에 사용하는 것은 클래스와 모듈 간의 참조로 구성된 하나의 커다란 스파게티 접시를 만드는 것과 같다. 이러한 이유로 넷빈즈 런타임 컨테이너에서는 순환 의존성을 전혀 허용하지 않으며, 이를 달갑지 않게 생각하는 사람도 있다. 하지만 컨테이너의 특성이 엄격할수록 사람들이 더욱 명료한 아키텍처를 만들어내는 데 이바지한다. 사실 순환 의존성을 허용하지 않는 것은 넷빈즈의 모듈화된 시스템이 객체 지향 스파게티 코드에 대항하기 위해 제공하는 가장 큰 선물이다. 특히 새로 작성하는 코드인 경우에는 순환 의존성을 피해야 한다. 그렇지만 레거시 코드조차도 다음 단락에서 설명하는 바와 같이 순환 의존성이 필요하지 않도록 작성할 수 있다.

지저분한 객체 지향 스파게티 코드로 가득 찬 모듈 간에는 상호 의존성을 두지 않는 것이 좋다. 사람들이 얼마나 노력하느냐와 상관없이 소프트웨어의 엔트로피는 늘 아주 가까이에 있고 완전히 피할 수 있는 것이 아니다. 상황이 손을 쓸 수 없을 정도가 되면 시스템의 각 부분은 서로를 참조하기 시작한다. 잠시 후 그래프 이론에서 완전 그래프(complete graph)라고 부르는 것만 남는데, 이것은 각 부분이 다른 모든 부분과 상호 연결된 것을 의미한다. 그뿐만 아니라 더 안 좋은 상황이라면 의존성이 양방향일 수도 있다. 전체 시스템은 점차 유지보수 및 컴파일, 그리고 이해하기가 어려워진다. 사실상 전체 코드 기반을 한 덩어리로 다뤄야만 하는 상황에 처하게 되는데, 이 경우 시스템을 각 부분으로 나눈 것의 이점이 완전히 무의미해진다.

넷빈즈의 Lookup이나 자바 6의 ServiceLoader와 컴포넌트 주입은 애플리케이션의 개별 모듈 간의 컴파일 시점 순환 의존성을 제거하기 위해 신중하게 설계된 시스템을 형성한다. 나는 여러분이 제 스스로 무덤을 파지 않으리라 장담할 수 없다. 원한다면 여러분은 하나의 커다란 모듈을 만들고 그 안에서 스파게티 설계를 충실히 구현할 수 있다. 하지만 애플리케이션을 여러 개의 모듈로 나누기로 한다면 금방 클래스패스 의존성 그래프를 비순환하도록 만들게 된다.

기존의 모놀리식 애플리케이션을 만들다가 온 사람들은 애플리케이션을 모듈로 나누는 것에 도움을 받고 싶을 것이다. 다음 예제를 대상으로 살짝 연습해 보자. 레거시 코드를 두 개의 패키지로 나눈다고 상상해 보자.

```java
package org.apidesign.cycles.array;

import java.io.IOException;
import java.io.OutputStream;
import org.apidesign.cycles.crypt.Encryptor;

public class MutableArray {
    private byte[] arr;

    public MutableArray(byte[] arr) {
        this.arr = arr;
    }

    public void xor(byte b) {
        for (int i = 0; i < arr.length; i++) {
```

```
            arr[i] ^= b;
        }
    }

    public void and(byte b) {
        for (int i = 0; i < arr.length; i++) {
            arr[i] &= b;
        }
    }

    public void or(byte b) {
        for (int i = 0; i < arr.length; i++) {
            arr[i] |= b;
        }
    }

    public void encrypt(OutputStream os) throws IOException {
        Encryptor en = new Encryptor();
        byte[] clone = (byte[]) arr.clone();
        en.encode(clone);
        os.write(clone);
    }
}


package org.apidesign.cycles.crypt;

import org.apidesign.cycles.array.MutableArray;

public final class Encryptor {
    public void encode(byte[] arr) {
        MutableArray m = new MutableArray(arr);
        m.xor((byte) 0x3d);
    }
}
```

예제는 단순하고 다소 인위적이지만 핵심을 잘 짚어낸다. 예제에서는 서로를 필요로 하는 독립된 두
개의 패키지를 볼 수 있다. 배열을 다루는 패키지에서는 데이터를 암호화해야 하며, 해당 패키지에

서도 Encryptor 클래스를 사용한다. crypt 패키지에서도 배열을 처리하고 작업을 간소화하기 위해 MutableArray를 이용한다. 그런데 이것은 스파게티 객체 지향 설계의 훌륭한 사례에 해당한다!

이 예제를 두 개의 넷빈즈 모듈로 분리할 수 있을까? 이러한 모듈들이 상호 순환 의존성을 제거할 수 있을까? 그렇다. 그렇게 할 수 있다. Lookup을 이용해 상호 클래스패스 의존성을 컴포넌트 주입으로 대체하기만 하면 된다! 한 모듈은 다른 모듈에 대한 클래스 의존성을 유지할 수 있는데, 이 정도는 수용할 만하다. 그럼 맨 먼저 할 일은 어느 모듈이 다른 모듈에 의존할지를 결정하는 것이다. 앞의 예제에서는 Encryptor가 일종의 서비스에 해당하며, 그 결과 그림 7.2에 도식화한 것처럼 org.apidesign.cycles.crypt 모듈이 org.apidesign.cycles.array에 의존하게 하는 것이 자연스러울 것이다.

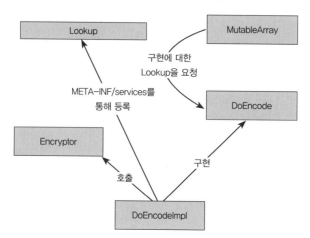

그림 7.2 애플리케이션을 두 개의 모듈로 분리

Encryptor에서는 아무것도 변경할 필요가 없다. Encryptor에서 MutableArray를 사용하는 것은 허용되는데, 해당 클래스가 런타임 클래스패스는 물론 컴파일 클래스패스에도 존재하기 때문이다. 하지만 MutableArray에서는 더 이상 컴파일 시점에 Encryptor를 직접적으로 참조할 수 없다. MutableArray는 런타임 시에 Encryptor에 접근할 수 있고 또 사실 접근해야만 하는데, 실행 환경에서 Encryptor가 필요한 부분에 해당하기 때문이다. encrypt 메서드의 기능에 필수적인 부분 없이는 encrypt 메서드를 구현할 수 없다. 그럼 어떻게 이러한 환경 및 런타임 의존성을 만들어 내고 컴파일하는 동안에는 클래스를 참조하지 못하게 만들 수 있을까? 파사드(facade)를 하나 만들고 파사드 안에서 Encryptor를 호출하는 부분을 감싸면 된다. 파사드 인터페이스는 org.apidesign.cycles.array 모듈에 정의되고

org.apidesign.cycles.crypt 모듈에서 구현된다. Lookup을 이용하면 구현체를 찾을 수 있다. 다음은 다시 작성한 코드 예제다.

```java
public class MutableArray {
    private byte[] arr;

    public MutableArray(byte[] arr) {
        this.arr = arr;
    }

    public void xor(byte b) {
        for (int i = 0; i < arr.length; i++) {
            arr[i] ^= b;
        }
    }

    public void encrypt(OutputStream os) throws IOException {
        DoEncode en = Lookup.getDefault().lookup(DoEncode.class);
        assert en != null : "org.netbeans.example.crypt missing!";
        byte[] clone = (byte[]) arr.clone();
        en.encode(clone);
        os.write(clone);
    }
}


package org.apidesign.cycles.array;
public interface DoEncode {
    public void encode(byte[] arr);
}


package org.apidesign.cycles.crypt;
import org.apidesign.cycles.array.DoEncode;
public class DoEncodeImpl implements DoEncode {
    public void encode(byte[] arr) {
        Encryptor en = new Encryptor();
        en.encode(arr);
    }
}
```

DoEncode 인터페이스는 Encryptor 클래스로 실제 호출을 격리하는 파사드다. 새 버전의 MutableArray 코드에서는 Lookup.getDefault().lookup(DoEncode.class)를 이용해 실제 파사드 구현체의 위치를 파악해 그것과 상호작용한다. 구현체는 Encryptor 클래스를 참조할 수 있는 org.apidesign.cycles. crypt에서 제공된다. 보다시피 순환 컴파일 타임 의존성이 제거됐다.

런타임에는 두 모듈이 모두 존재해야 하는데, 서로 독립적으로 동작할 수 없기 때문이다. MutableArray.encrypt에 포함돼 있는 assert 검사는 DoEncode 파사드의 구현체가 제공되는 것을 보장한다. 이것은 모듈의 실행 환경을 규정하는 중요한 아키텍처 차원의 제약이다. 우리의 목표는 무지한 상태에서 개별 모듈을 동작하는 단위로 조립하는 데 있으므로 어떻게든 그러한 의존성을 단순히 코드에서 assert의 형태로 표현하는 것이 아닌 좀 더 높은 수준에서 표현하는 것이 바람직하다. 넷빈즈의 런타임 컨테이너에서는 모듈의 매니페스트에서 "필요/제공(needs/provides)" 태그를 이용해 환경을 구체화할 수 있다. 그리고 나면 애플리케이션이 조립되는 동안 그러한 매니페스트는 손쉽게 읽어 들여 분석할 수 있고, 전체 실행 환경과의 일관성을 보장하기 위해 모듈 전체를 자동으로 검증할 수 있다. 가령 이 예제에서는 MutableArray가 포함된 모듈에서는 매니페스트에 다음과 같은 줄을 추가해 파사드 구현체를 필요로 한다는 사실을 명시해야 한다.

```
OpenIDE-Module-Needs: DoEncode
```

Encryptor를 제공하는 모듈에서는 구현체를 제공한다고 넷빈즈 런타임 컨테이너에게 알려줘야 한다.

```
OpenIDE-Module-Provides: DoEncode
```

이렇게 함으로써 넷빈즈 런타임 컨테이너에서는 이러한 모듈이 서로를 필요로 한다는 사실을 알고 그것들을 모두 항상 활성화하거나 둘 다 비활성화할 것이다. 이와 비슷한 리팩터링을 내부 기능을 수행하기 위해 서로를 필요로 하는 모듈 간의 모든 순환 의존성에 적용할 수 있다. 그러고 나면 컴포넌트 주입을 이용해 아키텍처를 비순환적으로 정리할 수 있고, 사실상 객체 지향 스파게티 덩어리를 정리하고 그것을 좀 더 깔끔한 모듈 의존성으로 대체할 수 있다. 컴포넌트 주입을 이용하는 것은 자바 애플리케이션의 아키텍처를 개선하는 데 이바지한다!

Lookup은 어디에나 있다

지금까지 컴포넌트 주입에 관해 이야기했는데, 다른 프레임워크에서도 이 같은 개념을 발견할 수 있다. 이 개념에 관해 무엇이 그리도 특별한지 궁금할지도 모르겠다. 지금까지 Lookup 저장소의 여러 좋은 측면을 봐 왔다. 하지만 Lookup 저장소는 거기서 그치지 않는다. Lookup이 하나 이상 있었다고 상상해 보라. 10개, 100개, 1000개, 1000,000만 개가 있었다고 생각해보라!

정확히 이 같은 일이 Lookup을 이용할 때 일어난다. JDK의 ServiceLoader 클래스와 달리 넷빈즈의 Lookup은 다수의 인스턴스를 가질 수 있고, 각각은 개별 풀의 역할을 수행한다. 팀 부드로는 이렇게 말하곤 했다. "Lookup은 객체가 수영해서 들어오고 나가고 하는 수영장이다." 그 결과, 적응력 있는 객체를 만들어낼 수 있는데, 이는 풀에서 추가적인 인터페이스를 제공하는 식으로 행위와 기능을 확장할 수 있는 객체를 의미한다. 추가 기능을 제공할 수 있는 개선된 스윙 아이콘을 만들어봄으로써 이를 보여주겠다.

```
public interface ExtIcon extends Icon, Lookup.Provider {
    public void paintIcon(Component c, Graphics g, int x, int y);
    public int getIconWidth();
    public int getIconHeight();

    public Lookup getLookup();
}
```

ExtIcon 클래스는 추가적인 선택 기능을 제공할 수 있거나 임시로 아이콘이 어떤 기능을 가지고 있음을 표시하는 인터페이스를 찾는 곳이다. 예를 들어, 아이콘을 java.awt.Image로 변환해야 한다고 해보자. 아이콘이 이미 해당 아이콘의 이미지를 알고 있다면 그렇게 하는 최적의 방법을 제공할 수 있으며, 그렇지 않은 경우에도 기본 실패 처리 구현체를 제공할 수 있다.

```
public static Image toImage(ExtIcon icon) {
    Image img = icon.getLookup().lookup(Image.class);
    if (img != null) {
        return img;
    }
    BufferedImage buf = new BufferedImage(
        icon.getIconWidth(),
```

```
        icon.getIconHeight(),
        BufferedImage.TYPE_INT_RGB
    );
    icon.paintIcon(null, buf.getGraphics(), 0, 0);
    return buf;
}
```

이제 각 아이콘은 자신의 운명에 영향을 줄 수 있고, 자기 자신을 이미지로 변환하는 최적의 방법을 제공할 수 있다. 그러한 최적의 방법이 제공되지 않는다면 아이콘은 BufferedImage를 통해 기본 변환 방식으로 출력된다. 이것은 새로운 타입을 통해 인터페이스를 개선하는 정적인 방법의 한 예인데, 이미지로 변환할 수 있는 능력은 영구적으로 유지될 가능성이 높기 때문이다. 이미지가 그렇게 하는 능력을 갖추고 있든 말든 말이다. 그렇지만 아이콘의 변경된 상태와 같이 좀 더 동적인 예도 있다. 아이콘이 그래픽 편집기 안의 어떤 객체를 나타내고 있다면 해당 객체가 저장되거나 다시 불러와야 할 때는 변경된 상태에 있을 때가 많을 것이다. 다음과 같은 인터페이스를 이용해 그러한 상황을 모델링해보자.

```java
public interface Modified {
    public void save() throws IOException;
    public void discard() throws IOException;
}
```

이 인터페이스의 구현체에서는 관찰자에게 자신의 상태를 알리기 위해 아이콘의 룩업에 출입할 수 있다. 예를 들어, 이러한 계약을 지원하는 아이콘이 변경되면 다음과 같이 ic.add(new ModifiedImpl())를 호출함으로써 Modified 인터페이스의 인스턴스를 룩업에 추가할 수 있다.

```java
public final class ModifiableIcon implements ExtIcon {
    // AbstractLookup은 도우미 구현체로서
    // 사람들이 직접 룩업을 처음부터 작성하지
    // 않아도 되게 한다.
    private AbstractLookup lookup;

    // InstanceContent는 "룩업을 만든 이"에게
    // 콘텐츠를 변경하는 것과 같은 더 많은 권한을
    // 부여하는 인터페이스다.
```

```
    private InstanceContent ic;

ModifiableIcon() {
    ic = new InstanceContent();
    lookup = new AbstractLookup(ic);
}

public Lookup getLookup() {
    return lookup;
}

public void markModified() {
    if (lookup.lookup(ModifiedImpl.class) == null) {
        ic.add(new ModifiedImpl());
    }
}

private final class ModifiedImpl implements Modified {
    public void save() throws IOException {
        // 저장
    }

    public void discard() throws IOException {
        // 변경사항을 폐기
    }
}
}
```

아이콘이 저장될 때 아이콘에서는 다시 한 번 Modified 인터페이스의 구현체를 제거할 수 있다. 저장
이나 복원 동작과 같은 외부 코드에서는 룩업의 콘텐츠를 리스닝해서 그에 따라 자신의 상태를 업데
이트할 수 있다.

넷빈즈에서의 선택

Lookup은 넷빈즈 기반 애플리케이션에서 다양한 용도로 사용되며, 가장 복잡한 것 중 하나는 서로 다른 UI 컴포넌트 간의 선택을 추적하는 것이다. 여기서는 Lookup이 전역 UI 컨텍스트를 나타내는데, 전역 UI 컨텍스트는 특정 객체가 나타나고 사라지는 곳이다. 툴바나 메인 메뉴에 있는 것과 같은 전역적인 동작은 스스로 활성화하거나 비활성화할 수 있다.

전역 컨텍스트는 사용자가 현재 선택한 컴포넌트로 위임하는 프록시에 불과하다. 이 컴포넌트에서는 해당 컴포넌트의 상태를 나타내는 Lookup을 제공하거나 컴포넌트 안에서 현재 선택된 요소로 계속 위임할 수 있다. 결국, 위임은 `ExtIcon`에 도달할 수도 있다. 이 경우 전역적인 툴바 저장 동작에서는 현재 컨텍스트를 조사하고, 프록시화 및 아이콘에 대한 Lookup으로로의 위임이 있고 나서 `Modified` 인터페이스의 존재 여부에 따라 자신의 상태를 재활성화한다.

이 시나리오에서는 Lookup을 *이벤트 버스(event bus)*로 생각할 수 있다. 이벤트 버스는 "객체가 들어오고 나오고 하는" 곳이기도 하다. 이벤트 버스는 사용자 인터페이스에서 무엇을 보여줄지 결정하는 데 사용된다. 이 접근법에서 맨 먼저 Lookup의 인스턴스를 만들어 그것을 이벤트 버스라고 부른다. 그런 다음, 사용자 인터페이스 요소가 Lookup에 리스너를 부착하게 만든 다음 알려진 객체에 대해 리스닝하게 만든다. 마지막으로 객체를 Lookup에 위치시키는 방법을 정의해야 한다. 그걸로 끝이다. 그러고 나면 이제 일반화된 타입 안전한(type-safe) 이벤트 버스가 만들어진다. 여기엔 다양한 개선과 추가를 위한 여지가 있다. 예를 들어, 이벤트나 네트워크 접근을 병합하는 것도 가능하다.

유용할 만한 또 다른 패턴은 *질의 패턴(query pattern)*이다. 이것은 Lookup의 두 가지 측면을 혼합한 것인데, 여기서 두 가지 측면이란 Lookup이 적응형 패턴(adaptable pattern)에 대한 API가 될 수 있다는 것과 Lookup이 컴포넌트 주입에 대한 파사드가 될 수 있다는 것을 의미한다.

코드에서 어떤 객체를 보관하고 있으면서 해당 객체에 관한 특별한 뭔가를 찾고 싶을 때가 많다. 예를 들어, 어떤 아이콘이 있고, 그 아이콘이 고양이를 표현할 수 있는지 여부를 알고 싶다고 해보자. 어떤 아이콘은 자기 자신이 무엇을 표현하는지 알 수도 있다. 하지만 대부분의 아이콘은 아이콘의 픽셀 값만을 알고 있다. 자기 자신의 콘텐츠를 이해하는 것은 도메인을 넘어서는 일이다. 하지만 픽셀을 조사해서 그것이 고양이를 표현하는지 여부를 추측할 수 있는 다양한 외부 알고리즘이 있을 수도 있다. 이러한 알고리즘은 개별 아이콘과 독립적이며, 그러한 아이콘 중 어떤 것과도 작동할 수 있다. 게다가 각 알고리즘의 다양한 구현체가 여러 개 있을 수도 있다. 이러한 전체 시스템이 협동하게끔 API를 만들 수 있을까?

이 API에는 사용자가 아이콘에 대해 "고양이 질문"을 물어볼 수 있는 메서드 하나가 필요하다. 아이콘 자체는 그 질문에 대한 답을 알거나 알지 못할 수도 있다. 답을 알지 못한다면 등록된 신전의 도움을 받아 신들의 생각이 어떤지 알아보자. 누구든지 질의할 수 있는 단순 API가 필요하더라도 판단 과정은 확장 가능해야 하고 모듈화된 애드온을 통해 API에 주입돼야 한다. 바로 이 부분에서 Lookup이 멋지게 한몫 한다.

```java
public class CatQuery {
    private CatQuery() {
    }

    public static boolean isCat(ExtIcon icon) {
        for (CatQueryImplementation impl :
            Lookup.getDefault().lookupAll(CatQueryImplementation.class)
        ) {
            Boolean res = impl.isCat(icon);
            if (res != null) {
                return res;
            }
        }

        for (CatQueryImplementation impl :
            icon.getLookup().lookupAll(CatQueryImplementation.class)
        ) {
            Boolean res = impl.isCat(icon);
            if (res != null) {
                return res;
            }
        }

        return false;
    }
}

public abstract class CatQueryImplementation {
    protected CatQueryImplementation() {    }

    protected abstract Boolean isCat(ExtIcon icon);
}
```

각 애드온에서는 자체적인 CatQueryImplementation 구현체를 등록해서 주입할 수 있다. 요청이 발생하면 각 애드온에서는 아이콘이 고양이를 표현하는지 여부를 판단할 수 있고, 그렇지 않으면 등록된 또 다른 질의 구현체에 판단을 맡길 수 있다.

이것은 컴포넌트 주입의 한 예다. API는 각 확장 기능이 각각의 개선책을 등록 후 사용할 기회를 준다. 하지만 이 예제는 적응형 패턴의 혜택도 누릴 수 있다. 때때로 사람들은 직접 아이콘을 구현하고 그 아이콘이 고양이인지 아닌지 직접 판단하고 싶을지도 모른다. 이것은 아이콘 룩업에 자체적인 CatQueryImplementation을 추가하는 식으로 손쉽게 달성할 수 있다. CatQueryImplementation이 호출되고 나면 판단을 거친 후 적절한 결과가 반환된다.

둘 중 그나마 나은 쪽

이 책을 주의 깊게 읽은 독자라면 왜 CatQueryImplementation이 인터페이스가 아닌 추상 클래스인지 궁금할 수도 있다 (특히 6장의 "추상 클래스는 유용한가?" 절의 내용을 살펴본 후라면). 추상 클래스보다 인터페이스를 선호한다고 주장하지 않았던가? 그랬다. 하지만 특정 상황에서는 추상 클래스에서 제공하는 접근 제어가 유용할 수 있다고 언급하기도 했다. "고양이 질의"는 그러한 사례 중 하나다.

API 제작자로서 내가 가장 두려워하는 부분은 API의 클라이언트가 CatQuery.isCat(ExtIcon)을 사용하지 않고 Lookup.getDefault().lookupAll(CatQueryImplementation.class)을 호출하는 식으로 질의 구현체를 직접 찾아 그것들과 직접 상호작용하는 것이다. 그렇게 되면 내가 심사숙고해서 작성한 isCat 메서드를 완전히 우회하게 될 것이며, 나중에 인터페이스를 진화시키지 못하게 될 것이다. 이 부분에 관해서는 8장에서 좀 더 자세히 이야기하겠다. 나는 질의 구현체 메서드를 protected로 만드는 식으로 이 같은 위험을 제거했다.

한편으로 세상에 공짜는 없으며, 이것은 원원하는 상황이 아니다. 메서드를 protected로 만드는 방법은 사실상 위임을 못하게 만든다. 또 다른 구현체로 위임할 CatQueryImplementation을 만드는 것이 불가능하다. 이렇게 되면 특정 상황에서는 제약이 생길지도 모른다. 하지만 그 부분에 관해서는 할 수 있는 일이 많지 않다. 여러분이 책임지고 차후 버전의 API를 담당하거나 API 사용자에게 좀 더 많은 자유를 줌으로써 API의 진화 능력을 제한하거나 둘 중 하나다. 나는 제어할 수 있는 상태를 유지하기로 했고, 그러한 이유로 여기서는 protected 메서드가 포함된 추상 클래스를 사용한 것이다.

전체적인 구성은 다시 한번 텔레인터페이스를 떠올리게 만든다. "초공간" 안의 중앙에는 Lookup을 담고 있는 객체가 있다. 그것 주위로 한쪽에는 관찰자가 있고 다른 한쪽에는 제공자가 있다. Lookup 자체는 텔레인터페이스를 통해 여행하는 객체에 관해 아무것도 알지 못한다. 하지만 Lookup은 타입 안전한 상태로 그러한 객체들을 우주의 한쪽에서 다른 쪽으로 전송할 수 있다.

질의 패턴은 주입과 적응형 패턴을 매끄럽게 합칠 수 있으며, 이때 두 패턴은 동기화되고 무한한 확장성을 달성할 수 있다. 필요하다면 질의 패턴은 향상된 인터페이스의 구현체가 "들어오고 나올" 때 그것들을 획득할 수 있는 단일 지점을 제공할 수도 있다. 넷빈즈 Lookup의 아름다운 점은 전역적인 차원의 주입과 적응형 패턴을 통합하고(따라서 그것들이 얼마나 비슷한지를 보여주기도 하는) 주입 및 적응형 API에 접근하는 일관성 있고 통합된 수단을 만들어준다는 것이다.

Lookup의 남용

Lookup의 동적인 특성은 대단히 흥미롭고 감동적이어서 적절한 곳에서 Lookup을 사용하기 시작하는 사람들은 심지어 좀 더 타입 안전한 변종이 존재하는 곳에서도 Lookup을 사용하는 경향이 있다. 이 같은 남용은 API 설계에서 경험주의가 증가하는 현상으로 이어질 수 있다. 즉, Lookup 자체가 온갖 흥미로운 객체로 가득 찬 "마법 가방"의 역할을 하게 되는 것이다. 그리고 나면 그러한 API의 사용자는 가방 안에 손을 집어넣어 아무것도 안 보이는 채로 특정 인터페이스를 찾는다. 해당 인터페이스가 거기에 있든 없든 말이다. 인터페이스가 있다면 제대로 동작할 것이고, 인터페이스가 없다면 완전히 망가질 것이다. 그 결과는 아마도 만족할 만한 코딩 경험은 아닐 것이며, 이러한 이유로 본 절에서는 Lookup의 사용을 다른 API 코딩 스타일로 대체하는 다양한 방법을 다루겠다.

나는 Lookup을 팩터리로 사용하는 API 제안을 본 적이 있다. 거기엔 팩터리 메서드에 전달할 법한 인터페이스들이 포함돼 있었다. 팩터리는 그러한 인터페이스의 존재를 토대로 원하는 객체를 만들어냈다.

```java
public interface NameProvider {
    public String getName();
}

public interface URLProvider {
    public URL getURL();
}

public interface ResetHandler {
    public void reset();
}
public static AServerInfo create(final Lookup interfaces)
```

이것은 Lookup의 "마법 가방" 기능에 의존했고, 순전히 마법처럼 느껴졌다. API를 살펴보는 것만
으로는 인터페이스 매개변수로 전달할 수 있는 인스턴스가 무엇인지 거의 가늠할 수 없었다. 이 접
근법이 만들어진 동기는 나쁘지 않은데, 그것은 향후 확장성에 최적화돼 있었기 때문이다. 하지만
새로운 인터페이스로 팩터리 메서드를 개선해야 할 때마다 새로운 메서드를 추가해야 할 필요는 없
을 것이다. 새로운 인터페이스를 인식하게끔 create 메서드의 구현체를 변경한 다음, 메서드 사용
자에게 그것을 제공하라고 하면 될 것이다. 그럼에도 이 같은 사용법은 텔레인터페이스 측면이 미흡
하다. 타입 정보를 전달하기 위한 병목지점이 없고, 팩터리 메서드에서는 인식 가능한 모든 인터페
이스를 알아야만 한다. 따라서 그러한 인터페이스를 메서드 시그너처에 직접적으로 나열하는 편이
더 나을 것이다.

```java
public static AServerInfo create(
    NameProvider nameProvider,
    URLProvider urlProvider,
    ResetHandler reset)
```

이 코드는 좀 더 명시적이고 자바 IDE의 최신 코드 완성 기능을 활용하기도 쉽다. 아울러 훨씬 더
높은 수준의 무지를 지원하는데, 서버 정보를 생성할 때 무엇을 구현하고 무엇을 팩터리 메서드에
전달하지 말아야 할지 파악하기 위해 문서를 읽어야 할 필요가 없기 때문이다. 게다가 진화 측면에
서도 좋다. 즉, 종료 기능을 지원해야 한다면 새 인터페이스와 팩터리 메서드를 추가하면 된다.

```java
/** @since 2.0 */
public interface ShutdownHandler {
    public void shutdown();
}

/** @since 2.0 */
public static AServerInfo create(
        NameProvider nameProvider,
        URLProvider urlProvider,
        ResetHandler reset,
        ShutdownHandler shutdown
    )
```

유일한 단점은 잠재적으로 긴 매개변수 목록을 가진 여러 개의 중복 정의된 create 메서드가 급증한다는 것이다. 특히 메서드 매개변수의 모든 변종(1번째에서 N번째의 매개변수)을 지원하고자 할 때 이런 현상을 볼 수 있으며, 2^N개의 팩터리 메서드가 있을 수 있다. 이것이 항상 문제가 되지는 않겠지만 이런 문제가 불거지면 이를 우회하는 방법이 있다. 나는 이것을 *누적 팩터리(cumulative factory)* 패턴이라고 한다.

```java
public static AServerInfo empty() {
    return new AServerInfo(null, null, null, null);
}


public final AServerInfo nameProvider(final NameProvider np) {
    return new AServerInfo(np, this.url, this.reset, this.shutdown);
}
```

이 패턴은 최소한의 인자를 포함하는 단 하나의 팩터리(객체의 "기본" 구현체를 생성하는)뿐 아니라 다수의 "복제" 메서드도 함께 도입한다. "복제" 메서드는 원본 인스턴스는 그대로 유지한 상태에서 기존 인스턴스의 상태를 모두 취해 그중 하나를 변경한 후 새로 조합된 값을 가진 새롭게 생성된 인스턴스를 반환한다. 그 결과, 중요하지 않은 매개변수로 인해 성가신 일을 겪지 않아도 된다. 아울러 메서드의 양을 유용한 인터페이스의 수에 따라 선형적으로 유지하면서 이러한 메서드를 어떤 식으로도 조합할 수 있다.

```java
inf = AServerInfo.empty().nameProvider(p).urlProvider(p).reset(p);
```

DVB-T 신호 조정

내가 진행 중인 DVB 센트럴 프로젝트(내 컴퓨터에서 나오는 디지털 비디오 방송을 캡처하려고 만든)의 경우 올바른 TV 채널로 조정하는 수단이 필요했다. 하지만 DVB는 곧 대체될 기존의 구식 TV 방송 신호에 비해 좀 더 복잡해서 조정할 주파수를 지정하는 것만으로는 부족하다. 아울러 대역폭, 전송 모드, 부호율, 변조방식, 스펙트럼 역전 가드 인터널, 그리고 어쩌면 훨씬 더 많은 것들을 설정해야 한다.

원래는 Tune 클래스와 Tune 클래스의 인스턴스를 만들어내는 팩터리 메서드를 갖고 싶었다. 하지만 엄청나게 많은 설정 매개변수이 개수를 보고 겁에 질렸다. 가장 상세한 팩터리 메서드의 경우에는 매개변수 목록이 무지 길 것이다. 그때 나는 누적 팩터리와 Tune을 사용하는 것의 가능성을 깨달았고, 그러자 문제가 간단해졌다.

게다가 이 해법은 한 가지 멋진 기능을 가능케 했다. 기존의 방송 신호와 달리 DVB 신호는 대개 상태를 전달하기 위해 하나의 공통 주파수를 공유한다. 이것이 가능한 까닭은 두 개의 송신기에서 들어오는 방송 신호는 같은 주파수를 사용해 세게 만들 수 있기 때문이다. 반면 기존 방송 신호 송신기는 간섭이 있었다. 어째서 그것이 가능한지는 나의 무지 수준을 넘어서는 일이다. 하지만 기본 팩터리의 호출자가 거주하는 지역 상황에 따라 API에서는 호출자 지역에 대한 적절한 값을 지정해 Tune 인스턴스를 생성할 수 있다. 그러한 값 중 일부는 작동하지 않을 수도 있다. 하지만 대부분의 값은 올바를 가능성이 굉장히 높다. 그 결과, 대개 추가적인 매개변수는 그대로 둔 채로 기본 Tune을 획득해 주파수만 변경하는 것만으로도 충분할 것이다. 이것은 전통적인 팩터리 메서드로는 달성하기가 쉽지 않을 것이다.

AServerInfo 클래스가 final이고 불변적이면 도움될 것이다. 12장의 "객체를 불변적으로 만들어라" 절과 같이 이 책의 다른 곳에서는 이와 관련된 유용한 제안이 여럿 포함돼 있다. 이 Lookup 지향적인 장의 목적상 독자는 Lookup이 늘 최선의 해법은 아니라는 점만 염두에 두면 된다. 특히 Lookup의 텔레인터페이스 기능이 필요하지 않을 경우에는 다른 대체 API 스타일을 고려해야 한다.

CHAPTER 8

클라이언트와
제공자를 위한
API를 분리하라

API의 유형은 하나 이상인가? 클라이언트를 위한 API는 구현자를 위한 API와 다른가? 두 질문에 대해 간단히 답하자면 "그렇다"이다. 8장에서는 이것이 왜 중요하고 API 설계에 의미하는 바가 무엇인지에 관해 살펴본다.

한 예로 윈앰프를 위한 가상의 API 또는 리눅스 세계의 경우 X 멀티미디어 시스템(XMMS)을 위한 API를 생각해 보자. 이와 관련된 플레이어는 오디오 파일을 재생하고, 다음 곡으로 넘어가며, 이전 곡으로 되돌아가고, 재생 목록을 제공할 수 있다. 재생 목록에서는 곡의 추가, 제거, 순서 조정과 같은 기능을 제공할 수 있다. 기능은 사용자에게 제공되지만 API를 통해 다른 프로그램에서도 접근할 수 있다. 프로그램에서는 `xmms.pause()`나 `xmms.addToPlaylist(filename)`을 호출할 수 있다. 보다시피 다른 프로그램에 의해 상호작용이 시작되며, 여기서 다른 프로그램은 플레이어의 API를 이용해 어떤 행동을 수행하도록 지시한다. 명령의 실행이 끝나면 제어 흐름이 호출자에게 되돌아온다. 여기서 호출자에게 *클라이언트(client)*를, API에게 *클라이언트 API*라는 이름을 부여해 보자.

이와 동시에 XMMS API에서는 서드파티에서 *출력 플러그인(output plug-in)*을 등록할 수 있게 허용한다. 따라서 재생된 데이터를 디스크에 기록하거나 네트워크를 통해 방송하거나 하는 등의 유틸리티 메서드를 제공함으로써 기본 플레이어의 기능을 확장할 수 있다. 플레이어 자체는 그러한 경우 상호작용을 시작한다. 재생에 필요한 데이터를 충분히 수집하고 나면 프로그램에서는 현재 출력 플러그인이 있는 곳을 찾아 `plugin.playback(data)`와 같은 식으로 처리할 데이터를 보낸다. 재생이 끝나면 실행 흐름이 플레이어에게로 되돌아오는데, 그러면 플레이어에서는 계속해서 더 많은 데이터를 수집하고 전체 과정이 계속 진행된다. 플러그인은 클라이언트인가? 글쎄, 플러그인은 이전 단락에서 설명한 클라이언트와는 완전히 다른 위치에 있다. 플러그인은 XMMS가 뭔가를 하도록 지시하지 않는다. 플러그인은 XMMS에서 수행할 수 있는 행위의 가짓수만 늘린다. 따라서 플러그인은 클라이언트가 아니다. XMMS가 플러그인을 등록할 수 있는 것은 서비스 제공자 인터페이스(SPI; Service Provider Interface)의 한 예다.

C와 자바로 API/SPI 표현하기

서비스 제공자를 위한 클라이언트 API가 어떻게 다른지 보여주기 위해 이번에는 두 가지 서로 다른 언어로 차이점을 표현해 보겠다. 먼저 객체 지향적인 확장 기능 없이 절차적인 C 언어로 API를 작성하겠다. 그리고 나서 같은 인터페이스를 자바 버전으로 만들어보겠다.

C 언어는 클라이언트 API를 표현하기에 안성맞춤이다. 메서드를 작성하고 그것들을 헤더 파일에 선언하기만 하면 된다. 그러고 나면 다른 사람들이 해당 파일을 대상으로 컴파일해서 메서드를 호출할 수 있다.

```
void xmms_play();
void xmms_pause();
void xmms_add_to_list(char *);
```

자바의 접근법도 크게 다르지는 않다.

```
public class XMMS {
    public void play() {
        doPlay();
    }

    public void pause() {
        doPause();
    }

    public void addToPlaylist(String file) {
        doAddToPlaylist(file);
    }
}
```

하지만 선택의 폭이 더 넓다. 이러한 메서드를 static으로 선언하거나, 인스턴스 메서드로 만들거나, 추상 메서드로 만들거나, final 메서드로 만드는 것도 가능하다. 이러한 각 선택은 각각 시맨틱이 살짝 다르다. 하지만 이러한 메서드에 아무런 접근 제한자가 없고 클라이언트에서는 어떻게든 기 정의된 XMMS 객체의 인스턴스를 획득한다고 가정해 보자. 그러면 C와 자바가 클라이언트 API를 처리하는 방식이 비슷하다는 점이 분명하게 드러난다. 하지만 SPI를 작성할 때는 상황이 완전히 달라진다.

C로 자체적인 XMMS용 플러그인을 작성하려면 반드시 재생을 수행하는 함수로 시작해야 한다. 플러그인에서는 반드시 다음과 같은 내용을 정의해야 한다.

```
void my_playback_prints(char* text) {
    printf("%s\n", text);
}
```

아울러 플레이어 자체에서는 다음과 같이 몇 가지 다른 함수에 대한 포인터를 받아들이는 등록 함수
도 마련해야 한다.

```
void xmms_register_playback(void (*f)(char*));
```

플러그인에서는 이 메서드를 호출해 자기 자신을 등록한다.

```
xmms_register_playback(my_playback_prints)
```

그런 다음 XMMS에서는 필요할 때마다 재생 함수를 호출한다. 자바에서는 포인터를 이용하는 대신
재생 인터페이스의 정의로 계약을 시작한다.

```
interface Playback {
    public void playback(byte[] data);
}
```

그런 다음 플러그인에서 인터페이스를 구현하고 해당 인스턴스를 플레이어에 등록해야 한다.

```
class MyPlaybackPrints implements XMMS.Playback {
    public void playback(byte[] data) {
        System.out.println(new String(data));
    }
}
xmms.registerPlayback(new MyPlaybackPrints());
```

이게 끝이다. 플레이어에서는 C의 경우와 마찬가지로 플러그인을 호출할 수 있다. 동작 방식은 같지
만 그것을 획득하는 데 사용한 로직은 상당히 다르다. 자바의 경우 클래스와 인터페이스, 서브클래
싱 및 구현과 같이 자바 과정의 첫 학기에 배운 자바 구성요소만 이용한다. C 버전에서는 함수 포인
터를 사용해야 할 텐데, 함수 포인터는 첫 학기를 보낸 대부분의 학생들은 전혀 들어본 적도 없는 주
제일 것이다.

C의 경우에는 콜백과 같은 SPI를 만들기 위해 작업해야 할 양이 초보자를 압도하기에 충분하다. SPI를 설계할 수 있거나 설계해야 하는 상태에 도달하려면 상당한 양의 지식이 필요하다. 하지만 자바에서는 private이나 final, 또는 static으로 설정되지 않은 메서드라면 누군가가 콜백을 제공할 수 있게 돼 있어서 우연히 SPI가 만들어질 수 있다. 프로그래머와 교사들은 이를 명확하게 이해하지 못할 때가 많다. 이것은 사회적 통념의 일부가 아니다. 자바 책에서는 1장 또는 적어도 애플릿에 관해 이야기하기 시작할 때 public, 비static, 비final 메서드를 소개하지만 그러한 모든 접근 제한자의 사용에 따른 결과에 관해서는 적절히 경고하지 않는다. 간단한 프로젝트에서는 그렇게 하는 편이 괜찮을 수도 있겠지만 API를 설계하기 시작하면 처음에 배운 모든 나쁜 습관들은 실수의 형태로 나타나서 계속 여러분을 괴롭힐 것이다.

API 진화는 SPI 진화와 다르다

진화는 모든 계약의 자연스러운 일부분이다. 시간이 지남에 따라 모든 것들은 쓸모없거나 불충분해지거나 망가진다. API나 SPI라고 해서 예외는 아니다. 진화에 대비하고 진화를 계획함으로써 그렇게 하지 않았을 때 일어날 되돌리기 힘든 실수를 예방하는 것이 상책이다.

클라이언트에게 메서드를 제공하는 API의 경우 추가와 관련된 문제는 없다. 재생목록에서 파일을 제거하기 위해 새로운 메서드를 추가한다고 해서 바이너리 호환성이 깨지는 것은 아니다. 새 버전의 XMMS API를 사용하는 클라이언트를 기쁘게 할 수 있다. 클라이언트는 더 많은 가능성과 선택권을 갖게 되고, 새로 추가된 메서드를 사용하거나 사용하지 않을 수 있다. 이것은 클라이언트 API를 확장하기 위한 윈윈 전략이다.

제공자 API의 경우 상황은 정확히 그 반대다. 다른 사람들이 반드시 제공해야만 하는 인터페이스에 새로운 메서드를 추가하면 사실상 기존의 모든 구현체가 망가지는데, 기존 구현체에서는 해당 메서드를 구현하지 않았기 때문이다! 한편 호출을 중단하는 것은 수용할 만하고 타당한 방법인데, 그렇게 함으로써 본질적으로 이러한 종류의 인터페이스로부터 메서드가 제거되기 때문이다. 연산의 흐름이 계약의 일부가 아니었다면 메서드 하나를 호출하지 않더라도 크게 망가지는 것은 없을 것이다.

바이너리 호환성 대 소스 호환성

JVM은 링크 오류만 없다면 인터페이스의 메서드를 모두 구현하지는 않은 클래스를 로드할 수 있다. 오류는 나중에 누락된 메서드가 호출될 때 발생하는데, 미정의된 메서드를 호출했을 때 `java.lang.AbstractMethodError`가 발생한다. 이 책에서는 권장하지 않지만 메서드 호출자도 해당 메서드를 추가하면 이 같은 상황을 수용할 만하다. 그러고 나면 적절한 예외 포착으로 메서드 호출을 언제든지 감쌀 수 있다.

진화 경로는 인터페이스의 타입에 따라 달라진다. API에 추가하는 것은 수용할 만하고, 기능을 제거하는 것은 그렇지 않다. SPI에서는 제거는 허용되고, 추가는 허용되지 않는다. 계약을 만들 때는 어느 부분이 클라이언트가 호출할 API를 구성하고, 어느 부분이 여러분이 작성하는 기능을 확장할 SPI를 구성하는지 반드시 이해해야만 한다. 여러분이 저지를 수 있는 가장 큰 실수는 한 클래스 내에서 *API와 SPI를 한데 섞는* 것이다. 그렇게 하면 진화의 여지가 생기지 않는다. 메서드를 추가하는 것은 SPI 계약 때문에 금지되고, 제거는 API 계약 때문에 금지된다. *항상 API를 SPI와 분리하라.*

Writer의 자바 1.4와 자바 1.5 사이의 진화

자바 1.4의 java.io.Writer API를 생각해 보고 후속 릴리스에서 이 API에 무슨 일이 일어났는지 재현해 보자. 이 클래스는 java.lang.Appendable을 구현하는 것으로 시작됐고, 이 클래스에 포함된 메서드(특히 Appendable append(CharSequence csq))의 구현체를 제공해야 했다. 새 메서드는 추상 메서드로 둘 수도 있었는데, 자바 1.5 버전에 추가된 새로운 메서드에 관해 알지 못한 채 이미 여러 하위 클래스에서 Writer 클래스를 구현했기 때문이다. 그래서 이 메서드는 어떤 식으로든 구현체를 가지고 있어야 한다. 이제 해당 메서드를 구현할 때 택할 수도 있었던 다양한 선택사항에 관해 생각해 보자. 물론 우리는 이미 JDK 1.5에서 이 메서드를 어떻게 구현했는지 알고 있지만 여기서는 알고 있지 않다고 가정하고 최적의 대안을 찾아보기로 하자.

해당 메서드를 추상 메서드로 만들 수 없다는 사실은 이미 알고 있는 바다. 하지만 예외를 던지게 할 수는 있지 않을까?

```
public Writer append(CharSequence csq) throws IOException {
    /*
     * 이 메서드는 새로 추가된 메서드이고 하위 클래스에서는
     * 이 메서드를 재정의할 필요가 있으므로 예외를 던진다.
     */
    throw new UnsupportedOperationException();
}
```

그렇다. 예외를 던질 수 있다. 이것은 구현자에게 적절한 방식인데, Writer를 서브클래싱하는 측에서는 새로운 append 메서드를 구현하지 않았기 때문이다. 이 메서드에서 예외를 던지게 하는 것은

Writer 하위 클래스의 제공자 관점에서는 올바른 동작 방식처럼 보인다. 하지만 좀 더 보편적인(즉, 클라이언트) 관점에서는 Writer의 새 메서드에 구현부가 없다는 것은 적절하지 않다. 그렇다면 아무도 해당 메서드를 믿고 쓸 수 없거나 적어도 모든 사람들이 방어적인 코드를 작성해서 발생 가능한 실패에 대비해야 한다.

```
try {
    bufferedWriter.append(what);
} catch (UnsupportedOperationException ex) {
    bufferedWriter.write(what.toString());
}
```

사실 이것은 말도 안 되는 API다. 단순히 호출하는 대신 4줄짜리 코드를 작성해야 한다. 내가 이 API의 사용자였다면 새 메서드를 호출하는 것과 관련된 지저분한 일을 하려고 하기보다는 기존 메서드를 사용하고 늘 문자열로 변환하는 방식을 이용할 것이다. 따라서 예외를 던지는 것은 훌륭한 선택으로 보이지 않는다. 새 메서드의 기본 구현을 제공하는 편이 훨씬 더 적절하다.

```
if (csq == null) {
    write("null");
} else {
    write(csq.toString());
}
return this;
```

여기서는 Writer 클래스의 클라이언트 관점에서 훌륭한 해법을 제시했으며, 실제로 이것은 JDK에서 사용 중인 해법이기도 하다. 클라이언트에서는 기본 구현체나 좀 더 효율적인 구현체를 제공할 수 있는 하위 클래스로 구현된 메서드에 의존할 수 있다. 여기까지는 좋다.

하지만 문제가 하나 있다. 시퀀스의 문자를 문자열로 변환하지 않고도 처리할 수 있는 고도로 최적화된 라이터(writer)가 있더라도 원하는 수준의 성능은 얻지 못할 수도 있다. 어떻게 이런 일이 가능할까? 음, 출력 스트림의 속도를 높이고 싶다면 어떻게 해야 할까? 출력 스트림을 BufferedOutputStream으로 감싸면 된다. 라이터와 관련된 연산 속도를 높이고 싶다면 어떻게 해야 할까? BufferedWriter를 사용하면 된다. 하지만 Writer가 새로운 append 메서드로 개선되면 이 방법은 더는 통하지 않을 것이다. 문제는 BufferedWriter에서 새로운 메서드를 구현하는 동안에는 효율적인 위임과 호환성 중 하나를 선택해야 한다는 것이다. 빠르고 올바른 BufferedWriter의 구현체를 구현하는 단순한 방법은 없다. append(CharSequence seq) 메서드를 재정의하지 않는다면 BufferedWriter로 자신의 코드를 최적화하는 누구도 성능상의 혜택을 얻을 수 없을 것이다.

```java
/** 기록된 문자의 수를 세는 Writer */
public class CountingWriter extends Writer {
    private int counter;

    public int getCharacterCount() {
        return counter;
    }

    @Override
    public void write(char[] cbuf, int off, int len) throws IOException {
        counter += len;
    }

    @Override
    public Writer append(CharSequence csq) throws IOException {
        counter += csq.length();
        return this;
    }
}
/**
 * "게으른" 문자 시퀀스. 예를 들어, CD의 내용을 표현하고 그것을 게으른 방식으로
 * 읽어 들이는 문자 시퀀스는 한 번에 모두 메모리에 올리지 않는다.
 */
private static final class CDSequence implements CharSequence {
    private final int start;
    private final int end;

    public CDSequence() {
        this(0, 647 * 1024 * 1024);
    }

    private CDSequence(int start, int end) {
        this.start = start;
```

```
        this.end = end;
    }

    public int length() {
        return end - start;
    }
}
//
// BufferedWriterOnCDImageTest에서 가져온 테스트 코드:
//
CountingWriter writer = new CountingWriter();
CDSequence cdImage = new CDSequence();
BufferedWriter bufferedWriter = new BufferedWriter(writer);
bufferedWriter.append(cdImage);
assertEquals(
    "Correct number of writes delegated",
    cdImage.length(), writer.getCharacterCount());
```

앞의 경우에서처럼 클라이언트 애플리케이션이 새로운 메서드를 사용하기 위해 재작성되더라도 잠재적으로 최적화된 메서드인 w.append(CharSequence)는 호출되지 않을 것이다. BufferedWriter 내의 구현체는 이러한 모든 최적화를 무용지물로 만든다. 시퀀스는 항상 문자열로 변환되는데, 이 경우 때때로 너무나도 많은 메모리를 필요로 해서 연산이 성공하지 못하게 만들기도 한다. 더 나은 방법이 있는가? 그렇다. BufferedWriter의 새 append 메서드를 성능을 그대로 유지한 채로 위임하도록 다시 구현해보자.

```
// 효율적이지만 아직까진 위험한 위임인데, 잘 알지 못하는 메서드를
// 1.4 버전에서 사용됐던 하위 클래스에서 사용하게 하기 때문이다.
if (shouldBufferAsTheSequenceIsNotTooBig(csq)) {
    write(csq.toString());
} else {
    flush();
    out.append(csq);
}
return this;
```

이렇게 바꾸면 원하는 효과를 볼 수 있다. 즉, BufferedWriterOnCDImageTest에서 볼 수 있듯이 거대한 시퀀스의 문자 개수를 계산하는 데 성공한다. 하지만 이것으로 끝나는 게 아니다. 해결해야 할 또 다른 문제가 있다. BufferedWriter는 서브클래싱이 가능하고 BufferedWriter의 메서드는 재정의되어 상속된 다른 메서드의 동작 방식이 바뀔 수 있다. 예를 들어, 다음과 같은 코드를 이용해 암호화 연산을 수행해 보자.

```java
public class CryptoWriter extends BufferedWriter {
    public CryptoWriter(Writer out) {
        super(out);
    }

    /*
     * BufferedWriter의 알려진 모든 메서드를 재정의해서
     * char나 string, char 배열 인자를 변환해야 한다.
     */
    @Override
    public void write(char[] buf, int off, int len) throws IOException {
        char[] arr = new char[len];
        for (int i = 0; i < len; i++) {
            arr[i] = encryptChar(buf[off + i]);
        }
        super.write(arr, 0, len);
    }

    @Override
    public void write(int c) throws IOException {
        super.write(encryptChar(c));
    }

    @Override
    public void write(String str, int off, int len) throws IOException {
        StringBuffer sb = new StringBuffer();
        for (int i = 0; i < len; i++) {
            sb.append(encryptChar(str.charAt(off + i)));
        }
        super.write(sb.toString(), 0, len);
    }
```

```
    private char encryptChar(int c) {
        if (c == 'Z') {
            return 'A';
        }
        if (c == 'z') {
            return 'a';
        }
        return (char) (c + 1);
    }
}
```

이러한 클래스에서는 작성 시점(예: JDK 1.4)에 알려진 모든 메서드를 재정의해 기존의 write 메서드를 이용해 메서드에 전달된 데이터를 모두 암호화한다. 하지만 클래스를 생성하는 개발자는 append 메서드에 관해 아는 바가 없었는데, 그러한 메서드는 나중에 나타났기 때문이다. 그러한 메서드를 이용하면 텍스트가 암호화되지 않은 것처럼 보인다.

```
CryptoWriter bufferedWriter = new CryptoWriter(writer);
bufferedWriter.append("VMS");
bufferedWriter.flush();
assertEquals("Converted", "WNT", writer.toString());
```

위 코드 예제가 동작할 거라 기대하겠지만 append(CharSequence) 메서드가 기반 out.append (CharSequence)로 효율적으로 위임돼 있어서 아무것도 암호화되지 않을 것이다. JDK 1.4 구현체 이전에 알려졌던 메서드는 아무것도 호출되지 않는데, CryptoWriter의 관점에서는 호환되지 않는 동작 방식을 도입했기 때문이다. CryptoWriter 클래스의 의도는 모든 쓰기를 감싸는 것이었는데, 이 버전의 BufferedWriter에서는 이런 일이 일어나지 않는다.

문제가 점점 복잡해지고 있다! 거대한 시퀀스를 처리하는 것과 같은 어떤 용도로는 기반 라이터로 직접 위임하는 편이 더 나을 것이다. 다른 상황에서는 BufferedWriter.write(String)를 호출할 필요가 있으며, 그렇지 않으면 하위 호환성이 훼손된다. 이것은 까다로운 상황이지만 해결할 수 없는 것은 아니다. 약간의 리플렉션 마법을 이용하면 클래스가 서브클래싱됐는지 여부와 write 메서드를 재정의하는지 여부를 조사함으로써 무엇을 언제 어떻게 해야 할지 알 수 있다. 두 조건을 모두 충족하는 코드는 존재하며 올바르게 동작한다. 그 코드는 다음과 같다.

```
boolean isOverriden = false;
try {
    isOverriden =
        (
            getClass().getMethod(
                "write", String.class
            ).getDeclaringClass() != Writer.class
        ) ||
        (
            getClass().getMethod(
                "write", Integer.TYPE
            ).getDeclaringClass() != BufferedWriter.class
        ) ||
        (
            getClass().getMethod(
                "write", String.class, Integer.TYPE, Integer.TYPE
            ).getDeclaringClass() != BufferedWriter.class
        );
} catch (Exception ex) {
    throw new IOException(ex);
}

if (isOverriden || shouldBufferAsTheSequenceIsNotTooBig(csq)) {
    write(csq.toString());
} else {
    flush();
    out.append(csq);
}
return this;
```

이 세 번째 버전은 마지막 버전이다. 이 버전은 리플렉션 때문에 다소 복잡하긴 하지만 동작한다. 이 버전에서는 모든 write 메서드의 동작을 기대할 수 있는지 확인한다. 즉, 각 write 메서드가 재정의됐는지 검사하는 것이다. 그리고 재정의되지 않았으면 CharSequence의 처리를 곧바로 기반 라이터로 위임한다. 이렇게 하는 이유는 이 버전에서는 CD 이미지를 표현하는 시퀀스까지도 효율적으로 처리할 수 있기 때문이다. 반면 BufferedWriter의 기본 동작 방식이 어떤 식으로든 변경될 수 있다는 위험이 있다면 이전 버전에서 이 클래스를 서브클래싱했던 사람들을 위해 적절한 호환성을 보장하도록 자체적인 write 메서드로 위임하는 방법으로 되돌아간다. 이 같은 종류의 위임은 느리지만 CryptoWriter와 같은 코드가 계속해서 동작하게끔 보장한다.

리플렉션의 사용은 이러한 코드를 이전보다 훨씬 덜 멋지게 만들지만 적어도 동작은 하고 올바른 작업을 수행한다. 하위 호환성이 자주 제약사항으로 작용하고, 진화가 때때로 필요하기 때문에 이 같은 기법이 필요한 것으로 여겨질 수도 있으며, 특히 첫 번째 버전을 릴리스할 때 잘 하지 못했다면 더욱 그렇다. 이것은 API가 첫 번째 버전에서 진화에 대비하지 못했기 때문에 치러야 할 비용에 해당한다. Writer 클래스에서는 클라이언트를 위한 API와 서비스 제공자 API가 함께 섞여 있다. 이러한 API는 진화에 다양한 제약사항을 부과하고, 특히 서비스 제공자 API는 새로운 메서드가 추가됐을 때 문제의 소지가 많기 때문에 꽤나 애매한 상황에 처할 수 있다. BufferedWriter와 CryptoWriter의 협동에 관해 논의할 때 이 같은 상황을 분명히 보여준 적이 있다.

넷빈즈의 Node와 FilterNode

Writer와 BufferedWriter가 다소 인위적인 예제이고, 암호화와 CD 처리와 관련된 문제가 현실 세계에서 일어날 가능성은 높지 않다고 생각하는 사람도 있을 것이다. 사실이다. 이 예제는 내가 만들어낸 것이고 나는 Writer와 BufferedWriter를 사용하기로 결정했는데, 이렇게 한 이유는 두 클래스가 널리 알려져 있을뿐더러 이미 존재하는 클래스로 위임하는 새로운 메서드를 통해 확장되는 과정을 겪었기 때문이다. 그래서 예제는 인위적이지만 상황은 그렇지 않다. 나는 이 같은 상황을 넷빈즈 Nodes API에서 접한 적이 있고, 그런 상황에 처했을 때 내 눈을 믿을 수 없었다.

넷빈즈 Nodes API는 노드(프로퍼티, 이름, 표시명, 추가적으로 확장 가능한 속성, 계층구조를 가진 빈)을 표현할 수 있는 자바빈 API의 추상화에 해당한다. 계층 구조는 java.beans.beancontext에 영감을 받았고, 완전히 알지 못하는 노드와 빈도 트리 계층구조로 재구성되어 다른 노드와 협동할 수 있게 만들어준다.

넷빈즈에서는 이 API를 디스크 상의 파일의 내용이나 프로젝트의 논리적 구성, 데이터베이스 구조, 자바 소스의 요소 등을 표시하는 데 상당히 자주 사용한다. 패턴은 거의 항상 비슷하다. 누군가가 프로젝트 구조와 같은 골격을 정의하고 나서 개별 노드/빈을 골라 해당 구조에 삽입한다. 그 결과, 전체 트리를 통제하는 사람은 아무도 없다. 모든 이들이 일부분을 책임지고 나머지 부분은 시스템 내의 모르는 누군가에게 위임된다.

앞에서 설명한 내용은 그리 큰 문제는 아닐 것이다. 하지만 때때로 프로젝트의 기본 구조가 충분히 만족스럽지 않을 수도 있다. 예를 들어, 자바 파일이 아닌 것은 프로젝트에서 제외하고 싶을 수도 있다. 이러한 상황에서 사용하기 위해 FilterNode라고 하는 것을 제공한다. FilterNode 클래스는 다른 노드의 이름, 프로퍼티, 계층 구조를 포함해서 Node를 장식할 수 있다. 그 결과, FilterNode나 FilterNode의 하위 클래스를 이용할 때는 두 개의 계층화된 노드 구조를 확보할 수 있다. 아래쪽에는 원본 노드의 트리가 자리 잡고, 위쪽은 아래 노드로 위임하는 FilterNode의 트리가 자리 잡는 것이다. 이러한 두 트리는 정확히 일치하지 않아도 된다. 필터링을 통해 계층구조에서 몇 가지 원본 노드를 제거하거나 몇 가지 노드를 추가할 수도 있다. 하지만 때때로 FilterNode는 일부 원본 노드에 위임하기도 한다. 원본 계층구조를 구성한 방식에 따라 그러한 노드는 완전히 알지 못하는 모듈에서 제공하는 완전히 모르는 노드일 수도 있다. 이것들은 모두 약간 더 복잡한 BufferedWriter 및 Writer와 같은 상황을 연출하는데, 이 경우 호출을 위임받는 기반 객체를 전혀 통제할 수 없기 때문이다.

한번은 노드 위에 팝업 메뉴를 보여주는 동작을 수행하는 대체 메서드를 추가해야 했다. 원래는 SystemAction[] getActions()가 있었는데, 이 메서드는 스윙이 널리 사용되기 훨씬 전에 만들어진 것이었다. 이 메서드에서는 넷빈즈에서 자체적으로 만든 타입을 반환했다. 우리는 이 메서드를 변경해서 실제 스윙 액션을 사용하기로 했고, 그래서 나는 javax. swing.Action[] getActions(boolean b)를 도입했다. SystemAction이 javax.swing.Action을 구현했기 때문에 나는 JDK 1.5의 Writer.append 메서드가 Writer.write로 위임한 것과 마찬가지로 새 메서드에서 기존 메서드로 위임했다. 게다가 팝업 메뉴를 표시하는 모든 코드에서 새 메서드를 사용하도록 바꿨다. 이러한 모든 변화는 자연스럽고 맞는 것처럼 보였다. 모든 노드에서는 넷빈즈의 비공개 액션을 지원하는 것을 그만두고 대신 직접 기존 또는 자체적으로 만든 스윙 코드에 위임할 수 있었다.

하지만 한 주가 채 지나지 않아 특정 노드에서는 팝업 메뉴가 올바르게 동작하지 않는다고 불만을 토로하는 버그 리포트를 받았다. 버그를 검토하고 난 후 문제가 FilterNode에 있다는 사실을 알게 됐다. 사용자가 기존 Node를 장식하자마자 FilterNode의 새 getAction(boolean) 메서드가 기존 getAction() 메서드로 위임하는데, 그렇게 되면 장식되는 노드의 기존 getAction() 메서드를 호출하게 되고, 새로운 getAction(boolean)은 완전히 건너뛰게 되는 것이다. 이것은 BufferedWriter를 이용해 CDSequence를 최적화된 방식으로 쓰려고 했던 것과 마찬가지다.

나는 모든 문제의 원인을 알고 나서 깜짝 놀랐다. 그 결과, 나는 두 가지 행동을 취했다. 먼저 FilterNode에 리플렉션을 집어넣어 기존 메서드가 재정의돼 있지 않을 경우 위임을 최적화하거나 하위 클래스에서 제공되지 않은 경우 원래 메서드로 적절히 위임했다. 두 번째로 일반 자바 라이브러리 사용자에게 친숙할 만한 Writer와 BufferedWriter 예제를 만들어 내 경험담을 보여줬다.

이제 우리는 문제를 알고 있을뿐더러 그러한 문제가 나타났을 때 그 상황에서 회복하는 법을 알고 있으므로 애초부터 그런 문제가 일어나지 않게 방지하는 것에 관해 생각해볼 수 있다. 전체적인 관점에서 보면 모든 문제의 근원은 서브클래싱과 위임을 혼합하는 것에 있는 것처럼 보인다. 서브클래싱은 클래스를 서비스 제공자 API로서 사용하는 예인 반면 위임은 동일한 인터페이스를 대상으로 클라이언트 API를 호출함으로써 다양한 방식으로 진화할 수 있는 능력을 제한한다. 이러한 두 유형의 API 사용을 혼합하는 것은 원하는 만큼 충분히 매끄럽게 진행되지 않는다. 자바에서 잘 동작하고 진화까지도 지원하도록 이러한 두 접근법을 합치는 방법이 있는지는 장담할 수 없다. 하지만 서브클래싱을 방지하거나 위임을 방지하는 식으로 두 가지 상황이 섞이지 않게 하는 방법은 알고 있다.

먼저 서브클래싱을 방지하는 데 필요한 것이 무엇인지 알아보자. 이 경우 이번 절에서 제시한 조언에 따라 클라이언트 API를 다른 사람들이 구현한 서브클래싱이 가능한 API와 분리하기만 하면 된다. Writer의 원래 버전이 다음과 같다고 해보자.

```java
public final class Writer {
    private final Impl impl;

    private Writer(Impl impl) {
        this.impl = impl;
    }

    public final void write(int c) throws IOException {
        char[] arr = { (char) c };
        impl.write(arr, 0, 1);
    }

    public final void write(char cbuf[]) throws IOException {
        impl.write(cbuf, 0, cbuf.length);
    }

    public final void write(char cbuf[], int off, int len) throws IOException {
        impl.write(cbuf, off, len);
    }

    public final void write(String str) throws IOException {
        impl.write(str, 0, str.length());
    }

    public final void write(String str, int off, int len) throws IOException {
        impl.write(str, off, len);
    }

    public final void flush() throws IOException {
        impl.flush();
    }

    public final void close() throws IOException {
        impl.close();
    }
```

팁 API는 원본 java.io.Writer와 비슷한 메서드가 포함된 final 클래스에 들어 있다. 다음은 전체 인터페이스(다양한 API 구현체를 생성하는 몇몇 팩터리 메서드가 포함된) 중에서 서비스 제공자 부분에 해당한다.

```java
public static Writer create(Impl impl) {
    return new Writer(impl);
}

public static Writer create(final java.io.Writer w) {
    return new Writer(new Impl() {
        public void write(String str, int off, int len) throws IOException {
            w.write(str, off, len);
        }

        public void write(char[] arr, int off, int len) throws IOException {
            w.write(arr, off, len);
        }

        public void close() throws IOException {
            w.close();
        }

        public void flush() throws IOException {
            w.flush();
        }
    });
}

public static Writer createBuffered(final Writer out) {
    return create(new SimpleBuffer(out));
}

public static interface Impl {
    public void close() throws IOException;
    public void flush() throws IOException;
    public void write(String s, int off, int len) throws IOException;
    public void write(char[] a, int off, int len) throws IOException;
}
}
```

그럼 새로운 메서드를 추가하는 것은 호환성을 유지한 채로 손쉽게 할 수 있을 것이다. final 클래스에 메서드를 추가하는 것은 바이너리 호환성을 유지하며, 새로운 인터페이스를 도입하는 것도 바이너리 호환성을 유지한다. 그럼 CharSequence를 지원하기 위해 다음과 같은 사항이 2.0 버전에 추가될 것이다.

```java
public final class Writer implements Appendable {
    private final Impl impl;
    private final ImplSeq seq;

    private Writer(Impl impl, ImplSeq seq) {
        this.impl = impl;
        this.seq = seq;
    }

    public final void write(int c) throws IOException {
        if (impl != null) {
            char[] arr = { (char) c };
            impl.write(arr, 0, 1);
        } else {
            seq.write(new CharSeq(c));
        }
    }

    public final void write(char cbuf[]) throws IOException {
        if (impl != null) {
            impl.write(cbuf, 0, cbuf.length);
        } else {
            seq.write(new CharSeq(cbuf, 0, cbuf.length));
        }
    }

    public final void write(char cbuf[], int off, int len) throws IOException {
        if (impl != null) {
            impl.write(cbuf, off, len);
        } else {
            seq.write(new CharSeq(cbuf, off, len));
        }
    }
```

```java
    }

    public final void write(String str) throws IOException {
        if (impl != null) {
            impl.write(str, 0, str.length());
        } else {
            seq.write(str);
        }
    }

    public final void write(String str, int off, int len) throws IOException {
        if (impl != null) {
            impl.write(str, off, len);
        } else {
            seq.write(str.subSequence(off, off + len));
        }
    }

    public final void flush() throws IOException {
        if (impl != null) {
            impl.flush();
        } else {
            seq.flush();
        }
    }

    public final void close() throws IOException {
        if (impl != null) {
            impl.close();
        } else {
            seq.flush();
        }
    }
```

팁 지금까지 코드에서는 원본 API를 모방했다. 하지만 각 메서드에는 조건 분기가 포함돼 있다. 조건 분기에서는 기존 구현체를 호출하거나 인자를 단일 CharSequence로 변환하고 새로운 구현체 인터페이스를 호출한다. 이제 새롭게 추가된 API 메서드가 나온다. 새로운 구현체를 호출하는 것은 간단하며, 기존 구현체를 호출하려면 입력 매개변수를 변환해야 한다.

```
public final Writer append(CharSequence csq) throws IOException {
    if (impl != null) {
        String s = csq == null ? "null" : csq.toString();
        impl.write(s, 0, s.length());
    } else {
        seq.write(csq);
    }
    return this;
}

public final Writer append(CharSequence csq, int start, int end)
        throws IOException {
    return append(csq.subSequence(start, end));
}

public final Writer append(char c) throws IOException {
    write(c);
    return this;
}
```

> **팁**　다음은 서비스 제공자 부분이다. 우리에게는 구현자를 위한 새로운 ImplSeq 인터페이스와 그것을 변환하기 위한 새로운 팩터리 메서드가 있다. API의 나머지 부분은 그대로다. Writer create(java.io.Writer w)의 구현체는 ImplSeq를 사용함으로써 이제 더 간단해졌다는 사실을 눈여겨보자.

```
public static Writer create(Impl impl) {
    return new Writer(impl, null);
}

public static Writer create(ImplSeq seq) {
    return new Writer(null, seq);
}

public static Writer create(final java.io.Writer w) {
    return new Writer(null, new ImplSeq() {
        public void write(CharSequence seq) throws IOException {
            w.append(seq);
        }
```

```java
        public void close() throws IOException {
            w.close();
        }
        public void flush() throws IOException {
            w.flush();
        }
    });
}


public static Writer createBuffered(final Writer out) {
    return create(new SimpleBuffer(out));
}


public static interface Impl {
    public void close() throws IOException;
    public void flush() throws IOException;
    public void write(String str, int off, int len) throws IOException;
    public void write(char[] arr, int off, int len) throws IOException;
}


public static interface ImplSeq {
    public void close() throws IOException;
    public void flush() throws IOException;
    public void write(CharSequence seq) throws IOException;
}
}
```

이제 컴파일 시점 검사에서는 이 문제를 append(CharSequence)의 기본 구현으로 완전히 대체한다 (append(CharSequence)는 BufferedWriter가 서브클래싱 가능했을 때 런타임 시의 동작 방식을 아주 복잡하게 만들었다). 여러분은 Writer.Impl을 구현하고 적절한 팩터리 메서드를 이용해 Writer 인스턴스를 생성할 수 있다. 아니면 Writer.ImplSeq를 구현하고, 새로운 팩터리 메서드를 이용하며, 새로운 메서드인 append(CharSequence)를 제공할 수도 있다. 판단은 전적으로 컴파일 시점에 이뤄지고 어떠한 런타임 검사도 필요하지 않다.

사실 클라이언트 API에 final 클래스를 사용하고 제공자 API에 인터페이스를 사용하며, 그것들을 팩터리 메서드 패턴을 이용해 연결하는 것은 다소 복잡해 보일 수도 있지만 그것은 널리 사용되고, 잘 알려져 있으며, 일반적으로 받아들여지는 기본 패턴들로 만들어진다. 새로운 API는 "팩터리 메서드"를 사용하고, "가능한 한 감춰지며", 제공자(두 구현 인터페이스)뿐만 아니라 클라이언트(final 클래스)에 대한 인터페이스를 분명하게 정의한다. 그러면 그러한 API를 사용하는 것은 그렇게까지 복잡하지 않다. 게다가 다수의 진화 문제를 상당히 잘 해결한다. 초기 버전을 작성할 때는 좀 더 해야 할 일이 많겠지만 클라이언트 API를 제공자 API로부터 분리하는 것은 차후 진화를 대폭 간소화하고 위임과 서브클래싱이 함께 잘 동작하지 않는다는 사실 때문에 생기는 문제를 방지한다.

API를 적절히 나눠라

이전 절에서는 사람들이 구현하는 API와 사람들이 호출하는 API를 나누는 것의 중요성에 관해 이야기했다. 클라이언트를 위한 API를 서비스 제공자를 대상으로 한 API와 분리하는 이유는 대부분 진화 문제 때문이었다. 하지만 API의 분리를 바라보는 또 한 가지 흥미로운 접근법이 있다. 바로 가독성이다.

모든 API(특히 자바로 작성된 API)는 지역성(locality)을 보인다. 즉 관련성 있는 것들은 서로 가까운 곳에 정의된다는 것이다. 그것들은 같은 클래스 안이나 같은 패키지 안, 또는 넷빈즈의 경우 같은 모듈 내에 있어야 한다. 지역성은 언어의 객체 지향적인 특성으로 권장된다. 예를 들어, java.* 네임스페이스의 핵심 런타임 라이브러리들은 이 원칙을 따른다. String 객체에 관한 정보를 조회하는 메서드를 찾고 있다면 String 클래스의 자바독을 살펴보는 것으로 시작하는 것이 좋다. 다른 String 사용법도 모두 API에서 찾을 수 있지만 String의 내용을 조작하는 것들은 주로, 또는 심지어 오로지 String 클래스의 멤버로만 선언된다.

다른 예로 스트림을 살펴보자. 기본 스트림은 java.io.InputStream과 java.io.OutputStream으로 정의돼 있다. 이 두 클래스는 서로 관련돼 있다. 두 클래스를 모두 java.io 패키지에서 볼 수 있는 것은 아마 두 클래스의 관계 때문일 것이다. 두 클래스에는 스트림에 대한 기본 인터페이스가 정의돼 있지만 그것 말고도 스트림 제공을 보완하는 다른 몇몇 클래스들도 확인할 수 있다. 예를 들어, 유용한 기능이 담긴 하위 클래스와 데코레이터, 입력 스트림과 출력 스트림을 함께 연결할 수 있는 클래스가 제공된다. 이 모든 것들은 java.io 패키지에 들어 있다. 그 결과, 그러한 클래스는 찾기 쉽고, API 사용자는 java.io 패키지 안에서 적절한 스트림 API를 찾을 수 있으리라 확신할 수 있다. 다른 패키지에 들어 있는 스트림도 있지만(java.util.zip 패키지에 있는 ZIPInputStream과 같은) 그것들은 특화된 스트림이다. 이를 토대로 ZIP 파일을 다루는 사람이라면 다른 무엇보다도 "zip"이라는 이름이 포함된 패키지를 검색해볼 가능성이 높다. 아울러 ZIP 파일에 관심이 없는 사람들은 모든 스트림 클래스가 주로 모여 있는 곳에 ZIP 스트림 클래스도 있는지에 대해서는 별로 개의치 않는다.

앞에서 언급한 두 사례는 일반화할 수 있거나 아마 일반화해야 할 것이다. 사람들이 설계하는 거의 모든 API는 앞에서 설명한 원칙을 따를 것이다. 사용자에 관해 생각해 보고 사용자가 API에 기대할 만한 *지역성*을 사용자에게 제공하라.

- 관련 메서드는 같은 클래스에 배치한다.
- 관련이 없는 메서드를 어디에 둬야 할지 생각해낼 수 없다는 이유로 그것들이 있어야 할 자리가 아닌 곳에 놓아서는 안 된다.
- 관련 클래스는 한 패키지 안에 넣어라.
- 특별한 상황에 유용한 추가적인 클래스는 다른 곳으로 옮긴다.

이러한 단순한 규칙을 따르면 API의 지역성이 증가한다. 그 결과, API 내에서의 사용자 지향성이 대폭 증가할 것이다.

사실 API는 다양한 그룹의 사람들을 위한 API일 때가 많다. java.io 패키지의 경우 이것은 사실이다. 기본 패키지는 모든 이들을 위한 것이지만 ZIP 유틸리티는 ZIP 포맷에 관심이 있는 사람들만을 위한 것이며, 암호화 스트림 역시 마찬가지로 다른 사람들을 위해 만들어진 것이다. 이러한 각 그룹은 서로 다른 관심사를 가질 가능성이 높다. 각각에 대해 구체적인 진입점을 제공하는 것이 타당하다. ZIP 파일에 관심이 있는 사람들은 java.util.zip에서 시작하고, 필요하다면 그곳에서 java.io로 넘어갈 수 있다. 패키지를 선택함으로써 암호화와 관련된 뭔가로 주의가 흐트러질 가능성이 최소화된다. 따라서 아마 서로 다른 그룹의 사람들이 여러분의 API의 사용하리라는 점을 염두에 두자. 사람들이 모두 편안하게 느끼고 손쉽게 패키지를 돌아다닐 수 있도록 API를 구조화하라.

넷빈즈 프로젝트는 실제로 여러 유형의 API가 있다는 사실을 깨닫기까지 오랜 시간이 걸렸다. 이 같은 교훈을 배우기까지 갖가지 실수가 뒤따랐다. 한 가지 좋은 예는 org.openide.filesystems 라이브러리다. 이 라이브러리는 상을 수상한 라이브러리로서 모든 종류의 가상 파일시스템에 대한 추상화를 제공한다. 이 라이브러리의 일차적인 목적이자 사용층이 가장 두터웠던 용도는 파일 기반 리소스에 접근하기 위한 API를 제공하는 것이었다. 우리는 디스크 상에 있든 ZIP 파일 안에 있든 메모리 상의 가상의 파일이든, FTP 서버에 있는 원격 파일이든 상관없이 어떤 파일도 표현할 수 있는 FileObject 객체를 만들어 이러한 목표를 달성했다. 이것은 99퍼센트의 사람들이 관심을 가졌던 인터페이스였다. 하지만 우리의 실수로 일반화된 구현체가 그 옆에 놓였다. LocalFileSystem과 JarFileSystem 등을 같은 패키지에 넣어버린 것이다. 그 결과 API의 지역성이 완전히 망가졌는데, 이러한 인터페이스는 가상 파일시스템의 구현체를 직접 작성하거나 용도에 맞춰 변경하고자 하는 1 퍼센트의 사람들이 사용하는 인터페이스였다. 하지만 이런 일은 일어나지 않았다. 사람들은 이러한 인터페이스가 같은 패키지에 들어 있다는 사실을 발견하고, FileObject 클래스를 사용하는 대신 99 퍼센트의 사용자 가운데 상당한 비율의 사람들이 해당 API를 가지고 비정상적이고 예상치 못한 일을 하기 시작했다. 그들은 각고의 노력으로 구현체 클래스 중 하나에 대한 참조를 구할 수 있었고, API 클라이언트가 절대 호출해서는 안 될 메서드를 호출할 수도 있었다. 우리는 사람들이 그와 같은 클래스를 찾기 어렵게 만들고 되도록 API 사용자가 그러한 클래스에 아예 접근할 수 없게끔 구현체 클래스를 별도의 패키지에 넣는 편이 더 낫겠다고 결론 내렸다.

그날은 두 가지 종류의 패키지, 즉 org.netbeans.api와 org.netbeans.spi를 사용하기로 결정한 날이었다. 파일시스템 라이브러리를 다시 설계할 수도 있다면 FileObject 클래스를 API 패키지에 넣고 나머지 구현 클래스는 SPI 패키지에 넣었을 것이다. 그런 식으로 실제 구현체는 그것을 필요로 하지 않는 99퍼센트의 사용자로부터 감춰질 것이다. 그럼 99퍼센트의 사람들이 실제 구현체를 사용하기 위한 지저분한 기법들을 만들어낼 가능성도 낮아질 것이다. 하지만 라이브러리가 이미 널리 사용되고 있는 경우에는 바이너리 호환성을 깨지 않고서는 이렇게 변경할 수 없었다. 그러한 이유로 우리는 단순히 떠들썩하게 경고하는 내용을 문서에 집어넣어 사람들로 하여금 관심 있어 하는 올바른 클래스로 안내한 것이다. 아울러 우리는 실수를 통해 교훈을 얻었고 나중에 앞에서 설명한 것처럼 새로이 설계한 각 API에 대한 별도의 패키지를 만들었다. 이를테면, 오늘날 넷빈즈에서 가장 흔히 사용되고 로컬 디스크 상의 파일을 표현하는 파일시스템 형식에 해당하는 masterfs를 설계했을 때 우리는 버전 관리 제공자를 위한 하나의 분리된 API(즉 이것을 필요로 하는 1퍼센트의 사용자를 위한)와 함께 구현체를 자체적인 모듈로 나눴다. 99퍼센트의 평범한 사용자들은 이제 masterfs 패키지에서 제공하는 모든 것들로 인해 주의가 흐트러지는 일 없이 훌륭한 기존 FileObject 클래스에 집중할 수 있다.

SPI와 API를 분리한다고 해서 문제가 모두 해결된 건 아니었다. 사람들이 API와 SPI의 차이점에 동의할 수 없었기에 새로운 문제가 불거졌다. 이것은 자연스러운 현상이며, 여러분도 직접 해볼 수 있다. 단순히 두 명의 동료에게 이러한 용어의 차이점을 물어보더라도 동료들의 답변은 다를 것이다. 넷빈즈 프로젝트가 그랬다. 기본적인 문제는 API는 사람들이 호출하는 것이고 SPI는 사

람들이 구현하는 것이라고 인식하는 데 있었다. 일반적으로 이것은 FileSystem API와도 일치하
는 제대로 된 관찰 결과다. FileSystem API의 경우 `FileObject`는 호출하기 위해 있는 것인 반면
`LocalFileSystem`과 `JarFileSystem`은 구현하려고 있는 것이다. 하지만 개념적인 문제가 금방 발생했
다. 그 문제는 리스너를 이용하는, 자바빈을 기반으로 한 모든 API에 해당된다. 사실 리스너의 구현
체는 인터페이스를 구현하고, 따라서 SPI로 분류될 수도 있지만 리스너의 지역성은 보통 관련 API
인터페이스에 가깝다. 사실 그것들은 같은 패키지에 속하는 것들이다.

넷빈즈 프로젝트에서 이러한 혼란스러운 내막을 자세히 살피기까지는 굉장히 오랜 시간이 걸렸다.
다행히도 넷빈즈에서 항상 강조하려고 했던, API 대 SPI 분리에 대한 한 가지 관점이 있었다. 즉,
API 패키지에 들어 있는 클래스는 자족적이어야 하고 SPI 패키지에 들어 있는 클래스를 참조해서
는 안 된다는 것이다. 이것은 분리의 경계를 명확하게 긋는다. 여기엔 API 클래스와 같은 곳에 들어
있는 API 클래스 관련 리스너와 기타 콜백 인터페이스가 포함된다. 사실 이 규칙은 이번 장에서 기
술한 "지역성" 기준의 한 가지 구체적인 경우로서 두 그룹의 잠재 사용자를 가정한다. 첫 번째 그룹
은 API를 호출하는 식으로 API를 사용하는 대다수의 사람들이며, 이들은 API 패키지에 관해서만
알면 된다. 두 번째 그룹은 자체적인 구현체를 등록하는 것과 같은 특별한 연산을 수행해야 하는 소
수다. 두 번째 그룹은 API와 SPI 부분을 모두 포함해서 훨씬 더 포괄적인 계약을 이해해야 한다. 여
러분이 만드는 라이브러리도 이 같은 상황에 해당한다면 인터페이스를 API와 SPI 부분으로 나누
는 것이 좋다. 이 접근법의 유용하고 완벽한 사례는 `javax.naming` 패키지와 `javax.naming.spi` 패키지
다. 대부분의 사람들은 첫 번째 패키지에만 관심을 두고 생성 과정이나 이름 컨텍스트 해석(name
context resolution)을 확장해야 할 사람들만이 두 번째 패키지를 연구할 필요가 있다.

그렇지만 어째서 두 그룹의 사람들만이 특정한 필요에 의해 여러분의 라이브러리에 접근할까? 때로
는 더 많은 지역성이 있을 수도 있다. 이 경우 여러분이 만든 라이브러리의 인터페이스를 훨씬 더 많
은 부분으로 나누는 것이 타당하다. 다음은 API를 네 가지 서로 다른 범주로 정의한 넷빈즈 모듈의
예다.

- **핵심 API**: 이 핵심 API를 사용하지 않고는 불가능한 일부 핵심적인 연산을 수행하고자 하는 평범한 관심사를 가
  진 사용자 그룹

- **지원 API**: API 사용을 용이하게 하는 유틸리티 메서드 집합. 이러한 유틸리티 메서드는 반드시 사용해야 하는 것
  은 아니지만 API 사용자에게 편의성을 제공한다. 이러한 종류의 API는 핵심 API와 분리하는 것이 굉장히 바람직
  하다는 사실을 발견했는데, 이러한 인터페이스는 라이브러리가 수행하는 작업에 필요하지 않으며, 단순 도우미
  에 해당한다는 점을 분명하게 드러내기 때문이다.

- **핵심 SPI**: 라이브러리에 연결(plug in)하고자 하는 다양한 그룹의 사용자를 위한 인터페이스 집합. 연결이 지원되지 않을 경우 이것은 전혀 존재할 필요가 없을 수도 있다.

- **지원 SPI**: 이따금 연결할 인터페이스를 구현하는 것이 다소 복잡할 때가 있다. 따라서 다시금 도우미 인터페이스를 제공할 수 있다. 다시 한 번 이야기하자면 두 가지 유형의 SPI 인터페이스를 분리하는 것이 바람직한데, 어떤 것을 구현해야 하고, 어떤 것이 단순히 도우미 유틸리티 지원 기능에 해당하는지를 명확하게 기술하는 편이 좋기 때문이다.

API의 범주로 이것만 있는 것은 아니다. 이것은 단지 넷빈즈의 특정 모듈에 어떤 것이 효과적인지만 보여줄 뿐이다. 다른 프로젝트와 라이브러리에서는 우리가 찾은 것만큼 유용하고 다양한 분리 방식을 찾을 수도 있다. 하지만 앞서 설명한 넷빈즈 프로젝트를 진행하면서 저지른 실수로부터 얻은 교훈 중 하나는 바로 API가 사용의 지역성을 따른다면 API 사용자의 삶이 향상된다는 것이다. API를 설계할 때 대상 사용자 그룹에 관해 생각해본 다음 그들의 필요에 가장 근접한 방식으로 API를 구성하라. 그리고 한 가지 기억해 두자면 단 하나의 API로 구성되는 라이브러리는 거의 없다는 사실이다. API가 해결하고자 하는 목적과 그룹은 여러 개일 때가 많다. 사용자의 필요에 따라 API를 구조화하라.

CHAPTER 9

테스트 용이성을 염두에 둬라

소프트웨어 설계 실천법은 변화한다. 이제 사람들은 여전히 자바를 이용하고 있음에도 1990년대 말과 비교해 완전히 다른 방식으로 소프트웨어를 개발하고 있다. 이미 나는 이러한 변화의 원인 중 하나로 자유롭게 이용할 수 있고 대개 오픈소스 형태를 띠는 라이브러리(새로운 코드를 작성하는 개발자들을 이미 존재하는 기능들을 조립하는 사람으로 탈바꿈시키는)의 부상을 제시한 바 있다.

또 한 가지 중요하고도 관련성 있는 변화는 모듈화 애플리케이션의 부상이다. 합성(composition) 은 항상 꿈에 불과했지만 오늘날에는 점차 현실이 되고 있다. 성공적인 제품은 모듈화 컨테이너를 기반으로 제작되어 모듈화 아키텍처의 이점을 제공한다. 모듈화 애플리케이션은 일관된 사용자 경험을 계속해서 제공하면서 개별 컴포넌트의 통합을 통해 제공될 수 있다. 10년 전까지만 해도 이러한 시나리오는 꿈에 불과했다.

변화는 거대하고, 개발자 일상의 다양한 측면에 영향을 준다. 하지만 20세기 말부터 일어난 가장 중요한 변화 중 하나는 테스트의 인기가 높아지고 있다는 것이다. 개발자들은 그날그날의 개발 주기에서 공통적으로 행해지는 다른 모든 작업에 관한 테스트의 중요성을 깨닫게 됐다. 날이 갈수록 자동화 테스트를 작성하는 일이 늘어나고 있다. 테스트 작성에 발을 들인 개발자들은 거기서 벗어나지 않으려는 경향을 보인다. 요약하자면 테스트는 중독성이 있다.

이 책에서 자동화 테스트의 중요성을 주장하려는 것은 아니다. 이러한 목적으로는 다른 참고자료를 소개해줄 수 있는데, 가장 중요한 참고자료는 "자바에서의 테스트 패턴(Test Patterns In Java)"(https://openide.netbeans.org/tutorial/test-patterns.html)으로서, 심도 있는 예제와 함께 테스트의 필요성을 자세히 설명한다. 하지만 여기서는 이 API 설계 책의 목적상 사람들이 API를 평가하고 작성하는 방식에 영향을 준 테스트의 측면에만 집중하겠다.

내가 테스트가 중독성 있다고 단정하는 것에 동의하지 않을 만한 유일한 이유는 다음과 같다. 여러분이 아직 해보지 않았다는 것이다! 우선 테스트는 효과적이다. 예를 들어, 현재 작성 중인 코드 또는 심지어 코드를 작성하기도 전에 테스트가 일찍부터 작성된다고 보장한다면 계획 능력을 향상시킬 수 있다. 아울러 "기능 동결" 효과를 제거할 수 있다. 즉, 개발자가 기능을 완성했다고 선언했지만 지난주 내내 애플리케이션에 새로운 부분들을 점점 더 많이 추가하게 되는 효과 말이다. 더 안 좋은 점은 개발자들이 애플리케이션을 아예 더는 실행해 보려고 하지도 않는다는 것이다. 일찌감치 작성한 자동화 테스트는 이러한 자기기만을 방지하고 각 프로젝트에 현재 상태를 측정하는 더욱 명확한 수단을 제공한다. 테스트는 종교적이라는 사실을 더하는 것도 잊지 말자! 테스트의 기원은 익스트림 프로그래밍(XP; Extreme Programming) 운동과 관련이 있고, 솔직히 말해서 그 과정에서

"종교적"이지 않으면서 "극단적(extreme)"이 되기란 힘들다. 테스트에 중독된 사람들은 테스트에 종교적인 태도를 취하게 되는 경우가 많다. 때로는 테스트를 작성하지 않고는 애플리케이션 코드 자체를 아예 작성하길 거부하는 경우도 있다.

API와 테스트

이제 API 설계와 테스트가 만나는 첫 번째 지점에 다다랐다. 자바로비(Javalobby)에서 최근에 실시한 여론 조사에 따르면 약 45퍼센트의 개발자들이 테스트를 작성한다고 한다. 테스트를 작성하기 때문에 그들은 좀 더 생산성이 높을 가능성이 높다. 그들은 다른 사람들에 비해 더 빨리 테스트하기 시작하고, 따라서 새로운 기능 향상을 일찍이 받아들이기도 한다. 어떤 면에서 보든 이런 사람들은 라이브러리 작성자라면 아무도 놓치고 싶지 않은 부류다. 그리고 여러분의 라이브러리에 굉장히 중요한, 창의적이고 열정적으로 새로운 기술을 받아들이는 사람들이다. 하지만 이러한 개발자들의 사기를 떨어뜨리는 손쉬운 방법이 하나 있다. 바로 라이브러리를 테스트하기 힘들게 작성하는 것이다. 그러고 나면 그렇게도 창의적인 개발자들이 단번에 라이브러리를 사용하길 거부할 것이다.

테스트와 함께하는 생활 방식은 중독성이 높고 종교적이어서 개발자들은 테스트하기가 너무 어렵다는 이유로 API 사용을 거부할 수 있다. 물론 이 같은 태도는 마케팅 압력보다 중요하거나 혹은 API에 대한 다른 대체재를 모두 제거함으로써 더 중요하게 여겨질 수 있다. 하지만 솔직히 말해서 이렇게 되기란 쉽지 않다. 세상에는 선택 가능한 오픈소스가 너무나도 많아서 다른 대체재를 제거하는 데 성공하더라도 그렇게 얻은 성공은 그리 오래 가지 않을 것이다. 테스트를 지원하는 솔루션이 필요하다면 누군가가 그것을 찾아낼 것이고, 그 솔루션이 여러분의 직접적인 경쟁자 중 하나가 제공하는 것이라면 운이 없어도 아주 없는 편이다.

대부분의 테스트, 특히 단위 테스트를 위한 기본적인 전략은 목 객체(mock object)와 관련이 있다. 목 객체의 특성과 관련해서는 수많은 논쟁과 구구절절한 설명이 있다. 하지만 API 설계에 대한 테스트의 영향력을 분석하는 목적으로는 목 객체가 테스트 목적으로 사용되는 인터페이스의 가짜 구현체에 불과하다는 사실을 아는 것만으로 충분하다. 예를 들어, 실제 애플리케이션에서 Connection 인터페이스의 구현체를 통해 데이터베이스에 연결하게 돼 있을 경우 테스트에서는 실제로 연결을 수행하지 않는 목 구현체를 이용하지만 실제 구현체의 동작 방식을 정확하게 흉내 낸다. 이러한 더미 구현체를 사용함으로써 애플리케이션의 로직에 집중하고 데이터베이스에 대한 네트워크 연결의 무작위성을 제거할 수 있다. 아울러 테스트 준비가 간소화되기도 하는데, 테스트를 실행하는 데 데이터가 채워진 실제 데이터베이스가 필요하지 않으며, 메모리 상에서 정확하게 시뮬레이션할 수만 있으면 된다.

API 제작자 관점에서 보면 API의 가장 중요한 측면은 가장 중요한 인터페이스에 대한 목 객체를 생성하는 수단을 제공하는 것이다. 그러한 인터페이스의 구현체를 작성할 수 있어야 하거나 API가 기본 구현체를 제공해야 한다. 물론 이것은 목 객체를 구현하는 것이 타당한 API에만 해당하는 이야기다. 예를 들어, String을 대상으로 목 객체를 작성하려는 사람은 아무도 없을 텐데, 부분적으로 String은 순수하고 단순한 라이브러리에 해당하기 때문이다. String은 자신이 맡은 일을 하고 그것을 올바르게 해낸다. 또 다른 이유는 모든 String 메서드의 실행은 자족적이라는 것이다. String은 환경에 의존적이지 않으며, 따라서 아무런 목 객체 없이도 격리된 상태에서 테스트하기에 아주 적합하다.

반면 목 객체가 필요한 경우도 분명 있다. 앞서 언급한 데이터베이스 연결 시나리오 외에도 다른 사례도 많다. URLStreamHandler는 네트워크에 연결하는 대신 로컬 파일이나 데이터를 제공함으로써 http: 프로토콜을 처리하는 URL의 가짜 구현체를 제공하기에 유용할 수 있다. 또 다른 예로 java.awt.Toolkit의 가짜 구현체가 이따금 유용할 때가 있으며, 기타 다양한 사례도 많다.

API가 정확히 필요한 것만 노출할 경우 테스트 단계에서 문제가 생길 수 있다. 간혹 API 사용자에게 서브클래싱이 필요하지 않을 때가 있기 때문이다. 그 결과 서브클래싱 자체가 불가능할 수도 있다. 이는 API 상의 개념에 대한 목 객체를 생성할 수 없음을 의미하며, 이것은 API를 사용하는 애플리케이션의 테스트 용이성을 심각하게 제약한다.

이따금 사람들이 API에서 인터페이스를 사용하는 것을 선호하는 경향이 있는 것은 바로 이유 때문일지도 모른다. 하지만 인터페이스는 진화 문제에 마주칠 수 있다는 사실을 기억해야 하는데, 인터페이스는 향후 개정판에서 메서드의 추가를 허용하지 않기 때문이다. 그래서 목 객체를 생성할 수 있게 만드는 것도 중요하지만 API에서 생긴 실수를 만회할 수 있고 사용자 요건을 충족하게끔 성장할 수 있는 API를 확보하는 것보다 중요하지는 않다.

이 같은 장애물을 극복하는 첫 번째 방법은 그러한 장애물을 직시하는 것이다. API의 유스 케이스에 클라이언트가 API 클래스의 구현체를 직접 생성할 수 있게 해야 한다는 것을 인정하라. 이것은 누구든지 자신만의 목 객체를 구현할 수 있게 허용하는 공평한 접근법이지만 한편으로 API를 진화시킬 때 따라야 할 제약사항을 늘리기도 한다. 그러한 이유로 이 같은 해법이 항상 바람직하기만 한 것은 아닐 수도 있다. API를 개방함으로써 금방 궁지에 몰릴 수 있다. 테스트와 목 객체를 작성하기가 더 쉬워질 수도 있겠지만 거기엔 치러야 할 대가가 크다. API를 개선하기가 힘들어질 수도 있고 아예 불가능해질 수도 있다. 이것은 최적의 타협점이 아니다.

이러한 모든 문제의 해법은 일반 API뿐 아니라 테스트 API까지도 제공하는 것이다. 테스트 API는 일반 API의 확장이다. 테스트 API는 일반 제품과 애플리케이션에서 사용할 의도로 만들어진 것이 아닌 테스트를 작성하는 용도로만 사용된다. 테스트 API는 자체적인 구현체 혹은 적어도 API 클래스에 대한 목 객체를 생성하는 수단은 담고 있을 수 있다. 아울러 API 구현체의 내부적인 세부사항을 노출하는 다른 유용한 유틸리티도 포함할 수 있다. 이것이 가능한 까닭은 보통 테스트가 API 클래스와 같은 패키지에 있기 때문이다. 테스트에서는 일반 API 사용자는 이용할 수 없는 package private 메서드를 이용할 수 있다.

디지털 비디오 방송 프런트엔드

주말 프로젝트인 dvbcentral(http://dvbcentral.sf.net)에서 비슷한 상황을 겪은 적이 있다. dvbcentral은 넷빈즈 런타임 컨테이너를 기반으로 디지털 TV 전송 신호(DVB-T)의 캡처, 저장, 방송을 위한 완전히 모듈화된 명령줄 프로그램이다.

모듈 중 하나는 이름이 frontend인데, 이것은 /dev/dvb/adapterX/frontend 리눅스 장치를 감싼 자바 래퍼다. 이 모듈엔 X번째 디지털 비디오 방송(DVB) 기기를 찾아 그것을 제어할 수 있는 인스턴스를 반환하는 find(int X) 팩토리 메서드가 포함된 Frontend 클래스가 들어 있다. 이 책에서 제시하는 제안들을 충실히 따른다면 가능한 한 적게 노출하는(유스 케이스를 충족할 만큼만) 결과가 만들어질 것이다. 이것은 Frontend 클래스가 final이라는 것을 의미한다. 이 클래스는 다른 누구도 구현할 수 없다. 구현체만이 리눅스 장치 파일로 위임한다. 이 방법은 애플리케이션을 실행하는 데는 더할 나위 없이 좋지만 테스트를 작성할 때는 심각한 제약을 만들어낸다.

다른 여러 모듈은 Frontend API를 토대로 만들어진다. 이러한 모듈을 대상으로 테스트를 작성해야 하고, 작성한 테스트는 격리된 환경에서 실행돼야 한다. 나는 테스트가 실제 TV 캡처 장치에 접근하기를 바라지 않는다. 이것은 "필요 이상으로 노출하지 마라" 규칙 때문에 불가능했는데, 이 규칙은 Frontend API를 설계할 때 사용됐다. 이러한 이유로 나는 테스트를 위한 별도의 API를 추가해야 했다.

먼저 디스크 상의 장치 파일을 흉내 내려고 했다. 기본값이 /이고 장치 파일의 위치를 지정하는 데 사용되는 frontend.root 프로퍼티를 추가했다. 테스트를 준비하는 부분에서는 dev/dvb/adapter0/frontend 등의 더미 구조를 만들었다. 이 작업을 임시 테스트 디렉터리에서 수행하고 프로퍼티를 해당 디렉터리로 설정했다. 테스트에서는 실제 장치를 사용하지 않고 준비된 가짜 장치를 사용했다. 이 방법은 특정 테스트에 대해서는 잘 동작했다. 심지어 파일 내용까지도 제공할 수 있었다. 비록 전달된 데이터의 지연 오류를 흉내 내는 테스트(일부 데이터의 읽기가 실패하거나 차단되는)를 작성할 수는 없었지만 말이다. 이는 로컬 디스크 상에서는 모든 읽기가 빠르고 신뢰성 있게 이뤄지기 때문이다.

몇 번의 고민 후 "테스트 전용 메서드"를 API 자체에 추가하기로 마음먹었다. 이것은 createVirtual(...)이라는 새로운 팩터리 메서드였는데, 이 메서드에서는 인자를 받아 테스트에서 가상 Frontend의 구현체를 직접 생성할 수 있게 해준다. 나는 이 접근법이 테스트 말고는 유용하리라 기대하지 않았다. 그럼에도 이 메서드는 API에 들어 있고 다른 API만큼의 안정성을 보장할 필요가 있다(지금까지는 이것이 큰 문제로 여겨지지 않았다).

하지만 좀 더 방어적이고 유연한 해법은 곧장 Frontend 클래스 안에 넣는 대신 구현 내용이 같은 동일한 메서드를 FrontendTest 테스트 패키지에 넣는 방법일 것이다. 그리고 나면 해당 API는 변경되지 않은 채로 유지될 것이며, 모든 테스트에서는 클래스패스 상의 테스트 클래스를 인클루드해서 사용할 것이다.

API를 테스트 API와 분리하는 것이 얼마나 도움될지 궁금할 수도 있다. API 사용자가 테스트 JAR를 클래스패스에 포함시킨 다음 일반 애플리케이션에서 그것을 몰래 사용할 수는 없을까? 물론 정확히 그렇게 할 수도 있다. 그렇게 하는 것을 막을 방법은 없다. 하지만 미묘한 차이점이 그렇게 하지 못하게 만들지도 모른다. 우선 실제 API의 안정성이 테스트 API의 안정성 수준보다 높다고 선언할 수 있다. 예를 들어, 넷빈즈에서 실제 API는 "안정적인" 상태일 것이고, 테스트는 기껏해야 "개발 중"일 것이다. 오히려 "프렌드" 상태일 가능성도 높은데, 다시 말해 API가 사용되고 있다는 사실을 API 제작자에게 알려주도록 각 API 사용자에게 요구하거나 부탁하는 상태일지도 모른다.

다른 차이점으로는 테스트 API의 경우 더 "감춰질" 가능성이 높다는 것이다. 예를 들어, 테스트 API가 서로 다른 JAR에 들어 있다면 서로 다른 자바독에 문서화될 가능성이 높다. 라이브러리 API만 사용하는 개발자들은 테스트 API에 관해 신경 쓰지 않거나 심지어 알지 못할 수도 있다. 개발자들은 불분명하고 이상한 목적을 지닌 API에 들어 있는 메서드 때문에 주의가 흐트러져서는 안 된다. 모두 맞는 말 같다. 하지만 그럼에도 개발자들이 일반 애플리케이션에서 테스트 API를 사용하지 못하게 만들지는 못한다. 앞에서도 언급했듯이 그것을 완전히 방지하기란 어렵다. 그렇지만 한 가지 기법을 활용할 수 있다. 즉, 테스트 코드는 대개 단정문(assertion)을 활성화한 상태에서 실행되는 반면 제품 코드에서는 비활성화한다. 그 결과, 단정문이 현재 활성화돼 있는지 검사하고, 그렇지 않으면 예외를 던지는 식으로 테스트 API에 들어 있는 메서드를 보호할 수 있다. 이렇게 하는 한 가지 방법은 다음과 같다.

```
boolean assertionsOn = false;
assert assertionsOn = true;
if (!assertionsOn) {
    throw new IllegalStateException("테스트 메서드에서만 사용하세요!");
}
```

너무 모호하고 편집증적인가? 어쩌면 그럴지도 모르겠다. 이 기법을 사용할 필요는 없다. 하지만 테스트가 점점 인기를 얻고 있다는 사실을 염두에 두자. 테스트 용이성을 염두에 두지 않은 채로 프레임워크를 만들다 보면 가장 재능 있고 섬세한 프로그래머(정확히 여러분이 채용해야 할)가 가까이 오지 않을 가능성이 높다. 여러분이 만든 비안정적인 프레임워크를 기반으로 애플리케이션을 만드는 것은 그들에게 곧장 다른 회사를 선택하라고 말하는 것과 같다.

명세의 쇠퇴

모든 소프트웨어 프로젝트가 중대한 계획 단계로 시작하게 돼 있었던 적이 있었다(이러한 계획 단계에서는 요구사항을 분석해 예상되는 시스템의 작동 방식을 기술한 견고한 계획을 만들어냈다). 그렇게 하고 나서야만 프로그래밍이 시작됐다. 회의주의자들이라면 그러한 계획이 전부 잘못된 것이라는 사실을 시작하자마자 알 수 있을 것이라고 첨언할 것이다. 오늘날 애자일 방법론을 사용하는 프로젝트가 점점 많아지고 있는데, 애자일 방법론에서는 계획이 살아 있는 문서(living document)로 간주되고 코드가 작성될 때마다 계획이 갱신된다. 때로는 이 방법이 효과적일 때도 있지만 그렇지 못할 때도 있다. 내가 느끼기로는 좀 더 애자일 방법론으로 다가가는 비슷한 움직임이 라이브러리, 프레임워크, 프로그래밍 언어에서 일어나고 있다.

언어(특히 합리주의 접근법을 선호하는 사람들이 언어를 설계한 경우)가 처음으로 종이에 구체화되고 나서야 비로소 개발자들이 그것을 구현하려고 하던 때가 있었다. 명세와 구현 사이에는 명확한 차이가 있었다. 각각은 다른 시점에, 보통 다른 그룹의 사람들에 의해 작성됐다. 심지어 다양한 구현체가 단 하나의 명세에 맞춰 만들어지는 경우도 자주 있었다. 이는 알골(ALGOL), 파스칼(Pascal), 에이다(Ada) 같은 언어를 설계할 때뿐만 아니라 스트림 및 그것의 자료구조, 공통 알고리즘 등을 이용해 연산을 처리하던 각 언어의 표준 라이브러리를 설계할 때의 공통적인 접근법이었다. 들리는 소문에 의하면 이 접근법은 코드 작성을 시작하기 전에 소프트웨어 프로젝트를 계획하려고 하는 정도로만 성공적이었다고 한다. 어떤 경우에는, 특히 알골과 에이다 같은 경우에는 구현 단계에서 명세가 구현 불가능하거나 적어도 구현하기 힘든 것으로 밝혀지기도 했다. 물론 그러한 상황에서는 다시 시도해볼 필요가 있다. 즉, 명세를 재작성하고 다시 구현해 보는 것이다. 이것은 의도하지 않았다는 것과 긴 일주여행이라는 점을 제외하면 애자일 개발 모드로 전환하는 것과 굉장히 유사하다.

공통 라이브러리의 경우 상황은 더 비슷했다. libc라는 라이브러리가 있는데, 이 라이브러리에는 printf 같은 모든 C 프로그래머들이 필요로 하는 기본적인 메서드가 포함돼 있다. 여기에 들어 있어야 할 함수의 시그너처는 헤더 파일에 명시돼 있지만 헤더 파일의 구현체는 여러 개가 있었다. 각 유닉스 제작사마다 구현이 다른 것이다. GNU libc도 있고, 아마 윈도우용도 있을 것이다. 그러면 프로그램은 한 라이브러리와 해당 라이브러리의 헤더를 대상으로 작성할 수 있고, 그것들 중 어떤 것과도 컴파일하고 링크할 수 있다. 이 상황은 표준 C++ 라이브러리와 비슷하다. 하지만 최근에 개발된 언어와 라이브러리는 이처럼 다양한 구현체가 확산되지는 않은 듯하다.

이러한 배경에는 오늘날 개발되는 대다수의 유용한 라이브러리가 자유 오픈소스 라이선스하에 이용할 수 있다는 사실이 자리 잡고 있다. 그러한 이유로 라이브러리를 처음부터 재구현할 필요가 없다. 그렇게 하는 것은 보통 지겹고, 비용이 많이 들며, 결국 쓸데없는 일이다. 라이브러리의 또 다른 구현을 왜 처음부터 다시 작성하겠는가? 기존 구현을 가지고 포크(fork)하는 편이 훨씬 더 쉽다. 오픈소스 라이선스는 그러한 행위를 허용한다. 이것은 코드의 기원이 같다는 것을 의미한다. 모든 것들은 동일한 기반에서 출발하고 그렇게 함으로써 상세히 기술된 적절한 명세가 더는 필요하지 않다. 구현 자체가 하나가 된다. 사실 의미상 포크는 특정 동작 방식이 다른 것이다. 하지만 포크를 유지보수하는 데는 비용이 많이 들기 때문에 대다수의 성공적인 포크의 공통적인 결과는 변경사항과 개선사항을 주요 제품에 합치는 것이다. 이는 펄, 루비, PHP 같이 소스코드 말고는 명세가 대단히 불명확한 시스템의 운영 모드처럼 보이는데, 그러한 프레임워크는 성공적이지 않은가?

루비와 제이루비

최근에 썬에서는 날로 증가하는 루비의 인기를 기반으로 제이루비(JRuby)라는 루비의 재구현체를 제공하기로 했는데, 제이루비는 자바와 마찬가지로 핫스팟 가상 머신을 기반으로 한다. 가상 머신은 최적화돼 있고 견고하기 때문에 제이루비는 일반 루비에 비해 특히 부하가 심한 경우에 더 성능이 좋고 안정적일 것으로 기대하고 있다.

제이루비를 만든 사람들은 원래의 동작 방식을 흉내 내는 일에 능숙한 듯한데, 루비 명세 전체를 알고 있는 것이 분명하다. 나는 그들이 새로운 구현체는 물론 기존 구현체에 대한 루비의 테스트를 모두 실행해 결과를 비교한다고 들었다. 게다가 자체적으로 테스트를 작성해 두 시스템을 대상으로 테스트를 실행하고 결과가 동일해질 때까지 제이루비 쪽을 수정하는 것으로 알고 있다. 하지만 2007년 중반까지는 모든 테스트가 통과하긴 했지만 여전히 가장 중요한 루비 프레임워크인 제이루비를 기반으로 한 루비 온 레일즈(Ruby on Rails)를 실행하지 못하고 있는데, 아직까지 특정 조건에서는 느리게 동작하기 때문이다.

이것은 명세가 불분명한 언어가 어떤지를 분명하게 보여준다. 독립적인 명세는 아무것도 없는 듯하고, 구현만이 있을 뿐이다. 그럼에도 제이루비 자체는 상당히 인기가 있다.

"불도저" 접근법은 애플리케이션을 설계할 때 사용되는 것은 물론 우리의 핵심 프레임워크를 설계하는 방식에도 침투한 듯하다. 구현체를 공개할 수 있다면 왜 명세를 가지고 고생하는가? 구현체를 볼 수 있는 사람들이 많아질수록 더 많은 버그 수정이 가능해질 것이다. 그리고 필요한 건 바로 그것 아닌가? 반면 명세는 쓸모없는 것이 된다(적어도 그런 식으로 보인다). 그럼에도 프레임워크의(또는 언어의) 아메바 형태는 가능한 한 경직되게 만들어야 한다. 무지라는 측면에서 이러한 경직성은 최대화하고 이해에 대한 요구는 최소화해야 한다. 이것은 테스트 커버리지를 높임으로써 가능하다. 테스트가 잘 돼 있다면 새로운 버전이 기존 프로그램을 망가뜨릴 확률이 최소화된다. 사실, 테스트는 비공식적인 명세의 일부가 되고 공식 명세의 부족한 부분을 보완하는 데 기여한다.

오늘날 한 프레임워크에 대해 여러 개의 구현체를 제공하려는 모습을 볼 때마다 이러한 시도가 독점 기술(플래시, C#, 자바)을 오픈소스 버전으로 재작성하는 것처럼 보인다. 자바의 사례를 보면 알 수 있듯이 이를 제대로 하기란 무척 힘들다. 자바의 특정 부분, 특히 스윙 라이브러리의 경우에는 명세가 명확하지 않고 오로지 소스코드 수준에서만 문서화돼 있다. 물론 스윙 라이브러리의 시그너처에 대한 구현체를 두 개나 두는 것은 거의 쓸모없는 일이다. 동작 방식은 항상 다르고, 넷빈즈를 비롯해 복잡한 애플리케이션이라면 원래의 구현체가 아닌 다른 곳에서는 실행되지 않을 것이다. 다행히도 그런 시절은 지나가고 자바는 오픈소스화됐다. 오늘날에도 여전히 버전은 여러 개지만 버전 간의 차이점은 허용 가능한 수준으로 최소화됐다. 다행히도 앞으로는 자바가 포크/병합 모드로 운영될 것이다.

이것이 API 설계에 어떤 영향을 주기라도 할까? 그렇다, 영향을 준다. 자유 라이선스하에 오픈소스 라이브러리를 작성하고 있다면 누군가가 해당 라이브러리의 API를 처음부터 다시 구현하지 않으리라 거의 확신할 수 있다. 기껏해야 누군가가 버전을 포크하는 데 그칠 것이다. 그러한 이유로 절대적으로 올바른 문서를 제공하는 것에서 적절한 동작 방식을 보장하는 것으로 초점을 살짝 옮길 수 있다. API 패턴의 적절한 사용을 기반으로 한 무지는 진화에 대비하도록 만들어줄 것이다. 테스트는 API의 런타임 측면이 라이브러리의 차후 개정판에서도 그대로 유지되는 것을 보장하는 데 이바지할 것이다.

좋은 도구는 API를 더 사용하기 쉽게 만든다

때때로 라이브러리나 프레임워크를 더 매력적으로 만들기 위해 하는 일을 평가하고 싶을지도 모른다. 넷빈즈의 경우 그런 일을 자주 하는데, 이것은 아마도 리치 클라이언트 자바 플랫폼과 IDE라는 전쟁터에 대한 강한 압박 때문일 것이다. 그 결과, 사람들이 종종 제안하는 다양한 아이디어들을 알게 되고 그러한 아이디어가 효과적인지 여부도 알 수 있다.

여러분이 만든 라이브러리를 생각보다 많은 개발자가 사용하지 않는 이유를 파악하고 싶을 때 소유 비용(cost of ownership)을 측정하는 것에는 중점을 두지 않는다. 과거에는 라이브러리를 사용하는 개발자가 많았는데 지금은 개발자들이 줄어들고 있다면 소유 비용을 분석하는 것이 타당할지도 모른다. 하지만 이제 막 개발을 시작하고 새로운 개발자들의 흥미를 끌 필요가 있다면 아마 소유 비용이 가장 중요한 사용 기준은 아닐 것이다. 하위 호환성(소유 비용을 줄이는)과 관련해서 좋은 평판을 확보하는 것이 도움되겠지만 그것은 주된 관심사가 아니다.

가장 중요한 것은 적기 출시, 즉 라이브러리에 관해 알 필요 없이 가능한 한 빠르게 라이브러리를 이용해 생산성을 높이는 능력이다. 다시 말해, 개발자 무지에 최대한 최적화될 필요가 있다. 이것이 중요하다. API나 프레임워크를 매력적으로 만드는 것은 바로 이것이다. 문제는 어떻게 그렇게 하느냐다.

나는 문서와 예제를 더 많이 만들라고 제안하는 이야기를 자주 듣곤 한다. 물론 문서와 예제를 만드는 것은 아무리 해도 지나치지 않는다. 하지만 궁극적으로 우리는 개발자들이 구글 검색을 통해 멋진 것들을 다운로드하길 바라지 않는다. 우리는 개발자들이 가장 하고 싶어하는 일, 즉 라이브러리를 이용해 애플리케이션을 만드는 일을 할 수 있도록 즉시 준비돼 있는 문서를 갖게 되길 바란다. 그러자면 단순히 팁을 보여주는 데 그치는 것이 아니라 실제로 그런 역할을 하는 대화식 예제가 필요하다.

루비 온 레일즈와 그레일즈(Grails)는 전체 애플리케이션의 골격을 생성하기 위해 실행되는 명령어를 제공했을 때 그것을 충분히 인식하고 있음을 보여준다. 어떤 관점에서 보면 시작하자마자 애플리케이션 개발은 "거의" 끝마친 셈이다. 명령어가 어떤 작업을 수행하는지에 관해서는 진짜조차 못할 수도 있겠지만 분명히 뭔가를 수행하고 그것은 멋져 보인다. 최소한 브라우저에서 즉시 뭔가를 보여준다. 이러한 첫걸음을 내딛는 것이 굉장히 쉽다면 프레임워크가 어떻게 나쁠 수 있을까?

넷빈즈 플랫폼은 넷빈즈 IDE에 감싸져 있다는 이점이 있다. 그래서 앞에서 언급한 웹 프레임워크처럼 명령줄 도구가 필요하지 않다. 넷빈즈 플랫폼은 도구 자체를 이용해 더욱 깊이 있는 통합을 제공할 수 있다. 게다가 마법사가 IDE 내에서 새로운 것을 생성하기 위한 주된 하위 시스템이다. 넷빈즈 플랫폼을 좀 더 매력적으로 만들기 위해 API를 완전히 개조할 필요는 없었지만 더 많은 "대화식 예제"가 필요했다. 마법사를 도입했을 때 넷빈즈 플랫폼의 생산성 장벽은 몇 번의 마우스 클릭으로 줄어들었다. 개발자들은 새로운 프레임워크를 테스트하고 평가할 때 그 정도 수준의 비용은 감수할 의향이 있다.

모든 주요 넷빈즈 플랫폼 기술에 골격을 생성하는 마법사가 있다는 것은 유용하다. 마법사 대신 문서가 있었다면 극소수의 사람들만이 우리가 만든 플랫폼을 사용해 보려고 했을 것이다. 문서를 읽는 건 쉽지만 프로젝트의 압축을 풀고 설정하고 운영하는 것은 대부분 해야 할 일이 너무나도 많다.

좋은 도구는 테스트하는 데도 크게 이바지할 수 있다. 보통 테스트 기반구조를 직접 구성하는 것은 쉽지 않은 일이다. 자동화 테스트는 샌드박스(격리된 환경)에서 실행될 때가 많으며, 샌드박스를 올바르게 만드는 것은 대단히 복잡한 작업일 수도 있다. 게다가 API의 실제 사용과는 무관한 작업이다. 마법사의 좋은 점은 마법사가 애플리케이션의 골격뿐 아니라 테스트 작성을 위한 올바른 환경을 만들어 줄 수도 있다는 것이다. 즉시 사용 가능한 적절한 설정을 통해 API 유스 케이스를 테스트하거나 부가 가치를 검증하는 테스트를 수정하는 것은 몇 줄이면 끝난다. 그것이 바로 진정한 API 사용법이다. 전 세계 모든 개발자가 테스트를 진심으로 좋아하는 것은 아니므로 그들 모두가 생성된 골격의 테스트 부분을 사용하지는 않을 것이다. 하지만 테스트 없이는 못 사는 사람들은 API를 사용하는 것이 훨씬 더 즐겁다는 사실을 금방 알게 될 것이다.

적기 출시 관점에서 봤을 때 가장 성공적인 API는 뛰어난 마법사에서 지원되는 API다. API 자체가 어떤 형태인지는 중요하지 않다. 적절한 생성 도구는 심지어 지저분하고 복잡한 기술도 빛나는 다이아몬드로 보여줄 수 있다. 지금은 이러한 도구가 단순히 속도를 높이기 위한 것에 불과하다. 문제가 복잡해지고 사람들이 API를 직접적으로 다뤄야 할 경우 API는 이해하거나 사용하기 쉽고 호환성을 유지하는 것이 바람직하다. 하지만 이것은 소유 비용에 관한 것이고, 소유 비용은 언제나 적기 출시라는 기준에 비해 우선순위가 낮다. 여러분이 만든 API를 가장 잘 홍보하는 방법은 번듯한 마법사다! 사람들이 여러분이 만든 API를 기반으로 안정적인 코드를 작성하도록 돕는 가장 좋은 방법은 마법사에서도 테스트의 골격을 생성하게 하는 것이다.

테스트 호환성 도구

모듈화 라이브러리를 설계할 때처럼 한 API에 다수의 구현체를 허용할 경우 각 구현자가 API의 모든 측면을 충족하게끔 돕는 것이 중요하다. API의 목적은 구현 세부사항을 추상화하는 데 있으므로 모든 구현체가 일관된 상태를 유지하는 것이 중요하다. 그렇게 해야만 API 사용자가 API를 통해 상호작용하는 실제 구현체를 무시할 수 있다. 그래야만 무지한 상태를 충분히 유지할 수 있다.

모듈화 라이브러리 API 구현체의 일관성은 두 가지 방식으로 강제할 수 있다. 그중 하나는 10장의 "API의 일관성 강제하기" 절에서 살펴보겠다. 나머지 하나는 테스트 호환성 도구(TCK; test compatibility kit), 즉 구현자가 구현체의 일관성, 특히 예상되는 기능적 동작 방식과의 일관성을 검증하는 데 사용할 수 있는 테스트 집합을 제공하는 것이다.

모듈화 라이브러리에 대한 TCK를 만드는 것은 일반 테스트를 작성하는 것에 비해 더 복잡하다. 여러분이 작성한 코드를 대상으로 테스트를 작성할 때는 초기 테스트 준비부터 테스트된 코드에 대한 호출, 동작 방식의 정확성을 최종적으로 검사하는 것에 이르기까지 코드와 해당 코드의 모든 테스트를 통제할 수 있다. 하지만 TCK의 경우 초기화는 물론 잠재적으로 결과 검증까지 API 구현자의 몫이 된다. 이 경우 상상력이 더 필요한데, 잠재적인 구현과 그러한 구현 간의 차이점을 마음속으로 상상하고, 각 구현체가 필요한 초기화 및 결과 검사를 수행할 수 있는 방식으로 테스트를 작성해야 하기 때문이다. 이렇게 하기란 쉽지 않으며, 어느 정도의 훈련이 필요하다. 한편으로 사람들이 손쉽게 구현할 수 있는 잘 설계된 API에 꼭 필요한 것이기도 하다. TCK가 나아질수록 사용자가 API의 실제 소스코드를 연구해야 할 필요성은 줄어들 것이다. 소스코드를 연구해야 한다는 것은 API가 엉망으로 만들어졌음을 분명하게 드러내는 신호다. TCK는 API를 무지한 상태로 사용할 수 있게 도우면서 구현체의 일관성을 향상시키는 수단이다.

TCK의 가치를 보여주기 위해 스윙에 대한 모델을 작성하기 시작했던 날을 떠올려보자. 아직까지 그렇게 해본 적이 없는 사람들을 위해 간략하게 정리해서 설명하겠다. "단순히 컴포넌트를 조립"할 경우 스윙은 사용하기가 쉬울뿐더러 강력하기도 하다. 하지만 스윙의 좀 더 강력한 기능을 사용할 경우 상황이 복잡해지기 시작한다. 예를 들어, 모든 컴포넌트는 모델을 정의해 두고 있다. JList에 대해서는 ListModel이 있고, JTable에 대해서는 TableModel이 있으며, 버튼, 트리 등에 대해서도 비슷한 모델이 있다. 단순히 컴포넌트를 조립하는 경우라면 모델에 그다지 신경 쓰지 않아도 되는데, 모든 모델은 기본 구현체를 가지고 있기 때문이다. 하지만 기본값만으로는 충분하지 않을 때가 있다. 그러한 경우 직접 구현하는 방안을 고려해 보기 시작한다. 하지만 그 즉시 API를 구현해야 하는 상황에 처했다는 것을 알게 된다. 단순히 모델의 메서드를 구현하는 것만으로는 충분하지 않다. 강한 시맨틱 제약조건, 특히 이벤트 처리에 관해서는 더욱 강한 시맨틱 제약조건이 있다. 예를 들어, 모델이 변경될 경우 리스너에 전달된 이벤트의 순서와 내용에 대해서는 다양한 제약이 존재한다. 이것은 처리하기가 까다로울 때가 있고 스윙 소스코드를 읽고 디버깅하지 않는 이상 제대로 하기가 어렵다. 기존 ListModelTCKTest를 단순히 재사용할 수 있다면 훨씬 더 쉬울 것이다. 그저 ListModelTCKTest를 가지고 테스트 준비사항을 변경한 다음, 모델의 자체적인 구현체를 인스턴스화한 후 그것의 동작 방식이 올바른지 검증하면 된다. 하지만 아쉽게도 그러한 테스트는 없는 것으로 알고 있다. 그 결과, 스윙에 대한 모델을 작성하는 것은 전문가를 대상으로 하는 작업이지, 무지한 초보자를 대상으로 하는 작업이 아니다.

FileSystem 라이브러리에 대한 호환성 테스트

스윙과 비슷한 상황은 넷빈즈 FileSystem 라이브러리에도 있다. 넷빈즈 FileSystem 라이브러리는 비교적 사용하기 쉬운 편이다. 하지만 직접 파일시스템을 맨 처음부터 만들려고 한다면 라이브러리의 계약을 모두 만족시키기가 결코 쉽지 않다. 우리는 알림 이벤트와 원자적 동작, 잠금, 읽기와 쓰기의 상호 배제 등을 지원한다. 이러한 동작 방식에 대한 요구사항 중 하나를 놓치기가 쉽다. 이것은 다른 사람들이 구현할 수 있는 인터페이스를 설계할 때마다 볼 수 있는 일이다. 여러분은 잘못된 구현으로 발생하는 잠재적인 문제에 금방 노출된다. 십중팔구 모든 작업을 올바르게 하지는 않을 구현자가 최소한 한 명은 있을 테고, 뭔가가 잘못될 것이다. 하지만 클라이언트는 구현체가 일반 파일시스템이나 버전 관리하의 파일시스템, JAR 파일, FTP, 또는 다른 뭔가와 잘 동작하는지 여부에 신경 쓰지 않는다. 클라이언트가 버그를 보게 되면 그들이 사용했던 API를 대상으로 해당 버그를 보고한다. 즉, 잘못된 동작 방식을 주로 책임지는 실제 구현체는 아랑곳하지 않고 일반적인 프레임워크에 대해 버그를 보고하는 것이다. 결과적으로 그러한 버그 보고를 분석하고 라이브러리를 유지보수하는 사람이 해야 할 업무의 양이 늘어난다. 우리가 이처럼 쓸데없는 일을 더 이상 할 수 없는 때가 왔고, 그리하여 넷빈즈 FileSystem 라이브러리에 대한 TCK를 구현했다. 이 TCK의 핵심부에는 생성과 정리를 위한 메서드 하나가 포함된 팩터리가 있다.

```java
public static abstract class FileSystemFactoryHid extends NbTestSetup {
    public FileSystemFactoryHid(Test testToDecorate) {
        super(testToDecorate);
    }

    protected abstract FileSystem createFileSystem(String testName,
            String[] resources) throws Exception;

    protected abstract void destroyFileSystem(String testName)
            throws IOException;
}
```

하지만 뛰어난 TCK라면 다양한 구현체마다 요구사항이 서로 다르리라는 것을 예상해야 한다. 예를 들어, 파일시스템 중 일부는 읽기전용이라서 변경 연산을 테스트하는 것은 맞지 않다. 그러한 테스트를 실행하면 실패할 텐데, 그것은 당연한 결과다. 이러한 이유로 TCK에서는 대개 환경설정을 만들어둘 필요가 있다. FileSystem 라이브러리에서는 다수의 "스위트 (suite)"가 있다. 모든 구현체에서는 어느 스위트를 사용할지 선택할 수 있다. 예를 들어, ZIP 및 JAR 압축파일에 대한 접근을 감싸는 코드에서는 다음과 같은 방법을 사용한다.

```java
public static class JarFileSystemTest extends FileSystemFactoryHid {
    public JarFileSystemTest(Test testToDecorate) {
        super(testToDecorate);
    }

    public static Test suite() {
        NbTestSuite suite = new NbTestSuite();
        suite.addTestSuite(RepositoryTestHid.class);
        suite.addTestSuite(FileSystemTestHid.class);
        suite.addTestSuite(FileObjectTestHid.class);
        return new JarFileSystemTest(suite);
    }

    protected void destroyFileSystem(String testName) throws IOException {
    }

    protected FileSystem createFileSystem(String testName, String[] resources)
            throws Exception {
        JarFileSystem fs = new JarFileSystem();
        fs.setJarFile(createJarFile(testName, resources));
        return fs;
    }
}
```

다른 유형의 파일시스템 플러그인에서도 비슷한 일을 하며, 단순히 다양한 파일시스템 인스턴스를 생성할 뿐이다.

보통 TCK는 애플리케이션의 아메바 모양을 보전하는 데 유용하다. 게다가 소프트웨어 공학 조직에서 해결해야 할 일반적인 활동들을 개선하는 데도 이바지한다. 이를테면, 버그 보고 생명주기가 단순해지고, 시스템의 어느 부분에서 버그가 발생하는지 훨씬 더 손쉽게 파악할 수 있으며, 버그를 처리할 담당자를 찾기까지의 시행착오가 줄어든다. 넷빈즈에서는 TCK를 도입하고 나서 버그 담당자를 변경한 횟수가 확실히 줄어들었다. 어떤 의미에서는 TCK가 프로그래머의 가장 큰 '사치'가 되기도 한다. 즉, 구현체를 가지고 있다면 TCK도 사용해야 한다. 그렇지 않으면 여러분이 올린 버그 보고는 대수롭지 않게 여겨질 것이다.

가능한 한 무지를 보조하는 것이 API 제공자의 책임감이라고 생각한다. 이것은 결국 TCK를 제공한다는 것을 의미한다. 모든 이들이 TCK를 사용하지는 않겠지만 TCK를 사용하는 사람들은 아마도 여러분이 만든 API의 가장 귀중한 사용자일 것이다. 그들은 품질에 신경 쓰기 때문에 임시로 동작하는 뭔가를 원하지 않는다. 그들은 장기적으로 올바르게 기능하는 시스템을 구축하고 싶어한다. 이러한 사람들은 버그 보고와 수정, 또는 심지어 새로운 기능을 구현함으로써 원본 라이브러리에까지 기여할 수 있는 사용자다. 다시 말해, 이 같은 사용자들이 여러분이 만든 API를 개선하는 데 최대한 많은 시간을 보내게끔 만드는 것이 좋다.

CHAPTER 10

다른 API와
협동하기

API는 홀로 존재할 가능성이 낮다. API 스스로 흥미로운 일을 하지는 않는다. API는 호출할 필요가 있다. 이것은 API의 주된 관심사가 더 큰 애플리케이션에 매끄럽게 포함되고 다른 API와 쉽게 공존하는 방식으로 설계해야 한다는 것을 의미한다.

환경 내의 다른 것들을 필요로 하지 않고 홀로 존재하도록 설계되는 API는 극소수에 불과하다. 원치 않은 결과가 발생하지 않도록 다른 API를 적절히 사용하고 소비하는 방법을 아는 것은 적절히 독립적으로 진화하도록 설계되고 주위 환경의 변화로부터 격리된 시스템에 중요하다.

이번 장에서는 API를 소비하고 재사용하고 노출하고 재전달할 때 알아야 할 가장 중요한 사항들을 살펴본다.

다른 API를 사용하는 것을 조심하라

외부 API를 사용하는 데는 두 가지 방법이 있다. 다른 누군가가 제공한 라이브러리를 여러분이 만든 API의 클라이언트에게 노출하지 않은 채로 내부적으로 사용할 수도 있고, 라이브러리에서 제공한 인터페이스를 여러분의 클라이언트에게 노출할 수도 있다. 다음 단락에서는 외부 API를 사용하는 것과 관련된 위험요소를 분석한다.

다른 라이브러리의 API를 노출하는 것(보통 시그너처를 통해)을 재전달(re-export)이라고 한다. 재전달은 메서드가 다른 라이브러리에서 정의한 타입을 반환하거나 이러한 타입을 인자로 받아들일 때 발생할 수 있다. 이 경우 하위 호환성과 관련된 다소 까다로운 문제가 발생할 수 있는데, API를 재전달하고 나면 해당 API는 본질적으로 재전달하는 라이브러리의 일부가 되기 때문이다. 사실, 기반 API에 API상의 변화(인터페이스에 새로운 메서드가 추가되는 것과 같은)가 생기면 재전달하는 API에도 곧바로 그와 같은 변화가 반영된다. 이것은 기반 API에 호환성이 보장되지 않는 변화가 생기면 주 API의 특정 사용법이 더는 유효하지 않을 수 있다는 의미이기도 하다. 그래서 재전달은 늘 신중하게 해야 하고 주 API 및 재전달한 API의 안정성도 항상 염두에 둬야 한다. 주 API가 좀 더 안정적이려면 재전달을 일종의 래퍼로 대체하는 것이 거의 필수적이다. 그렇게 하지 않으면 API는 스스로의 안정성을 보장할 수 없다. 이는 안정성이 다소 떨어지는 기반 API가 호환되지 않은 변경을 수행하기로 했을 때 특히 그렇다.

호환되지 않은 변경의 *이행성(transitivity)*이라는 것도 있다. 예를 들어, API에서 어떤 전달받은 API를 사용하고 다음과 같은 식으로 그것을 재전달한다고 해보자.

```java
public final class String {
    private final char[] chars;

    public String(char[] chars) {
        this.chars = chars.clone();
    }

    public int length() {
        return chars.length;
    }

    public char charAt(int i) {
        return chars[i];
    }
}
```

그런 다음 누군가가 String 클래스에서 메서드를 제거하기로 한다(이것은 설명을 위한 예제에 불과하다. 그런 일은 절대 일어나지 않을 텐데, String은 호환성 있는 방식으로 개발되는 java.lang 내의 클래스이기 때문이다). 그 이후에 String을 컬렉션 API와 일관되게 만들기로 하고 int length()를 int size()로 대체하기로 했다고 가정해보자. 새 버전의 자바로 전환할 경우 Query 라이브러리의 사용법은 깨질 수도 있다. 가령, 다음과 같은 코드는 더는 컴파일되지 않을 것이다.

```java
Query query = new Query();
String reply = query.computeReply();
assertEquals("Length is correct", 5, reply.length());
```

Query 라이브러리를 단 한 줄도 안 바꾸더라도 이런 일이 일어날 수 있다! 단순히 재전달한 라이브러리가 호환되지 않는 방식으로 변경됐다는 이유만으로 이제 다른 모든 라이브러리까지도 호환성이 없어진다. 비호환성은 이행적으로 모든 재전달된 지점으로 퍼져나가고 라이브러리를 호환성 있게 개발하려는 노력은 사실상 수포로 돌아간다.

이러한 문제를 예방하는 방법은 많지 않다. 비호환성을 받아들이거나, 비호환성을 거부하거나, 래퍼를 사용하는 방법밖에 없다.

첫 번째 방법으로 비호환성을 받아들일 수 있다. API가 재전달되고 호환되지 않는 방식으로 변경됐다면 가장 간단한 접근법은 그것을 받아들이고 주 라이브러리도 호환되지 않는 방식으로 변경됐다고 선언하는 것이다. 이것은 호환되지 않는 새로운 기반 라이브러리에 의존하는, 호환되지 않는 버전임을 나타내는 식별자가 포함된 새로운 버전을 릴리스하는 것을 의미한다. 결국 기반 라이브러리의 릴리스 주기와 개발 스타일, 안정성 수준을 받아들이는 것을 의미한다. 기반 API의 모든 비호환성에 더해 또 하나의 비호환성이 주 API에 도입되는 것이다.

두 번째 방법으로 비호환성을 거부할 수 있다. 비호환성을 예방하는 가장 간단한 방법은 여러분이 만든 라이브러리는 물론 재전달한 기반 라이브러리에서도 비호환성이 만들어지는 것을 방지하는 것이다. 말은 쉽지만 실제로 이렇게 하기는 어렵다. 즉, 원치 않는 비호환성을 예방하기 위해서는 기반 라이브러리에 대한 영향력을 충분히 갖춰야 한다. 기반 라이브러리의 개발 팀과 밀접한 관계를 맺음으로써 이를 달성할 수 있다. 상용 라이브러리의 경우 파트너가 되어 새 버전의 시험 버전을 테스트해볼 수 있다. 오픈소스 프로젝트인 경우에는 메일링 리스트에 가입하고 기여자가 되어 라이브러리의 개발 방향에 영향력을 행사할 수 있다.

하지만 이 방법은 문제를 예방할 뿐 비호환성이 실제로 릴리스됐을 때 이를 바로잡지는 못한다. 그러한 경우 비호환성을 받아들이고 호환되지 않는 변경사항을 이행적으로 재전달하는 방법 외에 문제를 바로잡는 방법은 새로운 버전으로 업그레이드하지 않는 것밖에 없다. 기존 버전, 즉 호환성이 보장되는 버전을 계속 사용하는 것이다. 이 방법은 비교적 잘 작동하지만 단점도 있다. 즉, 대개 가장 흥미로운 개발은 최신 버전에서 일어난다는 것이다. 중요 수정사항이 이전 버전에도 적용되는 일은 흔치 않다. 하지만 그럴 필요성이 충분히 크다면 그렇게 될 가능성도 있다. 나는 리눅스 커널 2.4를 비롯해 심지어 2.2 버전까지도 유지보수하는 사람들에 관해 들은 적이 있는데, 이는 일부 사용자가 최신 2.6 버전으로 마이그레이션했을 때 안정성과 관련된 문제를 무릅쓰고 싶어하지 않기 때문이라고 한다. 이전 버전의 라이브러리를 계속 사용하는 것이 가능하고 그것이 수용할 만한 해법이라는 사실을 경험을 통해 알게 됐다. 하지만 이 방법은 동일 라이브러리의 2차 사용자, 즉 여러분이 사용 중인 버전과 호환되지 않는 다른 버전을 필요로 하는 누군가가 없다는 가정하에서만 유효하다. 그 시점에서는 동일 라이브러리의 여러 버전이 상호 공존하는 문제를 겪게 된다. 간혹 이런 일도 발생할 수 있는데, 동일 라이브러리의 두 인스턴스가 잘 격리돼 있고 서로에 관해 알지 못할 경우 특히 그렇다. 하지만 때로는 이 접근법이 전혀 통하지 않을 때도 있다.

심지어 여러 호환되지 않는 라이브러리 버전들이 다른 라이브러리에 의해 재전달될 경우 시스템 내의 모든 모듈을 활성화하기 위한 충돌하지 않는 환경설정이 있는지 여부에 관한 판단조차 *NP-완전*

성 문제(아주 풀기 힘든 문제에 해당하는)처럼 보인다. 자세한 사항은 이 책의 주제를 벗어나며, 이 주제에 관심이 있다면 http://reexport.apidesign.org를 참고한다.

세 번째로 래퍼를 사용할 수 있다. 가능한 해법(재전달 문제를 완전히 없애는)은 임포트한 API를 감싸는 래퍼를 만들고 그것을 API 시그너처에서 전혀 보이지 않게 하는 것이다. 라이브러리는 여전히 내부적으로 사용할 수 있지만 외부에서는 감춰지고, 이때 라이브러리는 숨겨진 구현 세부사항에 해당한다.

```java
public final class Query {
    public static final class Sequence {
        private String data;

        Sequence(String data) {
            this.data = data;
        }

        public int length() {
            return data.length();
        }

        public char charAt(int i) {
            return data.charAt(i);
        }
    }

    public Sequence computeReply() {
        char[] hello = { 'H', 'e', 'l', 'l', 'o' };
        return new Sequence(new String(hello));
    }
}
```

Query 라이브러리의 초기 버전이 아예 String을 재전달하지 않고 그 대신 자체적인 타입을 사용하도록 재작성된다면 앞에서 지어낸 자바 String 클래스의 호환되지 않는 변경사항은 호환성과 관련된 문제를 일으키지 않을 것이다. 심지어 문자열이 내부적으로 사용되더라도 Sentence 클래스의 버전은 처음에 길이(length)를 사용할 것이다. 새로운 호환되지 않는 String 라이브러리가 릴리스되면

Sentence 클래스에서는 내부 및 전달되지 않은 의존성을 업데이트하기만 하고 코드를 다음과 같이
변경할 것이다.

```java
public final class Query {
    public static final class Sequence {
        private String data;

        Sequence(String data) {
            this.data = data;
        }

        public int length() {
            return data.getSize();
        }

        public char charAt(int i) {
            return data.charAt(i);
        }
    }

    public Sequence computeReply() {
        char[] hello = { 'H', 'e', 'l', 'l', 'o' };
        return new Sequence(new String(hello));
    }
}
```

래퍼는 사실상 호환되지 않는 변경사항의 이행성을 제거한다. 하지만 래퍼는 사용자가 익혀야 할
API의 양을 늘린다. 모든 라이브러리에서 String을 감싼 래퍼를 정의하고 각기 이름을 다르게 짓는
다면 이러한 라이브러리의 다양한 API를 대상으로 프로그램을 익히기가 굉장히 어려워질 것이다.
한 라이브러리에서 만든 문자열과 다른 라이브러리에서 소비하는 문자열 간에 문자열을 교환하는
것조차 아주 힘들어질 것이다.

새 버전의 자바를 대상으로 넷빈즈 컴파일하기

오랜 시간 동안 넷빈즈 프로젝트에서는 넷빈즈 IDE를 자바의 두 가지 최신 주요 버전에서 실행하는 것을 지원하기 위해 노력해왔다. 넷빈즈 5.5x의 경우 자바 1.4와 자바 5에서 실행했고, 넷빈즈 6.0에서는 자바 5와 자바 6을 지원하고 있다. 이것은 대개 이전 버전의 자바를 대상으로 컴파일 및 개발하고, 새로운 버전은 물론 이전 버전을 대상으로 테스트하는 식으로 이뤄진다. 이 방법은 개발자들이 최신 기술을 사용하려는 경향이 있다는 사실을 제외하면 비교적 잘 동작한다. 보통 개발자들은 최신 버전의 자바를 기반으로 개발하고 싶어한다. 이것은 소스코드가 반드시 새로운 버전의 자바는 물론 이전 버전에서도 반드시 컴파일돼야 한다는 것을 의미한다. 하지만 이렇지 않을 때도 많다. 새로운 버전의 자바를 대상으로 넷빈즈 IDE를 컴파일하려고 할 때마다 잠재적인 문제에 직면하는데, 이는 자바 라이브러리의 일부가 호환성 있는 방식으로 개발돼 있지 않기 때문이다.

`java.awt.peer` 인터페이스를 자체적으로 구현할 때 코드가 깨지는 것은 받아들일 수 있다. 이러한 클래스에 새로운 추상 메서드가 추가된 결과, 코드가 더는 컴파일되지 않는 것도 받아들일 수 있다. 사실, `java.awt.peer`는 자바 API의 일부로 선언되지 않았기 때문에 우리가 만든 매티스(Matisse) GUI 빌더에서 `java.awt.peer`를 필요로 하더라도 그것을 사용해서는 안 된다.

한편으로 `javax.sql.RowSet`의 자체적인 구현체를 컴파일할 때 특별한 방법을 써야 한다는 것은 마음에 들지 않는다. 해당 클래스는 누구나 사용할 수 있는 표준 API다. 그래서 "사용한다는 것"이 "서브클래싱한다"라는 의미가 된다고도 생각할 것이다.

우리가 하는 일이 바로 이것인데, 이 인터페이스에서 제공하는 메서드에 대한 호출을 가로채고 싶기 때문이다. 하지만 이렇게 하면 API 제공자가 인터페이스에 새로운 메서드를 추가하려고 하기 때문에 컴파일되지 않는 코드가 만들어진다. 이것은 우회하기 힘들 때가 많다. 두 가지 다른 버전의 자바를 대상으로 코드를 컴파일할 수 있게 만드는 건 쉽지 않은 일이다. 한 가지 좋은 소식은 우리가 `javax.sql.RowSet`을 사용할 때 다른 코드에 의존하거나 `javax.sql.RowSet`을 사용하는 코드를 재전달하지 않는다는 것이다.

그와 동시에 우리는 `org.w3c.dom` 인터페이스를 재전달한다. 이렇게 하면 동일한 문제가 발생한다. 즉, `org.w3c.dom` 인터페이스를 유지보수하는 사람들이 거기에 새로운 메서드를 추가하고 싶어한다는 것이다. RowSet의 경우와 달리 우리가 만든 클래스에서 이러한 인터페이스를 반환하는 메서드를 노출한다. 게다가 성능상의 이유로 우리가 만든 데코레이터 구현체를 반환해야 한다. 이것은 처리하기가 까다로웠지만 `java.lang.reflect.Proxy`의 도움을 조금 받아 가까스로 컴파일 문제를 빗겨갈 수 있었다. 우리는 컴파일은 전혀 하지 않고, 대신 동적으로 디스패치했다. 그 결과, 기반 구현체에서는 원하는 만큼 자주 메서드를 추가할 수 있다. 프록시에서는 항상 현재 상태를 흉내 내고 그것들을 모두 디스패치할 것이다. 코드는 동작하지만 작성하고 유지보수하기는 좋지 않다.

따라서 호환성 있게 개발하는 편이 더 좋고 단순하다. 그래서 호환성 있는 API를 제작할 수 있다고 확인된 프로젝트는 재사용하기가 더 쉽다. 래퍼를 이용한 기법을 구사하거나 기반 라이브러리에 대한 호환되지 않는 변경사항을 이행적으로 전파하거나 개발 초점이 이미 새로운 버전으로 옮겨간 경우에도 이전 버전의 라이브러리를 사용하는 데 문제가 없다.

추상화 누출

"다른 API를 사용하는 것을 조심하라" 절에서는 외부 API를 재전달하는 것에 관해 경고했다. 하지만 외부 API 말고도 문제를 일으킬 수 있는 요소는 많다. 여러분이 만든 API를 노출할 때도 문제에 직면할 수 있다. 결국 많이 노출할수록 API를 사용하거나 진화시킬 때 유연성이 줄어든다.

넷빈즈 코드 완성 API와 관련된 실수

넷빈즈에는 코드 완성(code complete) API가 있다. 코드 완성 API를 이용하면 누구든지 코드 완성 API 구현체를 편집기에 활성화할 수 있고 해당 구현체에서는 코드를 입력할 때 다양한 힌트를 제공할 수 있다. 이 API는 스윙의 텍스트 문서를 대상으로 동작한다. 이 API는 등록된 제공자를 모두 찾아서 제공자에게 힌트가 표시돼야 할 위치와 함께 컨텍스트(문서)를 전송한다.

웬일인지 컨텍스트에는 JTextComponent를 반환하는 getTextComponent 메서드도 있다. 이는 스윙 컴포넌트의 계층구조, 각 컴포넌트의 모든 메서드, 전체 AWT 라이브러리 등을 비롯해 끝없이 늘어나는 API로 이어질 수 있다. 결과적으로 코드 완성을 위한 API는 엄청나게 규모가 커지고, API의 사용법은 원래 API 설계자가 상상했던 바를 훨씬 벗어난다. JTextComponent로 뭘 할 수 있을까? 무엇이든, 무엇이든 할 수 있다.

무제한 API는 문제를 일으키기 십상이다. HTML 안의 자바스크립트나 JSP 안의 자바처럼 서로에게 언어를 포함시키기 시작했을 때 이렇게 된다는 사실을 발견했다. 이러한 각 언어에 대한 코드 완성 제공자가 있었고 HTML과 JSP와 같은 환경을 제거하고 싶었다. 각 경우에 적절한 컨텍스트를 만들고 싶었다. 하지만 그러한 컨텍스트의 일부가 JTextComponent다. 전체 문서에 대한 컨텍스트를 반환할 수 있을까? 그렇지 않을 가능성이 높다. 가짜 컨텍스트를 만들 수 있을까? 아마도 그럴 수 있겠지만 JTextComponent를 반환하는 어떤 메서드를 "가짜"로 만들어야 할까? getParent()는 동작할까? 컴포넌트는 가시성을 띠어야 할까? …

컴포넌트를 API로부터 감추고 완성 힌트를 계산할 때 개발자가 필요로 할 만한 메서드를 명시적으로 나열했다면 훨씬 더 상황이 나았을 것이다.

API 메서드에서 java.io.File을 노출할 경우 어떤 일이 일어날지 상상해 보라. API 사용자는 파일의 내용을 읽고 해당 파일에 쓸 수 있을 텐데, 이것은 보통 납득할 만한 일이다. 하지만 사용자는 상대 경로에 존재하는 파일을 확인하기 위해 다양한 방식으로 검색할 수도 있다. 그 결과, 어떤 API 메서드에 파일을 주자마자 완전히 통제 불능 상태에 빠지게 된다. 아마도 목표는 누군가가 뭔가를 단순히 읽을 수 있게 스트림을 제공하는 것이었을 것이다. 하지만 파일을 통해 사용자는 그보다 훨씬 더 많은 일을 할 수 있다.

가짜 캡슐화

넷빈즈의 또 다른 API인 Task List API를 살펴보자. 개발자는 이 API를 이용해 개별 작업을 *작업 목록 창*에 추가할 수 있다. 이러한 작업은 사용자 파일과 연관돼 있다. 사용자가 작업을 더블클릭하면 파일이 열리고 커서가 특정 줄에 위치하는데, 사용자는 작업을 완료하기 위해 수정하거나 고칠 수 있다.

우리는 이 API의 프로토타입을 만들었을 때 Resource라는 개념을 정의했다. Resource는 파일을 표현하는 객체다. 이 클래스에는 이름과 입력 스트림을 구하는 메서드가 있었는데, 이것만으로도 API를 사용하기에 충분했다. 하지만 이 메서드만으로는 충분하지 않으리라는 것을 깨닫게 되는 시점이 다가왔다. 즉, FileObject(넷빈즈의 향상된 java.io.File 래퍼에 해당하는)에 대한 접근자도 추가해야 했던 것이다.

하지만 FileObject 자체에는 이미 스트림과 이름을 획득하는 수단이 마련돼 있다. Resource의 원래 개념은 이미 과도하게 복잡해졌다. 사실, Resource는 아무것도 캡슐화하지 않았는데, FileObject에 대한 접근자를 가지고 있었기 때문이다. 그러한 이유로 우리는 "리소스" 추상화를 완전히 제거하고 FileObject 클래스를 직접 사용하기로 결정했다. 이것은 호환성 있는 변화는 아니었지만 첫 번째 릴리스에 앞서 그런 일이 일어났기에 그렇게 할 수 있었다.

결국 그렇게 했음에도 이 방법은 캡슐화를 가능하게 했는데, java.io.File과 달리 넷빈즈의 FileObject를 이용하면 디스크 상의 실제 파일과는 무관한 독립적인 구현이 가능하기 때문이다. 그 결과, 메모리 상에서만 존재하는 완전히 가상화된 파일에 대한 작업도 가능하다. 단순화되긴 했지만 Task List API는 잘 캡슐화되고 재사용 가능한 형태로 남았다.

API의 캡슐화(API가 연산을 수행하는 데 필요한 환경을 설정할 수 있는 능력)는 API의 재사용 가능성을 대폭 증가시킨다. 단순 문자열이나 CharSequence를 대상으로 코드 완성을 호출하기가 쉬웠다면 JTextComponent를 직접 만들어야 하는 경우보다 훨씬 더 자주 사용될 것이다. API의 환경을 정의할 때 적절한 캡슐화를 비롯해 공통적인 경우에 대한 손쉬운 사용법과 흔치 않은 경우에 대한 API 호출을 손쉽게 구성하는 것과의 균형을 고민하는 것이 중요하다. API를 정의할 때는 목표를 알 수 없는 미지의 사용자를 위해 최적화하고 있다는 사실을 염두에 둔다. 낯설고 흔치 않은 환경에서 API를 사용하는 것을 과도하게 복잡하게 만들어 API의 사용을 제한하는 것은 현명하지 못한 일이다. "더 적은 것이 더 많은" 경우가 많다는 점을 명심하라. API에서 더 적게 노출할수록 API를 재사용하기가 더 쉬워질 것이다.

API의 일관성 강제하기

어떤 API에서는 동일한 결과를 획득하는 여러 가지 방법을 제공하기도 한다. 이러한 방법들은 서로 관련돼 있을 때가 많은데, 각 방법은 동일한(또는 적어도 관련성 있는) 결과를 내놓을 것으로 기대된다. 이것은 API 제작자가 기대하는 바이자 API의 원래 비전을 반영한다. 심지어 그것은 API 사용자가 기대하는 바일 수도 있다. 실제 구현은 그러한 바램에 부응하지 않을 수도 있지만 말이다.

간단한 라이브러리에서 같은 결과를 획득하는 여러 가지 방법이 있을 때는 무엇을 고쳐야 할지 파악하기 쉽다. 여기서 "간단한 라이브러리"란 7장의 "모듈화 설계의 유형" 절에서 정의했듯이 구현체만 포함된 라이브러리를 의미한다는 것을 떠올려보자. 어떤 이유로 다음과 같은 코드를 사용하고 있다고 해보자.

```
URL url = new URL("http://www.apidesign.org");
assertEquals(url.toString(), url.toExternalForm());
```

URL의 toString과 toExternalForm이 동일한 결과를 반환하리라 기대했다면 자동화 테스트를 작성해 이것이 참인지 확인한 다음 구현체를 변경할 필요가 있다. 이렇게 하기는 쉬운데, java.net.URL은 구현이 담긴 final 클래스이고 그것의 구현체가 기대한 바와 일치한다는 사실을 확신할 수 있기 때문이다.

하지만 모듈화 방식은 "단순 라이브러리" 이상의 것을 설계하도록 요구한다. 모듈화 라이브러리, 즉 API만 정의하고 그것의 구현체는 독립적인 모듈에서 제공하도록 설계할 필요도 있다. 이 경우 API에 대해 기대하는 바가 모든 구현체에 강제돼야 한다. 단순히 라이브러리 자체의 코드를 고치는 것만으로는 충분하지 않다. 라이브러리의 모든 구현체 제공자가 관련 코드를 고치도록 강제해야 한다.

넷빈즈 Lookup의 비일관성

7장의 "상호컴포넌트 룩업과 통신" 절에서 설명한 바와 같이 넷빈즈에서는 다양한 서비스의 구현체를 발견하기 위한 일반화된 API를 제공한다. 넷빈즈에서는 등록된 서비스를 조회하는 다양한 수단을 제공한다.

- *단일 구현체(대개 가장 유망한 구현체나 첫 번째 구현체) 요청.* 여기서는 이 메서드가 다음과 같다고 해보자.

  public abstract <T> T lookup(Class<T> clazz);

- *모든 구현체 요청.* 인스턴스의 컬렉션을 반환하는 메서드이며, 여기서는 이 메서드가 다음과 같다고 해보자.

  public abstract <T> Collection<? **extends** T> lookupAll(Class<T> clazz);

- *모든 구현 클래스의 목록 요청.* java.lang.Class 집합을 반환하는 메서드로서, 여기서는 이 메서드가 다음과 같다고 해보자.

  public abstract <T> Set<Class<? **extends** T>> lookupAllClasses(Class<T> clazz);

API 사용법이라는 맥락에서 보면 `lookup(clazz)`이 null이 아닌 결과를 반환할 경우 `lookupAll(clazz)`에서 제공하는 컬렉션에는 적어도 한 개의 인스턴스를 담고 있으리라 기대하는 것이 타당하다. 아울러 `lookupAllClasses(clazz)`에서 반환하는 클래스 집합에는 `lookupAll(clazz)` 컬렉션에 들어 있는 객체의 모든 구현체 클래스가 담겨 있으리라 기대할 것이다. 이렇게 기대하는 것은 자연스러운 일이며, API 제작자로서의 비전이기도 했다.

넷빈즈에는 이 Lookup 클래스의 인스턴스가 매우 많으며, 다행히도 대부분의 인스턴스는 보조 클래스(AbstractLookup, ProxyLookup) 중 하나로부터 파생되거나 잘 테스트된 팩터리 메서드(`Lookups.fixed` 등)를 통해 생성된다. 이러한 구현체는 잘 테스트돼 있고 메서드 간의 일관성이 보장된다. 이러한 상태에 도달하는 데는 시간이 다소 걸렸다. 하지만 몇 년 동안 개발하고 난 지금은 거의 모든 예외적인 경우들이 검증되고 테스트된 듯하다. 구현체는 기대한 대로 동작할 만큼 안정적이다. 이러한 관점에서 봤을 때 Lookup API는 "간단한 라이브러리"처럼 동작한다.

하지만 Lookup API는 극단적으로 모듈화된 넷빈즈의 일부이기도 하다. 그래서 "모듈화 라이브러리"로도 볼 수 있다. 즉, 시스템의 특정 부분에서는 지원 클래스를 완전히 생략하고 맨 처음부터 작성한 Lookup 클래스의 자체적인 구현체를 제공할 수 있다. 구현체의 모든 메서드 간의 일관성을 보장하는 것은 그러한 구현체에 달렸다. 이것은 간단해 보일 수도 있지만 어떤 상황(특히 위임, 필터링, 다른 여러 룩업을 병합하는 과정)에서는 상당히 복잡해질 수도 있다. 그 결과, 넷빈즈의 일부 Lookup 구현체에서는 원본 API를 적절히 구현하지 않아 API 계약을 완전히 충족하지 않는다.

망가진 API 구현체를 가지고 있다는 것은 결코 바람직하지 않다. 하지만 이 경우에는 상황이 훨씬 더 복잡하다. 아마 넷빈즈 기반 애플리케이션에서 실행 중인 모든 룩업의 95퍼센트는 일관되게 동작할 것이다. 나머지 5퍼센트는 때때로 망가질 수도 있지만 말이다. 하지만 Lookup API를 호출하는 클라이언트는 그러한 사실을 예상하거나 알지 못한다. 현재 어느 룩업을 호출하는지 항상 알 수 있는 것은 아닌데, 이는 구현체 클래스가 대개 package private이고 장식된(decorated) 룩업 너머로 감춰지는 경우도 많기 때문이다. 아울러 구현체의 절대다수는 올바르게 동작하기 때문에 어떤 기능이 망가졌다는 사실을 전혀 알아차리지 못할 수도 있다. 테스트 도중에는 모든 것이 적절하게 동작할지도 모른다. 실제 환경에 배포할 때 망가진 Lookup 구현체를 조회할 수도 있고, 그렇게 되면 메서드 간의 비일관성이 예상치 못한 실패를 야기할 수도 있다.

이러한 문제를 고치는 방법은 많지 않다. 먼저 "정책(policy)"을 정의하려고 할 수도 있다. 즉, 자바독에 클래스 구현자가 일관성을 보장해야 한다고 심각하게 경고하는 내용을 추가하는 것이다. 사실 이 방법은 아예 아무것도 안 하는 것보다는 낫다. 그럼에도 그다지 도움이 되지 않는다고 장담할 수 있다. 어쩌면 망가진 구현체의 수를 반으로 떨어뜨릴지도 모른다. 굉장히 많은 수가 그대로 남아 잠재적으로 문제가 늘어날 것이다. 클라이언트가 망가진 인스턴스를 접할 때마다 코드는 대개 `NullPointerException`이나 `ArrayIndexOutOfBoundsException`과 같이 별다른 특징이 없는 예외와 함께 망가진다. 여러분이 느끼는 절망감을 극대화하기 위해 망가진 구현체에 관한 정보도 없을 테고, 심지어 관련 클래스명도 없을 것이다. 따라서 실패 메시지를 받더라도 실제로 무엇이 실패했는지 파악하는 데 몇 시간 또는 때로는 몇 년이 걸릴 수도 있다. 늘 그런 식으로 흘러간다. 정책을 정의하는 것은 책임 소재를 따지기에는 좋지만 실제 문제를 고치기 위한 것은 아니다.

좀 더 나은 접근법은 TCK를 작성하는 것이다. 9장의 "테스트 호환성 도구" 절에서 다룬 바와 같이 모든 모듈화 라이브러리는 구현자가 제공한 구현체가 올바른지 검증하는 데 사용할 수 있는 테스트를 갖춰야 한다. 이 방법은 효과가 있지만 다만 한 가지 조건하에서만 동작한다. 즉, 모든 구현자가 실제로 테스트를 실행하는 경우다. 회의주의자라는 소리를 듣고 싶지는 않지만 상당수의 API 사용자가 단순히 구현체를 제공하기만 하고 테스트를 실행하는 과정을 건너뛴다고 믿어 의심치 않는다. 결국 API 사용자들은 무지해지길 원하고 가능한 한 지시사항을 무시하고 싶을 것이다. API 사용자는 그저 작업이 완료되기만을 바란다. TCK를 구성하는 법을 배우는 것은 또 하나의 성가신 장애물이고 처음에는 무시된다. 오직 과거에 혼쭐난 경험이 있는 사람들만이 불장난의 위험성을 안다. 하지만 이 경우 이해하기 힘든 버그를 잡아내느라 며칠을 보내고 나서 그 버그를 TCK를 실행한 후 단 몇 분만에 발견할 수 있다는 사실을 깨달을 필요가 있다. 결과적으로 TCK는 훌륭하고 실행 가능한 방안이지만 오로지 성실한 사람들만을 위한 것이다. 적어도 API 사용자의 일부는 성실하다고 볼 수 없기 때문에 모든 구현체가 일관성을 지킬 것이라고 보장할 수 없다. 일관성을 보장하는 딱 한 가지 방법은 바로 일관성을 강제하는 것이다!

제약조건과 어스펙트

이 시점에서 많은 독자들이 올바른 해법을 추측할 수 있으리라 상상할 수 있다. 바로 제약조건 언어를 사용하거나 (더 나은 방법인) 관점 지향 프로그래밍(AOP; aspect-oriented programming)을 사용하는 것이다. 이는 메서드나 클래스에 일관성 제약조건과 함께 애노테이션을 지정하는 추가 수단을 정의해야 한다는 의미다. 이 경우 특별한 컴파일러나 바이트코드 조작을 통해 생성된 코드가 일관성 검사를 수행하게 하고 모든 구현체가 그렇게 하도록 보장할 것이다.

이것은 가능한 해법이다. 하지만 들어가며의 API를 작성하는 법 배우기에서 간략하게 설명한 바와 같이 이 책에서는 자바라는 환경에서, API 설계 언어로 자바를 사용하고자 한다. 강제할 수 있는 방식으로 제약조건을 만들어내는 것은 이 책의 범위를 벗어난다. 그렇게 되면 새로운 개념과 함께 완전히 새로운 언어를 발명하는 것처럼 느껴질 것이다. 친애하는 AOP 팬 여러분, 저희가 즐겨 쓰는 도구에 의지하지 않으면서 일관성을 강제해야 하는 것은 바로 이런 이유에서입니다!

메서드의 동작 방식을 강제하는 가장 좋은 방법은 메서드를 재정의하지 못하게 하는 것이다. 여러 메서드의 일관성을 보장하는 가장 좋은 접근법은 클래스를 final로 만들고 클래스 본문에서 일관성을 검사하는 것이다. 이렇게 하면 클래스가 단순 라이브러리 형식으로 바뀌고 클라이언트가 그것을 이용해서 할 수 있는 모든 일들이 여러분의 통제하에 놓이게 된다. 사실 이 경우 모듈화 확장성이 제한되는데, 추가 인터페이스를 구현하고 그러한 인터페이스를 클라이언트용 API를 나타내는 final 클래스로 전환하는 팩터리 메서드를 사용하는 식으로만 확장할 수 있다.

```
public abstract class Lookup {
    /** 같은 패키지 안에 들어 있는 클래스에서만 호출 가능 */
    Lookup() {
    }

    public <T> T lookup(Class<T> clazz) {
        Iterator<T> it = doLookup(clazz);
        return it.hasNext() ? it.next() : null;
    }

    public <T> Collection<? extends T> lookupAll(Class<T> clazz) {
        Iterator<T> it = doLookup(clazz);
        if (!it.hasNext()) {
            return Collections.emptyList();
        } else {
            List<T> result = new ArrayList<T>();
            while (it.hasNext()) {
                result.add(it.next());
            }
            return result;
        }
    }

    public <T> Set<Class<? extends T>> lookupAllClasses(Class<T> clazz) {
        Iterator<T> it = doLookup(clazz);
        if (!it.hasNext()) {
            return Collections.emptySet();
        } else {
            Set<Class<? extends T>> result = new HashSet<Class<? extends T>>();
            while (it.hasNext()) {
                result.add(it.next().getClass().asSubclass(clazz));
            }
            return result;
        }
    }
}
```

이것은 진정한 방탄 해결책이다. 모든 검사는 모든 클라이언트의 접근을 견제하면서 한곳에 집중돼 있는데, 모든 클라이언트 호출이 그곳을 거쳐가기 때문이다. 그곳에서는 필수불가결한 일관성 검사, 인자 검증 등을 수행할 수 있다. 게다가 테스트는 조건부로 실행할 수 있다. 즉, 테스트 모드에서만 테스트가 활성화되고 제품에 대해서는 테스트를 비활성화할 수 있는데, 이 방식은 특히 성능 측면에서 테스트에 너무 많은 비용이 들 경우 유용하다. 하지만 테스트가 한곳에 모두 모여 있어서 하나의 API에 대해 그것의 일관성을 한곳에서 보장할 수 있다.

8장에서 설명한 바와 같이 API 제공자로부터 클라이언트를 분리하는 식으로 이를 달성할 수 있다. 분리는 API 제공자가 클라이언트에게서 호출을 가로채서 그것을 구현체로 전달하기 전이나 후에 검사를 수행할 수 있게 해주는 강력한 개념이다. 이것은 분산 환경에서 운용되는 조직의 구성원들이 작성한, 현재 알려지지 않은 모듈에서 제공되는 구현체 간의 "사소한 차이"를 통합하고 제거하는 데 적합한 형식이다.

위임과 합성

객체 지향 언어는 상속의 개념을 토대로 만들어졌다. 상속은 C++, 자바, 스몰토크를 비롯해 대부분의 현대 객체 지향 언어의 기본 요소다. 대개 상속은 자체적인 키워드나 다른 언어 구성물을 통해 표현된다. 상속은 가능한 한 많이 사용돼야 하는 것처럼 생각될 정도로 광고되고 있다. 상속이 코드를 재사용하는 편리한 수단을 제공하는 것은 사실이다. 하지만 훌륭한 API 설계(다른 사람들이 무지한 상태로 사용할 수 있게 라이브러리를 제작하는 것)를 위한 상속의 유용성은 미심쩍은 부분이 많다. 5장의 "깊은 계층구조를 노출하지 마라"에서는 깊은 계층구조를 라이브러리의 API에 노출하는 것은 바람직하지 않다고 주장한 적이 있다. 이번 절에서는 이 문제를 좀 더 깊이 있게 살펴보고 적절한 대안에 관해서도 살펴본다.

비교적 훌륭한 API를 보여주는 예제로 시작하자. API는 굉장히 단순해서 그다지 문제를 일으키지 않는 것처럼 보인다. 기초적인 산술 연산을 캡슐화한 간단한 클래스를 정의해보자.

```java
public class Arithmetica {
    public int sumTwo(int one, int second) {
        return one + second;
    }
}
```

```java
public int sumAll(int... numbers) {
    if (numbers.length == 0) {
        return 0;
    }
    int sum = numbers[0];
    for (int i = 1; i < numbers.length; i++) {
        sum = sumTwo(sum, numbers[i]);
    }
    return sum;
}

public int sumRange(int from, int to) {
    int len = to - from;
    if (len < 0) {
        len = -len;
        from = to;
    }
    int[] array = new int[len + 1];
    for (int i = 0; i <= len; i++) {
        array[i] = from + i;
    }
    return sumAll(array);
}
```

이 코드는 나를 포함해서 우리가 매일 작성하는 (API 예제 코드가 될 수도 있는) 코드 예제다. 그런데 이 예제는 5장에서 살펴본 "필요 이상으로 노출하지 마라" 규칙을 일부 위반하기 때문에 이 코드를 다른 사람들에게 안정적인 API로서 배포하지는 않을 것이다. 하지만 적어도 이 예제는 그러한 제안을 따르지 않을 경우 어떤 일이 일어나는가를 확인할 기회를 준다.

Arithmetica 클래스에서 잘못된 부분이 보이는가? 아메바 모델 관점에서 이 클래스의 동작 방식을 짐작해 보자. 먼저 이 클래스는 우리가 예상하고 있는 바를 수행한다는 것을 알아두자. 세 개의 public 메서드는 모두 자체적인 매개변수를 추가하고 기대한 결과를 만들어낸다.

```java
public void testSumTwo() {
    Arithmetica instance = new Arithmetica();
```

```java
        assertEquals("+", 5, instance.sumTwo(3, 2));
    }

    public void testSumAll() {
        Arithmetica instance = new Arithmetica();
        assertEquals("+", 6, instance.sumAll(3, 2, 1));
    }

    public void testSumRange() {
        Arithmetica instance = new Arithmetica();
        assertEquals("1+2+3=6", 6, instance.sumRange(1, 3));
        assertEquals("sum(1,10)=55", 55, instance.sumRange(1, 10));
        assertEquals("sum(1,1)=1", 1, instance.sumRange(1, 1));
        assertEquals("sum(10,1)=55", 55, instance.sumRange(10, 1));
    }
```

따라서 우리가 마음속에 품고 있는 애플리케이션의 비전은 충족된다. 우리는 숫자를 더하려고 클래스를 만들었다는 사실을 알고 있다. 이 클래스는 그러한 일을 올바르게 수행하는 듯하다. 이는 라이브러리의 실제 동작 방식이 적어도 예상한 바와 다르지 않다는 것을 의미한다. 그럼 어디가 문제냐고? 글쎄, 문제는 애플리케이션이 몇 가지 숫자를 더하는 것 이상으로 많은 일을 할 수 있다는 것이다. 놀랍게도 이 클래스는 팩토리얼을 계산하기에 좋은 라이브러리다.

```java
public final class Factorial extends Arithmetica {
    public static int factorial(int n) {
        return new Factorial().sumRange(1, n);
    }

    @Override
    public int sumTwo(int one, int second) {
        return one * second;
    }
}
```

사실 이것은 원본 API의 낯설고 예상치 못한 쓰임이다! 하지만 가능한 사용법이며 완벽하게 동작한다. Factorial 클래스 내에서 sumTwo 메서드를 재정의함으로써 해당 클래스의 다른 모든 메서드의 동작 방식을 바꿨다. 그 결과, sumRange는 범위 내의 모든 숫자를 곱한다. 즉, 팩토리얼을 계산하는 데 필요한 일을 정확히 수행한다.

백지수표에 서명하기

실제 구현체를 통해 언어 키워드 아래에 감춰진 마법을 표현하는 것은 언제나 도움되는 일이다. 서브클래싱의 경우 이것의 이면에 감춰진 기술은 가상 메서드 테이블이며, 이것은 4장의 "바이너리 호환성" 절에서 소개한 바 있다.

어떤 클래스를 정의하고 거기에 서브클래싱 가능한 메서드를 추가할 때마다 해당 클래스와 연관된 가상 메서드 테이블에 새로운 항목을 추가하는 셈이다. 해당 타입의 객체를 대상으로 메서드를 호출할 때마다 호출자는 먼저 실제로 호출돼야 할 메서드를 찾기 위해 테이블을 살펴보고, 대상 메서드가 존재하면 비로소 실제 코드 명령어가 실행된다.

가상 메서드 테이블은 상위 클래스에서 상속된다. 클래스를 상속할 때마다 해당 클래스의 가상 메서드 테이블을 상속하며, 이때 상위 클래스에서 발견된 정확한 값으로 가상 메서드 테이블의 내용이 미리 채워진다. 클래스에 새 메서드를 추가하거나 상위 클래스에서 정의된 메서드를 재정의함으로써 새 슬롯이 추가되거나 기존 슬롯이 여러분이 만든 메서드를 가리키게 하는 식으로 테이블의 내용이 변경된다. 이것은 서브클래싱을 하는 사람의 입장에서 본 모습이다.

서브클래싱될 클래스를 노출하는 사람의 입장에서 보면 이것은 public 메서드 또는 final이 지정되지 않은 protected 메서드를 정의할 때마다 하위 클래스가 원하는 것이라면 무엇이든 할 수 있도록 백지 수표에 서명하는 것을 의미한다. 지급 가능한 금액이 얼마가 될지 알지 못한 채 수표에 서명하는 것이 다소 위험하다는 것은 두말하면 잔소리다. 그리고 때때로 백지 수표에 서명할 필요가 있다면 늘 신중을 기해야 한다.

서브클래싱도 이와 거의 비슷하다. 서브클래싱을 허용할 필요가 있다면 신중하게 해야 한다.

아메바 모델 측면에서는 애플리케이션의 실제 모습이 원래 예상했던 것보다 훨씬 더 넓다는 것을 의미한다. 이것은 문제가 아니라고 주장할 수도 있다. 사실, 이것은 아름답다! 클래스를 만들고, 거기에 API를 넣고 나면 다른 누군가가 우리가 만든 API를 토대로 새롭고, 놀라우며, 창의적인 뭔가를 만들어낸다. 이것은 코드 재사용의 완벽한 성공 사례다. 객체 지향 프로그래밍이 없다면 그와 같은 코드 재사용은 가능하지 않았을 것이며, 이것은 객체 지향이 건전하고 사람들이 더 나은 소프트웨어를 만들어는 데 도움을 준다는 증거다. 코드 재사용은 장려해야 한다!

진실은 이렇다. 우리에게는 코드 재사용이 필요하며, 애초에 API 작성법을 배우려고 하는 것은 바로 이런 이유에서다. 하지만 재사용에는 계획이 필요하다, 단순히 뭐가 뭔지를 모르는 상태에서 뭔가를 노출하고 다른 사람들이 그것을 사용하게 하는 것은 도움이 되기보다는 재사용에 걸림돌이 된다. 예를 들어, 2.0 버전에서 범위의 합을 계산하는 더 나은 방법을 발견했다고 상상해 보자. 그래서 메서드를 다음과 같이 재작성한다.

```java
public int sumRange(int from, int to) {
    return (from + to) * (Math.abs(to - from) + 1) / 2;
}
```

이렇게 하면 계산 속도가 대단히 향상된다. 하지만 이렇게 변경하면 하위 호환성이 보장되지 않는다. 애플리케이션의 비전이 전혀 옮겨지지 않았는데도 2.0 버전은 애플리케이션의 모양을 1.0 버전에 비해 대폭 변화시킨다. 새로운 구현체에서는 sumTwo로 더는 위임하지 않고, 기존 Factorial의 함수형 구현체는 더는 동작하지 않는다. 변경사항은 너무도 강렬해서 지진처럼 여겨질 정도다. 우리가 만든 라이브러리를 기반으로 만들어진 모든 것들이 위험에 처하고 상당수의 건물/애플리케이션이 무너진다. 코드 재사용이 아닌 재앙을 목격한 것이다.

경험상 이것은 거의 항상 서브클래싱을 허용한 경우였다. 이유는 간단하다. 객체 지향 언어에서 서브클래싱은 코드 재사용에 과도하게 최적화돼 있다. 사실, 너무도 최적화돼 있어서 거의 항상 의도한 바에 비해 훨씬 더 많은 비밀문을 만들어낸다. Factorial 예제에서 본 것과 같이 계획한 것보다 더 많이 개방하는 것은 좋지 않으며, 그러한 사실을 알지 못한 상태에서는 더욱 그렇다. 이 문제의 해법 중 하나는 서브클래싱이 아닌 위임과 합성을 사용하는 것이다.

상당히 많은 가상 메서드를 정의한(다수의 구현체와 함께) 풍부한 클래스의 문제는 클래스 내의 메서드 간에 다양한 관계가 맺어질 수 있다는 것이다. 각 메서드는 이웃하는 메서드를 호출할 수 있다. 이러한 이웃 메서드는 가상적이라서 어떤 하위 클래스에서도 메서드를 재정의하는 식으로 호출을 가로채고 대체해 전체 클래스의 의미를 완전히 바꿀 수 있다. Factorial 예제에서 이를 보여준 적이 있는데, Factorial 예제에서는 Arithmetica 상위 클래스의 원래 목적을 왜곡했다. 가장 큰 문제는 한 클래스 내의 다양한 메서드 간의 상호의존성이 대개 구현 세부사항으로 여겨져서 이를 설명하는 곳이 아무 데도 없다는 점이다. 메서드가 매우 많이 포함된 풍부한 클래스를 서브클래싱할 경우 해당 클래스의 소스코드를 읽는 수밖에 없다. 그렇지 않으면 어느 재정의 메서드를 변경하고 있는지 이해하기가 거의 불가능하다. 한데 얽혀 있는 javax.swing.JComponent의 메서드들을 이해하려고 노력해 본 사람이라면 누구나 소스코드를 연구하지 않고서는 이해하기가 불가능하다는 사실을 안다. 아마도 이런 이유로 썬에서는 스윙을 소스코드와 함께 릴리스해야 했을 것이다. 소스코드 없이는 해당 클래스를 서브클래싱할 경우 뭐가 어떻게 되는지 아무도 알지 못할 것이다. 소스코드가 있어도 서브클래싱하려면 여전히 해야 할 일이 많지만 적어도 가능은 하다. 물론 이 모든 것들은 무지에 완전히 배치된다.

API의 소스코드를 읽어야 한다면 아마도 설계에 문제가 있을 것이다. 사실 상호연관된 가상 메서드가 굉장히 많이 포함된 클래스에는 설계 문제가 있다고 장담할 수 있다. 그래서 훌륭한 API에서 그와 같은 클래스를 제거하기를 제안하는 것이다. 조언의 첫 번째 부분은 이미 5장의 "모든 것을 final로 만들어라" 절에서 살펴본 바 있다. 사실 final 클래스를 사용한다면 서브클래싱할 가상 메서드가 없을 것이다. 그 결과, Factorial 문제를 처리할 필요가 없다. 놀랍게도 상호연결된 가상 메서드의 혼란을 예방하는 다른 해법은 자바 인터페이스를 사용하는 것이다. 자바 인터페이스를 사용하면 모든 메서드가 가상적이고 추상적이다. 다시 말해, 인터페이스는 구현체가 없으며, API를 통해 상호연결되지 못한다. 확실히 이렇게 하면 Factorial 문제까지도 제거된다.

final 클래스를 수용할 만하고, 자바 인터페이스 또한 수용할 만하다면 상속으로 인한 혼란이 생기는 원인은 API에 final이 아니고 인터페이스가 아닌 타입, 즉 클래스나 추상 클래스(구현이 포함된)가 있는 경우밖에 없다. 이것이 문제라면 이를 피할 수 있을까? 추상 클래스를 final 클래스와 인터페이스의 조합으로 대체할 수 있을까? 이 질문의 답은 '그렇다'이고, 다음 절에서 합성을 활용한 기법을 보여주겠다.

합성은 일급 시민이 아니다

일반적인 객체 지향 언어에는 합성을 손쉽게 쓰기 위한 extends 같은 키워드가 없다. 자료구조를 서로 위임하는 식으로 구성하려면 늘 상당한 양의 코드를 직접 작성해야 한다. 이것은 다소 실망스러워 보일 수 있으며, 실제로 그럴 때도 있다. 하지만 문제를 좀 더 가까이에서 살펴보면 추가적인 육체노동이 주는 부담은 대부분 합성 구조를 구현하는 사람에게 있고 그것을 호출하는 사람에게 있지 않다는 것이 분명하다. 합성은 상속에 비해 다소 지원이 제한되는 개념이라서 덜 자연스럽고 객체 지향 언어에서는 구현하기가 어려워 보일 수도 있다. 하지만 API 사용자에게는 부자연스럽지 않다. 단 한 명의 API 제작자와 다수의 사용자가 있다는 사실을 기억하자. 따라서 좀 더 "올바른" API를 설계하는 데 시간을 보내고, 그와 동시에 그렇게 하지 않을 경우에 비해 사용자가 더 무지할 수 있는 기회를 주는 것에는 아무런 문제가 없다.

추상 클래스와 서로 얽혀 있는 가상 메서드를 제거하려면 맨 먼저 평범한 클래스에 들어 있는 메서드의 의미를 이해해야 한다. public이나 protected 메서드를 사용하는 이유는 뭘까? 왜 그러한 메서드에 애시당초 "final"이나 "abstract" 같은 키워드를 부여하는 것일까? package private이나 private 메서드를 무시할 수 있다는 점을 조심해야 하는데, API에서는 그러한 메서드가 보이지 않기 때문이다. 이 밖에 클래스에 메서드를 도입하는 데는 세 가지 기본적인 동기가 있다. 이러한 동기는 조합할 수 있다. 왜냐하면 어떤 메서드는 하나 이상의 동기를 충족하기 위해 클래스에 들어 있을 수도 있기 때문이다. 하지만 가장 순수한 형태로 보면 API에 메서드를 두는 데는 다음의 세 가지 이유가 있다.

1. 첫 번째이자 가장 중요한 이유는 메서드가 외부에서 호출할 수 있는 것이기 때문이다. 사용자가 어떤 타입의 객체에 대한 참조를 가지고 있고, 이 메서드에 접근할 수 있다면 사용자는 그 객체에 있는 해당 메서드를 호출할 수 있다. 앞에서도 언급했듯이 이 경우 가상 메서드 테이블에서 적절한 항목을 찾은 다음 관련 메서드를 호출한다. 이러한 메서드의 가장 순수한 형태는 public final 한정자를 통해 만들어진다. 이러한 메서드는 호출만 가능하며, 그 이상의 용도는 아무것도 없다.

2. 가상 메서드의 다른 용도는 구현체(하위 클래스에서 재정의할 수 있는 메서드)로 대체할 수 있는 지점이 되는 것이다. 이 경우 새로운 클래스에서는 상위 타입 메서드의 기존 구현을 자체적인 구현으로 대체한다. 새로운 타입의 인스턴스를 대상으로 메서드가 호출될 때마다 새로운 메서드가 호출되고, 이전 메서드의 코드는 완전히 건너뛰게 된다. 가장 순수한 형태로는 protected abstract 메서드를 의미한다. 이러한 메서드는 재정의할 수만 있다. 외부 코드에서 그러한 메서드를 호출하는 것은 불가능하다. 메서드에 abstract가 지정돼 있기 때문에 하위 클래스에서 호출하는 것은 아무런 의미가 없는데, 이것은 메서드를 정의한 클래스에서 아무런 구현을 제공하지 않기 때문이다.

3. 세 번째 유형의 메서드 호출은 하위 클래스에서 super.methodName 구문을 이용하거나 메서드를 재정의하지 않은 상태에서 해당 메서드를 호출함으로써 상위 클래스로부터 상속된 일부 메서드의 원본 구현을 호출하는 것이다. 이 같은 종류의 메서드를 정의하는 가장 깔끔한 방법은 protected final 접근 속성을 지정하는 것이다. 이러한 메서드는 하위 클래스에서만 접근할 수 있고, 가상 메서드가 아니라서 호출만 가능하다.

API에 메서드를 도입하기 위한 이러한 세 가지 동기는 객체 지향 언어에서 이용할 수 있는 메서드 접근 제한자의 극히 일부만을 다룬다. 이것은 객체 지향은 더 풍부하다는 것을 의미하기도 하지만 API 설계와 관련해서는 접근 제한자가 명확한 메시지를 전달하지 않는다는 것을 의미하기도 한다. 어떤 클래스의 API에서 protected abstract 메서드가 보이면 해당 메서드를 가지고 뭔가를 해야 한다는 것이 분명하다. 바로 해당 메서드를 재정의하고 구현하는 것이다. 그러한 API는 명확한 메시지를 전달한다. public final과 protected final 유형과 같은 다른 유형에도 같은 원칙이 적용된다. 이러한 유형은 API 사용자에게 그것들을 가지고 뭘 할 수 있는가를 명확하게 전달한다. API는 제작자와 사용자 간의 의사소통이고, 명확한 메시지를 사용하는 것이 메시지를 어딘가에 숨기는 것보다 더 낫기 때문에 이러한 세 가지 범주의 메서드를 많이 사용할수록 더 낫다고 결론 내릴 수도 있다. 하지만 객체 지향 언어는 다른 한정자를 사용하고 또 선호하기도 한다. 보통 이러한 한정자는 하나 이상의 의미를 전달한다(표 10.1 참고). 여러 가지 의미로 해석할 수 있는 메서드의 문제는 8장에서 폭넓게 보여준 바와 같이 메서드를 잘못 사용하기 쉽다는 점이다.

표 10.1 API를 설계할 때의 자바 접근 제한자의 의미

접근 제한자	일차적인 의미	추가적인 의미
public	API의 외부 클라이언트에서 호출하는 메서드.	하위 클래스에서 재정의할 수 있다. 하위 클래스에서 호출할 수도 있다.
public abstract	하위 클래스에서 구현해야 하는 메서드.	메서드를 외부 클라이언트에서 호출할 수 있다.
public final	호출되는 메서드.	없음.
protected	메서드를 하위 클래스에서 호출할 수 있다.	메서드를 하위 클래스에서 재정의할 수 있다.
protected abstract	메서드를 하위 클래스에서 재정의해야 한다.	없음.
protected final	메서드를 하위 클래스에서 호출할 수 있다.	없음.

API의 순도를 높이고 원치 않은 부수효과 메시지를 제거하기 위해서는 부차적인 의미를 지닌 접근 제한자가 지정된 메서드를 제거하는 것이 바람직할 수 있다. 이렇게 하는 것은 언제든지 가능하다. 표 10.2는 이 작업에 착수할 때 이용할 절차를 설명한 것이다. 이 절차는 특정 접근 제한자가 지정된 메서드를 선언할 때 API의 사용자에게 실제로 제공하는 것이 무엇인지 명확하게 보여준다. 이것은 여러분이 예상하는 바를 훨씬 넘어설지도 모른다. 다양한 한정자의 부차적인 의미들은 감춰져 있어서 그러한 한정자를 봤을 때 처음에는 별로 고민하지 않을 때가 많다. 따라서 각 한정자의 의미를 부수효과가 없는 명확한 구문으로 분리하는 방법을 알아두는 것이 중요하다.

표 10.2 다양한 목적을 지닌 메서드의 재작성

원본 코드	정리한 버전

`public abstract void method();`	`public final void method() {`
	`    methodImpl();`
	`}`
	`protected abstract void methodImpl();`

`public void method() {`
`    someCode();`
`}`
	`public final void method() {`
	`    methodImpl();`
	`}`
	`protected abstract void methodImpl();`
	`protected final void someCode() {`
	`}`

원본 코드	정리한 버전
```protected void method() { someCode(); }```	```protected abstract void method(); protected final void someCode() { } ```

이제 여러 의미를 지닌 메서드가 포함된 클래스를 단 하나의 명확한 의미를 지닌 메서드가 포함된
클래스로 재작성하는 방법을 배웠다. 다음으로 그러한 클래스를 훨씬 더 명료한 버전으로 변환하는
활동(각각 명료한 의미를 지닌 타입으로 변환하는)에 집중할 수 있다. 그리고 여기서 마침내 합성
이라는 주제에 도달한다. 다음과 같이 한 클래스를 한 가지 의미를 지닌 다양한 유형의 메서드와 섞
는 대신

```java
public abstract class MixedClass {
    private int counter;
    private int sum;

    protected MixedClass() {
        super();
    }

    public final int apiForClients() {
        int subclass = toBeImplementedBySubclass();
        sum += subclass;
        return sum / counter;
    }

    protected abstract int toBeImplementedBySubclass();

    protected final void toBeCalledBySubclass() {
        counter++;
    }
}
```

클래스 두 개와 인터페이스 하나를 사용할 수 있다. 첫 번째 클래스는 API 클라이언트를 위한 것이
고, 인터페이스는 "하위 클래스"에 의한 구현체를 위한 것이며, 두 번째 클래스는 이러한 "하위 클래
스들"이 기반구조와 역으로 상호작용할 수 있게 해준다.

```java
public final class NonMixed {
    private int counter;
    private int sum;
    private final Provider impl;

    private NonMixed(Provider impl) {
        this.impl = impl;
    }

    public static NonMixed create(Provider impl) {
        NonMixed api = new NonMixed(impl);
        Callback callback = new Callback(api);
        impl.initialize(callback);
        return api;
    }

    public final int apiForClients() {
        int subclass = impl.toBeImplementedBySubclass();
        sum += subclass;
        return sum / counter;
    }

    public interface Provider {
        public void initialize(Callback c);

        public int toBeImplementedBySubclass();
    }

    public static final class Callback {
        NonMixed api;

        Callback(NonMixed api) {
            this.api = api;
        }

        public final void toBeCalledBySubclass() {
            api.counter++;
        }
    }
}
```

이 코드는 이전 코드에 비해 좀 더 복잡해 보이고, 심지어 API 제작자가 작성하기에 더 복잡하긴 하지만 API 사용자에게는 훨씬 더 명확하고 이해하기 쉽다. "서브클래싱"할 필요가 없는 이들은 이제 apiForClients() 메서드만 볼 수 있는데, 특히 팩터리 메서드가 다른 클래스로 옮겨진 경우에는 더욱 그렇다. 사용자에게는 API가 이제 단순하고 이해하기 쉬워졌다. 서브클래싱하고 싶은 이들은 정확히 무엇을 구현해야 할지, 즉 Provider 인터페이스의 메서드를 모두 구현해야 한다는 사실을 안다. 그뿐만 아니라 무엇을 호출할 수 있는지도 안다. 즉, Callback 인터페이스의 모든 메서드를 호출할 수 있다는 사실을 알고 있다. 결과적으로 API의 모든 사용자에게는 이러한 관심사의 분리가 코드의 의미를 굉장히 단순하게 만들어준다.

```
@Test
public void useWithoutMixedMeanings() {
    class AddFiveMixedCounter implements NonMixed.Provider {
        private Callback callback;

        public int toBeImplementedBySubclass() {
            callback.toBeCalledBySubclass();
            return 5;
        }

        public void initialize(Callback c) {
            callback = c;
        }
    }
    NonMixed add5 = NonMixed.create(new AddFiveMixedCounter());
    assertEquals("5/1 = 5", 5, add5.apiForClients());
    assertEquals("10/2 = 5", 5, add5.apiForClients());
    assertEquals("15/3 = 5", 5, add5.apiForClients());
}
```

하지만 이 코드는 평범한 Mixed 클래스에 비해 복잡해 보인다. 이유는 간단하다. 상속을 합성으로 대체했기 때문이다. 합성은 오늘날의 객체 지향 언어에서 기본 요소에 해당하지 않기 때문에 API를 만들 때 코드가 좀 더 장황해진다.

목표가 API를 최대한 정확하게 만들고 각 API 클래스가 하나의 정확한 의미를 가진 단 하나의 목적을 띠게 하는 것이라면 합성은 강력한 도구다. 합성을 이용하면 사용법은 복잡하게 만들지 않으면서 다양한 유형의 API 사용자를 위한 인터페이스를 명확하고 우아하게 분리할 수 있다. 넷빈즈에서는 API 설계자들에게 가능한 한 이 접근법을 사용하도록 조언한다. 자바로 API를 제작하고 있다면 나와 똑같은 방식을 선택하기를 제안한다.

API를 잘못 사용하지 않게 하라

그동안 API는 시그너처와 자바독뿐 아니라 더 많은 것들이 포함돼 있다고 주장해왔다. API는 입문 수준의 자습서부터 런타임 시 라이브러리의 기능적 동작 방식까지 포함한다. 이러한 모든 수준의 API는 중요하다. 그러한 수준 중 하나라도 망가진다면 최종 사용자는 그것의 결과로 고통받을 가능성이 높다. 입문 수준이 높다면 사용자는 시작하기도 전에 기가 꺾인다. 자바독이 누락돼 있다면 사용자가 개별 API 요소를 이해할 가능성이 낮다. 런타임이 망가지면 사용자는 불만을 토로하고 아마 포기해버릴 것이다. 하지만 이보다 중요한 것이 하나 있다. 모든 수준의 API가 일관성을 지녀야 한다는 것이다. 한 수준의 API가 다른 수준의 API에서 거부하는 뭔가를 약속해서는 안 된다.

사실 프로젝트 설명에는 지상 낙원을 약속하고 있는데 실제로는 엉망진창이라는 사실을 사용자가 알게 된다면 사용자가 기뻐할 리 만무하다. 자습서는 적어도 제대로 돼 있기만 하면 잘못 이해할 일이 없다. 적어도 자습서는 자습서를 따라 해서 만들어지는 코드는 실행될 것이고 뭔가를 수행한다는 것을 보장한다. 하지만 그렇다고 해서 API가 사용하기 쉽다거나 사용자가 자습서를 통해 좋은 결과를 얻게 된다는 의미는 아니다. 전혀 그렇지 않을 수도 있으며, 특히 소스 및 바이너리 수준과 런타임 수준의 괴리가 큰 경우에는 더욱 그렇다.

이러한 다양한 수준 간에 일관성을 보장하고 싶다면 라이브러리를 사용할 때 정확하게 입력한 모든 것들이 실행할 때도 올바르게 기능해야 한다. 이것이 늘 가능하진 않다. 하지만 일관성을 위해 그것을 달성하려고 노력해야 한다. 다시 한번 이야기하지만 이것은 무지에 도움될 수 있는데, API 사용자가 IDE의 반자동화된 코드 완성을 통해 실제로 실행되는 코드를 만들어낼 수 있기 때문이다(타입 수준과 실행 수준 간의 차이가 큰 경우에는 이렇게 되지 않는다).

내가 자주 언급하는 이러한 불일치의 예는 `javax.swing.JFrame`이 `java.awt.Component`이기도 하다는 사실이다. 그 결과, `java.awt.Container`에 프레임을 추가하는 것처럼 컴포넌트를 기대하는 곳에 프레임이 사용될 수도 있다. 이렇게 하면 동작하지 않을 것이 분명하다. 최상위 윈도우를 대화상자에 추가할 수는 없다. 그럼에도 타입 체계는 이러한 실수를 허용한다. 이처럼 특별한 경우는 잘 알려져 있으며, 아무도(최소한 스윙을 사용해본 경험이 조금이라도 있는 사람이라면 아무도) 그와 같은 실수를 저지르지 않을 것이다. 하지만 그렇다고 해서 초보자가 스윙 라이브러리의 타입 체계와 런타임의 이러한 비일관성으로 인해 시행착오를 겪지 않으리라는 의미는 아니다.

또 다른 비슷하지만 좀 더 복잡한 사례는 JDBC 드라이버에서 볼 수 있다. java.sql.Connection 클래스는 java.sql.Savepoint의 인스턴스를 생성하고 사용할 수도 있다. setSavepoint 메서드를 호출해 저장지점(savepoint) 객체를 구할 수 있는데, 이름과 달리 이 메서드는 설정자 메서드가 아니다. 이 메서드에서는 나중에 커넥션의 rollback(Savepoint) 메서드로 반환할 수 있는 저장지점 인스턴스를 반환한다. Savepoint는 인터페이스라서 타입 체계에서는 자체적인 Savepoint의 구현체를 만들어 그것을 rollback 메서드에 전달하는 방법을 제안한다. 그런데 그렇게 해도 안 된다는 사실에 주목하자! 게다가 Savepoint 인스턴스를 두 커넥션 간에 전달할 수도 없다. 그렇게 하면 런타임 오류가 발생한다. API의 시그너처와 실제 동작 방식 간의 차이가 상당하다. 이러한 API 계층 중 하나가 잘못돼 있다. 런타임 시맨틱이 데이터베이스에 대해 사람들이 기대하는 바와 거의 일치한다고 가정했을 때 잘못은 시그너처 측에 있는 듯하다. 시그너처를 시스템의 런타임 특성에 부합하도록 설계했어야 했다. 다음 예제를 보자.

```
public interface Connection {
    public Savepoint setSavepoint();

    public interface Savepoint {
        public void rollback();
        // 기타 유용한 연산
    }
}
```

이 새 버전에서는 타입 체계와 런타임 간의 불일치를 허용하지 않는다. 이 경우 잘못된 저장지점으로 커넥션을 롤백할 수 없는데, 저장지점이 함께 동작 중인 커넥션을 알 수 있게 돼 있기 때문이다. 저장지점에 롤백이 요청되면 그와 연관된 커넥션만 롤백된다.

프로젝트 설정

넷빈즈에서는 프로젝트가 다양한 빌드를 지원하고 설정을 실행할 경우 IDE 상의 어떤 프로젝트에서도 구현할 수 있는 인터페이스를 설계했다. 이 인터페이스는 설정 목록을 보여주고 사용자가 설정을 전환할 수 있는 UI 컴포넌트에서 사용됐다. 이런 일이 발생하면 UI에서는 현재 어느 설정이 활성화돼 있는지 프로젝트에 알려줘야 했다. 원래의 API 제안은 다음과 같았다.

```
interface ProjectConfigurationProvider {
    public ProjectConfiguration[] getConfigurations();
    public ProjectConfiguration getActive();
    public void setActive(ProjectConfiguration c);
}

interface ProjectConfiguration {
    public String getDisplayName();
}
```

이 코드는 JDBC 예제에서처럼 API의 타입 차원과 런타임 차원 간의 비슷한 비일관성 문제를 겪었다. 그래서 설정을 직접 만들고 그것을 setActive의 인자로 사용해도 된다고 잘못 생각할 수도 있다. 물론, 앞의 경우에서 보여준 것처럼 활성화 메서드를 설정 자체로 옮기는 식으로 문제를 해결할 수도 있다. 하지만 어떤 이유에선지 우리는 그렇게 하지 않았다. 대신 제네릭을 사용하기로 했다.

```
interface ProjectConfigurationProvider<Configuration extends ProjectConfiguration> {
    public Configuration[] getConfigurations();
    public Configuration getActive();
    public void setActive(Configuration c);
}
interface ProjectConfiguration {
    public String getDisplayName();
}
```

이 방법은 좀 더 아름답다. 하지만 일찌감치 설명했듯이 소프트웨어 공학에서는 아름다움이 아무런 가치가 없다(1장의 "아름다움, 진리, 우아함" 절을 참고). 이 예제에서는 자바 5의 새로운 언어 기능을 사용하고 있으며, 합성을 선호하고, 타입 수준과 런타임 수준을 서로 한 밀접하게 만들었다. 타입이 정확하게 구성된 프로그램은 이제 시맨틱 측면에서도 정확하다는 것이 보장된다. 그러나 여기엔 한 가지 단점이 있다. 이렇게 변경한 엔지니어를 포함해서 90퍼센트의 사용자는 이 API를 대상으로 한 프로그램을 작성할 때 타입을 올바르게 처리할 수 없었다. 에를 들어, 다음 코드는 타입을 올바르게 처리하지 않는다.

```
ProjectConfigurationProvider<?> provider = null; // 다른 어떤 곳에서 획득
provider.setActive(provider.getConfigurations()[0]);
```

그 이유는 알 수 없는 뭔가로 취급되는 ? 때문이다. ?가 두 개 있다면 서로 다를 것이 분명하다. 앞의 예제에서는
setActive가 하나를 받고 getConfigurations()[0]에서 하나를 반환한다. 하지만 이 두 메서드는 컴파일러에게 다르게
받아들여진다. 컴파일러가 코드를 아래와 같이 받아들이게끔 부단히 노력해야 한다.

```
{
    ProjectConfigurationProvider<?> provider = null; // 다른 어떤 곳에서 획득
    resetToZero(provider);
}


private static <C extends ProjectConfiguration> void resetToZero(
        ProjectConfigurationProvider<C> provider) {
    provider.setActive(provider.getConfigurations()[0]);
}
```

이제 타입이 정확하게 지정됐다. 변경된 부분은 두 제공자 메서드가 모두 한 타입하고만 동작한다는 것이다. C와 컴파일러
는 타입이 정확하게 지정됐음을 확인할 수 있다. 보다시피 컴파일러에게 제공자의 타입이 동일하다는 것을 납득시키기란
쉽지 않다. 이른바 열린 연산(open operation), 즉 알지 못하는 타입인 ProjectConfigurationProvider<?>를 열고 그
것을 알려진 ProjectConfigurationProvider<C>로 바꾸는 연산을 만들어야 한다. 자바에는 그렇게 하는 문법상의 편의
기능이 없으며, 그렇게 하려면 "열린" 코드를 별개의 메서드로 분리하는 수밖에 없다. 대부분의 API 사용자가 그러한 사실
을 깨닫지 못한다는 것은 놀랍지 않다. 게다가 상황은 훨씬 더 복잡한데, UI에 내용을 전달하고 그것을 사용자에게 보여줘야
하며, 사용자 액션이 있은 뒤에야 setActive 메서드를 호출할 수 있기 때문이다. 이는 우리가 열린 메서드를 사용할 수 없
고 "열린 클래스"가 필요하다는 것을 의미한다.

```
static void workWithProjectConfigurationProvider(
        ProjectConfigurationProvider<?> p) {
    ResetToZero<?> rtz = ResetToZero.create(p);
    rtz.obtainFirst();
    // 잠시 후
    rtz.apply();
}


static class ResetToZero<C extends ProjectConfiguration> {
    C active;
    final ProjectConfigurationProvider<C> provider;
```

```
    ResetToZero(ProjectConfigurationProvider<C> provider) {
        this.provider = provider;
    }

    static <C extends ProjectConfiguration> ResetToZero<C> create(
            ProjectConfigurationProvider<C> p) {
        return new ResetToZero<C>(p);
    }

    public void obtainFirst() {
        active = provider.getConfigurations()[0];
    }
    public void apply() {
        provider.setActive(active);
    }
}
```

우아하지 않은가? 여기서 이 예제를 보여주는 이유는 올바른 해법을 찾다 보면 이런 코드를 작성할 수도 있음을 보여주기 위해서다. 당연히 API 사용자 가운데 이 API를 적절하게 사용할 수 있는 사람은 아무도 없었다. 이러한 프로그램을 올바르게 작성하려면 타입 체계 이론을 배우는 데 몇 년의 시간을 쏟아야 한다. 한편으로는 여전히 타입 수준과 런타임 수준 간의 일관성을 목표로 삼아야 한다고 생각한다. 하지만 앞의 경우에는 사용자가 몇 학기에 걸쳐 타입 이론을 배우도록 요구하는 대신 ProjectConfiguration.activate()를 사용해야 했다.

타입과 런타임 간의 비일관성의 다른 사소한 사례를 int와 enum의 사용에서 볼 수 있다. 어떤 메서드에서 int를 받고 다양한 상태를 의미하는 값을 받아들일 때마다 그 즉시 타입 및 런타임 일관성 간의 동기화를 잃어버릴 위험에 노출된다. 결국, int는 자연수를 의미하지 않는가? 런타임에서는 추가적인 검사를 수행하고 1, 2, 3 등의 정수만 받아들여야 한다. 아마도 이 주제는 『이펙티브 자바』[1]에서 상세히 다룰 텐데, 『이펙티브 자바』에서는 자바 5에서 제공하는 것과 같은 enum을 좀 더 타입 안전한 대체재로 제시하고 있다.

API의 런타임 수순과 타입 수순이 동기화되지 않을 수 있는 경우는 아마 끝도 없을 것이다. 실행은 튜링 미신의 계산 능력을 가지고 있기 때문에 그렇게 할 수밖에 없다. 일반적인 언어는 대게 튜링 완

1　조슈아 블로치, 이펙티브 자바(인사이트, 2014)

전(Turing complete)[2]하지 않은 타입 체계를 갖추고 있으며, 그러한 타입 체계하에서는 런타임에서 표현할 수 있는 모든 것들을 표현할 수 없다. 차이가 발생하는 것을 항상 방지할 수 없지만 그러한 차이는 확실히 유감스러운 부분이다. 차이가 발생할 때마다 API 사용자는 더 많이 알고 배워야 하고, 예상치 못한 시점(실행 도중에)에 그러한 차이를 파악해야만 한다. 무지라는 이름으로 이러한 차이는 최소화돼야 마땅하다. 다음 API를 설계할 때는 이를 염두에 두자.

자바빈 리스너 패턴을 남용하지 마라

3장의 "이해도" 절에서 설명한 이론에 따르면 API 사용자들이 이미 알고 있는 용어를 재사용해서 사용자의 삶을 간소화할 수 있다. 예를 들어, 이론적으로는 "팩터리 메서드", "싱글턴", "자바빈" 같은 개념을 사용하는 것이 API에 좋다. 하지만 때로는 더 적은 것이 더 많은 법이다. 즉, 기존 API의 형식에 맞추려 하지 말고 덜 보편적이고 더 적절한 형식을 선택하는 편이 나을 때가 있다.

자바빈(JavaBeans)은 널리 사용되는 디자인 패턴으로서 오랜 시간 동안 존재해온 명세에 명시돼 있다. 거의 모든 자바 개발자들은 자바빈 컴포넌트를 한 번쯤은 사용해본 적이 있을 것이다. 자바빈의 가장 보편적인 형태는 비교적 이해하기 쉽다. 예를 들어, 모든 자바 개발자들은 "설정자 메서드"나 "접근자 메서드", "리스너"가 뭔지 알고 있다고 가정해도 무방하다.

명세는 생각보다 복잡하다!

자바 IDE로서의 넷빈즈는 자바빈 명세를 다른 측면에서 바라볼 기회가 있었다. 즉, 빈을 제공하는 것뿐만 아니라 빈을 이해하고 빈을 사용할 수 있는 관점에서 말이다. 그 결과, 넷빈즈 IDE는 전 세계에 있는 기존의 모든 자바빈 컴포넌트를 올바르게 인식하고 사용할 수 있다.

이 목표를 달성하기 위해서는 자바빈 명세의 일부를 읽고 익히는 것만으로는 부족했고, 명세의 모든 세부사항을 비롯해 특히 명세의 어두운 부분까지도 읽고 익혀야 했다. 예를 들어, 색인화된 프로퍼티(indexed property)가 있다는 사실을 알고 있는가? `java.util.Vector`를 이용해 자바빈 컴포넌트의 프로퍼티를 표현할 수 있다는 사실을 알고 있는가? 거부 가능한 (vetoable) 설정자 메서드에 관해 들어본 적이 있는가?

명세는 전혀 간단하지 않다! 하지만 가장 보편적인 형태의 명세(대부분의 개발자들이 이해하는)는 이해하기 쉽다.

---

2 (옮긴이) 튜링 완전성(Turing completeness)이란 어떤 프로그래밍 언어나 추상 기계가 튜링 기계와 동일한 계산 능력을 가진다는 의미다. 이것은 튜링 기계로 풀 수 있는 문제, 즉 계산적인 문제를 그 프로그래밍 언어나 추상 기계로 풀 수 있음을 의미한다. (출처: http://ko.wikipedia.org/wiki/튜링_완전)

명세는 아주 잘 이해되기 때문에 많은 사람들이 자신이 만든 API를 자바빈 컴포넌트처럼 보이게 하려고 한다. 이것은 일반적으로 좋은 생각이다. 하지만 이점보다는 문제가 많은 경우도 하나 있다. 편집기 강조(Editor Highlighting) API는 넷빈즈 편집기를 대상으로 설계됐으며, 모듈에서 자체적인 HighlightsContainer를 등록할 수 있게 해준다. 이러한 컨테이너는 문서에서 강조된 부분들을 계산할 수 있고, 강조된 부분들은 때때로 바뀔 수 있기 때문에 컨테이너에서도 변화가 일어났을 때 보고한다. 자바빈 패턴을 이용하면 이를 손쉽게 표현할 수 있다.

```java
public interface HighlightsContainer {
    public void addHighlightsChangeListener(HighlightsChangeListener l);
    public HighlightsSequence getHighlights(int start, int end);
    public void removeHighlightsChangeListener(HighlightsChangeListener l);
}
```

위 코드는 맞게 작성돼 있다. 하지만 이 경우 컨테이너와 연관된 리스너가 두 개 이상 존재하지 않게 된다. 사실 이 리스너는 항상 같고, 편집기 기반구조에서 제공되어 절대로 등록 해제되지 않는다. HighlightsContainer는 가비지 컬렉션을 통해 처리되겠지만 HighlightsContainer의 removeHighlightsChangeListener는 절대로(단 한 번도) 호출되지 않는다! 이러한 사실을 깨달았을 때 그 즉시 이 상황에서 자바빈 리스너 패턴을 사용하는 것에 무엇이 잘못됐고 같은 목적을 더 단순한 API로 달성할 수 있을지도 모르겠다고 생각하기 시작했다.

이 API의 사용자가 다뤄야 할 첫 번째 복잡성은 리스너 처리 구현이다. 구현하는 것이 그리 복잡하진 않지만 적어도 각 사용자마다 쓸데없이 중복되는 10줄의 자바 코드를 작성해야 한다. 보편적인 자바빈 형태의 해법은 AbstractHighlightsContainer를 정의하는 것이다. 이 경우 AbstractHighlightsContainer에서는 인터페이스를 구현하고, 리스너를 추가 및 제거하는 메서드에 대한 지원기능을 추가하며, 그러한 메서드를 final로 만들고, protected final void fireHighlightsChanged()를 추가로 제공한다. 이제 모든 사람들이 AbstractHighlightsContainer를 서브클래싱하게 된다. 한 가지 나올 만한 질문은 "기반 인터페이스는 왜 있는가?"다. 표준이긴 하지만 이 방법은 너무 복잡하다. 클래스와 인터페이스가 너무 많고, 메서드도 너무 많다. 선택의 폭도 너무 넓다. 배우고 이해해야 할 것들이 너무 많다. 그토록 바라는 무시는 어디에 있는가? 이 모든 것들을 간소화할 필요가 있다.

우선 AbstractHighlightsContainer를 제거해 보자. 한 가지 방법은 (다시 한번 자바빈 명세에 따라) 어떤 메서드가 한정된 수의 리스너만 지원한다는 사실을 보여주도록 해당 메서드에 표시하는 것이다. 이 경우 TooManyListenersException을 던지는 식으로 이를 나타낼 수 있다.

```java
public void addHighlightsChangeListener(HighlightsChangeListener l)
    throws TooManyListenersException;
```

그러고 나면 리스너 메서드의 추가와 제거에 대한 적절한 시맨틱을 구현하기가 훨씬 쉬워진다.

```java
final class MyHighlightsContainer implements HighlightsContainer {
    private HighlightsChangeListener listener;

    public synchronized void addHighlightsChangeListener(
            HighlightsChangeListener l) throws TooManyListenersException {
        if (listener != null)
            throw new TooManyListenersException();
        listener = l;
    }

    public synchronized void removeHighlightsChangeListener(
            HighlightsChangeListener l) {
        if (listener == l)
            listener = null;
    }

    public HighlightsSequence getHighlights(int start, int end) {
        return null; // 구현
    }
}
```

이것은 단순화다. 하지만 코드에는 여전히 절대 호출될 일이 없는 제거 메서드의 불필요한 구현이 담겨 있다. 그리고 올바른 이벤트를 생성하고 그것들을 적절히 리스너에게 전달하는 코드는 여전히 꽤 복잡하다. 게다가 자바빈 명세에서는 리스너 타입이 인터페이스라고 규정하고 있다. 이것은 차후 버전의 API에는 필요할지도 모를 리스너 타입에 새 메서드를 추가하는 것이 실제로 호환되지 않는다는 것을 의미한다. 사실 리스너는 API 기반구조 자체에서만 구현하기 때문에 이것은 달갑지 않은 제약조건에 해당한다. 그렇게 되면 API에서는 리스너로부터 무엇을 기대할 수 있고, 이벤트 클래스는 final 클래스이기 때문에 그것을 진화시키는 데 방해될 만한 것이 아무것도 없다는 사실을 알 수 있다. 하지만 누구든 인터페이스를 구현할 수 있으며, 인터페이스를 새로운 메서드로 확장하는 것은 바람직하지 않다.

위임

"API 클라이언트가 뭐하러 기반구조에만 좋은 리스너를 구현하려고 할까요?"라고 물어볼지도 모르겠다. 하지만 뭔가 가능한 것이 있으면 누군가가 십중팔구 그렇게 할 가능성이 있는 사실을 기억하자. API 사용자가 상당히 "독창적"이라는 사실을 늘 염두에 두자.

이러한 기반구조 전용 객체를 구현하는 가장 일반적인 이유는 위임(delegation) 때문이다. 또 다른 HighlightsContainer를 감싸는 HighlightsContainer를 작성하고 그것의 계산된 HighlightsSequence를 변경하고 싶을 경우 컨테이너에서 만들어내는 이벤트를 필터링해야 할 수도 있다. 이 같은 목적을 위해서는 HighlightsChangeListener를 구현해야 한다.

결과적으로 넷빈즈 API의 설계 관례에서는 그러한 상황에서 비자바빈 "콜백" 패턴을 사용하는 것을 선호한다.

```java
public interface HighlightsContainer {
    public void initialize(Callback callback);
    public HighlightsSequence getHighlights(int start, int end);

    public static final class Callback {
        Callback() { /* 기반구조 전용 */
        }

        public final void highlightsChanged() {
            // 모든 것을 새로고침
        }
    }
}
```

이것은 사용자에게 의도를 명확하게 전달하는 API다. 여기서는 구현해야 할 HighlightsContainer 인터페이스를 볼 수 있다. 이 인터페이스에는 메서드가 두 개 있으며, 그중 하나는 "작업을 하는" 역할을 한다. 다른 하나는 호출되는 용도다. 언제 호출되냐고? 바로 초기화 단계에서 호출된다. 이 메서드는 매개변수를 하나 제공하는데, 이걸로 뭘 할 수 있을까? final 클래스가 보인다. 이것은 이 클래스를 호출할 수만 있다는 뜻이다. 좋다. 거기엔 어떤 메서드가 있을까? 변경 알림이 보인다. 그럼 "삽입을 하는" 메서드의 잠재적인 결과가 변경될 때마다 이 메서드를 호출해보자. 이 코드는 긴단하고, 덜 장황하며, 더 직관적이고, 별도의 문서 없이도 거의 이해할 수 있다. 이것은 무지한 사용자를 위해 설계된 것이 분명하며, 잘 설계된 API라면 어때야 하는가를 정확히 보여준다.

게다가 "콜백" 형식은 API의 미래 진화에 훨씬 더 잘 대비한다. 기반구조와 상호작용하는 새로운 수단이 필요할 때마다 Callback 클래스에 새 메서드를 추가할 수 있다. 이것은 안전한 접근법인데, 유일한 구현이 API 자체에 의해서만 제공되고 API의 메서드와 늘 동기화될 것이기 때문이다.

항상 동작하는 것은 아니다

HighlightsContainer를 검토하는 동안 상황이 보기보다 간단하지 않다는 사실을 발견했다. 컨테이너에 두 개 이상의 리스너가 추가될 수도 있었다. 그 결과, 결국에는 자바빈 패턴을 사용하게 됐지만 넷빈즈에는 자바빈 패턴이 아닌 "콜백" 설계 형식을 선택한 API도 있다.

기존 패턴에 맞춰 API를 조정하는 것이 바람직하긴 하지만 장황함이나 복잡성이라는 비용을 치르면서까지 그렇게 해서는 안 된다. API의 세부사항을 이해해야 할 필요성이 적을수록 더 낫다.

CHAPTER 11

API의
런타임 측면

지금까지는 주로 소스 또는 바이너리 호환성에 집중했다. 이 책에서는 보통 더 적은 클래스와 메서드, 필드를 노출하고, 그렇게 함으로써 진화에 이바지하라고 조언했다. 이렇게 하는 것이 바람직한 이유는 라이브러리를 기반으로 무지한 상태로 애플리케이션을 조립하고 싶다면 애플리케이션이 링크되게 하고 UnsatisfiedLinkError를 던지지 않게끔 만들어야 하기 때문이다. 하지만 API 설계는 애플리케이션이 링크된다고 해서 끝나지 않는다. 거기서부터 진짜 모험이 시작된다! 다음으로는 애플리케이션의 각 부분들을 링크해서 계속 함께 동작하게끔 만들어야 한다. 게다가 그 부분들은 단 한 번만 동작해서는 안 된다. 대신 애플리케이션의 모듈화된 부분들이 새로운 버전으로 대체되더라도 계속해서 동작해야 한다. 그래야만 무지한 애플리케이션 조립 접근법과 보조를 맞출 수 있다. 그리고 *기능적 호환성*의 의미를 알고 이해해야만 이를 달성할 수 있다.

넷빈즈 FileSystem API의 성능 향상을 위한 모험

넷빈즈 FileSystem API를 통해 java.io.File의 연산 속도를 높이려는 노력은 기능적 호환성의 의미에 관한 흥미로운 이야기를 들려준다.

우리는 파일이 디스크 상에 존재하는지 여부를 확인하는 것과 같은 몇 가지 공통적인 연산들이 직접 java.io.File을 통해 확인했을 때보다 FileSystem API를 사용했을 때 훨씬 더 느리게 동작한다는 사실을 발견했다. 아키텍처상으로는 그렇게 될 이유가 없었기에 문제를 조사해서 속도를 높이기로 했다. 가장 먼저 최적화가 필요한 영역으로 로컬 디스크 상의 상태와 캐시의 상태를 캐싱하고 동기화하는 부분이었다. FileSystem API는 디스크에 관한 특정 정보를 메모리에 보관한다. 파일을 생성하거나 삭제할 때마다 FileSystem API에서는 디스크 상의 실제 파일뿐 아니라 메모리 상의 캐시도 갱신한다. 지금까지는 아무런 문제가 없다. 하지만 API 사용자는 파일시스템 호출과 java.io.File 호출(캐시 갱신을 우회하는)을 섞어서 사용하는 나쁜 습관을 보이곤 했다. 사용자들은 특히 new File("...").createNewFile()을 이용해 파일을 생성한 다음 곧바로 FileObject를 통해 생성한 파일에 접근하는 방법을 자주 이용했다. 이것은 권장하지 않는 기법임에도 악성적인 코드에서는 그 기법을 때때로 사용하고, 이전 버전에서는 FileObject와 java.io.File이 연결돼 있었기에 이러한 기법이 가능했다.

이것은 API 사용자가 "경험적 프로그래밍"에 참여하는 것을 보여주는 또 하나의 사례다. 사용자는 무엇이 옳고 그른지에 신경 쓰지 않으며, 오로지 무엇이 동작하고 동작하지 않는지에 관해서만 신경 쓴다. 이러한 코딩 스타일이 동작했다는 이유만으로 API 사용자는 아무런 문제 없이 그 방법을 사용했다. 하지만 이런 식의 동기화는 방지해야 했는데, 캐시의 상태가 디스크 상의 상태와 일치하는지 빈번하게 확인하는 것이 바로 FileSystem API가 그토록 느려지는 이유였기 때문이다.

속도가 느려지는 다른 이유는 C:\나 D:\ 및 플로피 드라이브나 네트워크 드라이브 같은 윈도우 파일시스템 상의 모든 드라이브가 하나의 가상 파일시스템으로 표현됐기 때문이었다. 그 결과, 외부 도구를 실행하거나 메모리 내의 캐시를 디스크 상의 상태와 동기화해야 할 때 모든 드라이브를 갱신하도록 요청하는 수밖에 없었다. 이것은 비효율적인 방식인데, 로컬 하드 디스크 상의 사소한 변경도 전체 네트워크 드라이브를 모조리 검사하는 것으로 이어질 수도 있기 때문이다. 확실히 이 방식은 처리가 빠르지 않았다. 그래서 매핑을 바꿔서 윈도우 시스템의 각 디스크마다 가상 파일시스템을 만들기로 했다. 시그너처도 바뀌지 않았고 새로 추가되는 메서드도 없었다. 단지 내부 구현만 조금 바뀌었을 뿐이었다. 적어도 우리가 가정한 바로는 그랬다...

하지만 API 사용자의 의견은 달랐다. 우리는 무수한 버그 리포트를 받았는데, 해당 API를 사용하는 많은 코드가 갑자기 망가졌기 때문이었다. 그 코드를 유지보수하는 사람들은 상당히 기분이 언짢았다. "저는 이 모듈을 몇 달 동안 건드리지도 않았는데 지금은 갑자기 동작을 멈췄어요! 어떻게 저한테 이럴 수 있는 거죠?" 등과 같이 말이다. 그들이 작성한 코드를 보여주고 처음에 잘못 시작했다거나 문서화된 내용을 줄곧 준수하지 않았다는 것을 증명하는 것은 아무 소용이 없었다. "예전에는 동작했는데 지금은 동작하지 않아요. 그리고 그건 당신 잘못이죠!" 우리는 API를 잘못 사용하는 부분 중에서 가장 눈에 띄는 부분을 고치려고 노력했다. 그러나 그런 부분들을 찾을 수 없었는데, 그것은 마치 누가 별을 관찰하고 있는지 알 수 없는 것과 마찬가지로 `java.io.File`과 `FileObject`를 잘못 섞어 쓰는 곳을 모두 찾을 수는 없었기 때문이다. 그 대신 기존의 잘못된 코드 패턴을 새로 개선된 코드 패턴과 매핑하는 방법을 설명한 마이그레이션 가이드를 제공했다. 그럼에도 그걸로는 부족했고 불만은 끝없이 터져 나왔다.

우리는 릴리스 주기 중간에 포기하기로 했다. 성능 향상을 버리고 싶진 않았다. 하지만 불만이 엄청나게 터져 나왔다. 좀 더 호환성을 유지하는 방식으로 성능 향상을 달성할 필요가 있었다. 그래서 그렇게 하기 위한 두 가지 기법을 선택했다. 캐시와 디스크 상태가 차이 날 가능성이 있을 경우 새로고침을 수행했다. 그와 같은 뚜렷한 차이를 나타내는 징후가 없다면 새로운 동작 방식을 유지했다. 즉, 디스크를 전혀 건드리지 않았다. 그러자면 `java.io.File`과 FileSystem API을 부적절하게 조합하는 증상을 파악할 수 있어야 했는데, `java.lang.SecurityManager`의 도움을 얻어 그렇게 할 수 있었다. 캐시를 동기화하지 않는 것은 디스크 상에 파일을 생성하거나 디스크 상의 파일을 삭제할 때만 일어날 수 있다. 자바 런타임 안에서나 /bin/rm과 같은 외부 도구를 이용하면 이렇게 할 수 있다. 하지만 자바에서는 샌드박스 실행 환경을 제공하고 안전하지 않은 코드에서 그러한 연산을 수행할 경우 이를 막을 수 있다. 따라서 자바에는 그러한 연산을 감지하는 수단이 있는 셈이다. 직접 만든 보안 관리자에서 `checkWrite(String file)`와 `checkExec(String cmd)`를 재정의하고 해당 보안 관리자를 등록하는 것으로 충분하다. 우리는 정확히 그렇게 했다. 그래서 개발자들이 FileSystem API를 사용하지 않고 파일을 사용했을 때 캐시에서 이 파일 또는 심지어 캐시 전체가 잠재적으로 더는 정확하지 않다는 사실을 알 수 있었다. 나중에 그러한 상황에서 개발자들이 `FileObject` 같은 것을 요청했을 때 우리는 새로고침을 수행했다. 이런 식으로 이전의 동작 방식과 호환되는 방식으로 성능 향상을 유지할 수 있었다.

하지만 보안 관리자를 이용한 기법으로는 윈도우 시스템 상에서 가상 파일시스템이 하나 있는 경우와 여러 개 있는 경우와 관련된 문제를 해결할 수는 없었다. 그래서 호환성 있는 API 확장을 통해 문제를 해결하기로 했다. 우리는 하나의 가상 파일시스템이 모든 드라이브를 나타내는 이전 방식으로 되돌아왔고, 더욱 최적화된 새로고침을 위한 메서드를 새로 추가했다. 그런 다음 새로고침이 지나치게 발생하는 곳들을 모두 파악해서 새 메서드를 사용하도록 변경했다. 기존 API는 호환성을 유지한 채로 보존되고, 동시에 성능은 향상됐다.

이것은 행복한 결말이었을까? 아마도 그럴 것이다. 동작 방식은 다시 호환성을 유지하고 성능은 향상됐다. 유일하게 남은 건 우리에 대한 평판이 나빠졌다는 것이다. 최근에 나는 넷빈즈 플랫폼을 기반으로 시스템을 구축하는 그룹의 중역이 참석한 회의에 앉아 있었다. 나는 그가 안정성과 호환성의 필요성에 관해 불평하는 소리를 귀 기울여 들었다. "그가 발표한 며칠 전에 저희 시스템 전체가 그쪽에서 변경한 사항 때문에 완전히 망가진 적이 있어요." 물론 나는 그가 무슨 말을 하고 있는지 금방 알았다. 하지만 기술적인 세부시항을 이야기하고 프로그래머가 아마도 API 문서를 단 한 줄도 읽지 않았을 거라고 얘기하는 대신 "그건 넷빈즈 플랫폼의 개발 버전을 사용해서 일어난 일일지도 모릅니다. 안정 버전으로 마이그레이션하고 나면 모든 게 다시 괜찮아질 겁니다!"와 같은 식으로 대답했다. 그는 내 대답에 수긍했다. 그리고 그것은 사실이기도 했다. 특히 최근에 고친 후로는 말이다.

우리는 실력을 연마하고 런타임 호환성을 향상시킬 수 있는 여러 API 설계 패턴을 배우고자 노력할 수 있다. 하지만 단순히 어떻게 해야 하는가를 아는 것만으로는 부족하다. 라이브러리라는 아메바가 변화하는 것을 막을 필요가 있다. 즉, 한 릴리스에서의 애플리케이션의 형태(4장의 그림 4.2에서 설명한 바와 같이)와 후속 릴리스에서의 해당 애플리케이션의 기능(4장의 그림 4.3에 나온 것과 같은) 간의 런타임 차이를 방지해야 한다. 그러자면 한 가지 중요한 조언을 새겨둘 필요가 있다. 바로 책임감을 지녀야 한다는 것이다.

책임감을 지녀야 한다는 것이 이 책의 주된 주제는 아닐뿐더러 API 설계 패턴과 직접적으로 관련된 것도 아니지만 이번 장에서는 선택적 무지와 *신뢰할 수 있는 코드*를 만드는 것 사이의 관계, 다시 말해 라이브러리 기능에 대한 비전과 실생활에서의 라이브러리의 기능을 일치시키는 방법에 관해 자세히 이야기할 것이다. 하지만 『실용주의 프로그래머를 위한 단위 테스트 with JUnit』[1]과 같이 이 주제에 관한 다른 훌륭한 책이 많으므로 여기서는 가능한 한 무지와 신뢰성 간의 공생과 관련된 API 측면에 집중하겠다.

고치기 여정

4장의 "기능적 호환성(아메바 효과)" 절에서 설명한 아메바 모델은 라이브러리를 설계할 때 마주칠 수 있는 문제를 포착하는 한 방법이다. 아메바 모델은 다양한 릴리스 간의 차이점을 강조한다. 하지만 시간과 진화의 관점에서 본 릴리스와 관련된 소프트웨어 공학도 살펴볼 수 있다. 나는 이 모델을 "패배한 전사의 길"이라고 칭하는데, 호머가 지은 오디세이에 나오는 길고 거의 끝나지 않는 여정과 비슷할 때가 있기 때문이다.

소프트웨어 프로젝트 초기에는 우리가 지금 어디에 있고 어디로 가야 할지 항상 알고 있다. 적어도 대부분의 경우에는 그렇다. 우리는 현재 상태에 관해 거의 안다. 현재 상태의 개선과 앞으로 다다르고자 하는 상태에 관해 꿈꿀 수 있다. 그림 11.1에서 볼 수 있듯이 현재 상태에서 우리가 꿈꾸는 상태로 나아가는 것은 간단하리라는 것도 안다. 사실 그것은 완전히 식은 죽 먹기일 것이다!

---

1   앤디 헌트, 데이브 토머스 지음, 이용원 공역, 실용주의 프로그래머를 위한 단위 테스트 with JUnit(인사이트, 2004)

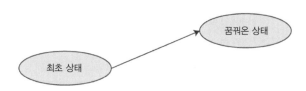

그림 11.1 프로젝트는 식은 죽 먹기일 것이다!

물론 생각보다 간단한 일은 없다. 대개 원하는 상태에 완전하고 정확하게 다다르기란 거의 불가능하다. 가령, 브랜치에서 어떤 솔루션을 개발하려 한다고 해보자. 하지만 브랜치를 주 제품 라인에 병합하자마자 모든 것이 기대한대로 동작하지는 않는다는 게 분명해진다. 버그와 기능 누락이 있고, 어떤 사람들은 새로운 동작 방식에 만족하지 않기도 한다. 결과적으로 프로젝트의 꿈꿔온 상태에 한 번에 도달할 수 있다고 기대하는 것은 비현실적이다. 하지만 그것은 받아들일 만하다. 그림 11.2에 나온 것처럼 여러 반복주기를 수행할 수 있다는 것을 감안할 수 있다. 게다가 앞으로 나아가고 있는 곳이 어디인지도 알고 있다. 분명 몇 번의 시도만으로도 조만간 그곳에 도달할 것이다.

그림 11.2 아마도 몇 번의 반복주기가 필요할 것이다.

우리는 언젠가 그곳에 도달하리라 믿는다. 하지만 그 과정은 전혀 쉽지 않을 수도 있다. 그림 11.3에서 볼 수 있는 것처럼 퇴행(regression)하는 경우가 있을 수 있다. 퇴행할 때마다 이상화된 꿈꿔온 상태에서 멀어지기도 한다. 그럼에도 언젠가는 그곳에 도달할 수 있으리라 믿는다. 언젠가는 모든 퇴행이 제거될 것이다! 그렇게 되지 않을까 봐 두렵다. 그것은 단순히 현실적인 전망이 아니다. 효과는 최소화될 수 있을지언정 퇴행은 여전히 존재한다. 우리는 퇴행과 함께 살아가는 법을 배워야 한다. 그냥 최초 상태에서 꿈꿔온 상태로 가는 길이 순탄치 않으리라는 사실을 받아들이자. 여러 번의 퇴행이 있다는 사실을 감안하자. 그럼에도 기회는 생길 것이나. 그렇지 않은가? 시간이 조금 더 걸릴 수 있더라도 마침내 그곳에 도달할 것이다.

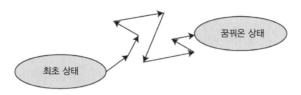

그림 11.3 우리는 언젠가 그곳에 다다를 것이다.

하지만 그곳에 결코 다다를 수 없다면 어떻게 될까? 소프트웨어 프로젝트가 너무나도 복잡해져서 실제로 원하는 목표 상태에 도달하기가 불가능해질 수도 있다(그림 11.4 참고). 그 시점에서는 *제자리걸음*하는 상황에 처해 있다는 사실을 알게 된다. 마치 악순환으로 접어드는 것처럼 우리는 결말에 이르는 길을 결코 찾지 못한 채 더 가까워지고 있다는 비전을 가지고 한 걸음씩 앞으로 나아갈 수 있다. 아메바 모델 측면에서는 결코 목표 상태에는 다다르지 못한 채 아메바 모델의 형태가 우리가 꿈꿔온 비전과 일치하기를 희망하면서 아메바 모델의 형태를 끝없이 바꿀지도 모른다. 실제 프로젝트는 그렇게 흘러가는 경향이 있다!

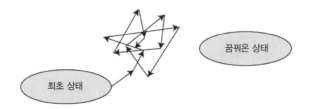

그림 11.4 이런!

사실 실제 프로젝트는 더 심각하다! 프로젝트의 단 한 가지 기능에 대해서도 끝없는 "고치기 여정" 모델이 나타난다. 실제 프로젝트에는 대개 수십, 수천, 또는 훨씬 더 많은 개별 기능이 있다. 그러한 각 기능들을 개별적으로 바라볼 수도 있지만 그것들은 동기적으로 변경되지도 않고 진공 상태에 있지도 않다. 각 기능은 서로에게 영향을 준다. 그 결과, 한 기능을 꿈꿔온 상태에 더 가깝도록 고치면 또 다른 기능에서 퇴행이 일어날 수 있다. 이것은 어떤 한 기능이 목표 상태에 도달할 수도 있음을 의미한다. 또 다른 기능을 고치자마자 그 상태에서 벗어날 수도 있지만 말이다(그림 11.5 참고).

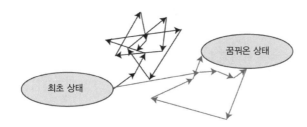

꿈꿔온 상태

최초 상태

그림 11.5 실제 프로젝트는 더 복잡하다.

가능한 한 업데이트를 하지 못하게 하라

아내가 회계사로 일했던 한 회사에서는 어떤 마법사의 이름을 딴 소프트웨어 공장에서 제작한 회계 시스템을 사용했다. 그 회사에서는 상담 지원 시스템에 큰 금액을 쏟아 부었다. 그 회사를 몇 년 동안 관찰하고 나서 상담사가 사용자에게 다음과 같은 조언을 하나 해준다는 사실을 알게 됐다. "네, 그건 버그인데요, 이런 식으로 버그를 우회하시면 됩니다. 그렇지만 새로 업데이트될 때까지 기다리시는 게 나을 겁니다. 업데이트되면 버그가 고쳐질 겁니다." 이것은 "기다려라, 지금 마법의 업데이트를 준비 중이시다!"라고 하는, 그 회사의 마법사 이름과 완벽하게 일치하는 조언이다.

지금까지 지켜본 바로는 최소한 세 번의 업데이트가 있었고, 업데이트로 인해 항상 뭔가가 고쳐지긴 했지만 동시에 수많은 퇴행이 일어나기도 했다. 아내는 데이터베이스가 업데이트된 버전에서 동작하게끔 만들기 위해 다양한 SQL 조회 및 갱신문을 수행하는 방법을 익히느라 상담 전화를 몇 시간이나 붙들고 있어야 했다고 말했다.

소프트웨어 프로젝트는 다양한 악순환 속에서 동시에 진행되는 경향이 있다. 아메바 모델은 수용할 만한 현실이다. 확연히 눈에 띄는 문제가 있다면 그것은 언제든지 고칠 수 있다. 도처에 있는 퇴행 때문에 발생하는 부수적 피해는 그냥 받아들여야 한다. 이러한 이유로 사람들은 일반적으로 업데이트하길 꺼린다. 내가 경험한 대부분의 경우에는 알 수 없는 방식으로 동작하는 새 버전으로 업데이트하는 위험을 무릅쓰느니 차라리 대체로 동작하는 뭔가를 사용하는 편이 더 낫다. "이런, 애플리케이션에서 그 부분은 건드리지 마세요!"

X 서버를 업그레이드할까 말까?

2006년을 기점으로 전후 2년간 노트북에 리눅스를 설치한 모든 사용자는 다음과 같은 느낌을 알 것이다. "좋아, 시스템이 동작하는군. 시스템이 최대 절전 모드(hibernate)로 갈 수도 있고, 대부분의 경우에는 최대 절전 모드에서 복귀할 수도 있어. 설선 모드가 되지는 않지만 아마 그 정도면 나쁘지 않을 것 같은데. 그런데 최대 절전 모드가 제대로 동작하지 않는다는 위험을 무릅쓰면서까지 절전 모드가 제대로 동작할 거라고 기대하면서 새 버전의 X 서버로 업데이트해야 할까?"

두말할 필요도 없이 업그레이드에 대한 공포와 업데이트가 야기하는 실제 문제는 이 책의 신조인 무지를 크게 훼손한다. 새 버전으로의 업그레이드가 그와 같은 커다란 위험을 가져올 경우 모듈화 라이브러리를 기반으로 한 대형 애플리케이션을 어떻게 무지한 상태로 조립하고 진화시킬 수 있을까? 그러한 위험을 줄이고, 적어도 자주 사용되는 라이브러리에 대한 업그레이드를 문제를 일으키지 않는 반자동화된 프로세스로 만들기 위해 할 수 있는 일은 없을까?

신뢰성과 무지

기능이 아메바 모양처럼 유동적인 라이브러리나 애플리케이션의 동작 방식을 변경하는 문제에는 기술뿐 아니라 사회학적인 의미도 포함돼 있다. 프로그래머가 아닌 사람들, 즉 소프트웨어를 사용하는 사용자는 제품의 품질에 점차 의구심을 가질 것이다. 사용자가 기대하는 바는 다양하지만 "이전 버전에서 동작한 것들은 이후 버전에서도 계속해서 동작할 것이다."라는 믿음을 모두 공유하고 있다. 거의 모든 소프트웨어 프로젝트가 이러한 기본적인 가정을 충족시키는 데도 실패한다는 사실은 사용자가 소프트웨어 제품을 신뢰할 수 없게 만든다.

이것은 바람직하지 않은 상황이다. 사실, 그보다 훨씬 더 안 좋다. 소프트웨어 프로젝트의 거의 모든 업그레이드에는 더욱 고급화된 기능과 향상된 동작 방식을 약속하는 것이 따른다. 업그레이드를 이전 버전과 호환성이 보장되지 않은 채 완전히 재작성하는 것으로 홍보할 사람은 아무도 없는데, 그것은 제품을 판매하기 위한 올바른 전략이 아니기 때문이다. 결과적으로 대부분의 개발 팀에서는 호환성을 약속하거나 호환성에 관해 전혀 언급하지 않는다. 나중에 사용자가 실제로 제품을 사용할 때는 대개 소프트웨어 엔지니어의 신뢰성을 크게 갉아먹는 다양한 비호환성을 발견하게 된다. 그 결과, 우리는 신뢰할 수 없는 부류로 여겨지고, 자기 일도 제대로 못하고 약속도 이행하지 못하는 사람들로 비춰진다.

이 같은 태도의 부작용은 사용자가 자신의 비관적인 생각이 현실에 반영될 것이라고 예상한다는 데 있다. 그 결과, 사용자는 소프트웨어 엔지니어와 제품을 포용하는 대신 소프트웨어 제품과 부서 둘레에 벽을 쌓아 올리고, 그렇게 해서 우리의 실패와 비호환성으로부터 스스로를 격리시킬 수 있다. 여러분은 어떤지 모르겠지만 이러한 상황은 그리 달갑지 않다. 난 정말 신뢰성이 떨어지거나 믿음직하지 못한 사람으로 여겨지고 싶지 않다.

안 좋은 평판!

나는 대부분의 넷빈즈 플랫폼 API를 맨 처음 만든 사람으로서 안 좋은 평판의 효과를 모두 "즐긴" 초기 넷빈즈 엔지니어 중 하나였다. 내가 만든 API는 전체 넷빈즈 기반구조의 핵심부에 있었고 다른 모든 모듈은 거기에 의존하고 있었기에 API는 아메바 변화의 주된 근원이기도 했다. API가 바뀔 때마다 기능 변경의 규모가 얼마나 작고 평범한가와는 상관없이 그 효과는 해당 API를 사용하는 모든 모듈로 인해 크게 증가한다. 결국, 사소한 수정이 시스템 전체를 뒤흔드는 결과를 만들어낼 수 있다.

한때 나는 다양한 방법으로 빌드를 깨뜨리는 것으로 악명 높을 때가 있었다. 내가 실력이 형편없는 엔지니어여서 그런 것이 아니라 많은 개발자와 그들이 진행하는 프로젝트에서 의존하는 코드에는 상당한 주의를 기울여야 하기 때문이었다. 그러한 코드는 소수의 충성도 높은 최종 사용자만이 사용하는 API도 없이 묻혀버린 대화상자보다 훨씬 더 조심스럽게 다뤄야 한다. 그런데 그 당시에는 거의 "감춰진" 기능에 사용했던 것과 동일한 코딩 기법을 API에도 사용했다. 하지만 우리는 이 방법이 효과가 없다는 사실을 깨달았다. 결과적으로 내가 그 당시에 받은 나쁜 평판은 당연한 것이었다.

그러나 내가 받았던 나쁜 평판들은 달갑지 않았다. 다소 불공평하다고 생각했고, 나는 더 잘할 수도 있었다. API에서 아메바의 변화를 완전히 제거하는 방법을 고민했던 것은 바로 이런 이유에서다. 요즘에는 지진과도 같은 급격한 변화를 두려워하거나 끝없는 악순환에 접어들지 않고도 변화를 만들어낼 수 있기에 성공했다고 생각한다. 이게 어떻게 가능하냐고? 내가 이전보다 지금 더 똑똑해졌다는 뜻일까? 아니다. 전혀 그렇지 않다. 유일하게 바꿔야 했던 것은 나의 태도였다. 좀 더 신중해야 했고 무엇에 신경 써야 할지 선택할 때 조심스러워야 했다. 선택적 무지를 지녀야 했다.

소프트웨어 개발 전반, 그리고 특히 API가 포함된 공유 가능한 라이브러리를 개발할 때는 좀 더 신뢰를 쌓을 필요가 있다. 우리는 더 믿을 만 해야 하고 주위 사람들의 신뢰를 받아야 한다. 사람들에게 더는 기능 업데이트를 두려워할 필요가 없다는 사실을 증명해야 한다. 그것은 이 책의 기조를 따름으로써, 즉 선택적 무지를 늘림으로써 달성할 수 있다!

라이브러리를 변경해야 할 때마다 변경사항의 가장 중요한 측면에 집중해야 한다. 그게 뭐냐고? 바로 변경된 동작 방식이다. 우리는 어떤 특정한 목적을 가지고 변경할 가능성이 높다. 결국, 어떤 구체적인 동작 방식을 변경 또는 확장하고 싶거나, 아니면 새로운 동작 방식을 만들고 싶은 것이다. 변경의 가장 중요한 측면은 해당 변경이 실제로 이뤄질 것이라는 점이다. 이것은 해당 변경사항의 실제 구현보다 훨씬 더 중요하다. 사실 뭔가를 하기 위해 만드는 코드 자체는 그 "무언가"가 정말로 이뤄지는(실제로 달성되는) 경우에는 중요하지 않다.

변경사항이 그것의 목적을 충족하도록 보상하기 위해 우리의 에너지, 시간, 지적 능력을 투자하는 것이 중요하다. 구현을 비롯해 그 밖의 것들은 완전히 무지한 방식으로 수행할 수 있다. 문제가 되는 유일한 측면은 가드(guard)를 만들어내는 것이다. 가드는 목표다. 즉, 변경해야 할 문제가 정말로 있다는 사실을 확인시켜주는 자동화된 개체다. 다시 말해, 가드는 현재 상황이 우리가 처음에 꿈꿨던 상태와 다른가를 판단하는 데 도움을 준다. 목표 상태로 나아간 후 가드는 우리가 원하는 지점에 좀 더 가까워졌는지 확인할 수 있게 해준다. 그림 11.6에서는 가드를 먼저 작성하고 그다음에 구현을 추가할 경우 악순환에 빠지지 않는다는 것을 보여준다. 새로운 변경사항을 적용할 때마다 이전에 작성해둔 가드를 통해 이전에 해당 가드를 만들었던 지점에 비해 꿈꿔온 상태에 좀 더 가까워졌는지 확인해서 이전 상태로 되돌아갈 일이 없게 만들 수 있다.

그림 11.6 가드 작성

하지만 이것이 꿈꿔온 상태에 도달했다는 것을 보장하지는 않는다. 우리는 늘 꿈꿔온 상태에 한 걸음 더 가까이 갈 수 있지만 그곳에 완전히 도달하지는 못한다. 이 말이 절망적으로 들릴지언정 악순환에서 끝없이 배회하는 것보다는 훨씬 낫고, 사실 소프트웨어 프로젝트의 현실을 반영하는 것일지도 모른다. 소프트웨어 프로젝트에는 언제나 버그가 있다. 늘 실제 상태와 꿈꿔온 상태 간의 차이가 존재한다. 하지만 중요한 점은 우리가 한 걸음씩 나아갈 때마다 가드가 꿈꿔온 상태에 가까워지는 데 이바지하고 궁극적인 목표에 접근하리라는 희망을 준다는 것이다.

이쯤에서 오디세이와 가드 비유로 지겨워졌을 법한 분들께 용서를 구해야 할지도 모르겠다. 왜냐하면 그분들은 이 이야기의 결말을 알고 있기 때문이다. 그렇다. 가드는 자동화된 테스트다. 라이브러리의 런타임 동작 방식에 원치 않는 변화가 발생하지 않게 만들고 싶다면 테스트를 작성하면 된다. 코드의 신뢰성을 높이고 싶다면 훌륭한 테스트를 작성하는 데 선택적으로 집중한 다음 무지한 상태로 구현을 작성하면 된다. 여러분의 지성을 아름답고, 우아하며, 올바른 API를 만드는 데 100퍼센트 쏟아붓는 것에 비해 결과가 훨씬 더 나을 것이다. 사실, API 설계를 고민하는 것은 바람직하고, 이 책에서 디자인 패턴에 관해 이야기하는 이유이기도 하다. 하지만 주의 깊은 공학적 활동을 대신할 수 있는 것은 아무것도 없다. 주의 깊은 공학적 활동만이 신뢰성으로 이어지며, 이러한 이유로 무지를 받아들이고 훌륭한 테스트를 작성해야 하는 것이다.

동기화와 교착상태

프로그램과 시스템의 병렬적인 동작 방식은 제대로 하기가 가장 어려운 부분 중 하나다. 교착상태에서 자유로운 프로그램을 만들어 내는 것에는 일관된 이론이나 방법론이 없는 듯하다. 물론 해법은 있다. 가령 하스켈 같은 순수 함수형 언어를 이용하면 교착상태가 일어나기가 어렵다. 하지만 자바같이 좀 더 전통적인 언어를 사용하는 사람들에게는 교착상태와 부적절한 동기화의 위협을 받는 것이 현실이다. 그럼에도 다중 스레드 기반 프로그램을 만드는 것이 바람직하다. 현대 컴퓨터에는 다중 프로세서 또는 최소한 다중 코어가 탑재돼 있다. 거의 항상 그렇듯이 성능을 개선해야 한다면 더는 단일 스레드 실행에 의지할 수 없다.

애플리케이션의 소스코드를 모두 통제할 수 있는 경우에도 교착상태에서 자유로운 애플리케이션을 만드는 것은 어렵다. 이처럼 "사내(in-house)" 애플리케이션을 만드는 경우에는 어떤 "좋은 습관"을 강제하고 교착상태가 발생할 가능성을 최소화하는 방식으로 애플리케이션 전체를 구성할 수 있다. 그럼에도 알려진 교착상태가 없다는 사실만 알 수 있을 뿐이지 교착상태가 아예 없는지는 알 수 없다. 몇 년 동안 단 하나의 교착상태 없이 성공적으로 배포된 시스템의 소스코드는 대단히 귀중하다. 그러한 소스코드는 안전한 곳에 보관해 두고 최소한으로, 그리고 신중하게 수정해야 한다.

하지만 우리는 불도저 관점에서 세상을 바라본다. 즉, 다른 사람이 제공하는 커다란 모듈화된 조각을 가지고 애플리케이션을 조립한다. 각 라이브러리 안에 감춰진 동기화 세부사항에 대해 알고 싶지만 사실 알 수 없다. 라이브러리가 동기화를 올바르게 수행하고 처리하는지 알기 위해 라이브러리리 제작자에게 의존한다. 게다가 여러 라이브러리를 섞어서 사용할 때 각 라이브러리가 서로 조화로이 동작하고 계속 교착상태에서 자유로운 상태를 유지할 것이라고 생각한다.

이 모든 것들은 공유 라이브러리 제작자를 곤란한 입장에 처하게 한다. 공유 라이브러리 제작자는 다중 스레드 환경 전체를 알지는 못하는 상태에서 자신이 만든 API가 그러한 환경에서 올바르게 동작하도록 설계해야만 한다. 동시에 API 사용자에게 불필요한 세부사항은 노출해서는 안 되는데, 사용자는 가능한 한 무지한 상태로 남고 싶어하기 때문이다. 이렇게 하기란 쉽지 않다. 사실 불가능에 가깝지만 일부 디자인 패턴과 제안들이 도움될지도 모른다.

스레드 모델을 문서화하라

첫 번째이자 가장 일반적인 제안은 스레드 모델을 적절히 문서화하라는 것이다. 다시 말해 라이브러리를 사용하기 위해 충족해야 할 가정을 서술하라는 것이다. 사실 이것은 라이브러리 제작자가 가장 등한시하는 부분이다. 이러한 정보는 자바독의 설명란에만 추가할 수 있는데, 현재 자바 플랫폼에서

는 클래스나 메서드의 스레드 동작 방식을 문서화하는 표준 어노테이션이나 다른 자바독 요소를 제
공하지 않기 때문이다. 아예 그렇게 하지도 않는 라이브러리도 많다. 그렇게 하는 사람들은 그러한
정보가 간과되거나 누락되거나, 또는 무시할 수 있는 자유로운 형식의 텍스트에 불과하다는 사실로
인해 고통받게 된다. 게다가 자동화 도구 없이 그와 같은 비공식적으로 기술된 스레드 정책을 따르
도록 강제하는 방법도 없다.

파인드버그와 CO.

라이브러리의 스레드 동작 방식 및 해당 스레드 동작 방식이 준수되고 있는지 확인하는 어노테이션을 제공하는 도구들이
있다. 이 책을 쓰는 지금, 이러한 도구는 어노테이션을 통해 자체적인 라이브러리를 정의할 필요도 있다. 이러한 어노테이션
은 문서화의 일부라서 최소한 자바독에서는 보여야 한다. 간혹 그러한 어노테이션이 최종 바이너리에 존재하기도 하는데,
이것은 여러분이 만든 라이브러리에서 테스트 도구의 API를 재전달한다는 뜻이다. 외부 API를 재전달하는 것을 가볍게 여
겨서는 안 되는데, 10장의 "다른 API를 사용하는 것을 조심하라" 절에서 설명한 바와 같이 안정화되기 전까지는 이러한 어
노테이션을 사용하고 싶어할 사람은 거의 없다.

최근에 넷빈즈 API를 대상으로 이러한 어노테이션을 조사한 적이 있다. 우리는 이러한 어노테이션을 절대 바이너리 클래스
포맷으로 유출하지 않기로 했고, 오늘날과 같이 유지하고 싶었다. 하지만 이러한 "행위 어노테이션"은 편리하기 때문에 직
접 만들기로 했고, 소스 유지 수준(source retention level)으로 만들었다. 즉, 해당 어노테이션은 소스에 존재하고 컴파일러
가 유효성을 검증하지만 클래스 파일이 생성되기 전에 제거된다. 자바가 진정하고 공식적이며 안정적인 대체재를 채택하기
전까지는 이 방법이 수용할 만한 타협점이길 바란다.

사람들은 스레드 모델이 설명하기 쉬워야 한다고 말하며, 한 문장으로 설명할 수 없다면 좋지 않은
것이라고 이야기한다. 나는 늘 그 정도까지 압축해야 한다는 것에 다소 회의적이다. 하지만 일정 수
준의 무지(적어도 어떤 경우에는 세부사항을 무시함으로써)를 통해서는 아마 가능할지도 모른다.

API가 스레드에 안전하다. 이 말은 해당 API를 호출하는 모든 클라이언트에게 스레드 정책을 가장
잘 설명하는 것이다. 이것은 API를 호출하는 코드를 신경 쓰거나 해당 코드를 제한할 필요가 없음
을 의미한다. 어떤 상태에서도 API를 호출하는 것이 허용된다. 해당 API는 호출을 누적하고 처리할
수 있을 것임을 의미한다. 한편으로 API를 구현해야 하는 사람에게는 약간 의미가 다르다. API 제
공자는 호출 코드가 잠금(lock)이나 자원을 보유하고 동안 어느 곳에서 API를 호출하든 처리할 준
비가 돼 있어야 한다. 그럼에도 구현은 동작해야 한다. 이렇게 작성하기란 복잡할 수 있다. 제공자의
API가 스레드에 안전하기를 요구하는 것이 제공자의 무지에 전혀 도움이 되지 않는 것은 바로 이런
이유에서다. 사실 제공자는 현재 자신이 무슨 일을 하고 있는지 인식하고 그렇게 하는 데 아주 능숙
해야 하는데, 사소한 실수라도 전체 시스템의 교착상태를 불러올 수 있기 때문이다.

비동기화된 API는 보통 공유되지 않는 객체에 대해서만 편리하게 사용할 수 있다. 이러한 객체는 바로 호출 코드가 만들어내고 비공개로 유지되는 객체를 의미한다. 아무것도 동기화하지 않고 접근 제어를 API 사용자에게 위임하는 것은 문제가 되지 않는다. 한 예로 java.util 컬렉션 API를 들 수 있으며, 컬렉션 API는 그런 식으로도 잘 동작하는 듯하다. 클라이언트 코드에서는 객체를 비공개로 유지하고 그것들을 반환형이나 호출을 통해 유출하지 않아야 한다는 것만 알고 있으면 된다.

스윙에서는 별도의 스레드 정책을 사용한다. 이것은 클라이언트 API면서 제공자 API이기도 한 API(스윙의 경우에 해당하는)가 비교적 적절히 균형을 맞춘 경우다. 클라이언트는 API를 호출하기 전에 제약조건을 인식하고 항상 전용 스레드로 제어를 전달해야 한다. 한편으로 리스너를 작성하거나 클라이언트 컴포넌트를 구현하는 사람은 한 스레드에서 호출이 일어나는 것으로 예상할 수 있다. 그렇게 되면 동기화의 필요성이 없어지고 병렬성에 관해서도 걱정하지 않아도 된다.

자바 모니터의 함정

두 사람이 같은 일을 할 때 결과가 상당히 다를 때가 많다. *모니터(monitor)*라고 하는 자바의 동기화 기본 기능도 마찬가지다. 사실 모니터는 원래의 제작자가 의도했던 방식의 모니터는 아니다. 이 문제는 부분적으로 이론과 현실 간의 차이에 의해, 또 부분적으로 객체지향 언어 간의 차이 때문에 비롯됐다. 절차적인 언어에서 통했던 해법을 똑같이 객체지향 언어에도 적용하는 것은 깜짝 놀랄 만한 문제를 드러낼 수도 있다.

2001년 4월의 교착상태

2001년 4월, 넷빈즈 API 중 하나에 문제가 생겼다. 갑작스럽고 이해하기 힘든 방식으로 교착상태가 발생한 것이다. 문제를 조사한 결과 우리가 만들어둔 API 잠금과 해당 API의 사용자가 사용하는 잠금이 충돌했다는 사실을 발견했다. 이로써 API를 설계할 때 알아둬야 할 어떤 주의사항이 지비의 표준 동기화 방식에 있다는 사실을 알게 됐다.

교착상태는 다소 이해하기 힘들었다. 우리가 만든 API의 Children 클래스에서는 동기화된 메서드를 사용해 자체적인 비공개 필드를 적절한 상태로 유지했다. 이러한 구조의 동기화는 신중하게 고려된 것이었고, 이 구조에서 교착상태가 발생할 가능성은 없었다. EJBClassChildren 하위 클래스에서 해당 API가 사용된다는 사실을 발견하기 전까지는 말이다. EJBClassChildren 클래스에서도 클래스 자체의 내부 자료구조를 보호하기 위해 동기화된 메서드를 사용하고 있었다.

하지만 지비 명세에 따르면 동기화된 메서드를 정의하는 것은 this를 대상으로 동기화하는 것과 비슷하다. Children 클래스 및 그것의 EJBClassChildren 하위 클래스에 대한 this는 같은 객체였기 때문에 두 "모니터"가 우연히도 하나로 합쳐졌다. 결국 두 클래스에서는 서로를 간섭했고, 이처럼 예상치 못한 간섭이 교착상태를 불러일으켰다.

70년대에 모니터를 만든 사람 중 하나이자 동시성 파스칼(Concurrent Pascal)을 만든 페르 브린치 한센(Per Brinch Hansen)은 1999년에 "자바의 불안정한 병렬성(Java's Insecure Parallelism)"이라는 논문[2]을 썼다. 이 논문에서 그는 자바에서 자체적인 동기화 모델을 "모니터 기반(monitor-based)"이라고 부르려고 했던 것에 반대했다. 한센에 따르면 진정한 모니터라면 컴파일러로 하여금 코드가 올바른지 확인할 수 있게 하고, 따라서 프로그래밍 실수를 제거하는 데 이바지해야 한다는 것이다. 하지만 자바에서는 단순히 모니터와 비슷하게 생긴 것을 사용하지만 모니터의 혜택을 아무것도 제공하지 않는다. 자바 컴파일러는 동기화에 관해 아는 바가 거의 없다.

한센의 주된 반대 이유는 불안정성 때문이었는데, 자바에서는 한 클래스에서 동기화된 메서드와 동기화하지 않은 메서드를 함께 사용할 수 있기 때문이다. 따라서 적절한 동기화 없이도 내부 구조에 손쉽게 접근할 수 있다. 아울러 파스칼의 모니터 기반의 확장과 비교했을 때 클래스 내의 private 필드만이 클래스 밖에서 우연히 동기화되지 않고 접근하는 것으로부터 보호받는다. 결과적으로 프로그래머가 해야 할 업무의 양이 세마포어(semaphore) 같은 가장 저수준의 동기화 기본 기능을 사용할 때와 똑같아진다. 한센의 주장은 옳다. 동기화된 메서드를 사용하는 클래스를 유지보수하려면 어떻게 해야 할지 아는 사람들은 자바가 이 영역에서 아무런 편리성을 제공하지 못한다는 것을 인정할 수밖에 없다.

지난 몇 년간 몇 번의 릴리스에 걸쳐 클래스를 유지보수하고 있다면 새로 추가된 메서드를 동기화하는 것을 잊어버리기 쉽다. 이를 예방하는 유일한 방법은 심지어 비공개 필드에 대해서조차도 늘 접근자 메서드와 설정자 메서드를 사용하고, assert를 이용해 그것들을 보호하는 것이다.

```java
private int counter;

private int getCounter() {
    assert Thread.holdsLock(this);
    return counter;
}

private void setCounter(int c) {
    assert Thread.holdsLock(this);
    counter = c;
}
```

2 페르 브린치 한센, "자바의 불안정한 병렬성(Java's Insecure Parallelism)" (1999), http://brinch-hansen.net/papers/1999b.pdf

이 경우 적절한 객체에 대한 잠금을 획득하지 않고는 절대로 필드에 접근할 수 없도록 보장할 수 있다. 이 버전이 동시성 파스칼 모니터가 지닌 아름다움과 단순함을 모두 잃어버렸다고 생각할 수도 있다. 물론 나도 아름다움이 중요하지 않다는 사실을 안다. 하지만 여기서는 아름다움의 부재로 인해 다중 스레드가 적용된 자바 코드에서 오류가 발생할 가능성도 상당히 높아지고 있다.

한센이 옳았다. 동기화될 가능성이 있는 객체로부터 내부 자료구조가 누출되기가 쉽다. 이를 모니터와 비교해서는 안 된다. 내가 보기에 한센은 가장 중요한 유출, 즉 서브클래싱이 잠금을 공유한다는 사실을 몰랐거나 최소한 언급하지 않았다.

모니터 설계는 원래 서브클래싱이라는 개념이 없는 절차적인 언어를 위한 것이었다. 선언을 확장할수 있는 모니터(접근자 메서드가 포함된 자료구조)를 가질 수도 있음을 아무도 예상하지 못했다. 사실은 그 반대다. 모니터는 자족적이어야 한다. 즉, 모든 데이터와 연산은 한 사람에 의해 시스템의 나머지 부분과 완전히 격리된 채로 한 곳에 작성되어 함께 선언된다.

사물은 눈에 보이는 것과 다르다

내가 처음으로 자바에서 동기화 방식을 봤을 때 나는 그게 학교에서 배운 모니터 모델을 기반으로 하는 것이라고 생각했다. 내가 기억하기로는 파스칼의 레코드 구조의 확장으로 설명됐다. 즉, 새 레코드를 생성하고 그것의 정의에서 해당 레코드와 동기화돼야 할 모든 메서드를 나열할 수도 있다. 이것은 자바의 동기화와 비슷하다. 즉, 클래스를 정의한 다음 해당 클래스의 메서드를 동기화할 수 있다.

자바에서는 동기화하는 데 두 가지 방법이 있다. 동기화된 메서드를 만들거나 동기화 블록을 사용하는 것이다.

```
synchronized (anObject) {
    // 중요한 작업을 수행
}
```

둘 중 어떤 방법을 선호하는가? 사실 나는 메서드를 동기화하는 방식이 더 나은 방식이라고 생각한 적이 있다.

제안하는 방법은 메서드 정의에 **synchronized**를 사용하는 것이다. 좋다. 이 방법은 나에게 효과적이다. 나는 교착상태가 없는 하나의 클래스에 코드를 작성할 수 있다. 그렇지만 누군가가 내 객체를 서브클래싱한 다음 동기화된 메서드까지 사용하면 어떻게 될까? 글쎄, 그러한 경우에는 하위 클래스에서는 보통 내가 잠금을 사용하는 방식과 관련해서 아무것도 알지 못한 상태에서 나와 동일한 잠금을 사용할 것이나. 왜냐하면 내가 만든 동기화된 메서드는 미공개 메서드라서 하위 클래스에 대해서는 신경 쓰지 않을 수 있기 때문이다. 결과는 어떨까? 모든 곳에서 교착상태가 일어난다.

서브클래싱하거나 동기화된 메서드를 사용할 경우 상위 클래스의 자체적인 동기화 모델에 몰래 숨어드는 셈이다. 이 경우 상위 클래스에서 동기화와 관련해서 가정한 바를 완전히 무효로 만들 수 있다. 그렇게 하는 것은 위험천만한 일이며, 어떤 자바 프로그램에서도 일어날 수 있다. 하지만 API를 만들 때는 치명적이다. API는 반드시 단순함, 거의 무지한 사용을 위해 설계돼야 한다. 하위 클래스의 잠금 계획을 방해함으로써 여러분의 API를 사용하는 불쌍한 사용자들은 필요 이상으로 더욱 많은 세부사항에 노출된다. 결국 라이브러리가 교착상태로 가득 찬 것으로 알려져서 여러분의 평판에는 금이 가게 된다.

이를 예방하는 유일한 방법은 API에서 볼 수 있는 클래스를 절대 동기화하지 않는 것이다. 이는 API에 노출된 클래스 안에서는 어떠한 동기화된 메서드도 사용해서는 안 된다는 의미이기도 하다. 이것은 서브클래싱이 가능한 클래스의 경우에는 특히 위험한데, 사용자가 여전히 자바의 동기화가 모니터 기반이고 클래스를 작성할 때 직접 동기화된 메서드를 추가할 권리가 있다고 믿고 있을 수도 있기 때문이다. 그와 같은 간섭을 예방하는 유일한 방법은 다음 코드와 같이 내부 잠금을 사용하거나 java.util.concurrent 패키지와 비슷한 잠금 메커니즘을 사용하는 것이다.

```java
private final Object LOCK = new Object();
private int counter;

private int getCounter() {
    assert Thread.holdsLock(LOCK);
    return counter;
}

private void setCounter(int c) {
    assert Thread.holdsLock(LOCK);
    counter = c;
}
```

이것들은 모두 저수준 기법에 해당하며, 모니터의 개념과는 거리가 멀지만 적어도 특권을 가진 동기화된 영역이 충돌하지 않도록 보장해준다. 이 방법은 좋지 않으며 다소 복잡하다. 하지만 자바에서 문법적으로 더 낫고 올바른 동기화 모델을 제공하지 않는다면 API에서의 동기화를 간단하고 편리하게 만드는 것보다 올바르게 만드는 것이 더 중요하다.

교착상태의 조건

교착상태를 방지하는 것은 다중 스레드 애플리케이션의 슬픈 운명이다. 이 문제는 폭넓게 연구돼 왔는데, 교착상태가 모든 운영체제 제작자에게 커다란 문제를 안겨주기 때문이다. 대부분의 애플리케이션은 운영체제만큼 복잡하지 않다. 하지만 여러분이 만든 애플리케이션에서 외부 코드가 실행되도록 허용하자마자 그와 동일한 문제에 직면하게 된다.

각고의 연구 노력에도 불구하고 아직까진 단순한 해법이 발견되지 않았다. 우리는 교착상태가 다음과 같은 네 가지 조건하에서 만들어진다는 사실을 알고 있다.

- *상호배제 조건*: 한 스레드가 소유할 수 있는 자원(잠금, 실행 큐 등)이 있어야 한다.

- *비선점형 스케줄링 조건*: 이미 할당된 자원을 소유자가 아닌 다른 누군가가 갖거나 해제할 수 없다.

- *점유대기 조건*: 스레드에서는 자원을 무기한 대기하거나 점유할 수 있다.

- *자원은 점진적으로 획득할 수 있다*: 이미 다른 자원을 점유한 상태에서 새로운 자원(잠금, 실행 큐)을 요청한다.

이러한 조건 가운데 최소한 하나라도 제거하는 코드를 작성한다면 교착상태를 방지하는 시스템이 만들어진다는 것을 알고 있다. 하지만 그런 코드를 작성하기란 쉽지 않다. 자바에는 따를 만한 표준 코딩 기법이 없다. 때로는 상호배제를, 때로는 점유대기 조건을, 때로는 다른 것을 제거하는 코드를 작성하기로 한다. 그리고 나서 라이브러리를 합친 후에도 교착상태가 있다는 사실을 발견한다. 게다가 교착상태가 나타날 수 있는지 여부를 점검하기 위해 소스코드를 대상으로 어떻게 정적 분석을 수행해야 할지도 모른다. 교착상태와 맞서기란 쉽지 않다.

자바처럼 스레드와 잠금이 포함된 언어를 사용하는 프로그래머를 위한 기본적인 조언은 *외부 코드를 호출하는 동안에는 잠금을 점유하지 말라*는 것이다. 이 규칙을 따른다면 *네 번째* 조건을 제거하게 된다. 네 가지 조건이 모두 충족돼야 교착상태가 생기기 때문에 이제 교착상태에 대한 궁극적인 해법을 발견했다고 생각할지도 모르겠다! 하지만 때로는 제한을 충족시키기가 어려울 때가 있다. 예를 들어, 다음 코드는 교착상태를 만들어낼 수 있을까?

```java
private HashSet<JLabel> allCreated = new HashSet<JLabel>();

public synchronized JLabel createLabel () {
    LOG.log(Level.INFO, "Will create JLabel");
    JLabel l = new JLabel ();
```

```
    LOG.log(Level.INFO, "Label created {0}", l);
    allCreated.add (l);
    return l;
}
```

이 코드는 안전하게 느껴지는데, 실제 호출이 일어나는 부분은 HashSet.add밖에 없기 때문이다. HashSet에서는 synchronized를 전혀 사용하지 않는다. 사실 이 코드에는 실패할 여지가 상당히 많다. 첫 번째 문제는 JLabel이 JComponent를 확장한다는 것이다. JLabel의 생성자 어딘가에서는 JComponent.getTreeLock()을 통해 AWT 트리 잠금을 획득한다. 누군가가 이를 재정의하는 컴포넌트를 작성한다고 해보자.

```
public Dimension getPreferredSize () {
    JLabel sampleLabel = createLabel();
    return sampleLabel.getPreferredSize ();
}
```

그리고 나면 교착상태의 위험에 빠지게 되는데, AWT 트리 잠금을 보유한 상태에서 컴포넌트가 그려질 때 getPreferredSize 메서드가 자주 호출되기 때문이다. 심지어 외부 코드를 호출하지 않으려고 부단히 노력하더라도 그렇게 되고 만다. 두 번째 문제이자 훨씬 덜 눈에 띄는 문제는 HashSet의 구현이다. HashSet의 구현에서는 Object.hashCode()와 Object.equals를 사용하는데, 어떤 클래스에서도 이 두 메서드를 재정의할 수 있기 때문에 어디서든 가상적으로 호출될 수 있다. 따라서 구현에서 또 다른 잠금을 획득한다면 훨씬 더 예상치 못했던 비슷한 문제에 봉착할 수 있다.

여기서 조언하는 바는 간단하다. 외부 코드를 호출하는 동안에는 가급적 잠금을 점유하지 마라. 코드가 라이브러리 "위에" 있는 경우에는 특히 그렇다. 여기서 "위에"가 의미하는 바는 뭘까? 여러분은 다른 라이브러리에 의존하지 않고는 코드를 작성할 수 없다. 예를 들어, 대부분의 경우 파일을 읽고, 문자열을 조작하며, 컬렉션 유틸리티를 사용할 필요가 있다. 하지만 이 모든 클래스는 라이브러리 계층구조의 "아래에" 위치한다. JDK의 rt.jar에서는 그러한 클래스를 제공하며, 각 클래스의 기본 구현에서는 JDK 부트 클래스패스 밖에 존재하는 것은 아무것도 호출하지 않는다. 여러분이 만든 라이브러리는 rt.jar "위에" 위치하는데, 클래스패스에 있는 JDK 클래스를 보고 그것들을 직접적으로 호출할 수 있기 때문이다. 이 경우 JDK에 버그가 있거나 JDK에서 더 높은 수준, 즉 JDK의 자체 클래스 밖에 존재하는 것을 역으로 호출하지 않는 한 교착상태를 일으킬 수 없다.

여러분이 만든 라이브러리의 사용자도 비슷한 위치에 있다. 사용자는 클래스패스에서 여러분이 만든 클래스를 볼 수 있고, 그것들을 호출할 수 있다. 하지만 여러분이 만든 라이브러리에 버그가 있거나 여러분이 만든 클래스 밖에서 호출하지 않는 한 교착상태가 발생할 수 없다. 여러분은 잠금의 계층구조를 만들었고 그것들이 늘 같은 순서로 획득된다는 것을 보장할 수 있다. 이러한 계층구조식 순서에는 두 가지 기본적인 위협이 도사리고 있다. 바로 서브클래싱과 리스너다.

서브클래싱을 허용할 경우 그것은 본질적으로 외부 코드로 채워질 수 있는, final이 아닌 메서드마다 재정의 가능한 지점을 하나씩 만들어주는 것과 다름없다. 따라서 서브클래싱을 허용하는 클래스에서는 잠금을 점유한 상태에서 재정의 가능한 메서드를 호출해서는 안 된다. 아니면 10장의 "위임과 합성" 절에서 제시한 바와 같이 서브클래싱이 가능한 클래스를 더 많은 인터페이스로 대체하고 위임을 명확한 관심사의 분리로 대체해야 한다.

리스너를 통해 재정의 가능한 지점이 만들어지기도 한다. 객체에 리스너를 등록할 경우 여러분이 만든 메서드가 실행되는 중간에 해당 코드가 주입된다. 그 코드는 여러분이 전혀 알지 못하는 것이다. 그 코드가 어떤 일을 할지에 관해서는 어떤 것도 가정해서는 안 된다. 게다가 이 코드는 클래스패스 의존성을 통해 만들어진 계층구조 상에서 여러분이 만든 라이브러리 "위에" 위치하는 경우가 대부분이다. 그 코드에서는 여러분이 만든 클래스를 볼 수 있을 가능성이 높은데, 여러분이 만든 addXYZListener 메서드를 호출할 수 있기 때문이다. 따라서 여러분이 작성한 코드를 언제라도 역으로 호출할 권한을 완전히 가지고 있다. 결과적으로 잠금을 점유하고 있는 상태에서 그러한 코드가 호출되면 스스로 화를 자초하는 셈이다. 늘 잠금을 점유하지 않은 상태에서 리스너를 호출해야 한다.

원자성 행위를 실행하라

잠금을 점유하지 않은 상태에서 리스너를 호출하지 않도록 코드를 고치는 것만으로는 충분하지 않을 수도 있다. 넷빈즈 FileSystem 라이브러리를 예로 들어보자. 이미 앞에서 몇 번 이야기한 것과 같이 넷빈즈에서는 java.io.File을 직접적으로 이용하는 대신 FileObject 추상화를 이용해 파일에 접근한다. 이 방법의 이점은 FileObject가 리스너를 지원한다는 것이다. 그래서 넷빈즈 코드에서는 파일의 변화를 관찰하고 그것의 뷰가 파일의 상태의 상태를 반영하게 수 있다.

리스너는 이를 동기적으로 통지받는다. 이것은 교착상태가 일어나는 주된 원인이기도 하기 때문에 부정적인 부작용도 동시에 지니고 있는 이점에 해당한다. 초기에는 라이브러리의 구현에 버그가 많았다. 구현에서는 잠금을 점유한 상태에서 리스너를 콜백했다. 이로써 고쳐야 할 문제가 계속해서 발생했다. 하지만 놀랍게도 교착상태를 제거하도록 FileSystem 라이브러리 코드를 고치는 것만으로는 충분하지 않았다.

문제는 누구든 리소스를 쓰거나 제거하기 위해 FileSystem API를 호출하면 FileSystem의 리스너가 가동될 수 있다는 것이다. 리스너는 알려져 있지 않은 코드라서 잠금하에서 FileSystem API의 메서드를 호출하는 것은 바람직하지 않다. 한편으로 특정 상황에서는 이렇게 할 수밖에 없다. 사람들은 내부 구조를 동기화된 상태로 유지할 필요가 있다. 디스크에 쓰는 것은 때때로 필요한 일이다. "저수준"(누군가의 클래스패스에 있는) API를 호출하는 것은 안전하고 수용할 만한 일이다. 하지만 리스너와 넷빈즈 IDE에서는 거의 모든 것들이 파일의 변화를 리스닝하기 때문에 이것은 전혀 안전하지 않았다.

이 문제를 해결하기 위해 우리가 선택한 해법을 *원자성 행위*(atomic action)라고 한다. 아니다. 우리의 파일시스템은 트랜잭션을 지원하지 않는다. 하지만 파일시스템에서는 리스너에 통지하는 것을 지연하는 어떤 코드도 허용한다. 코드를 Runnable로 감싸서 그것을 FileSystem 라이브러리에 전달한 후 파일을 변경하더라도 Runnable로 감싼 코드가 끝나지 않은 동안에는 이 스레드에서 아무런 이벤트도 전달되지 않도록 보장할 수 있다. 어떤 코드도 원자성 행위를 시작해 해당 원자성 행위의 리스너를 참조하고 디스크에 리소스를 쓰거나 디스크 상에서 리소스를 제거할 수 있다. 알지 못하는 코드가 실행되는 위험 없이도 말이다.

내가 생각하기에는 동기적인 리스너를 지원하는 거의 모든 저수준 라이브러리는 넷빈즈 파일시스템의 경우와 비슷한 원자성 행위를 지원해야 한다. 그렇지 않으면 교착상태의 위험이 있으며, 그 위험은 라이브러리 사용자의 수에 비례한다. 하지만 원자성 행위를 지원하기란 그리 쉽지 않다. 그래서 나에게 FileSystem API를 다시 작성할 기회가 있었다면 비동기적인 리스너만을 지원했을 것이다.

다른 방법이자 넷빈즈 경험에 따르면 아마 더 나은 방법은 항상 전용 디스패치 스레드 내에서 리스너를 비동기적으로 호출하는 것이다. 이 방법은 더 안전하다. 디스패치 스레드는 잠금을 점유하지 않는다. 하지만 이벤트가 "나중에" 전달되는데, 이때는 모델의 상태가 아마 상당히 다를지도 모른다. 그 결과, 그와 같은 이벤트에서는 이벤트가 생성됐을 때의 상태에 관한 많은 정보를 전달할 필요가 없거나 심지어 전달할 수조차 없을 것이다. 이 정보의 존재는 오해를 불러일으키기만 할 뿐인데, 모델의 상태가 이미 상당히 달라졌을 수도 있기 때문이다. 리스너의 나머지 부분에서 모델에 질의할 때는 "난 바뀌었어요" 이벤트만으로도 충분하다.

비동기적인 실행은 교착상태에 맞서기 위한 강력한 접근법이다. 운영체제 프로세스가 프린터를 사용하려고 할 때 인쇄 작업을 스풀링하는 것이 교착상태를 방지할 수 있는 것과 마찬가지로 코드를 "나중에" 실행되게 하는 것은 희박한 리소스에 대한 스레드 간의 경쟁을 방지할 수 있다. 하지만 지연된 실행은 지연된 인쇄만큼 깔끔하지는 않다. 프린터의 장점은 페이지가 인쇄되기까지 프로세스가 기다릴 수 없다는 것이다. 일단 인쇄 작업이 전송되면 결과를 습득하는 것은 인간의 몫이고 그 사이에 프로그램은 그렇게 되기를 기다릴 필요 없이 실행을 계속할 수 있다. 하지만 지연된 실행에서는 늘 그렇지만은 않다. 코드에서 지연된 코드가 성공적으로 완료되기를 기다려야 하고 또 기다리고 싶은 상황이 있다. 그렇게 되면 맨 처음 시작했던 지점, 바로 교착상태의 위험으로 되돌아온다.

이 영역의 장단점을 잘 보여주는 예가 바로 SwingUtilities.invokeLater 메서드와 SwingUtilities.invokeAndWait 메서드다. 두 메서드 모두 Runnable이 나중에 AWT 디스패치 스레드(스윙 컴포넌트를 대상으로만 동작하는) 내에서 실행되도록 스케줄링한다. 단순히 실행을 스케줄링하고 즉시 반환하기 때문에 일반적으로 SwingUtilities.invokeLater가 안전한 반면, SwingUtilities.invokeAndWait는 "호출 및 교착상태"로 이름을 바꿔도 될 정도다. SwingUtilities.invokeAndWait는 실행을 스케줄링한 다음 차단(block)한다. 호출 스레드에서 이미 잠금, 특히 AWT 트리 잠금을 점유하면 교착상태가 거의 불가피하게 일어난다. 물론 SwingUtilities.invokeAndWait로 전달된 Runnable에 들어 있는 나쁜 코드에서도 교착상태를 유발할 수 있다. 하지만 그러한 경우에는 교착상태를 만들어내기 위해 의식적으로 노력을 기울여야 한다. 이를테면, 직접 동기화와 관련된 기법을 수행해야 한다. SwingUtilities.invokeAndWait는 그다지 많은 문제를 일으키지 않은 상태로 교착상태를 유발한다. 이러한 메서드는 교착상태를 제거하게 돼 있는 API에 넣어서는 안 된다. 비동기적인 지연된 실행이 끝나길 기다려야 하는 테스트의 경우처럼 그러한 메서드가 필요할 때도 있다. 이러한 경우에는 메서드가 완전히 다른 모습일 것이며, SwingUtilities.invokeLater 같은 안전한 메서드와 비슷한 것으로 취급해서는 안 된다.

스케줄링 대 대기

자바 5의 동시성 유틸리티에서는 ExecutorService 클래스의 형태로 지연된 실행을 지원한다. 이 클래스는 코드를 제출하는 것이 코드를 기다리는 것과 다르다는 것을 분명하게 보여준다.

```
ExecutorService service = Executors.newSingleThreadExecutor();

// 스케줄링은 상당히 다르다
Future<?> task = service.submit(someRunnable);

// 대기와 비교해서
task.get(1000, TimeUnit.MILLISECONDS);
```

이는 대기가 교착상태를 일으킬 수 있고, 개발자들은 그렇게 할 때 주의해야 한다는 점을 기반으로 한다.

하지만 대기를 완전히 없애기란 쉽지 않다. 대기를 완전히 없앤다면 전체 시스템이 일종의 메시지 기반 프로그램으로 바뀔 것이다. 다양한 자바 메시징 서버는 이러한 종류의 프로그램이 가능하다는 것을 증명한다. 하지만 메시지 기반이 아닌 프로그램이나 라이브러리에 이 방식을 적용하기란 쉽지

않다. 가능한 한 실행을 지연시킬 수 있다. 하지만 대기할 필요가 있을 때가 올 것이다. 대기하는 동안 교착상태를 방지하는 유일한 방법은 제한 시간이 있는 대기만 허용하는 것이다. 즉, 스레드가 일정 시간만큼만 차단되게 하는 것이다. 이 경우 스레드가 조건을 무한정 대기할 수 있다는 세 번째 교착상태 발생 조건에서 벗어난다. 게다가 누군가가 while 반복문에 대기하는 코드를 넣지 않는 이상 교착상태도 방지된다.

쉬운 클라이언트 API, 지연된 제공자 API

어떤 스레드에서도 사용할 수 있는 호출자에 대한 API를 만들어 그것을 제공자를 위한 좀 더 단순한 스레드 모델과 연계하고 싶다면 시간 제한 기법이 유용할 수 있다. 그리고 나면 제공자는 모든 것이 단 하나의 스레드에서 처리되도록 보장할 수 있다. 이 경우 제공자 측에서 발생하는 병렬적인 실행 문제가 최소화된다.

클라이언트의 요청을 처리하는 데 사용되는 단일 처리기 스레드를 생성하는 것을 잊지 말자. 클라이언트가 API를 호출할 때마다 나중에 수행될 작업을 처리기에게 전달한다. 그런 다음 메서드에 반환값이 없을 경우에는 즉시 반환하거나 일정한 제한 시간 동안 차단하는데, 그동안 처리기에서는 요청을 처리할 것이다. 제한 시간이 초과하면 호출자에게 예외를 던져 요청이 취소됐다는 신호를 보낸다.

넷빈즈 DataSystem API에서 교착상태를 제거하려고 했을 때 이러한 동작 방식을 프로토타이핑했다. DataSystem API 내의 거의 모든 메서드는 파일을 처리하기 때문에 IOException을 던질 수 있다. 그래서 TimeoutException extends IOException을 만들어 제한 시간이 경과한 후에 던지기가 수월했다. 사람들은 이미 IOException을 검사할 필요가 있었으므로 이 코드는 더는 아무것도 복잡하게 만들지 않았다.

이 해법은 교착상태도 제거할 것이다. 하지만 시스템의 동작 방식에 대한 예측불가능성을 높일 수도 있다. 결국 때로는 교착상태가 없는 경우에도 제한 시간에 도달할 수 있다. 그래서 이 코드는 현재 넷빈즈에서 사용되지 않는다. 하지만 나는 이 코드가 효과적일 수 있고, 적절한 테스트와 함께한다면 나중에 필요할 때 교착상태를 안정적으로 제거할 수 있다고 확신한다.

무한정 대기하는 것(세 번째 교착상태 조건)을 끊는 또 다른 방법은 외부에서 스레드의 자원을 빼앗는 것이다. 스레드가 synchronized 블록이나 메서드로 진입하는 것을 대기하고 있는 경우에는 이렇게 하기가 쉽지 않다. 반면 SwingUtilities.invokeAndWait의 경우에는 이것이 가능하다. 후자의 경우 AWT 이벤트 디스패치 스레드도 자원에 해당하며, 다른 다양한 스레드가 거기에 들어가기 위해 경쟁한다. 교착상태가 발생하는지 지켜보기 위해 감시(watch) 스레드를 작성하거나 invokeAndWait 메서드 자체의 동작 방식을 변경하는 것도 가능하다. Thread.getAllStackTraces에서 구한 스택 트레이스를 조사하는 식으로 이렇게 하라. 교착상태가 발견되면 스레드를 중단시킬 수 있고, 그렇게 함으로써 교착상태를 끊을 수 있다.

보다시피 교착상태를 처리하는 방법은 무궁무진하다. 그것은 아마도 그 어떤 방법도 성공을 담보할 수 없기 때문일 것이다. 그러한 방법들 모두 손쉽게 우회될 수 있어서 충분하지 못하다. 넷빈즈에서도 이런 문제를 겪었다. 교착상태는 치명적이기 때문에 우리는 교착상태를 예방하는 해법을 계속 모색했고, 아름다움과 우아함을 포기하는 대신 일관된 방법론을 찾는 데 초점을 맞췄다. 우리는 테스트 작성을 통해 알려진 교착상태를 모두 제거하는 식으로 불도저를 적용했다.

교착상태 테스트

교착상태를 방지하는 것이 어렵긴 하지만 자바에서 교착상태를 분석하는 것은 쉽다. 네이티브 C와 달리 자바 애플리케이션의 동작이 멈출 때마다 스레드 덤프를 만들어낼 수 있다. 스레드 덤프로부터 어떤 문제인지 파악할 수 있다. 거기서부터는 코드를 고치거나 다른 잠금을 잠그거나 SwingUtilities.invokeLater 메서드를 이용해 위험한 영역의 코드를 언젠가 "나중에" 재스케줄링시키는 것은 사소한 처방에 불과하다. 우리는 이 방식을 몇 년간 사용했고, 결과적으로 예측 불가능한 코드가 만들어졌다. 우리는 교착상태를 그리 많이 제거하지는 못했다. 교착상태를 고치기 위해 코드를 변경했을 때 다른 어딘가에 새로운 교착상태가 만들어지곤 했다. 자주 드는 예는 2000년 6월 26일과 2004년 2월 2일에 각각 클래스에 적용한 변경사항이다(그림 11.7 참고). 둘 모두 교착상태를 고치기 위한 변경이었다. 두 번째 변경사항을 반영했을 때는 첫 번째 변경사항을 통합하기 이전의 상태로 되돌아왔다. 우리는 2000년도의 교착상태를 고치기 위해 코드의 아메바 형태를 바꾸는 데 성공했다. 4년 후 코드를 다시 바꿨다. 한 부분은 개선했지만 2000년도에 고쳤던 내용으로 되돌아갔다. 첫 번째로 고쳤을 때 테스트를 작성하고 통합하는 식으로 선택적으로 무지한 방식으로 처리했다면 이런 일은 결코 일어나지 않았을 것이다!

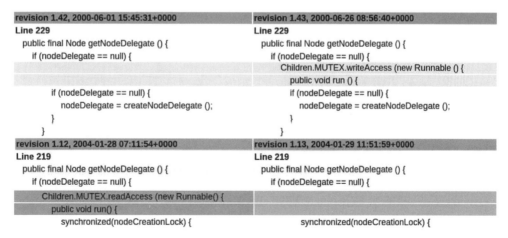

그림 11.7 2000년에 바꾼 아메바를 2004년에 원래대로 되돌리기

교착상태에 대한 테스트라고? 그렇다. 교착상태에 대한 테스트다. 신기하게 들릴 수도 있겠지만 교착상태에 대한 테스트를 작성할 수 있고 그렇게 하기가 어렵지 않을 때가 많다. 우리는 교착상태에 대한 테스트를 대략 두 시간 만에 작성하기도 한다. 하루 이상 걸렸던 적이 한번도 없다. 이러한 테스트는 자동화된 특성을 넘어서 개발자에게 뭔가가 고쳐졌다고 이야기할 수 있는 자신감을 주는데, 보통 교착상태와 관련된 문제를 해결하는 것이 "소수의 사람들만이 이해하는" 특성, 즉 교착상태는 보통 재현할 수 없어서(확실히 우리 회사의 품질 부서가 그렇다는 얘기는 아니다) 확인할 수도 없기 때문만은 아니다. 게다가 테스트가 있으면 지적으로 우아하고 과도하게 복잡하기도 한 뭔가를 발명하는 대신 문제를 해결하는 더 단순한 해법을 선택할 수 있다. 결과적으로 *교착상태 문제를 해결하는 기술*은 평범한 공학적 작업이 된다. 그리고 우리 모두 애플리케이션이 엔지니어에 의해 개발되기를 바란다. 그렇지 않은가?

교착상태에 대한 테스트를 작성하는 것은 그렇게까지 어렵지 않다. createLabel과 관련된 가상의 상황을 예로 들면, 컴포넌트를 작성하고 getPreferredSize를 재정의하며, 스레드를 멈추고, 다른 스레드가 자원을 반대로 잠그는 동안 대기하게 하면 된다.

```java
public class DeadlockTest extends NbTestCase {
    static final Logger LOG = Logger.getLogger(DeadlockTest.class.getName());

    public DeadlockTest(String n) {
        super(n);
    }

    @Override
    protected int timeOut() {
        return 10000;
    }

    public static class StrangePanel extends LabelProvider {
        @Override
        public Dimension getPreferredSize() {
            try {
                Thread.sleep(1000);
                JLabel sampleLabel = createLabel();
                return sampleLabel.getPreferredSize();
```

```
            } catch (InterruptedException ex) {
                Logger l = Logger.getLogger(DeadlockTest.class.getName());
                l.log(Level.SEVERE, null, ex);
                return super.getPreferredSize();
            }
        }
    }

    public void testCreateLabel() throws Exception {
        final LabelProvider instance = new StrangePanel();

        class R implements Runnable {
            public void run() {
                JFrame f = new JFrame();
                f.add(instance);
                f.setVisible(true);
                f.pack();
            }
        }
        R showFrame = new R();
        SwingUtilities.invokeLater(showFrame);

        Thread.sleep(500);
        JLabel result = instance.createLabel();
        assertNotNull("Creates the result", result);
    }
}
```

테스트는 두 개의 스레드와 함께 작동한다. 한 스레드는 컴포넌트를 생성해서 보여주는데, 그 결과 AWT 트리 잠금하에서 getPreferredSize에 대한 콜백이 만들어진다. 그 시점에서 또 다른 스레드를 구동하고 createLabel 잠금을 획득할 때까지 잠시 대기한다. 현재 구현에서는 이렇게 하면 JLabel 생성자가 차단되고, 스레드가 개개하자마자(1000밀리초 후에) 교차상태가 만들어진다. 이를 해결하는 방법은 여러 가지지만 가장 간단한 방법은 JLabel 생성자와 같은 잠금을 대상으로 동기화하는 것이다.

```
private HashSet<JLabel> allCreated = new HashSet<JLabel>();

public JLabel createLabel() {
    synchronized (getTreeLock()) {
        LOG.log(Level.INFO, "Will create JLabel");
        JLabel l = new JLabel();
        LOG.log(Level.INFO, "Label created {0}", l);
        allCreated.add(l);
        return l;
    }
}
```

해결 방법은 간단하다. 테스트보다 훨씬 더 간단하다. 하지만 테스트가 없으면 아메바의 형태를 더욱 안정적으로 만들 수 없을 것이다. 테스트를 작성하는 데 들이는 시간이 유의미할 가능성이 높다.

getPreferredSize 메서드의 경우처럼 이미 존재하는 API를 이용해 테스트를 작성할 수 있을 때가 많다. 오직 특별한 상황에서만 특별한 메서드(테스트에서 문제를 시뮬레이션하는 데 도움되는)를 도입할 필요가 있다. 이렇게 해도 문제는 없는데, 대개 테스트는 코드와 같은 패키지에 들어 있고 불필요한 세부사항을 API의 사용자에게 노출하지 않고도 의사소통을 위해 package private 메서드를 사용할 수 있기 때문이다.

교착상태 테스트는 순수한 *회귀 테스트(regression test)*다. 회귀 테스트는 버그가 보고됐을 때 작성하며, 회귀 테스트를 미리 작성하는 사람은 아무도 없다. 초기에는 훌륭한 설계에 투자하는 편이 훨씬 더 현명하지만 앞에서 설명한 것처럼 교착상태를 예방하는 방법에 관한 보편적인 이론은 없기 때문에 교착상태가 나타났을 때 어떻게 해야 할지 알아둬야 한다. 그러한 이유로 테스트가 아메바 형태와 관련해서 가장 좋은 방법이라고 제안한다.

경쟁 조건 테스트

병렬 실행과 관련이 있는 비슷하지만 약간 다른 테스트는 경쟁 조건과 관련된 문제를 검사할 수 있다. 교착상태와 마찬가지로 다중 스레드와 다중 스레드 간의 동기화와 관련된 문제는 예측하기가 어렵다. 하지만 뭔가 잘못된 버그 리포트를 받으면 자료구조에 대한 병렬 접근과 관련된 다양한 문제가 올바르게 처리되는지 확인하는 테스트를 작성하는 것이 가능하고 또 그렇게 하는 것이 유용하다. 때로는 이러한 테스트를 미리 작성하는 것이 훨씬 더 타당할 때가 있다.

우리는 넷빈즈에 대한 시동 잠금을 작성해야 했을 때 이 문제를 겪었다. 사용자가 넷빈즈 IDE를 두 번째로 실행했을 때의 상황을 해결하는 것이 목표였다. 이때 사용자에게 또 다른 애플리케이션 인스턴스가 이미 실행 중이라고 경고할 필요가 있었다. 경고를 하고 나서는 새로운 프로세스를 종료시켜야 했다. 이것은 모질라(Mozilla)나 오픈오피스(OpenOffice.org)의 동작 방식과 비슷하다. 우리는 소켓 서버를 할당하고 거기에 기록된 포트 번호와 함께 잘 알려진 위치에 파일을 만들기로 했다. 넷빈즈 IDE가 매번 새롭게 구동되면 포트 번호를 읽고 해당 포트 번호로 통신을 시도함으로써 이전에 실행된 인스턴스가 활성화된 상태인지 확인할 수 있다.

이것이 API 설계와 관련이 있는가?

그렇다. 관련이 있다. 시동 잠금(startup lock)은 프로토콜 기반 API뿐 아니라 파일 기반 API의 한 예다. 시동 잠금을 이용하면 어떤 프로세스에서도 이미 실행 중인 넷빈즈 인스턴스와 통신할 수 있고, 시동 잠금의 적절한 동작 방식은 모든 서드파티 코드가 의존할 수 있는 중요한 요소다. 게다가 최근 버전의 넷빈즈에서는 Sendopts API(넷빈즈 내의 각 모듈이 명령줄을 파싱할 수 있게 만들어주는 자바 클래스 집합)를 공개했다. 이 API는 대부분의 개발자가 좀 더 쉽게 접근하기 쉽고, 적절히 기능하기 위해 시동 잠금에 의존하기 때문에 철저하게 테스트해야 할 부분에 해당한다.

우리가 최적화해야 했던 주된 문제는 사용자가 여러 넷빈즈 IDE를 동시에 구동하는 상황을 해결하는 것이었다. 이것은 사용자가 넷빈즈 데스크톱 아이콘을 여러 번 클릭하거나 여러 개의 파일이 넷빈즈 데스크톱 아이콘으로 드래그 앤 드롭됐을 때 발생할 수 있다. 이 경우 여러 개의 프로세스가 구동되고 파일과 파일의 내용에 대해 서로 경쟁하는 상황이 일어난다. 한 프로세스의 실행 순서는 다음과 같지만 시스템에서는 이를 언제든지 방해할 수 있다.

```java
public static int start(File lockFile) throws IOException {
    if (lockFile.exists()) {
        // 포트 번호를 읽어 해당 포트 번호로 연결
        int alive = readPortNumber(lockFile);
        if (alive != -1) {
            // 종료
            return alive;
        }
    }
    // 그렇지 않으면 파일을 직접 생성하려고 시도
    lockFile.createNewFile();
    DataOutputStream os = new DataOutputStream(new FileOutputStream(lockFile));
```

```
ServerSocket server = new ServerSocket();
int p = server.getLocalPort();
os.writeInt(p);

return p;
}
```

그리고 나면 원자성 연산으로 실행되는 대신 같은 동작을 수행하는 경쟁 프로세스로 제어가 전달될
수 있다. 한 프로세스가 파일을 생성하고 포트 번호가 쓰여지기 전에 동시에 다른 프로세스가 그것
을 읽으려고 하면 어떻게 될까? 이전 실행에서 남겨진 파일이 삭제되면 어떻게 될까? 파일의 존재
를 검사하는 테스트가 실패해서 해당 파일을 생성하려고 했을 때 파일이 이미 존재한다면 어떤 일이
발생할까?

애플리케이션 코드에 관해 자신감을 갖고 싶다면 이 질문들을 모두 던져보자. 우리가 원하던 자신감
을 얻기 위해 우리는 잠금 구현에 여러 군데에 걸쳐 검사 지점을 집어넣었다. 해당 코드는 이전 코드
의 수정 버전이 됐고, 수정된 버전의 경우 enterState 메서드가 실제 배포 환경에서는 아무런 일도
하지 않지만 테스트 환경에서는 특정 검사 지점에서 차단하게 할 수 있다.

```
public static int start(File lockFile) throws IOException {
    enterState(10);
    if (lockFile.exists()) {
        // 포트 번호를 읽어 해당 포트 번호로 연결
        enterState(11);
        int alive = readPortNumber(lockFile);
        if (alive != -1) {
            // 종료
            return alive;
        }
    }
    // 그렇지 않으면 파일을 직접 생성하려고 시도
    enterState(20);
    lockFile.createNewFile();
    DataOutputStream os = new DataOutputStream(
        new FileOutputStream(lockFile)
    );
    ServerSocket server = new ServerSocket();
    enterState(21);
```

```
    int p = server.getLocalPort();
    enterState(22);
    os.writeInt(p);
    enterState(23);

    return p;
}
```

테스트를 작성해 두 개의 스레드를 구동한 후 두 스레드 중 하나가 22에서 정지한 다음 두 번째 스레드를 실행시켜 파일이 이미 존재하지만 포트 번호는 아직 쓰여지지 않은 경우를 어떻게 처리하는지 관찰할 수 있다.

이 접근법은 효과가 있었고, 일부 회의주의자들의 우려에도 불구하고 첫 번째 버전과 통합하기 전에 약 90퍼센트의 동작 방식이 올바르게 수행되도록 만들었다. 그렇다. 그렇게 하고 나서도 여전히 해야 할 일과 고쳐야 할 버그가 있었다. 하지만 우리가 구현했던 동작 방식에 대해 잘 자동화된 테스트가 있었기에 아메바는 올바른 형태를 유지했다. 우리는 미해결 문제를 모두 고칠 수 있다는 자신감을 충분히 얻었다.

무작위 실패 분석하기

예상하는 바에 따르면 앞 절에서 언급한 10퍼센트의 무작위 실패는 단순히 추가적인 10퍼센트의 테스트와 수정사항에 비해 더 많은 작업을 야기한다. 사실 무작위 실패는 이 책 전체에 영감을 불어넣었다. 때때로, 그리고 보통 여러분의 컴퓨터가 아닌 곳에서 무작위하게 일어나는 실패를 다루기 위해서는 더욱더 정교한 추적 기법이 필요하다.

병렬 실행과 관련된 문제는 적절하게 동작하지 않는 것을 분석하는 데 유용한 정보가 그리 많지 않다는 것이다. 기존 방법론은 취약하고 누락된 부분이 있거나 또는 단지 특정 사례에 치우쳐 있다. 디버거는 디버깅된 애플리케이션을 "병렬 제약"으로 밀어넣을 준비가 돼 있지 않다. 실제로 어떤 조치를 취하기 위해 사람들은 가장 오래된 해법에 의존한다. 바로 println과 로깅을 사용하는 것이다. 이 방법은 대개 최상의 결과를 만들어낸다. 코드에 로그 메시지를 추가하고 여러 번 실행해서 잘못 동작할 때까지 기다린 다음 로그 파일에서 살못된 부분을 찾아 문제를 해결한다. 다행스럽게도 테스트에도 이와 비슷한 접근법을 적용할 수 있다. 로깅을 이용해 애플리케이션 코드는 물론 테스트도 개선해서 테스트가 실패하면 모든 수집된 로그 메시지를 실패 보고의 일부로 출력하게 한다.

우리는 Handler를 직접 구현해서 이렇게 했는데, Handler는 로그와 오류 보고를 처리하기 위한 JDK 클래스다. 기반 API가 JDK의 java.util.logging에 들어 있으며, 이것은 실행 환경에서 어떤 특별한 라이브러리를 필요로 하지 않으면서 이 코드를 어떠한 테스트나 애플리케이션 코드에도 사용할 수 있음을 의미한다. 생성된 메시지를 포착하려면 Handler를 직접 구현하면 된다. 구현은 테스트가 시작될 때 등록되어 모든 로깅된 메시지를 포착할 필요가 있다. 실패한 경우에는 로깅된 메시지를 반드시 실패 메시지의 일부로 구성해야 한다.

```java
public class CLIHandlerBlockingTest {
    public CLIHandlerBlockingTest() {
    }

    @BeforeClass
    public static void initHandler() {
        Logger.getLogger("").addHandler(new H());
        Logger.getLogger("").setLevel(Level.ALL);
    }

    @Before
    public void setUp() {
        H.sb.setLength(0);
    }

    @Test
    public void start() throws Exception {
        File lockFile = File.createTempFile("pref", ".tmp");
        int result = CLIHandlerBlocking.start(lockFile);
        assertEquals("Show a failure" + H.sb, -10, result);
    }

    private static final class H extends Handler {
        static StringBuffer sb = new StringBuffer();

        @Override
        public void publish(LogRecord record) {
            sb.append(record.getMessage()).append('\n');
        }
```

```
        @Override
        public void flush() {
        }

        @Override
        public void close() throws SecurityException {
        }
    } // H 종료
}
```

테스트에서는 진척 상황의 중요 지점을 표시하기 위해 로깅할 수 있다. 이 접근법의 주된 장점은 코드에 테스트와 관련된 어떠한 외부 요소도 포함되지 않는다는 점이다. 기껏해야 java.util.logging.Logger.log에 대한 표준 자바 로깅 호출로만 가득 찰 것이다. 그러면 테스트에서는 모든 메시지를 수집하고, 실패한 경우에는 완전하고 상세한 실패 설명을 제공한다. 그럼 문제를 분석할 수 있다. 그런 다음 문제를 해결하거나 로깅을 더 상세하게 만들어 문제를 좀 더 효과적으로 추적하는 데 이바지하게 할 수 있다.

사람들이 테스트에서 발생한 무작위 실패를 분석하는 것을 꺼리는 경우가 있는데, 이러한 무작위 실패가 제품 코드에 영향을 주지 않으리라 가정하기 때문이다. 문제가 테스트에 있고 코드는 괜찮다는 것으로 판명될 수도 있겠지만 이러한 결과에 의존하는 것은 위험하다. 심도 있게 이해하지 않으면 애플리케이션 코드에 문제가 있다는 위험을 각오해야 한다. 문제를 늘 재현할 수 없는 경우에도 드물게 일어나는 문제에 대해 굉장히 부정적인 결과가 빚어질 수 있다. 애플리케이션의 동작 방식을 신뢰하고 싶다면 애플리케이션 코드에 로깅 메시지를 추가하고 로깅 친화적인 테스트를 작성하는 것이 좋다.

로깅의 고급 사용법

넷빈즈 프로젝트에서는 로깅된 출력 결과를 수집하는 테스트를 도입하기 시작했다. 테스트의 초점은 가장 노출된 곳에 맞춰졌는데, 이는 다중 스레드를 고도히 복잡히게 사용해서 자주 실패하는 곳을 의미한다. 하지만 자바로 작성된 모든 애플리케이션은 심지어 의식적으로 단일 스레드를 사용하는 경우에도 비결정론적이라는 사실을 염두에 두자. 테스트된 프로그램의 외부 조건에 따라 가비지 컬렉터가 구동될 수도 있다. UI 컴포넌트를 다룰 때는 적어도 AWT 이벤트 디스패치 스레드가 존재하는데, AWT 이벤트 디스패치 스레드에서도 엄격하게 정의되지 않은 순서로 이벤트를 받을 수 있다. 그 결과, 로깅 지원은 거의 모든 테스트에서 유용한 것으로 판명됐다. 넷빈즈 프로젝트에서는 NbJUnit 확장기능을 통해 로깅을 지원하기로 했다. NbJUnit은 전혀 넷빈즈에 특화된 라이브러리가 아닌 일반적인 라이브러리로서 어떤 프로젝트에서도 사용할 수 있다.

가장 간단한 애드온은 테스트를 실행하는 도중에 메시지 수집을 지원하는 것이다. 개발자는 NbTestCase의 하위 클래스에서 logLevel 메서드를 재정의할 수 있다. 다음 예제를 보자.

```java
public class CLIHandlerBlockingWithNbTestCaseTest extends NbTestCase {
    public CLIHandlerBlockingWithNbTestCaseTest(String s) {
        super(s);
    }

    @Override
    protected Level logLevel() {
        return Level.ALL;
    }

    public void testStart() throws Exception {
        File lockFile = File.createTempFile("pref", ".tmp");
        int result = CLIHandlerBlocking.start(lockFile);
        assertEquals("Show a failure", -10, result);
    }
}
```

여기서는 모든 메시지 레벨의 로깅 내용이 수집됐다. 테스트 메서드가 실패하면 예외 보고에 프로그램이 실행되는 동안 로깅된 모든 메시지의 출력 결과가 다음과 같은 형식으로 담길 것이다.

```
[name.of.the.logger] THREAD: threadName MSG: The message
```

예외 메시지의 텍스트는 적당한 길이로 잘린다. 전체 로그 리포트도 확인할 수 있다. NbTestCase.getWorkDir()에서는 보통 반환값으로 /tmp/tests/testLogCollectingTest/testMethodOne을 반환하며, 이곳에서 testMethodOne.log라는 파일을 확인할 수 있다. 이 파일에는 마지막 1MB에 달하는 로그 출력 결과가 담겨 있다. 이 정도면 최근에 로깅된 정보를 대부분 확인할 수 있기 때문에 복잡한 로깅 코드를 좀 더 분석해야 하는 경우에 충분할 것이다.

실패와 성공 비교하기

때로는 로깅된 메시지가 상당히 길어질 수 있는데, 무작위 실패인 경우에는 특히 그러하며, 테스트에서 어떤 일이 일어났는지 분석하기가 쉽지 않을 수도 있다. 경험상 그런 상황에서는 무작위로 실패하는 테스트 상의 지점에 fail("Ok");를 추가하는 방법이 가장 좋다. 이렇게 하면 로그 파일도 생성된다. 그런 다음 두 개의 로그 파일(실제로 실패한 경우의 로그 파일과 올바르게 실행된 경우의 로그 파일)을 비교해 차이점을 찾아낼 수 있다. 출력 결과에서 @543dac5f 같은 메시지를 좀 더 중립적인 뭔가로 모두 대체하는 것이 현명한데, 실행될 때마다 메모리 위치가 달라질 것이기 때문이다. 차이점을 파악하고 나면 대개 두 가지 실행 결과 사이의 차이점과 실패의 근본적인 원인을 이해하는 것이 가능해진다.

로그 파일 간의 차이점을 이해하는 것이 가능하지 않을 수도 있는 이유로는 두 가지가 있다. 첫째는 로그가 충분하지 않기 때문일 수도 있다. 로그 파일에 기록된 정보는 너무 단위가 커서 테스트가 실행되는 동안 일어난 일에 관해 유의미한 정보를 제공하지 못할 수도 있다. 이를 해결하는 방법은 테스트 코드에 로깅 메시지를 좀 더 삽입하는 것이다. NbTestCase.logLevel 메서드를 이용하면 Level.FINE, Level.FINER, Level.FINEST 같은 다양한 로그 레벨을 추가할 수 있다. 각 테스트 케이스마다 서로 다른 테스트 메시지가 표시되게 할 수 있다. 코드의 핵심 부분에 잠재적으로 영향을 줄 수 있는 의심스러운 무작위 실패를 다룰 때는 실행되는 각 코드 라인에 관한 정보를 로깅해야 할 수도 있다. 다양한 메서드에 인자를 전달하고 지역 변수의 상태를 변경해야 할 것이다. 그렇게 하면 무작위 실패가 발생하는 원인을 상세하게 이해할 수 있을 만큼 충분한 정보가 만들어질 것이다.

한편으로 좀 더 미묘한 문제도 있다. 애플리케이션에 로그 메시지를 더 많이 추가할수록 애플리케이션의 동작 방식이 더 많이 변경된다는 것이다. Logger.log를 호출할 때마다 별도의 지연시간이 발생하고 기록된 메시지를 형식화하는 데도 시간이 걸린다. 사실 프로그램 실행 시간의 3분의 1에 해당하는 동안에만 발생하는 실패는 애플리케이션에 추가된 모든 로깅 코드 때문에 거의 완전히 자취를 감출지도 모른다. 점차 실패를 반복하기 어려워지고, 따라서 평가하기가 더욱 어려워진다. 문제를 재현하는 것을 거의 포기하고 싶을 수도 있으며, 심지어 디버거를 이용하는 경우에도 마찬가지다. 하지만 때로는 실패가 다시 다른 누군가의 장비에서 일어날 수도 있다. 넷빈즈에서는 일일 단위로 다양한 설정에 따라 테스트를 실행하는 장비 팜을 보유하고 있다. 이렇게 하면 가장 보기 드문 오류도 추적하는 데 도움될 때가 많다. 개발자 장비에서 버그가 발견되지 않은 경우에도 테스트 기반 구조에서 버그 리포트를 받을 때가 있으며, 이를 통해 버그를 찾아 제거하는 것이 가능해진다.

애플리케이션에 로깅 메시지가 너무 많은 경우에는 또 다른 문제가 발생한다. 이 같은 상황에서는 메시지가 어디서 오는 것인지 정확히 집어내기가 어렵다. 예를 들어, 테스트에서 애플리케이션 코드의 같은 부분을 반복적으로 호출하는 일련의 단계를 실행한다면 동일한 로그 메시지가 출력되고 어디가 어딘지 파악하기가 힘들어질 수 있다. 애플리케이션이 반복문 내에서 계산을 수행하는 경우에는 특히 어려운데, 이곳에서는 같거나 비슷한 메시지를 끊임없이 반복한다. 그러한 경우에는 로깅 메시지를 테스트 코드 자체에 집어넣으라고 조언하고 싶다. 코드에 집어넣은 메시지는 로그 출력 결과에서 기본 방향을 잡아주는 기준점 역할을 한다. 성공적으로 실행된 경우와 실패한 경우의 차이를 비교할 경우 먼저 테스트 메시지로 가서 그곳에 삽입된 애플리케이션 메시지 간의 차이점을 비교해볼 수 있다. 무작위 실패를 다룰 때 최고의 방법은 로깅을 많이 하고, 테스트에서 메시지를 포착하고, 애플리케이션뿐만 아니라 테스트에서도 충분한 메시지를 출력하라는 것이다. 그러면 실패의 근본적인 원인을 파악할 가능성이 대단히 높아질 것이다.

약간 다른 접근법은 로깅된 뭔가를 테스트하는 것이다. 이를테면, API에 포함된 새로운 메서드가 하위 클래스에서 재정의돼야 한다면 기존 클래스(이전 버전의 클래스를 대상으로 컴파일된 클래스)가 런타임에 그러한 부분에 관해 알게 하고 싶을지도 모른다.

```java
protected boolean overideMePlease() {
    Logger.getLogger(OverrideMePlease.class.getName()).warning(
        "subclasses are supposed to override overrideMePlease() method!"
    );
    // 어떤 기본값
    return true;
}
```

테스트에 중점을 둔 사람이라면 경고문이 적절한 상황에서만 출력되게 하고 싶을 것이다. 이 경우 자체적인 로거를 통한 기법을 활용하거나 모든 것들을 알아서 처리해줄 NbJUnit 라이브러리의 특별한 유틸리티 메서드를 이용할 수 있다. 그럼 다음과 같이 하기만 하면 된다.

```java
CharSequence log = Log.enable("org.apidesign", Level.WARNING);
OverrideMePlease instance = new OverrideMePlease() {
    @Override
    protected boolean overideMePlease() {
        return true;
    }
};
if (log.length() != 0) {
```

```
      fail("There should be no warning: " + log);
  }
```

이것은 자그마한 유틸리티 메서드지만 테스트 케이스 내에서 로깅된 내용에 손쉽게 접근해서 분석하도록 돕는다. org.netbeans.junit.NbTestCase와 org.netbeans.junit.Log 클래스의 나머지 지원기능까지 함께 활용한다면 아메바의 형태가 원치 않는 방향으로 바뀌지 않도록 고군분투할 때 로깅 사용에 대한 충분한 지원기능을 제공할 것이다.

로깅을 이용한 실행 흐름 제어

경쟁 조건과 교착 상태의 시뮬레이션에 관해 논의한 이전 절에서는 테스트 환경에서 "모호한 상황"을 시뮬레이션하기 위해서는 코드 상에 확장지점(hook)이 필요하다는 것을 암시했다. 확장지점은 임계 영역 내의 스레드를 멈추게 할 텐데, 그 과정에서 내부 구조를 변경함으로써 내부 데이터를 훼손하거나 다른 실행 중인 스레드와의 교착상태를 일으키려는 스레드를 중지시킬 것이다. 이전 절에서는 테스트 코드에서 접근할 수 있는 특별한 메서드를 삽입해야 한다고 제안했다. 이 같은 메서드는 여러분이 필요로 하는 실행 제어를 가능하게 만들어줄 것이다. 코드를 enterState(10)과 같은 문장으로 채우거나 테스트에서 확장지점을 제공하게 하는 재정의 가능한 메서드를 제공할 필요가 있다. 하지만 테스트가 진행되는 동안 이러한 메서드가 "비정상적인" 뭔가를 하게 해야 할 텐데, 자신이 작성한 코드에 비정상적인 메서드를 넣고 싶은 사람이 누가 있겠는가? 이렇게 하는 것이 가능하더라도 여기서는 사소하지만 이 단계에서는 분명한 개선안이 있다. 바로 코드에 특별한 메서드를 집어넣는 대신 로깅 메시지를 넣는 것이다!

로깅 메시지? 그렇다, 로깅 메시지다! 이 해법이 아름다운 이유는 로깅이 가장 간단한 프로그램에서조차도 자연스럽게 접할 수 있는 부분이기 때문이다. 그래서 enterState로 코드를 불분명하게 만들 필요가 없다. 대신 다음과 같은 코드를 사용하면 된다.

```
  LOG.log(Level.INFO, "Will create JLabel");
  JLabel l = new JLabel();
  LOG.log(Level.INFO, "Label created {0}", l);
```

이러한 로그 메시지는 아주 자연스럽다. 로깅은 프로그래밍 작업에 자연스럽게 어우러진다.

이제 테스트 코드에서는 자체적인 Handler를 등록할 수 있다. Handler의 publish 메서드에서는 "거친" 일들을 모두 할 수 있다. 온갖 종류의 특별한 기법들로 애플리케이션 코드를 오염시키지 않고도 로깅 핸들러를 추가함으로써 동일한 결과를 달성할 수 있다. 그러고 나서 테스트를 실행하는 동안 핸들러에 전달된 메시지를 분석한다. 그 사이에 애플리케이션 코드는 깔끔한 상태로 유지되고 테스트는 애플리케이션 코드에 로깅된 메시지만큼이나 강력하다. 로깅된 각 메시지는 테스트가 애플리케이션의 동작 방식에 영향을 줄 수 있는 기회가 된다. 극단적으로 보자면 실행돼야 할 스레드 외의 모든 스레드를 중단시킴으로써 다중 스레드 프로그램의 동작 방식을 완전히 제어하는 것도 가능하다. 가령 다음과 같은 프로그램을 생각해 보자.

```java
class Parallel implements Runnable {
    public void run() {
        Random r = new Random();
        for (int i = 0; i < 10; i++) {
            try {
                Thread.sleep(r.nextInt(100));
            } catch (InterruptedException ex) {
            }
            Logger.global.log(Level.WARNING, "cnt: {0}", new Integer(i));
        }
    }

    public static void main(String[] args) throws InterruptedException {
        Thread t1 = new Thread(new Parallel(), "1st");
        Thread t2 = new Thread(new Parallel(), "2nd");
        t1.start();
        t2.start();
        t1.join();
        t2.join();
    }
}
```

이 프로그램에서는 두 개의 스레드를 실행하는데, 무작위로 설정되는 밀리초만큼 멈추면서 각각 1에서 10까지 센다. 두 스레드는 병렬적으로 실행된다. 세는 속도는 무작위다. 로깅을 활성화한 채로 간단한 NbTestCase를 이용해 이를 손쉽게 검증할 수 있다.

```java
public class ParallelTest extends NbTestCase {
    public ParallelTest(String testName) {
        super(testName);
    }

    @Override
    protected Level logLevel() {
        return Level.WARNING;
    }

    public void testMain() throws Exception {
        Parallel.main(null);
        fail("Ok, just print logged messages");
    }
}
```

테스트를 실행하면 출력 결과가 다음과 비슷할 것이다.

```
[global] THREAD: 2nd MSG: cnt: 0
[global] THREAD: 1st MSG: cnt: 0
[global] THREAD: 2nd MSG: cnt: 1
[global] THREAD: 2nd MSG: cnt: 2
[global] THREAD: 2nd MSG: cnt: 3
[global] THREAD: 2nd MSG: cnt: 4
[global] THREAD: 1st MSG: cnt: 1
[global] THREAD: 1st MSG: cnt: 2
[global] THREAD: 2nd MSG: cnt: 5
[global] THREAD: 2nd MSG: cnt: 6
[global] THREAD: 1st MSG: cnt: 3
[global] THREAD: 1st MSG: cnt: 4
[global] THREAD: 2nd MSG: cnt: 7
[global] THREAD: 1st MSG: cnt: 5
[global] THREAD: 2nd MSG: cnt: 8
[global] THREAD: 2nd MSG: cnt: 9
[global] THREAD: 1st MSG: cnt: 6
[global] THREAD: 1st MSG: cnt: 7
[global] THREAD: 1st MSG: cnt: 8
[global] THREAD: 1st MSG: cnt: 9
```

하지만 연속해서 실행하면 출력 결과가 달라진다. 프로그램을 계속 실행해 보면 출력 결과가 이전 결과와 정확히 동일할 가능성이 낮다. 이것은 그럴 만하다. 두 스레드가 병렬적으로 실행될 경우 결과는 명백히 비결정론적이다. 하지만 실행 순서 중 하나가 어떤 점에서 "특별"하다고 상상해 보자. 예를 들어, 실행 순서가 알려져서 경쟁 조건이나 교착상태를 일으킨다고 상상해 보자. 이 같은 잘못된 동작 방식은 고쳐야 한다. 하지만 이 책의 곳곳에서 논한 바와 같이 잘못된 동작 방식을 시뮬레이션하기도 해야 한다. 그렇지 않으면 아메바와의 고군분투가 절대 끝나지 않을 것이다. 여러분은 망가질 것으로 알려진 실행 순서를 시뮬레이션하는 테스트를 작성하려고 노력해야 한다. 예를 들어, 각 스레드가 숫자를 증가시키면서 하나씩 출력하고 대기 상태(sleep)로 간 후 다른 스레드가 실행되게 하는 대단히 가능성이 낮은 순서를 만든다고 해보자. 이러한 출력 결과가 무작위로 나타날 가능성은 대단히 낮다. 따라서 이러한 종류의 테스트를 작성할 수 있는지 자체를 묻는 것이 타당하다. 그런데… 이러한 테스트를 작성하는 것이 가능하다! 로깅 메시지의 도움을 조금 얻어 다음과 같이 스레드가 결정론적으로 동작하도록 강제함으로써 늘 숫자를 딱 하나씩만 출력하는 코드를 작성할 수 있다.

```java
public class ParallelSortedTest extends NbTestCase {
    public ParallelSortedTest(String testName) {
        super(testName);
    }

    @Override
    protected Level logLevel() {
        return Level.WARNING;
    }

    public void testMain() throws Exception {
        Logger.global.addHandler(new BlockingHandler());
        Parallel.main(null);
        fail("Ok, just print the logged output");
    }

    private static final class BlockingHandler extends Handler {
        boolean runSecond;

        public synchronized void publish(LogRecord record) {
```

```
        if (!record.getMessage().startsWith("cnt")) {
            return;
        }
        boolean snd = Thread.currentThread().getName().equals("2nd");
        if (runSecond == snd) {
            notify();
            runSecond = !runSecond;
        }
        try {
            wait(500);
        } catch (InterruptedException ex) {
        }
    }

    public void flush() {
    }

    public void close() {
    }
  }
}
```

테스트를 실행하면 각 스레드에서 카운터에 1을 더하고 실행 제어를 다른 스레드에 부여하는 모습을 볼 수 있다. 이 같은 동작은 거의 모든 경우에 결정론적으로 이뤄진다. 테스트를 실행하는 거의 모든 경우에 값이 올라가는 결과를 보인다. 이러한 기적이 일어나게 하는 기본적인 요령은 출력 메시지를 가로채는 데 있다. 특별한 BlockingHandler(애플리케이션 코드가 시작되기 전에 등록된 테스트)가 애플리케이션 스레드에 의해 전달된 메시지를 분석한다. BlockingHandler에서는 스레드를 중단시킨 다음 실행을 재개해서 실행 순서를 시뮬레이션하는데, 여기서 각 스레드는 숫자 하나를 추가한 다음 다른 스레드를 위해 운영체제에 의해 중단된다.

이 해법의 아름다움은 테스트가 실행 흐름을 제어한다는 사실을 애플리케이션 코드에서는 알지 못한다는 것이다. 애플리케이션 코드를 살펴봤다면 테스트가 코드에 이처럼 "거친" 작업을 한다는 사실을 짐작하지 못했을 텐데, 실제 애플리케이션 코드는 자연스러워 보이기 때문이다. 로깅 메시지를 가로채는 가능성만으로 실행 흐름에 영향을 줄 기회가 테스트에 부여된 것이다. 결과적으로 테스트에서는 "가장 거칠고" 가장 가능성이 낮은 실행 순서를 시뮬레이션할 수 있다.

BlockingHandler를 올바르게 작성하는 것은 쉽지 않으며, 둘 이상의 스레드가 상호작용해야 할 때는 더욱 그렇다. 분석 대상 메시지가 간단하지 않다면 훨씬 더 힘들다. 그러한 이유로 넷빈즈 JUnit 확장 라이브러리에는 Log.controlFlow라는 보조 메서드가 포함돼 있는데, 이 메서드는 핸들러 자체를 등록하고 모든 스레드 조작을 자체적으로 수행한다. 여러분은 기대하는 메시지 순서만 지정하면 된다. 멋진 부가 기능은 기대하는 메시지의 형식이 "THREAD: name MSG: message"라는 것인데, 이것은 logLevel 메서드를 재정의해서 로그 메시지 포착을 활성화할 경우 NbTestCase에서 보고하는 출력 결과와 정확히 일치한다. 그럼 출력 결과를 복사해서 controlFlow 메서드에 넣기만 하면 되고, 아마 아무것도 수정하지 않아도 될 것이다. 하지만 로거에 전달되는 현실 세계의 메시지에는 각 실행에 특화된 내용이 일부 담길 때가 있는데(메모리 상의 객체의 위치를 식별하는 @af52h442 같은), 정규 표현식을 이용해 기대하는 메시지를 기술하는 것이 가능하다. 다음은 Log.controlFlow 메서드를 이용해 실행 순서를 "하나씩" 시뮬레이션하도록 테스트를 재작성한 예다.

```
public void testMain() throws Exception {
    org.netbeans.junit.Log.controlFlow(Logger.global, null,
        "THREAD: 1st MSG: cnt: 0" +
        "THREAD: 2nd MSG: .*0" +
        "THREAD: 1st MSG: ...: 1" +
        "THREAD: 2nd MSG: cnt: 1" +
        "THREAD: 1st MSG: cnt: 2" +
        "THREAD: 2nd MSG: cnt: 2" +
        "THREAD: 1st MSG: cnt: 3" +
        "THREAD: 2nd MSG: cnt: 3" +
        "THREAD: 1st MSG: cnt: 4" +
        "THREAD: 2nd MSG: cnt: 4" +
        "THREAD: 1st MSG: cnt: 5" +
        "THREAD: 2nd MSG: cnt: 5" +
        "THREAD: 1st MSG: cnt: 6" +
        "THREAD: 2nd MSG: cnt: 6" +
        "THREAD: 1st MSG: cnt: 7" +
        "THREAD: 2nd MSG: cnt: 7" +
        "THREAD: 1st MSG: cnt: 8" +
        "THREAD: 2nd MSG: cnt: 8" +
        "THREAD: 1st MSG: cnt: 9" +
        "THREAD: 2nd MSG: cnt: 9",
```

```
        500
    );
    Parallel.main(null);
    fail("Okay, just print the logged output");
}
```

크게 간소화된 것으로 보이지 않을 수도 있다. 하지만 대개 실행 순서의 핵심 요소는 코드 상의 한 곳에서만 영향을 받는다. 만약 그런 경우라면 실행 흐름을 재현하는 스크립트의 규모는 더욱 간소화될 수 있다. 가령, 첫 번째 스레드가 5를 먼저 출력한 후 두 번째 스레드가 2를 출력하고, 그리고 첫 번째 스레드가 계속해서 6을 출력하게 하고 싶다고 해보자. 스크립트는 다음과 같을 것이다.

```
public void testFiveAndThenTwo() throws Exception {
    org.netbeans.junit.Log.controlFlow(Logger.global, null,
        "THREAD: 1st MSG: cnt: 5" +
        "THREAD: 2nd MSG: cnt: 2" +
        "THREAD: 1st MSG: cnt: 6",
        5000
    );
    Parallel.main(null);
    fail("Ok, just print the logged output");
}
```

보다시피 애플리케이션 내의 로그 메시지는 아메바의 형태가 원치 않은 방향으로 움직이지 않도록 방지하는 귀중한 도구가 될 수 있다. 메시지는 애플리케이션이 실행되는 동안뿐 아니라 테스트 환경에서 코드가 실행될 때도 활성화할 수 있다. 실패한 테스트에 대한 로그가 있으면 실패의 근본 원인을 분석하는 데 도움될뿐더러 필요할 경우 로그는 실행 흐름을 제어하는 스크립트의 역할도 수행할 수 있다. 따라서 로그는 애플리케이션 코드가 처할 수 있는 극단적인 상황을 시뮬레이션하는 데 유용해진다.

더 나은 로그 생성과 더 나은 로그 파일 재현을 통해 이러한 로깅 제어 방식을 더 광범위하게 적용할 수 있다. 로그 포착 측면에서는 dtrace 같은 도구가 문맥 전환이 발생할 때(즉, 한 스레드에서 다른 스레드로 실행 흐름이 이동할 때) 유용할 수 있다는 점을 알아두는 것이 좋다. 문맥 전환에 관해 알고 문맥 전환을 재현할 수 있다는 것은 병렬적이고 비결정론적인 애플리케이션을 결정론적인 애플리케이션으로 전환할 수 있다는 의미다(단일 프로세서 장비에서만이긴 하지만). 또 다른 개선 사항으로는 로깅 코드를 애플리케이션 곳곳에 삽입하기 위해 AOP나 다른 바이트코드 패치 기법을 활용하는 것이 있다. 그 과정에서 애플리케이션에 관한 정보를 받게 될 것이다. 애플리케이션에서 그러한 정보를 제공할 준비를 전혀 하고 있지 않은 경우에도 말이다. 무엇이든 가능하며, 이러한 개선 사항들 중 어떤 것이 여러분에게 유익할지는 시간이 지나봐야 알 수 있다. 지금은 넷빈즈 API의 아메바 효과에 맞서기 위해 넷빈즈에서 로깅을 활용하고 로깅을 기반으로 흐름을 제어하는 데 성공했다는 것을 이야기하는 것으로 충분하다.

재진입성 호출 대비

API에 병렬적으로 접근함으로써 발생하는 비일관성은 유감스러운 부분이다. 하지만 이를 고치는 방법은 쉽다. synchronized 키워드를 추가하는 것으로 충분하며, 그렇게 하면 비일관성이 사라질 것이다. 물론 교착상태를 각오해야 하지만 더 큰 문제는 이 방법으로도 일관성을 보장하지 못한다는 것이다. 이 경우 재진입성(reentrant) 접근을 받아들이거나 예방해야 한다.

동기화되고 있음에도 망가지는 추상 Lookup

Lookup 클래스는 넷빈즈에서 거의 모든 것의 핵심부에 위치해 있다. 이 클래스는 모든 것에 관해 항상, 다양한 위치에서, 그리고 거의 모든 것들을 위해 질의를 수행한다. 나는 이러한 사실을 구현을 작성할 때 알았고, 그러한 이유로 룩업 내의 모든 조작을 synchronized로 올바르게 보호했다. 그 당시 나는 모든 것이 잘 돌아가고 일관성 있으리라 기대했다. 놀랍게도 내 예상은 틀렸는데, 때때로 거의 일어날 가능성이 없는 스택 트레이스(내부 구조가 손상됐음을 보여주는)가 포함된 불가사의한 버그 리포트를 받았기 때문이다.

어떻게 된 일인지 고민하면서 몇 주를 보낸 후 동료 중 한 명이 그 문제가 변경 메서드에 대한 재진입 호출과 관련돼 있다는 사실을 깨달았다. 그는 그곳에 다음과 같이 디버깅 단정문을 넣었다.

```
private boolean working;
public synchronized int sumBigger(Collection<T> args) {
    assert !working : "Shall not be working yet in order to be consistent";
    working = true;
    try {
        return doCriticalSection(args);
    } finally {
        working = false;
    }
}
```

그리고 당연히 불가사의한 스택 트레이스 대신 다수의 실패한 단정 오류를 받았다. 좋은 점은 적어도 이제는 뭐가 잘못됐는지 알 수 있었다는 것이다. doCriticalSection에서는 특정 상황하에서 외부 코드를 호출할 수도 있었다. 그렇게 되면 이 코드는 Lookup.getDefault()를 호출해 전역 Lookup 인스턴스를 획득한 다음 해당 인스턴스를 대상으로 somemethod()를 다시 호출할 수도 있다. 보다시피 의심스러운 부분은 전혀 없었다. 그것은 단순히 재진입성 접근인 경우였다.

문제는 원자적으로 실행하는 편이 더 나을 법한 보호된 영역 내에서 외부 코드를 호출할 때마다 일어난다. 그렇게 되면 외부 코드에서는 같은 메서드를 콜백할 수 있다. 문제를 복잡하게 만들자면 보통 콜백은 다른 매개변수를 가지고 일어나며, 그렇게 되면 원자성에 관한 거의 모든 가정은 성립되지 않는다. 여기엔 두 가지 해결책이 있는 듯하다. 재진입성을 띠지 않는 잠금을 이용해 임계 영역을 보호하거나 임계 영역을 재진입 접근에 대비하게 하는 것이다.

재진입 실수는 자주 일어난다

재진입 접근과 관련된 실수는 저지르기 쉽다. 코드를 올바르게 동기화하는 데 신경 쓰는 사람들도 재진입 접근으로부터 보호하는 것을 잊는 경우가 많다.

예를 들어, 리스너와 리스너 지원기능에는 재진입성 동작이 자주 일어날 수 있다. 수신한 이벤트에 대한 반응으로 빈에 대한 설정자 메서드를 호출하는 리스너를 작성한다면 어떤 결과가 생기고 얼마나 많은 이벤트를 받았는지 알 사람이 있을까? 이것은 애초에 목적한 바는 아닐 테지만 이런 결과는 자주 발생한다.

스윙처럼 적절한 스레딩 정책을 정의하더라도 스윙은 재진입 가능하지 않기 때문에 재진입성으로부터 보호받지는 못한다. 스윙 API에 대한 별도의 호출을 수행하는 동안 그리기를 중단하는 것은 현명하지 못하다. 이 충고를 무시하면 대개 화면에 이상한 현상이 나타나는데, 그리기 버퍼가 별도로 주입된 재진입성 접근으로 인해 완전히 혼잡해지기 때문이다.

재진입성을 띠지 않는 잠금을 이용한 다음과 같은 해법에는 두 가지 문제가 있다.

```java
private Lock lock = new NonReentrantLock();

public int sumBigger(Collection<T> args) {
    lock.lock();
    try {
        return doCriticalSection(args);
    } finally {
        lock.unlock();
    }
}
```

우선 처음으로 재진입성 잠금을 사용한 후에는 그렇게 할 수 없는데, 이것은 호환되지 않는 변경사항이 되기 때문이다. 이 해법을 적용하기 전에는 API의 클라이언트가 재진입 가능한 방식으로 메서드를 호출하고 뭔가가 일어나게 할 수 있었다(비록 그 결과는 대부분 예측 불가능했지만). 이 해법을 적용하고 나면 그러한 메서드 호출이 금지될 것이다. 즉, 이제 예외를 던지고, 이것은 이전 버전과 비교해서 동작 방식에 대한 호환되지 않는 변화에 해당한다. 물론 API의 정확성은 완전한 하위 호환성보다 더 중요할 것이므로 약간의 비호환성은 정당화할 수 있다. 하지만 여기엔 더 심각한 문제가 있다. 재진입성 호출을 못하게 하면 해결할 수 없는 결과가 발생할 수 있고, 때로는 복잡하고 해결 불가능한 상황에 처하게 될 수 있다. 그렇게 되는 이유는 이제 어떤 호출자가 실행 스택에 존재하느냐에 따라 코드의 유효성이 결정되기 때문이다.

```java
@Test
public void testCriticalSectionWith15() {
    final CriticalSection<Integer> cs = create();
    testFor15(cs);
}


// 이 Runnable이 임계 영역 내에서 호출되고
// 잠금이 재진입 가능하지 않다면 예외가 발생한다.
public void run() {
    testFor15(cs);
}
```

testFor15 메서드를 호출하는 것은 그 자체로는 문제가 없지만 이미 잠금을 보유하고 있는 코드에서 호출되면 호출이 실패할 수도 있다. 이 코드가 같은 클래스에 들어 있다면 이를 손쉽게 예방할 수 있다. 하지만 공용 코드에서 해당 잠금에 간접적인 방식으로도 접근할 수 있다면 외부 코드에서는 기존에 잘 기능하는 코드를 별도의 임계 영역 내에서 호출함으로써 해당 코드를 완전히 망가뜨릴 수도 있다.

이러한 이유로 재진입성 접근을 허용하고 임계 메서드를 재진입성 접근뿐 아니라 상호 스레드 접근에도 대비하게 만드는 편이 더 나을 것이다. 이렇게 하는 요령은 동기화된 블록 내에서 실행되는 코드인 경우와 같지만 외부 코드를 호출하는 경우에는 그렇게 할 수 없다. 초기에는 내부 상태에 대한 불변적인 사본을 구해서 그것을 이용하고, 결과를 만들어낸 후, 결국에는 어떤 식으로든 전역 상태와 계산된 결과를 합친다. 정수의 경우에는 병합하기가 어렵지 않다.

```
private AtomicInteger cnt = new AtomicInteger();

public int sumBigger(Collection<T> args) {
    T pilotCopy = this.pilot;
    int own = doCriticalSection(args, pilotCopy);
    // 이제 전역 상태와 병합
    cnt.addAndGet(own);
    return own;
}
```

숫자보다 좀 더 복잡한 내부 구조의 경우에는 재진입성 호출이나 병렬 호출로 인해 중단되지 않을 때까지 실행을 계속 반복하는 수밖에 없다.

```
public int sumBigger(Collection<T> args) {
    T pilotCopy = this.pilot;
    for (;;) {
        int previous = cnt.get();
        int own = doCriticalSection(args, pilotCopy);
        // 병렬적인 변화나 재진입성 변화가 없었다면
        // 적용하고 반환한다. 그렇지 않으면 한 번 더 시도한다.
        if (cnt.compareAndSet(previous, own + previous)) {
            return own;
        }
    }
}
```

하지만 이 코드는 결코 끝나지 않을 가능성이 있는데, 코드에 무한 루프가 포함돼 있기 때문이다. 이러한 이유로 재진입성 호출을 할 때마다 내부 구조를 "좀 더 안정적인" 상태에 도달하도록 보장하는 어떤 추가적인 특성이 자료구조에 필요하다. 그렇게 되면 코드에서는 "안정화"될 때까지 주어진 연산을 반복하는데, 여기서 안정화될 때까지란 doCriticalSection(args, internalParam)의 호출이 메서드를 재진입 방식으로 다시 한 번 호출하지 않을 때까지를 의미한다. 내부 구조는 개체의 상태를 표현하는 것이라면 무엇이든 가능하지만 불변적이어야 한다. 어떤 연산이든 이러한 구조의 상태를 변경해야 한다면 새로운 사본을 만들어 그것을 이용해야 한다. 이 같은 방식과 계산을 통해 "안정화"되는 자료구조를 이용하면 코드가 재진입성 접근에 절대적으로 대비하고 있다고 보장할 수 있다.

메모리 관리

자바에는 가비지 컬렉터가 있기 때문에 메모리 관리가 전통적인 언어와 다르다. C나 C++와 달리 생성자가 필요하다. 소멸자는 필요해 보이지는 않는다. 그 결과, XCreateWindow와 XDestroyWindow 같은 X 윈도우 함수와 C++ 소멸자와는 결별을 고할 수 있다. 하지만 그렇다고 해서 API의 메모리 관리 특성에 주의를 기울이지 말아야 한다는 의미는 아니다. 가비지 컬렉터만 있으면 메모리 해제를 신경 쓰지 않아도 된다고 생각할 수 있지만 이것은 가장 단순한 경우에서만 그렇다. 다른 모든 경우에는 여전히, 특히 공유 라이브러리를 설계할 때는 메모리 해제에 신경 써야 한다.

소멸자나 파괴 함수를 설계해야 하는 전통적인 메모리 관리형 언어와 달리 런타임의 특징과 구조, 상호 조직화(mutual organization), 메모리 상의 각 객체 간의 참조에 대해서는 가능한 한 주의를 기울여야 한다. API 설계자는 대개 별도의 정리 또는 소멸자 메서드 없이도 적절한 런타임 동작 방식을 보장할 필요가 있다.

가장 단순한 경우부터 시작해보자. java.lang.Math처럼 인스턴스화할 수 없는 클래스는 정리할 필요가 없는 듯하다. 하지만 절대적으로 그렇진 않다. 클래스의 인스턴스는 존재할 수 없지만 여전히 클래스 자체는 가상 머신으로부터 언로딩(가비지 컬렉션에서 수거)될 수 있다. 이 같은 상황은 자주 일어나지 않으며, API가 어떤 하나의 특정 클래스를 언로딩해서 혜택을 누리는 경우는 경험하지 못했다.

정적 필드 접근에 대한 NullPointerException

1997년에 클래스 언로딩과 관련된 재미있는 상황에 마주친 적이 있다. 당시 JDK 1.1이 막 출시됐고, 이전 버전과 달리 JDK 1.1에서는 클래스가 필요하지 않으면 그것들을 언로딩하는 방법이 있었다. 그때 넷빈즈의 중심 API는 TopManager라는 클래스였다. TopManager에는 정적 필드, 접근자 메서드에 해당하는 public static TopManager getDefault(), 그리고 적절한 설정자 메서드가 있었다. 초기화하는 동안 넷빈즈에서는 설정자 메서드를 통해 이 클래스의 기본 구현을 주입했다. 그러고 나면 다른 코드에서는 접근자 메서드를 이용해 모든 넷빈즈 기능에 접근할 수 있었다.

놀라운 일은 때때로 접근자 메서드가 널을 반환했다는 것이다. 그건 절대 있을 수 없는 일이었다! 우리는 확실히 미리 설정자 메서드를 호출하고 널이 아닌 값을 전달했다. 설상가상으로 어떨 땐 되고 어떨 땐 되지 않았다. 디버거에서 실행해 보면 모든 것이 제대로 동작했다. 일반적인 방법으로 실행하면 때때로 NullPointerException이 발생했다. 어째서? 이런 일이 일어나는 이유가 가비지 컬렉터 때문이라는 사실을 파악하기까지는 몇 시간 내지는 며칠이 걸렸다. 때때로 클래스는 메모리에서 해제됐다. 그런 다음 나중에 필요해지면 다시 로딩됐다. 하지만 필드는 초기화되지 않은 채로 로딩됐다. 그래서 NullPointerException이 발생한 것이었다.

진상은 파악했지만 해법을 찾기는 쉽지 않았다. 어떤 식으로든 클래스의 언로딩을 방지해야 했다. 결국 다른 클래스에서 **TopManager**의 인스턴스를 보관하는 식으로 해결했다. 하지만 이러한 동작 방식은 직관적이지 못했고 나중에 이 방법이 버그를 유발하기 쉽다는 사실을 발견했다. 한두 주 후에 썬에서는 클래스로더가 메모리 상에 있을 경우 정적 필드가 포함된 클래스의 언로딩을 방지하는 가상 머신 업데이트를 내놓았다. 그 이후로도 그러한 동작 방식은 그대로 남았다. 즉, 클래스를 언로딩하고 싶다면 같은 클래스로더에 의해 로딩된 다른 모든 클래스와 클래스로더 자체를 한꺼번에 가비지 컬렉터로 수거해야 한다.

하지만 때로는 넷빈즈의 모듈이 비활성화되거나 삭제될 예정일 때처럼 모든 라이브러리의 클래스를 가비지 컬렉터로 수거해야 할 때가 있다. 각 클래스에는 클래스로더에 대한 내부 참조가 포함돼 있으며, 이것은 대개 클래스로더를 제거한다는 것을 의미한다. 사라질 수 있는 클래스로더에 대해서는 어떠한 클래스나 클래스 인스턴스도 존재할 수 없다. 보다시피 이것은 간단한 시나리오다.

두 번째로 가장 단순한 경우는 클래스 인스턴스가 다른 객체를 아무것도 참조하지 않는 경우다. 가령, java.awt.Dimension이나 java.awt.Rectangle을 생각해 보자. 이러한 클래스에는 정수 필드만 몇 개 들어 있고 다른 객체는 아무것도 참조하지 않는다. 이것은 가비지 컬렉션이 최적으로 동작하는 경우다. API 사용자는 어떤 식으로든 이러한 인스턴스를 생성해서 그것들에 대한 참조를 유지하고 이용하며, 더는 필요가 없어지면 단순히 참조를 그대로 두면 된다. 머지않아 아무도 해당 객체를 참조하지 않으면 메모리에서 수거될 수 있다. 소멸자는 필요하지 않다(소멸자는 미리 호출할 수 없다). 그러한 이유로 이미 할당 해제된 메모리에 우연히도 접근하는 일은 일어날 수 없다. 메모리 관리가 굉장히 단순해진다. 바로 이 부분이 가비지 컬렉션이 어느 정도 성과를 내는 부분이다.

하지만 이것은 최적의 시나리오이며 좀 더 복잡한 자료구조가 포함된 API를 설계하는 경우에는 훨씬 더 복잡한 상황에 직면할 수 있다. 자료구조가 비교적 단순하지만 OutputStream 파일 기술자나 AWT 윈도우 핸들과 같은 제한된 자원을 기반으로 하는 경우에는 첫 번째 상황이 일어난다. 그러한 경우에는 가비지 컬렉터를 통해 자원을 해제하는 것이 가능하지 않은데, 효과가 너무 늦게 나타나거나 객체 참조를 가지고 있을 경우 효과가 전혀 나타나지 않을 수도 있기 때문이다. 그러한 상황에서는 일종의 소멸자를 추가할 필요가 있다. 스트림의 경우 close() 메서드가 있으며, 이 메서드는 파일 기술자를 닫는 역할을 한다. AWT 윈도우에는 dispose 메서드가 있는데, 윈도우의 핸들을 해제한다. 이러한 경우 모두 소멸자처럼 동작한다. 그것들은 메모리에서 객체를 해제하지 않지만 내부 데이터를 정리하도록 강제한다. 그러고 나면 객체는 스트림의 경우에서처럼 메서드를 호출한 이후에 기능을 상실하게 되거나 데이터를 임시로 해제했다가 다시 필요해지면 재할당할 수 있다. 하지만 이 경우에도 가비지 컬렉터와 협업하는 것이 좋다. 스트림이나 윈도우가 더는 사용되지 않고 메모리에서 사라지면 정리 작업도 해야 한다. 그러한 목적으로 메모리에서 사라지는 객체에 관해 알리는 것이 필요하다. 여기서 두 가지 선택을 할 수 있다. finalize를 사용하거나 ReferenceQueue와 함께 WeakReference를 사용하는 것이다. finalize 메서드는 약간 더 안 좋은 선택이다. 첫째, 그것은 API에서 보인다. 둘째, 논리적으로 부적절하다. 어떻게 객체가 더는 존재하지 않을 때 해당 객체를 대상으로 메서드를 호출할 수 있다는 말인가? 객체 자체를 다시 접근 가능하게 만들면 어떻게 될까? 게다가 종료자(finalizer)는 전용 스레드에서 호출되지만 실행 시점은 "나중에 언젠가"다. 회수되는 객체에 관한 정보를 실제로 받을 수 있을지 보장되지 않는다. 이러한 모든 이유로 참조 큐가 더 나은 선택이다. 정리해야 할 핵심 정보는 참조에 보관된다. 가비지 컬렉터를 통해 객체가 수거되자마자 해당 참조는 큐에 들어간다. 그런 다음 큐를 폴링해서 정리 작업을 수행한다.

이는 더 단순한 경우인데, API가 캡슐화돼 있기 때문이다. API 사용자는 객체를 메모리 내에 유지하고 API는 어떠한 외부 객체도 참조하지 않는다. API가 외부 객체를 참조할 경우 메모리 특성이 훨씬 더 복잡해질 수 있다. 많은 API, 그리고 특히 자바빈 명세를 모방하는 API에서는 참조의 역전(inversion of reference)을 허용한다. 즉, API 클라이언트가 자기 자신에 대한 참조를 메모리 내의 일부 객체에 주입할 수 있다. 예를 들어, 빈에 리스너를 추가할 경우 실질적으로 빈 객체가 여러분이 만든 객체에 대한 참조를 보유하게 만드는 셈이다. 이러한 일이 일어나는 즉시 그러한 객체의 생명주기는 API의 일부가 된다. 메모리 상에서 결코 사라지지 않는 싱글턴과 같이 그러한 객체의 생명주기가 길다면 빈에 추가된 모든 리스너도 전체 시간만큼 유지될 것이다. 이것은 메모리 누수를 불러올 수 있다. 만약 리스너의 생명주기가 바뀌면 코드의 동작 방식이 바뀔 수도 있으며(시스템의 아메바 형태가 바뀜), 그렇게 되면 이전에는 동작했던 것이 올바르게 기능하지 않을 수도 있다.

리스너는 약한 참조로 유지해야 했다

자바빈 설계에 관해 이야기할 때마다 결국 리스너에 대한 논의로 귀결되고 자바빈 명세에 리스너는 약한 참조(weak reference)로 유지해야 한다는 내용이 있었다면 훨씬 더 나았으리라는 결론에 이르곤 한다. 이렇게 하면 참조 주입 문제가 사라지고 다른 사람들이 따를 만한 훌륭한 사례도 확립된다. 그럼 모든 리스너와 다른 콜백 인터페이스도 약한 참조로 유지될 가능성이 높아진다.

하지만 자바빈 명세에서는 메모리 관리에 관해 언급한 바가 없다. 이것은 그다지 놀랄 만한 일은 아닌데, 자바빈 명세는 자바 1.1을 대상으로 작성된 후로 안정화됐으며, 약한 참조는 자바의 후속 버전에 도입됐다. 나중에 명세를 재작성한다면 호환되지 않거나 쓸모 없어질 가능성이 높을 텐데, 약한 참조로 변경하는 것을 제안할 수는 있어도 이를 강제할 수는 없기 때문이다. 아무튼 기존 빈 중에서 약한 참조를 사용할 빈은 아무것도 없을 것이다.

넷빈즈 프로젝트는 이러한 문제에 자주 부딪혔다. 문제를 해결하기 위해 우리는 약한 리스너에 대한 지원 기능을 만들었다.

```
public static <T extends EventListener> T create(
    Class<T> type, T listener, Object source) {
    return org.openide.util.WeakListeners.create(type, listener, source);
}
```

이 메서드를 이용하면 누구든지 기존 리스너를 감싸서 원래 리스너를 가리키는 약한 참조가 포함된 새로운 리스너를 생성할 수 있으며, 사실상 자바빈 명세가 약한 참조를 사용하도록 재작성됐다면 그랬을 법한 동작 방식을 만들어 낸다. 이것은 특정 상황에서는 유용한 메서드다. 하지만 모든 문제를 해결하지는 않는다. 최소한 객체의 기본적인 생명주기와 그러한 객체와 가비지 컬렉터와의 상호작용으로부터 얻고 싶은 작동 방식에 대해서는 이해하고 있어야 한다.

종래의 프로젝트 문서화에서 가장 구체화되지 않는 부분은 바로 애플리케이션의 메모리 모델이다. 애플리케이션의 메모리 모델을 설계하는 데 두루 사용되는 방법론이 없다는 사실을 감안했을 때는 이것은 그리 놀랄 만한 일은 아니다. 하지만 놀라운 부분은 메모리를 효과적으로 관리하는 것을 보장하지 않고서는 장기간 실행되는 애플리케이션을 작성하기가 매우 어려울 수 있다는 것이다.

다시 한 번 이야기하지만 전통적인 모델은 애플리케이션 코드를 작성하고, 프로파일러를 구동한 다음 발생 가능한 메모리 누수를 찾는 것이다. 메모리 누수가 발견되면 코드로 되돌아가 누수가 발생하는 지점을 고치고, 애플리케이션이 출시 가능한 형태를 갖출 때까지 반복한다. 다시 한번 여러 번에 걸쳐 설명했듯이 이 방식은 애플리케이션의 버전을 하나 이상 출시할 계획이라면 효과적인 방식이 아니다. 시간이 지남에 따라 "프로파일러로 확인하는" 단계에서 적용한 모든 개선사항들은 지속적으로 테스트하지 않는다면 이전 상태로 퇴행할 것이다.

JUnit 테스트 프레임워크는 이 부분과 관련해서 제공하는 것이 많지 않기에 우리는 Insane(http://performance.netbeans.org/insane)이라고 하는 메모리 검사 라이브러리를 기반으로 하는 동시에 그것의 지원을 받기도 하는 NbTestCase에 대한 확장 기능을 만들어야 했다.

자바 같은 현대 객체지향 언어에서 해결해야 할 최초의 메모리 관리 문제는 메모리 누수다. 이 문제는 애플리케이션에서 메모리 상의 알려지지 않은 영역을 가리키는 문제가 아니다(가비지 컬렉터 때문에 이 같은 일은 일어날 수 없다). 이보다는 때때로(그리고 가비지 컬렉터 때문에) 사라져야 할 객체를 다른 어딘가의 누군가가 계속 참조하고 있어 여전히 메모리 상에 객체가 남아 있는 것이 문제다. 어떤 특정 연산은 항상 실행 후에 가비지를 남기는데, 몇 번의 실행 후 사용 가능한 메모리가 줄어들어 애플리케이션 전체가 점점 느려지는 현상을 발견할 수도 있다. NbTestCase에서는 이를 위한 assertGC 메서드를 제공한다.

```
WeakReference<Object> ref = new WeakReference<Object>(listener);
listener = null;
NbTestCase.assertGC("This listener can disappear", ref);
```

특정 연산을 수행한 후 어떤 객체가 더는 메모리 상에서 필요하지 않다고 생각한다면 해당 객체에 대한 WeakReference를 생성하고 객체에 대한 참조를 정리한 후 assertGC로 하여금 메모리에서 해당 객체를 해제하게 한다. assertGC는 해당 객체의 가비지 컬렉션이 강제로 일어나게 하려고 열심히 노력한다. System.gc를 몇 번 수행하고 메모리를 어느 정도 할당해서 명시적으로 종료자를 호출한 후 WeakReference가 정리됐다면 성공적으로 반환한다. 그렇지 않으면 Insane 라이브러리를 호출해 Insane으로 하여금 메모리 상에 객체를 유지하고 있는 참조 체인을 찾게 한다. 실패할 경우 다음과 같은 출력결과가 나올 수 있다.

```
Of course, this listener cannot disappear, because it is held from long living JavaBean:
private static javax.swing.JPanel
org.apidesign.gc.WeakListenersTest.longLivingBean->
javax.swing.JPanel@779b3e-changeSupport->
java.beans.PropertyChangeSupport@1e91259-listeners->
sun.awt.EventListenerAggregate@a553e2-listenerList->
[Ljava.beans.PropertyChangeListener;@16bc75c-[0]->
org.apidesign.gc.WeakListenersTest$PropL@11bed71
```

여기서 PropertyChangeSupport를 가리키는 longLivingBean 정적 필드가 있다는 사실을 볼 수 있다. 내부 자바 구현을 통해 이 필드는 메모리에서 가비지 컬렉터로 회수하고자 하는 리스너를 붙잡고 있다.

성능에 영향을 줄 수도 있는 또 한 가지는 바로 자료구조의 크기다. 특정 객체가 메모리 상의 수천 개의 인스턴스 안에 동시에 유지되고 있다면 그 객체가 1,000바이트 넘게 차지하도록 내버려 두고 싶지는 않을 것이다. 대신 해당 객체의 크기를 최소화하고 싶을 것이다. 다시 한 번 이야기하지만 이는 프로파일링 과정에서 발견하거나 사전에 미리 고려해서 결정할 만한 사항일 수도 있지만 일반적인 문제는 남는다. 즉, 애플리케이션을 릴리스할 때마다 크기 제약조건 때문에 회귀하지 않도록 보장해야 한다는 것이다. NbTestCase에서는 크기 제약조건을 검사하는 assertSize를 제공한다.

```java
private static final class Data {
    int data;
}
Data d = new Data();
NbTestCase.assertSize(
        "The size of the data instance is higher than 16", 16, d
);
```

assertSize는 Insane 라이브러리를 이용해 인자로 전달된 루트 인스턴스에서부터 참조된 모든 객체의 그래프를 탐색해 점유되고 있는 메모리의 양을 계산한다. 그런 다음 기대한 값과 비교한다. 비교한 값이 낮거나 똑같다면 테스트는 통과한다. 그렇지 않으면 테스트는 실패하고 개별 요소의 크기를 출력해서 실패를 분석하게 한다.

필드가 아무것도 없는 간단한 java.lang.Object 인스턴스의 크기는 8바이트다. 정수 필드나 다른 객체에 대한 참조를 하나 추가하면 인스턴스의 크기가 16바이트로 증가한다. 두 번째 필드를 추가하면 크기는 16바이트로 유지된다. 세 번째 필드를 추가하면 인스턴스의 크기는 24바이트로 증가한다. 거기서부터 한 객체 안의 필드의 개수를 2로 반올림하는 것이 적절하다. 사실 우리는 특별히 신중을 기해야 하는 부분에서 이렇게 했다. 하지만 계산된 크기가 "논리적인" 크기라는 사실을 알아두자. 점유되는 메모리의 실제 양은 가상 머신의 구현에 의존하며 그에 따라 달라질 수 있다. 하지만 별다른 문제는 없을 것이다. "논리적인 크기"에 대한 테스트는 프로그래머의 의도를 표현하며, 이것은 실제 가상 머신의 아키텍처와는 무관하다.

우리는 assertGC와 assertSize가 모두 애플리케이션의 아메바의 형태를 견고하게 만드는 데 유용하다는 사실을 알게 됐다. 우리는 이러한 단정을 사용하는 테스트를 작성함으로써 예상되는 애플리케이션의 메모리 모델의 동작 방식을 *구체화*하고 확인할 수 있다. 그럼 이러한 테스트는 API의 *기능적 명세(functional specification)*의 일부가 된다. 그뿐만 아니라 그러한 테스트는 자동화된 테스트로서, 실행할 때마다 테스트의 유효성을 확인하는 *능동적인 명세(active specification)*이기도 하다.

CHAPTER 12

선언형
프로그래밍

API 런타임 측면을 통해 발생하는 문제를 최소화하는 흥미로운 방법 중 하나는 런타임을 완전히 제거하는 것이다. 더 나은 이름이 생각나지 않기 때문에 비록 이 용어가 다양한 의미로 쓰이고 있고 다른 사람들에게는 다른 것을 의미할지라도 이를 *선언형 프로그래밍(declarative programming)* 이라 부르기로 하자. 선언형 프로그래밍의 기본적인 아이디어는 API 사용자가 여러분이 만든 API 를 가지고 하려고 하는 일을 단계별로 서술하지 않는 대신 일어나기를 바라는 일을 "선언"한 다음 API가 필요할 때 그 일을 하게 하는 것이다.

선언형 프로그래밍 같은 것이 실제로 존재하는가?

처음 튜링 머신(모든 현대 컴퓨터의 수학적 모델에 해당하는)에 관해 배웠을 때 나는 프로그램과 데이터 사이에 다소 차이점이 있긴 하지만 특정 지점에서는 둘 간의 차이점이 제거되고 프로그램과 데이터가 하나로 합쳐진다는 사실을 발견하고 놀랐던 적이 있다. 하지만 한편으로 놀라지 말았어야 했다. 프로그램의 소스코드를 프린터 같은 또 다른 프로그램에서 소비할 수 있거나 컴파일된 형태를 디버거가 취급할 수 있기 때문이다. 이것은 반대 관점에서도 유효하다. 컴파일러와 인터프리터는 원시 텍스트를 받아 그것을 처리해야 한다. 예를 들어, 원시 데이터 조각들은 컴퓨터가 어떤 일을 하게 할 수 있으므로 어떤 점에서는 프로그램이기도 하다. 그런 의미에서 컴퓨터를 해킹하는 기본적인 요령은 잘못된 형태의 데이터 패킷을 컴퓨터에 보내는 것인데, 이 경우 어떤 계산이 일어난 다음 송신자는 해당 시스템에 침투해서 시스템의 제어권을 탈취하는 것이 가능하다.

그러므로 프로그램과 데이터 사이에는 그다지 차이점이 많지 않은 듯하다. 둘 모두 어떤 동작을 일으킬 수 있는 방법이다. 누군가는 그것들을 구동하고, 읽고, 처리할 필요가 있다. 그럼 차이점은 어디에 있을까? 그것은 주로 인지의 문제. 어떤 것은 데이터에 가깝게 보이고 어떤 것은 프로그램에 좀 더 닮아 있다. 이 같은 답변에 엄격한 경계를 지을 수는 없다. 차이점은 경험에 따른 것이고 불분명하다.

내가 느끼는 바로는 선언형 프로그래밍에도 동일한 불분명함이 나타난다. 자바나 XML로 코드를 작성하거나, 또는 메서드 호출이나 어노테이션을 사용하느냐와 관계없이 그것은 모두 단순히 원시 데이터에 해당한다. 데이터를 프로그램으로 바꾸는 것은 바로 그것들을 실행할 때다. 실행은 항상 동일하다. 거기엔 데이터를 읽어 들여 어떤 식으로든 일련의 동작으로 전환하는 단위(CPU, 인터프리터, 어노테이션 처리기, XML 파서)가 있다. 이런 의미에서 컴파일된 바이너리는 선언형 프로그래밍의 한 예다.

따라서 프로그래밍과 선언형 프로그래밍 간에는 어떤 차이가 있을까?

선언형 프로그래밍의 위력은 저수준의 세부사항에 일어나야 할 일을 정확히 구체화하는 대신 고수준 개념과 그것의 능력을 정의해 다른 누군가가 그것을 충족하게 할 수 있다는 것이다. 예를 들어, 7장의 "상호컴포넌트 룩업과 통신" 절에서 살펴본 Lookup은 등록에 대한 고수준 개념을 정의한다. 여러분은 어떤 API에 팩터리를 등록하기 위해 기존의 registerXYZ 메서드를 찾아볼 필요가 없다. 대신

META-INF/services/...XYZ 파일을 만들고 그것을 다른 누군가가 가져가게 하는 식으로 등록된 인스턴스를 선언하면 된다.

Lookup 예제는 단순하긴 하지만 이미 registerXYZ 메서드에 대한 필요성뿐만 아니라 그것의 동반 메서드인 unregisterXYZ의 필요성까지 없애준다. 그뿐만 아니라 이러한 두 메서드 간의 일관성도 보장하는데, 이것은 일반적인 호출 기반의 API인 경우에는 기대하기 힘든 것이다. 대다수의 API 사용자는 경험적인 프로그래밍, 즉 "뭔가를 하고, 그것을 시도해보고, 동작하는 듯하면 계속한다"에 끌리는 경향이 있기 때문에 API 사용자로 하여금 정리 코드(cleanup code)에 신경 쓰게 하기보다는 register 메서드를 찾아 사용하게 하는 편이 쉽다. 사실, 이것은 잘못된 것이다. 모듈화된 시스템 컨테이너에서는 모듈의 활성화와 비활성화, 설치가 즉시 이뤄지는 동적인 시스템이 있으며, 모듈들이 자신이 남긴 쓰레기에 관해 잊지 않기를 바라기 때문이다. 선언형 프로그래밍은 이 문제의 해법이다. 즉, 개발자가 무엇을 등록할지 서술하자마자 적절한 정리 절차가 공짜로 제공될 수 있다.

모듈 파일의 설치와 정리

넷빈즈 플랫폼의 개발이 시작된 이후로 넷빈즈 플랫폼에서는 설정 파일을 읽는 식으로 시스템 내의 다양한 모듈 간의 협업을 처리해왔다. 예를 들어, Toolbars 디렉터리에 파일을 등록하면 모듈에서는 어느 버튼이 메인 툴바에 표시될지에 영향을 줄 수 있다. 초창기에는 각 모듈이 맨 처음 설치될 때 해당 모듈만의 파일을 생성하게 했다. 거의 모든 모듈에서 자체적인 설치 확장점(hook)을 등록했다. 기반구조에서 해당 확장점을 호출하면 곧바로 new FileOutputStream(new File(root, "Toolbars/my.button"))을 호출해 파일을 생성하는 작업을 시작했다. 하지만 이 방식은 오류가 발생하기 쉽고, 작성하기가 지겨우며, 설치 제거 시점에서는 문제가 발생할 소지가 컸다. 사람들은 정리 코드를 올바르게 작성하려고 애쓰지 않았다.

우리는 이것을 API의 사용법을 복잡하게 만드는 진짜 문제로 간주했고, 이 방식은 넷빈즈에 대한 코딩을 고통스러운 과정으로 만들었다. 나는 해결책을 생각해 내느라 상당한 시간을 보냈다. 샌드위치 프로젝트의 일부로서 3장의 "파일과 파일의 내용" 절에서도 설명했듯이 "가상 XML 파일시스템 병합"이라는 개념을 만들어냈다. 그 결과, API는 좀 더 선언적으로 바뀌었다. 각 모듈에서는 단순히 파일의 레이아웃을 정의하는 XML 파일을 노출하고 기반구조에서 나머지 작업을 하게 했다.

이 방법은 즉시 설치 제거 문제를 해결했다. 기반구조를 올바르게 작성하는 것은 쉽다. 수백 개의 구현체가 일관성 있게 설치 및 제거되도록 보장하는 것보다 훨씬 쉽다. 게다가 기능 개선을 반영할 수도 있다. 사실, 디스크 상에 파일을 생성할 필요가 전혀 없었는데, 파일들을 메모리 상에 유지하고 단순히 그것들을 "가상적으로" 병합하는 것만으로도 충분했기 때문이다. 게다가 이것은 완전히 호환 가능한 추가 기능이기도 했는데, 병합이 로컬 디스크 상에서는 물론 XML 파일에 대해서도 일어났고 그렇게 함으로써 구동 시 파일을 추출했던 기존 모듈들도 계속 올바르게 동작했기 때문이다.

이에 못지 않게 넷빈즈 내의 모듈의 수가 500개 이상으로 늘어났을 때 우리는 파싱된 XML 파일이 너무 많은 메모리를 차지하고 구동 시 그것들을 파싱하는 데 상당한 시간이 걸린다는 사실을 깨달았다. 그래서 마지막 병합의 결과를 기억하는 캐시를 작성했다. 이러한 최적화는 API의 선언적인 특성이 없었다면 가능하지 못했을 것이다.

선언적인 접근법이 적절한 이유는 일관성 말고도 많다. 또 다른 이유로 효과성이 있다. 자바에서는 사용자 정의 코드를 실행할 때 차지하는 메모리의 양이 코드의 규모에 비례하지 않는다. 이를테면, 메서드 하나만 포함된 자그마한 클래스의 경우에는 반대다. 가상 머신은 클래스당 3KB의 오버헤드를 가진 듯하다. 다시 말해, 각 클래스는 적어도 3KB를 차지한다는 것이다. 게다가 가능하긴 하지만 클래스가 가비지 컬렉션되도록 강제하기란 쉽지 않다. 결과적으로 로딩된 클래스는 가상 머신에 영원히 남아서 귀중한 메모리를 차지하고 있을 가능성이 높다.

아울러 JAR 파일에서 클래스 하나를 로딩하는 데는 상당한 오버헤드가 발생한다. 해당 JAR에 대한 클래스로더를 생성해 파일 목록을 메모리로 불러와야 하는 것이다. 이 중에서 공짜로 되는 것은 하나도 없다. 이러한 이유로 애플리케이션 구동 시 각 JAR로부터 클래스 하나를 로딩해 해당 클래스가 등록과 같은 일을 수행하도록 요청한다면 성능에는 도움이 되지 않는다. 등록 매니페스트, 즉 무엇을 어디에 등록해야 할지에 대한 설명이 담겨 있는 파일을 만들고 해당 파일을 대신 불러들여 처리하는 편이 훨씬 더 낫다. 그러고 나면 전체 JAR를 열어 클래스를 가상 머신으로 로딩하지 않아도 된다. 그뿐만 아니라 지능적인 캐싱을 제공할 수도 있는데, 이 경우 필요하지 않을 때 리소스가 메모리에서 해제됐다가 요청 시 재생성된다.

처음 실행할 때 계산한 캐시를 저장하고 그것의 결과를 이어지는 실행 시점에 유지하는 것도 가능하다. 이러한 최적화가 가능한 이유는 대부분의 선언적 접근법에 부수효과가 없기 때문이다. 선언적 접근법의 처리 결과는 월요일이나 금요일이나 늘 동일하며, 디스크 상의 파일이나 디스크 공간을 얼마나 차지하느냐에 영향을 받지 않는다. 이러한 모든 측면은 자바나 다른 실행 가능한 형식으로 작성된 실제 코드에 영향을 주기도 한다. 선언적 접근법이 더 효과적이라는 사실은 정확히 이러한 불완전성 때문이다. 즉, 선언적 접근법의 표현력이 너무 과하다면 나중에 최적화하기가 힘들 것이다(알 수 없는 클래스에서 호출된 메서드 본문이나 일반 목적용 스크립트 언어의 스크립트처럼). 접근법이 더 선언적일수록 형태의 범용성이 떨어진다. 이 경우 가정할 수 있는 바가 많아지고 필요에 따라 적용 가능한 최적화의 폭이 넓어진다. 아마 전통적인 프로그래밍과 선언형 프로그래밍 간의 가장 중요한 차이는 바로 이것일 것이다. 또한 노출하고자 하는 개념의 고수준 선언을 기반으로 한 API를 만들고 싶은 가장 중요한 이유는 바로 이것 때문일지도 모른다.

객체를 불변적으로 만들어라

교착상태를 만들어내기 위해서는 11장의 "교착상태의 조건" 절에서 소개한 교착상태의 네 가지 조건이 모두 필요하기 때문에 그러한 네 가지 조건을 모두 동등한 것으로 볼 수 있다. 그럼에도 나는 상호배제 조건(한 스레드에서만 소유 가능한 자원이 반드시 있어야 한다)이 가장 중요하다고 이야기할 것이다. 왜냐고? 내 생각에 이 조건은 우리가 컴퓨터와 프로그래밍에 대해 이해하고 있는 부분의 핵심을 공격하기 때문이다. 다음과 같이 자문해보자. 왜 리소스를 소유해야 하는 스레드는 딱 하나만 있어야 할까? 극단적으로 말하자면 여기에는 딱 한 가지 이유밖에 없다. 바로 스레드가 그것을 파괴하고 싶어 한다는 것이다.

물론 이것은 추정에 불과하다. 리소스는 실제로 파괴되지 않는다. 어떤 의미에서는 자원의 잠재적인 미래 상태는 단순히 줄어들기만 한다. 스레드가 프린터를 사용하고 나면 종이의 일부가 문자나 픽셀로 채워진다. 그 시점에서 종이는 더는 비워진 상태가 아니다. "손상"된 상태가 된다. 그 종이는 다시 사용할 수 없다. 종이가 그냥 빈 페이지였을 때는 상당한 잠재력이 있었다. 따라서 어떤 의미에서 페이지의 미래는 프린터를 이용함으로써 파괴됐다. 비슷한 식으로 DVD에 데이터를 기록하면 해당 DVD를 파괴하는 셈이다. 물론 이제는 DVD에 멋진 영화가 들어 있으며, DVD가 불운한 운명에 처한 것은 아닌 셈이다. 하지만 그 시점 이전에는 DVD에 이 책의 백업본이나 음악 모음집이 들어 있을 수도 있다. DVD에 데이터를 기록함으로써 DVD의 선택지는 파괴됐다. 이와 비슷하게 더 약한 의미이긴 하지만 새로운 데이터를 하드디스크에 저장할 경우 하드디스크를 파괴하는 셈이다. 그리고 다시 한번 극단적으로 말하자면 자바에서 객체의 필드 중 하나를 변경하면 해당 객체의 선택지를 파괴하는 셈이다. 값을 할당하기 전에는 필드의 값을 읽거나 필드의 값이 정수라면 곱셈을 할 수도 있다. 값을 할당하고 나면 해당 값은 영원히 사라지고, 프로그램의 일부에서 해당 값에 관심이 있을지도 모르지만 해당 객체는 파괴되어 수정된 버전으로 교체되기 때문에 너무 늦은 셈이다.

"음, 객체의 필드를 변경했을 때 객체의 선택지가 파괴된다는 건 슬픈 일이지. 하지만 세상은 늘 그런 식으로 돌아가기 때문에 거기에 부자연스러운 부분은 아무것도 없는걸"이라고 말할지도 모르겠다. 사실, 어제 우리집 창문에는 커다란 유리판이 있었는데, 오늘 깨졌다. (이와 비슷하게, 이 책을 쓰기 시작했을 때 나는 열정에 차 있었다. 지금은 피곤하다! 그리고 다시 한번 이야기하지만 나는 한때 젊고 잘생겼지만 지금은 늙고 못생겼다!) 삶의 모든 것들이 끊임없이 변화한다. 우리는 거기에 익숙하고 거기에 적응할 수 있다. 그렇지만 변화하는 세상을 이해한다는 것은 스냅샷을 찍어서 그것을 연구하는 것보다 더욱 어려운 일이며, 특히 세상이 우리 바로 앞에서 바뀌고 새로운 놀라움을 가져다줄 때는 더욱 그렇다. 언젠가 우리는 모든 것을 이해했다고 생각할 수도 있지만 다음날 뭔가가 바뀌면 우리가 이해한 바는 사라진다. 오늘 진실이었던 것이 내일이면 거짓으로 밝혀질 수도 있다.

그럼 우리가 이해할 수 있는 것은 전혀 없을까? 글쎄, 모델을 단순화하자면 그렇다. 특정 관점에서 보면 기하학적 입방체와 구는 현실 세계의 돌의 모양을 추상화한 것에 해당한다. 이와 비슷하게 우리는 아무것도 변화하지 않는, 혹은 적어도 기존 객체는 변화하지 않는 세상의 상태를 연구함으로써 우리가 이해한 바를 향상시키려고 노력할 수 있다. 그렇게 되면 새로운 객체를 찾아낼 수 있다. 실제로 이것은 수학자들이 몇 세기 동안 사용해왔던 접근법이다. 수학적, 특히 기하학적 물체(object)는 불변적이고 때때로 영원히 존재하는 것으로 여겨진다. 기하학적 물체를 사용하는 우리는 그것들을 보기 위해 빛을 비추고, 그것들을 인지하며, 그것들 간의 관계를 이해하기 위해 배운다. 우리가 더 밝힐수록 우리가 만들어내는 시야는 더 커지고 더 많은 것들을 볼 수 있게 된다. 하지만 이미 발견된 것들은 모두 현재 상태 그대로 유지되고 변형되지 않는다. 어쩌면 여러분은 더는 지켜보지 않겠지만 어쩌면 다른 누군가는 지켜보고 있을지도 모른다. 어쩌면 다른 누군가는 수백 년 뒤에 여러분의 증명이나 작도법을 읽고 있을지도 모른다. 그들은 여러분이 그것들을 발견하고 이해했을 때와 정확히 동일한 물체를 보고 있을지도 모른다.

수학자들의 필수 지식은 변경할 수 없는 물체를 토대로 한다. 우리는 그것들을 연구하고 그것들에 관해 추론하는 방법을 알고 있다. 우리가 이해한 바가 정확한지 검증하는 여러 방법들이 있다. 이러한 지식이 컴퓨터 프로그래밍에도 적용된다면 유익하지 않을까? 프로그램을 증명으로서 읽는다고 상상해보라. 그럼 우리의 제한된 지식에 따른 오늘뿐만이 아니라 새로운 동기화 잠금을 추가했을 때 프로그램이 망가짐으로써 어제 가정했던 바가 무너지는 내일까지, 모든 상황에서 프로그램이 정확한지 검증할 수 있게 될 것이다. 그렇게 된다면 프로그래밍의 세계는 아름답고 진리로 가득 찬 곳이 될 것이다!

이를 불가능할 정도로 머나먼 꿈으로 볼지도 모르겠다. 하지만 프로그래밍에 정통한 사람들은 이러한 특성을 갖춘 검증된 프로그래밍 언어가 이미 존재한다는 사실을 알고 있다. 하스켈 같은 함수형 언어에서는 이미 알고 있는 객체를 변경할 수 없다. 할 수 있는 일이라곤 계산을 통해 그러한 객체를 새롭게 비추고 기존 객체에 관한 지식을 토대로 새롭고 현재 알지 못하는 객체를 조명하는 것밖에 없다. 그리고 나면 전체 계산은 여러분이 그 과정의 끝 어딘가에서 검색 결과를 획득하는 사이에 새롭고 새로운 객체를 비춘다. 순진한 구현체는 사실 컴퓨터의 용량을 손쉽게 초과할 수도 있다. 하지만 요즘에는 객체가 여전히 필요한지 여부를 파악할 수 있는 가비지 컬렉터가 있다. 만약 객체가 필요하지 않다면 메모리에서 제거될 수 있어서 새롭고 아직 조명받지 못한 객체를 위해 공간을 비울 수 있다.

이 같은 접근법을 이용하면 교착상태를 완전히 제거할 수 있는데, 객체를 잠글 이유가 없기 때문이다. 객체는 시간 내의 한 지점에서 생성된다(즉, 발견된다). 그때부터 객체는 조회만 가능하고 절대로 변경되지 않는다. 사실, 객체의 상태를 읽기만 한다면 객체를 잠글 이유가 전혀 없다. 객체의 상태를 읽는 것은 한 번에 여러 리더(reader)에 의해서도 안전하게 이뤄질 수 있으므로 리소스를 단일 프로세서나 스레드에서 배타적으로 소유할 이유가 없다. 이것은 교착상태의 첫 번째 조건을 깨고 교착상태를 영원히 없애준다.

결과적으로 프로그램을 우아하게 만드는 동시에 교착상태를 제거하고 프로그램이 정확하다는 것을 증명하고 싶다면 자료구조를 불변적으로 만들어야 한다. 하지만 말은 쉽지만 이를 실천하기는 어렵다. 이러한 프로그래밍 스타일은 하스켈 및 다른 현대 함수형 언어에서는 적용하기 쉽고 자연스럽다. 하지만 그러한 접근법을 불변 객체의 집합이 java.lang.String과 java.lang.Integer로 시작해 java.lang.Class로 끝나는 자바에서 취할 경우 상황이 갑자기 더는 직관적이지 않게 바뀐다. 실제로 자바는 변경 가능한 객체를 기반으로 하며, 이를테면, GUI 기반 프로그래밍을 위한 완전히 불변적인 API를 갖춘 Concurrent Clean(하스켈의 형제)과는 대비된다. 그럼에도 적어도 전용 라이브러리 API 내에서는 불변성을 지역적으로 적용할 수 있다.

나에게 정말로 우아함이 필요한가?

내가 Concurrent Clean 같은 언어에 대한 객체 지향 확장에 관해 쓴 석사 논문을 성공적으로 방어하면서 대학교 과정을 수료했을 때 나는 내 시간을 주된 취미인 함수형 언어에 투자하는 게 좋을지 자바를 이용해 넷빈즈 IDE를 만드는 데 쓰는 게 좋을지 알지 못했다. 그때나 지금이나 나는 함수형 언어가 미래로 향하는 길이라고 생각했다. 현재의 솔루션 가운데 복잡한 병렬 프로그래밍 없이도 멀티코어나 멀티프로세서 장비를 온전히 사용할 수 있는 것은 함수형 언어밖에 없다. 이렇게 할 수 있는 이유는 컴파일러가 사실상 코드를 병렬화할 수 있기 때문이다. 함수형 언어의 시대는 올 것이다. 그게 정확히 언제인지는 확신할 수 없지만...

이러한 이유로 나는 자바를 이용해 넷빈즈 IDE를 설계하기로 했다. 새 언어를 위한 IDE의 필요성은 분명했고 그것을 사업 계획으로 전환하기는 훨씬 더 쉬웠다. 함수형 언어를 이용해 동일한 일을 하는 것은 어려울 텐데, 알려지지 않은 이슈가 너무나도 많기 때문이다. 언어가 다르고, 여전히 학교에서도 가르치지 않는다. 그 결과, 학습 역치(learning threshold)가 높고, 무지한 병렬화의 혜택이 이보다 크지 않다면 함수형 언어의 시대가 언제 도래할지 추정하기란 쉽지 않다.

하지만 함수형 언어의 시대가 도래한다면 코딩은 갑자기 더욱 아름답고 훨씬 더 우아해질 것이다. 언제나 안정적이고 진리가 언제까지고 영원히 작용하는 기하학처럼 말이다. 그때까지는 적어도 API의 일부를 불변적으로 만듦으로써 다가올 그 시간을 미리 느껴볼 수 있다.

API를 더욱 불변적으로 만들기 위해 맨 먼저 해야 할 일은 설정자 메서드를 모두 제거하는 것이다. 사실, 설정자 메서드는 객체 필드를 설정하는 수단의 하나로서, 사실상 이전 상태를 파괴하는 역할을 한다. 그 대신 모든 필드는 생성 시점에 제공해야 한다. 이 방법은 매우 효과적일 수 있다. 하지만

때로는 그렇게 하는 것이 실용적이지 못할 수도 있는데, 그러한 경우에는 팩터리를 복제하는 방법이 도움될 수 있다.

```
AServerInfo empty = AServerInfo.empty();
AServerInfo name = empty.nameProvider(prov);
AServerInfo urlAndName = name.urlProvider(prov);
info = urlAndName.reset(prov);
```

이 같은 형식은 늘 원본과 한 필드만 다른 채로 이전 객체의 복제본을 생성한다. 이것은 설정자의 불변적인 버전이자 어떤 의미에서는 좀 더 압축된 버전일 수도 있는데, 모든 호출을 한 줄로 바꿀 수 있기 때문이다.

```
inf = AServerInfo.empty().nameProvider(p).urlProvider(p).reset(p);
```

설정자에 비해 유일한 단점은 이렇게 호출했을 때 복제를 위한 템플릿으로만 사용되는 두 개의 새로운 객체가 생성되고 곧바로 사라지는 것처럼 보이기 때문이다. 실시간 애플리케이션에는 성능상으로는 좋지 않을 수도 있겠지만 자바 가비지 컬렉터는 객체를 임시로 생성하는 것은 아무런 영향을 주지 않게 할 만큼 아주 훌륭하다. 게다가 이러한 프로그래밍 스타일이 좀 더 보편화되면 "고유 타입과 탈출 분석"란에서 설명한 바와 같이 가상 머신에서 최적화할 여지가 생긴다.

고유 타입과 탈출 분석

불변 객체를 이용한 프로그래밍에서 가장 자주 의문이 제기되는 기능 중 하나는 바로 성능이다. 뭔가를 변경해야 할 때마다 새로운 복제본을 생성해야 한다면 이 방법이 충분히 빠를 수 있을까? 정답은 "그렇다. 충분히 빠를 수 있다"인데, 이는 훌륭한 가비지 컬렉터가 있어서일 뿐만 아니라 복제를 전적으로 방지하는 자그마한 기법 때문이기도 하다.

어떤 상황에서는 다른 누구도 객체를 관찰하는 사람이 없다고 확신하는 경우 객체의 상태를 파괴적으로 변경하는 것도 수용할 만한 방법인 듯하다. 해당 객체를 딱 한 사람의 관찰자, 즉 여러분만이 알고 있다면 컴파일러는 새로운 객체의 할당을 전적으로 제거하고 대신 기존 인스턴스를 변경할 수 있으며, 이것은 API가 불변적이라는 느낌을 유지하면서 해당 객체를 파괴하는 속도와 동등한 수준에서 이뤄진다.

Concurrent Clean에는 이를 위한 고유 타입의 구분을 채용하며, 자바 핫스팟 장비도 그러한 목적으로도 사용될 수 있는 탈출 분석(escape analysis)의 활용에 대한 실험이 진행 중이다. 예를 들어, AServerInfo.empty()는 다른 누구도 참조하지 않는 AServerInfo 객체의 인스턴스를 생성하기만 한다. 해당 인스턴스를 대상으로 nameProvider 메서드를 호출하면 해당 객체에 대한 유일한 참조가 nameProvider 메서드로 전달되고, nameProvider 메서드에서는 마음껏 객체를 업데이트할 수 있다는 사실을 알고 있다. 이것은 다른 비슷한 메서드도 마찬가지다.

참고: 탈출 분석(http://en.wikipedia.org/wiki/Escape_analysis)

완전한 불변성은 가능하지 않을 수도 있더라도 평범한 변경 가능한 객체가 내부 상태를 불변적인 자료구조에 보관하는 것에는 이점이 있다. 그렇게 할 경우 객체가 다중 스레드에서나 재진입 가능한 방식으로 변경될 경우 손쉽게 동기화할 수 있기 때문이다. 나는 최적화된 복잡한 내부 구조를 이용해 결과 계산의 속도를 높이는 넷빈즈 Lookup 클래스의 구현과 관련해서 이러한 상황을 목격할 기회가 있었다. 원래는 계산을 잠금으로 감쌌지만 외부 코드를 호출했기 때문에 교착상태를 경험했다. 최적의 해법은 다음과 같이 하는 것이었다.

```java
public int sumBigger(Collection<T> args) {
    for (;;) {
        ImmutableData<T> previous;
        synchronized (this) {
            previous = this.data;
        }
        int[] ret = { 0 };
        ImmutableData<T> now = doCriticalSection(args, previous, ret);

        synchronized (this) {
            // 병렬적인 변화나 재진입성 변화가 없었다면
            // 적용하고 반환한다. 그렇지 않으면 한 번 더 시도한다.
            if (previous == this.data) {
                this.data = now;
                return ret[0];
            }
        }
    }
}
```

이 방법은 캐시를 업데이트할 때 최상급 동기화만 사용하며, 교착상태의 위험 없이도 여러 스레드에서 캐시를 탐색하고 확인할 수 있게 만들어준다.

불변성에 대한 암묵적 필요

변경 가능성은 자바 같은 객체 지향 언어에서 잘 지원된다. 어떤 의미에서는 자바에서 불변 객체를 생성하는 것은 단순히 불변 객체와 그것의 필드를 변경 가능하도록 정의하는 것보다 더 문제를 일으킬 수도 있다. 한편으로 불변성이 기대되는 특정한 지점도 있으며, 특히 컬렉션 API에서 이를 확인할 수 있다. 컬렉션 API의 HashMap과 TreeSet은 각각 Object.hashCode와 Comparable.compare의 올바른 구현체를 기대한다. 필요한 선행 조건은 hashCode와 compare의 결과가 불변적이라는 것이다. 즉, 그것들은 객체의 불변적인 측면을 토대로 한다. hashCode와 compare의 결과가 불변적이지 않고, 이를테면 hashCode가 객체의 생애 동안 바뀐다면 HashMap에 객체를 삽입했는데 나중에 해당 객체가 여전히 확실히 존재하고 있음에도 찾을 수 없는 현상이 손쉽게 일어날 수도 있다.

불변성이 현재 배포 환경에서 사용되는 자바와 다른 언어의 일급 시민은 아니지만 불변성을 가능한 한 많이 사용하는 것은 일리가 있다. 너무 합리적인 접근법으로 보일 수도 있겠지만 사실 이 방법은 선택적 무지와도 궤를 같이한다. 즉, 이것은 프로그램의 실행에 주의를 기울일 필요가 없다는 것을 암시한다. 유일하게 중요한 부분은 새로운 불변 객체를 생성하는 것이다. 이 방법이 좋은 이유는 더 안정적인 프로그램(동시에 더 아름답고 우아하기도 한)을 작성하는 동안 이해를 최소화하는 데 이바지하기 때문이다.

불변적인 동작 방식

불변성은 final 필드가 포함된 객체와는 다른 생애를 보낼 수도 있다. 심지어 API 내의 객체들이 때때로 바뀌더라도 그러한 객체의 변경 빈도를 최소화하는 것이 유익할 수도 있다.

넷빈즈의 동작 수행자

전통적인 넷빈즈 기반 애플리케이션에는 복사, 잘라내기, 붙여넣기를 위한 메뉴 항목이 하나 있다. 하지만 포커스가 탐색기에 있거나 UML 그리기 도구에 있을 때보다 편집기에 있을 때 메뉴 항목은 다양한 기능을 가질 필요가 있다. 이러한 각 부분들이 서로에 관해 전혀 알지 못하더라도 그것들은 모두 사용자의 클립보드 연산을 제어하고 반응할 필요가 있다.

처음에는 이 문제를 "수행자(performer)"를 이용해 해결했다. UI의 최상급 요소가 포커스를 받을 때마다 그것의 componentActivated 메서드가 호출됐다. 이제 코드에서는 잘라내기, 복사하기, 붙여넣기, 또는 다른 동작을 찾을 수 있다. 그럼 해당 동작에 콜백 인터페이스를 첨부할 수 있다. 그 이후로 해당 동작에 대한 모든 연산은 이 UI 요소에 위임될 것이다 (다른 것이 선택되고 자체적인 콜백이 첨부되기 전까지).

언뜻 보기에 이 방법은 합리적인 아키텍처로 보이고 심지어 대부분의 경우에는 동작했다. 하지만 어떤 이례적인 상황에서 해결 불가능한 문제에 직면했다. 가령 포커스를 바꿀 때 클릭할 필요가 없는 윈도우 관리자에서는 사용자가 예상과 다른 요소에 대해 잘라내기나 삭제 연산을 호출할 수도 있다. 여러분도 상상할 수 있겠지만 삭제된 노드가 여러분의 백업 파일이 아니라 데이터베이스의 내용이라는 사실을 알게 되는 것은 그리 유쾌한 경험이 아니다. 때때로 이런 일이 팝업 메뉴에서도 발생할 수 있다! 포커스의 동작 방식은 그렇다 쳐도 사용자는 다른 UI 컴포넌트가 선택된 상태에서도 무작위로 깨어나서 수행자를 복사하기, 잘라내기 및 이와 비슷한 동작에 첨부하는 망가진 모듈과 관련된 문제를 겪을 수도 있었다.

이 문제를 고칠 방법이 필요했다. 다행히도 JDK 1.3의 스윙에는 ActionMap이라는 개념이 포함돼 있었다. 각 스윙 컴포넌트는 ActionMap을 가지고 있으며, 일반화된 키를 실제 수행자와 매핑하는 데 ActionMap을 사용한다. 이것은 우리가 처한 문제를 해결하기에 이상적으로 보였으며, 얼마 뒤에 하위 호환성 문제를 찾느라 고군분투할 때 ActionMap을 사용하기 시작했다.

지금 당장은 각 최상위 UI 요소는 사체적인 ActionMap을 가시고 있으며, 해낭 ActionMap을 완선히 제어한다. 대부분의 경우 생성 시점에 올바른 콜백을 등록하고 나면 다음으로 일어날 일에 관해 신경 쓰지 않는다. 그리고 나면 기반구조에서는 팝업 메뉴가 선택되거나 나타날 때를 추적해서 적절한 UI 요소의 ActionMap에서 찾은 콜백에 동작을 연결한다.

그 이후로 더는 무작위 포커스 문제를 겪지 않았다. 사용자 코드는 거의 "불변적"이고 동적인 부분은 대부분 기반구조에서 처리되며, 이러한 기반구조는 우리의 통제하에 있고 잘 테스트될 수 있으며, 신중하게 작성되고 정확성을 검증받는다.

사용자 코드가 정적일수록 정확할 가능성이 커진다. 그것이 무지 모드에서 작성됐더라도 말이다. 동적으로 변경할 필요가 없다면 그러한 변경사항은 기반구조에 두는 편이 나은데, 기반구조야말로 우리가 집중해서 올바르게 작성할 수 있는, 우리에게 속한 유일한 곳이기 때문이다.

문서의 호환성

지금까지는 주로 프로그램의 시그너처나 동작 방식에 관해 이야기했다. 하지만 3장의 "파일과 파일의 내용"에서 간략하게 서술한 것처럼 라이브러리의 API는 그보다 포괄적인 주제다. 예를 들어, 라이브러리의 API에는 라이브러리가 읽고 쓰는 파일도 포함된다. 그러한 API에 대한 규칙은 클래스와 메서드의 경우와도 같다. 바로 단순함, 견고함, 정확성, 진화 용이성 등 말이다. 그렇지만 이것들을 달성하는 기법은 다를 수도 있다. 그럼에도 그러한 기법은 중요하며, 특히 선언형 프로그래밍에 점점 더 비중을 두기로 할 경우에는 더욱 그렇다.

"첫 번째 버전은 결코 완벽하지 않다"는 자바 API 개발의 신조였다. 사실 그것은 파일 기반 API에도 해당하는 이야기다. 심지어 디스크에 기록하는 첫 번째 포맷(format)조차도 일종의 식별자를 갖춰야 하는데, 나중에 분명히 새로운 포맷은 물론 이전 포맷도 계속해서 읽는 와중에 그러한 포맷을 개선하고 새로운 포맷을 기록해야 할 것이기 때문이다. 가장 중요한 것은 버전 번호나 다른 어떤 버전 식별자를 애플리케이션이나 라이브러리가 디스크에 저장하는 모든 파일에 포함하는 것이다.

진화가 가능할 경우 머릿속으로 떠오르는 다음 질문은 진화를 어떻게 단순화하느냐, 즉 파일의 내용이 때때로 개선될 수 있게 어떻게 구조화하느냐다. 보통 이와 관련해서 두 가지 방법이 있다. 바로 빅뱅 방식의 변화나 점진적 개선이다. 빅뱅 접근법은 파일의 버전 식별자를 변경한 다음 파일의 내용을 완전히 개편한다. 이것은 일종의 포맷 중복에 해당한다. 즉, 파일을 메모리로 읽어 들이는 코드도 중복해야 한다는 의미다. 이 방법이 안 좋은 이유는 유지보수해야 할 코드의 양 때문이다. 하지만 이 방법이 좋기도 한 이유는 이전 포맷을 읽어 들이는 기존 코드를 거의 변경하지 않은 채로 유지할 수 있고, 이로써 퇴행할 위험이 대폭 낮아진다.

반면 점진적 접근법은 읽기 코드의 완전한 중복을 방지한다. 그것은 아마도 추가적인 if 문을 통해 포맷을 읽어 들이는 코드가 개선되기 때문에 이전 포맷의 동작 방식에 부정적인 영향을 줄지도 모른다. 좋은 점은 파일을 읽어 들이는 코드가 중복되지 않는다는 것이다. 하지만 계속해서 이전 포맷을 올바르게 읽어 들이기 위해서는 더욱 주의할 필요가 있다. 몇 년 전에 이 방법이 커다란 위험을 불러

일으킬 뻔한 적이 있다. 하지만 요즘에는 자동화된 테스트가 보편적이라서 새로운 포맷뿐 아니라 이전 포맷에 대해서도 모두 올바르게 동작하게 만들 가능성이 높다. 이것은 근면함의 문제일 뿐이다.

점진적 접근법을 취할 때만 한 가지 중요한 측면을 깨달을 수 있다. 바로 하위 호환성뿐만 아니라 상위 호환성까지도 지원할 수 있다는 것이다. 이것은 프로토콜의 이전 버전을 알게 됨으로써 이전 버전의 애플리케이션이 향후 버전을 부분적으로 이해할 수 있다는 의미다. 물론 이전 버전들이 향후 버전을 모두 알지는 못한다. 만약 그렇게 된다면 기적일 것이다. 그러나 이전 버전들은 이전 버전의 파일에 새로 추가되는 부분에 대해서는 무시하면서 이미 존재하는 부분들을 이해할 수 있다. 예를 들어, 첫 번째 버전에서 검정색 글자만 지원하는 텍스트 문서를 나타내는 파일을 상상해 보자. 새 버전에서는 다양한 글꼴 색상에 대한 지원 기능이 추가될 수도 있다. 하위 호환성을 보장하는 방식으로 이뤄진다면 포맷은 기존 버전에서도 읽을 수 있게 유지된다. 이전 버전에서는 색상을 모두 무시하겠지만 결과는 여전히 유용할 테고, 최소한 보는 용도로는 유용할 것이다. 뷰어와 유사한 애플리케이션도 나쁘지 않다. 편집기 애플리케이션만 이 문제를 고려하고 새 버전의 문서를 변경하기 전에 사용자에게 경고할 필요가 있다. 어쩌면 모든 색상 표현은 문서를 이전 버전의 편집기에서 수정할 경우 모두 소실될지도 모른다.

흑백 TV 대 컬러 TV

프로토콜의 상위 호환성 확장의 기적을 흑백 TV에서 컬러 방송이 시작될 때 목격할 수도 있었다. 사실 전체 신호가 바뀌었음에도 기존의 흑백 TV에서는 그러한 신호를 이해하고 음영을 통해 올바르게 표시할 수 있었다(신호의 색상을 완벽하게 재현하는 것은 새로운 TV에서만 가능했지만 말이다). 이것은 진화를 고려하지 않은 포맷을 호환 가능한 방식으로 진화시켰다는 점에서 아주 큰 성과다. 내가 아는 한 1950년에서 1960년까지 TV 세트는 50년이 지난 후에도 적당한 뭔가를 표시할 수 있었다! 이것이 바로 진정한 호환성이다. 한 가지 포기할 수밖에 없는 부분은 RGB(Red, Green, Blue) 체계를 사용할 수 없는 대신 YUV(Yellow-Ultraviolet)만 사용할 수 있다는 것인데, 이것은 YUV가 흑백 TV 세트로 하여금 Y만 받고 새로운 버전에 대한 YUV 색상을 무시하게 하는 핵심 기술이었기 때문이다. 이것의 부정적인 측면은 TV 신호가 아주 오랜 시간 동안 호환성을 유지했다는 사실로 인해 여전히 상당히 컸다. 그렇다고 해서 전 세계가 MPEG 신호로 옮겨가는 것이 반갑지 않다는 의미는 아닌데, 그것은 커다란 진일보이기 때문이다. 영상 신호 부호화 분야의 발전 덕분에 우리는 적어도 50년이나 된 기술에 비해 4배나 많은 채널을 볼 수 있게 될 것이다...

추가 데이터를 포함할 수 있으면서 이전 버전을 알고 있는 것에서도 인식할 수 있는 최적의 포맷은 무엇일까? 내가 알기로는 이 과업에 적합한 것으로 두 가지가 있다. 그중 하나는 프로퍼티 파일이고, 다른 하나는 XML이다. 프로퍼티 파일은 다수의 이름과 값 쌍으로 구성된다. 새 버전에서 새로운 키를 추가하면 이전 버전에서는 그것들은 안전하게 무시하고 적당한 방식으로 동작한다. 비슷한 경우는 XML에도 적용된다. 잘만 설계하면 XML은 이름/값 쌍에 대비되는 추가 속성이나 추가 요소를 포함할 수 있다. 게다가 이것들은 완전히 새로운 하위 트리를 담을 수도 있다. 하지만 기존 클라이언트에서는 그러한 요소를 완전히 무시할 수 있고 자신이 아는 요소만 처리할 수 있다.

또 하나의 바이너리 포맷

2000년에 친구와 이야기하면서 기존의 다른 포맷에 비해 XML이 지닌 장점이 무엇인가를 알아내려고 노력한 적이 있다. 긴 논쟁 과정에서 나는 포맷에 관한 생각은 완전히 떨쳐버리려고 노력한 반면 시스티넷(Systinet)의 설립자인 친구는 정반대의 관점에서 바라보고 있었다. 몇 시간이 지난 후 우리는 XML을 텍스트 형식의 포맷으로 취급하기로 했다. 그러한 맥락에서 XML은 다른 텍스트 형식의 포맷과 비교해 한 가지 커다란 이점을 가지고 있었다. 바로 XML은 처음부터 계층적인 트리 구조를 포함하고 있다는 것이다. 그 결과, XML을 처리할 때는 특정 하위 트리를 완전히 건너뛰고도 문서의 나머지 부분을 이해하고 심지어 조작할 수도 있다.

우리가 고려했던 다른 선택지, 즉 XML을 바이너리 형식으로 다루는 것은 그다지 흥미롭지 않았다. 반면 친구는 거기에 꽤 흥미를 보였는데, 텍스트 형식의 XML이 지닌 유일한 이점이 트리 구조라는 사실을 발견했을 때 특히 그랬다. 나중에 웹 서비스 영역에서 친구가 한 일을 지켜볼 기회가 있었는데 늘 그 친구와 나눴던 이야기가 떠올랐다. 그렇다. SOAP(Simple Object Access Protocol) 및 이와 비슷한 포맷은 트리 구조의 이점을 그다지 많이 활용하지 않는다. 그러한 포맷들은 XML을 또 하나의 바이너리 포맷으로 취급하는 것처럼 보인다.

필요 이상으로 노출하지 말라는 조언은 파일 포맷 영역에서는 달성하기 어렵다. 클래스에는 private이나 protected 같은 접근 제한자가 지원되는 반면 파일은 그와 비슷한 것들을 전혀 제공하지 않는다. 결과적으로 파일을 누구나 읽을 수 있도록 대비해야 한다. 그렇게 할 기회를 제공한다면 누군가는 그 기회를 이용할 것이다. 이렇게 될 가능성을 줄이는 유일한 방법은 "잘 알려지지 않게 해서 안전하게 만드는" 접근법을 이용하는 것이다. 즉, 멋진 방식으로 표현되는 훌륭한 라이브러리에는 투자하는 반면 파일 포맷은 끔찍하게 만드는 것이다. 그렇게 하는 과정에서 개발자들이 라이브러리를 사용하리라 기대할 수 있으며, 파일 자체를 읽어 들이는 대신 보여져야 할 부분만 노출될 것이다. 하지만 언제나 기존 라이브러리보다 더 많은 프로그래밍 언어가 있기 때문에 이것은 대개 잘못된 희망사항에 해당한다. 디스크에 기록된 모든 것들은 누구라도 볼 수 있다고 예상하는 편이 더 낫다.

훌륭한 API 설계의 또 한 가지 측면은 자기 문서화(self documentation)다. 사실 프로퍼티 포맷과 XML 포맷 모두 자기 문서화를 올바른 방향으로 지향한다. 이러한 형식으로 만들어진 환경설정 파일(특히 주석과 같은 것을 사용할 수 있는 경우)을 수정해본 사람이라면 누구나 파일 자체를 그대로 유지하는 것으로 충분하고 이러한 상황에서는 다른 어떠한 문서화도 필요하지 않으리라는 사실을 안다. 물론 맨 처음부터 완전히 새로운 파일을 작성하는 것은 쉽지 않은 일이지만 작은 부분에 집중한다면 그 부분의 의미를 정확하게 이해하고 해당 부분을 올바르게 변경할 가능성이 높아진다.

앤트 스크립트의 호환성

결국 문서는 의미를 지닌다. 의미는 이번 절에서 설명한 경우 이상으로 진화를 복잡하게 만들 수 있다. 예를 들어, 넷빈즈 IDE는 앤트(Ant) 스크립트로 빌드된다. 앤트 스크립트는 넷빈즈 IDE 내의 거의 모든 프로젝트의 기반이다. 앤트 스크립트는 부분적으로 IDE에서 생성된다. 하지만 사용자가 빌드 프로세스 도중에 추가적인 최적화를 수행해야 할 경우에는 앤트 스크립트를 편집할 수도 있다. IDE의 기능은 지속적으로 진화한다. 그와 동시에 생성된 스크립트의 포맷 또한 진화할 필요가 있다. 하지만 앤트는 일종의 상속 및 타깃 재정의를 지원하기 때문에 스크립트 내의 타깃은 지속적으로 호출되거나 재정의된다. 따라서 생성된 스크립트의 호환성에 각별한 주의를 기울일 필요가 있다. 이전에 존재하던 타깃을 삭제하는 것은 절대로 해서는 안 되는 일이며, 그것들의 이름을 바꾸는 것도 바람직하지 않다. 이 같은 상황은 타깃 간의 의존성을 비롯해 타깃에서 정의했거나 타깃이 의존하는 프로퍼티를 변경하고 싶을 때 특히 문제를 일으키기 쉽다. 게다가 앤트 빌드 파일이 캡슐화를 지원하지 않는다는 사실(모든 타깃은 공개돼 있고 따라서 호출되거나 재정의될 수 있다)은 전체 상황을 복잡하게 만든다.

이제 우리는 파일 API 호환성의 세계에서 객체 지향 언어의 일반적인 호환성으로 전환하는 과정을 거의 마쳤다. 상속이나 재정의 등은 앤트 스크립트와 관련된 이 모든 문제에 직면하게 만들고, 자바 API와 관련해서도 동일한 문제를 야기한다. 이 같은 상황은 이러한 API를 사용하는 대상 그룹에 넷빈즈 IDE의 확장 모듈을 작성하는 사람만이 아니라 넷빈즈 IDE의 모든 사용자도 포함된다는 사실로 인해 확대된다. 한 가지 다행스러운 점은 이 모든 사용자가 앤트 스크립트를 수정하지는 않는다는 점이다. 그래서 아직까지는 이와 관련된 비호환성 문제가 그렇게 많이 보고되지는 않았다.

파일과 파일의 내용 영역에는 API 및 무지한 애플리케이션 조립자와 관련된 특유의 복잡성이 있다. 여러분이 직면할 수 있는 문제의 가짓수는 문서 포맷에 담긴 선언형 요소와 명령형 요소의 양에 좌우된다. 간단한 경우에는 문서의 버전을 이해하는 것만으로 충분하다. 앤트 빌드 스크립트처럼 복잡한 경우에는 결국 객체 지향 API 설계와 비슷한 복잡한 의미를 갖게 된다. 하지만 적어도 겉으로 보기에는 성공적인 설계를 측정하는 규칙이 필요하다는 것은 두 경우 모두 마찬가지다. 여러분이 사용해야 할 기법들이 다양할 수도 있겠지만 자바 클래스와 시그너처 API와 비교했을 때 아주 약간만 다를 뿐이다.

PART

03

일상 생활

일이 어떻게 이뤄지는지 이해하는 것도 좋지만 직접 그 일이 이뤄지게 할 수 있다면 더 좋다. 아쉽게도 전자가 가능하다고 해서 저절로 후자로 이어지는 것은 아니다. 이론을 이해하는 것은 중요하다. 적어도 이제 여러분은 API 설계의 배경을 알고 일상에서 내리는 의사결정들을 정당화할 수 있다. 하지만 일상에서 늘 하는 활동들은 이론에서 설명하는 것보다 훨씬 더 동적이고 유동적이다. 따라서 여러분이 일하고 있는 특정 환경을 고려해 신중하게 이론을 적용해야 한다.

이론은 과학의 산물이다. 과학이 세계를 탐구할 때마다 과학은 세계를 가능한 한 완전하게 설명하려 한다. 그래야만 과학이 정확한 것으로 여겨지기 때문이며, 그래야만 고대 그리스 시대 이후로 가장 존경받는 과학인 기하학과 비교될 수 있다. 하지만 기하학은 현실 세계에 관해 이야기하지 않기 때문에 정확하다. 기하학은 기하학적 물체의 세계에 관해 이야기한다. 가장 순수한 형태의 기하학은 물체가 존재하고 발견될 수 있지만 변형하거나 이동할 수 없는 정적인 세계다. 사실 이것은 시시각각 변하는 현실 세계와는 매우 다르다. 그럼에도 기하학적 진리를 현실 세계의 상황에 적용하는 것은 아주 큰 가치가 있다. 사유지 주변에 쳐야 할 담장의 길이를 계산하는 것이 한 예다. 한편으로 모든 기하학적 진리를 그렇게 쉽게 현실 세계에 적용할 수 있는 것은 아니다. 더 작은 "반쪽짜리 막대"를 만들기 위해 나무 막대의 중간을 100번 쪼개는 것은 크기가 중요하지 않은 기하학에서는 손쉽게 상상할 수 있는 일이다. 하지만 현실에서는 그렇게 하기가 쉽지 않다.

현실은 이론이 적응해야 할 절충안으로 가득 차 있다. 무엇이 효과가 있고 없는지를 알려면 경험해봐야 한다. 일을 진행하려면 뭘 해야 할지를 알아야 한다. 이것은 API 설계든 담장 쌓기든 마찬가지다.

이 책의 3부는 일반적인 이론과 동기(1부에서 설명한)와 자바에 대한 규칙의 실제 적용(2부에서 다룬)을 토대로 한다. 하지만 일상 생활은 과학의 세계와 비교했을 때 완벽하지 않은데, 이론은 늘 현실 세계를 단순화한 채로 투영하기 때문이다. 우리가 날마다 내리는 결정들은 절충안으로 가득 차 있어서 2부의 결론을 글자 그대로 적용할 수 있을 가능성은 높지 않다. 조언을 현실 상황에 맞춰 조절할 필요가 있다. 이것이 바로 3부의 주제다. 3부에서는 API 설계자의 삶을 살아갈 때 알아둬야 할 "함정"들을 살펴본다. 또한 이론이 통할 때와 이론을 작동시키기 위해 해야 할 일들에 대해서도 설명한다. 여기서 제안하는 사항들은 "응용 이론" 수준에 해당한다. 그러한 제안들은 가급적 넷빈즈 프로젝트를 진행할 때 활용했던 설계 실천법을 기반으로 한다.

3부에서는 우리가 이론을 알고 있고 자바 프로그래밍 언어라는 분야에 해당 이론을 적용하는 방법을 알고 있다고 가정한다. 하지만 현실 세계에서는 그것만으로는 부족하기 때문에 API를 생성, 공개, 버그 수정, 유지보수할 때 일상적으로 일어나는 문제들을 해결하기 위해 해야 할 일들을 설명할 것이다. 이것이 중요한 이유는 대부분의 시간을 정확히 이처럼 지루한 작업을 처리하는 데 보낼 것이기 때문이다. 이론과 초기 설계는 빙산의 일각에 불과하다. 나머지가 바로 실제 업무다. 3부에서는 그러한 부분들을 조명한다.

CHAPTER 13

해로운 것으로
여겨지는
극단적인 조언

이 책의 2부에서는 API를 개선하는 방법을 보여줬다. 여러분이 할 수 있는 최악의 일은 그러한 제안을 글자 그대로 따르는 것이다. 그렇게 하는 것은 가능하지도 않을뿐더러 일반적으로 이점도 없다. 제안은 제안일 뿐이다. 개별 API의 문제에는 개별적인 접근법이 필요하다. 이 책에서 제안하는 내용은 넷빈즈 프로젝트라는 맥락 내에서 나의 개인적인 경험을 기반으로 한다. 다른 프로젝트는 출발점이 다를 가능성이 높다. 초기 요인의 가장 사소한 차이마저도 완전히 다른 제안으로 이끌 수 있다. 그럼에도 1부에서 내린 결정에 대한 객관적인 토대를 제공하려고 하는 것은 여러분만의 결론을 이끌어내기 위한 좋은 출발점이다.

연장자의 말을 듣지 마라

자바원 2007에서 나는 자바 API를 설계하는 두 사람이 하는 이야기를 우연히 듣게 됐다. 한 명은 선배가 그에게 뭔가를 다르게 하라고 지시한 경우의 API 설계 사례를 설명하고 있었다. 다른 한 명은 다음과 같이 말했다. "그래, 나도 그분 알아. 그분이 자기 방식으로 뭔가를 하길 바랄 때는 그 방법을 상당히 강하게 고집하시지." 그러자 상대방이 이렇게 대답했다. "아니, 그건 아니고, 그분은 자기 해법이 더 낫다고 납득시키셨어."

행복한 결말이 담긴 이야기다! 하지만 나는 이것이 예외였다고 믿고 싶다. 때때로 그 두 명의 개발자는 어떤 해결책이 어떻게 도움이 되는가와 관련해서 적절한 설명을 듣지 못한 채로 해결책을 받아들여야 할 때가 있을 것이다. 나라면 그런 상황에 처하는 것이 달갑지 않을 것이다. 이러한 이유로 나는 다른 사람들이 생각해낸 해법을 어떻게 바꾸라고 말할 때 이러한 종류의 "제안"을 하지 않으려는 것이다.

내가 보기에 어떤 사람이 나이가 더 많거나 경험이 많은 이유로 그의 말을 듣는 것은 도움이 되지 않는다. 그들의 충고가 진짜로 유용하다면 그런 주장을 뒷받침할 증거가 있어야 한다. 그런데 내가 깨달은 바로는 그것은 거의 공학적인 접근법이라는 것이다. 하지만 소프트웨어 공학도 공학의 일종이라서 이 같은 접근법이 내게는 올바른 것으로 여겨진다. 소프트웨어 공학이 없다면 우리는 장로 정치를 경험하게 될 것이다. 즉, 나이가 많을수록 충고가 더 값어치 있게 되는 것이다. 경험과 직관이 중요하다는 것은 사실이지만 모든 일을 이러한 기준에 따라 하는 것은 근시안적인 태도일 것이다. 나는 여러분이 처한 상황에서 합당한 경우에만 제안을 받아들이라고 제안한다.

얼마 전 나는 JDK 기능 향상을 진행하는 개발자들을 대상으로 그들이 제안한 해법이 최종 사용자에게는 최적의 해법이 아닐 것이라고 설득한 적이 있다. 그들이 제안한 해법에서는 사용자가 다양한 특유의 상속 관계를 포함한 세 개의 클래스를 생성해야 하는 반면 내가 제안한 해법에서는 단 한 개의 클래스만 필요했다.

나는 그들이 설계를 변경하도록 설득하기 위해 최선을 다했다. 나는 사용자의 코딩 스타일에 대한 폭넓은 분석 결과를 참고했다. 나는 API가 개발자에게 더 단순할수록 더 낫다고 주장했다. 그들은 내 의견에 동의하는 것처럼 보였다. 최소한 그들은 내가 제안한 접근법에 아무런 이의가 없었다. 여기엔 단 하나의 결론으로 귀결될 수밖에 없었다. 즉, 한 개의 클래스를 사용하는 해법이 더 나았다는 것이다. 하지만 놀랍게도 그들은 거기에 동의했지만 어떠한 설명 가능한 이유도 없이 계속해서 자신들의 해법을 사용하길 고집했다. 다시 말해 합리적이지 않은 모습을 보였다. 그 당시 나는 상당히 낙심했고 여전히 그때의 안타까운 기억을 가지고 있다.

나는 조언을 따르길 거부하는 극단적인 방법을 옹호하는 것이 아니다. 측정 가능한 이점과 함께 변화를 위한 정당한 이유가 있다면 그냥 주어진 충고를 따르기만 하면 된다. 단지 "나이가 더 많다"는 것 말고는 아무런 이유도 없이, 누군가가 합리적인 명분 없이 뭔가를 하도록 요구한다면 여러분은 알 권리를 내세우고 제안된 접근법을 따라야 하는 이유를 설명하는 상호 간의 의무를 주장해야 한다.

이제 조언을 엄격하게 따르는 것이 어떻게 API 설계를 고통스러운 경험으로 바꿀 수 있는가를 보여주는 몇 가지 사례를 보여주겠다.

API는 아름다워야 한다

이 책에서는 진리는 아름다워야 한다는 믿음에 주목해 왔다. 1장에서는 이를 우리의 깊은 곳에 있는, 주로 무의식적인 고전 문화와 과학에 대한 존경에서 비롯된 결과라고 봤다.

API 개발에서 아름다움을 절대적으로 찬미했을 때의 가장 심각한 결과 중 하나는 지원 중단된 요소를 전적으로 거부하는 것이다. API 요소를 지원 중단 상태로 만들기보다 아예 API에서 제거하려는 사람들이 있는 듯하다. 사실 API를 지원 중단된 요소로 가득 채우는 것은 바람직하지 않다. 하지만 지원 중단된 API는 이전 버전이 제거됐을 때 새로운 API로 마이그레이션하기 위해 완료해야 할 작업에 비해 치러야 할 비용이 적다. 지원 중단된 요소와 관련된 비용은 문서를 읽는 동안 일시적으로 주의가 흐트러지는 것 정도다. 이것은 API에서 뭔가를 제거했을 때 발생하는 신뢰의 상실보다는 훨씬 더 적은 비용이다. 사실 다른 하위 호환성 위반과 마찬가지로 요소를 제거하는 것은 라이브러리를 사용하는 사람들을 푸대접하는 것이다. 이것은 마케팅 담당자라면 절대로 하지 말아야 할 행동이다. 여러분은 제품을 사용한다는 이유로 고객에게 벌을 주고 싶지는 않을 것이다. 때때로 나는 "어쨌든 API를 사용하는 사람은 아무도 없어요."라는 식의 주장을 근거로 핑계를 대는 사람들을 본 적이 있다. 그게 사실이라면 그것은 API를 지원 중단 상태로 만들어야 할 완벽한 이유인데, API를 지원 중단 상태로 만들더라도 거기에 방해받을 사람은 아무도 없을 것이기 때문이다.

다시 한 번 말하지만 아름다움은 멋진 것이지만 API의 가장 중요한 속성은 아니다. 이 점은 돈에 관해 이야기하면 더 명백해진다. 개발 프로젝트의 후원자들은 대개 두 가지 요인에 집착한다. 바로 시장에 더 빨리 제품을 내놓는 것과 소유 비용을 줄이는 것이다. 그러한 두 요인과 더불어 특정 기술에는 늘 "멋진 요소"가 있다. 하지만 "멋진"에 그러한 두 가지 기초적인 경제 원칙이 하나 또는 모두 포함되지 않는다면 나는 해당 기술을 향후에 사용하거나 도입하는 것이 제한될 것이라고 주장할 것이다.

그렇다. 지원 중단은 멋을 줄인다. 하지만 지원 중단은 적기 출시에 그다지 영향을 주지도 않고, 소유 비용 또한 증가시키지 않는다. 사실 그 반대가 맞다. 지원 중단된 요소가 많을수록 기존 사용자 기반에 관심을 두고 있다는 사실이 더 두드러지고 여러분이 이미 투자한 것을 소중하게 여기고 그것을 보존하는 모습을 보여주면서 소유 비용을 낮추는 데 이바지한다. 그렇다고 해서 코드 내에서 지원 중단된 API를 계속해서 사용해야 한다는 의미는 아니다. 지원 중단된 요소는 API 사용자가 좀 더 현대적인 대체재로 옮겨가도록 장려하거나 API를 처음 사용하는 사람들이 API에서 이미 낙후된 요소를 사용하지 않도록 방지하는 중요한 수단이다. 그럼에도 지원 중단을 가벼운 힌트로 사용하고, API 요소를 제거하는 것은 좀 더 무겁고, 강력하며, 정신을 번쩍 들게 하고 현실을 직시하게 만드는 행동으로 사용하는 편이 더 낫다.

API는 정확해야 한다

때때로 어겨도 되는 또 한 가지 좋은 조언은 훌륭한 API는 늘 정확해야 한다는 것이다. 정확한 API는 망가진 API에 비해 확실히 더 유용하다. 자연스럽게 사용하기 쉬운 API는 API 클라이언트로 하여금 문서를 통해 올바른 사용법이 무엇인지 찾게 만드는, 잘못 사용할 가능성이 많은 API에 비해 더 낫다. 하지만 정확성을 위해 손쉬운 사용을 희생함으로써 스스로 갖가지 문제를 초래할 수 있다.

내가 파일의 내용을 String이나 String 배열로 읽어 들이는 유틸리티 메서드를 작성하는 대신 이 책의 한 단락을 쓸 수 있었다면 이 책은 몇 년 전에 출간됐을 것이다. 한 가지 확실한 것은 자바에서 디스크로부터 파일을 읽어 들이는 방법이 비정상적으로 "장황하다"라고 느끼는 것이 나 혼자만이 아니라는 것이다. 한편으로 나는 왜 사람들이 그것을 그런 식으로 해야 하는지 이해한다. 즉, 이것은 수년간 C에서 해오던 방식을 흉내 내는 것인데, C 언어의 접근법을 이용하면 파일의 크기나 내부 구조와는 상관없이 어떤 파일이든 읽을 수 있도록 보장하기 때문이다. 하지만 이를 단순화할 경우에는 프로그램이 정확하지 않게 동작하거나 임의로 동작할 수도 있다.

머큐리얼 대 서브버전

자바 API에 대응되는 흥미로운 사례는 넷빈즈 프로젝트와 관련이 있다. 바로 다양한 버전 관리 도구 비교다. 얼마 전에 넷빈즈는 CVS에서 hg로 알려진 머큐리얼(Mercurial)로 이전했다. hg의 작업흐름은 우리가 지금까지 했던 것과 상당히 다르다. 그 결과는 놀랍지 않았다. 개발자들은 불만을 토로했다. 그것도 상당히 말이다. "대체 왜 서브버전을 사용하기로 하지 않았죠?"라는 불만을 심심찮게 들을 수 있었다.

버전 관리 도구 이전을 담당했던 넷빈즈 엔지니어가 내게 탁월한 설명을 해줬다. "CVS와 서브버전은 고전역학을 이용해 세상을 표현하려는 것으로 봐야 해요. 그것도 속도나 거리에 대해 상당히 잘못된 답을 주면서 말이죠. 반면 hg는 세상을 특수 상대성을 이용해 세상을 직접적으로 표현합니다."

이 설명은 상당히 그럴 듯하다. 서브버전에서는 커밋할 때마다 최종 결과를 전혀 알 수 없는데, 이것은 저장소에 광신호를 보냈고 그것이 예측 가능한 시간이나 특정 순서로 도착할 거라고 생각하는 것과 같다. 전체 저장소에는 모든 파일에 대한 버전이 포함돼 있고, 커밋할 경우 저장소에는 다른 개발자가 통합한 내용을 이미 담고 있을 수도 있다. 우선 코드를 체크아웃해서 저장소의 상태가 여러분이 통합한 내용을 반영하고 있는지 파악할 필요가 있다. 이것은 하늘에 떠 있는 아무 별에서 별빛을 보내고선 언젠가 지구상의 누군가가 그 빛들이 모두 모나리자의 모습으로 보이길 희망하는 것과 비슷하다! 당연히 그렇게 될 가능성은 낮다.

머큐리얼에서는 상황이 다르다. 우선 저장소의 상태를 가져와야 한다. 저장소의 상태를 시스템으로 가져와 거기에 변경사항을 합친 다음 다시 저장소에 반영한다. 저장소 관점에서도 반영된 내용이 정확해야만 해당 사항이 받아들여진다. 누군가가 그 사이에 저장소를 변경하면 pull, merge, push 과정을 다시 시작해야 한다. 이렇게 하면 여러분이 현재 무슨 일을 하고 있는지 정확하게 이해할 수 있다. 즉, 디스크 상에 저장소의 전체 상태를 보유하게 되는 것이다. "불빛" 사례의 관점에서 이것은 저장소를 운영 중인 별의 광신호를 구해서 그것을 원하는 대로 변경한 다음 이전 상태의 변경사항을 새로운 상태에 반영해주기를 요구하면서 둘을 되돌려 보내는 것을 의미한다. 한 가지 분명한 것은 이 같은 일이 여러 곳에서 동시에 일어나더라도 그중 딱 하나만이 성공할 수 있다는 것이다. 다른 것들은 성스러운 삼위일체에 해당하는 "pull, merge, push"를 다시 반복해야 한다.

합리주의자 관점에서는 머큐리얼의 접근법이 올바르다. 그것은 아름답고 우아하다. 서브버전은 그렇지 않다. 사용하기는 더 쉽지만 말이다. 개발자들이 무엇을 원하는 것인지 짐작이 가는가? 그렇다. 바로 변경사항 커밋에 대한 무지한 접근법이다! 버전 관리 시스템의 세계에서 정확성과 사용의 용이성에 대해서는 여기까지만 이야기하겠다.

초보자 입장에서 파일의 내용을 읽어 들여 파싱하는 자바의 접근법을 어떻게 설명할지 생각해 보자. 이미 java.io.File을 가지고 있다고 가정한다. 여러분은 그것을 처리할 새로운 방법을 연구 중이다. 우선 java.io.File에는 여러분을 도와줄 만한 메서드가 없다. 하지만 같은 패키지 안을 충분히 조사해 보면 FileInputStream을 찾을 수 있다. 모든 초보자가 스트림의 개념을 이해해야 하는 것은 아니다. 다른 언어에서는 "스트림" 개념 없이도 파일 읽기 작업을 완전히 해결할 수 있다. 이러한 진화를 단순화하기 위해 초보자가 스트림이 무엇인지 알고 있다고 가정해보자. FileInputStream이 정확히 여러분이 원하는 것이라고 가정하기 쉽다. 이제 입력 스트림의 인스턴스가 있으니 그것으로부터 읽어 들이고 싶을 것이다. 그럼 어떻게 읽어 들일 수 있을까? 물론 read 메서드를 사용하면 된다. 하지만 사용 가능한 메서드에는 다소 이상한 부분이 있는 듯하다. 어떤 것은 문자 하나를 읽어들이고, 어떤 것은 배열을 사용한다. 그렇지만 나한테는 배열이 없다! 나는 배열을 읽고 싶지만 아직 배열을 갖고 있지 않다! 조금 더 찾아보면 올바른 접근법은 빈 배열을 할당한 다음 반복적으로 배열을 읽어 처리하는 것이라는 사실을 알게 된다. 펄을 사용하던 사람에게는 그러한 사소한 작업을 처리하는 더 단순한 방법이 없다는 사실이 달갑지 않게 느껴질 것이다.

나는 자바 설계자들이 왜 자바의 변화 속도가 C#만큼 빠르지 않은지를 설명하는 것을 들은 적이 있다. 그들이 말하기로는 C# 제작자와 비교했을 때 썬은 호환성에 전념하고 있다는 것이다. 언어에 뭔가가 추가되면 그것은 남아 있어야 한다. 그래서 새로운 기능의 개발이 더딜 필요가 있는 것이다. 새로운 기능들은 정확성을 위해 포괄적으로 검증해야 한다. 그런 주장이 납득되지 않을 수도 있겠지만 디스크 상의 파일의 내용에 "OK"라는 텍스트가 포함돼 있는지 검사해야 하는 사람에게 그것을 설명해보라. 이것은 단위 테스트를 작성할 때 가장 자주 하는 행동 중 하나다. 내가 가상으로 만든 모든 모듈에는 파일을 String으로 읽어 들이는 유틸리티 메서드가 포함돼 있는데, 그렇게 하는 것은 아주 일반적인 요구사항이기 때문이다. 나는 그 메서드의 구현이 대용량 파일인 경우에는 맞지 않다는 사실을 알지만 개의치 않는다! 나는 내가 다루는 파일이 작다는 사실을 알고 있으며, 파일이 작지 않다면 예외가 발생하거나 오류가 보고돼도 아무 문제가 없다. 이러한 동작 방식은 일정 양의 무작위성을 더하고 합리주의적인 관점에서는 올바르지 않지만 사용하기 쉽고 거의 모든 경우에도 잘 동작하기 때문에 그처럼 단순화된 API의 존재를 정당화한다.

단위 테스트가 좀 더 적절한 예제이긴 하지만 파일 읽기 메서드는 일반 코드에서도 늘 필요하다. 환경설정 파일을 읽어 들일 경우 해당 파일을 메모리 상에 올릴 수 있다고 가정하는 편이 안전하다. 환경설정 파일을 구성하는 각 줄은 짧은데, 그것은 사람이 작성했을 가능성이 높기 때문이다. 이러한 이유로 java.io.File에는 String asText(), byte[] asBytes(), Iterable<String> asLines() 유틸리티 메서드가 있어야 하는 것이다. 이러한 메서드는 사용하기도 간단할뿐더러 이해해야 할 필요성도 최소화될 텐데, 스트림에 관해 아예 신경 쓰지 않아도 되기 때문이다. 이러한 메서드가 절대적으로 올바르지 않을 수도 있지만 확실히 적기 출시는 앞당길 것이다. 이러한 메서드가 소유비용을 늘린다면 언제든지 기존의 바이트 배열 읽기로 바꿀 수 있다.

자바의 다음 버전에서 이러한 메서드를 추가할 수도 있다. 그런 일이 일어난다면 비록 10년쯤 지난 이후에라도 나는 아주 훌륭한 버전이라고 말할 것이다. 이러한 메서드는 사람들로 하여금 파일을 읽는 것보다 더 중요한 것에 집중할 수 있게 해줄 것이고 바이트 배열과 반복문 때문에 혼란스러워하는 것을 방지할 것이다. 손쉬운 사용은 때때로 정확성보다 더 중요할 때가 있다. C# 설계자들은 아마도 그러한 사실을 알아냈을 텐데, C# 언어가 이러한 구성물을 이미 여러 버전에 포함시켰기 때문이다.

API는 단순해야 한다

비슷한 문제가 API를 초보자의 관점에서 볼 때 일어난다. 그러한 관점은 중요하다. 처음으로 마주쳤을 때의 느낌과 태도는 영향력이 있다. 여러분은 API를 사용하기 시작한 사람들을 실망시키거나 기분을 언짢게 만들고 싶지 않을 것이다. 확실히 진입 장벽은 너무 높지 않아야 한다. 하지만 대부분의 API 사용자는 처음에 비해 API를 훨씬 더 많이 사용하게 될 것이라는 점을 잊어서는 안 된다. 사용자는 시간이 지남에 따라 훨씬 더 깊이 있는 지식을 얻을 가능성이 높고, 그들의 요구사항은 계속해서 발전할 것이다. API에 단순함이 필요하다고 해서 사용자를 곤란하게 만들고 싶지는 않을 것이다. 그것도 사용자가 여러분이 만든 라이브러리에 상당한 양의 투자를 하고 난 직후에 말이다. 요약하자면 API를 설계할 때는 복잡한 작업도 가능하게 하면서 단순한 것들을 사용하기 쉽게 만드는 데 주의를 기울여야 한다는 것이다.

두 대화상자에 얽힌 이야기

과도한 단순화는 자주 일어난다. 내 인생에서 가장 심했던 사례는 API 설계 영역에서 일어났던 것이 아니라 UI 설계 영역에서 일어났다. UI 설계는 API 설계와는 다르다. 훌륭한 UI 설계자라고 해서 곧바로 훌륭한 API 설계자가 되거나 또는 그 반대일 가능성은 높지 않다. 그럼에도 메타 수준에서는 이러한 분야에 상당히 공통점이 많은 듯하다. 1부의 주된 내용인 유스 케이스 지향적이어야 할 필요성과 사용자를 알아야 할 필요성과 같은 것들은 대부분 모두 적용 가능할 정도로 일반화될 수 있다.

리눅스 창시자인 리누스 토르발스는 그가 쓴 이메일(http://mail.gnome.org/archives/usability/2005-December/msg00022.html)에서 GNOME 파일 선택 대화상자가 너무 사용하기 힘들다고 주장했다. 오픈소스 커뮤니티에서는 뭔가가 맘에 들지 않은 것이 일반적이기나 불만을 토로하는 것도 흔히 있는 일이나. 일반적인 통념은 뭔가를 너 쫗게 개선하고 싶나면 필요한 개선사항을 직접 만들어 해당 코드를 소스에 기부하면 된다. 하지만 GNOME 파일 선택 대화상자는 초보자에게 최적화돼 있고, 고급 사용자에게는 너무 세한적이었다. 주된 문제는 GNOME 파일 선택 대화상자를 유지보수하는 사람들이 그것을 좀 더 복잡한 상황에 더 적합하게 만들 개선사항을 반영하길 거부했다는 것이다. 그들이 댄 핑계는 "초보자를 혼동시킬 수도 있다"는 것이었다. 그 결과, 마우스로 클릭하는 것보다 복잡한 것들은, 심지어 키보드로 파일명을 입력하는 것과 같이 단순한 작업도 불가능하거나 최소한 부차적인 기능으로 숨겨졌다.

토르발스의 이메일은 상당한 관심을 불러일으켰다. 누군가가 사용자로 하여금 GNOME의 표준 파일 선택 대화상자 대신 자신이 선택한 파일 선택 대화상자를 볼 수 있게 해주는 연결 API를 만들어주길 바라는 사람들은 토르발스의 의견에 단순히 동의할 수도 있었다. 하지만 GNOME에 기여하거나 GNOME을 사용하는 사람들은 약간 기분이 상했는데, 특히 토르발스의 어조가 매우 강했기 때문이었다.

하지만 토르발스는 훌륭하고 일반적으로 적용 가능한 부분을 짚었다. 여러분은 뭔가를 설계할 때마다 사용자를 바보로 취급하고 싶지 않을 것이다. 단순한 API를 만들고자 노력할 때는 늘 과도한 단순화를 피해야 한다.

복잡한 기능을 숨기는 것은 받아들일 만하다. 그러한 기능이 필요한 사람은 이미 여러분의 사용자가 돼 있을 가능성이 높고 여러분이 작성한 문서를 읽는 데 시간을 투자하고 싶어할 것이다. 따라서 고급 기능은 초보자에게는 보이지 않게 만들 수 있다. 복잡성을 감춤으로써 여러분이 만든 API에 첫 걸음을 내디뎠을 때 그들이 무서워하지 않게 만들 수 있다. 하지만 초보자에게 단순함을 유지하고 싶다는 이유만으로 고급 사용자에게 좀 더 복잡한 목표를 달성할 기회를 주지 않는 것은 바람직하지 않다. 복잡한 기능은 별도의 패키지에 둠으로써 단순한 기능과 분리할 수 있다. 예를 들어, 기본 네트워크 API는 net 패키지에 두고, 좀 더 고급 네트워크 스트림을 다루는 클래스는 net.stream 하위 패키지에 둘 수 있다.

한 가지 극단적인 사례는 넷빈즈 API의 DataEditorSupport 클래스에서 했던 일과 관련이 있다. 이 클래스는 넷빈즈 플랫폼에서 편집기의 모양을 제어한다. 사실 이것은 초보자를 대상으로 하지 않는 복잡한 API의 한 예다. 사용자가 이 클래스를 이용해 넷빈즈 플랫폼에 새로운 편집기를 등록하려면 서브클래싱과 상당히 많은 접착제 코드(glue code)가 필요하다. 그 결과, 이 클래스를 이용하는 아주 간단한 데모조차도 여러분이 제공할 필요가 없는 상당히 많은 쓸데없는 코드 때문에 꽤나 복잡해질 것이다. 우리는 오랜 시간에 걸쳐 사용 지침서를 쓰는 사람들과 에반젤리스트를 통해 이것에 관해 비판해왔다! 나는 이 문제의 해법으로 DataEditorSupport.create(...) 팩터리 메서드를 추가했는데, 이 메서드는 모든 "접착" 작업을 수행하고 약 100줄에 해당하는 쓸데없는 코드를 제거한다. 하지만 경험상 이 메서드는 데모에서만 유용할 뿐이다. 그때 이후로 넷빈즈 플랫폼에 편집기를 등록하는 것과 관련된 복잡성에 관해 불만을 제기하는 사람은 아무도 없었다. 데모 코드는 초보자에게는 간결하고 규모가 작아 보이지만 복잡한 유스 케이스도 해결 가능한(그리고 복잡한) 상태로 남아 있다. 이것은 간단한 것은 손쉽게 만들고(하나의 메서드) 복잡한 것도 가능하게 만드는(서브클래싱과 접착제 코드 추가) 방법을 보여주는 완벽한 사례다. 이 사례는 차이점을 통해 누릴 수 있는 이점도 보여준다. 즉, 데모는 간단하고 청중을 두렵게 만들 가능성이 낮은 반면 모든 고급 기능들은 그것을 활용하고 싶어하는 사람들이 계속해서 사용할 수 있다는 것이다.

단순함에 관해 마지막으로 언급할 내용은 이 책의 가장 중요한 원칙 중 하나인 "필요 이상으로 노출하지 마라"와의 충돌과 관련이 있다. 이 책의 곳곳에서는 뭔가를 비공개적이고 최종적이며, 접근할수 없게 만드는 것의 필요성을 주장했다. 이 접근법은 API의 향후 진화와 점진적인 API 제작 방법에 이바지한다. 이 접근법은 넷빈즈 프로젝트에서 테스트되고 효과가 있는 것으로 검증받았다. 한편으로 우리는 가능한 한 적게 노출하기 때문에 간혹 메일링 리스트에 필드를 public으로 만들어 달라거나 클래스를 서브클래싱이 가능하도록 만들어 달라거나, 또는 메서드를 재정의 가능하게끔 만들어 달라고 요청하는 사용자가 있다. 만약 이러한 요청에 따랐다면 향후 진화적인 변화를 다루는 능력에 제약이 생겨 스스로를 궁지에 몰아넣었을 것이다. 하지만 사용자에게 "안 됩니다!"라고만 말한다면 GNOME의 UI 설계자처럼 군다고(단순함을 위해 사용성을 희생하는) 비난받을지도 모른다. 그렇게 된다면 좋지 않을 것이다. 사용자에게는 "당신은 수준이 너무 높아서 저희는 당신이 말하는 유스 케이스를 지원하지 못합니다!"라는 말을 절대 하고 싶지 않을 것이다. 그 대신 나는 14장에서 답을 설명했는데, 바로 사용자로 하여금 스스로 해법을 찾아, 그것을 설계하고, 그 해법이 타당하다는 것을 보여주게 한 후 문서로 작성하도록 독려하는 것이다. 사용자가 그렇게 하고 나면 여러분이 그 해법을 검토하고 받아들여 통합할 수 있다. 우리는 노키아에서 넷빈즈 플랫폼을 노키아의 네트워크 모니터링 애플리케이션의 기반으로 사용했을 때 그들과 협업하는 과정에서 이 모델을 활용했다. 노키아의 요구사항은 독특하고 수준이 높았다. 우리는 우리가 직접 그들을 지원하고 싶지 않았다. 노키아의 요구사항은 넷빈즈 IDE에는 전혀 적용할 수 없는 것이었다. 하지만 우리 프로젝트에서 노키아의 연락책을 맡은 사람은 노키아를 위한 변경사항을 만들어 내고 그러한 변경사항이 우리의 검토 프로세스를 거쳐가게 했다. 우리는 변경사항들이 API 기준을 충족하는지 검증하는 것으로 충분했다. 게다가 그러한 변경사항들이 "단순한 것들은 쉬워야 한다" 규칙을 위반하지 않는지 검증해야 했다. 노키아의 변경사항들은 수용 가능한 수준이었고 우리는 그것들을 넷빈즈 소스에 통합했다. 그러한 접근법은 만족스러웠고 API의 사용자들 또한 만족했는데, "복잡한 경우"는 넷빈즈 플랫폼의 도움을 받을 수 있었기 때문이다.

API는 성능이 좋아야 한다

하위 호환성을 위반하는 주된 이유는 바로 성능이다. API가 형편없이 설계돼 있으면 API 사용자는 원래부터 느리거나 불필요한 객체를 생성하는 메서드를 호출하게 될 수도 있다. 성능은 이미 존재하는 동작 방식을 변경하지 않고는 고치기 힘들 수도 있다. 한편으로 API를 설계할 때 성능상의 이점을 달성한다는 이유로 훌륭한 API 설계 규칙들을 과도하게 최적화하거나 어겨서는 안 된다. 그러한 경우에 돌아오는 것은 환상에 불과하거나 일시적인 것일 수도 있다. 자바나 다른 동적으로 컴파일되는 언어로 작성할 때는 특히 그렇다. 컴파일의 결과로 만들어지는 프로그램은 여전히 컴퓨터가 보는 것과는 정확히 같지 않다. 여전히 인터프리트되거나 동적으로 컴파일될 필요가 있는 것이다. 그러한 컴파일 과정에서 만들어지는 기계어는 꾸준히 향상되고 있다. 상당히 많은 임시 객체를 할당하는 것은 자바 초창기 때 가비지 컬렉터의 주된 위협으로 여겨졌다. 하지만 세대에 따른 가비지 컬렉터 구현 때문에 이러한 객체는 회수하는 데 비용이 아주 적게 드는 메모리 영역에 해당하는 "젊은 세대 (young generation)"에 유지된다. 임시 객체를 필요로 하지 않도록 애플리케이션이나 라이브러리의 API를 최적화해왔다면 아마 오늘날의 관점에서는 쓸데없는 일을 한 셈일 것이다. 물론 객체를 더 적게 생성할수록 가비지 컬렉터가 해야 할 일은 줄어든다. 그런 맥락에서 여러분이 하는 일이 불필요한 일은 아니다. 하지만 할당 전략을 최적화하는 과정에서 API를 더 이해하기 어렵게 만듦으로써 API를 제약하기도 하고 아마 과도하게 최적화하기도 했을 것이다.

적어도 자바의 경우 성능 최적화가 시기상조에 해당할 수 있는 다른 경우는 접근자와 설정자 메서드를 직접적으로 노출된 필드로 대체하는 경우다. 이는 닷넷처럼 기본적인 최적화가 많지 않은 시스템에서는 필요한 기법일지도 모른다. 하지만 자바에서는 이것은 완전히 쓸데없는 활동이다. 이 기법은 성능을 개선하는 데 실패하는데, 핫스팟 동적 컴파일러는 코드를 인라인하는 식으로, 즉 모두 단순한 필드 접근으로 전환하는 식으로 설정자와 접근자로 인한 오버헤드를 제거할 수 있기 때문이다. 게다가 필드를 직접적으로 노출하면 5장의 "필드보다 메서드가 낫다"에서 살펴본 바와 같이 향후에 이뤄질 수 있는 API 최적화가 제한된다.

정리하면, 성급한 최적화에 주의해야 한다. 이러한 성급화 최적화는 API 설계의 세계에서 "모든 악의 근원"으로 여겨질 수도 있기 때문이다.

API는 100퍼센트 호환성을 갖춰야만 한다

하위 호환성은 이 책의 신조다. 하위 호환성을 갖췄다면 업그레이드에 관해 조심할 필요가 없다. 최종 사용자와 애플리케이션을 조립하는 사람들 모두 라이브러리를 서로 연동할 때 하위 호환성에 의존해야 한다. 하위 호환성을 확보하는 것은 바람직한 동시에 필요한 일이다. 하지만 소프트웨어 프로젝트의 현재 상태에 따라 하위 호환성이 늘 달성 가능한 것은 아니다. 이 책의 목표 중 하나는 왜 모든 라이브러리나 프레임워크가 하위 호환성을 갖춰야 하는지 설명하고, 하위 호환성을 훼손하는 중차대한 실수를 예방하는 데 이바지하는 것이다. 하지만 100퍼센트 호환성을 달성하느냐는 이 책에서 제안하는 바를 따르는 문제라기보다 태도의 문제에 더 가깝다.

완전한 하위 호환성은 비용이 많이 들고 달성하기 어렵다. 사실 사소한 버그 수정도 호환성을 깨뜨릴 수 있다. 이를 테면, 여러분이 만든 API가 이전에 `NullPointerException`을 던진 지점에서도 조용히 살아남았다면 호환되지 않는 변경사항이 있는 셈이다. 이 경우 그와 같은 호환되지 않는 동작 방식 변경으로 망가지는 코드가 상당히 생소하게 느껴질 텐데, `NullPointerException`을 던질 것으로 예상되기 때문이다. 하지만 그것은 유효한 자바 코드이자 적법한 API 사용법일 것이다. 새 버전에서 그와 같은 사용법을 지원하지 않는다는 것은 API에서 더는 100퍼센트 호환성을 보장하지 않는다는 것을 의미한다.

버그 수정은 중요하다. 업그레이드를 하는 주된 이유는 바로 버그 수정 때문이다. 하지만 17장에서 설명할 API 설계 대회에서 볼 수 있듯이 적용돼야 할지 말지를 컴파일 시점에 알려주지 않아도 되는 모든 버그 수정은 하위 호환성을 훼손할 수 있다. 요약하면 모든 버그 수정은 100퍼센트 하위 호환성에 대한 위협요소다. 결과적으로 이 정도 수준의 호환성은 달성하기 어렵다. API 설계 대회의 우승자가 그 정도 수준의 호환성이 가능하다는 것을 보여주긴 했지만 문제는 절대적인 하위 호환성을 유지보수하기 위한 시도가 얼마나 현실성 있느냐다. 적어도 그러한 시도는 비용이 많이 드는 것으로 판명될 수 있다.

결과적으로 대부분의 경우에는 99퍼센트 호환성을 달성하는 것으로 충분하다! 여기서 내가 일부러 반대 의견을 말하고 있다는 사실을 안다. 99퍼센트 호환성의 범위에 정확히 맞아들어가는 것이 무엇이고 나머지 1퍼센트가 가리키는 바가 무엇인지 정의하기란 쉽지 않다. 일종의 비호환성이 허용되면 거의 모든 것들을 그 1퍼센트에 몰래 집어넣을 가능성이 높은 사람들은 전에는 절대 null을 반환하지 않던 메서드에서 null 값을 반환하기 시작해 이전에는 예외 없이 동작하던 상황에서 계속해서 예외를 던지고, 제대로 문서화되지 않은 환경설정 파일의 내용을 읽기 시작하며, 클래스의 이름을 바꾸거나 클래스에서 메서드를 일부 제거하는 식으로 기능을 완전히 개조하는 데 이르고 말 것이다. 이러한 사람들과 여러분의 정신적 건강을 위해서는 100퍼센트 호환성을 달성하는 것을 목표로 잡은 것처럼 행동하는 편이 낫다. 한편으로 내 동료 중 몇몇은 내가 절대적으로 하위 호환성을 지켜달라고 부탁했을 때 소리내어 웃었다. 이러한 사람들을 위해 내가 말하는 "99퍼센트 호환성"의 의미를 좀 더 엄격하게 설명하겠다.

100퍼센트 호환성은 절대적인 호환성을 의미한다. 제아무리 척척박사라도 100퍼센트 호환성을 깰 수 없다. 그것은 결국 API를 잘못 사용하는 방법이 있다면 그것은 분명히 잘못 사용되리라는 것을 의미한다. 그렇지만 여러분이 완벽하게 모든 것을 알고 있는 경우라면 호환되지 않는 부분을 이용하기 전에 모든 버전의 API에 단번에 접근할 수 있다. 아울러 API뿐만이 아니라 API의 내부도 볼 수 있다. 이는 오픈소스 라이브러리 사용자에게서 흔히 볼 수 있는 일이다. 하지만 모든 API 버전의 소스코드를 한번에 확인하는 것은 그리 흔치 않은 일이다. 이렇게 하는 유일한 이유는 다양한 버전 간의 라인별 차이를 확인함으로써 잠재적인 호환성 문제에 대해 코드 전체를 검사하기 위해서다. 어떤 호환성 문제가 발견되면 해당 API는 100퍼센트 호환성을 보장하지 못하는 셈이다. 하지만 API 사용자가 이러한 일을 할 리는 없다. API 사용자가 버전 간 차이점을 발견하려고 모든 API 버전을 검사할 일은 없다.

다음 예제는 진정으로 방어적인 형식의 진화를 보여준다.

```java
public class Arithmetica {
    public int sumTwo(int one, int second) {
        return one + second;
    }

    public int sumAll(int... numbers) {
        if (numbers.length == 0) {
            return 0;
        }
        int sum = numbers[0];
        for (int i = 1; i < numbers.length; i++) {
            sum = sumTwo(sum, numbers[i]);
        }
        return sum;
    }

    public int sumRange(int from, int to) {
        if (Boolean.getBoolean("arithmetica.v2")) {
            return sumRange2(from, to);
        } else {
            return sumRange1(from, to);
```

```
        }
    }

    private int sumRange1(int from, int to) {
        int len = to - from;
        if (len < 0) {
            len = -len;
            from = to;
        }
        int[] array = new int[len + 1];
        for (int i = 0; i <= len; i++) {
            array[i] = from + i;
        }
        return sumAll(array);
    }

    private int sumRange2(int from, int to) {
        return (from + to) * (Math.abs(to - from) + 1) / 2;
    }
}
```

위 코드에서 1.0 버전에서는 sumRange 메서드가 느린 알고리즘을 쓰고 있었는데, 이는 기껏해야 서
브클래싱을 한 후에 Factorial을 계산하는 데 유용했을 뿐이다. 10장의 "위임과 합성" 절에서 보여
준 것과 같이 더 효율적인 알고리즘을 사용하도록 구현체를 재작성하기만 하는 것은 하위 호환성을
보장하지 않는다. 그래서 여러분은 별도의 요청이 없는 이상 동작 방식의 호환성을 확보하기로 결정
하고, Boolean.getBoolean("arithmetica.v2")라는 프로퍼티를 추가한다(메서드의 동작 방식을 변경
하려면 이 프로퍼티를 설정해야 한다). 이 방법은 적어도 99퍼센트 호환성에 해당하지만 100퍼센
트 호환성은 아니다. 여전히 호환되지 않는 부분을 파고드는 코드를 작성해 두 버전의 동작 방식상
의 차이점을 관찰하는 것이 가능하다.

앞의 예제는 99퍼센트 하위 호환성의 의미와 한계를 보여준다. 즉, 두 버전이 호환되지 않으며, 따
라서 API가 절대적으로 호환되지 않는다는 것을 보여줄 수 있다. 하지만 오직 1.0 버전만 알려져 있
고 API 진화의 미래에 관해서는 선혀 아는 바가 없고, 2.0 버전에서는 해당 메서드를 작성한 사람
이 새로운 프로퍼티 기반 API를 도입할 것이라는 사실을 알지 못하며, 특히 프로퍼티의 이름을 알

지 못하는 경우에는 호환되지 않는 부분을 이용하는 코드를 작성하기가 얼마나 어려운 일일지 상상해 보자. 그런 일이 일어날 가능성은 0에 가깝긴 하지만 0이 아니다. 사실상 2.0 버전은 1.0 버전과 호환된다.

모든 것을 슬며시 1퍼센트에 집어넣기

이쯤에서 이 접근법이 상식에 크게 의존하고 있다는 사실을 다시 한 번 이야기해야겠다. `!Boolean.getBoolean("arithmetica.v1")`를 검사하는 식으로 새로운 코드에 대한 조건을 부정하더라도 여전히 동작 방식이 99퍼센트 호환된다고 주장하는 사람들이 있다. 이것은 잘못된 관점인데, 누군가가 이전 동작 방식을 요청하지 않는 이상 클래스의 의미가 완전히 바뀌기 때문이다. 물론 개발자가 계승을 작성하려고 할 때"만" 이를 이용할 수 있다. 하지만 어떤 API 사용자가 `Arithmetica` 클래스의 1.0 버전을 살펴봄으로써 계승을 계산하는 데 `Arithmetica` 클래스의 1.0 버전을 사용할 수 있다는 사실을 발견할 확률도 0은 아니다. 0과는 거리가 멀다. 사실 나는 몇 가지 구현 메서드가 포함된 서브클래싱 가능한 클래스를 보기만 해도 이 같은 문제를 집어낼 수 있다. 이러한 이유로 이를 확률이 낮은 사용법으로 보는 것은 확실히, 그리고 이성적으로 잘못된 관점이다. 이러한 종류의 변화는 결코 99퍼센트 호환성을 달성하지 못한다. 그렇지만 목표가 단 하나밖에 없는, 즉 변경사항을 슬며시 반영하려는 비이성적인 사람에게는 그것을 어떻게 설명할 수 있을까?

"99퍼센트 하위 호환성을 갖춘 API"라는 용어는 수정의 필요성과 호환되지 않는 부분의 실질적인 영향 사이에 적절한 균형점을 찾기 위한 것이다. API의 변화는 누군가가 이미 릴리스된 버전만 알고 있는 상태에서 호환되지 않는 부분을 이용할 가능성이 0에 가까울 경우에 수용할 만하다. 하지만 이 모든 것들은 해석의 문제다. 이미 앞에서 언급한 바와 같이 이러한 호환성은 상식에 의존하므로 조심해서 사용하길 바란다.

API는 대칭적이어야 한다

이것은 아름다움에 대한 구체적인 과장이다. 어떤 이유에선지 짝을 이뤄 나타나는 것들은 그것들이 대칭적일 경우 더 우아하게 여겨진다. 우리의 마음속 깊은 어딘가에는 아름다움과 우아함이 진리와 연결돼 있다. 이따금 API의 정확성에도 이와 비슷한 판단을 내린다. 실제로 품질이 같은 두 개의 API가 있다고 해보자. 그것들은 진화할 수 있고, 유지보수하기 쉬우며, 사용하기 쉽다. 하지만 그중 하나만이 대칭적이다. 아마 대칭적인 버전을 선택하는 편이 더 나을 것이다. 하지만 뭔가를 대칭적으로 만들려다가 훌륭한 API 설계의 다른 측면들을 희생해서는 안 된다.

한 예로 넷빈즈 팀에서 최근에 JSON(JavaScript Object Notation) 리더 및 라이터 API를 작성하려고 시도했던 경우를 살펴보자. 이 일을 맡은 엔지니어는 나에게 API를 검토하는 일을 도와달라고 부탁했다. 그는 API의 상태가 완전히 만족스럽지는 않다고 나한테 이야기했다. 우리는 API를 잠시 살펴보고 나서 해법을 모색하기 시작했다. API는 좀 더 의미있어졌지만 여전히 만족할 만한 수준은 아니었다. 뭔가가 빠져 있는 듯했다. 한 달 뒤에 우리는 다시 API에 관해 이야기를 나누고 그는 무엇이 빠졌는지 내게 말해줬다. 바로 대칭성이었다. 그가 원래 작성했던 API에서는 JSON 객체를 쓰거나 읽기 위한 비슷한 기능을 제공하려고 했다. 하지만 그것은 확실히 불필요했다. 쓰기의 경우 힙에 활성화된 자바 객체가 존재하며, 그것들을 스트림으로 저장하고 싶을 것이다. 이것은 루트 객체(root object)와 출력 스트림을 인자로 받는 간단한 정적 메서드로 처리할 수 있다. 이러한 유스 케이스는 API의 읽기 부분에도 반영될 필요가 있다. 즉, 스트림을 받아 힙에 생성된 활성화된 자바 객체를 반환하는 메서드가 있어야 한다. 하지만 읽기에는 추가적인 유스 케이스도 있다. 너무 큰 JSON 파일을 읽을 수도 있는데, JSON 파일들은 메모리 상에서 한 번에 완전히 구축할 수 없는 큰 규모의 구조를 담고 있기 때문이다. 이 문제의 해법은 XML 파일을 파싱하기 위한 SAX(Simple API for XML)처럼 콜백 이벤트 기반 API를 만드는 것이다. 그렇게 하는 건 쉬웠다. 하지만 그다음에 JSON 객체를 쓰기 위한 적절한 대칭형 API를 만드는 법을 찾는 데 상당한 시간을 보냈다. 이것은 쉬운 일이 아니었고 당연히 그것을 알아내는 데 실패했다. 우리는 이것이 "진리, 아름다움, 우아함"이라는 딜레마의 또 한 가지 증상이라는 사실을 깨닫기 전까지는 이렇게 된 것에 당황스러웠다. 사실 우리는 단지 읽기 및 쓰기 API를 전혀 대칭적으로 만들 필요가 없었던 것이다.

API에서의 대칭성은 API를 수용하는 데 도움될 수도 있다. 심지어 대칭성은 무지를 높일 수 있는데, API의 반쪽만 기억하고 있으면 되기 때문이다. 다른 쪽은 대칭적으로 일치되고 처음 반쪽으로부터 추론할 수 있다. 하지만 API가 단순히 대칭적이지 않다고 해서 나쁜 것은 아니다. JSON 파서의 경우처럼 접근자 메서드 없이 설정자 메서드만 있을 수도 있고, 설정자 메서드 없이 접근자 메서드만 있을 수도 있음을 기억하자. 또는 설정자 메서드는 protected이지만 접근자 메서드는 public일 수도 있다. 대칭적이지 않은 것에는 아무런 문제가 없으며, 특히 비대칭성이 단순함이나 진화를 위한 잠재력과 같이 API의 또 다른 측면을 개선하는 경우에는 더욱 그렇다.

CHAPTER 14

API
설계의 역설

API 설계는 일반 사내 시스템 설계와 다르다. 그 이유는 같은 원칙을 사내 시스템 설계에 적용할 경우 놀라운 결과를 얻게 될 수도 있기 때문이다. 이러한 결과는 약간 믿기 어려울 수도 있는데, 그 결과가 우리의 예상과 모순될 수도 있기 때문이다. 하지만 그것이 잘못된 것은 아니다. 여기서는 규모가 차이점을 만들어낸다. 집을 설명하는 것과 우주 전체를 설명하는 것 사이에 차이점이 있는 것처럼 사내 소프트웨어 시스템과 API를 갖춘 시스템에 관해 이야기할 때는 약간의 차이가 있다.

지평선을 넘어 그것을 확장할 때 우리는 미지의 영역으로 들어간다. 하지만 그렇다고 해서 그것이 어떤 모습일지 마음속으로 상상할 수 없다는 의미는 아니다. 미지의 것을 다루는 데는 두 가지 접근법이 있다. 첫 번째 접근법은 미지의 것에 대한 두려움을 새로운 것을 탐험하려는 욕망보다 더 크게 만드는 것이다. 이 경우 우리는 미지의 것을 위험하고 거칠고 우호적이지 않은 것으로 가정한다. 그곳을 탐험하는 것은 불쾌하고 힘든 일이어서 집에 있는 편이 낫다. 이것은 우리의 지평선을 확장하려는 시도를 바라보는 방법 중 하나다. 사실 이것은 주도적이지 못한 방법이다. 우리 모두가 집에만 있기를 더 좋아한다면 새로운 세계를 발견하는 일은 없을 테고 새로운 발명도 없을 것이다. 대신 미지의 것으로부터 스스로를 방어하기 위해 벽을 세울 것이다. 하지만 때로는 밖으로 나가서 정말로 알 수 없는 별로 나아가게 만드는 뭔가가 있다.

두 번째 접근법은 지평선 너머의 세상은 우리 주변의 세상과 비슷하다는 극단적이지만 흔히 접할 수 있는 의견을 받아들이는 것이다. 사실 이렇게 기대하고 지평선 너머로 넘어가는 것은 훨씬 더 쉽다. 더 안전하게 느껴지기 때문이다. 걷잡을 수 없이 예상치 못한 뭔가를 만날 위험이 없다. 이 관점에서는 집을 떠나서 세상 끝으로 가는 긴 여정을 시작하고 되돌아오는 것이 훨씬 더 유쾌한 일이다. 길을 잃어버릴 염려도 없고 나머지 세상도 아마 집과 비슷하다고 느껴진다.

이 두 가지 접근법은 완전히 별개의 것이 아니다. 두 접근법은 지속적으로 우리 안에서 싸우고 때로는 두려움이 탐험 가능한 우주에 대한 믿음을 능가하기도 한다. 때로는 그 반대일 때도 있다. 두려움 모드에서는 지평선에 천천히 다가가 지평선을 조심스럽고 두려움에 떨면서 확장하게 된다. 이렇게 하는 데는 시간이 걸리고, 어떤 경우에는 미지의 두려움 탓에 불가능할 때도 있다. 하지만 이 모드에서는 새로 발견된 사물의 이상한 행위에 놀랄 일은 없다. 지평선 너머의 세계가 거칠다는 사실을 알고 거친 것을 발견하리라 예상하기 때문이다. 우리는 예상치 못한 것을 맞이할 준비가 돼 있다.

"나는 뭐든지 안다" 모드에서는 훨씬 더 무모하다. 부주의하게 지평선을 가로지르고, 그곳에서 뭔가와 마주칠 때마다 그것을 설명할 준비가 돼 있다고 생각한다. 분명 그것은 집에 있는 것과 정확히 같고, 어쩌면 조금 더 클 수도 있고 어쩌면 조금 더 빠를 수도 있다. 그렇지 않다면 우리에게 익숙한 행동일 것이다. 이 모드는 효과적인 경우가 많은데, 특히 지평선을 심하게 가로지르지 않은 경우에는 더욱 그렇다. 지평선 너머의 세상도 이미 우리가 알고 있는 것과 비슷할 확률이 높다. 그렇지만 앞으로 더 나아갈수록 불가해한 뭔가, 즉 우리의 지식에 따르면 존재할 수 없는 뭔가와 마주칠 가능성도 높아진다. "역설적인" 뭔가 말이다. 그렇지만 역설은 이 세상 자체와 모순되는 뭔가가 있음을 의미하지는 않는다. 대개 그것은 우리가 기대한 바와 세계 사이에 존재하는 갈등에 불과하다.

르네상스 시대의 두려움을 모르는 물리학

두려움과 모험 모드는 컴퓨터 과학에서만 나타나는 것이 아니라 물리학에서도 나타난다. 뉴턴의 물리학이 엄청난 진일보를 했다는 사실은 뉴턴의 여러 추종자들이 운용했던 모드 덕분일 수 있다. 뉴턴의 추종자들은 대부분 "나는 뭐든지 안다" 모드에 있었다. 이러한 정신 상태라야 그들 자신의 행동을 믿을 수 있었다. 그들은 불가해한 것에 직면할 때마다 그것을 분석하고 이해하는 데는 시간과 노력만 있으면 된다는 점을 믿을 수 있었다. 우리가 우주 전체를 이미 알고 있다는 믿음만이 그와 같은 도약을 가능하게 만든다.

19세기 말에 발견된 역설로 인해 세계가 예상했던 것과는 상당히 다르다는 것을 알게 되면서 지평선을 가로지르는 데 필요한 맹목적인 신뢰와 무모함이 사라졌다. 미지에 대한 두려움이 우리의 세계관에 편입했고 실망을 떨쳐버리기까지는 시간이 걸렸다. 발견된 역설을 합리적으로 설명할 수 있기까지는 시간이 걸렸다. 요즘은 "역설"이 더는 부자연스러운 것으로 보여지지 않는다. 우리는 대부분의 역설을 기술적으로 설명할 수 있다. 하지만 역설은 다른 관점에서 중요하다. 역설은 우주를 우리 쪽 지평선에서 마주친 것과 같은 것으로 잘못 예상했을 때 그 사실을 우리에게 알려주기 위해 존재한다. 우리는 이러한 역설을 인식하고, 다음번에 다시 한번 우리가 모든 것을 알고 있고 모든 것이 우리가 믿고 있는 대로라고 생각할 때를 대비해 이 점을 명심해야 한다.

이 책에서는 대부분 API 설계의 세계를 천천히, 단계별로, 우리의 지평선이 부드럽게 확대되기를 바라면서 탐험한다. 이런 식이라면 길을 잃어버리지 않을 수 있고, 이상하거나 역설적인 것들에 마주치지 않아도 된다. 하지만 이번 장은 조금 다르다. 이번 장에서는 지평선 너머를 잠깐 여행하면서 API 설계에 대해서는 맞지만 사내 시스템을 구축할 때 모은 지식과는 모순돼 보이는 것들을 보여준다. 즐거운 여행이 되길 바라며 이곳에서 지평선 너머로부터 안전하게 돌아오기를 빌고 있겠다.

API 이중 사고

때로는 API 설계가 *이중 사고(doublethink)*처럼 보일 수 있다. 적어도 어떤 개발자들은 간혹 내가 그들로 하여금 특정한 방식으로 자신들의 마음을 괴롭히게 한다고 이야기한 적이 있다. 이중 사고는 조지 오웰이 자신의 유명한 『1984』에서 처음으로 선보인 용어다. 위키피디아에서는 이중 사고를 가리켜 "두 가지 모순되는 생각을 이상하다고 생각하지 않는 채로 동시에 믿는 것"이라고 정의한다. 예를 들어, 이중 사고는 "전쟁은 평화다"라고 말한다거나 뭔가를 "비정상적이고 기발하다"라고 판단하는 것이다. 이중 사고의 가벼운 징후는 같은 상황에서 두 개의 완전히 모순되는 결과를 만들어내는 조언(이 제품은 '시장에 빨리 출시하든지 아니면 곧바로 중단하세요')에서 발견할 수 있다. 아니면 첫 릴리스 전에 API를 평가할 때 흔히 듣는 조언인 "API를 안정적인 상태로 공개하거나 비공개로 숨겨서 폐기하세요"가 있다.

어떻게 API를 안정화하라고 조언하는 동시에 API를 숨긴 다음 완전히 제거하라고 조언할 수 있을까? API는 상태가 충분히 좋아서 안정적인 것으로 여겨지거나 안정화의 대상으로 여겨질 수 있다. 아니면 API가 너무나도 끔찍해서 그것을 폐쇄하고 아무도 사용할 수 없게 만들어야 한다. 두 가지 결과를 어떻게 동시에 적용할 수 있을까?

API 설계 프로세스에는 한 가지 중요한 이정표가 있다. 바로 처음으로 릴리스를 공개할 때다. 그 시점 전에는 라이브러리가 개발 모드에 있다. 수정이 허용된다. 무엇이든 마음껏 변경할 수 있고, 심지어 호환성을 깨뜨리는 식으로도 변경할 수 있는데, 그렇게 할 수 있는 까닭은 API를 사용하는 사람이 전혀 없거나 거의 없기 때문이다. 이 시점에서는 (기본적인 기능적 요구사항을 충족하는 API를 제작하는 것을 제외하면) 향후 진화에 가장 적합한 형태로 API의 형태를 잡는 데 가장 큰 노력이 투입된다. 모든 것을 완전하게 리팩터링하는 것도 가능한데, 그 이유는 리팩터링의 영향이 제한적이기 때문이다. 그렇게 해서 나중에 호환되지 않는 변경사항을 제한할 수 있다면 리팩터링이 잠재적으로 커다란 혜택을 줄 것이다. 하지만 이것은 첫 번째 버전이 릴리스되기 전에만 해당한다.

API 사용자의 수가 늘어나고 실질적으로 API 제작자의 통제를 벗어나면 라이브러리는 유지 관리 모드로 전환된다. 이 단계에서 가장 바람직한 목표는 하위 호환성을 보존하는 것이다. 하위 호환성이야말로 기존 사용자를 계속 만족시킬 수 있는 것이기 때문이다. 그러므로 외부에서 볼 수 있는 클래스, 메서드, 동작 방식을 제거하거나 정리하거나 대량으로 리팩터링하는 것을 자제해야 한다. 이처럼 급격한 변화가 필요하다면 API가 유지 관리 모드로 들어가기 전에 모두 완료해야 한다. 유지 관리 모드로 접어들고 나면 모든 변화는 호환성을 상대로 신중하게 평가해야 한다. 기존 API 사용에 부정적인 영향을 끼쳐서는 안 된다(또는 아무런 영향도 주지 않는 것이 더 낫다).

개발 모드와 유지 관리 모드는 API 설계만이 아니라 모든 종류의 소프트웨어 공학에 공통적으로 적용된다. 일반적인 경우 이러한 모드는 끊임없이 바뀐다. 개발 단계를 거치고 나면 제품은 유지 관리 팀에 전달되고, 운영 팀에서는 버그를 수정하거나 새로운 기능으로 보상한다. 동시에 개발 팀에서는 다음 버전을 계속 개발해 나가고 개발 모드로 운영된다. 새 버전이 완료되면 다시 한번 유지 관리 팀에 전달되고, 이런 식으로 계속 흘러간다. 대부분의 개발자는 이러한 운영 방식에 익숙하며, 이런 운영 방식이 API 설계에도 적용 가능할 것으로 예상한다.

하지만 그렇지 않다. 적절한 API 설계는 딱 한 번의 주기만 거치는 듯하다. 즉, API를 개발하고 첫 버전을 릴리스한 다음 유지 관리 모드로 전환하는 것이다. 새 기능이 요청되면 해당 기능을 추가할 수는 있지만 신중하고 호환 가능한 방식으로만 추가할 수 있다. 유지 관리 모드처럼 말이다. API 설계의 다른 세부사항은 문제의 두 팀이 하나라는 것이다. 즉, 이 경우 누군가가 API를 제작하고 그것을 유지보수할 다른 누군가에게 전달한 다음, 새로운 기능 향상을 설계해서 유지보수하는 사람에게 전달하지 않는다는 것이다. 대부분의 경우 새 기능의 개발뿐 아니라 유지보수도 같은 제작자가 담당하거나 제작자가 속한 그룹에서 담당한다. 같은 사람이 개발 모드와 유지 관리 모드를 모두 담당할 필요가 있다.

API 모순은 개발자와 유지 관리 담당자의 두 역할을 모두 수행하는 API 설계 프로세스의 이중성의 결과로 존재한다. 각 역할이 제시하는 모순적인 요구사항을 알고 있어야 한다. 결과적으로 개발자로서의 여러분이 "이 API를 공개하지 마세요. 아직 충분하지 않아요."라고 말할 때 유지 관리 담당자로서의 여러분은 같은 순간에 "릴리스하세요. 하지만 API가 안정적이라고 선언해서 하위 호환성을 유지할 거라는 약속만 해주세요."라고 생각할 수 있다.

넷빈즈에서의 아키텍처 검토

아직 고객이 없는가? 아직 별을 관찰한 사람이 아무도 없다면 우리가 속한 세계의 규칙을 따르지 않아도 된다. 그 별은 규모가 크고, 설명 불가능한 변화를 시작할 수 있다. 별은 크기, 색상, 궤도를 바꾸거나 심지어 완전히 사라질 수도 있다. 거기에 놀라거나 불평할 관찰자는 아무도 없다. 하지만 우리가 API를 누구라도 관찰할 수 있는 우주에 이미 집어넣었다는 사실을 알고 있다면 검토 전체가 갑자기 완전히 다른 관점에서 시작된다. 해당 검토의 목표는 최대한 파괴하지 않는 것이다.

나는 썬에서 넷빈즈를 아키텍처 검토를 받게 했을 때 이 같은 상황을 목격한 적이 있다. 원칙적으로 모든 썬 제품들은 고객이 보기 전에 검토를 통과해야 한다. 사실 늘 이렇게 되는 것은 아니고, 넷빈즈도 예외는 아니었다. 우리가 썬에 인수되기 전에 우리는 이미 공개 릴리스를 꽤 했었다. 하지만 여전히 검토는 "첫 릴리스 전" 모드로 이뤄졌다. 우리는 배포판에서 파일의 레이아웃을 완전히 변경하고, 론처의 이름을 변경하라는 등의 조언을 받았다. 그것들은 모두 규모가 꽤 크고 기존 고객과 호환되지 않는 변경사항이었다. 하지만 썬 입장에서는 이것이 첫 번째 검토였기에 이미 고객이 있다는 사실을 설명하기가 어려웠다. 그들은 "아름다움을 얻기 위한 노력" 모드를 수행했다.

그 이후로 나는 최소 다섯 번의 후속 검토에 참여했다. 검토는 모두 첫 번째 검토와 완전히 달랐다. "이 디렉터리의 이름을 바꾸세요" 류의 조언 대신 이전 릴리스에 있던 것들은 건드리지 말고 대개 신규 기능에 영향을 주는 변경 요청을 여럿 받았다. 기존 기능에 대한 가장 큰 조언은 필요하지 않는 이상 그것들을 건드리지 말라는 것이었다. 사용자가 있고 사용자가 기존 기능에 의존할 수도 있다면 그것을 변경해서는 안 된다.

이것은 이중 사고의 분명한 증상이지만 일리가 있었다. 첫 번째 버전에 앞서 최대한 개선한 다음 가급적 아무것도 건드리지 않는다. 이것은 API의 개발 모드와 유지 관리 모드 간의 차이점을 명징하게 보여주는 이중 사고인 경우다.

개발자의 생각과 유지 관리 담당자의 생각은 보통 모순되지만 그들 모두 API 설계를 다음 단계로 전진시킨다. 한 가지 시나리오는 라이브러리를 아직 릴리스하지 않은 채로 그것을 감춰두고 공개적으로 아무 약속도 하지 않는 것이다. 이것은 가능한 한 API를 더 좋게, 또는 완벽하게 만드는 데 집중하려는 개발자의 입장이다. 유지 관리 담당자는 현재 상태가 완벽하지 않을지도 모르지만 라이브러리는 사용하기 위해 존재한다고 생각한다. 그래야만 라이브러리가 실제로 유용할 수 있다는 것이다.

이 같은 충돌은 1장의 "합리주의, 경험주의, 무지" 절에서 논의한 합리주의 대 경험주의의 충돌과 비슷하다. 라이브러리와 해당 라이브러리 API의 유일한 목적은 완벽함인가? API를 더 아름답게 만들려고 노력하는 것은 API가 호환되지 않는 것을 정당화하는가? 이것은 우리 안의 개발자가 믿고 싶어하는 부분이다. 아니면 라이브러리는 유용해야 하고 소기의 목적을 잘 수행하며, 한번 사용되기 시작하면 아메바처럼 모양을 바꾸지 않는 것이 중요한가? 이것은 유지 관리 관점에서 볼 수 있는 실용주의 접근법이다. 이번 절에서 소개한 API 모순은 공개 릴리스에 앞서 합리주의의 아름다움에 대한 노력이 바람직하고 유용하다는 것을 나타낸다. 하지만 그 시점을 지나고 나면 아름다움은 호환성에게 자리를 내어주고 호환성이 그 자리를 대신한다.

이러한 API 모순은 오래된 경쟁자인 합리주의와 경험주의에 주목하게 만든다. 즉, 합리주의로 시작해 API 설계에서 아름다움과 우아함을 선호한다. 그런 다음 특정 시점이 되면 작업 결과를 사용자에게 릴리스하고 그때부터 쭉 유용함에 주의를 기울인다. 하지만 중요한 점이 하나 있다. 우아함과 실용주의를 결합하는 방법을 알고 있더라도 둘 간의 연결은 오래 지속되지 않아야 한다는 것이다. API가 개발에서 유지 관리 단계로 전환되는 시점은 1시간 또는 하루처럼 짧아야 한다. 최악의 경우는 두 가지 철학을 한번에 적용할 수 있는 척 하는 것이다. 이 경우 두 가지 완전히 반대되는 유형의 조언, 즉 "API를 안정적으로 공개하거나 비공개로 감춰서 폐기하세요"라는 조언을 동시에 제안하는 것이 온당한 것이 되고 정당화된다. API를 공개하거나 우아함을 위해 계속해서 비공개적으로 노력하라. 그러나 선택해야 한다! 최악의 경우는 두 가지 모드를 동시에 수행할 수 있는 척 하는 것이다. 그렇게는 할 수 없다. 이중 사고는 생각만 가능하지 실행에 옮길 수 없다. 두 가지 모순적인 생각을 한 번에 가질 수는 있고 그러한 생각이 타당한 생각일 수는 있다. 하지만 어떤 것을 선호하는지 선택하지 않고는 행동에 옮길 수 없다. 이 같은 접근법은 효과가 없다. 두 가지 목표를 동시에 이루지는 못한다. 시도하더라도 아름다움도, 우아함도, 진리도, 호환성도 모두 달성하지 못할 것이다.

보이지 않는 일

API 개발을 감독하는 것은 어려운 일이다. 무엇보다도 훌륭한 API 아키텍트는 예언자와도 같아야 한다. 즉, 언제나 발생 가능한 실패를 볼 수 있어야 하고, 훗날 무엇이 잘못될지 늘 알고 있어야 하며, 위험 경고를 선포해야 한다. 설계가 그룹에서 이뤄질 때 특히 감독이 필요하다. 함께 일하는 아키텍트가 유능할수록 더 멀리 내다볼 수 있어야 한다. 하지만 이 경우 작업을 특별히 까다롭게 만드는 문제가 생긴다. 사람들은 뭔가가 잘못됐을 때만 알아차린다. 예를 들어, 고객은 호환성이 깨지는 것에 언짢아져서 새 버전으로 마이그레이션하기를 거부하고, 경쟁 제품으로 갈아타게 된다. 한편으로 모든 것이 원래대로 동작하면 아무런 일도 일어나지 않고 "아무것도 아닌 것"을 큰 성공이라 말하기는 어렵다.

이것은 보안 기관이 처하는 상황과 비견할 만하다. 비행기가 납치당해서 폭파되기 전까지는 아무도 보안 요원이 하는 일을 좋아할 사람이 없다. 사람들은 공항에서 이뤄지는 보안 검문에 관해 불평하는데, 보안 검문은 복잡하고 불필요해 보인다. 재앙이 없다면 모든 게 과잉으로 보인다. 하지만 재난이 일어나고 나면 뭔가를 고치기에는 너무 늦다.

API를 방어하고 API의 하위 호환성을 지키는 일과 얼마나 비슷한가! 개발자들은 검토 절차, 코딩 관례 등에 관해 불평한다. 하지만 API의 수호자들은 늘 깨어 있고, 단 하나의 자그마한 실수가 재앙을 가져오지 않도록 조심해야 한다. 한편으로 사소한 문제가 때로는 정말로 여러분이 뭔가 유용한 일을 하고 있음을 증명할 때가 있다.

API를 진화시키는 과정에서 문제를 발견할 때마다 나는 그 문제가 이 책에서 기술한 코딩 제안을 어겼다고 지적한다. 하지만 그렇게 하는 것은 그다지 도움이 되지 않는다. 사람들은 "그럼 검토할 때는 뭐하셨습니까?"라고 당당하게 물어볼 수도 있기 때문이다. 당신이 그렇게 똑똑하면 왜 이 문제를 좀 더 일찍 알려주지 않았습니까? 이 질문에 나는 "소수 의견"이라고 하는 해법을 가지고 있다. 16장의 "코드를 커밋하기 전에 검토 절차 밟기" 절에서 살펴본 것처럼 표준 검토를 수행할 때마다 우리는 네 명의 검토자가 투표한다. 다수결로 결정하긴 하지만 나머지 의견도 무시되지는 않는다. 그들에게는 자신의 의견을 특별한 전용 기록란에 적을 권리가 있다. 나도 거기에 의견을 적어내는 것을 좋아하는데, 특히 중대한 문제가 아닌 성가신 실수를 적어두는 식으로 말이다. 그리고 나면 그런 문제가 실제로 일어났을 때 내가 애초부터 그 문제를 예상했다는 증거를 관리해왔기 때문에 단순히 불평하는 것을 넘어 할 수 있는 일이 더 많다.

나는 내 의견이 받아들여지지 않아도 견딜 수 있다. 보통 내 의견과 제안은 극단적이고(이 책의 2부에서 볼 수 있듯이) 때로는 모두 따를 필요도 없다. 대부분의 상황에서는 나쁜 일이 일어나지 않는다. 그렇지만 때때로 일어날 때가 있다. 그리고 물론 그럴 때마다 나는 그것을 예측했다는 증거가 있어서 기쁘다. 그런 경우가 생기면 훗날 비슷한 상황을 인식하는 데 도움이 된다. 그러면 해당 유형의 문제에서는 좀 더 극단적인 설계 제안을 받아들이려고 하는 편이 더 낫다는 것을 알 수 있고, 그 시점에서 나는 더 이상 소수가 아니다.

하지만 API 설계를 감독하는 것은 계속해서 힘들고 장기간에 걸친 노력이 되며, 이후 몇 번에 걸쳐 릴리스가 이뤄지더라도 그러한 노력의 결과가 눈에 띄지 않을 수 있다. 일반적인 개발 작업과 비교했을 때 API 감독의 유용성을 측정하는 것은 훨씬 더 어렵다. 최근에 넷빈즈 IDE의 성능을 개선하는 일을 할 기회가 있었다. 음, 그 일은 쉬웠다! 그저 문제가 되는 연산을 찾아서 시간이 얼마나 걸리는지 측정하거나 얼마나 많은 자원을 점유하는지 측정한 다음 그 부분을 고치고, 다시 측정하면 작업이 끝난다. 성공은 초나 킬로바이트로 표현되며, 이를 이해하지 못할 사람은 없다. 최종 사용자가 사용하는 모든 기능에는 아마 같은 원리가 적용될 것이다. 애플리케이션에서 새로운 대화상자가 나타나고 사람들이 해당 대화상자를 이용해 뭔가 유용한 일을 할 수 있으면 그것은 눈에 보이고 실재한다. 반면 새로운 API를 제공할 경우에는 그와 같은 일이 전혀 일어나지 않는다. API는 그저 첫걸음에 불과하다. 그 이후에 개발자들이 해당 API를 사용하도록 독려하고 API를 이용해 뭔가 의미 있는 하게끔 만드는 데 시간이 걸린다. 이것은 어느 정도까지는 측정할 수 있다. 한편으로 그러한 라이브러리의 하위 호환성(API 설계의 핵심 측면에 해당하는)은 측정 가능한 용어로 설명하기가 어렵다. 목표는 "아무것도" 일어나지 않는 것이며, 그리고 "아무것도 아닌 것"을 큰 성공이라 말하기는 어렵다.

안정적인 API를 약속하는 두려움 극복하기

보통 넷빈즈 엔지니어들은 API를 어떻게 작성하고 그것을 어떻게 문서화하는지 안다. 하지만 API를 공개적으로 릴리스하길 두려워한다. API가 아직 잘 마무리되지 않은 상태에서도 API에 갖가지 알려진 문제가 있고 그러한 코드를 개선하는 방법을 알고 있으며, 그 느낌을 토대로 API를 비공개로 유지하거나 "프렌드만" 접근할 수 있게 유지한다. 4장의 "API의 생명주기"에서 살펴본 바와 같이 넷빈즈에서는 모듈의 공개 클래스에 접근할 수 있는 클라이언트를 한정할 수 있다는 점을 기억하자. API를 공개적으로 이용할 수 있게 만들면 넷빈즈 엔지니어들은 해당 API가 "안정적"이라고 약속하고 싶어하지 않는다. 그렇게 되면 버그를 고치거나 새 기능을 구현하는 등의 일이 불가능해질까봐 두려워한다.

가장 먼저 알아야 할 점은 "안정성"은 API의 정적 품질에 관한 것이 아니라는 점이다. 그것은 유지보수를 담당하는 사람의 태도에 관한 것이다. 안정적인 API도 변화하고 진화할 수 있다. 하지만 안정적인 API를 변경하는 여러 가지 방법이 있다면 늘 기존 라이브러리 사용자에게 영향을 주지 않거나 최소한 사용자의 고통을 최소화하는 해법을 선택해야 한다. 이를테면, 클래스나 메서드를 단순히 더 "멋지게" 만들기 위해 클래스나 메서드의 이름을 변경해서는 안 된다. 이러한 개발 방식에는 기술적인 솜씨가 크게 필요하지 않지만 "태도"가 중요하다. 태도는 기존 해법의 기능을 보존하는 것을 수반한다. 때로는 해법의 특정 요소를 지원 중단하거나 LayoutManager2처럼 바보 같은 중복 인터페이스를 도입함으로써 좀 더 지저분하게 만드는 것을 의미하더라도 말이다. 여러분도 상상할 수 있겠지만 이러한 작업은 기술적이라기보다는 도덕적인 문제에 가깝다.

내가 만난 사람들 중에는 이처럼 굳은 약속을 하기를 망설이는 경우가 많았다. 그런 사람들의 성격이 나쁘다는 얘기가 아니다. 오히려 모르는 것을 약속하기가 쉽지 않다는 것을 의미한다. 안정적인 API를 약속하는 것은 미지의 뭔가를 약속하는 것과 많이 비슷하다. 그 약속은 미래에 일어날 일, 여러분이 받게 될 새 요구사항, 고쳐야 할 버그를 수반하며, 언제나 여러분은 이전 버전의 API를 사용하는 모든 실제 및 가상의 고객을 계속해서 지원해야 할 것이다. 확실히 이것은 굳은 약속이다. 사람들이 그런 약속을 하길 두려워하는 것은 당연한 일이다.

나는 몇몇 개발자들이 호환성을 유지하는 방식으로 개발하는 데 가담하도록 설득하고 난 후 미지에 대한 두려움을 극복하는 가장 좋은 방법은 미지의 것을 아는 것으로 만드는 것이라는 점을 발견했다. 나는 모르는 것을 아는 것으로 만들기 위해 개발자들과 함께 라이브러리의 미래와 관련된 시나리오에 관해 이야기를 나눴다. 그러고 나자 두려움이 사라졌다. 물론 미래에 어떤 일이 일어날지 정확히 알지는 못한다. 하지만 일어날 법한 일과 관련된 한계를 정해두면 특정 범위 내에서는 미래를 예측할 수 있다. 이러한 한계는 보통 가장 극단적인 상황을 표현한다. 극단적인 경우를 처리하는 방법을 알고 있다면 다른 것들을 처리하는 방법도 분명 알 수 있을 것이다.

API를 공개하고 API를 안정적인 것으로 선언하기로 했다고 상상해 보자. 이제 일어날 수 있는 최악의 상황은 무엇일까? 물론 여러 가지가 있지만 몇 가지가 눈에 띈다. "시간 부족"으로 시작해 보자. 우선순위는 바뀐다. 엔지니어가 충분한 경우는 결코 없다. 동원 가능한 엔지니어들은 가장 시급한 문제를 해결해야 한다. 특정 릴리스에 대해서는 여러분이 만든 API가 중요했던 적이 있을지도 모른다. 나중에 우선순위가 바뀌고 여러분이 만든 API가 더는 그렇게까지 중요하지 않다. 어쩌면 여러분이 생각하기에는 상당히 괜찮은 API를 만들어왔을 수도 있다. 그 API는 여러분이 해야 했던 일의 부산물이긴 하지만 말이다. API를 공개하는 것은 어려웠지만 이제 API는 외부에 공개된 상태다. 가까운 미래에는 API를 손볼 시간이 없을지도 모른다고 느낀다. 이러한 느낌은 여러분을 두렵게 한다. 음, 그렇진 않을 것이다! 가장 안정적인 API는 아무도 건드리지 않는 API다. 아메바 모델이 보여주듯이 API를 사용할 때 가장 중요한 문제는 형태와 동작 방식이 릴리스마다 바뀌는 것이다. 아무도 API 코드를 건드릴 시간이 없다면, 새 기능을 추가하거나 버그를 고칠 사람이 아무도 없다면 아메바의 형태가 바뀔 가능성은 굉장히 제한적이다. 이 경우 두려워할 게 아무것도 없는 것은 바로 이런 이유에서다. 그저 API를 안정적이라고 선언하기만 하면 된다. 다시는 API를 건드릴 일이 없다면 어떤 면에서도 해당 API는 안정적일 것이다.

그럼 첫 번째 두려움은 극복했다. 방금 안정적이라고 선언했던 API에서 잘못될 수 있는 다른 것으로는 뭐가 있을까? 뭔가가 그리 정확하지 않다는 사실을 발견할 수도 있다. 즉, 다소 제한된 방식으로 라이브러리의 기능을 강화하거나 변경해야 하는 것이다. 사실 이 상황의 세부사항은 API의 실제 형태에 따라 달라진다. 하지만 적어도 이 책에서 제안하는 바를 따랐다면 이러한 변화를 바이너리 호환성이 유지되는 방식으로 적용하기에 상당히 괜찮은 형태일 것이다. 그리고 적어도 테스트 커버리지가 적당한 수준이라면 기능적 호환성을 유지보수할 수 있는 상당히 유리한 지점에 있는 셈이다.

하지만 API의 상당 부분이 잘못돼 있어서 전면적으로 재작성해야 한다면 어떻게 될까? 그런 경우에는 아마 이전 API를 그대로 두고 싶을 것이다. 대신 새로운 API를 완전히 처음부터 만들 것이다. 그러한 작업을 올바른 방식, 즉 15장의 "비슷한 API의 연계와 공존" 절에서 살펴본 바와 같이 이전 API와 새 API가 공존할 수 있는 방식으로 수행해야 한다. API가 성공적으로 공존할 수 있게 한다면 상당히 좋은 상태인 셈이다. 이전 API의 클라이언트에게도 아무런 문제가 없는데, 그들이 사용하는 API를 전혀 건드리지 않거나 최소한으로만 건드리기 때문이다. 동시에 반짝반짝 윤이 나는 새 버전의 API를 완전히 새로 만들었기 때문에 좋은 느낌도 받을 수 있을 것이다. 아마 이전 버전에서 약속했던 것들을 아무것도 깨뜨리지 않은 채로 이전에 저지른 실수로부터 배웠을 것이다.

돈이냐 신뢰냐?

넷빈즈 API 안정성 분류 카테고리 중에서 특별한 것이 하나 있다. 바로 "공시" 카테고리다. 이 카테고리에는 `org.netbeans.api` 패키지에 들어 있는 모든 API가 포함돼 있다. 이 카테고리는 이러한 API를 공개하는 라이브러리를 분류하는 법과 관련된 특정 규칙을 강제한다. 한 릴리스에 대해서는 라이브러리가 개발 중일 수도 있지만 다음 릴리스 이후에는 안정적이어야 한다는 것이다. 이 규칙이 아직 준비되지 않은 API와 해당 API의 사용자 및 사용자의 평가를 준비해야 한다는 필요성 사이에 존재하는 닭과 달걀의 문제를 해결하는 데 도움됐으면 하는데, 이것은 가령 넷빈즈에서 새로운 Project API를 개발했을 때처럼 다양한 경우에 효과적이다. 하지만 이러한 대부분의 경우에는 호환되지 않는 변경사항이 전혀 필요하지 않다. 이러한 경우 API는 처음부터 안정적인 것으로 분류될 수도 있었다.

하지만 다른 프로젝트의 경우에는 이 같은 "미래 약속"은 전혀 효과가 없었는데, 어쩌면 더 이상 사회적으로 약속을 지킬 필요성이 없었기 때문일지도 모른다. 나는 이 모든 것이 휴대전화의 잘못이라고 생각해왔다. 중세 시대에는 두 명의 기사가 10년이라는 시간을 전장에서 보내고 파리에서 만나기로 했다면 그들은 지정된 시간과 장소에 가는 것 외에는 아무런 선택권이 없다. 그렇게 하지 않으면 그들은 서로를 다시 볼 기회가 전혀 없었다. 요즘에는 누군가를 만나고 싶다면 적당한 날짜와 만날 시간을 협상한 다음 전화를 걸어 약속이 유효한지 확인하고 자세한 사항을 정하기만 하면 된다. 휴대전화는 현대인이 약속을 깰 수 있게 만드는 근본 원인이다.

이 같은 맥락에서 현대인이 미래에 호환성 있게 개발하도록 요구하는 것은 아무런 의미가 없다. 그리고 트레이시 채프먼(Tracy Chapman)이 부른 "지금이 아니라면…"에 나오는 것처럼 "미래에 대한 약속은 안 하느니만 못하다". API를 안정적인 방식으로 개발하는 것을 생각 중이라면(물론 그래야겠지만) 첫 번째 릴리스를 준비하는 지금 API가 안정적이라고 약속해야 한다. 기다려야 할 이유는 아무것도 없다. 그렇게 하지 않으면 약속을 지키지 못할 위험을 무릅써야 한다. 나를 미치게 만드는 것은 어떤 사람들은 그렇게 하는 것을 심지어 자랑스러워 한다는 것이다! 어떤 쓸데없는 대화를 나누면서 사람들이 전에 했던 약속을 지키도록 설득하는 과정에서 "내 돈을 뭔가에 낭비해야 한다고 하는 규칙이 있다면 개인적으로 나는 기꺼이 그 규칙을 무시하고 나 스스로가 그렇게 하는 것을 자랑스럽게 생각하겠다"라고 주장하는 것을 들은 적도 있다. 우리가 살아가는 이 사회의 현주소를 이 말보다 더 잘 보여주는 것은 없다는 생각이 든다. 사람들은 약간만 불편해도 약속을 지키려 하지 않는다.

하지만 약속과 신뢰가 이익보다 중요한 영역이 여전히 있다. 내 친구 중 몇몇은 은행에서 주식 거래인으로 일하는데, 모두 약속과 관계된 일을 한다. 친구가 어떤 거래를 맺고 싶으면 다른 거래인에게 전화해서 전화상으로 가격을 흥정하고 "완료"라고 말하고 나면 그 즉시 거래가 성사된다. 물론 아직까지는 아무런 돈도 이체되지 않는다. 그것은 백오피스에서 처리할 일이고 며칠 동안 연기된다. 그 사이에 거래가 불발로 끝날 수도 있고 은행에서 거래를 취소하고 싶어할 수도 있다. 하지만 이런 일이 일어났다고 들은 적은 한 번도 없다. 은행이 특정 거래에서 돈을 잃어버릴 것 같더라도 거기엔 늘 훨씬 더 큰 비용, 즉 신뢰 상실이 있다. 거래인 사이에서 일어나는 모든 활동은 상호 신뢰를 기반으로 하기 때문에 한 번이라도 약속을 어기면 소문이 돌고 아무도 더는 함께 일하려 하지 않을 것이다. 그러한 위험을 무릅쓸 은행은 아무 데도 없다.

내가 틀렸을 수도 있겠지만 나는 API 설계를 신뢰가 비용 절감보다 중요한 또 하나의 영역이라고 본다. API 설계자와 API 사용자 간의 계약은 상호 신뢰를 바탕으로 이뤄진다. 그러한 신뢰를 깨는 일은 하지 말아야 하는데, 그렇게 할 경우 여러분의 가장 큰 자산인 API 사용자를 잃어버리는 데 일조할 수 있기 때문이다. 그러한 이유로 사용자와의 좋은 관계를 대가로 가장 비용 효과적인 해법을 찾는 것보다 호환성 있는 API의 확장을 구현하는 데 좀 더 비용을 쓰는 것이 더 효율적인 것이다.

그럼에도 휴대전화로 인한 현대 사회의 약속 붕괴를 고려했을 때 "미래" 약속을 제거하고 그것을 실제 및 즉각적인 행동으로 바꾸는 편이 더 안전하다. 넷빈즈 공식 API의 임시 상태에 대한 예외(특정 릴리스에 대해 API를 안정적이지 못한 상태로 만들 수 있는)를 제거하려는 것은 바로 이런 이유에서다. 여기에 신경 쓰는 사람은 그러한 예외를 두지 않고 훌륭한 API를 만들어낼 수 있다. 사람들이 약속을 하고 싶다면 즉시 그렇게 해야 한다. 미래의 뭔가를 약속하는 것은 효과가 없다.

이처럼 고차원적인 제안을 실제로 실현하는 것은 API마다 다를 수도 있다. 하지만 일반적인 방향은 분명하다. 알지 못하는 것을 제거하면 API를 안정적인 것으로 선언함으로써 뭔가를 잘못 하고 있지는 않다고 보장할 수 있다. 대개 어떤 구체적이고 아직까지는 알지 못하는 요청이 생기면 API를 어떻게 바꾸게 될지 파악하기 위해 *진화 계획*을 세우는 것이 도움이 된다. 향후 어떤 종류의 요청이 생길지 마음속으로 그리는 데는 어느 정도 연습이 필요하며, 불가능한 일은 아니다. 클라이언트에게 API를 제공하고 있다면 클라이언트가 API를 호출하고, 질의하고, 설정하기 위한 더 많은 메서드를 요청할 것이라고 예상할 수도 있다. 제공자를 위한 API를 가지고 있다면 그들이 사용해온 인터페이스가 충분하지 않고 그들이 가진 기능을 끼워넣을 수 있게끔 대안을 제공해야 한다는 사실을 알게 될 것이다. 여러분이 만든 API가 이러한 요구사항을 처리할 수 있다면 진화 계획을 가지고 있는 셈이다! 진화 계획을 가지고 있으면 API를 호환 가능한 방식으로 개발하는 것은 식은 죽 먹기다.

정리하면, API를 안정적으로 선언하는 것은 무엇보다도 여러분의 도덕적 판단력을 검사하는 것이다. 이것은 주로 API를 하위 호환성이 보장되는 방식으로 개발하려는 의지와 관련돼 있다. 우선 여러분은 API가 있는 것이 좋고 API가 사용자가 투자하는 바를 보전하는 데 유익하다고 믿을 필요가 있다. 이 부분은 이미 이 책의 다른 곳에서 살펴본 적이 있다. 하지만 이를 이해하고 나면 안정적인 API를 약속하기 위한 의지를 찾기가 아주 수월해질 것이다.

유지보수 비용 최소화하기

한 가지 공통적인 걱정거리는 API를 만들거나 특히 유지보수하는 데 비용이 많이 든다는 것이다. 사실이다. API를 만드는 것은 확실히 다른 사람이 소비할 뭔가를 전혀 공개하지 않는 데 비해 해야 할 일이 많다. 하지만 간혹 그것을 우회할 방법이 전혀 없을 때도 있다. 애플리케이션은 컴포넌트를 토대로 만들어지고 이러한 컴포넌트는 서로 상호작용할 필요가 있다. 그러한 요건이 있을 경우 문서화되지 않은 해킹을 통해 문제를 살금살금 회피하는 것보다 API를 적절히 만드는 편이 더 낫다. 초기 설계에 시간과 노력이 더 많이 들 수도 있겠지만 거기에 쏟은 시간과 노력은 향후 확실히 보상받을 것이다.

나는 공개된 API의 유지보수가 완전히 없어질 정도로 줄어들 수 있다고 생각한다. 가능한 상황을 분석해 보자. 우선 여러분이 만든 API를 아무도 사용하지 않는다고 생각해보자. 이것은 확실히 바람직한 상황은 아니다. 하지만 아무도 버그를 리포팅하지 않으리라는 점에서 한 가지 커다란 장점은 있다. 어떻게 그럴 수 있겠는가? 여러분이 만든 라이브러리가 사용되지 않는다면 노출될 수도 없다 (심지어 간접적으로도). 그렇게 되면 실질적으로 라이브러리에 버그가 있는지 아무도 알지 못한다. 그리고 버그가 있더라도 아무도 신경 쓰지 않는다. 이것은 버그를 고치는 데 필요한 시간이 없다는 것을 의미한다.

이제 누군가가 여러분이 만든 라이브러리를 사용한다고 해보자. 라이브러리 제작자로서 여러분은 훨씬 더 나은 위치에 있는 셈이다. 여러분은 좋은 일을 하고 있고, 여러분을 필요로 하는 사용자가 있다는 사실을 안다. 여기엔 두 가지 가능성이 있다. 사용자가 만족하고 불평하지 않아서 유지보수 비용이 들지 않거나 사용자가 불평하는 경우다. 불평은 관심이 있다는 신호일 수도 있고 라이브러리의 유지보수를 반기는 것일 수도 있다. 이 경우 유지보수 비용이 어느 정도 든다. 하지만 라이브러리 소유자가 기꺼이 도움을 줄 수 있어서 그 비용은 자발적이다.

불평을 원치 않거나 적어도 라이브러리를 유지보수하는 사람이 불만사항을 처리할 시간이 없다고 가정해보자. 다시 한 번 여기엔 두 가지 경우가 있을 수 있다. 사용자가 새로운 누락된 기능을 지원해 주기를 요구하거나 버그 수정을 요구하는 경우다. 먼저 버그 수정 문제부터 살펴보자. 라이브러리가 이미 공개적으로 릴리스됐다면 4장의 "기능적 호환성(아메바 효과)" 절에서 소개한 아메바 모델 관점에서 기존 동작 방식이 버그가 아니라 기능이라고 주장할 수 있다. 이것은 문제의 성격에 따라 다르다. 예상치 못한 `NullPointerException`이 코드에서 발생한다면 그것을 기능으로 보긴 힘들다. 반면 느린 알고리즘을 사용하고 있다는 사실은 10장의 "위임과 합성" 절(팩토리얼 계산에 이 결함을 잘 이용했던)에서 보여준 바와 같이 API 기능으로 간주될 수 있다. 이 모든 것은 여러분이 호환성을 얼마나 진지하게 받아들이느냐로 귀결된다. 호환성이 중요하고, 이 책 전체에서 왜 호환성이 중요해야 하는가를 설명하고 있다면 애플리케이션 아메바 모양의 변화를 최소화할 필요가 있다. 이 관점에서는 출시 이후에 발생한 모든 버그는 사실 새로운 API에 대한 기능 요청으로 간주될 수 있는데, 단순히 버그를 수정하는 것이 이전 작동 방식에 영향을 주고 누군가는 이미 그러한 작동 방식에 의존할 수 있기 때문이다. 이를 염두에 두고 API의 버그를 유지보수하는 주제는 나중으로 미루고 API의 새로운 기능을 요청하는 것과 관련된 불만사항에 집중해 보자.

사용자는 새로운 기능을 요청하기로 유명하다. API라고 해서 예외는 아니다. 하지만 대부분의 사용자는 불평만 하지 거기에 대해 뭔가 도움되는 일은 하지 않는 것으로 잘 알려져 있다. API 사용자라고 해서 예외는 아니다. 반면 오픈소스는 실제로 도움이 되는데, 특히 여러분이 "어항 속에 살고 있다면" 더욱 그렇다. 해당 오픈소스가 잘 알려져 있고, 프로젝트의 소스 기반으로 변경사항을 통합하는 방법이 공개적으로 문서화돼 있으며, 여러분이 만든 라이브러리가 오픈소스로 개발돼 있다면 API 사용자가 불평하는 것에 대해 여러분은 "알겠어요. 직접 고치세요"라고 반응할 수 있다. 이제 API 사용자는 행동을 취해야 한다. 불평은 이 같은 상황에 더는 도움이 되지 않는다. 사용자는 API의 새로운 기능을 구현하느라 시간을 보낼 수도 있고 자신이 작성한 코드에서 이를 우회하려고 시도할 수도 있다. 참고로 지금까지 라이브러리를 유지보수하는 사람들은 실제로 아무 일도 하지 않았다. 기껏해야 소스에 대한 패치를 받기 전에 따라야 할 가이드라인을 호기심 많은 사용자에게 알려줄 뿐이다.

API 사용자가 어느 정도 시간을 투자하고 패치를 만들기로 했고, 소스에 통합해 달라고 제출했다고 해 보자. 이제 검토의 시간이 돌아왔다. 그렇다. 누군가가 제출된 패치를 검토해서 코드의 품질이 좋은지 나쁜지 검사해야 한다. 하지만 내 경험에 비춰보면 여러분이 만들어낸 창작물을 향상시킬 수 있는 다른 누군가가 수행한 작업을 검토하는 것이기 때문에 이것은 유쾌한 작업이다. 물론 품질이 낮은 패치는 가능한 한 빨리 거부해야 한다. 여기서 나는 몇 가지 간단한 비법을 배웠다. 어떤 API에 대한 변경사항이 좋은지 나쁜지 측정하는 데 필요한 선행조건은 4장의 "유스 케이스 지향의 중요성"에서 살펴본 바와 같이 해당 API가 해야 할 일을 고수준에서 충분히 설명하고 있느냐다. 적절하지 않은 방식으로 API 변경을 제안하는 경우에는 보통 이러한 측면이 누락돼 있으며, 고수준 유스 케이스를 추가해 달라고 요청하는 식으로 이를 손쉽게 거절할 수 있다. 다른 고려할 만한 사항은 버그가 많은 코드 기여를 제거하는 것과 관련이 있다. 코드를 받아서 해당 코드에 포함된 버그를 수정하느라 몇 주를 보내고 싶어할 사람은 아무도 없다. 코드 검토는 좋지만 제안된 변경사항을 이해하려면 상당한 시간이 필요하다. 자동화된 테스트로 코드 커버리지를 측정하는 편이 훨씬 더 쉽다. 모든 코드 라인이나 브랜치를 셀 필요가 없고, 테스트가 없을 경우 코드에 대한 기여를 거절하기에 충분한 근거가 마련된 셈이다. 테스트가 있다면 API 변경사항이 뭔가 유용한 일을 할 가능성을 적어도 어느 정도 기본적인 수준에서는 보장받을 수 있다. 여러분은 항상 더 많은 테스트를 요청할 수 있는데, 그렇게 함으로써 공헌자가 테스트를 만드는 데 전념하고 있음을 증명할 수 있음과 동시에 API 변경에 대한 자신감을 높일 수 있다. 이것은 바람직한 모습인데, 나중에 버그가 나타났을 때 공헌자가 버그를 수정할 가능성이 높아지기 때문이다. 심지어 공헌자가 자신이 기여한 코드에 포함된 버그를 수정하는 데 도움을 주지 않으려고 하더라도 앞에서 설명한 비법, 즉 호환성과 관련된 비법을 이용해 버그를 기능으로 취급할 수 있다.

이미 알고 있겠지만 최소한의 노력으로 기능 요청을 API에 통합하는 것이 가능하다. 유일한 전제조건은 프로젝트가 검토받을 준비가 돼 있어야 한다는 것이다. 메일링 리스트와 버그 추적 시스템이 있어야 한다. 사람들은 제출된 내용을 누락시켜서는 안 되고, 프로젝트에서도 문서를 작성하는 방법을 명확하게 설명해야 한다. 프로젝트에서는 자동화된 테스트를 사용해야 하고, 각 기여자에게도 자동화된 테스트를 사용하도록 요청할 수 있다. 내가 알기로 이러한 전제조건은 여러 프로젝트에 적용되고 있다. 확실히 넷빈즈와 아파치 앤트에서는 외부 기여자를 심사할 때 이 같은 접근법을 사용한다.

선행 환경이 준비되고 나면 한 가지 문제가 되는 경우만 남는다. 즉, API에 기능 요청으로 바꿀 수 없는 버그가 있다면 어떻게 될까? 아마 그러한 버그는 여러분 쪽에서 유지보수가 필요할 것이다. 하지만 여전히 그러한 버그의 영향력은 최소화할 수 있다. 첫 번째로 효과적인 접근법은 버그 제보자에게 자동화된 테스트를 요청하고, 그러한 테스트는 다른 무관한 API는 포함되지 않은 최소한의 테스트 케이스여야 한다고 덧붙이는 것이다. 이 방법이 항상 가능한 것은 아니지만 사용 가능할 때가 많다. 이 방법이 가능한 경우에는 아주 유용한데, 불평하는 사람들을 제거하고, 여러분이 만든 API를 실제로 사용하고 거기에 기여하는 데 관심이 있는 사람들만 남기기 때문이다. 개발자가 단위 테스트를 작성할 수 있다면 그들은 라이브러리의 소스코드가 어디에 있는지 파악하고, 소스코드를 빌드하는 방법을 이해하며, 테스트를 실행하는 방법도 충분히 알고 있을 것이다. 게다가 개발자들은 기꺼이 자기 시간을 투자해서 그렇게 할 의사가 있다. 그런 사람들과 일하고 그들에게서 버그 리포트를 받는 것은 대개 즐거운 일이다. 그들이 제기한 문제를 해결하는 것은 새로운 기능을 구현하는 것만큼이나 수월하다. 더불어 유지보수 비용도 현격히 낮아진다.

유지보수 비용을 높일 수도 있는 다른 경우가 남아 있는가? 그렇다. 때때로 격리되고 자동화된 테스트를 만들기가 불가능할 때도 있다. 예를 들어, 비용을 지불하는 고객이 직접 문제를 해결하고 싶어 할 수도 있다. 아니면 초반에는 API에 단위 테스트가 없을 수도 있다. 그렇다면 외부인이 단위 테스트를 작성하기가 어려울 것이다. 또는 API가 비결정론적으로 동작하고, 문제가 간헐적으로 발생해서 추적하기가 어려울 수도 있다. 이 모든 일은 일어날 가능성이 있다. 이 모든 상황이 여러분이 작성하는 코드에도 일어날 수 있다. 상사가 여러분에게 뭔가를 작성하라고 지시했다면 여러분은 그렇게 하면 된다. 테스트를 작성하지 않는다면, 글쎄, 그렇다면 무지나 가독성이 높아지지 않을 수 있다. 비결정론적인 코드가 있다면 버그를 추적하기가 어렵다. 이 모든 것은 일반 코드에도 적용된다. API가 포함된 라이브러리를 제작할 때도 전혀 특별할 게 없다. 형편없는 코드를 작성한다면 유지보수 문제가 생길 것이다.

이것은 모두 내가 증명하고자 했던 바다. 적절히 만들어진 API를 유지보수하는 일은 일반 코드를 유지보수하는 것과 별반 차이가 없다. 사실 더 쉬울 수도 있다. API가 있으면 자동화된 테스트를 통한 적절한 버그 리포트에 의지할 수 있기 때문이다. 반면 여러분이 작성한 일반 코드를 사용하는 사람들은 그런 것들을 제공할 수 있을 가능성이 낮다. 유일한 조건은 올바른 방향으로 API 개발을 시작해야만 한다는 것이다. 즉, 진화에 대비하고 뛰어난 테스트 용이성을 통해 아메바 효과를 억제하며, 유스 케이스 주도적인 문서화를 활용하는 것이다. 이 모든 것들은 첫 번째 버전이 출시되기 전에 일어나야만 한다. 그렇지 않고, 특히 API가 진화에 대비하고 있지 않으면 그렇게 하기에는 너무 늦을지도 모른다. 가능한 한 빨리 API를 검토하거나 검토를 요청해야 할 가장 큰 이유는 아마 여기에 있을 것이다. API가 충분히 검토되고 잘 설계돼 있다면 그 순간부터 유지보수는 식은 죽 먹기다.

CHAPTER 15

API
우주의 진화

14장에서는 API가 포함된 라이브러리를 유지보수하는 것이 API가 없는 코드를 유지보수하는 것에 비해 더 비용이 들지는 않는다는 것을 증명하려고 했다. 하지만 그렇다고 해서 코드에 API를 추가하면 생활이 간소화된다는 의미는 아니다. 전혀 그렇지 않다. 지금까지 증명된 것은 일정 수준의 품질을 갖춘 코드를 작성할 수 있다면 코드에 API를 추가한다고 해서 해당 코드를 유지보수하는 사람의 삶이 복잡해지지는 않는다는 것이다. 특히 이 책에서 설명한 진화 지침을 따른다면 더욱 그렇다.

그럼에도 이따금 품질 높은 코드를 작성할 수 없을 때가 있다. 만약 그런 일이 일어난다면 API로 코드를 치장하더라도 코드는 개선되지 않을 것이다. 여전히 형편없는 품질을 유지할 것이다. 게다가 API는 별과도 같아서 모든 사람에게 빛나고 모든 사람이 보게 될 형편없는 품질의 코드가 될 것이다.

나쁜 코드는 나쁜 API가 그렇듯 다양한 이유로 만들어진다. 어쩌면 API의 런타임 측면을 포괄하는 테스트를 충분히 작성하는 데 선택적 무지를 집중시키지 못해서 신뢰를 충분히 얻지 못했을지도 모른다. 어쩌면 원래의 요구사항이 더는 적용되지 않을지도 모른다. 어쩌면 프로젝트 자체가 잘못 정의돼 있어서 더는 의미가 없을지도 모른다. 이유가 무엇이든 결과는 분명하다. 더 이상 원하지 않는 API가 있는 것이다. 그러한 API를 없애고 싶지만 지금까지 해당 API의 사용자가 투자한 바는 보전하면서도 적절하게 제거하고 싶다. 문제는 어떻게 그렇게 하느냐다.

사내 소프트웨어를 개발해본 경험이 많은 개발자들은 늘 순조롭지만은 않지만 전체 소프트웨어 코드를 폐쇄하는 것이 가능하다는 사실을 안다. 그런 다음 코드를 완전히 탈바꿈시켜서 며칠 또는 몇 주 뒤에 재개장할 수 있다. 상점은 폐쇄되고 비어 있지만 거기에 여러 기법들을 적용할 수 있고, 심지어 일부 기법은 위험할 수도 있다. 심지어 엘리베이터를 모두 없앤 후 모두에게 계단을 이용하라고 말하는 것도 가능하다. 모든 층을 업데이트하는 데는 시간이 걸리지만 사용 가능한 층의 수를 알고 있다면 "대개장" 전에 그것들을 모두 고치는 데 필요한 시간을 추산할 수 있다.

규모는 문제가 되지 않는다고 생각하는 사람들이 많다. 즉, 뭔가가 사내 시스템에서 동작한다면 초고층 빌딩에서도 동작하리라 생각하는 것이다. 하지만 이것은 틀린 생각이다. API는 별과 같다. 한 번 공개되면 그것들은 언제까지고 관찰될 준비가 돼 있어야 한다. '세상이여 멈춰라 방법론(stop the world methodology)"는 통하지 않는다. 상점을 잠시 닫을 권리를 얻을 수는 있겠지만 우주 선제를 넘술 힘은 아무에게도 없다. 그러한 이유로 API가 사용되는 모든 곳을 비롯해 API 전체를 제거하는 것은 선택의 여지가 없다. API는 별과도 같아서 갑자기 사라질 수 없다. API는 자신의 궤도를 변경하거나 초신성으로 바뀌어 폭발할 수는 있다. 하지만 이런 과정이 갑자기 일어날 수는 없다. 이러한 사건은 훌륭한 API 설계 규칙을 준수함으로써 시간이 지남에 따라 진화할 필요가 있다.

우주의 지배자

고객에게 벌을 주는 식으로는 고객의 마음을 얻기가 힘들다. "세상이여 멈춰라", 즉 "빅뱅" 방식을 이용할 경우 API 사용자에게 API를 사용한다는 이유로 벌을 주는 셈이다. API가 그냥 사라진다면 더는 아무것도 동작하지 않을 테고, 모든 것을 다시 작성해야만 한다. 어쩌면 재작성하는 편이 사용자에게 더 나을지도 모른다. 어쩌면 사용자가 지저분한 꼼수로 가득 찬 낡은 코드를 없애는 데 도움될지도 모른다. 어쩌면 사용자가 작성한 낡은 코드를 새롭고 빛이 나는 버전으로 대체할 수 있을지도 모른다. 하지만 사용자에게는 "왜 하필 지금인가요? 코드를 재작성할 시간을 조금 줄 수는 없나요?"라고 물어볼 권리가 있다. 또한 사용자에게는 다른, 그리고 더 중요한 할 일이 있다고 불평할 권리가 있다. 한 가지 기억할 점은 API 사용자에게는 항상 더 중요한 일이 있다는 것이다.

여러분은 사용자의 요청에 귀를 기울이거나 빅뱅 변경을 미루거나 또는 사용자에게 "아뇨, 저희를 기다리고 싶지는 않으실 겁니다. 저희가 기존 API를 없애고 새로운 버전으로 바꾸는 것은 프로젝트 전체가 성공하는 데 굉장히 중요합니다. 그에 반대하는 의견을 가지고 계실 수도 있지만 저희는 더 넓은 관점에서 지금 하고 계신 일을 중단하고 코드를 지금 당장 모두 새로 작성하는 것이 중요하다고 생각합니다!"처럼 길게 답변할 수도 있다. 아니면 "저흰 여러분을 신경 쓰지 않아요. 저희가 하라는 대로 하세요!"라고 좀 더 짧게 답변할 수도 있다. 말할 필요도 없이 오만한 태도로는 사용자의 마음을 얻지 못한다. 대신 그 반대가 참이다. 사용자는 여러분이 만든 API의 대체재를 찾기 시작할 것이다.

여러분은 사용자가 코드를 정리할 좋은 기회라고 생각할 수도 있다. 하지만 4장의 "소프트웨어의 엔트로피"에서 살펴본 바와 같이 단지 재작성한다고 해서 코드가 저절로 더 나아지리라 기대할 수는 없다. 초기에는 그럴 수도 있지만 추가적인 유지보수로 몇 년을 보내고 나면 그렇게 되지 않을 것이다. 개발자도 코딩 관례를 상당수 변경하는 경우에만 코드 개선이 일어날 수 있다. 개발자가 압박을 받는 상황에서 상당한 양의 코드를 재작성해야 하는 경우에는 그렇게 되기 힘들다.

나는 이 방법이 최선이자 가장 효과적인 방법이라고 생각하는 사람들을 많이 알고 있다. 나는 그 방법이 대개 해당 API가 내부 넷빈즈 IDE 프로젝트(사실상 사내 프로젝트)를 제외하고는 아무도 사용하지 않으리라 가정한 상태에서 일부 넷빈즈 API에 적용되는 모습을 몇 번 본 적이 있다. 하지만 넷빈즈 프로젝트는 규모가 굉장히 커서 빅뱅은 원래 추산했던 것보다 시간이 더 오래 걸렸고, 비용 또한 많이 들었다. 게다가 추산 내용에는 협력사에서 만든 코드를 재작성하는 비용은 포함된 적이 한번도 없었고, 넷빈즈에 새로운 가능성을 연 경우를 제외하면 나는 소프트웨어의 엔트로피로 인해 우리가 늘 이전 상태, 즉 꼼수(이른바 출시만을 위한 절충안)로 가득 찬 코드로 되돌려졌다는 점이 두려웠다.

이러한 이유로 나는 빅뱅 전략에 대해 회의적이고 소프트웨어 프로젝트에 대한 '세상이여 멈춰라' 진화 방식을 부정적으로 생각한다. 나는 그것이 우주의 지배자에 의해 일어나는 무언가가 아닌 그저 아무것도 모르는 어리석은 문지기에 의해 일어나는 것이라고 생각한다.

라이브러리와 그것의 API가 형편없는 상태라면 여기엔 두 가지 선택이 있다. 다른 코드와 마찬가지로 그것을 고치려고 하거나 포기하고 처음부터 작성한 다른 버전으로 대체하는 것이다. 하지만 두 번째 방법은 기존 라이브러리를 제거하는 것으로 이어지지 않는다. 기존 라이브러리는 지원 중단되거나 사용될 경우 경고를 출력할 수도 있다. 하지만 기존 라이브러리는 그 자리를 그대로 지키면서 밤하늘에 떠 있는 별처럼 서서히 소멸될 필요가 있다.

망가진 라이브러리 되살리기

망가진 라이브러리를 고치는 두 가지 접근법 가운데 먼저 라이브러리를 고치는 방법을 살펴보자. 라이브러리를 고치는 것은 힘든 작업이다. 나는 제대로 설계되지 않은 몇몇 라이브러리를 목격하고 유지보수해왔다. 그러한 라이브러리는 손쉽게 진화하지 못하는 인터페이스로 고통받았다. 게다가 참고할 만한 문서가 부족하고 다중 스레드 기반으로 접근하고 사용하는 과정에서 비결정론적으로 동작하기도 했다. 나는 이러한 라이브러리 중 일부가 바로 내가 만든 것이었음 시인한다. 그러한 라이브러리는 내가 어렸을 때, 무지에 관해 아무것도 모르던 시절에 만든 것이었다.

엉망진창 라이브러리를 고치는 유일한 방법은 테스트를 작성하는 것이었다. 이 부분에서 나는 완전한 무지를 적용했다. 즉, 특정 라이브러리가 무슨 일을 하는지 알지 못했지만 내가 그것을 건드릴 때마다 먼저 뭔가가 망가졌음을 증명하는 테스트를 작성했다. 그런 다음 라이브러리의 동작 방식을 고쳤다. 이것은 과학이 아니라 지루한 작업의 연속이었다. 그렇지만 결국 가장 중요한 것은 내가 여러 자그마한 진화적 향상을 가져왔다는 것이다. 결국 여전히 하위 호환성을 유지하면서도 해당 라이브러리를 문제투성이 원본과 비교해서 신뢰성 측면에서 개선해냈다. 적어도 각 라이브러리는 원래의 비전과 정신을 온전히 유지했다. 하지만 원래의 동작 방식과는 하위 호환성을 유지하지 않았는데, 원래의 동작 방식은 혼란스럽고 불분명했기 때문이었다. 사실 나는 내 지성을 활용해 그러한 라이브러리를 고쳤다고 보고하고 싶었다. 하지만 그랬다면 거짓말이 됐을 것이다. 내가 해당 라이브러리를 정상화하는 데 유일하게 도움됐던 것은 강한 의지와 부단한 노력, 그리고 각 변경사항을 검증하기 위한 방어 코드를 신중하게 작성한 것이었다.

API를 위해 싸워라

모든 API는 안정적인 상태에 이르도록 고쳐질 수 있다. 문제는 이러한 작업에 얼마나 많은 노력이 필요하고 장기적으로 얼마나 많은 시간이 드느냐다. 다음 문제는 실제로 그렇게 고치는 작업을 수행할 누군가를 찾아서 그에게 동기를 부여할 수 있느냐다. 일반적으로 개발자들은 다른 누군가가 저지른 실수를 고치는 것으로밖에 여겨지지 않는 작업에는 열정을 보이지 않는다. 레거시 코드를 유지보수하는 사람에게 처음 API를 제작한 사람보다 일을 잘 해달라고 부탁하기란 쉬운 일이 아니다. 하지만 여러분이 만든 API가 사용하기 어렵고 신뢰할 수 없다는 이유로 비난받고 있다면 API를 손수 개선하고 싶을 이유가 충분하다. API를 위해 싸워라! 의지가 있다면 분명 API를 고칠 수 있을 것이다.

나도 그런 상황에 처한 적이 있다. 넷빈즈 API 중 일부가 거칠고, 너무 기능이 풍부하며, 무작위로 발생하는 버그와 비결정적인 작동 방식으로 고통받고 있었다. 운 좋게도 그 API는 중심부에 있었고 여러 번에 길쳐 시도했음에도 쉽게 제거할 수 없었다. 그러한 이유로 내가 그 API를 고칠 기회를 얻을 수 있었다. 가능한 한 무지를 토대로, API의 동작 방식에서 가장 간단한 변경사항에 대해서도 테스트를 작성하면서 겨우 API를 안정적으로 만들었다. 그렇지만 무작위로 발생하는 버그를 모두 제거하기까지 2~3년이 걸렸다. 그렇지만 이제는 API에 잘못된 동작 방식이 전혀 포함돼 있지 않다. 최소한 그에 대한 중요 버그는 보고된 적이 없다.

API를 위해 싸운다면 하위 호환성을 유지하면서 어떤 API라도 고칠 수 있다. 하지만 그것은 API의 "공학적 측면"을 고칠 수 있음을 의미할 뿐이다. 여러분은 API에 버그가 없게끔 만들고, 안정적으로 만들며, 잘 문서화되게 만들고, 심지어 API를 비교적 유용하게 만들 수도 있다. 하지만 API를 "아름답게" 만들지는 못한다. 물론 아름다움이 엔지니어에게 어떤 의미가 있어야 하는 것은 아니다. 그럼에도 간혹 의미가 있을 때가 있다. 아름다움의 필요성은 아마도 선천적인 것이고 아름다움에 대한 흠모는 우리 안의 깊숙한 곳에 자리하고 있을 것이다. 아름다움은 측정 가능한 것이 아니지만 우리는 계속해서 아름다움을 획득하기 위해 노력한다. 기존 API를 호환 가능한 방식으로 고치다 보면 아름다움이 아닌 지원 중단된 부분만 더 만들어질 수 있다.

그러한 이유로 기반구조가 충분히 안정적인 경우에는 완전히 처음부터 새로운 대체 API를 시작하는 것이 합당하다. 그렇게 하면 기존 API와의 기능에 다리를 놓을 수 있다. 새 API에서는 아름다움을 되찾을 수 있고, 이전 API의 모든 기존 사용자에 대해서도 여전히 호환성을 유지할 수 있다.

가장 유용한 유형의 "방어" 수단은 이전 버전의 구현에 대한 호환성을 검증하는 데 유용한 테스트다. 이 방법은 이전 구현체를 좀 더 버그가 적은 뭔가로 완전히 대체하면서 API를 유지하고 싶을 때 유용하다. 한 클래스에 유지보수 문제가 있어서 좀 더 안정적인 구현체를 찾고 있다고 해보자. 물론 이 책의 기조를 따르자면 점진적인 개선이 느리지만 API 사용자의 걱정거리를 덜 수 있다는 점을 알고 있을 것이다. 따라서 아메바 모델 측면에서 API의 관찰 가능한 동작 방식을 가능한 한 적게 변경하는 데 목표를 둔다. 기존 동작 방식은 명세에 해당한다. 목표는 API의 내부를 완전히 변경하면서 그러한 동작 방식을 흉내 내는 것이다. 이를 TCK의 최소주의자 버전으로 봐도 된다. 우리에겐 이전 구현을 대상으로 실행한 후 새 구현체를 대상으로도 실행되는 테스트가 필요하다. 각 테스트가 이전 버전과 새 버전의 API에 대해 같은 결과를 보인다면 기존 동작 방식을 최대한 비슷하게 재현하는 우리의 목표를 달성한 것이다.

첫 번째 단계는 애플리케이션 코드에서 기존 구현을 테스트 코드로 옮기는 것이다. 삭제하는 대신 기존의 유지보수가 불가능한 클래스가 새 코드의 예상 동작 방식에 대한 템플릿이 된다.

```
/** 1.0 버전에서 가져온 Arithmetica 구현의 사본 **/
static class OldArithmetica1 {
    public int sumTwo(int one, int second) {
        return one + second;
    }
}
```

```
    public int sumAll(int... numbers) {
        if (numbers.length == 0) {
            return 0;
        }
        int sum = numbers[0];
        for (int i = 1; i < numbers.length; i++) {
            sum = sumTwo(sum, numbers[i]);
        }
        return sum;
    }


    public int sumRange(int from, int to) {
        int len = to - from;
        int[] array = new int[len + 1];
        for (int i = 0; i <= len; i++) {
            array[i] = from + i;
        }
        return sumAll(array);
    }
}
```

그러고 나면 테스트 코드에는 이전 및 새 구현체를 대상으로 모두 수행되는 임의의 연산을 실행하는
비교 코드가 담긴다. 테스트가 두 벌의 구현에 대해 통과하면 기존 구현체에 포함돼 있던 기능이 새
구현체의 동작 방식과 일치할 만큼 잘 보존된 셈이다.

```
private void compare(Arithmetica now, OldArithmetica1 old, long seed)
        throws Exception {
    java.util.Random r = new java.util.Random(seed);
    for (int loop = 0; loop < r.nextInt(5); loop++) {
        int operation = r.nextInt(3);
        switch (operation) {
            case 0: { // sumTwo
                int a1 = r.nextInt(100);
                int a2 = r.nextInt(100);
                int resNow = now.sumTwo(a1, a2);
                int resOld = old.sumTwo(a1, a2);
                assertEquals("sumTwo results are equal", resNow, resOld);
```

```
                break;
            }
        case 1: { // sumArray
            int[] arr = new int[r.nextInt(100)];
            for (int i = 0; i < arr.length; i++) {
                arr[i] = r.nextInt(100);
            }
            int resNow = now.sumAll(arr);
            int resOld = old.sumAll(arr);
            assertEquals("sumArray results are equal", resNow, resOld);
            break;
        }
        case 2: { // sumRange
            int a1 = r.nextInt(100);
            int a2 = r.nextInt(100);
            int resNow = now.sumRange(a1, a1 + a2);
            int resOld = old.sumRange(a1, a1 + a2);
            assertEquals("sumRange results are equal", resNow, resOld);
            break;
        }
    }
    }
}
```

여기서는 무작위 테스트를 사용하는 것이 적절한데, 무작위 테스트는 두 구현체에 동시에 적용되면서 임의 순서로 호출하는 코드를 만들어낼 수 있기 때문이다. 그 과정에서 호출 코드가 동일한 결과를 만들어내는지 검증하게 된다. 무작위 테스트뿐만 아니라 다른 어떤 종류의 테스트도 사용할 수 있으며, 그러한 테스트는 새로운 동작 방식이 기존 동작 방식을 적절히 재현하는지 검증할 것이다. 한편으로 무작위 테스트는 아메바 모델과 관련해서 멋진 기능을 가지고 있다. 4장의 "기능적 호환성 (아메바 효과)" 절에서 설명한 바와 같이 애플리케이션의 실제 동작 방식은 항상 명세나 우리의 예상과 다르다. 일반적으로 테스트는 명세에서 요청한 기능이 구현돼 있는지 자동으로 검증하는 데 유용하다. 이렇게 하는 것은 어렵지 않다. 명세에서 뭔가가 동작할 것이라고 이야기하고 있으면 그것을 실행해보고 만약 실패하면 구현을 고치면 된다. 명세에서 어떤 값에 대해 함수가 예외를 발생시켜야 한다고 요구한다면 테스트를 작성해 해당 예외가 실제로 발생하는지 검사하고, 만약 그렇지 않으면 구현을 고치면 된다.

한편으로 우리가 만든 애플리케이션도 명세에 있는 것보다 더 많은 일을 할 수 있다. 이것은 위험스러운 일이기도 한데, 이 경우 보안 허점이 만들어지거나 라이브러리의 향후 진화에 방해가 될 수도 있기 때문이다. 그 이유는 나중에 라이브러리의 동작 방식을 명세와 맞추기 위해 고쳤을 때 이전(명시되지는 않았지만) 동작 방식과 호환되지 않는 변화가 생기기 때문이다. 이러한 이유로 애플리케이션이 명세에 기술된 것보다 더 많은 일을 하는지 파악하는 것이 중요하다. 하지만 이렇게 하기란 쉽지 않다. 일반적인 테스트 형식은 도움이 되지 않을 텐데, 일반적인 테스트에서는 예상되는 동작 방식만 검증하기 때문이다. 무작위 테스트는 바로 이 부분에 탁월하다. 어느 정도까지는 무작위 테스트가 예상치 못한 동작 방식을 발견할 수 있다. 무작위 테스트가 연산의 무작위성을 활용해 개발자나 품질 보증 엔지니어가 작성하지 못할 법한 순서를 만들어낼 수 있기 때문이다. 이러한 테스트에는 한계가 있고, 완전히 새로운 API 사용법을 만들어내지는 못한다. 테스트에는 틀(사용 가능한 연산)이 부여되고 이를 독창적인 순서로 실행할 수 있을 뿐이다. 그럼에도 무작위 탐색은 API를 한계까지 시험할 수 있기 때문에 유용하다.

CookieSet의 전면 재작성

넷빈즈에서는 CookieSet을 새롭고 강화된 구현으로 재작성하는 과정에서 여기서 설명한 접근법을 사용했다. 기존 구현을 OldCookieSetFromFebruary2005라는 테스트로 복사했다. 테스트에서는 2005년 2월자 클래스 구현의 동작 방식과 새로운 코드를 비교했다. 그렇게 함으로써 새로운 코드가 기존 코드와 같은 방식으로 동작하는지 판단할 수 있었다. 이는 유용한 검증 과정으로 판명됐는데 이 과정을 통해 완전한 호환성을 보장할 때까지 CookieSet에 대한 변경사항을 통합하는 일을 미룰 수 있었기 때문이다.

무작위 테스트를 만드는 것이 역효과를 낳는 것처럼 보일 수도 있다. 모든 실패는 무작위적인 실패에 해당하고, 그러한 실패는 추적하기가 어려울 수도 있다. 틀린 말은 아니지만 이러한 테스트는 의사 난수(pseudo-random)에 불과하다. compare 메서드는 초기 시드(seed)를 받아 실패하는 경우 해당 시드를 출력한다. 필요할 경우 모든 테스트 실행을 반복할 수 있다.

```java
public void testRandomCheck() throws Exception {
    long seed = System.currentTimeMillis();
    try {
        CountingSubclass now = new CountingSubclass();
        CountingOldSubclass old = new CountingOldSubclass();

        compare(now, old, seed);
```

```
        assertEquals(
            "Verify amount calls to of sumRange is the same",
            now.countSumRange, old.countSumRange
        );
        assertEquals(
            "Verify amount calls to of sumAll is the same",
            now.countSumAll, old.countSumAll
        );
        assertEquals(
            "Verify amount calls to of sumTwo is the same",
            now.countSumTwo, old.countSumTwo
        );
    } catch (AssertionFailedError ex) {
        IllegalStateException n = new IllegalStateException(
            "Seed: " + seed + "\n" + ex.getMessage()
        );
        n.initCause(ex);
        throw n;
    } catch (Exception ex) {
        IllegalStateException n = new IllegalStateException(
            "Seed: " + seed + "\n" + ex.getMessage()
        );
        n.initCause(ex);
        throw n;
    }
}
```

이 테스트에서는 시간 시드에 따라 무작위 순서로 연산을 실행한다. 이 테스트는 매일 다른 동작 방식을 테스트한다. 테스트가 실패하면 초기 시드를 출력할 것이다. 이처럼 테스트 실행 중 하나를 재현하고 싶다면 언제든지 시드를 복사해 동일한 순서로 연산을 실행하기만 하면 된다. 다음은 2008년 4월 13일을 대상으로 작동했던 테스트다.

```
public void testSimulateOKRunOn1208120436947() throws Exception {
    CountingSubclass now = new CountingSubclass();
    CountingOldSubclass old = new CountingOldSubclass();

    compare(now, old, 1208120436947L);
```

```
    assertEquals(
        "Verify amount of calls to sumRange is the same",
        now.countSumRange, old.countSumRange
    );
    assertEquals(
        "Verify amount of calls to sumAll is the same",
        now.countSumAll, old.countSumAll
    );
    assertEquals(
        "Verify amount of calls to sumTwo is the same",
        now.countSumTwo, old.countSumTwo
    );
}
```

이 같은 기반구조가 있으면 필요한 만큼 비무작위 테스트를 만들어내기 쉽다. 그저 시드를 기억해 뒀다가 다음 경우와 같이 테스트를 재실행하기만 하면 된다(다음 테스트는 같은 날, 몇 분 뒤에 실패했다).

```
public void testSimulateFailureOn1208120628821() throws Exception {
    CountingSubclass now = new CountingSubclass();
    CountingOldSubclass old = new CountingOldSubclass();

    compare(now, old, 1208120628821L);

    assertEquals(
        "Verify amount of calls to sumRange is the same",
        now.countSumRange, old.countSumRange
    );
    assertEquals(
        "Verify amount of calls to sumAll is the same",
        now.countSumAll, old.countSumAll
    );
    assertEquals(
        "Verify amount of calls to sumTwo is the same",
        now.countSumTwo, old.countSumTwo
    );
}
```

이것은 지속 가능한 해법인데, 오랫동안 기존 동작 방식을 유지할 수 있기 때문이다. 새로운 버그가 보고되거나 새로운 기능이 추가될 때마다 새 테스트를 추가한 다음 해당 코드가 이전 버전의 API와 같은 방식으로 동작하는지 검증하면 된다. 이러한 기반구조가 있으면 무지를 점진적으로 더해갈 수 있는데, 기존 구현을 이해하고, 읽고, 개선하느라 많은 시간을 보낼 필요가 없기 때문이다.

이전 접근법은 API의 내부를 고치는 데 좋지만 API 자체는 그대로 유지한다. 어떻게 해야 기존 사용자에게 제공하는 기능을 훼손하지 않고도 API 자체를 개편할 수 있을까? 어떤 식으로든 기존 API를 지원 중단하고 새로운 버전을 도입할 필요가 있다. 게다가 두 API는 반드시 공존하고 함께 동작할 수 있어야만 한다. 분산 개발의 특성 및 라이브러리의 신규 기능의 수용이 분산화돼 있다는 특성 때문에 모든 팀이나 API 사용자가 동시에 새로운 버전으로 전환할 가능성은 높지 않다. 어떤 이들은 더 좋은 방법이 있어서 한동안 기존 API를 사용하기로 했을 수도 있다. 다양한 버전의 API가 공존하는 것은 API가 올바르게 진화하는 데 필요한 전제조건이다.

의식적 업그레이드 대 무의식적 업그레이드

이전 절에서 봤겠지만 하위 런타임 호환성을 유지하는 것은 때로는 어려운 일일 수 있다. 라이브러리에 대한 사소한 변경마저도 전체 시스템의 "아메바 형태"에 급격한 변화를 초래할 수 있다. 초반에 주장했던 바와 같이 그러한 변화는 커다란 지각변동을 일으킬 수 있고, 심지어 여러분의 개발 실력뿐 아니라 API에 대한 사용자의 믿음을 무너뜨릴 수 있다.

한편으로 버그 수정은 중요하다. API에 버그를 유발하기 쉬운 동작 방식이 있다면 고쳐야 한다. 코드에 있는 기존 버그를 고치려는 어떤 노력도 보여주지 않고 그것을 방치한다면 업그레이드로 인해 초래되는 지각변동만큼이나 쉽게 사용자를 떨어져나가게 할 수 있다. 공유 라이브러리를 설계할 때는 호환성이 가장 중요한 목표다. 적절한 수정 내역을 전달하는 것도 중요하다. API 설계의 기술은 이러한 두 가지 상충하는 목표 사이에서 균형을 찾는 능력에 있다.

호환성은 제약사항이다

썬에 입사했을 때 나는 전 CEO인 스콧 맥닐리(Scott McNealy)가 "호환성은 목표가 아니다. 그것은 제약사항이다"라고 주장하곤 했었다는 이야기를 들었다. 썬 곳곳에 이 말이 붙어 있는 것을 볼 수 있었고 동료 중 여럿은 그 말을 크게 암송하기도 했다. 하지만 그렇게 하는 이는 아무도 없었고, 적어도 나와 함께 일했던 부서에서는 그렇지 않았다. 내 말을 오해하지 않길 바란다. 호환성은 언제나 좋은 것으로 여겨졌지만 괜찮은 추가기능 또는 기껏해야 목표에 지나지 않았다. 호환성은 결코 제약사항으로 간주되지 않았다.

이러한 모순을 이해하기까지는 시간이 꽤 걸렸다. 지금은 그때 스콧이 했던 말이 당시 IBM이나 HP 등과 같은 대형 벤더에게서 오는 다른 제안과 맞서야 했을 때 썬 OS와 솔라리스를 사용하고 개발하던 사람들을 겨냥하는 것이었다고 생각한다. 사용자들에게 새로운 운영체제로 갈아타는 것이 합리적이라고 설득하려면 품질 향상에 집중할 수밖에 없다. 그런 맥락에서 호환성은 품질을 나타내는 강력한 신호인데, 고객이 중점적으로 투자한 바를 귀중하게 여긴다는 것을 의미하기 때문이다. 이 상황에서는 호환성이 제약사항이 된다.

그때 이후로 제품의 포트폴리오가 늘어나고 자바, 넷빈즈 등을 비롯해 다른 유형의 소프트웨어도 포트폴리오에 들어갔다. 최종 사용자 애플리케이션의 품질은 운영체제 정도의 품질일 필요는 없다. 메일 클라이언트의 경우 때때로 메시지의 개수가 틀리게 표시돼도 이를 감수할 것이다. 이 같은 실수는 해당 맥락에서 허용할 만한 일이다. 하지만 운영체제 코드에서 그와 비슷한 실수는 재앙일 수 있다.

스콧은 호환성이 더 이상 제약사항이 아니라고 이야기하지 않았고, 그것은 솔라리스와 관련된 제약사항으로 남았다. 하지만 새로 만들어졌거나 인수된 그룹 및 제품에 대해서는 그 말을 절대적으로 여기는 사람은 아무도 없었다. 그것은 수용할 만한 부분이다. 호환성은 사용자에 관한 문제이며, 제품의 품질이 사용자의 기대에 부응한다면 아마 모든 게 좋은 상태일 것이다. 하지만 그것의 한계는 알고 있어야 한다. 사용자가 새 버전으로 업그레이드하길 두려워한다면 뭔가 매우 잘못된 것이다.

나는 사람들이 의식적으로 비호환성을 통합하고 사용하기로 할 경우 그러한 비호환성의 결과를 받아들일 가능성이 높다는 사실을 알게 됐다. 어찌된 영문인지 사람들은 자신이 의사결정 과정의 일원이고 그들 없이는 아무것도 결정되지 않았다고 생각한다. 이러한 참여의식은 그렇지 않을 때 느낄 수도 있을 불쾌함을 완화할 수 있다.

`NullPointerException`이 발생한 것과 같은 경우에는 발생한 예외에 의존하는 사람은 실제로 아무도 없을 것이라고 예상하는 편이 타당하다. 사용자는 예외를 던지기보다는 결과를 계산하는 새로운 버전을 기분 좋게 받아들일 것이다. 이러한 상황에서는 라이브러리의 동작 방식의 형태를 바꾸고 그것을 변경하는 것이 바람직하다. *무의식적인 업그레이드*를 해야 하는 경우는 바로 이런 경우다. 사람들에게 동작 방식이 바뀐 새 버전을 제공하고 변경사항을 알아차리지 못한 채로 변화를 받아들이게 한다. 물론 누군가가 실제로 변화에 대해 신경 쓰는 경우에 대비해 동작 방식에 변화가 있음을 이야기해야 한다. 하지만 처음에 평가했던 바가 올바르고, 아무도 그러한 동작 방식에 의존하지 않는다면 사용자는 알 필요가 없다. 사용자는 새 버전을 무지한 상태로 받아들일 수 있고, 심지어 변경된 사항에 대해서도 신경 쓰지 않은 것이다.

편집기 내용을 백그라운드에서 불러오기

넷빈즈 IDE 6.1에서는 편집기에 텍스트를 불러오는 방식을 개선해야 했다. 이벤트 디스패치 스레드를 블로킹하는 대신, 이벤트 큐로 전환하고 편집기를 보여주기 전에 백그라운드에서 모든 것을 준비하도록 코드를 변경했다.

실제로 이 방법은 호환되지 않는 변경사항이었고, 나는 그러한 사항에 대해 적절히 표시해뒀다. 그렇지만 나는 이렇게 변경하는 것이 `NullPointerException`을 고치는 것과 비교했을 때 부정적인 영향이 적은 최소한의 변경사항이길 바랬다. 하지만 내 예상은 틀렸다. 얼마 지나지 않아 비호환성에 관한 리포트를 엄청 받은 것이다. 문제는 편집기 클래스가 서브클래싱이 가능해서 사람들이 해당 클래스의 동작 방식을 독창적으로 바꿀 수 있었다는 것이었다. 해당 API를 사용하는 코드 예제들은 내 창의성의 수준을 훨씬 뛰어넘었고, 사실 내가 적용한 변경사항은 원본 API로 할 수 있는 극단적인 경우에 대해서는 대비하고 있지 않았다.

결국에는 가까스로 코드를 안정화하고 변경사항을 유지할 수 있었는데, 그것은 중요한 버그 수정처럼 보였기 때문이다. 하지만 그러한 변경사항을 다시 한번 적용할 수 있다면 백그라운드 로딩을 새로운 API 기능으로 제공하고, 모든 클라이언트가 의식적으로 해당 API로 전환하도록 요청할 것이다.

때때로 어떤 이에게는 잘못된 동작 방식이 유용할 수 있더라도 그것을 변경하는 것이 바람직할 때가 있다. 그것은 어쩌면 성능상의 이유로 특정 호출 구문을 제거하거나 또 다른 스레드에 있는 리스너에게 이벤트를 비동기적으로 리포팅하거나, 메서드 내의 호출 순서를 변경하는 것 등을 의미할 수도 있다. 이는 예외를 던지는 이전 경우처럼 잘못된 것으로 보일 수도 있다. 하지만 코드가 처참하게 죽지 않는다고 해서 이러한 동작 방식을 바람직하지 않게 여기는 사용자가 있다고 확신할 순 없다. 누군가는 거기에 의존하는 애플리케이션을 만들 수도 있다. 업그레이드했을 때 그러한 동작 방식이 바뀐다면 새 버전의 시스템은 오동작하기 시작할 것이다. 이건 누구의 잘못일까? 바뀐 건 오로지 라이브러리의 버전밖에 없다. 애플리케이션을 조립하는 사람 입장에서는 라이브러리를 새 버전으로 업그레이드했더니 갑자기 모든 게 망가졌다. 결론은 간단하다. 잘못은 온전히 여러분에게 있다. 이것은 공평하지 않다. 왜냐하면 여러분은 그저 라이브러리에서 몇 가지 잘못된 부분을 고쳤을 뿐이기 때문이다. 하지만 그런 게 바로 API 설계자의 삶이다.

잘못된 동작 방식을 고치면서 이러한 문제를 제거하는 방법은 버그 수정을 조건부로 제공하는 것이다. 이렇게 하는 데는 여러 가지 방법이 있다. 하지만 이 경우 기본적으로 API 사용자가 소스코드를 변경하지 않는 한 기존 동작 방식은 그대로 남는다. API 사용자가 새로운 동작 방식을 원한다면 직접 코드를 조금 편집해야 한다. 예를 들어, Arithmetica API를 작성한 사람들이 10장의 "위임과 합성" 절에 나오는 팩토리얼 예제에 대해 호환성을 유지하고 싶어 한다면 새로운 구문을 제공하고 새롭고 빠른 동작 방식을 조건부로 만드는 식으로 그렇게 할 수 있다.

```java
public class Arithmetica {
    private final int version;

    public Arithmetica() {
        this(1);
    }

    public Arithmetica(int version) {
        this.version = version;
    }

    public int sumTwo(int one, int second) {
        return one + second;
    }

    public int sumAll(int... numbers) {
        if (numbers.length == 0) {
            return 0;
        }
        int sum = numbers[0];
        for (int i = 1; i < numbers.length; i++) {
            sum = sumTwo(sum, numbers[i]);
        }
        return sum;
    }

    public int sumRange(int from, int to) {
        switch (version) {
            case 1: return sumRange1(from, to);
            case 2: return sumRange2(from, to);
            default: throw new IllegalStateException();
        }
    }

    private int sumRange1(int from, int to) {
        int len = to - from;
        if (len < 0) {
            len = -len;
            from = to;
        }
```

```java
        int[] array = new int[len + 1];
        for (int i = 0; i <= len; i++) {
            array[i] = from + i;
        }
        return sumAll(array);
    }

    private int sumRange2(int from, int to) {
        return (from + to) * (Math.abs(to - from) + 1) / 2;
    }
}
```

이렇게 하면 확실히 이 클래스 밖에서 팩토리얼을 계산하는 것과 같은 이상한 코드를 작성한 사람이 투자한 내용은 보존된다. 동시에 이 방법은 업데이트된 버전인 2.0을 사용하고 싶어하는 사람이 범위(range)를 계산할 때 2.0 버전이 지닌 성능상의 이점을 누리게 할 수 있다. 기본적으로 2.0 버전으로 업그레이드할 경우 1.0 버전과 동일하게 동작할 것이다. 이 경우 개선된 부분을 이용할 수 있지만 코드를 조금 변경해야 한다. 이것은 차이를 만들어내는 의식적인 행위다. 사용자가 그렇게 하기로 할 경우 사용자는 더는 비호환성에 관해 불평하지 않을 것이다. 왜냐하면 사용자 자신이 코드를 변경했다는 사실을 알기 때문이다. 엔지니어들은 코드를 건드렸을 때 뭔가가 망가질 수 있다는 사실에 익숙하다.

업그레이드에 대한 API 사용자의 의식 수준을 높이는 방법은 많다. 지금 당장은 그러한 방법을 살펴보지 않을 예정이다. 대신 여러분이 직접 무의식적인 호환성 훼손을 초래했을 때와 사용자가 직접 의식적으로 업그레이드를 수행하도록 요청하는 것 사이에는 큰 차이점이 있다는 점만 기억해 두자.

대체 동작 방식

어떤 관점에서 보면 라이브러리를 설계하고 그것을 호환 가능한 방식으로 유지보수하는 것은 언제나 두 가지 선택을 수반한다. 즉, 새로운 기능으로 라이브러리를 향상시킬 수 있거나 이미 존재하는 기능에 대한 대체 동작 방식을 제공할 수 있다는 것이다. 이 두 가지 대안은 경계가 뚜렷하지 않다. 사실, 새로운 동작 방식을 추가하는 것은 새로운 기능을 추가하는 것과 비슷하다. 새로운 클래스나 메서드를 추가하는 것도 대체 동작 방식의 가짓수를 늘리는 것으로 볼 수 있다. 이러한 대안 간의 차이점은 정밀 과학이 아니다. 라이브러리를 변경할지 여부에 관한 문제는 새로운 기능 또는 대체 동작 방식을 추가하는 것이 심리적인 문제임을 의미한다. 이 문제의 답은 아마 기존 기능이 얼마나 망가지느냐와 관련돼 있을 것이다. 새로운 기능을 추가할 때 이미 동작하고 있는 뭔가를 망가뜨릴 가능성은 최소화해야 한다. 대체 동작 방식을 도입할 경우 우리는 이미 기존 기능이 있다는 사실을 인지하게 되며, 이제 기존 기능은 부정적인 영향을 받을 위험을 무릅써야 한다.

철학적인 질문은 이쯤에서 그만두자. 이제 기존 동작 방식에 주는 영향은 최소화하면서 새로운 동작 방식을 도입하는 것의 기술적인 측면을 살펴보자. 가장 단순한 접근법은 이전 버전과 완전히 무관한 새 API를 제공하는 것이다. 두 API가 공존할 수 있게만 하면 된다. 이러한 접근법의 예는 java.lang.Math와 java.lang.StrictMath다. 하지만 이러한 두 가지 클래스를 만드는 것이 호환 가능한 개발의 예는 아니다. 초기 버전의 자바에서는 StrictMath에서 제공되는 동작 방식들이 원래 Math를 통해 제공됐다. 엄격한 정밀도의 필요성은 특정 플랫폼에서 자바 애플리케이션을 느리게 만들었다. 하지만 모든 이들에게는 계산 속도를 높이는 것이 더 중요했다(절대 정밀도를 잃어버려서 일부 사람들이 비호환성에 직면하더라도). 이러한 이유로 자바 1.3에서는 모든 엄격한 동작 방식이 StrictMath로 옮겨졌고, Math는 표준 정밀도는 보장하지 않지만 네이티브 코프로세서 유닛(coprocessor unit)의 속도를 활용할 수 있었다. 이러한 "산고"를 겪었음에도 요즘은 StrictMath와 Math 클래스가 상호 간섭 없이 안전한 대체 동작 방식을 구현한 훌륭한 사례로 여겨지고 있다.

안선하고 호환 가능한 방식으로 버그를 수정하는 것은 대체 동작 방식을 만들려는 가장 큰 이유다. Math의 경우처럼 성능 향상이나 기존 동작 방식을 변경하고자 하는 필요성 때문에 그렇게 할 수도 있다. 이러한 관심사에는 개선의 필요성과 안정성의 필요성이 모두 포함돼 있다. 이 같은 관심사를 기술적으로 실현하는 것은 변경을 수행했을 때 누릴 수 있는 장점뿐 아니라 개별 대안들을 활성화하거나 비활성화할 수 있는 범위에서도 다양할 수 있다. 가장 큰 범위 중 하나는 실행된 애플리케이션에 의해 정해지며, 자바의 경우 실행 중인 가상 머신에 의해 결정된다. 환경변수를 도입하는 것은 동작 방식을 조건부로 활성화하는 자연스러운 방법이다. 유닉스 애플리케이션에서는 환경변수가 현재 사용자 디렉터리, 활성 언어, 기타 다양한 측면에 영향을 줄 수 있다. 자바의 경우 애플리케이션의 기능이 훨씬 더 풍부하게끔 만들 수 있다. 이 경우 환경변수 대신 자바 시스템 프로퍼티를 사용할 수 있다.

```
if (Boolean.getBoolean("arithmetica.v2")) {
    return sumRange2(from, to);
} else {
    return sumRange1(from, to);
}
```

버그 수정이 전역 프로퍼티 값에 의존하는 조건을 통해 보호받는다면 사실상 이전 버전에 있는 어떠한 비호환성도 제거할 수 있다. 사용자는 프로퍼티를 설정할 수 있으며, 이것은 사용자가 설정에 대해 인지하고 있음을 의미한다. 이 시나리오에서는 사용자가 새로운 동작 방식과 연관된 위험을 받아들이는 의식적인 결정을 내린 셈이다. 프로퍼티를 인지하지 못하는 사람들은 계속해서 이전 동작 방식을 이용할 것이며, 이 경우 호환성은 그대로 유지된다. 하지만 프로퍼티 이름이 이전에 다른 용도로 사용돼 왔을 위험도 언제나 있다. 프로퍼티 이름을 적절히 짓는다면 그러한 위험을 거의 완전히 없앨 수 있다.

넷빈즈 플랫폼 5.0과 5.5의 절대적인 호환성

보통 넷빈즈 플랫폼은 넷빈즈 IDE의 일부로 출시된다. 하지만 그렇다고 해서 넷빈즈 플랫폼이 IDE와 완전히 같은 릴리스 주기를 공유한다는 의미는 아니다. 예를 들어, 넷빈즈 버전 5.5와 5.0 간의 차이점은 상당히 컸다. 엔터프라이즈 기능에 대한 지원을 비롯해 새로운 기능이 상당히 많았다. 그럼에도 릴리스 초기에는 몇 가지 버그 수정을 제외하면 시스템의 다른 어떤 부분도 영향을 받지 않는다는 주장이 있었다. 이 같은 맥락에서 나는 "절대적으로 호환 가능한 개발"을 시도하기에 알맞은 시기라고 생각했다. 나는 넷빈즈 플랫폼 팀에게 모든 버그 수정을 절대적으로 호환 가능한 방식으로 하는 데 참여해 달라고 설득했다.

상황은 우호적으로 보였다. 개발은 "높은 저항(high resistance)" 모드로 이뤄졌는데, 이것은 통합하기 전에 각 커밋의 내용을 검토받았다는 의미다. 요청된 버그 수정의 양이 많지 않아서 상황도 우호적으로 보였다. 우리는 호환성과 관련된 각 변경사항을 평가할 수 있었다. 호환성이 훼손될 것으로 보이면 안전장치를 마련해 하위 호환성이 유지되도록 보장했다.

가장 자주 사용했던 안전장치는 시스템 프로퍼티를 이용한 기법이었다. 잠재적으로 위험한 각 버그 수정은 대체 동작 방식으로 제공됐으며, 사용자가 시스템 프로퍼티를 지정하는 것으로 활성화할 수 있었다. 넷빈즈 IDE에서는 구동 과정에서 이러한 프로퍼티를 활성화했다. 넷빈즈 플랫폼 사용자에게는 이러한 프로퍼티가 필요하지 않았고 기본 동작 방식을 활용했는데, 이것이 바로 하위 호환성이 보장되는 동작 방식이었다. 이런 식으로 하위 호환성을 온전히 유지한 채로 새로운 API와 기능을 포함해 완전히 새로운 버전의 넷빈즈 플랫폼을 릴리스했다.

분명 호환성은 중요하지만 버그 수정도 중요하다. 이 두 가지 중요한 요구사항 때문에 이후 넷빈즈 플랫폼을 릴리스할 때는 기본적으로 조건부 대체 동작 방식을 사용하기로 했다. 넷빈즈 플랫폼 6.0은 메이저 릴리스이고, 버그 대 버그(bug-to-bug) 호환성을 항상 보장할 수 없었다. 먼저 대체 동작 방식을 제공하고 그것들을 다음 메이저 릴리스의 기본값으로 전환하는 식으로 버그 대 버그 호환성과 필요한 품질 향상을 동시에 달성할 수 있었다.

시스템 프로퍼티를 활용한 해법은 대체 동작 방식들이 공존하는 데는 적합하지 않을 수도 있다. 예를 들어, 두 가지 동작 방식이 동시에 필요하다면 두 개의 JVM을 구동해야 한다. 이는 넷빈즈 플랫폼을 기반으로 하는 것과 같은 모듈화 시스템에서는 적절하지 않은 방법일 수 있다. 두 개의 모듈이 같은 가상 머신에 있고 각각 서로 다른 동작 방식을 요청할지도 모른다.

모듈화 시스템에서는 각 모듈이 스스로 개별적인 선택을 하게 만드는 것이 더 적절할 수 있다. 그림 15.1에서 볼 수 있듯이 이 경우 API가 사용자의 의도를 "추측"해서 적절한 시점에 올바른 구현체를 요청하게 한다. 그러자면 버전이 지정된 모듈 의존성에 의존해야 한다. 예를 들어, API에서 두 가지 대체 동작 방식을 지원하고 싶다고 해보자. 첫 번째 대체 동작 방식은 2.5 버전 이전까지 API에 존재해온 반면 두 번째 대체 동작 방식은 2.6 버전에서 도입됐다. 2.6 버전 및 이후 버전에서는 2.6 버전의 변화에 대해 알지 못할 수도 있는 클라이언트를 대상으로 이전 동작 방식을 흉내 내야 한다. 이러한 요구사항은 모듈의 의존성을 검사함으로써 충족할 수 있다.

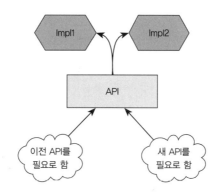

그림 15.1 런타임 구현체 선택

2.5 버전 또는 이전 버전의 사용자는 의존성이 api >= 2.5 또는 api >= 2.4, api >= 1.7 등과 같은 모듈을 생성한다. 의존성은 사용자의 모듈이 언제 만들어져서 컴파일됐느냐에 의존한다. 넷빈즈 런타임 컨테이너(모든 넷빈즈 기반 애플리케이션의 기반이 되는 엔진) 같은 모듈화 시스템에서는 대개 개별 클래스를 로딩하는 클래스 로더가 탑재돼 있어서 런타임에 의존성을 획득하고 검사할 수 있다.

```java
StackTraceElement[] arr = Thread.currentThread().getStackTrace();
ClassLoader myLoader = Arithmetica.class.getClassLoader();
for (int i = 0; i < arr.length; i++) {
    ClassLoader caller = arr[i].getClass().getClassLoader();
    if (myLoader == caller) {
        continue;
    }
    if (RuntimeCheck.requiresAtLeast("2.6", "api.Arithmetica", caller)) {
        return true;
    }
}
```

```
    return false;
  }
  return true;
```

호출 클래스에서는 의존성을 가질 필요가 있다. 의존성이 2.5보다 낮거나 같다면 해당 모듈은 기존 기능을 흉내 낼 것이다. 모듈에서 의존성을 2.6 버전 또는 그 이상에 대해 정의하면 모듈이 새로운 버전을 대상으로 컴파일됐어야 했다. 새로운 버전으로 옮겨가는 의식적인 결정이 있었거나 모듈이 처음으로 만들어졌을 경우에는 새 버전을 대상으로 작성됐을 것이다. 어느 경우든 2.5 버전 이전에 존재하던 기존 동작 방식을 흉내 낼 이유는 없다.

클래스 로딩 기법을 구현하면(특히 기능 및 요청된 버전을 호출할 때) 이러한 동작 방식을 만들어낼 수 있다. 다소 복잡해 보일 수도 있겠지만 이 방법은 C 세계의 동적 링커에서 흔히 사용되는 기법이다. 두 가지 버전의 함수를 노출하고 링커로 하여금 공유 라이브러리가 제공하도록 요청받은 버전에 따라 올바른 버전을 바인딩하게 할 수 있다. 이런 식으로 버그 대 버그 호환성을 유지하면서 printf 의 동작 방식을 고칠 수 있다. 이에 관해서는 "공유 라이브러리를 작성하는 법"에서 더 자세한 사항을 확인할 수 있다. 물론 이러한 방식과 자바 인트로스펙션 사이에는 차이점이 있다. 링커가 모든 바인딩을 한 번 수행하는 동안, 그리고 애플리케이션을 링킹하는 그 시점에만 자바 버전에 성능상의 문제가 생길 수도 있는데, 자바는 런타임 호출이 이뤄지는 중에 검사를 수행하기 때문이다. 하지만 그럼에도 이러한 불필요한 비용을 제거할 수 있다. 첫 번째 방법은 바이트코드 위빙(bytecode weaving)을 하는 것으로서, C 라이브러리 로더의 동작 방식을 흉내 내거나 19장의 "모듈 의존성의 중요성" 절에서 살펴본 바와 같이 클래스로더를 통한 기법을 이용하는 것이다. 아니면 각 런타임 컨테이너에 대해 캐싱을 통해 질의 속도를 최적화하는 기반구조를 제공할 수 있다. 캐시의 효과는 다양할 수 있다. 하지만 분명한 것은 가장 바람직한 상태, 즉 시스템이 최신 버전의 대체 동작 방식을 요구하는 모듈만 가지고 있는 상태에 대해 손쉽고 효과적으로 최적화할 수 있다는 것이다. 이 같은 상황은 메서드 호출 시점에 호출자를 검사하지 않아도 되게끔 로드 타임에 전역적으로 결정될 수 있다. 실제로 이것은 하위 호환성과 업그레이드의 필요성 사이의 균형을 찾는 좋은 예다. 시스템 내의 모듈이 아직 업그레이드되지 않았다면 그것들이 예상하는 환경을 갖게 된다. 동시에 전체 시스템은 성능상의 문제를 겪을 수도 있다. 하지만 잃어버린 성능은 개발자가 의존성을 최신 버전으로 변경하고 심지어 코드를 변경하지 않고 모듈 의존성만을 변경함으로써 의식적으로 새로운 동작 방식

---

1 올리히 드레퍼(Ulrich Drepper), "공유 라이브러리를 작성하는 법(How to Write Shared Libraries)"(2006), http://people.redhat.com/drepper/dsohowto.pdf

을 받아들이면 금방 되찾을 수 있다. 이것은 사람들로 하여금 강제로 업그레이드하게 만들지 않으면서 업그레이드하도록 유도하는 가벼운 힌트다. 적어도 엄밀히 말하자면 프로젝트에 성능 팀이 있다면 업그레이드가 긴급 우선순위에 있을 것이 분명하다.

지금 당장은 대체 동작 방식을 런타임에 선택하는 것에 관해서는 나중에 살펴보기로 하자. 다음으로 컴파일 중에 대체 동작 방식을 제시할 경우 선택의 범위를 살펴보자. 가장 단순한 접근법은 이미 언급한 바 있다. 바로 클래스를 복사해서 새로운 클래스를 제공하는 것이다. 이 접근법은 Math와 StrictMath에 효과적이며, 다른 경우에도 효과가 있을 것이다. "수학"의 경우는 간단하다는 점을 염두에 두자. 즉, 서로 공통 분모가 없는 두 개의 새로운 클래스가 있는 것에 불과하다. 하지만 늘 이렇게 되는 것은 아니다. 간혹 대체 동작 방식 사이에 공통 인터페이스가 필요할 때가 있는데, 특히 코드에서 모든 대체 동작 방식에 동작하는 메서드를 제공해야 할 때가 그렇다. 예를 들어, JDK 5를 작업하던 엔지니어들은 StringBuffer의 동기화 정도가 높아서 심지어 여러 스레드 간에 버퍼가 공유되지 않을 것이라고 알려진 경우에도 문자열 연결 성능이 최적화되지 않을 수도 있다는 점을 깨달았다. 이것은 흔히 일어날 수 있는 일인데, 자바 컴파일러는 return "a" + "b" + "c" + "d" 같은 각 문자열 연결을 다음과 같이 버퍼를 사용하는 코드로 변환하기 때문이다.

```
return new StringBuffer().append("a").append("b").append("c").append("d").toString()
```

StringBuffer에서 동기화를 제거하면 하위 호환성을 보장되지 않을 것이다. 설계자는 StringBuilder라는 새로운 클래스를 추가하기로 했다. 메서드가 동기화되지 않는다는 점만 제외하면 이 클래스는 StringBuffer 클래스와 거의 똑같은 사본에 해당한다. 이 지점까지는 이 경우가 "수학" 예제와 같은 상황으로 볼 수 있다. 하지만 코드가 두 버퍼 클래스에 대해 동작해야 할 수도 있으므로 JDK 5에서는 Appendable이라고 하는 공통적인 상위 인터페이스도 도입했다. 이 인터페이스는 두 클래스의 기본 기능을 비롯해 기존 텍스트에 문자를 덧붙이는 기능과 같은 다른 여러 기능을 추상화했다. 이 상태에서는 동기화된 버전이나 비동기화된 버전, 또는 둘 모두를 사용하는 코드를 작성할 수 있다.

StringBuffer와 StringBuilder 클래스를 도입한 사람들이 이를 고려했는지는 확신할 수 없지만 그들은 새로운 클래스를 만들지 않고도 대체 동작 방식을 도입할 수 있었을 것이다. 새로운 클래스를 만드는 당시에 클래스가 스레드 안전해야 한지 안전하지 않아도 될지를 충분히 명시할 수 있었을지도 모른다. 여러분이라면 StringBuffer(boolean threadSafe)라는 생성자를 새로 추가하고 인자의 값을 인스턴스 필드에 저장한 후, 해당 클래스의 각 메서드에서 그 값에 따라 동기화해야 할지 말아야 할지를 결정할 수 있을 것이다. 이렇게 하면 하위 호환성도 유지될뿐더러 컴파일러가 어떠한 동기화 없이도 해당 버전을 사용하게 할 수 있다.

때로는 이러한 생성자 기반 대안이 완전히 새로운 클래스를 만드는 것보다 나은 해법일 수도 있으며, 특히 두 동작 방식 간의 차이점이 아주 작을 때는 더욱 그렇다. 이때 생성자의 개수가 늘어나는 것으로 인한 잠재적인 위험만 인지하고 있으면 된다. 8개의 버전이 있고 각 버전의 동작 방식이 서로 다르다면 생성자가 8개이고 각 생성자는 하나에서 8개의 불린 값을 받게 된다. 이러한 상황에서는 불린을 다중값 타입이나 int 또는 enum으로 대체하는 편이 더 나을 수도 있다. 그럼 코드는 다음과 같을 것이다.

```java
public class Arithmetica {
    private final Version version;

    public enum Version {
        VERSION_1_0, VERSION_2_0
    }

    public Arithmetica() {
        this(Version.VERSION_1_0);
    }

    public Arithmetica(Version version) {
        this.version = version;
    }

    public int sumRange(int from, int to) {
        switch (version) {
            case VERSION_1_0:
                return sumRange1(from, to);
            case VERSION_2_0:
                return sumRange2(from, to);
            default:
                throw new IllegalStateException();
        }
    }
}
```

StringBuffer의 경우 이 방법이 사용되지 않았을 법한 이유 중 하나는 생성자를 사용했다면 어떤 대체 동작 방식을 선택했느냐를 보관하기 위해 클래스 내부에 별도의 필드를 저장해야 하기 때문이다. 이렇게 되면 한 인스턴스의 메모리 요구사항이 늘어날 수도 있는데, 특정 상황에서는 이것이 바람직하지 못할 수도 있다. 이 문제의 해법은 팩터리 메서드를 사용하는 것이다. 새로운 생성자를 추가하는 대신 새로운 팩터리 메서드가 있을 수 있다. 팩터리 메서드에서는 그것이 반환하는 실제 타입을 생성하지 않아도 되지만 대신 하위 타입을 생성해야 한다. 따라서 이 경우 다음과 같을 것이다.

```
public static StringBuffer createUnsynchronized() {
    return new StringBufferUnsynch();
}
```

이렇게 하면 정확한 하위 타입을 생성하는 식으로 대체 동작 방식 간의 전환이 팩터리 메서드 내부에서 이뤄지기 때문에 대체 동작 방식 간의 전환을 담당하는 내부 필드가 없어도 된다. 게다가 StringBuffer의 코드도 단순해지고 switch 문에서도 자유로워지는데, package private 하위 클래스인 StringBufferUnsynch에서 재정의한 메서드가 모든 필요한 동작 방식을 조정해주기 때문이다. 이는 StringBuffer에 대해서는 그렇게까지 효과적이지 않다는 점만 제외하면(StringBuffer 클래스가 서브클래싱이 가능해야 하지만 StringBuffer는 final이다) 팩터리 메서드의 위력을 보여주는 훌륭한 해법이다. 하지만 다른 상황에서는 이 접근법이 효과적일 수 있다.

서비스 제공자 API를 사용할 때 대체 동작 방식이 필요할 때도 있다. 이를테면, 사람들이 구현하거나 확장한 다음 처리를 위해 특정 종류의 기반구조에 전달하는 인터페이스에 대한 대체 동작 방식이 필요할 때가 있다. 6장의 "메서드나 필드 추가하기" 절에서 살펴본 바와 같이 기존 인터페이스에 메서드를 추가할 경우 호환성이 깨질 수 있다. 추상 클래스에 메서드를 추가하는 것은 보통 바이너리 호환성이 100% 지켜지지는 않지만 어느 정도 수용 가능한 방법이다. 이러한 이유로 새 버전에 포함된 새로운 요구사항을 수용하는 가장 좋은 방법은 새로운 팩터리 메서드를 제공하거나(기반구조에 제공자 인터페이스를 전달하기에 앞서 제공자 인터페이스를 사용하는 경우) LayoutManager2 같은 새로운 인터페이스를 추가하는 것이다. 이것은 사용 가능한 해법이다. 하지만 호환성을 확실히 보장하고 싶다면 기존 인터페이스 대신 새로운 인터페이스를 요청하는 편이 더 낫다는 점을 염두에 두자. 예를 들어, 때로는 사람들이 "그런데 인터페이스가 Runnable도 구현한다면 run 메서드가 특정 시점에 호출될 겁니다"라고 말하기 위해 계약을 변경하고 싶어할지도 모른다. 특정 버전에 API를 도입하고 나서 이런 식으로 계약을 변경하는 것은 안전하지 않은 방법인데, 특히 Runnable의 경우에는 더욱 그렇다. 해당 인터페이스는 여러 다른 용도로 사용될 수 있다. 서비스 제공자는 이미 이 인터페이스를 다른 어떤 이유로 구현했을 수도 있고, 계약을 변경할 경우 run 메서드가 전혀 예상치 못한 방향으로 호출되어 깜짝 놀라게 만들 것이다.

비슷한 API의 연계와 공존

간혹 두 API가 공존하게 만들기가 어려울 때가 있다. 하지만 그러한 결론에 이르기에 앞서 기초적인 부분부터 시작해보자. 한 유형의 라이브러리에 대해서는 공존이 어렵지 않다. 7장의 "모듈화 설계의 유형" 절에서 소개한 "간단한 라이브러리"의 경우에는 같은 작업을 수행하지만 다른, 바라건대 더 나은 API를 제공하는 두 번째 라이브러리를 시작하기가 어렵지 않다. 그 이유는 간단한 라이브러리는 java.lang.Math에 들어 있는 것과 같이 호출 가능한 메서드의 모음에 불과하기 때문이다. 이러한 메서드는 잘 캡슐화돼 있고 각자의 역할을 잘 수행하며, 해당 API를 사용하는 사용자가 제공하는 다른 코드를 호출하는 일은 절대로 없다. 클래스를 복제해 같은 기능을 제공하지만 더 나은 방식으로 제공하는 java.lang.StrictMath를 도입하기란 어렵지 않다. 이러한 두 클래스는 문제 없이 공존할 수 있는데, 서로 상호작용하는 유일한 방법은 같은 데이터(이 경우 숫자)를 이용하고 만들어내는 것밖에 없기 때문이다. 둘 모두 같은 범위의 값에 대해 연산을 수행하는 능력을 갖추고 있다. 다시 말해 이따금 같은 연산을 수행했을 때 약간 다른 결과를 만들어내기는 하지만 두 클래스는 서로의 출력 결과를 이용한다는 의미다. 이 경우 호환성 문제를 해결할 필요가 없다. 기존 API를 그대로 둔 채로 기존 API에 대해서는 생각조차 할 필요 없이 새 API를 제공하기만 하면 된다.

이러한 원리를 그림 15.2에서 실제로 확인할 수 있다. 일반적으로 각 사용자는 자신이 하고자 하는 바를 인지한 상태에서 API에 접근한다. 그런 다음 사용자는 해당 API의 유스 케이스를 실현할 방법을 알아내야 하고, 사용자는 해당 호출을 처리하는 내부 구현이 포함된 API를 호출한다. 이 경우 각기 자체적인 API와 구현을 제공하는 두 가지 간단한 라이브러리는 같은 작업을 수행하며, 결정적인 순간이 무언가가 코드화되기 전에 사용자 측에서 일어난다. 사용자는 어느 API를 사용할지 결정할 필요가 있다. 결정을 내리고 나면 API는 더는 서로에게 영향을 주거나 방해하지 않는다. 각 API는 각기 자체적인 방식으로 유스 케이스 요청을 처리한다.

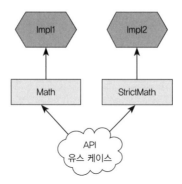

그림 15.2 서로에 대한 대체재이자 완전히 독립적인 API

---

enum 패키지냐 키워드냐?

넷빈즈를 대상으로 작성된 가장 오래된 API 중 하나는 열거형(enumeration)에 대한 고수준 지원 기능과 지연 조작(lazy manipulation)을 제공하는 클래스들이었다. 우리는 해당 API를 1997년 늦여름에 작성해서 `org.openide.util.enum` 패키지에 패키징했다(이 패키지에서는 `SingletonEnumeration`, `ArrayEnumeration`, `SequenceEnumeration`, `FilterEnumeration` 같은 클래스를 제공한다).

자바 언어에 `enum`이라는 새로운 키워드를 도입한 JDK 5가 출시되기 전까지는 이 API를 교체할 이유가 없었다. 소스코드를 컴파일할 때 `-source 1.5`를 지정하면 패키지명이 유효하지 않다는 오류가 발생했다. 우리는 대체재를 만들고 기존 클래스에 대한 지원을 중단해야 했다. 두 API가 제작된 시점 사이에는 충분한 시간이 있었기에 나는 여러 훌륭한 API 설계 원리를 적용할 수 있었고 다양한 초보적인 실수를 넷빈즈 초기에 예방할 수 있었다. 그 결과, `singleton`, `array`, `sequence`, `filter` 같은 메서드가 포함된 `Enumerations` 팩터리 클래스 하나를 만들었다. 이 구현체는 계속 존재할 수 있었지만 일관성 있고 간결한 API(단 하나의 클래스에 몇 가지 팩터리 메서드로 구성된)에 의해 숨겨진 비공개 클래스로만 존재할 수 있었다.

나는 "호환성 테스트" 기법을 이용해 기존의 적절한 API 클래스의 동작 방식이 새 API와 동일하다는 것을 보장했다. 나는 이러한 열거형을 다양한 방식으로 사용하는 테스트를 여러 개 만들었고, 이러한 테스트를 두 가지 설정하에서 실행했다. 첫 번째 설정은 기존 API에 대한 것이었고, 두 번째는 새 버전에 대한 것이었다. 테스트가 통과하기 시작하자 나는 기존 API에 들어 있는 개념들이 새로운 팩터리 메서드에 들어 있는 적절하고 호환성 있는 것들과 상응한다고 확신할 수 있었다.

나는 기존 열거형 클래스에 대한 지원을 중단하고 사람들에게 마이그레이션하도록 권장했다. 하지만 우리가 만든 API의 최신 개발 내용을 따를 수 없는 사람들과 마이그레이션하기를 원치 않는 사람들을 위해 기존 클래스가 계속해서 존재하도록 허용했다. 하지만 사용자가 최신 버전의 API로 마이그레이션하도록 동기를 부여하는 것은 언제나 바람직한 일이기 때문에 새 버전으로 전환하기로 결정한 사람들을 위해 자그마한 보상을 추가했다. 즉, 새 버전에서는 열거형을 사용할 때 제네릭을 이용해 정적 타입 검사를 개선한 것이다. 기존 버전은 그런 부분 없이 그대로 남겨뒀다. 사용자들은 더 나은 대체재를 고마워하고 그에 따라 자신들의 코드를 업그레이드하리라 예상했다.

보상을 이용해 마이그레이션하도록 동기를 부여하는 것은 언제나 바람직한 일이다. 예를 들어, 기존 버전에서는 달성할 수 없는 기능을 새 API에서 제공하는 것이 있다. 또는 기존 버전의 버그를 수정하지 않기로 하거나 기존 API의 구현이 용납할 수 없을 정도로 느리게 동작하게 만드는 것이 있다. 하지만 우리가 만든 열거형 API의 경우에는 이러한 약은 속임수가 필요하지 않았는데, JDK 5 자체가 충분한 동기를 제공했기 때문이다. 즉, 자바 5의 언어 기능을 이용하고 싶은 사람은 -source 1.5로 전환할 필요가 있다. 그러고 나면 사용자들은 곧바로 enum을 키워드로 처리해야 했다. 그리고 기존 API 클래스를 참조하지 못하고 새 API를 사용하도록 바꿔야만 했다.

기존 버전과 새 버전의 라이브러리가 공유 자원을 놓고 경쟁할 때 좀 더 복잡한 상황이 일어난다. "공유 자원"은 거의 어떤 것이든 될 수 있다. 예를 들어, AWT에 대한 지원을 중단하고 그것을 다른 그래픽 툴킷으로 대체하기는 어렵다(애플리케이션에서 기존 버전의 AWT를 사용하게 하면서 다른 부분에서는 새로운 것을 사용하게 하는 식으로). 이것은 가능하긴 하지만 쉽지는 않은 일인데, 결국 가장 중요한 것은 툴킷이 단 하나의 공유 자원, 즉 화면(screen)을 두고 경쟁하기 때문이다.

이 같은 상황은 모듈화 라이브러리에서도 비슷하게 일어난다. 즉, 그러한 라이브러리에서는 주로 구현체 없이 API를 포함하고 있는데, 여러 제공자가 잠재적으로 구현체를 제공할 수 있기 때문이다. 라이브러리에 대한 지원을 중단하고 새 버전을 제공해야 한다면 제공자라는 또 하나의 부족한 자원이 있다. 이러한 상황에서는 단순히 새 API를 만드는 것만으로는 부족하다. 어떤 식으로든 새 API가 맨 처음에 등록된 제공자와 협동하도록 만들어야만 한다. 게다가 클라이언트용 API와 제공자용 API가 서로 관련돼 있기 때문에 새 버전의 API를 이용해 등록 목적으로 새 버전의 제공자도 도입할 수 있다. 이러한 시나리오에서는 기존 제공자와 새 제공자가 공존하게 하는 것이 바람직하다. 두 제공자 모두 기존 API뿐 아니라 새 API로도 클라이언트의 요청을 처리할 수 있게 만들어야 한다.

넷빈즈 마법사 API를 재작성하기 위한 여러 번의 시도와 실패

넷빈즈의 Wizards API는 특정 시기의 요구사항을 충족하기 위해 설계됐다가 나중에 새롭고 업데이트된 요구사항을 충족하기 위해 재작성된 API의 한 예다. 원래 마법사는 단순히 대화상자 처리를 간단하게 확장한 것이었다. 여기엔 다음(Next), 이전(Previous), 마침(Finish) 같은 몇 개의 버튼이 추가됐다. 나중에 우리는 표준화된 그래픽, 유효성 검증, 단계 소개(step soverview)를 처리할 방법이 필요하다는 사실을 배웠다. 그 당시 이러한 새로운 요구사항을 충족하려면 API를 재작성해야 했다. 하지만 API를 재작성한 결과는 그다지 좋지 않았다. 원래의 API는 이 책에서 제안한 원칙들을 거의 모두 위반했다. 즉, final로 만들어야 할 것들은 그렇지 않았고, 설정자 메서드가 도처에 있는 등 말이다. 개선된 버전은 훨씬 더 지저분했다. 외부 관점에서 보면 어떤 매끄러움이 사라졌고 일부 기능은 사용하기 어려웠으며, 심지어 내부 구조를 아는 사람에게도 그랬다. 지금 그것은 형편없이 설계된 거대한 코드 더미가 됐으며, 불분명한 런타임 동작 방식의 일부를 검증하는 테스트와 그것을 불안정하게 만들까봐 두려워서 아무도 건드리고 싶어하는 사람이 없다는 사실로 유지되고 있다.

적어도 이 API의 대체재를 만들려는 세 번의 시도가 있었다. 대체재는 더 현대적인 설계 원칙과 코딩 방법론의 활용, 개선된 문서화 등의 특징을 가질 것이다. 이 모든 접근법은 더 나은 API를 제공하게 될 것이다. 새 API는 API 사용자가 마법사 전체(모든 콘텐츠를 포함한)를 만들어 그것을 보여주고, 결국에는 특정 행동을 수행한다는 기초적인 시나리오에서 기존 API와 손쉽게 공존할 수 있을 것이다. 이러한 수준에서는 공존을 지원하기도 쉬운데, API 사용자는 기존 API를 사용하거나 새로운 API를 사용하고, 절대 두 API를 동시에 사용하지는 않을 것이기 때문이다.

하지만 대체재를 만들려는 모든 시도는 넷빈즈 IDE에서 필요로 하는 또 다른 수준의 협동을 해결하는 데 실패했다. IDE 인터페이스의 중심부가 템플릿을 중심으로 만들어졌고 그러한 템플릿은 다양한 유형의 파일로 인스턴스화되기 때문이다. 기본적으로 자바, C++, 루비, HTML, XML 등에 대한 템플릿이 있고, 사용자가 템플릿을 직접 만들 수도 있다. 비슷한 템플릿은 프로젝트 유형에도 이용할 수 있다. 사용자가 뭔가 새로운 것을 만들어내야 할 때마다 사용자는 "New" 마법사를 열어서 적절한 템플릿을 선택한다. 그러고 나면 해당 템플릿에서는 이미 열려 있는 마법사에 포함된 추가 패널을 제공하고, 해당 패널을 통해 사용자는 실제 프로젝트를 생성하는 과정을 진행한다. 넷빈즈 IDE에 있는 모든 마법사 가운데 이 마법사가 대략 90퍼센트 정도로 사용되고 있다. 하지만 이 마법사는 협업 측면에서 도전과제를 제시한다. 현재 해당 마법사는 기존 Wizards API를 이용해 작성돼 있다. 그것을 새로운 버전으로 재작성하는 것은 복잡하지 않을 것이다. 하지만 이 마법사에서는 전 세계의 누구라도 모듈을 만들어 그곳에 자체적인 템플릿을 등록하는 것을 허용하고 있다. 지금까지는 모두 기존 API를 사용해 작성된 것만 등록됐다. 당연히 사람들에게 이러한 목적으로 새 API를 사용하라고 말해주는 것도 가능하다. 반면 모든 기존 템플릿이 즉시 새로운 API로 작성될 가능성은 낮다. 동시에 재작성되는 것은 분산 개발의 세계에서는 상당히 가능성이 낮은 일이다. 실제로 심지어 우리처럼 넷빈즈 IDE를 대상으로 일하고 사실상 모든 모듈의 사내 개발을 통제하는 입장에서도 그것은 너무나도 규모가 방대한 작업이어서 한 번의 릴리스 주기 내에 완료하기란 불가능하다는 사실을 깨달았다. 이것은 다리 잇기(bridge)의 필요성을 함축한다. 일부 템플릿이 새 버전을 이용해 작성되는 동안 일부 템플릿은 여전히 기존 Wizards API를 이용해 작성돼야 할 것이다. 대화상자에서는 두 가지 버전을 모두 이해해야 했고, 두 버전의 API에서 보장하는 필요 환경을 제공해야 했다.

그런데 어떤 이유에선지 이 추가 요구사항 때문에 재작성 작업을 하려고 시도했던 이들은 모두 재작성을 포기했다. 이유는 확실히 알 수 없는데, 나는 다리 잇기가 가능하다는 사실을 알고 있기 때문이다. 하지만 다리 잇기를 하려면 두 API를 모두 어느 정도 알고 있어야 한다. 아울러 기존 버전을 수정해 상호 협업이 가능하게끔 변경해야 할 것이다. 게다가 이 경우에는 개발자들이 뭔가 새로운 것을 맨 처음부터 만들지 않는다는 것을 의미하지만(보통 개발자들이 선호하는 방법이다) 개발자들은 기존 코드도 활용할 필요가 있을 것이다. 결과적으로 우리는 여전히 기존 API를 사용하고 있다. 적어도 우리는 마법사에 대한 초기 골격을 생성하는 도구를 제작하는 식으로 가까스로 기존 API를 좀 더 쓸 만하게 만들었다. 그렇다. 마법사를 생성하는 마법사, 즉 마법사 마법사가 있는 것이다. 그렇긴 하지만 재작성 시도 중 일부는 이용 가능한 해법에 근접했다. 그러한 해법을 여정의 막바지까지 끌고가서 제품에 사용하려는 의지를 가진 사람은 없었지만 말이다.

API 간에 자원을 공유하기 위해 두 API가 서로 통신해야 하는 경우 두 API 중 하나는 상대방에 관해 알아야 한다. 아니면 다른 무언가가 두 API에 관해 알고 공유 자원에 두 API가 접근하는 것을 조율해야 한다. 두 가지 API, 즉 기존 API와 새 API가 있다면 궁극적인 목표는 기존 API를 블랙홀로 보내서 없애는 것이다. 이것은 새 API가 이전 API에 독립적이어야 한다는 것을 의미한다. 그렇지 않으면 두 API는 함께 사라져야 할 텐데, 그러면 애시당초 새 API를 만드는 목적이 무의미해질 것이다. 하지만 그림 15.3에 나온 것처럼 기존 API가 새 API에 의존하는 것은 허용되며, 기존 API의 사용이 중단될 경우 의존성과 상관없이 기존 API가 독립적으로 사라질 수 있다.

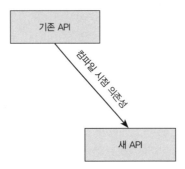

그림 15.3. 기존 API가 새 API에 의존한다.

다른 방안은 두 API가 모두 서로에 대해 알지 못하게 만들고 브리지 모듈(bridge module)을 만드는 것이다. 그림 15.4에 나온 것과 같이 브리지 모듈은 두 API에 관해 알고 있고 이름이 의미하는 바와 정확히 동일한 일을 수행한다. 즉, 한 API에 대한 호출을 다른 API와 이어줌으로써 공통 자원에 대한 접근을 공유하고 조율할 수 있게 된다.

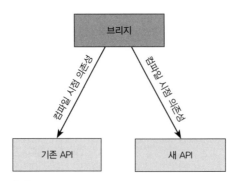

그림 15.4 서로 독립적인 기존 API와 새 API

컴파일 시점 의존성은 절대로 새 API에서 기존 API로 직접적으로나 간접적으로 향할 수 없다. 런타임에서는 상황이 달라진다. 기존 API와 새 API는 각자의 자원을 적절히 공유하기 위해 서로에 관해 알아야 할 필요가 있다. 정보가 두 API 간에 흘러야 한다. 이렇게 하는 방법은 7장의 "상호컴포넌트 룩업과 통신" 절에서 살펴본 바와 같이 컴포넌트 주입을 이용하는 것이다. 넷빈즈에서 컴포넌트 주입은 Lookup 클래스를 통해 이뤄지며, JDK에서는 ServiceLoader 클래스를 통해 이뤄진다. 두 경우 모두 새 API에서는 기존 API나 브리지 모듈이 콜백을 등록하고 수신할 수 있는 지점을 제공한다. 그곳에 아무도 등록하지 않으면 아무 일도 일어나지 않는다. 새 API에서는 아무런 문제 없이 작업을 수행할 수 있는데, 다른 누구와도 자원을 공유하지 않기 때문이다. 기존 API가 사라지고 다른 누군가가 더는 필요로 하지 않을 때 정확히 이와 같은 일이 일어난다.

```java
public final class Digest {
    private final DigestImplementation<?> impl;

    /** 생성자보다 팩터리 메서드가 낫다 */
    private Digest(DigestImplementation<?> impl) {
        this.impl = impl;
    }

    /** 알고리즘에 대한 다이제스트를 생성하는 팩터리 메서드 */
    public static Digest getInstance(String algorithm) {
        for (Digestor<?> digestor : ServiceLoader.load(Digestor.class)) {
            DigestImplementation<?> impl = DigestImplementation.create(
                    digestor, algorithm
            );
            if (impl != null) {
                return new Digest(impl);
            }
```

```
        }
        throw new IllegalArgumentException(algorithm);
    }

    //
    // 이하 메서드는 원본 MessageDigest와 동일하게 유지되지만
    // 단순함을 위해 원본 API의 일부를 가져왔다
    //
    public byte[] digest(ByteBuffer bb) {
        return impl.digest(bb);
    }
}
```

우리가 만든 새 API에서는 서비스 제공자에게만 필요한 세부사항을 사용자로부터 감춘다. 게다가 이 API는 final로 만들어졌기 때문에 그것이 API 클래스라는 사실을 곧바로 알 수 있다. 확실히 원래 버전에 비해 크게 개선된 것은 아니지만 이것은 그저 예제에 불과하다는 점을 기억해 두자. 새 API는 확장을 허용하는 모듈화 라이브러리다. 새 API에서는 확장성을 위해 자체적인 공개 방식을 정의할 수도 있지만 그렇게 할 필요는 없다. 대신 기존 제공자에 전적으로 의지할 수 있다. 이것은 기존 API의 클라이언트 부분만 잘못된 상황에서 유용한 방법일지도 모른다. 이 경우에는 제공자를 작성하고 싶은 사람들을 위한 방법도 정의해 두자. 이렇게 해야만 기존 API를 완전히 대체할 수 있는 진짜 재작성 코드를 작성하고 기존 코드를 블랙홀로 보낼 수 있다. 넷빈즈 엔지니어들 사이에서 "싱글터나이저(singletonizer)"라고 불리는 접근법을 이용해 제공자를 위한 새로운 API를 정의해 보자.

```
public abstract class Digestor<Data> {
    protected abstract byte[] digest(Data data);
    protected abstract Data create(String algorithm);
    protected abstract void update(Data data, ByteBuffer input);
}
```

이 접근법은 구현자에 대한 생명주기를 단순화할 수 있다는 이점이 있다. 구현자는 인터페이스 하나만 구현해서 등록하고 데이터를 담을 전용 객체를 정의하기만 하면 된다. 결과적으로 팩터리 클래스와 비슷한 패턴에서는 두 개의 클래스가 필요할 테지만 서비스 제공자 API는 인터페이스 하나만 있

으면 된다. 아울러 구현자는 자체적인 자료구조를 표현하는 데 사용될 실제 타입을 선택하는 문제에서 좀 더 자유롭다. 예를 들어, 처리된 바이트 수를 계산하는 식으로 다이제스트를 구현하기 위해 자체적인 자료구조로 int[1]을 사용하기로 할 수도 있다.

```java
public final class CountingDigestor extends Digestor<int[]> {
    @Override
    protected byte[] digest(int[] data) {
        int i = data[0];
        byte[] arr = {
            (byte) (i & 255),
            (byte) ((i >> 8) & 255),
            (byte) ((i >> 16) & 255),
            (byte) ((i >> 24) & 255)
        };
        return arr;
    }

    @Override
    protected int[] create(String algorithm) {
        return "cnt".equals(algorithm) ? new int[1] : null;
    }

    @Override
    protected void update(int[] data, ByteBuffer input) {
        data[0] += input.remaining();
        input.position(input.position() + input.remaining());
    }
}
```

넷빈즈에서는 이 접근법을 자주 활용하는데, 특히 트리처럼 깊은 계층구조를 그러한 계층구조에 대한 연산을 처리할 수 있는 인터페이스와 매핑할 때 자주 활용한다. 이 경우 올바른 메모리 관리는 기반구조에 맡겨서 정확성을 보장받을 수 있다. 아무튼 이 부분은 주제에서 벗어난다.

지금 해결해야 할 주된 문제는 제공사가 기존 API를 통해 등록했고, 새 메시지 나이세스터가 새로운 API의 클라이언트뿐 아니라 기존 API의 클라이언트들도 사용할 수 있게 만드는 것이다. 그림 15.5에서 볼 수 있듯이 이 문제는 이미 복잡해지기 시작하고 있다.

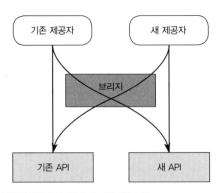

그림 15.5 등록된 제공자에서 API 사용자 방향으로 이뤄지는 정보의 흐름

브리지는 모든 등록된 제공자를 인식해 "이중 브리지"를 수행하는 데 필요하다. 브리지는 기존 제공자를 새로운 제공자로 변환해 새 API에서 그것들을 볼 수 있게 해야 한다. 아울러 새 제공자를 기존 제공자로 변환해 기존 API의 클라이언트에게도 보이게 만들어야 한다. 새 메시지 다이제스트 API의 경우 이렇게 하려면 두 개의 클래스가 필요하다. 하나는 자기 자신을 새로운 API 제공자로 등록하고 원래 API로 위임한다.

```
# 브리지의 META-INF/services에서의 등록
org.apidesign.impl.security.extension.BridgeToNew

public class BridgeToNew extends Digestor<MessageDigest> {
    /**
     * 다른 브리지를 초기화하고 스택 오버플로를 제거할 수 있게 한다
     */
    private static final BridgeToOld oldBridge = new BridgeToOld();

    @Override
    protected MessageDigest create(String algorithm) {
        if (oldBridge.isSearching()) {
            // 다른 브리지에서 시작된 호출이면 위임을 수행하지 않는다
            return null;
        }
        try {
            return MessageDigest.getInstance(algorithm);
        } catch (NoSuchAlgorithmException ex) {
```

```
        Logger.getLogger(BridgeToNew.class.getName()).log(
            Level.FINE, "Cannot find " + algorithm, ex
        );
        return null;
    }
}


@Override
protected byte[] digest(MessageDigest data) {
    return data.digest();
}


@Override
protected void update(MessageDigest data, ByteBuffer input) {
    data.update(input);
}


static {
    new BridgeToOld();
}
}
```

이렇게 하면 기존 제공자를 통해 제공된 알고리즘의 구현을 요청할 때마다 제공자를 확인해 제공자의 MessageDigest 객체가 새로운 API에서 이용할 수 있는 적절한 객체로 변환되도록 보장할 수 있다. 이 부분은 이렇게 해서 끝난다. 하지만 반대 방향으로도 위임할 필요가 있다.

```
public final class BridgeToOld extends Provider {
    public BridgeToOld() {
        super("spi.Digestor", 1.0, "");
        Security.addProvider(this);
    }


    private ThreadLocal<Boolean> searching = new ThreadLocal<Boolean>();


    final boolean isSearching() {
        return Boolean.TRUE.equals(searching.get());
    }
```

```java
@Override
public synchronized Service getService(String type, String algorithm) {
    Boolean prev = searching.get();
    try {
        searching.set(Boolean.TRUE);
        if ("MessageDigest".equals(type)) {
            Digest dig = Digest.getInstance(algorithm);
            if (dig != null) {
                return new ServiceImpl(
                    dig, this, type, algorithm, "",
                    Collections.<String> emptyList(),
                    Collections.<String, String> emptyMap());
            }
        }
        return null;
    } finally {
        searching.set(prev);
    }
}


private static class ServiceImpl<Data> extends Service {
    Digest dig;

    public ServiceImpl(Digest dig, Provider provider,
            String type, String algorithm, String className,
            List<String> aliases, Map<String, String> attributes) {
        super(provider, type, algorithm, className, aliases, attributes);
        this.dig = dig;
    }

    @Override
    public Object newInstance(Object constructorParameter)
            throws NoSuchAlgorithmException {
        return new MessageDigest(getAlgorithm()) {
            private byte[] res;

            @Override
```

```java
        protected void engineUpdate(byte input) {
            ByteBuffer bb = ByteBuffer.wrap(new byte[] { input });
            res = dig.digest(bb);
        }

        @Override
        protected void engineUpdate(byte[] input, int offset, int len) {
            ByteBuffer bb = ByteBuffer.wrap(input);
            bb.position(offset);
            bb.limit(offset + len);
            res = dig.digest(bb);
        }

        @Override
        protected byte[] engineDigest() {
            return res;
        }

        @Override
        protected void engineReset() {
            dig = Digest.getInstance(getAlgorithm());
        }
    };
        }
    }
}
```

이 코드는 조금 더 장황한데, 기존 API에서 싱글터나이저 대신 고전적인 팩터리 클래스 설계를 사용하기 때문이다. 결과적으로 단 하나가 아닌 여러 개의 클래스를 구현해야 한다. 가장 큰 문제는 등록이다. 어떤 식으로든 BridgeToOld 클래스가 등록돼야 한다. 이 클래스를 META-INF/services/java.security.Provider에 넣는 방법은 효과가 없다. 또 다른 독점적이고 더 복잡한 선언형 등록 메커니즘을 이용할 수도 있고, 또는 정적 브리지가 메모리에 적재될 때 자기 자신을 등록하게 할 수도 있다. 테스트에서는 다음과 같이 더미 호출을 통해 이를 달성한다.

```
// java.security.Provider는 META-INF/services에서 등록할 수 없다.
// 이러한 이유로 다양한 프로퍼티를 설정하거나 브리지 클래스를
// 초기화할 더미 호출을 할 필요가 있다. 그러고 나면 브리지 클래스가
// 생성자에서 자기 자신을 MessageDigest 제공자로 등록한다.
//
// 다음 코드가 호출하는 부분이다.
Digest initialize = Digest.getInstance("MD5");
```

깔끔하지는 않지만 적어도 여러분이 작성한 코드가 브리지 클래스에 직접적으로 의존하지 않아도 된다. 언젠가는 보안 제공자를 등록하는 것도 자바 확장 메커니즘(Java Extension Mechanism)을 사용하는 것으로 표준화되길 바란다. 그러고 나면 브리지 JAR 파일을 클래스패스에 포함시키기만 해도 제공자가 기존 java.security.MessageDigest의 클라이언트에서 이용할 수 있는 새로운 API와 함께 등록될 것이다.

주의를 기울여야 할 또 한 가지 측면은 StackOverflowError를 일으킬 수 있는 악순환을 합치는 것이다. 이유는 간단하다. 한 브리지에서 자기 자신을 기존 API에 제공자로 등록하고 새 제공자에게 위임하는 사이, 다른 제공자가 새로운 API 중 하나에 삽입되고 기존 제공자에게 위임하기 때문이다. 그림 15.6에서 볼 수 있듯이 이렇게 되면 이용 가능한 스택 공간이 바닥날 때까지 코드가 실행되는, 끝나지 않는 순환 고리가 생기기 쉽다.

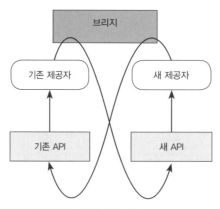

그림 15.6 이중 브리지일 때 런타임 과정에서 일어나는 악성 호출 흐름

이 문제를 해결하는 방법은 여러 가지다. 하지만 가장 무지한 해법은 스레드 로컬 변수를 이용하는 것이다. 한 브리지 안에서 스레드 로컬 변수를 설정해 한 방향의 브리지가 진행 중임을 가리킨다.

```java
private ThreadLocal<Boolean> searching = new ThreadLocal<Boolean>();

final boolean isSearching() {
    return Boolean.TRUE.equals(searching.get());
}


@Override
public synchronized Service getService(String type, String algorithm) {
    Boolean prev = searching.get();
    try {
        searching.set(Boolean.TRUE);
        if ("MessageDigest".equals(type)) {
            Digest dig = Digest.getInstance(algorithm);
            if (dig != null) {
                return new ServiceImpl(
                    dig, this, type, algorithm, "",
                    Collections.<String> emptyList(),
                    Collections.<String, String> emptyMap());
            }
        }
        return null;
    } finally {
        searching.set(prev);
    }
}
```

다른 브리지에서는 상태를 검사한 다음 위임하려는 것을 건너뛴다.

```java
if (oldBridge.isSearching()) {
    // 다른 브리지에서 시작된 호출이면 위임을 수행하지 않는다
    return null;
}
```

이 책의 상당 부분에서는 아름다움을 불필요한 것으로 본다. 대부분 아름다움보다 하위 호환성은 더 지지하는데, 호환성에 대한 필요성이 쉽게 정당화될 수 있기 때문이다. 하지만 15장의 예제에서는 API가 점차 지저분해질 필요는 없음을 보여준다. API를 고쳐서 좀 더 멋진 것으로 만드는 것도 가

능하다. 대체 API를 만들어 새로운 API라는 별이 그것을 관찰하는 모든 이들에게 아름답게 빛나게 끔 만들 수 있다. API의 우주에서 이러한 부분에 주의를 기울이기로 한 사람들은 단순히 그 부분을 바라보고 기존의 다른 어딘가에서 다 타서 없어져 가고 있는 죽어가는 별들은 완전히 무시할 수 있다. 기존의 별과 새로운 별 사이의 빛을 반영하는 브리지 모듈을 적절히 제작함으로써 기존 별을 관찰한 적이 있고 여전히 관찰하고자 하는 사람들이 투자한 바를 보전할 수 있다. 기존의 별이 지금 죽어가고 있더라도 그 별은 빛을 발할 것이고 소멸해가는 속도는 전적으로 고객에게 달렸다. 고객이 그 별을 관찰한다면 그 별은 여전히 살아서 그것이 처음 탄생했을 때 약속했던 빛을 전해준다. 그러나 마지막 관찰자가 새로운 대체재의 빛에 이끌려 관심을 다른 곳으로 돌리기로 한다면 이내 기존 API라는 별은 즉시 사라질 수 있다. 그 별은 여전히 우리 주위의 어딘가에 있을 수도 있지만 분명 API의 우주에서 그 부분에 존재하는 사용자의 지평선 너머에 존재할 것이다. 그 별은 어둠 속으로 점차 사라지고 있다. 언젠가 그 별은 마치 블랙홀로 떨어진 것처럼 완전히 사라질지도 모른다.

이처럼 전적으로 관찰자가 주도하는 API의 죽음은 아름다움의 필요성과 호환성에 대한 필요성을 연결하는 한 가지 방법이다. 우리 모두에게 좋은 소식은 API 세계에서조차도 진리, 아름다움, 우아함으로 구성된 동시 프리즘을 보는 방법이 있다는 것이다.

CHAPTER 16

협동 작업

성공적인 프로젝트는 작게 시작해서 단합이 잘 되는 소규모 그룹에 의해 개발된다. 성공적인 프로젝트는 누구도 전부를 제어할 수는 없는 큰 규모의 프로젝트로 나타난다. 사람들은 서로에 관해 더는 알지 못하고, 다른 사람이 작업 중인 코드 영역에 대해서도 이해하지 못한다. 아키텍트들은 더 이상 코드를 건드리지 않는다. 아키텍트들은 키보드를 붙잡고 있지 않는다. 그들은 기존 또는 미래의 고객들과 골프를 치면서 제품의 다음 버전에 필요한 변경사항에 관해 논한다. 이 같은 상황에서는 현재 진행 상태의 흐름을 놓치기 쉽다. 사실 그것은 거의 필수적이다. 전체 시스템을 이해하는 사람은 아무도 없다. 무지가 점차 증가한다. 그럼에도 느슨하게 조직된 시스템으로 새로운 릴리스를 만들어낼 필요가 있다. 그렇게 하는 효과적인 방법이 딱 하나 있다. 바로 프로젝트에서 중요한 측면을 선택적으로 골라 거기에 집중하는 것이다. 그 목적을 달성하기 위해 이번 장에서는 넷빈즈 프로젝트에서 상당히 효과적이었던 몇 가지 방법을 살펴보겠다.

코드를 커밋하기 전에 검토 절차 밟기

같은 방 안에 나란히 앉아 있는 사람들뿐만 아니라 외부 기여자로 구성된 그룹으로 개발하기 시작하면 API를 변경할 때 따라야 할 절차가 필요하다. 어떤 절차든 전혀 없는 것보다는 낫다. 하지만 이러한 절차에는 동료 검토(peer review)가 포함돼 있어야 한다. 게다가 우리가 경험한 바로는 가장 중요한 것은 변경사항을 통합하기 전에 그것들을 적절히 검토하는 것이다. 그래야만 통합을 담당하는 사람들이 요청된 변경사항에 귀를 기울여 그것들을 적용할 의지가 생긴다.

물론 이러한 이유만으로 API 변경을 수행할 때 따라야 할 순차적인 절차가 있어야 하는 것은 아니다. 특히 오픈소스 프로젝트에 참여하고 있다면 모든 이들이 지켜보는 가운데 어떠한 변경사항을 반영하고 싶은 외부 기여자에게 응대하는 데 관심이 있을 것이다. API 변경사항을 통합하기 위해 밟아야 할 절차를 적절히 문서화해 두면 API 변경사항을 요청하는 모든 이들에게 완벽하고도 간단하게 답해줄 수 있다.

아마 API 변경이 "저절로 일어나는 것을" 원치 않는 다른 이유는 원치 않은 API 변경과 의도된 API 변경을 구분할 필요가 있기 때문이다. 여러분이 속한 팀에서 실수로 호환되지 않는 변경사항을 통합하길 바라지는 않을 텐데, 이 경우 라이브러리를 사용하는 사람들에게 타격을 주기 때문이다. 더불어 여러분이 속한 팀이 무의식적으로 호환되는 API 변경사항을 적용하는 것도 바라지 않을 텐데, 그렇게 할 경우 향후 여러분에게 타격이 가해질 수 있기 때문이다. 몇 번의 릴리스를 거치고 나면 몇 년 전에 추가된 새로운 클래스나 메서드 몇 개가 API의 진화에 발목을 잡는 모습을 보게 될지도 모른다. 그럼 이제는 가능하리라 여겼던 방식으로 코드를 변경할 수 없다.

팀에 의한 설계

앞서 몇 번에 걸쳐 언급했던 바와 같이 초기에는 내가 공개 API를 구성하는 모든 넷빈즈 클래스를 설계했다. 그러한 상황에서는 형식적인 절차나 규칙도 전혀 필요하지 않다. 이 모든 것들이 그저 여러분의 머릿속에 들어 있을 수 있다. 여러분은 각 요소의 용도와 특정 변경사항이 각 API에 주어진 전략과 부합하는지 알고 있을 것이다. 이 경우에는 일관성을 유지하기 쉽다. 하지만 이 방식은 프로젝트에 참여하는 설계자가 여러분밖에 없을 때만 효과적이다.

그러던 중 어느날 한 넷빈즈 엔지니어가 넷빈즈 IDE의 메인 윈도우에 있는 도구막대를 조작하기 위해 API를 변경해야 했다. 나는 그렇게 해도 문제가 발생할 정도는 아니라고 여겼기에 그렇게 하도록 내버려뒀다. 하지만 곧바로 내가 API를 설계할 때 사용하던 업무 방식이 깨졌다. 나는 그 엔지니어와 함께 자리에 앉아 그가 자신의 컴퓨터에서 수행했던 모든 변경사항을 지켜볼 수도 있었지만 다른 일을 해야 했기에 그는 혼자 일하고 그저 결과만 전해줄 따름이었다.

내가 알아차리지도 못한 첫 번째 문제는 API 변경이었다. 그러한 변경사항을 지켜보고 다른 사람들에게 알려줄 "빅 브라더"가 없었다. 내가 알아차렸을 땐 해당 변경사항이 마음에 들지 않았다. 하지만 나는 내가 싫어하는 이유를 공식화할 수 없었다. 변경은 내가 이 책을 쓰기 시작했을 때보다 훨씬 전에 일어났다. 게다가 나는 해당 변경사항을 릴리스를 한 이후에 알게 됐다. 하위 호환성에 대한 강한 집착을 감안했을 때 우리는 그것을 제거할 수 없었다. 그냥 더불어 살아야만 했다.

나는 이 경우의 문제가 정확히 무엇이었는지 기억하지 못한다. 아마도 API에 포함된 클래스 중 하나에서 MouseListener를 구현함으로써 구현 세부사항을 노출했을지도 모른다. 어쩌면 나중에 몇 차례의 임의 수정을 통해 너무나도 많은 내부 필드를 감춰야 했을지도 모른다. 중요한 것은 단 한 사람이 아닌 팀 차원에서 API를 변경하도록 허용한다면 API를 대상으로 이뤄지는 작업에 체계를 잡고 관찰할 필요가 있다는 것이다.

물론 모든 API 변경사항이 똑같이 주목을 받아야 한다는 의미는 아니다. 때로는 단순히 API를 감독하고 변경사항이 "무해"하다는 것을 보장해야 할 때가 있다. 지켜봐야 할 가장 중요한 측면으로는 향후 진화를 가능케 하는 능력과 변경사항에 대한 적절한 버전 관리, 나머지 라이브러리와의 일관성, 그리고 적당한 양의 문서화와 테스트 커버리지다. 보통 이미 존재하는 프레임워크에 새 메서드나 클래스를 추가하는 것과 같이 규모가 작고 호환성 있는 변경사항에 대해서는 이 정도로도 충분하다. 게다가 변경을 준비하고, 커밋하기 전에 여러분이 통합하고자 하는 패치를 제공하는 식으로 검토를 요청하는 것으로 충분하다. 대개 변경사항은 규모가 작아서 패치 자체도 쉽게 이해할 수 있다. 오픈소스 개발자가 "코드를 보여주세요."라고 자주 말하듯이 어쨌든 가장 중요한 것은 코드다.

표준 처리 대 신속 처리

넷빈즈 검토는 검토자뿐 아니라 제출자(submitter)에게도 열려 있다. 모든 사람들이 검토에 참여할 수 있다. 검토 절차는 http://wiki.netbeans.org/APIReviews에 설명돼 있고 버그 추적 시스템 내부에서 가장 자주 일어난다. 각 검토 요청은 하나의 이슈로 관리되고, 검토의 진행상황과 결과는 변경사항으로 관리된다.

변경사항이 사소할 경우 낙관적 잠금 전략을 기반으로 한 신속 처리(fast track) 검토 절차를 거친다. 제출자들은 API 변경사항에 대한 diff를 준비한다. 그들은 diff를 이슈에 집어넣고 일주일을 기다린다. 반대 의견이 없으면 해당 변경사항은 적용된다. 우리는 이 방법이 검토에 대한 권한과 변경사항 통합의 필요성 간의 괜찮은 절충안이라는 사실을 알게 됐다. 일주일이라는 시간은 해당 문제에 관심이 있는 누구라도 검토에 필요한 시간을 확보하기에 적당한 시간이다. 하지만 일주일이라는 시간은 그렇게 길지 않아서 제출자의 업무가 눈에 띌 정도로 막히기도 한다. 추가로 괜찮은 측면 중 하나는 제안된 변경사항이 통합되는 변경사항과 약간 다를 때가 많다는 것이다. 즉, 대기하는 일주일 동안 제출자는 자체적으로 검토를 하고, 제안사항에 대해 좀 더 재고해보고 직접 세세하게 조정하기 때문이다. 이것은 최종적으로 통합되는 내용이 검토를 거치지 않았을 때보다 더 낫고, 심지어 검토자 가운데 아무도 의견을 주지 않는 경우도 자주 있음을 의미한다.

다른 검토 유형은 표준 처리로 불리며, 두 단계로 구성돼 있다. 첫 번째 단계는 코딩이 완료되기 전에 일어나며, 두 번째 단계는 변경사항을 통합하기 전에 일어난다. 이러한 각 단계에서는 버그 추적 시스템이나 전용 위키 페이지에서 논의가 이뤄진다. 해당 논의가 이뤄지고 나면 최소한 4명의 선택된 검토자("투표"해야 하는)와 함께 전화 회의를 하며, 이것은 검토자들의 이의 목록이 만들어진다는 것을 의미한다. 그런 다음 프로젝트는 중단되거나 이의를 해결한다는 조건하에서 프로젝트가 계속 진행될 수 있다.

하지만 훨씬 더 큰 규모의 변경사항도 있을 수 있다. 이러한 변경사항에 대해서는 이 같은 종류의 검토로는 부족할 수도 있다. 완전히 새로운 API를 만들고 싶고 프레임워크의 나머지 부분과도 호환되게 만들고 싶다면 메서드 단위로 검토하는 것이 적절하지 않다. 이미 메서드가 작성된 경우 그것들을 따로따로 검토하기에는 너무나도 늦다. 라이브러리의 개념이 만들어졌을 때 검토를 시작해야 하며, 그때라야 전체적인 방향에 영향을 줄 수 있는 기회를 누릴 수 있다. 일단 코드가 작성되고 나면 "API를 JavaCC 기반으로 만드세요", "ANTLR을 사용하세요" 등과 같은 제안에 즐거워할 사람은 아무도 없다. 개발자들이 가능한 한 일찍 검토를 요청하도록 설득하는 것이 중요하다. 이것은 어려운 일인데, 특히 개발자들이 여러분을 자신의 업무 진행을 방해하거나 느리게 만들려는 사람이라고 생각하는 경우에는 더욱 그렇다. 이 같은 상황은 전에 한 번도 검토에 참여해 본 적이 없는 사람에게 흔히 일어나는데, 아키텍처 검토로 얻을 수 있는 바를 부정확하게 예상하기 때문이다.

나의 첫 아키텍처 검토

팀에서는 프로젝트가 고객에게 출시되기 전에 전 세계적인 썬 아키텍처 검토 위원회의 의견을 물어보기로 돼 있다. 이 프로세스의 정확한 이력에 대해서는 알지 못한다. 이 프로세스는 솔라리스 운영체제와 SPARC 프로세서의 변경사항을 감독하기 위해 아주 오래 전에 시작된 것으로 예상한다. 적어도 그것은 내가 그러한 프로세스의 방법론들을 배울 때, 그리고 특히 "20가지 질문들"이라는 문서를 읽으면서 든 생각이다. 이 문서는 살아 있는 문서로서(내가 처음 그 문서를 알게 된 당시) 유닉스 관련 질문들이 수백 가지 담겨 있었다. 그 당시 문서에는 자바가 언급조차 돼 있지 않았다. 짐작할지 모르겠지만 그 문서는 계속 진화해서 아마 지금은 자바와 관련된 질문도 담겨 있을 것이다.

썬에서 넷빈즈를 인수하고 난 후 몇 번에 걸쳐 릴리스를 하고 나서야 비로소 누군가가 우리가 이 검토 프로세스를 아직 통과하지 않았다는 사실을 깨달았다. 그래서 아키텍처 검토를 준비하고 거기에 응해 달라는 요청을 받았다. 내가 얼마나 기분이 언짢았는지 상상될 것이다! 아마 자바의 철자가 어떻게 되는지도 모를 만한 누군가가 넷빈즈를 설계한 나에게 아키텍처에 관해 이야기하려고 하다니! 어떻게 감히! 넷빈즈에 관해 아무것도 모르는 사람들한테 내가 어떤 조언을 해줄 수 있겠는가?

가이드라인은 자바를 대상으로 한 것이 아니었다. 검토를 이끌고 있던 사람들은 자바에 관해 별로 알지 못했다. 하지만 내가 "20가지 질문들"이 담긴 문서를 천천히 훑어내려 가면서 그 질문들에 답했을 때 나는 이해하기 시작했다. 그 전까지만 해도 나는 아키텍처와 API가 클래스와 해당 클래스의 메서드 수준에서 끝나는 것이라 믿는 부류에 속했다. 나는 내 생각에 오류가 있음을 깨달았다. 나는 경험을 기초로 해서 3장을 썼다. 나는 아키텍처와 API 검토를 하기 위해서는 API 영역의 전문가가 될 필요는 전혀 없다는 사실을 깨달았다. 여러 일반적인 측면들은 API가 수행해야 할 실제 작업을 이해하지 않고도 검토할 수 있다. 이러한 측면에 대해서는 API가 수행해야 할 실제 작업에 대해 실제로 이해해야 할 필요가 없다. 어디서 들어본 것 같은가? 사실 그렇다. 이 책의 1부에서도 나는 이렇게 주장했다. 사실 아키텍처 검토를 요청받지 않았다면 이 책을 쓸 수 없었을 것이라고 말할 수 있다. 썬에서 근무하는 동안에는 여러 새로운 전문 기술을 배울 수 있을 거라 생각하지 못했다. 하지만 아키텍처 검토 위원회는 내가 썬에서 만난 다른 어떤 것보다도 가치 있는 것이다. 그래서 나는 효과적인 아키텍처 검토를 수행하는 방법을 가르쳐 준 부분에 대해 썬에 감사하게 생각한다.

아키텍처 검토를 위한 문서를 작성할 때 놀라웠던 한 가지는 바로 그러한 문서를 쓰고 난 후 검토가 끝나면 그것들을 잃어버리게 된다는 점이었다. 나는 쓸데없는 일을 하는 것을 무척 싫어하는 편인데, 이것이 바로 그렇게 보이는 작업이었다. 나는 우리가 작성한 문서가 직접적으로 아키텍처 검토에서도 재사용할 수 있게끔 넷빈즈에서 API 검토를 수행하는 방식을 바꾸기로 마음먹었다. 우리는 검토를 통과할 수 있을뿐더러 넷빈즈 플랫폼을 사용하는 개발자에게 훨씬 더 자세한 문서를 제공할 수 있다. 나는 아키텍처 검토 프로세스를 오픈소스화했다. 프로세스의 이름을 바꾸고, 다양한 기술적인 용어를 변경했으며, "20가지 질문들" 문서가 넷빈즈 및 자바와의 관련성이 높도록 재작성했다(https://openide.netbeans.org/tutorial/questions.html에 있는 질문을 참고한다). 하지만 나는 구조는 그대로 유지했다. 나는 이것을 몇 년 동안 공공연한 비밀로 유지했다. 하지만 지금은 썬의 모든 부문들이 빠르게 오픈소스 개발 스타일로 옮겨가고 있으며, 넷빈즈 오픈소스 검토 프로세스가 만들어진 배경을 전부 공개하는 데 두려움이 없다.

넷빈즈 API 검토 안내를 읽어보고 이러한 검토에 관해 마음껏 배우길 바란다. 나는 그것들을 추천할 수만 있지만 요컨대 아키텍처 검토야말로 썬에서 발견한 최고의 것임을 깨달았다!

프로젝트에 어떤 업무 방식을 적용했느냐와 상관없이 커밋, 적어도 아키텍처 수준의 변경사항을 커밋하기 전에는 일정한 형태의 검토 절차를 마련해 둬야 한다. 내 경험상 API 기여를 조율할 때는 검토가 유일하게 효과적인 도구이기 때문이다. 게다가 프로세스를 외부 기여자에게 공개한다면 14장의 "유지보수 비용 최소화하기" 절에서 살펴본 바와 같이 소유비용을 줄일 수 있다.

개발자들이 API를 문서화하도록 설득하기

개발자였던 사람들은 문서를 작성하는 것이 얼마나 지루한 일인지 알고 있다. 개발자들이 문서를 작성하도록 설득해본 적이 있는 사람들이라면 그것이 얼마나 힘든 일인지 안다. 그 결과, 대체적인 분위기는 개발자들은 자기 자신이 작성한 코드에 대해 문서화하는 것을 좋아하지도 않고 그렇게 하지도 못한다는 것이다. 하지만 훌륭한 문서는 API 사용자로 하여금 내부 세부사항을 보호하고, 따라서 프로그래밍에 무지를 통합할 수 있는 파사드에 해당한다. 아울러 API는 API를 만든 사람과 그것을 사용하는 사람들 사이의 의사소통을 위한 주된 도구다. 문서가 좋을수록 라이브러리를 이해하고 사용하는 데 필요한 노력이 줄어든다. 이러한 이유로 훌륭한 문서를 갖추는 것은 프레임워크의 성공에 필수 요건이다.

하지만 개발자의 태도는 보통 다음과 같은 궤도를 그린다. "코드는 여기에 있고, 동작하니까 쓰세요!" 개발자들, 또는 적어도 나는 훌륭한 문서를 작성하는 일이 이미 내가 했던 일과 중복된다는 느낌을 받는다. 누구라도 그렇겠지만 같거나 비슷한 일을 또 한 번 하는 것은 지루하다. 아마도 그런 이유로 개발자들은 자신이 작성한 코드에 대한 문서를 작성해야 할 때 부정적인 입장을 보이는 듯하다. 아울러 개발자들이 어쩔 수 없이 문서를 작성해야 할 때는 문서의 품질이 좋지 못하다. 개발자들이 정말로 노력하는 경우에도 훌륭한 문서가 만들어지지는 못하는데, 이것은 개발자들이 자신이 만든 API를 특별한 시각으로 보고 더 이상 해당 API를 처음 접하는 사람처럼 받아들이지 못하기 때문이다. 개발자들이 훌륭한 문서를 만들려고 노력하는 경우에도 저수준 세부사항이 자주 눈에 띄곤 한다. 개발자들은 "이 라이브러리의 목적은 이미지를 그리는 것이다."라고 말할 수도 있으며, 이것은 괜찮은 개요 문장이다. 하지만 엔지니어들은 금방 라이브러리의 동작 방식에 관한 내용을 추가하려는 유혹을 받는다. 즉, 라이브러리의 기능에 대해 감을 잡을 수 있으리라 기대한 채로 문서를 읽는 사람에게는 그다지 유용하지 않을 가장 깊은 수준의 세부사항과 함께 곧바로 코드를 보여주고 만다.

이 모든 것들은 사실이지만 그럼에도 나는 개발자들이 훌륭한 문서를 작성하도록 도울 수 있다고 믿는다. 그저 면밀한 방법론이 필요할 뿐이다. 가장 유망한 방법론 중 하나는 바로 "거꾸로 일하기"라고 하는 것이다. 나는 친구의 블로그에서 이 방법론에 관한 내용을 접했다. 글을 읽고 나자 이것이 실제로 효과를 보이리라 생각했다. 하지만 생각과 행동 사이에는 큰 차이가 있기 마련이라서 나 스스로가 그 방법을 시험해볼 수 있기까지 1년이 넘게 걸렸다. 하지만 내가 해냈을 때 그 결과는 놀라웠다.

기본 개념은 간단하다. 코드나 기술 제안서로 시작하는 대신 보도 자료 같은 맨 마지막 단계에 필요한 것으로 시작한다. 프로젝트의 목표를 쓰고, 달성한 바를 자랑스러워하는 척 하며, 그것들이 무엇인지 설명한다. 이어서 자주 묻는 질문(FAQ) 문서를 작성한다. 이 단계에서는 좀 더 깊은 세부사항으로 진행해서 보도 자료에 쓸 상당히 저수준에 해당하는 기술적 세부사항을 설명할 수 있다. 그런 다음 4장의 "유스 케이스 지향의 중요성" 절에서 제시한 조언을 따른다. 즉, FAQ를 이용해 유스 케이스를 설명한 다음, 실제 코드와 자바독을 포함시킨다.

이러한 "작업 흐름의 역전"이 성공하는 데는 몇 가지 이유가 있다. 맨 처음 보도 자료를 작성하는 시점에서는 릴리스를 기술적인 세부사항으로 채워넣을 기술적 지식이 충분하지 않다. 여기엔 약간의 수련이 필요한데, 모든 개발자들은 최대한 빨리 코드를 작성하고 싶어하기 때문이다. 그러므로 코드 작성의 즐거움을 미루고 키보드로 달려가 코드를 작성하기에 앞서 여러분이 생각하는 바를 적어 내려갈 필요가 있다. 그러자면 다소 자제력이 필요하긴 하지만 코드 작성을 시작하기에 앞서 마음속에 프로젝트에 대한 전체 그림이 그려져 있기 때문에 이렇게 하는 것은 전혀 부자연스럽지 않다.

두려움은 상호적이다

문서 작성을 두려워하는 것은 개발자들뿐만이 아니다. 테크니컬 라이터들도 자바독을 변경하는 것을 두려워하는 듯하다! 여기서 나는 이 책의 인기 있는 편집자 중 한 명인 헤이르티안 빌렝아(Geertjan Wielenga)를 괴롭히려고 한다. 그가 없었다면 이 책은 절대 나올 수 없었을 텐데, 내가 실험적으로 쓴 글들은 구어체 영어로 쓰여 있지 않았고 절망스러울 정도로 많은 편집 과정을 거쳐야 했기 때문이다. (헤이르티안이 지금 쓰고 있는 이 부분을 고치고 나면 내용이 얼마나 남아있을지 보고 싶다. 이 부분의 경우 그가 고친 것은 '검열'을 완곡하게 표현한 것에 불과하다!)

헤이르디안은 넷빈즈 플랫폼에 관한 문서를 작성하길 좋아했다. 그는 인기 있는 블로거이며, 넷빈즈 플랫폼 웹 사이트를 유지보수하는 일을 하고 있으며, 사용 지침서, 인터뷰, 일화 등으로 구성된 콘텐츠를 제공하고 있다. 확실히 그는 전체 문서화 작업의 핵심적인 부분을 차지하고 있다. 조금 과장하자면 헤이르디안이 없다면 오늘날 넷빈즈 플랫폼을 사용할 사람은 별로 없을 정도다.

한편으로 헤이르티안의 일은 우리 프로젝트에서 제공하는 문서의 일부에 지나지 않는다. 그것은 주로 입문자가 이용하는 초반부에 해당한다. 하지만 거기에 더해 우리는 API 제작자, 즉 개발자가 쓴 문서도 가지고 있다. 여기엔 자바독, 유스 케이스 등이 있다. 이러한 문서는 복잡도가 다양하지만 같은 문제, 즉 넷빈즈 플랫폼의 사용법을 문서화하는 일을 처리한다. 그럼에도 이러한 문서 사이에는 아무런 연관성이 없다. 이것은 부끄러운 일인데, 그러한 문서들이 모두 사용자를 대상으로 삼고 있으며, 사용자는 가능한 한 많은 정보를 확보하고자 하기 때문이다. 사용자는 이러한 정보를 지속적으로 바로바로 이용할 수 있기를 바란다. IDE에서 코드를 작성하고 코드 완성 기능을 이용할 때 현재 메서드의 사용법과 관련된 사용 지침서로 곧바로 이동할 수 있다면 유용하지 않을까? 실제로도 그럴 것이며, 이 경우 관련 사용 지침서에 대한 링크로 자바독 메서드를 보충하기만 하면 된다.

하지만 우리는 전형적인 우리 대 그들(us-versus-them) 문제에 직면하고 있다. 개발자들은 사용 지침서에 관해 알지 못하므로 자바독을 작성할 때 사용 지침서에 대한 링크를 추가할 수 없다. 게다가 대개 사용 지침서는 자바독보다 나중에 작성된다. 또 다른 측면에서 보면 헤이르티안은 자바독 자체를 변경하는 일을 두려워하는 듯하다. 나는 다양한 논의를 통해 그에게 이것이 필요한 일이라고 설득해 왔지만 지금까지 모두 실패했다. 그러므로 개발자들이 문서를 작성하기를 두려워하고 있다면 문서를 작성하는 사람들은 개발자들이 작성한 뭔가를 변경하기를 두려워한다. 그 결과 거의 독립적으로 작성된 두 벌의 문서가 만들어진다.

이 같은 상황은 분명 바람직하지 않다. 나는 이 상황에서 어떻게 해야 할지에 대해 확신이 없다. 아마도 "근원적인 부분까지 효과적인" 방법론을 적용해야 하고 자바독에 링크가 없다면 아무도 사용 지침서를 작성하지 않게 해야 할 것이다. 이렇게 하면 이 상황이 해결되고 자바독을 편집해야 하는 헤이르티안의 두려움이 제거될지도 모른다. 하지만 나는 여전히 그 방법이 효과적일지 파악할 필요가 있다.

그뿐만 아니라 개발자들이 문서 작성을 좋아하지 않는 이유 중 하나는 코드를 완성하고 나면 금방 그것에 대해 잊어버리기 때문이다. 늘 그렇지만은 않지만 이것은 문서를 작성해야 한다는 걱정을 심어주기에 충분하다. "거꾸로 일하기" 업무 방식을 이용하면 이를 예방할 수 있다. 프로젝트가 완료되면 보도 자료가 필요할 것이며, 적어도 마케팅 부서를 위한 정보로서 필요할 것이다. FAQ는 최종 사용자 또는 적어도 사용 지침서를 작업하는 테크니컬 에디터가 즐겨 찾는 것이다. 유스 케이스와 자바독의 필요성은 분명하다. 이러한 이유로 엔지니어로 하여금 훌륭한 문서를 작성하게끔 설득할 가능성이 높아지는데, 엔지니어들은 쓸데 없는 뭔가를 하거나 이미 이전에 완료된 뭔가를 중복해서 하지 않기 때문이다.

하지만 일의 순서가 중요하다. 보도 자료로 시작해 코드로 한 걸음씩 옮긴다. 이 같은 순서가 없으면 방법론은 효과가 없다. 최근에 나는 완료된 프로젝트에 대한 "보도 자료"를 작성하고 싶었고 그것은 고통스러운 작업이었다. 결과는 그다지 좋지 못했다. 나는 전체적인 개요부터 시작했다. 하지만 세 번째 단락에서 갑자기 셸 명령줄을 프로젝트 사용법의 예로 넣어버렸다. 이것은 전혀 보도 자료가 아니다! 하지만 이런 일은 엔지니어에게 일어나게 마련이다. 엔지니어들은 유용한 정보를 최대한 많이 공유하고 싶어하며, 이로써 제품이 마무리된 이후에 보도 자료를 작성하는 데 지장을 준다. 엔지니어가 성공하는 유일한 시점은 코딩을 시작하기 전이다.

나도 매번 그렇게 하려고 할 때마다 이런 업무 방식을 즐겼다는 점을 인정한다. 결국 보도 자료와 FAQ를 작성하는 일은 상당히 재밌었다. 하지만 여전히 이런 방식이 모든 이에게 적용될 수 있는지 확인해야 한다. 나는 이 방식이 많은 상황에서 동시에 일반적으로 적용할 수 있는 즐거움의 기회이길 바란다.

빅 브라더는 잠들지 않는다

실수가 발생했다. 여러분도 훌륭하고, 팀도 훌륭하지만 때때로 누군가가 실수를 저질러서 뜻하지 않게 API를 수정하는 일이 발생하는 일은 분명히 일어난다. 팀이 완벽하지 않거나 새로운 팀원이 합류한다면 그들을 지켜봐야 한다. 그들이 API 사용자에게 감당할 수 없을 정도로 강한 약속을 하지는 않는지 확인해야 한다. 그들이 약속을 한다면 정말로 그럴 생각이어야 하고, 약속을 이행할 수 있어야 한다. 물론 그들 옆에 앉아서 모든 과정을 하나하나 지켜보고 싶지는 않을 것이다. 그 대신 API의 중요 특징들이 바뀌는 경우 이를 알려줄 자동화된 시스템이 필요할 것이다.

"빅 브라더" 시스템의 목표는 명확하다. 이제 질문은 이렇다. 확인해야 할 중요 특징은 무엇이고 얼마나 자주 확인해야 하는가? 물론 API와 라이브러리를 대상으로 작업하는 경우에는 일반 프로젝트를 대상으로 검사하는 것들은 모두 검사해야 한다. 커밋할 때마다 실행되는 자동화된 빌드 또는 적어도 일일 빌드를 확보하는 것은 가치 있는 일이다. 코드가 여전히 컴파일되는지 확인하는 것은 중요하다. 그러한 코드를 가지고 자동화된 테스트도 실행하는 것이 바람직하다. 라이브러리의 테스트 커버리지를 파악하는 것도 흥미로울 수 있는데, 테스트 커버리지를 통해 전혀 테스트되지 않는 곳을 확인할 수도 있기 때문이다. 아울러 테스트 커버리지를 낮추고, 그럼으로써 향후 라이브러리의 안정성을 떨어뜨릴 수도 있는 변경사항을 라이브러리에 통합하는 커밋에 대한 알림을 받는 것도 흥미롭다.

테스트가 충분한 경우

테스트를 작성할 때 개발자들은 테스트를 얼마나 많이 작성해야 하는지 자주 묻곤 한다. 간단한 답은 테스트가 유용할 때마다 작성하는 것이다. 더 정확하지만 덜 완벽한 답은 다음과 같다.

테스트 커버리지를 측정하는 데 유용한 도구는 많다. 우리는 우리가 작성한 테스트로 애플리케이션 코드의 커버리지를 측정하기 위해 EMMA(http://emma.sourceforge.net)를 선택했다. 예를 들어, netbeans.org에 있는 프로젝트의 팝업 메뉴로부터 호출되는 경우 애플리케이션 코드를 조작해 그에 대한 자동화된 테스트를 호출한다. 실행 과정에서 호출된 모든 메서드에 관한 정보를 수집하고 클래스와 코드 라인을 방문한 다음 웹 브라우저에서 요약해 보여준다.

메서드를 방문하는 식으로 커버리지를 측정하는 것은 그리 까다로운 기준은 아니다. 하지만 100퍼센트 커버리지에 근접하기는 굉장히 어려울 수 있다. 만약 성공하더라도 결과적으로 만들어지는 애플리케이션 코드가 올바르게 동작하리라 보장할 수 없다. 모든 메서드에는 입력 매개변수가 있다. 커버리지 테스트가 입력 매개변수 중 일부에 대해 성공했다는 사실을 안다고 해서 다른 경우에 대해서도 그렇다고 할 수는 없다.

분기나 라인을 통해 커버리지를 세는 편이 훨씬 더 낫다. 메서드 코드에 if (...) { x(); } else { y(); }라는 문장이 있을 경우 두 메서드인 x와 y가 호출되리라 확신할 수 있다. EMMA 도구는 이러한 요구사항을 지원한다. EMMA 도구가 모든 라인을 방문하리라 확신할 수 있으므로 애플리케이션 코드에 쓸모없는 라인이 포함돼 있지 않다는 자신감을 얻는다.

하지만 한 라인을 방문했다고 해서 애플리케이션 코드에 버그가 없다는 의미는 아니다.

```
private int sum = 10;

public int add(int x) {
    sum += x;
    return sum;
}

public int percentageFrom(int howMuch) {
    return 100 * howMuch / sum;
}
```

두 메서드가 모두 문제 없이 실행되면 좋을 것이고 다양한 매개변수를 이용해 두 메서드를 테스트한다면 훌륭할 것이다. 그럼에도 add(-10); percentage(5)를 호출하면 오류가 발생할 수 있는데, 합이 0이 되고 0으로 나누는 연산은 금지돼 있기 때문이다. 애플리케이션이 이러한 문제에 취약하지 않게 만들려면 각 메서드를 실제로 가능성 있는 메모리 상태에서 테스트해야 할 것이며, 이는 합계값이 다양하다는 것을 의미한다. 그렇게 하면 애플리케이션 코드가 단일 스레드 환경에서 올바르게 작동한다는 것이 최종적으로 증명될 것이다.

그런데 또 한 가지 문제가 있다. 즉, 자바는 단일 스레드로 동작하지 않는다는 것이다. 많은 애플리케이션은 스스로 새로운 스레드를 구동시킨다. 그렇게 하지 않더라도 AWT 이벤트 디스패치 스레드나 종료자 스레드 등이 있다. 비결정성의 규모를 확인해 봐야 한다. 때때로 가비지 컬렉터가 실행되어 메모리에서 "불필요한" 객체를 제거하기도 하는데, 이를 통해 애플리케이션의 동작 방식이 바뀔 수도 있다. 우리는 무한 루프를 사용하곤 했는데, 이것은 두 개의 모질라 브라우저와 에볼루션(Evolution)[1] 클라이언트가 동시에 실행 중인 경우에만 시뮬레이션이 가능했다. 왜냐하면 그렇게 해야만 가비지 컬렉터를 호출하기에 충분할 만큼 메모리의 양이 작아지기 때문이다. 이러한 종류의 커버리지는 측정 불가능하다.

이러한 이유로 코드 커버리지 도구를 뭔가가 테스트되지 않았는지를 파악하는 정상성 점검(sanity check)의 수단으로 사용하길 제안한다. 하지만 코드 커버리지가 아무리 높아도 애플리케이션에 버그가 있을 수도 있다는 점을 기억해야 한다. 애플리케이션의 아메바 형태가 이상하게 바뀌는 현상을 방지하는 데 도움되도록 뭔가가 망가졌을 때마다 테스트를 작성하길 제안한다. 버그 보고가 있을 경우 그것을 검증하는 테스트를 작성해 퇴행을 방지한다. 이런 식으로 커버리지는 문제가 되는 코드, 즉 실제로 망가졌던 부분에 초점이 맞춰질 것이다.

이러한 일반 테스트와 더불어 여러분이 만든 라이브러리는 특별한 보살핌을 상당히 많이 필요로 한다. 각 빌드마다 자바독을 공개하고, 자바독에 깨진 링크가 포함되게 만들고 싶지는 않을 것이다. 게다가 여러분은 이 책에서 제안하는 의견, 즉 자바독으로는 충분하지 않다는 점에 영향을 받을 수도 있다. 그러한 경우 아마 다른 API를 설명하고 API 사용자가 손쉽게 인식할 수 있게끔 API에 주석을 다는 방법을 알고 싶을 것이다. 게다가 4장의 "API의 생명주기" 절에서 살펴본 것처럼 API 안정성 카테고리도 할당하고 싶을 것이다. 그리고 마지막으로 이야기하지만 중요한 한 가지는 API 사용자에게 API에 적용된 마지막 변경사항에 관해 알려주고 싶으리라는 것이다. 이러한 모든 이유로 넷빈즈 자바독 확장 기능을 이용하고 싶을지도 모르겠다.

넷빈즈 자바독 확장 기능

이 책의 원칙을 따르자면 표준 자바독 생성 도구를 개선할 필요가 있었다. 우리는 자바독 생성 도구에서 적절한 버전 관리와 개별 API의 최상위 유스 케이스에서 상세 내용으로 이동할 더 쉽고 표준화된 방법을 위한 지원 기능을 제공해야 했다. 나는 이 책에서 설명한 조언에 따라 라이브러리나 프레임워크를 구축하는 모든 사람들은 이 같은 도구를 필요로 할 것이라 믿는다. 그래서 이 앤트 빌드 스크립트와 XSL 변환을 마음껏 사용해도 되는데, 이것들은 넷빈즈에만 국한되지 않고 독립적으로 사용할 수 있기 때문이다.

자바독은 "20가지 질문" 문서를 기반으로 만들어지는데, 이 문서에는 모든 모듈 제작자가 라이브러리에서 노출된 다양한 API를 파악하도록 안내해줄 다양한 본질적인 질문들이 담겨 있다. 이를테면, 시스템 프로퍼티를 읽거나 리플렉션을 이용해

비공개 클래스에 접근하는 법, 파일 읽기, 소켓 열기 등에 관한 질문이 들어 있다. 목표는 개발자가 "적용 불가(Not applicable)"라고 쓰게끔 만드는 것이 아니라 그것이 사실이라면 그것을 문서화하게 만드는 데 있다. 무엇보다도 목표는 그것을 분류 가능한 방식으로, 나중에 처리할 수 있는 방식으로 문서화하는 것이다.

넷빈즈 프로젝트에서는 해답이 담긴 파일의 이름이 arch.xml이다. arch.xml 파일의 내용은 주로 HTML 형식으로 돼 있다. 하지만 두 가지 중요한 확장 기능이 있다. API를 표시하는 <api> 요소를 사용할 수도 있고 <usecase> 요소를 이용해 입문자를 위한 유스 케이스를 설명할 수도 있다. 이러한 태그를 사용하면 해당 태그의 내용은 자바독의 개요(overview) 페이지에 삽입된다. 그 결과, Task List API[1] 같은 API의 주된 진입점 페이지에는 모든 프로퍼티와 리플렉션, 중요 API를 구성하는 파일이 표 형식으로 나열돼 있고, 표준 자바독에서 사용자를 적절한 클래스로 안내할 수 있는 개괄적인 유스 케이스가 담긴다. 이것만 해도 API가 어떤 역할을 하는지 어느 정도 감을 잡는 데 충분하다. 하지만 더 자세한 내용을 알아야 한다면 API 사용자는 언제든지 "20가지 질문" 문서 전체를 읽어볼 수 있다.

이것은 API 사용자가 흥미를 가질 만한 내용이 결코 아니다. API 사용자는 API에서 어떤 새로운 기능들을 사용할 수 있는지에도 관심이 있다. 이것은 특히 새로운 추가 기능이 한 달에도 몇 번에 걸쳐 나타나는 것처럼 라이브러리 설계가 빠르게 진화하는 경우에 중요하다. 이러한 개괄적인 내용을 전달하기 위해 apichanges.xml이라는 XML 파일도 있다. 이 파일에는 API 변경사항들이 담겨 있다. 기존 API에 새 메서드나 클래스를 추가할 때마다 모듈의 명세 버전이 올라가고 변경사항도 추가된다. 변경사항에는 현재 진행상황에 관해 사람이 읽을 수 있는 설명을 비롯해 원본 자바독에서 변경된 요소로 이동할 수 있는 링크, 변경이 일어난 명세 버전, API 소개에 관한 이력을 검색하고 싶은 사람들을 위해 버그 추적 시스템에 대한 참조가 포함돼 있다. 이것은 보통 필요 이상으로 자세하다. 대개 링크는 모든 의견과 댓글, 고려사항이 포함된 자세한 API 검토 내용과 연결되는데, 때로는 이 모든 것들이 필요할 때도 있다. 이것은 API의 최종적인 룩앤필(look and feel) 너머에 자리 잡은 동기를 설명하는 궁극적인 문서를 형성하기 때문이다.

우리가 만든 빌드 스크립트에서는 5개의 최신 변경사항을 가지고 개요 페이지에 넣는다. 그러면 나머지 내용은 별도 페이지에서 확인할 수 있으며, 이곳에서 API의 전체 진화 이력이 유지된다.

API 변경사항에는 소스 호환, 바이너리 호환, 시맨틱 호환 중 하나로 주석이 붙거나 아무것도 붙지 않을 수 있다. 이렇게 하면 새로운 버전으로 마이그레이션할 때 API 사용자의 관심을 받을 만한 변경사항을 파악하는 데 도움이 된다. 하지만 때로는 어떤 변경사항이 호환 가능한지 여부를 파악하기가 쉽지 않을 때도 있다. 우리는 아직까지 100퍼센트 호환성 또는 99퍼센트 호환성을 목표로 나아가야 할지 결정하지 못했다. 필드에는 "예"나 "아니오"만 지정할 수 있는데, 아마 이렇게 하는 게 맞긴 할 테지만 변경사항이 100퍼센트가 아닌 99퍼센트 호환성으로 분류되면 뭐라고 말해야 할까? 이것은 상황에 따라 다르다. 내가 알기로는 보통 호환 가능하다고 주석을 달지만 호환성이 완전히 지켜지지 않을 수도 있는 경우를 설명하는 노트를 추가한다.

자바독 기능 개선에 관해 더 자세히 배우고 싶다면 http://javadoc.apidesign.org를 참고한다.

---

2 http://bits.netbeans.org/6.0/javadoc/org-netbeans-spi-tasklist/overview-summary.html

변경사항을 문서화하는 것은 좋은 일이다. 하지만 그것만으로는 부족하다. API 자체를 관리할 필요가 있다. 다른 무엇보다도 이것은 공개 클래스의 public 및 protected 멤버의 시그너처가 바뀌는지 지켜보는 것을 의미한다. 여러분은 두 가지 유형의 변화를 지켜보고 싶을 것이다. 무지한 라이브러리 조립자 관점에서 보면 가장 중요한 것은 하위 호환성이 보장되는 변경사항을 지켜보는 것이다. 새 버전의 라이브러리를 릴리스하고 나면 해당 라이브러리 API의 스냅샷을 만든 다음, 빌드할 때마다 API의 실제 상태를 스냅샷과 비교해야 한다. 이때 누락된 바가 없어야 하고 호환되지 않는 변경사항이 없어야 한다.

점검해야 할 다른 측면으로는 우발적인 변경사항이 없는지 여부가 있다. "코드를 커밋하기 전에 검토 절차 밟기" 절에서 지적한 바와 같이 임의의 우발적인 API 변경사항이 API에 스며들지는 않았는지 찾고 싶지는 않을 것이다. 잘못된 순간에 그러한 임의의 우발적인 API 변경사항이 발생한다면 호환 가능한 방식으로 그것들을 향후 릴리스에서도 계속 지원해야 한다. 하루 단위로 어제 일자와 대비되는 변경사항을 만들어 차이점을 파악할 수 있게 만들어야 하는 것은 바로 이런 이유에서다.

넷빈즈 API 서명 테스트 도구

넷빈즈 툴은 자바 커뮤니티 프로세스(Java Community Process)의 일부로 제공되는 것을 기반으로 한다. 우리가 사용하는 앤트 빌드 스크립트에 맞춰서 모듈 버전 관리가 가능하게끔 넷빈즈 툴에 몇 가지만 추가하면 스냅샷에 대한 변경사항뿐 아니라 스냅샷에 호환되지 않는 변경사항들도 보고하는 스냅샷을 만들 수 있다. 이 툴에 대해 좀 더 자세히 알고 싶다면 http://sigtest.apidesign.org를 참고한다.

노출되는 API로 시그너처만 있는 것은 아니다. 다른 중요한 측면들도 검토해야 한다. 일반적으로 다양한 파일의 구성이 가장 관심을 끈다. 넷빈즈 같은 모듈화 시스템의 경우 개별 컴포넌트 간의 의존성을 살펴보는 것이 합당한데, 새로 추가된 의존성은 해당 컴포넌트가 선택되어 특정 종류의 애플리케이션으로 별도로 조립될 수 있는 능력을 제한할 수 있기 때문이다.

검증 프레임워크

넷빈즈에는 빌드 과정의 일부로서 이처럼 추가된 API를 테스트하기 위한 특별한 프레임워크가 있다. 일반적인 개념은 설정자 메서드로 설정할 수 있고 일반 텍스트 출력 결과를 생성할 수 있는 특별한 앤트 태스크를 두는 것이다. 그리고 나면 일반 텍스트 도구를 이용해 출력 결과에 차이점이 있는지 비교할 수 있다. 태스크에 대한 입력은 일련의 모듈 JAR 파일로서 태스크는 해당 파일로부터 의존성 정보를 읽어 들인다. 넷빈즈에서는 모든 의존성이 JAR 매니페스트 안에 저장된다는 점을 기억해두자.

태스크는 다양한 출력 결과 포맷을 만들어내고 그것들을 특정 출력 파일에 쓰도록 설정할 수 있다. 출력 결과 중에는 모든 공개 패키지 목록이 포함될 수 있으며, 이 목록은 시그너처 처리 툴로 전달할 수 있다. 이러한 목록에는 모든 모듈과 각 모듈의 버전 목록(새로운 모듈이 추가됐음을 알려주기 위한), 전체 모듈 및 각 모듈의 의존성으로 구성된 목록이 있다.

우리는 각 개발자가 변경한 사항을 테스트할 수 있도록 모드를 사용하곤 했으며, "중요한" 결과는 버전 관리 시스템에 소스 파일과 함께 저장됐다. 그것들이 일치하지 않을 때는 빌드가 실패했다. 이는 전적으로 비의도적인 변경사항으로부터 우리를 보호해줬다. 하지만 중요 파일을 변경하더라도 그다지 관심받지 못하는 경우가 많다는 점을 발견했다. 지금 당장 그렇게 되는 까닭은 이러한 검사를 빌드 장비에서만 수행하기 때문이다. 이전 빌드에 의해 생성된 중요 파일은 새로운 파일과 비교된다. 차이점이 있으면 모든 개발자에게 이메일이 전송된다. 이런 식으로 관심이 있는 모든 이들은 일과 중에 적용된 변경사항에 관해 통지받고 원치 않는 의존성이 추가되지는 않는지 검사할 수 있다.

나는 어떤 모드가 더 나은지 확신이 서지 않는다. 빌드를 실패하게 만든 모드는 개발자에게서 너무 많은 주의를 필요로 했다. 현재 모드에서는 어떠한 자기 조절 수단 없이도 변경사항을 통합할 수 있도록 허용한다. 아마도 최적화된 해법은 그중 어딘가에 있을 것이다. "텍스트 편집기는 컴파일러에 의존해서는 안 된다"라든가 "HTML 지원 기능은 자바 지원을 요구해서는 안 된다" 같이 원치 않는 의존성을 지정할 수도 있었다면 이것들은 빌드를 망가뜨리기 위한 좋은 후보일 것이다. 이것이 유용한지는 나중에 알게 될 것이다.

넷빈즈 프로젝트에서 사용하는 툴에서 영감을 찾을 수 있다거나 직접 개발하기로 하느냐는 중요하지 않다. 중요한 것은 개발자들을 지켜볼 "빅 브라더" 시스템을 만드는 것이다. 그래야만 그룹 내에서 API를 성공적으로 설계하고 최종 결과 때문에 놀라지 않을 수 있다.

한 가지 방법은 제안된 패치를 받아 그것을 반영하거나 거부하는 인간 "문지기"를 두는 것이다. 이 방법은 사실 너무 일이 많을 수도 있다. 더군다나 확장성 면에서도 용이하지 않다. 게다가 어떤 한 사람이 "모든 것을 알도록" 요구하는 해법을 제안하는 것은 이 책의 기조와도 맞지 않다. 우리가 추구하는 궁극적인 목표는 최대의 무지, 즉 인간의 지식이 최소화되는 것을 기반으로 하는 해법을 만드는 것이다. 이것은 한 명의 문지기가 아니라 API의 일반적인 측면들을 통제하기 위한 훌륭한 툴과 테스트를 갖췄을 때 달성될 가능성이 높다.

API 패치 수락하기

14장의 "유지보수 비용 최소화하기" 절에서는 잘 작성된 API를 유지보수하는 것은 일반 코드를 유지보수하는 것에 비해 더 어렵지 않고 때로는 훨씬 더 간편하다고 주장했다. 하지만 이것은 API 사용자에게서 받은 기여의 품질에 따라 달라진다. 기여가 단순히 불만 수준이거나, 라이브러리 API에 대한 변경 요청이 그리 타당하지 않거나 명분이 불분명하다면 그다지 수월하지 않은 일이 될 것이다. 나쁜 제안이나 기여를 받아들인다면 향후 유지보수가 악몽이 될 수 있다. 그렇게 되지 않으려면 좋은 제안과 좋은 패치를 받아들이는 방법밖에 없다.

다중 스레드를 도입하세요!

나쁜 제안에서 좋은 것을 분리하는 것은 때때로 힘든 일이 될 수 있다. 예를 들어, C로 작성된 오픈소스 동영상 재생기 및 인코더를 제공하는 MPlayer 프로젝트에서는 멀티코어 프로세서를 활용하고 코드를 다중 스레드 방식으로 재작성하도록 조언을 받았다. 이것은 합당한 조언으로 보인다. 코어가 두 개인 경우 압축 속도는 두 배가 될 수도 있다. 게다가 요즘에는 거의 모든 이들이 멀티코어 프로세서를 사용하고, 또 지금은 그렇지 않더라도 거의 모든 이들이 향후 멀티코어 프로세서를 사용하게 될 것이다. 그럼에도 프로젝트에서는 그러한 조언을 따르기를 거절했다. 그도 그럴 것이 단일 스레드 버전의 MPlayer도 충돌을 예방하느라 힘든 시기를 보냈기 때문이다. 다중 스레드 코드가 들어간다면 훨씬 더 힘들어질 것이다. 내가 생각하기에 MPlayer 팀에서 멀티코어 활용을 거부하기로 한 것은 옳은 결정이었다. 심지어 프로젝트가 쪼개질 위험을 무릅쓰고서라도 말이다. 하지만 정확히 그런 일이 일어났다. 다중 스레드 추종자들이 직접 프로젝트를 만들고 MPlayer 코드를 포크(fork)한 것이다. 내가 알기로 몇 년 후 원래의 MPlayer 프로젝트는 여전히 운영 중이지만 포크된 프로젝트에 관한 정보는 찾을 수 없었다.

대개 훌륭한 의사결정이란 시장에 진입하는 시간을 줄이고 소유비용을 낮추는 것이다. 그럼에도 API를 가지고 있고 누군가가 그것을 변경하도록 요청한다면 대개 적기 출시에 의해서는 동기를 부여받지 못하게 된다. 이미 API가 시장에 나와 있는 상태이기 때문이다. 요청된 기능이 모든 이들이 원하는 것이 아니라면 서두를 필요가 없다. 유일한 걱정거리는 총소유비용이다. 패치를 받아들인다면 그것의 소유자가 되는 것이다. 이것은 잠재적으로 그것을 유지보수하는 데 너무나도 많은 시간과 에너지가 든다는 것을 의미한다.

무엇이 이러한 위험을 무릅쓰는 이유가 될 수 있을까? 버그가 많은, 즉 기대에 못 미치는 패치를 받을 수도 있다. 이러한 위험은 완전히 제거할 수 없다. 하지만 패치로 인해 변경되는 코드 라인에 대한 적당한 커버리지를 요구한다면 적어도 기본 기능은 반영할 만하다는 자신감을 얻을 수도 있다. 그다음 문제는 코드를 고쳤을 때 퇴행이 초래될 수 있다는 것이다. 라이브러리의 나머지 부분도 적적히 테스트되고 있다고 가정한다면 이러한 위험은 적당히 제거할 수 있다. 하지만 패치를 제출한 사람이 여러분이 만든 라이브러리에 대한 테스트를 처음으로 작성한 경우라면 기존에 가정했던 바를 위반하는 내용이 통합될 위험도 클 수 있다. 적당한 코드 커버리지를 갖춰야 할 이유가 바로 여기에도 있다. 한편으로 제거해야 할 위험으로 퇴행만 있는 것은 아니다. 패치는 향후 진화에 걸림돌이 될 수도 있다. 따라서 통합하기 전에 패치를 검토해서 이 책에서 제안한 내용을 비롯해 다른 여러 제안(향후 간단하게 진화할 수 있게 도움을 주는)에 따라 패치를 평가해야 한다. 또 한 가지 나쁜 것은 문서화가 불충분한 패치일지도 모른다. 다시 한 번 이야기하건대 문서화를 더 해달라고 요청하거나 제출자에게 상위 수준의 유스 케이스를 좀 더 제공해 달라고 부탁하는 것은 간단하다. 한편으로 이러한 요구사항은 부분적으로 훌륭한 테스트 커버리지로 대체될 수도 있는데, 자동화된 테스트가 최고의 문서처럼 구성된 경우도 있기 때문이다. 주의를 기울여야 할 마지막 측면은 적절한 버전 관리다. 버전 번호를 사용하는 모듈화 시스템에서는 API가 변경될 때마다 명세 버전을 높이고 해당 버전부터 이용 가능한 새로운 동작 방식을 문서화해야 한다.

패치를 받아들이는 최선의 접근법은 패치를 커밋하기 전에 검토하는 것이다. 패치를 외부 기여자에게서 받는 경우에는 이렇게 하기가 쉽다. 하지만 "커밋 전 검토"야말로 패치 제공자(심지어 여러분의 가장 가까운 팀 동료이더라도)의 적절한 응답을 보장하는 최선의 방법이다. 변경사항이 통합되기 전까지는 여러분이 접한 이슈를 해결해야 한다는 동기가 패치를 수락해야 한다는 필요성으로 인해 과장된다. 대개 통합이 이뤄지고 나면 추가적인 문제를 해결하려는 기여자의 의지가 패치가 받아들여진 이후로 지나간 시간에 비해 낮다. 이는 유지보수 비용을 최소화하기 위한 유일하게 적절한 시점은 패치를 통합하기 전이라는 것을 의미한다. 그 이후에 발견된 모든 문제는 패치를 제출한 사람이 아닌 라이브러리를 유지보수하는 사람의 몫이 될 가능성이 높다.

패치를 받아들여주셔서 너무 좋습니다!

오픈소스 프레임워크를 유지보수하는 사람으로서 나는 다른 이들에게서 훌륭한 패치를 받기 때문에 늘 기쁘다. 간혹 내가 그들에게 지우는 요구사항이 너무 많고 그러한 요구사항을 모두 충족하기가 쉽지 않다고 느낄 때도 있다. 심지어 적절히 테스트되지 않거나 문서화가 잘 돼 있지 않은 것을 받아들이는 것과 관련해서 의구심이 들 때도 있다. 하지만 나는 버그가 많은 패치를 향후 유지보수하는 것과 관련된 잠재적인 문제에 대해 알고 있다. 대개 나는 개선된 패치를 요청한다. 그리고 나면 개선된 버전을 받거나 받지 못할 때도 있다. 개선된 버전을 받지 못한다면 그것은 아마도 내 판단이 옳았음을 의미할 수도 있다. 아마 제출자는 나중에 API에 대한 변경사항을 지원하는 일을 제대로 하지 않을 것이기 때문이다.

라이브러리 사용자의 관점에서 보면 패치에 기여하는 것이 타당한지 궁금할 수 있다. 특히 수용 장벽이 높은 경우라면 말이다. 차라리 라이브러리를 포크하거나 직접 문제를 우회하는 편이 더 나을지도 모른다. 물론 이것은 전체적인 상황에 따라 다르다. 하지만 포크를 하거나 문제를 우회하는 데 따르는 문제는 분명하다. 즉, 여러분의 소유비용이 늘어난다는 것이다. 이것은 현재 사용 중인 라이브러리에 있는 문제를 찾아 파악하고, 해결책을 이해해야 하며, 이 모든 것들이 비용이 많이 드는 프로세스라는 점에도 불구하고 여러분은 해당 라이브러리를 제공하는 프로젝트에 해법을 기부하는 대신 기꺼이 이러한 번거로움을 감수할 의사가 있는 것이다. 이 경우 코드상의 변경사항을 여러분만 가지고 싶다면 그것을 나중에 기억해야 한다. 왜냐하면 새로운 버전의 라이브러리가 나올 때마다 해당 패치를 다시 적용해야 할 것이기 때문이다. 그렇게 되면 여러분이 고안해낸 방법이 여전히 유효한지 확인해야 할 것이다. 하지만 이렇게 하기란 쉽지 않은데, 라이브러리 제공자는 여러분이 라이브러리를 포크했는지조차 모를 것이기 때문이다. 이 경우 장기적으로 비용이 높아지며, 프로젝트 요구사항을 적절한 패치에 맞추느라 약간의 시간을 보내는 것에 비해 확실히 비용이 더 들 것이다. 이러한 요구사항을 충족시키는 것은 딱 한 번만 하면 되는 일이며, 이후에는 프로젝트 자체에서 여러분이 기부한 API 패치와 관련된 모든 향후 유지보수 문제를 처리하게 할 수 있다.

오픈소스 프로젝트마다 API 패치를 수용하기 위한 요구사항이 저마다 다르다. 하지만 일반적으로 이것들은 모두 균형에 관한 문제다. 품질이 형편없는 패치는 거부할 필요가 있다. 거기엔 유지보수 문제가 숨겨져 있기 때문이다. 한편으로 API 사용자가 패치를 기부하기 쉽게 만들고 싶을 것이다. 패치를 기부하는 것은 사용자가 직접 우회책을 만들어 포크하는 것보다 쉬워야 한다. 어떤 접근법을 취할지에 대한 최종 결정은 API 사용자 측에 있다. 하지만 훌륭한 API를 갖춘 오픈소스 프로젝트가 많아질수록 사용자가 패치를 기부하는 것에 담긴 전략적이고 장기적인 이점을 이해할 가능성이 높아진다. 관련된 모든 이들에게 이러한 접근법을 취하는 것은 총소유비용을 최소화하는 가장 좋은 방법이다.

CHAPTER 17

게임을 활용한
API 설계 실력 향상

우리 부서장은 "훌륭한 판단은 경험에서 나온다. 경험은 나쁜 판단에서 온다."라고 말하곤 했다. 실수를 충분히 저지르고 그러한 실수로부터 배운다면 훌륭한 API 설계자가 될 수 있다. 나는 여러 나쁜 설계 결정들이 내가 현재 알고 있는 것들의 가장 큰 원천이라고 생각한다. 하지만 초반에는 학습 곡선이 굉장히 가파르다. 게다가 상당한 시간이 걸리고 알게 된 지식은 전달하기가 쉽지 않다.

가장 큰 API 설계 문제는 용어의 부재다. 사람들은 뭔가가 API냐 아니냐에 관해 오랜 시간 동안 논쟁할 수 있다. 이미 나는 1부의 내용을 읽어봐야 할 모든 사람들에게 1부의 내용을 되풀이해서 설명하는 데 지쳤다. 게다가 사람들은 호환되지 않는 변경사항을 일반적인 변경사항과 혼동할 때가 많다. 다시 말하지만 매번 사람들과 이러한 문제에 관해 논의하느라 시간을 보내기에는 나는 너무 바쁘다. 이렇게 해서 API 설계 대회라는 아이디어를 생각해낸 것이다. API 설계 대회는 설계 결정의 정당성을 보여주는 약간 극단적인 설계 게임이다. 우리는 이 게임을 핵심 넷빈즈 API를 작업하는 엔지니어들과 했다. 그 이후로 무엇이 API냐 아니냐에 관한 논쟁, 그리고 뭔가가 호환되지 않는 변경사항이냐 아니냐에 관한 논쟁은 몇 초 내로 끝난다. "그런 식으로 변경하면 API 설계 대회에서 우승할 수 없을 겁니다"라고만 이야기하면 충분하다. 그 시점에서는 모든 것이 돌연 명확해진다. 사람들은 게임의 규칙을 떠올리고 눈을 몇 번 깜박이고 나면 그들이 적용하려는 변경사항이 실은 API 변경사항이고 100퍼센트 호환되지 않는다는 사실을 알게 된다. 이 게임이 모든 참석자에게 주는 명료함 때문에라도 이 게임을 모든 이들에게 추천한다.

개요

API 설계 대회는 시합의 형태를 띤다. API 설계 대회의 목적은 참가자들로 하여금 API 작성과 관련된 진화 문제를 가르쳐주는 데 있다. 사람들은 간단한 작업을 배정받는다. 사람들이 한 작업은 평가를 거친 다음 API를 개선하기 위한 수정된 작업을 배정받는다. 이러한 과정이 여러 번 반복될 수 있다. 그리고 나서 결과를 다시 한 번 평가받는다. 하지만 배심원이 "가장 멋진" 해법을 선택하는 것이 아니라 참석자들이 스스로 평가한다. 모든 이들은 모든 해법에 접근할 수 있고, 사람들의 목표는 다른 이들이 제공한 해법에서 설계 문제를 찾는 데 있다. 이를 위해 사람들은 이전 버전의 API에 대해 동작하는 테스트를 작성한다. 테스트가 원본 버전에 대해서는 동작하는데, 후속 버전에 대해서는 동작하지 않는다면 그에 따라 점수를 받는다. 견고하다고 증명된 API를 작성할 때는 물론이거니와 다른 이들이 제공한 해법에서 미흡한 점을 찾았을 때도 점수를 받는다.

전 세계적인 규모의 API 설계 대회는 2006년 7월 중순에 처음으로 열렸고, 넷빈즈 핵심 팀 멤버들이 주도했다. API 설계 대회의 목표는 API 설계 실력을 연습하는 것뿐만 아니라 나중에 이러한 대회를 다시 열 가능성을 확인하는 데 있었다. 나는 이 대회를 OOPSLA 2006 참가자들과 함께 다시 한번 해보고 싶었지만 대회라는 개념이 얼마나 효과적인지 시험해봐야 했다. 지금까지도 이후 OOPSLA의 컨퍼런스 세션에서 설계 대회를 선보이기 위해 기다리고 있는 것은 바로 이런 이유에서다. 일상 업무로 API를 설계하는 데 가장 많은 시간을 보내는 전문가들을 대상으로 설계 대회를 열었을 때 모범 사례가 만들어질 가능성이 높았다. 넷빈즈 핵심 팀이 API 설계 대회의 시험 버전에 참여하기로 한 것은 탁월했다.

설계 대회는 7월 12일 수요일에 시작했다. 참가자들은 회의실에 앉아 넷빈즈 프로젝트의 기본 구현에 접근할 권한을 받았다. 아울러 설계해야 할 API의 유스 케이스를 간략하게 설명한 문서도 받았다. 참가자들은 한 시간 동안 작업하고 변경사항을 평가받기 위해 diff 결과를 제출했다.

다음 날 참가자들은 다시 모였다. 같은 자리에서 새롭고, 추가적인 유스 케이스를 받았다. 다시 한 시간 동안 작업해서 유스 케이스를 구현했다. 전날과 마찬가지로 작업의 결과를 제출했다.

그다음 날에는 내가 모든 참가자들이 제출한 소스코드에 접근하는 방법을 설명한 이메일을 보냈다. 그 단계의 목표는 다른 참가자가 작성한 API를 망가뜨리는 데 있었다. 참가자들은 다른 사람들이 작성한 API의 진화 문제를 보여주는 테스트를 작성해야 했다. 참가자들이 작성한 테스트와 테스트 실행 결과는 그 주 마지막 날까지 나한테 보내졌다.

결과는 7월 17일 월요일에 발표됐다. 다른 사람들이 작성한 API에서 허점을 발견한 이들에게는 1점씩 부여됐다. 가장 안전한 API를 작성한 사람, 즉 다른 누구에게도 해킹 당하지 않는 API를 작성한 사람에게는 5점이 부여됐다. 이 대회의 목표는 API 설계 실력을 연습하고 설계된 API에 존재하는 실수를 파악하는 방법을 배우는 데 있었다. 이 기술에 통달한 사람이 우승자가 됐다. 하지만 이 설계 대회의 목표는 누가 API 설계 실력이 떨어지는지를 보여주는 데 있지 않았다. 따라서 이 설계 대회에는 패자가 없고, 특히 사람들이 제출한 내용은 모두 익명으로 유지되어 내가 무작위로 만들어 낸 인위적인 이름으로 표시됐다. 훌륭하고 흥미로운 결과를 달성한 참가자들만이 우승자로 축하받았다.

API 설계 대회 소스코드

모든 참가자들의 소스코드는 내려받을 수 있고 그것을 연구, 실행, 수정, 시험 등등을 해볼 수 있다. http://source.apidesign.org를 참고한다.

이것이 바로 첫 API 설계 대회의 개요다. 이제 설계 대회의 각 과정에서 정확히 어떤 일이 일어났는지 자세히 설명하겠다.

1일차

최초의 전 세계적인 규모의 API 설계 대회는 2006년 7월 12일 수요일에 간단한 작업, 즉 *불린 회로(boolean circuit)를 생성하고 진화시킬 수 있는 API를 작성하라*는 것으로 시작됐다. 참가자들은 API 정의에 대한 소스 파일로 빈 Circuit.java 파일이 담긴 프로젝트 템플릿을 받았다. 아울러 API가 충족해야 할 세 가지 과업이 담긴 테스트 파일도 받았다.

```
/**
 * 본 API 설계 대회의 첫 번째 임무는 불린 회로에 대한 API를 만드는 것이다.
 * 이 API는 기본 요소를 가지고 불린 회로를 구성하고 입력 변수에 대한 결과를
 * 평가할 수 있어야 한다.
 * <p>
 * 기본 요소는 다음과 같다.
 * <ul>
 * <li>부정(negation) - 입력과 출력이 각각 하나이고 입력이 0인 경우 1을 출력하고,
 * 입력이 1인 경우 0을 출력한다.
 * <li>논리곱(and) - 두 개의 입력과 하나의 출력을 가진다.
 * 출력은 두 개의 입력이 1일 때만 1이고, 그 밖의 경우에는 0이다.
 * <li> 논리합(or) - 두 개의 입력과 하나의 출력을 가진다. 두 개의 입력이 모두 0인 경우를
 * 제외하고 항상 1을 출력한다.
 * </ul>
 *
 * <p>
 * 불린 회로는 불린 수식을 표현하고 특정 입력값에 대한 결과를 계산하는 데
 * 사용할 수 있다. 각 과업은 아래의 테스트로 설명돼 있다.
 *
 * <p>
 * 참고 링크:
 * <ul>
 * <li>
 * <a href="http://en.wikipedia.org/wiki/Truth_table">진리표</a>
 * <li>
```

```java
 * <a href="http://en.wikipedia.org/wiki/Tautology_(logic)">항진명제</a>
 * </ul>
 */
public class CircuitTest extends TestCase {
    static {
        // 권한 없이도 코드가 실행될 것이다
    }

    public CircuitTest(String testName) {
        super(testName);
    }

    protected void setUp() throws Exception {
    }

    protected void tearDown() throws Exception {
    }

    /**
     * x1 and x2를 평가하는 회로를 만든 다음, 평가 결과가 (false, true) 입력에
     * 대해서는 false를, (true, true) 입력에 대해서는 true인지 확인한다.
     */
    public void testX1andX2() {
        fail("task1");
    }

    /**
     * (x1 and x2) or x3을 평가하는 회로를 만든 다음, 평가 결과가 (false, true, false)
     * 입력에 대해서는 false이고 (false, false, true) 입력에 대해서는 true인지 확인한다.
     */
    public void testX1andX2orX3() {
        fail("task2");
    }

    /**
     * (x1 or not(x1))을 평가하는 회로를 만든 다음,
     * 평가 결과가 모든 x1 값에 대해 true인지 검사한다.
     */
```

```
    public void testAlwaysTrue() {
        fail("task3");
    }
}
```

목표는 API를 만든 다음 세 개의 빈 테스트 케이스에 대한 구현을 작성하는 것이었다. 세 개의 테스트 케이스는 API에 대해 성공적으로 실행돼야 했다.

API 설계 대회의 첫 번째 작업이 불린 회로에 대한 API를 만드는 것이었던 이유는 회로 전체가 단순히 몇 가지 입력 요소와 함께 NOT, AND, OR에 대한 회로 요소의 연결에 불과하기 때문이다.

- NOT: 하나의 입력과 하나의 출력을 가지며, false인 입력을 true로 출력하고, true인 입력을 false로 출력한다.

- AND: 두 개의 입력과 하나의 출력을 가진다. 두 입력이 모두 true인 경우에만 출력이 true이고, 그 밖의 경우에는 false다.

- OR: 두 개의 입력과 하나의 출력을 가진다. 두 입력이 모두 false인 경우를 제외하고 출력은 항상 true다.

결과적으로 이 API는 비교적 규모가 작다. 이 API는 한 시간 남짓 투자하면 작성할 수 있다. 하지만 쉽게 생각해서는 안 되는 것이 이 API의 버전은 대부분 API의 실행 결과를 해당 API에서 다시 소비하도록 허용하며, 이는 흥미로운 자기 참조를 만들어내기 때문이다. 참조를 진화시키는 것은 하위 호환성과 관련해서 바람직하지 않은 문제를 가져올 수도 있다. 하지만 그것은 모두 나중에 일어날 일에 불과하다. 훨씬 더 흥미로운 점은 CircuitTest.java에 할당된 초기 과업에 대한 설명이었다.

1. x1 and x2를 평가하는 회로를 만든 다음, 평가 결과가 (false, true) 입력에 대해서는 false이고, (true, true) 입력에 대해서는 true인지 검사한다.

2. (x1 and x2) or x3을 평가하는 회로를 만든 다음, 평가 결과가 (false, true, false) 입력에 대해서는 false이고 (false, false, true) 입력에 대해서는 true인지 확인한다.

3. (x1 or not(x1))을 평가하는 회로를 만든 다음, 평가 결과가 모든 x1 값에 대해 true인지 검사한다.

API 석계 대회 참가자들은 정말로 잘 해냈다. 대부분 한 시간의 작업 끝에 API를 만들어냈다. 대부분의 해법은 상당히 고무적이었고 전체적으로 품질이 높았다.

직접 해보세요!

우리가 운영하는 페이지에서 프로젝트 템플릿을 내려받고 `CircuitTest.java`에 들어 있는 안내에 따라 불린 회로에 대한 API를 직접 작성해 보길 바란다. 그런데 여러분이 직접 해볼 기회는 이번이 마지막인데, 이 장의 나머지 부분에서 참가자들의 사고 방식과 업적, 실수를 설명할 것이기 때문이다.

일부 해법은 API 설계 대회의 구성에 존재하는 문제를 드러냈다. 여기서는 동일한 설계 대회를 진행하는 다른 사람들이 그러한 문제를 타산지석 삼아 설계 대회를 더 매끄럽게 진행할 수 있도록 돕고 싶다.

비공개 API 클래스의 문제

적어도 두 개의 해법은 중요 API 클래스를 public으로 만드는 것을 잊어버렸다(예: day1/inputandoperation 프로젝트에 들어 있는 API 클래스). 이 같은 실수를 API 설계 대회의 이 단계에서는 알아차리지 못했다. 하지만 설계 대회의 후반부에서는 많은 문제를 일으켰다. 이 문제는 boolcircuit.CircuitTest 테스트 클래스와 제안 API의 boolcircuit.Circuit 클래스가 같은 패키지에 들어 있었기 때문에 발생했다. 결과적으로 두 클래스는 서로를 호출하기 위해 package private과 protected 메서드를 사용할 수도 있었고, 그러한 사실을 알아차렸을 때는 너무 늦었다.

여기서 배울 수 있는 교훈은 API 설계 대회를 운영할 때는 API 클래스와 테스트 클래스가 서로 다른 패키지에 들어 있어야 한다는 것이다. 이 접근법을 따른다면 컴파일러가 API에 해당하지 않는 메서드와 필드를 사용하는 경우를 발견할 것이다.

불변성 문제

넷빈즈 플랫폼을 작업하는 개발자들은 5장에서 조언한 바와 같이 필요 이상으로 노출하지 않는 것에 상당히 잘 훈련돼 있다. 그래서 많은 해법들이 최소주의적으로 작성돼 있고, 당면한 목표를 충족하면서도 그 이상은 하지 않았다. 그 결과, 일부 해법은 전혀 불린 회로가 아니었다! 이러한 해법들은 모두 명시적으로 부여된 과업을 달성했다. AND, OR, NOT 요소를 이용해 계산할 수도 있었다. 하지만 다양한 입력값에 대해 동일한 계산을 하기 위해서는 매번 새로운 불린 회로를 만들어야 했다! 예를 들어, 이 문제는 day1/inputandoperation에도 해당된다. 특정 유스 케이스가 불린 회로 API를 이용해 어떻게 처리되는지 보자.

```
/**
 * x1 and x2를 평가하는 회로를 만든 다음, 평가 결과가 (false, true) 입력에
 * 대해서는 false를, (true, true) 입력에 대해서는 true인지 확인한다.
 */
public void testX1andX2() {
    inTrue = Factory.createSimpleBooleanInput(true);
    inFalse = Factory.createSimpleBooleanInput(false);
    Operation op1 = Factory.createAndOperation(inFalse, inTrue);
    assertFalse(Circuit.evaluateBooleanOperation(op1));
    Operation op2 = Factory.createAndOperation(inTrue, inTrue);
    assertTrue(Circuit.evaluateBooleanOperation(op2));
}


/**
 * (x1 and x2) or x3을 평가하는 회로를 만든 다음, 평가 결과가 (false, true, false)
 * 입력에 대해서는 false이고 (false, false, true) 입력에 대해서는 true인지 확인한다.
 */
public void testX1andX2orX3() {
    inTrue = Factory.createSimpleBooleanInput(true);
    inFalse = Factory.createSimpleBooleanInput(false);
    Operation op1 = Factory.createAndOperation(inFalse, inTrue);
    Operation op2 = Factory.createOrOperation(
        Factory.createOperationBasedBooleanInput(op1), inFalse
    );
    assertFalse(Circuit.evaluateBooleanOperation(op2));

    op1 = Factory.createAndOperation(inFalse, inFalse);
    op2 = Factory.createOrOperation(
        Factory.createOperationBasedBooleanInput(op1), inTrue
    );
    assertTrue(Circuit.evaluateBooleanOperation(op2));
}


/**
 * (x1 or not(x1))을 평가하는 회로를 만든 다음,
 * 평가 결과가 모든 x1 값에 대해 true인지 검사한다.
 */
public void testAlwaysTrue() {
```

```
    inTrue = Factory.createSimpleBooleanInput(true);
    inFalse = Factory.createSimpleBooleanInput(false);
    Operation not = Factory.createNotOperation(inTrue);
    Operation or = Factory.createOrOperation(
        Factory.createOperationBasedBooleanInput(not), inTrue
    );
    assertTrue(Circuit.evaluateBooleanOperation(or));
    not = Factory.createNotOperation(inFalse);
    or = Factory.createOrOperation(
        Factory.createOperationBasedBooleanInput(not), inFalse
    );
    assertTrue(Circuit.evaluateBooleanOperation(or));
}
```

이와 비슷한 상황이 day1/alwayscreatenewcircuit 해법에서 발생했다. 이전 해법과 마찬가지로 값을 true에서 false로 변경할 수 있는 확장점을 가진 대신 불변적인 불린값으로부터 회로 요소를 생성하는 팩터리 메서드가 있었다.

```
/**
 * x1 and x2를 평가하는 회로를 만든 다음, 평가 결과가 (false, true) 입력에
 * 대해서는 false를, (true, true) 입력에 대해서는 true인지 확인한다.
 */

public void testX1andX2() {
    boolean x1 = true;
    boolean x2 = true;

    Circuit outputCircuit = Circuit.and(x1, x2);
    assertTrue(outputCircuit.output());

    x1 = false;
    x2 = true;
    outputCircuit = Circuit.and(x1, x2);
    assertFalse(outputCircuit.output());
}

/**
```

```
 * (x1 and x2) or x3을 평가하는 회로를 만든 다음, 평가 결과가 (false, true, false)
 * 입력에 대해서는 false이고 (false, false, true) 입력에 대해서는 true인지 확인한다.
 */
public void testX1andX2orX3() {
    boolean x1 = false;
    boolean x2 = true;
    boolean x3 = false;
    Circuit outputCircuit = Circuit.or(Circuit.and(x1, x2), x3);
    assertFalse(outputCircuit.output());

    x1 = false;
    x2 = false;
    x3 = true;
    outputCircuit = Circuit.or(Circuit.and(x1, x2), x3);
    assertTrue(outputCircuit.output());
}


/**
 * (x1 or not(x1))을 평가하는 회로를 만든 다음,
 * 평가 결과가 모든 x1 값에 대해 true인지 검사한다.
 */
public void testAlwaysTrue() {
    boolean x1 = true;
    Circuit outputCircuit = Circuit.or(x1, Circuit.negate(x1));
    assertTrue(outputCircuit.output());

    x1 = false;
    outputCircuit = Circuit.or(x1, Circuit.negate(x1));
    assertTrue(outputCircuit.output());
}
```

이 문제의 근본적인 원인은 API 설계 대회의 참가자들이 서로 문제를 이해하는 바가 충돌한다는 데 있다. 나는 서로 다른 입력값으로 여러 번 평가할 수 없는 "회로"를 작성하는 사람이 나올 거라고는 예상하지 못했다. 핀 기반(pin-based) 해법과 같이 내가 의도한 바대로 과업을 해석하는 참가자들도 있었다.

```java
/**
 * x1 and x2를 평가하는 회로를 만든 다음, 평가 결과가 (false, true) 입력에
 * 대해서는 false를, (true, true) 입력에 대해서는 true인지 확인한다.
 */
public void testX1andX2() throws Exception {
    Circuit c = Circuit.construct(
        Element.createAnd(
            Element.createInput(0),
            Element.createInput(1)
        )
    );

    assertFalse("false AND true is false", c.evaluate(false, true));
    assertTrue("true AND true is true", c.evaluate(true, true));
}


/**
 * (x1 and x2) or x3을 평가하는 회로를 만든 다음, 평가 결과가 (false, true, false)
 * 입력에 대해서는 false이고 (false, false, true) 입력에 대해서는 true인지 확인한다.
 */
public void testX1andX2orX3() throws Exception {
    Circuit c = Circuit.construct(
        Element.createOr(
            Element.createAnd(
                Element.createInput(0),
                Element.createInput(1)
            ),
            Element.createInput(2)
        )
    );

    assertFalse(
        "(false AND true) OR false is false",
        c.evaluate(false, true, false)
    );
    assertTrue(
        "(false AND false) OR true is true",
        c.evaluate(false, false, true));
```

```
    }

    /**
     * (x1 or not(x1))을 평가하는 회로를 만든 다음,
     * 평가 결과가 모든 x1 값에 대해 true인지 검사한다.
     */
    public void testAlwaysTrue() throws Exception {
        Circuit c = Circuit.construct(
            Element.createOr(
                Element.createInput(0),
                Element.createNot(Element.createInput(0))
            )
        );

        assertTrue("tautology is true", c.evaluate(false));
        assertTrue("tautology is true", c.evaluate(true));
    }
```

하지만 다른 참가자들은 문제를 다르게 이해했다. 그 결과, 그들이 작성한 API는 약간 다른 과업을 해결했다. 그런 일은 일어날 수 있다. 이전에 회로 문제를 접해 본 사람들 중에는 회로 문제의 복잡성을 이해하는 사람도 있었다. 다른 사람들에게는 회로 문제가 생소했고, 정확히 요구된 바를 수행했지만 그 이상은 하지 않았다.

여기서 조언할 만한 사항이 하나 있다. 항상 문제 영역을 명확하게 설명해야 모든 참가자들이 문제를 이해하고 같은 문제를 해결하려고 노력할 수 있다. 하지만 이 조언은 그다지 유용하지 못하다. 경험으로 미루어 보건대 여러분이 얼마나 노력하느냐와 상관없이 이 같은 문제는 늘 일어날 것이다. 그러한 문제를 최소화할 수는 있어도 미리 방지할 수는 없다.

이 문제에 대한 적절한 "구조적" 해법으로 경기에 새로운 단계를 추가하는 경우에 대비하는 것은 바로 이런 이유에서다. 새로운 단계에서는 API에서 충족해야 할 추가 요구사항을 명확하게 구체화해야 한다. 예를 들어, 해법은 동일한 회로에 대한 다중 계산을 수행할 수 있어야 한다는 점을 밝힌다. 그런 다음 참가자들이 기존 해법을 확장할 만큼 충분한 시간을 준다. 물론 첫 번째 단계에서 "제대로 했던" 사람들은 이 시점에서 아무것도 할 게 없다. 하지만 여기서 해법을 조율하는 것은 상당히 중요하다. 후속 과업들이 성공하려면 모든 API가 비슷한 출발점에 놓여 있는 것이 중요하다.

누락된 구현 문제

불린 회로 문제를 해결하는 창의적이고 흥미로운 해법이 하나 있었다. 그것은 구문분석(parsing)을 기반으로 한 해법이었다. day1/parsingsolution에 있는 소스를 보자.

```
/**
 * 사용법: 첫 번째 메서드인 parse는 반드시 유효한 논리식 입력값을 통해 호출돼야 한다.
 * parse 메서드에서 0을 반환하면 입력값 배열을 매개변수로 해서 evaluate 메서드를
 * 호출하는 것이 가능하다. evaluate 메서드는 다양한 입력값을 통해 여러 번 호출할 수 있다.
 * parse 메서드는 논리식을 변경하기 위해 언제든지 호출할 수 있다.
 */
public class Circuit {
    /**
     * 논리식을 구문분석한다
     * @param string 논리식의 문자열 표현
     * 유효한 토큰:
     * 입력값은 x와 1부터 시작하는 숫자값으로 표현된다.
     * 예: x1 AND, NOT, OR, 괄호 '(',')'를 사용할 수 있다.
     * 유효한 식의 예: x1 AND x2
     * @return 입력식이 유효하고 구문분석된 경우 0을 반환한다.
     *            그 밖의 경우에는 0이 아닌 값을 반환한다.
     */
    public int parse(String expression) {
        return 0;
    }


    /**
     * 논리식을 평가한다
     *
     * @param 불린 입력값 배열. 배열의 크기는 반드시 수식에서 사용된
     * 변수의 개수와 상응해야 한다. 배열의 크기가 더 크다면 첫 번째
     * N 값만이 수식을 평가하는 데 사용된다. 나머지 값은 무시된다.
     * 배열의 크기가 더 작다면 IllegalArgumentException이 발생한다.
     * parse 메서드에서 수식을 설정하지 않으면 IllegalStateException이
     * 발생한다.
     */
    public boolean evaluate(boolean[] x) {
```

```
        return true;
    }
}
```

이 해법은 논리식을 x1 AND NOT(x1) 형태의 문자열로 지정하고 그것을 회로 표현으로 구문분석한 다음 다양한 변수를 이용해 반복적으로 평가할 수 있게 하는 데 초점을 뒀다.

이 방법은 멋지고 유연한 해법이었다. 다른 해법과 달리 문서화도 잘 돼 있었다. 하지만 문제가 하나 있었다. 바로 구현체를 제공하지 않았다는 것이다. 하지만 한 시간 내에 수식 파서를 작성하기는 간단한 작업이 아니라서 어쩌면 당연한 것일지도 모른다. 구글 검색을 통해 기존에 만들어진 구현체를 찾아 그것을 구현하는 것조차도 한 시간 내에 하기 어려울지도 모른다. 그 결과, 이 해법은 다음 단계까지 진행되지 못했다.

API 설계 대회는 API 진화 문제와 기능적 하위 호환성과 관련된 문제에 상당한 비중을 두고 있다는 점을 참가자들에게 명확하게 설명하는 것이 중요하다. 아울러 "API는 사용자가 의존해야 할 것들을 모두 포함한다"를 반복하는 것이 중요하다. 여기엔 구현체까지도 포함된다! API 설계 대회의 요점은 *기능하는* API를 작성하는 데 있다. 각 API 버전은 서로 비교될 것이다. 그러한 이유로 정확한 API 구현체가 필요한 것이며, 그에 반해 자바독은 그다지 쓸모가 없다.

잠재적으로 올바르지 않은 결과의 문제

1일차에 마지막으로 발견된 문제는 일부 구현이 올바르지 않거나 적어도 API의 오용을 허용한다는 것이었다. 예를 들어, day1/stackbasedsolution의 소스는 다음과 같다.

```java
/**
 * x1 and x2를 평가하는 회로를 만든 다음, 평가 결과가 (false, true) 입력에
 * 대해서는 false를, (true, true) 입력에 대해서는 true인지 확인한다.
 */
public void testX1andX2() {
    Stack<Character> s = new Stack<Character>();
    s.addAll(Arrays.asList('1', '1'));
    assertEquals("'1' for '11' input.", '1',
        CircuitFactory.getBasicCircuit(Operation.AND).evaluate(s));
    s.addAll(Arrays.asList('1', '0'));
    assertEquals("'0' for '10' input.", '0',
```

```java
            CircuitFactory.getBasicCircuit(Operation.AND).evaluate(s));
    }


    /**
     * (x1 and x2) or x3을 평가하는 회로를 만든 다음, 평가 결과가 (false, true, false)
     * 입력에 대해서는 false이고 (false, false, true) 입력에 대해서는 true인지 확인한다.
     */
    public void testX1andX2orX3() {
        Stack<Character> s = new Stack<Character>();
        s.addAll(Arrays.asList('0', '1', '0'));
        assertEquals("'0' for '010' input.", '0',
                CircuitFactory.join(CircuitFactory.getTrivialCircuit(),
                CircuitFactory.getBasicCircuit(Operation.OR),
                Operation.AND).evaluate(s)
        );
        s.addAll(Arrays.asList('0', '0', '1'));
        assertEquals("'1' for '001' input.", '1',
                CircuitFactory.join(CircuitFactory.getTrivialCircuit(),
                CircuitFactory.getBasicCircuit(Operation.OR),
                Operation.AND).evaluate(s)
        );
    }


    /**
     * (x1 or not(x1))을 평가하는 회로를 만든 다음,
     * 평가 결과가 모든 x1 값에 대해 true인지 검사한다.
     */
    public void testAlwaysTrue() {
        Circuit alwaysTrue = CircuitFactory.join(
            CircuitFactory.getTrivialCircuit(),
            CircuitFactory.getBasicCircuit(Operation.NEG),
            Operation.OR
        );
        Stack<Character> s = new Stack<Character>();
        s.addAll(Arrays.asList('0', '0'));
        assertEquals("'1' for '00'", '1', alwaysTrue.evaluate(s));
        s.addAll(Arrays.asList('1', '1'));
        assertEquals("'1' for '11'", '1', alwaysTrue.evaluate(s));
    }
```

이 해법에서는 각 변수 값이 사용될 때마다 그것을 입력으로 지정해야 했다. 그 결과, x1 OR NOT(x1)은 유의어 반복에 해당하는데, 이것은 항상 true인 논리식이기 때문이다. 하지만 일부 API는 때때로 해당 식이 false를 반환하도록 허용했으며, 이것은 API 입력이 일관성 있지 않은 경우에 해당한다.

다시 한 번 이야기하지만 이 해법은 API 설계 대회의 과업을 모두 충족하고 따라서 다음 단계에서 받아들여졌다. 하지만 다른 것과 다르다. 왜냐하면 다음 단계의 출발선은 전체 해법이 모두 동일한 지점에 있어야 하기 때문에 "1일차 반" 단계에서 적절한 조치를 취해야 했고, 그 과정에서 각 API는 비슷한 수준에 도달하게끔 고쳐야만 했다.

1일차 해법

API 설계 대회의 1일차에 만들어진 불린 회로 표현에 대한 API는 다양한 그룹으로 나뉘었다. 가장 흔히 볼 수 있는 그룹에서는 방어적 프로그래밍 접근법의 전통적인 예, 즉 "필요 이상으로 노출해서는 안 된다"를 보여줬다. 약간의 차이는 있었지만 이러한 해법으로는 day1/alwayscreatenewcircuit, day1/inputandoperation, day1/pinbasedsolution, day1/elementbasedsolution, 그리고 부분적으로 day1/stackbasedsolution도 있다. 이러한 해법에서는 생성자를 노출하지 않고 팩터리 메서드를 대신 사용한다. 그리고 서브클래싱해서는 안 되는 클래스를 제공한다. 상호 통신을 위해서는 package private 메서드를 사용한다. 다시 말해 이러한 해법은 "더 적은 것이 더 많은 것이다"라는 설계 접근법의 예에 해당한다. 다음은 아직까지 논의하지 않은 day1/elementbasedsolution의 예제 코드다.

```java
public final class Circuit {
    private Circuit() {
    }

    public static Element and(final Element e1, final Element e2) {
        return new Element() {
            public boolean result() {
                return e1.result() && e2.result();
            }
        };
    }

    public static Element or(final Element e1, final Element e2) {
```

```java
            return new Element() {
                public boolean result() {
                    return e1.result() || e2.result();
                }
            };
        }

        public static Element not(final Element e1) {
            return new Element() {
                public boolean result() {
                    return !e1.result();
                }
            };
        }

        public static Variable var() {
            return new Variable();
        }

        public static abstract class Element {
            private Element() {
            }

            public abstract boolean result();
        }

        public static final class Variable extends Element {
            private boolean value;

            public void assignValue(boolean b) {
                value = b;
            }

            public boolean result() {
                return value;
            }
        }
    }
}
```

이 구현에서 예외적인 부분은 day1/parsingsolution이었다. 여기엔 구현이 포함돼 있지 않았는데, 첫 날 작업에 할당된 한 시간으로는 수식 파서와 그것의 구현체를 작성하기가 어려웠을 것이기 때문이다. Circuit 클래스가 final이 아니라는 사실에 약간의 실수가 있는데, 이 부분은 API 설계 대회의 다음 단계에서 문제를 일으킬 가능성이 높을 것이다.

day1/subclassingsolution에는 특별한 주의를 기울여야 한다. 다음은 해당 API의 코드다.

```java
/**
 * 자체적인 회로를 구축하는 데 유용한 클래스
 */
public abstract class Circuit extends Object {
    /** 편의성 코드 */
    public static Circuit AND = new Circuit() {
        @Override
        public boolean evaluate(boolean[] in) {
            if (in.length != 2) {
                throw new IllegalArgumentException("Should have two parameters");
            }
            return in[0] && in[1];
        }
    };
    public static Circuit OR = new Circuit() {
        @Override
        public boolean evaluate(boolean[] in) {
            if (in.length != 2) {
                throw new IllegalArgumentException("Should have two parameters");
            }
            return in[0] || in[1];
        }
    };
    public static Circuit NOT = new Circuit() {
        @Override
        public boolean evaluate(boolean[] in) {
            if (in.length != 1) {
                throw new IllegalArgumentException("Should have one parameter");
            }
            return !in[0];
        }
    };
```

```
/**
 * 자유롭게 구현하고 IllegalArgumentEception를 던지는 것을
 * 주저하지 않는다
 */
public abstract boolean evaluate(boolean... in);
}
```

이 해법은 API 문제에 대해 독특한 접근법을 취하고 있다. 다른 해법에서 했던 것처럼 자료구조 수준에서 문제를 풀지 않는다. 그 대신 메타데이터 구조 수준, 즉, 자료구조의 모델 수준에서 동작한다. 다른 해법에서는 회로에서의 실제 요소를 나타내는 인스턴스를 가지고 있는 반면, 이 해법에서의 인스턴스는 *요소의 유형*을 나타낸다. 사실, AND, OR, NOT이라는 세 가지 유형만 기정의돼 있다. 사실 이 방법은 서브클래싱을 요구하고 합성을 허용하지 않기 때문에 사소한 기법에 해당한다. 하지만 이것은 문제를 푸는 데 있어 다소 예상치 못한 "메타" 접근법의 예를 보여준다. 이 해법이 넷빈즈 메타모델링 프레임워크(MOF, UML, MDR) 전문가가 작성했던 해법이라는 점을 감안하면 그리 놀랄 만한 일은 아니다.

2일차

모든 API에 부과된 요구사항은 API의 수명주기 동안 변화한다. API 설계 대회의 불린 회로라고 해서 예외는 아니다. 오히려 정반대로 API 설계 대회에서는 변화 빈도를 극대화한다. 이러한 이유로 2일차의 주요 목표는 상당한 변화를 요구사항에 흡수하는 것이었다. 1일차의 API 사용법이 모두 계속해도 동작하게끔 변경사항은 호환 가능한 방식으로 구현돼야 했다. 이를 시뮬레이션하기 위해 모든 참가자들은 새로운 과업이 포함돼 있는 RealTest.java라는 새로운 테스트 클래스를 받았다. 참가자들은 자신의 API를 수정해서 새로운 구현체는 물론 기존 구현체에 대해서도 동작하게끔 만들어야 했다.

```
/**
 * 이 파일에는 API 설계 대회의 2일차 임무가 포함돼 있다.
 * 불린 회로를 0에서 1 사이의 실수 값을 계산할 수 있는 회로로 바꿔라.
 * <p>
 * 이는 입력 또는 출력 값을 표현하는 데 불린이 사용된 곳마다 이제
 * >= 0 및 <= 1 범위의 임의 실수값을 사용할 수 있음을 의미한다.
 * 그럼에도 하위 호환성을 보장하기 위해 불린 연산을 이용할 수 있고
```

```
* 여전히 동작해야 한다. 사실 False는 0으로 취급되고 True는 1로 취급된다.
* <p>
* 기본 요소는 다음과 같은 식으로 실수 값에 대해 동작하게끔 수정해야 한다.
* <ul>
* <li>부정- neg(x) = 1 - x, 다음과 같은 이유로 이것은 올바른 확장이다.
* neg(false)=neg(0)=1-0=1=true
* <li>and - and(x,y) = x * y, 마찬가지로 다음과 같은 이유로 이것은 성립한다.
* and(true,true)=1*1=true이면서 and(false,true)=0*1=0=false이기 때문.
* <li>or - or(x,y) = 1 - (1 - x) * (1 - y)이며 다음과 같은 이유로 이 또한 성립한다.
* or(false,false) = 1 - (1 - 0) * (1 - 0) = 1 - 1 = 0 = false
* or(true,false) = 1 - (1 - 1)*(1 - 0) = 1 - 0 * 1 = 1 = true
* </ul>
* <p>
* 하지만 실수를 사용하는 회로는 일반 불린 회로보다 훨씬 더 기능이
* 풍부하기 때문에 API 사용자가 직접 "요소" 유형을 작성할 수 있게끔
* 별도의 요구사항이 있다. 이것은 여러분이 구현해야 할 아래의 테스트에서
* 연습 문제로 제공될 예정이다.
*/
public class RealTest extends TestCase {
    static {
        // 권한 없이도 코드가 실행될 것이다
    }

    public RealTest(String testName) {
        super(testName);
    }

    /**
     * 우선 (X1 and X2) or not(x1) 식을 평가하는 회로를 만든다.
     * 이 회로를 특정 변수에 저장한다.
     *
     * 이 회로에 x1=true, x2=false를 입력하고 결과가 false임을 검사한다.
     *
     * 같은 회로에 x1=false, x2=true를 입력하고 결과가 true임을 검사한다.
     *
     * 같은 회로에 x1=0.0, x2=1.0을 입력하고 결과가 1.0임을 검사한다.
     *
     * 같은 회로에 x1=0.5, x2=0.5를 입력하고 결과가 0.625임을 검사한다.
     *
```

```
 * 같은 회로에 x1=0.0, x2=2.0을 입력하고 예외를 던지는지 확인한다.
 */
public void testX1andX2orNotX1() {
    fail("testX1andX2orNotX1");
}


/**
 * 하나의 변수에 서로 다른 두 개의 값을 넣을 수 없음을 확인한다.
 * x1 and x1에 대한 회로를 만든다. 결과가 x1 * x1이 되지 않는
 * API 사용에 대해 예외가 던져지는지 확인한다. 예를 들어, 회로에
 * 두 가지 서로 다른 값인 0.3과 0.5를 입력하는 방법이 있다면
 * 회로를 잘못 사용하는 것임을 알려주는 예외가 발생해야 한다.
 */
public void testImproperUseOfTheCircuit() {
    fail("testImproperUseOfTheCircuit");
}


/**
 * 두 개의 입력과 하나의 출력을 포함한 "gte"라는 요소 타입을 작성한다.
 * x1 >= x2일 경우 출력 값은 1이고 그 밖의 경우에는 0이다.
 *
 * (x1 and not(x1)) gte x1이라는 식에 대한 회로를 만든다.
 *
 * 이 회로에 0.5를 입력하고 결과가 0인지 확인한다.
 *
 * 같은 회로에 1을 입력하고 결과가 0인지 확인한다.
 *
 * 같은 회로에 0을 입력하고 결과가 1인지 확인한다.
 */
public void testGreaterThanEqualElement() {
    fail("testGreaterThanEqualElement");
}
}
```

하지만 첫날의 해법 스타일과는 완전히 다른 것으로 바꿔야 했기에 참가자들은 우선 자신들이 만든
API를 비슷한 수준으로 만들어야 했다. 어떤 경우에는 불린 회로가 여러 번 재사용하지 못할 수도
있었는데, 이는 회로를 만든 목적을 약화시켰다. 이 문제를 겪은 해법은 2일차 과업을 수행하는 도

중에 수정해야 했다. 또 다른 문제는 일부 API가 부적절한 회로 사용을 조장했다는 것이었다. 그러한 API에서는 동어반복을 표현하는 회로가 false로 평가될 수 있었다. 이 또한 하위 호환성을 보장하는 방식으로 고쳐야 했으며, 이렇게 하기는 상당히 어려운 일이었다.

이상적인 세계라면 경쟁자를 나란히 줄 세우는 것 말고는 다른 목적이 없는 이러한 두 가지 과업이 격리된 상태에서 참가자들이 2일차의 주요 과업을 알지 못한 채로 이뤄질 것이다. 하지만 API 설계 대회에서는 코딩 부분에 이틀밖에 시간이 없었기 때문에 이 작업을 동시에 끝내야만 했다. 이 경우 몇 가지 단점이 있는데, 일부 참가자의 경우 2일차의 새로운 기능을 구현하는 동시에 설계를 고치느라 힘든 시간을 보냈다. 게다가 새로운 기능은 복잡하고 구현하기가 어려웠다. 이것은 주로 불린 회로를 "확률" 회로(0.0에서 1.0 범위에 속하고 double로 표현되는 실수 값을 대상으로 계산되는 뭔가를 의미하는)로 바꾸는 것과 관련이 있었다.

이제 참가자들은 입력 값이나 출력 값을 표현하기 위해 불린을 사용하는 곳마다 실수인 x를 사용해야 했다(여기서 x는 x >= 0이면서 x <= 1). 하위 호환성을 지원하기 위해 여전히 불린 연산을 사용할 수 있어야 했고 계속해서 동작해야 했다. 따라서 false는 0으로 취급되고 true는 1로 취급돼야 했다.

기본 요소는 다음과 같은 식으로 실수에 대해서도 동작하게끔 수정해야 했다.

- **부정**: neg(x) = 1 - x. neg(false)=neg(0)=1-0=1=true이기 때문에 이것은 올바른 확장이다.

- **and**: and(x,y) = x * y. 마찬가지로 and(true,true)=1*1=true이면서 and(false,true)=0*1=0=false이기 때문에 이것은 성립한다.

- **or**: or(x,y) = 1 - (1 - x) * (1 - y). 이것은 or(false,false) = 1 - (1 - 0) * (1 - 0) = 1 - 1 = 0 = false이기 때문에 성립한다. 그리고 예를 들자면 or(true,false) = 1 - (1 - 1) * (1 - 0) = 1 - 0 * 1 = 1 = true가 된다.

완전히 새로운 API가 기존 API와 아무런 연관도 없는 상태에서 만들어지는 "속임수"를 방지하기 위해 새로운 API에서는 나중에 double 입력을 받고 그 이후에 boolean 입력을 받을 수 있는 회로를 하나 생성할 수 있게 지원해야 했다. 게다가 회로의 생성 방법과 상관없이 1일차 동안 존재했던 것과 동일한 객체 인스턴스도 생성해야 했다. 이 객체 인스턴스는 동일하게 동작해야 하고 첫날에 존재했던 API를 이용해 평가돼야 했다. 이렇게 하면 2일차에 완전히 독립적인 API가 만들어지는 것을 방지할 수 있다!

게다가 또 다른 과업이 API 설계 대회 3일차나 4일차에 있었으면 좋았을 것이다. 시간 부족으로 우리는 2일차에 이 과업에만 집중해야 했다. 실수를 처리하는 회로는 일반 불린 회로에 비해 기능이 더 풍부하기 때문에 API 사용자가 직접 "요소" 유형을 작성할 수 있게 해주는 추가 요구사항이 있다. 이 과업에서는 이제 API가 요소의 조합뿐 아니라 API 사용자가 회로 요소에 대한 플러그인을 직접 작성할 수 있게 허용하도록 지시하기도 했다. 개별 과업은 다음과 같았다.

1. 우선 (x1 and x2) or not(x1) 식을 평가하는 회로를 만든다. 이 회로를 특정 변수에 저장한다.

   a. 회로에 x1=true, x2=false를 입력하고 결과가 false임을 검사한다.

   b. 같은 회로에 x1=false, x2=true를 입력하고 결과가 true임을 검사한다.

   c. 같은 회로에 x1=0.0, x2=1.0을 입력하고 결과가 1.0임을 검사한다.

   d. 같은 회로에 x1=0.5, x2=0.5를 입력하고 결과가 0.625임을 검사한다.

   e. 같은 회로에 x1=0.0, x2=2.0을 입력하고 예외가 발생했는지 확인한다.

2. 하나의 변수에 서로 다른 두 개의 값을 넣을 수 없음을 확인한다. x1 and x1에 대한 회로를 만든다. 결과가 x1 * x1이 되지 않는 API 사용에 대해 예외가 던져지는지 확인한다. 예를 들어, 회로에 두 가지 서로 다른 값인 0.3과 0.5를 입력하는 방법이 있다면 회로를 잘못 사용하는 것임을 알려주는 예외가 발생해야 한다.

3. 두 개의 입력과 하나의 출력을 가진 gte라는 요소 유형을 작성한다. x1 >= x2일 경우 출력값은 1이고, 그 밖의 경우에는 0이다. (x1 and not(x1)) gte x1이라는 식에 대한 회로를 만든다.

   a. 회로에 0.5를 입력하고 결과가 0인지 확인한다.

   b. 같은 회로에 1을 입력하고 결과가 0인지 확인한다.

   c. 같은 회로에 0을 입력하고 결과가 1인지 확인한다.

이제 직접 해볼 차례다! RealTest.java를 받아서 1일차 프로젝트에 집어넣고 개별 과업들을 충족하도록 API를 재작성한다. 지금 당장 해보지 않으면 너무 늦다. 문제를 해결하는 최선의 방법이 이어지는 단락에 나올 것이기 때문이다.

이 문제를 해결하는 데는 두 가지 방법이 있다. 첫 번째 방법은 API에 들어 있는 기존 인터페이스와 클래스를 강화해 "확률" 회로에 연산을 제공하는 것이다. 두 번째 방법은 API를 처음부터 재작성해서 불린 회로와 "확률" 회로 간의 상호 변환이 가능한 다리를 놓는 것이다. 일단 회로를 만든 다음 그것을 불린에 대해 평가한 다음 나중에 실수에 대해서도 평가할 수 있다. 1일차의 모든 해법은 어떤 종류의 진화를 정확히 예상하고 있었기 때문에 모든 참가자들은 자신들이 만든 인터페이스를 강화하는 쪽을 선택했다. 브리지를 만들기로 한 사람은 아무도 없었다. 아마 이 방법도 적절한 선택이었을 테지만 적절한 다리를 만드는 것은 작업할 양이 상당하기 때문이다.

저는 제 실수를 바로잡고 싶습니다

1일차와 대조적으로 2일차 과업에 대한 설명은 아무도 오해하는 일이 없었다. 하지만 "이건 괜찮지 않아, 고쳐야 해"라는 느낌이 일부 경우에 현저하게 나타났다. 일부 참가자들은 1일차에 자신들이 만든 해법이 최적화돼 있지 않았음을 깨달았다. 그들은 그것을 고치고 싶어 했다. 하지만 API의 일부를 고칠 경우 호환되지 않는 변경사항이 만들어질 위험에 처하게 된다. 그래서 몇몇 참가자에게 API 설계 대회는 호환성에 관한 설계 대회에 불과하다고 설명할 필요가 있다. API 설계 대회는 아름다움과는 무관하다. 참가자가 추하다고 여기는 뭔가를 고치면서 시간을 보낼 필요는 없다. 목표는 단순히 API로 하여금 하위 호환성을 유지하면서 진화할 수 있게 만드는 데 있다.

2일차 해법

동일한 회로에 다중 실행을 허용하지 않았던 참가자들은 구현과 관련해서 약간의 문제를 경험했다. 이와 비슷하게 비일관된 평가를 허용했던 참가자들도 심각한 문제에 부딪혔다. 그들은 2일차 내내 수정하고 진행을 따라잡기 위해 할 일이 많았다. alwayscreatenewcircuit, inputandoperation, stackbasedsolution 해법은 문제를 고치는 것으로 시작해야 했고, 나중에서야 새로운 과업을 진행할 수 있었다.

이윽고 참가자들은 2일차의 진짜 과업, 즉 자신들이 만든 회로의 기능을 0.0에서 1.0 범위의 double 값을 처리하도록 확장하는 작업을 시작했다. 참가자들은 두 가지 접근법 중 하나를 사용해 기능 확장을 구현했다. 일부 참가자들은 1일차 동안 그러한 확장 기능은 나중에 필요할 것이라고 예상했다. 그들은 1일차 동안 클래스가 서브클래싱이 불가능한 계산을 책임지게 만들었다. 결과적으로 해당 클래스에 새로운 메서드를 추가해 double에 대한 연산을 수행할 수도 있었다. 이것은 alwayscreatenewcircuit, elementbasedsolution, inputandoperation, pinbasedsolution, welltestedsolution의 경우였다. 이들 API는 모두 기존 클라이언트를 망가뜨리지 않고도 API를 진화시키는 과정에서 새로운 메서드를 통해 손쉽게 강화할 수 있는, 서브클래싱이 불가능한 클래스를 이용하는 데서 오는 이점을 활용할 수 있었다.

다른 해법들, 이를테면 subclassingsolution과 stackbasedsolution은 회로 요소를 서브클래싱이 가능한 클래스로 표현했다. 그 결과 클래스를 호환 가능한 방식으로 개선할 수 없었고, 향상된 기능을 지닌 회로를 표현하기 위해 새로운 클래스를 추가해야 했다. 결과적으로 subclassingsolution에서는 FuzzyCircuit을 도입했다. 이와 비슷하게 stackbasedsolution에서는 Circuit2를 도입했다. 각 경우 아이디어는 같았다. 즉, 자체적인 하위 클래스를 구현했을 수도 있는 코드를 망가뜨리는 일 없이 API 사용자에게 새로운 메서드를 제공하는 것이다. 다음 코드를 보자.

```java
public interface Circuit2 extends Circuit {
    public double evaluate(double... input) throws IllegalArgumentException;
}
```

이러한 두 가지 접근법 모두 가능하지만 둘 모두 위험할 수 있다. 새 인터페이스를 추가할 경우 사용자가 인터페이스를 사용하기 어렵다고 생각할 수도 있다. 특히 언제 간단한 인터페이스를 사용하고 언제 강화된 버전을 사용해야 할지 판단하기가 어렵다. 사용자는 메서드의 반환 타입과 필드의 타입을 혼동할 수 있다. 클라이언트에게는 기존의 서브클래싱이 불가능한 클래스를 새로운 메서드로 강화하는 편이 더 낫겠지만 그 방법도 신규 및 기존 메서드의 상호작용이 불확실하기 때문에 위험할 수 있다. 참가자가 이를 똑바로 하려면 주의할 필요가 있다.

API 설계 대회의 2일차에서는 모든 참가자들이 요구사항을 충족하고 할당된 과업을 모두 달성할 수 있었다. 모든 해법은 최종 라운드에 나갈 자격이 있었다. day2/alwayscreatenewcircuit, day2/inputandoperation, day2/elementbasedsolution, day2/subclassingsolution, day2/pinbasedsolution, day2/stackbasedsolution, day2/welltestedsolution 프로젝트에 들어 있는 RealTest.java의 다양한 구현을 통해 실제 코드를 확인할 수 있다. 이 책의 목적상 그중에서 하나를 골랐다. 다음은 day2/welltestedsolution에 들어 있는 코드다.

```java
public class RealTest extends TestCase {
    static {
        // 권한 없이도 코드가 실행될 것이다
    }

    public RealTest(String testName) {
        super(testName);
    }
```

```java
protected void setUp() throws Exception {
}


protected void tearDown() throws Exception {
}


/**
 * 우선 (X1 and X2) or not(x1) 식을 평가하는 회로를 만든다.
 * 이 회로를 특정 변수에 저장한다.
 *
 * 이 회로에 x1=true, x2=false를 입력하고 결과가 false임을 검사한다.
 *
 * 같은 회로에 x1=false, x2=true를 입력하고 결과가 true임을 검사한다.
 *
 * 같은 회로에 x1=0.0, x2=1.0을 입력하고 결과가 1.0임을 검사한다.
 *
 * 같은 회로에 x1=0.5, x2=0.5를 입력하고 결과가 0.625임을 검사한다.
 *
 * 같은 회로에 x1=0.0, x2=2.0을 입력하고 예외를 던지는지 확인한다.
 */
public void testX1andX2orNotX1() {
    Circuit c = Circuit.createOrCircuit(
        Circuit.createAndCircuit(Circuit.input(0),
        Circuit.input(1)),
        Circuit.createNotCircuit(Circuit.input(0)));
    assertFalse("true, false", c.evaluate(true, false));
    assertTrue("false, true", c.evaluate(false, true));
    assertEquals("0.0, 1.0", 1.0, c.evaluateFuzzy(0.0, 1.0), 0.0);
}


/**
 * 하나의 변수에 서로 다른 두 개의 값을 넣을 수 없음을 확인한다.
 * x1 and x1에 대한 회로를 만든다  결과가 x1 * x1이 되지 않는
 * API 사용에 대해 예외가 던져지는지 확인한다. 예를 들어, 회로에
 * 두 가지 서로 다른 값인 0.3과 0.5를 입력하는 방법이 있다면
 * 회로를 잘못 사용하는 것임을 알려주는 예외가 발생해야 한다.
 */
public void testImproperUseOfTheCircuit() {
```

```java
// 적용하지 않음

Circuit x1 = Circuit.input(0);
Circuit c = Circuit.createOrCircuit(x1, x1);
assertTrue("x1 or x1", c.evaluate(true));
assertFalse("x1 or x1", c.evaluate(false));
try {
    c.evaluate();
    fail("x1 or x1 with wrong params");
} catch (IllegalArgumentException iea) {
    // 예상함
}
// 두 핀 인스턴스와 동일
c = Circuit.createOrCircuit(Circuit.input(0), Circuit.input(0));
assertTrue("x1 or x1", c.evaluate(true));
assertTrue("x1 or x1", c.evaluate(true, false));
assertTrue("x1 or x1", c.evaluate(true, false));
assertFalse("x1 or x1", c.evaluate(false));
try {
    c.evaluate();
    fail("x1 or x1 with wrong params");
} catch (IllegalArgumentException iea) {
    // 예상함
}
}


/**
 * 2개의 입력과 하나의 출력을 포함한 "gte"라는 요소 타입을 작성한다.
 * x1 >= x2일 경우 출력 값은 1이고 그 밖의 경우에는 0이다.
 *
 * (x1 and not(x1)) gte x1이라는 식에 대한 회로를 만든다.
 *
 * 이 회로에 0.5를 입력하고 결과가 0인지 확인한다.
 *
 * 같은 회로에 1을 입력하고 결과가 0인지 확인한다.
 *
 * 같은 회로에 0을 입력하고 결과가 1인지 확인한다.
 */
```

```
public void testGreaterThanEqualElement() {
    Circuit gte = new Gte(Circuit.createAndCircuit(
        Circuit.input(0),
        Circuit.createNotCircuit(Circuit.input(0))),
        Circuit.input(0)
    );
    assertEquals("0.5", 0.0, gte.evaluateFuzzy(0.5), 0.0);
    assertEquals("1.0", 0.0, gte.evaluateFuzzy(1.0), 0.0);
    assertEquals("0.0", 1.0, gte.evaluateFuzzy(0.0), 0.0);
}

public void testSilly() {
    // (x1 and not x2) or x3
    Circuit c = Circuit.createOrCircuit(
        Circuit.createAndCircuit(
        null,
        Circuit.createNotCircuit(null)),
        null
    );
    assertEquals("1 1 1", 1.0, c.evaluateFuzzy(1.0, 1.0, 1.0), 0.0);
    assertEquals("1 1 0", 0.0, c.evaluateFuzzy(1.0, 1.0, 0.0), 0.0);
    assertEquals("1 0 1", 1.0, c.evaluateFuzzy(1.0, 0.0, 1.0), 0.0);
    assertEquals("1 0 0", 1.0, c.evaluateFuzzy(1.0, 0.0, 0.0), 0.0);
    assertEquals("0 1 1", 1.0, c.evaluateFuzzy(0.0, 1.0, 1.0), 0.0);
    assertEquals("0 1 0", 0.0, c.evaluateFuzzy(0.0, 1.0, 0.0), 0.0);
    assertEquals("0 0 1", 1.0, c.evaluateFuzzy(0.0, 0.0, 1.0), 0.0);
    assertEquals("0 0 0", 0.0, c.evaluateFuzzy(0.0, 0.0, 0.0), 0.0);
}
}
```

3일차: 평가의 날

이 시점까지 모든 참가자들은 오로지 자기 분야에서 설계 대회를 진행해왔다. 솔직히 말해서 그들은 상당해 잘했다! 하지만 이제 다른 사람들이 한 작업을 평가할 시간이 왔다.

어떤 점에서 API 설계 대회는 경쟁이었다. 하지만 그것은 결코 미학 설계 대회가 아니었다! "좋아하다", "사랑하다", "미워하다"라는 동사는 이 맥락에서 아무런 의미가 없다. 어느 API가 최고라고 판정하는 배심원단도 없다. 대신 각 참가자는 차례로 다른 사람들이 작성한 API에서 진화적 계획에 허점이 있는지 파악했다. 망가진 것으로 파악된 API에 대해서는 1점을 받고 망가지지 않은 API에 대해서는 5점을 받는다. 각 API의 운명은 각 참가자들의 손에 달려 있었다.

여러분이라면 호환성 문제가 있다는 사실을 증명하는 테스트를 어떻게 작성하겠는가? apifest1/day3-intermezzo/jtulach/against-pinbasedsolution/에서 예제 기반 구조 프로젝트를 복사할 수 있다. 그것을 가지고 놀아 보면서 소스 또는 바이너리에서 호환되지 않는 부분을 찾아본다. 참가자들이 받은 조언은 소스를 yourname/against-nameofapi라는 이름의 폴더에 넣어두라는 것이었다. 이러한 각 폴더에는 진화 문제를 보여줄 build.xml 앤트 빌드 파일이 들어 있었다. 문제가 더 많이 발견될수록 더 많은 점수를 받았다.

준비된 project.properties 파일은 수정해야 한다. 사용하고자 하는 API의 이름을 변경하고 상대 경로를 변경한다(틀렸을 경우). 그러고 나면 코드 완성이 지원될 것이며, 넷빈즈 IDE 내에서 컴파일, 실행, 테스트할 수 있을 것이다. 넷빈즈 IDE에서 늘 하던 것처럼 동일한 기반 구조는 온전히 앤트를 기반으로 하기 때문에 명령줄에서 직접 스크립트를 사용할 수도 있다. 이때 올바른 build.xml을 실행하기만 하면 된다.

build.xml은 1일차에 만든 API를 대상으로 작성한 테스트 파일을 컴파일하며, 1일차에 구현한 사항에 대해 테스트가 성공하는지 확인한다. 그런 다음 같은 테스트를 2일차에 구현한 사항을 대상으로 실행한다. 테스트가 실패하면 스크립트가 성공하는데, 이것은 여러분이 호환되지 않는 부분을 발견했기 때문이다. 이 경우 바이너리 및 기능적 비호환성을 파악할 수 있다. 또한 API가 2일차 API에 대해서도 컴파일되고, 만약 컴파일이 실패할 경우 테스트는 성공하는데, 아마 여러분이 소스 비호환성을 발견했기 때문일 것이다.

이제 잠깐 시간을 들여 비호환성을 찾는 규칙을 살펴보겠다. 우선 규칙은 정의하기가 어려운데 일부 개발자는 규칙을 우회하는 다양한 방법을 만들어낼 수 있기 때문이다. 일반 규칙은 다음과 같다. 비호환성을 보여주는 데 사용하는 기법이 적을수록 좋다! 두 가지 해법이 동일한 API에서 호환되지 않는 부분을 보여준다면 더 적은 꼼수를 사용하는 해법이 승리한다. 이제 내가 이 문맥에서 말하는 "꼼수"의 의미는 뭘까? 런타임에는 꼼수에 java.security.Permission이 포함되는데, 코드를 실행하는 데 필요한 권한이 더 적을수록 좋다. 예를 들어 ReflectionPermission을 사용하려고 해서는 안 되는데, ReflectionPermission은 모든 해법에서 호환되지 않는 부분을 보여줄 것이기 때문이다. Class.

forName(...)도 사용해서는 안 된다. 이렇게 하는 건 너무나도 쉬울 텐데 아마 2일차에는 모든 API에 새로운 클래스가 추가됐을 것이기 때문이다. Class.getName()도 상당히 기발한 꼼수이며, 일부 상황에서 허용될지도 모른다. 아울러 새로운 스레드를 사용할 수도 있지만 새로운 스레드를 시작하는 데는 권한이 필요하다. 두 해법이 호환되지 않는 부분을 보여주고 한 해법이 더 많은 스레드를 사용한다면 어느 해법이 더 선호되겠는가? 그뿐만 아니라 소스에서 와일카드 임포트를 사용해서는 안 된다. import something.*은 새로운 클래스를 추가하는 어떤 API에 대해서도 컴파일을 방해하는 언어 요소이므로 정규 명칭을 임포트한다. 보다시피 꼼수의 범위는 무한할 것이므로 일반 원칙, 즉 꼼수가 적을수록 좋다는 점을 명심하기 바란다.

해킹하고 싶습니까?

직접 해킹하고 싶은가? 더 적은 것이 더 단순하다. 해법과 예제 테스트 프로젝트 템플릿을 내려받아 두 버전의 API 사이에서 호환되지 않는 부분을 찾아보려고 노력해 보라!

결론

3일차는 금요일 오후에 시작해서 일요일에 끝났다. 어쩌면 3일차에 참가한 사람들이 적었던 것은 바로 이런 이유 때문일 것이다. 아니면 다른 이유로는 다른 사람이 만든 코드를 살펴보는 것이 약간 지겨운 일일뿐더러 테스트 기반 구조를 사용하는 법을 이해하는 데 문제가 있었던 것 때문일지도 모른다.

고맙게도 우리에겐 페트르 네예들리(Petr Nejedlý)가 있었다. 그는 깨지지 않는 것으로 증명된 해법을 작성했고 다른 API를 모두 망가뜨렸다. 때때로 그는 getClass().getSuperclass()와 getClass().getName() 같은 공정하지 않은 메서드를 사용하기도 했다. 그럼에도 각 API에서 진화 문제를 발견할 수 있다는 것은 박수를 받을 만한 일이다. 당연히 페트르는 제1회 API 설계 대회에서 우승을 차지했다.

subclassingsolution과 stackbasedsolution에서는 뭐가 잘못됐을까?

subclassingsolution을 만든 사람은 자신의 가장 큰 문제가 AND, OR, NOT을 상수이자 final이 아닌 것으로 만든 것이라고 생각했다. 하지만 그 생각은 틀렸다. 해당 API의 가장 큰 문제는 한 클래스, 즉 Circuit이 두 가지 형식의 API로 사용됐다는 것이었다. 즉, 사람들이 호출하는 API이면서 사람들이 서브클래싱해서 구현하는 API이기도 했던 것이다. 이것은 사실 기본적인 설계 딜레마다. FuzzyCircuit을 사용하는 진화는 사실 올바른 접근법이었다. 그럼에도 자바에서 필드 및 매개변수의 타입이나 반환 타입을 변경할 경우 바이너리 호환성이 깨진다는 사실을 염두에 둬야 한다. 클래스 파일 포맷은 필드의 이름뿐 아니라 그것의 타입도 포함한다. 타입이 바뀌면 독립적으로 컴파일된 애플리케이션 클래스는 함께 링크되지 않을 수도 있다. 그 결과, 아래의 테스트는 두 버전에 대해 모두 컴파일된다. 하지만 1일차 버전에 대해 컴파일된 다음 2일차 버전에 대해 실행하면 NoSuchFieldError가 발생하고 실패한다.

```java
public class CircuitTest extends TestCase {
    public CircuitTest(String n) {
        super(n);
    }

    public void testClass() throws Exception {
        Circuit c = Circuit.AND;
    }
}
```

비슷한 문제가 stackbasedsolution을 작성한 사람에게 일어났다. 해법에서는 한 메서드의 반환 타입을 변경했다. 다시금 이야기하지만 이것은 바이너리 호환성을 보장하지 않는 변경사항이라서 NoSuchMethodError가 발생한다.

```java
public class CircuitTest extends TestCase {
    public CircuitTest(String n) {
        super(n);
    }

    public void testClass() throws Exception {
        Circuit c = CircuitFactory.getBasicCircuit(null);
    }
}
```

inputandoperation에서는 뭐가 잘못됐을까?

day1/inputandoperation은 잘 설계된 해법이었다. 거의 깰 수 없을 정도였다. 하지만 문제가 있었다. Circuit.java가 final이 아니었던 것이다. 게다가 새로운 메서드가 2일차에 추가됐다.

```
public static double evaluateRealOperation(Operation op) {
    return op.performRealOperation();
}
```

메서드가 static이긴 했지만 해당 클래스의 하위 클래스에서 이름이 같은 똑같은 메서드를 정의하는 테스트를 작성하기는 어렵지 않았다. 그러한 코드는 1일차 버전에 대해서는 컴파일되지만 2일차 라이브러리에 대해서는 컴파일되지 않는다.

```
public class CircuitTest extends TestCase {
    public CircuitTest(String n) {
        super(n);
    }

    public void testSourceCompatibility() throws Exception {
    }

    // final로 만드는 것을 잊어버려서 이곳에서 재앙이 일어난다.
    class MyCircuit extends Circuit {
        public double evaluateRealOperation(Operation op) {
            return 0;
        }
    }
}
```

이 해법에서 배울 교훈은 private 생성자나 final 예약어, 또는 둘 모두를 API에 노출된 클래스에 추가하는 것을 잊어버려서는 안 된다는 것이다. 그렇게 하지 않으면 API 클라이언트가 API를 사용하는 과정에서 의도하지 않은 방식으로 클래스를 서브클래싱하는 것과 같은 예상치 못한 일을 할 수 있다.

alwayscreatenewcircuit과 welltestedsolution에서는 뭐가 잘못됐을까?

간단히 말해서 이 두 해법에서는 잘못된 부분이 없었다. 페트르는 두 API를 깨긴 했지만 공정하지 않은 꼼수를 통해서였다! 한 경우에는 다음과 같은 테스트에서 볼 수 있듯이 구현 클래스의 이름을 변경하는 방법을 활용하기도 했다.

```java
public class CircuitTest extends TestCase {
    public CircuitTest(String n) {
        super(n);
    }

    public void testClass() throws Exception {
        // 그렇다, 이 방법은 공정하지 않다.
        assertEquals("Created AND circuit", "AndCircuit",
            getName(Circuit.createAndCircuit(null, null))
        );
        assertEquals("Created OR circuit", "OrCircuit",
            getName(Circuit.createOrCircuit(null, null))
        );
    }

    private String getName(Object obj) {
        String base = obj.getClass().getName();
        int lastDot = base.lastIndexOf('.');
        int last = base.lastIndexOf('$');
        if (lastDot > last)
            last = lastDot;
        return base.substring(last + 1);
    }
}
```

게다가 페트르는 alwayscreatenewcircuit 해법에서 상위 클래스 계층구조의 변화를 집어낼 수도 있었다.

```java
public class CircuitTest extends TestCase {
    public CircuitTest(String n) {
```

```
        super(n);
    }

    public void testReallyUnrealistic() throws Exception {
        // 그렇다, 이 방법은 공정하지 않다.
        assertEquals(null, Circuit.or(false, false).getClass().
                getSuperclass().getSuperclass().getSuperclass());
    }
}
```

이러한 꼼수 가운데 일반적으로 API 계약의 일부로 여겨지는 측면을 다루는 것은 아무것도 없다. 대부분은 이러한 부분들이 구현 세부사항에 해당한다는 점에 동의할 것이다. 하지만 그럼에도 이러한 변경사항조차 심지어 특별한 권한을 사용하지 않고도 코드 바깥에서 관찰할 수 있고, 따라서 이 같은 종류의 코드도 깨질 수 있다는 점을 염두에 두는 것이 바람직하다.

두 해법을 작성한 사람은 2일차를 시작할 때 별도로 재작성할 부분이 있어서 모두 마음이 급했다. 그래서 Circuit 클래스를 서브클래싱이 가능하게 만듦으로써 클라이언트가 직접 회로 요소를 작성할 수 있게 허용하는 문제는 해결했다. 그 결과, 클래스는 두 가지 역할을 하기 시작했다. 즉, 클라이언트가 호출하는 API의 역할뿐 아니라 클라이언트가 구현하는 API의 역할도 하기 시작한 것이다. 이 두 해법은 향후에 있을 API 반복주기에서 응집성 있게 진화하려면 꽤나 고생할 것이다. 예를 들어, inputandoperation에서 일어났던 일과 비슷하게 각 회로 요소에 고유 ID를 추가해 달라는 요청이 진화 문제로 이어질 수도 있다. 훨씬 더 나은 접근법은 pinbasedsolution의 createGate에서 했던 것처럼 별도의 인터페이스 및 팩터리 메서드를 추가하는 것이다.

```
/**
 * 추상 게이트 전송 함수
 */
public abstract class Function {
    public abstract double evaluate(double input1, double input2);
}


/**
 * 사용자 정의 전송 함수가 포함된 Element를 생성
 */
public static Element createGate(final Element source1,
```

```
            final Element source2, final Function function) {
        return new Element() {
            double evaluate(double[] inputs) {
                double x = source1.evaluate(inputs);
                double y = source2.evaluate(inputs);
                double result = function.evaluate(x, y);
                if (result < 0.0 || result > 1.0) {
                    throw new InternalError("Illegal gate function");
                }
                return result;
            }

            int maxInput() {
                return Math.max(source1.maxInput(), source2.maxInput());
            }
        };
    }
```

이 방법은 같은 기능을 달성하지만 API를 구현하는 사람에 대한 계약과 API를 호출하는 사람에 대한 계약을 명확하게 분리한다.

elementbasedsolution에는 뭐가 잘못됐을까?

elementbasedsolution에 적용된 변경사항은 언뜻 보기에는 깰 수 없는 것처럼 보인다.

```
public final class Circuit {
    private Circuit() {
    }

    public static Element and(final Element e1, final Element e2) {
        return new Element() {
            public boolean result() {
                return e1.result() && e2.result();
            }

            public double doubleResult() {
                return e1.doubleResult() * e2.doubleResult();
```

```
        }
    };
}


public static Element or(final Element e1, final Element e2) {
    return new Element() {
        public boolean result() {
            return e1.result() || e2.result();
        }

        public double doubleResult() {
            return 1.0 - (1.0 - e1.doubleResult())
                    * (1.0 - e2.doubleResult());
        }
    };
}


public static Element not(final Element e1) {
    return new Element() {
        public boolean result() {
            return !e1.result();
        }

        public double doubleResult() {
            return 1 - e1.doubleResult();
        }
    };
}


public static Element operation(final Operation op,
        final Element... elements) {
    return new Element() {
        public boolean result() {
            return doubleResult() >= 1.0;
        }

        public double doubleResult() {
            double[] arr = new double[elements.length];
```

```java
                for (int i = 0; i < arr.length; i++) {
                    arr[i] = elements[i].doubleResult();
                }
                return op.computeResult(arr);
            }
        };
    }

    public static Variable var() {
        return new Variable();
    }

    public static abstract class Element {
        private Element() {
        }

        public abstract boolean result();

        public abstract double doubleResult();
    }

    public static final class Variable extends Element {
        private Boolean booleanValue;
        private Double doubleValue;

        public void assignValue(boolean b) {
            booleanValue = b;
        }

        public void assignValue(double d) {
            if (d < 0 || d > 1) {
                throw new IllegalArgumentException();
            }
            doubleValue = d;
        }

        public boolean result() {
            return booleanValue != null ? booleanValue : doubleValue >= 1.0;
```

```
        }

        public double doubleResult() {
            return doubleValue != null ? doubleValue : (booleanValue ? 1.0
                : 0.0);
        }
    }

    public static interface Operation {
        public double computeResult(double... values);
    }
}
```

그럼에도 페트르는 연속으로 호출하는 부분을 찾아 2일차 해법에서 실행할 때 NullPointerException
이 발생하는 테스트에 그 부분을 집어넣었다. 1일차 버전에서는 해당 부분이 올바르게 동작했음에
도 말이다.

```
public class CircuitTest extends TestCase {
    public CircuitTest(String n) {
        super(n);
    }

    /**
     * 좋다, elementbasedsolution은 견고해 보인다. 모든 코드 경로는
     * 정확히 초기 버전과 같았다. 하나만 빼고.
     */
    public void testEvaluateWithoutAssign() throws Exception {
        Circuit.Variable var = Circuit.var();
        Circuit.Element circuit = Circuit.not(var);
        assertTrue(circuit.result());
    }
}
```

API가 소스 및 바이너리 호환성을 유지하는 방식으로 진화할 수 있었음에도 기능적 호환성까지는
유지하지 못했다. 다양한 버전에서 다양한 결과를 만들어낼 수도 있는, 연속으로 호출되는 부분이
한 군데 있었다. 여기서 얻을 수 있는 교훈은 API에 대한 어떠한 변경사항도 원치 않는 부수효과를

가져올 수 있다는 것이다. 변경사항을 얼마나 신중하게 검토했느냐와 상관없이 미처 모르는 채로 남아 서로 다른 버전의 API에서 비호환성을 보여줄 수 있는 예외적인 경우는 언제든지 있을 수 있다.

여러분도 해보시길!

넷빈즈 핵심 팀과 함께 API 설계 대회를 진행하는 것은 재미있고 즐거운 경험이었다. 이틀하고도 한 번의 평가 단계는 승자를 선택하기에 충분한 시간이었다. 그렇지만 단계가 더 많고 각 단계마다 더 많은 시간을 보낼 수 있었다면 더욱 즐거웠을 것이다.

API 설계 대회의 주된 목적은 API의 진화를 학습하는 데 있었다. 하위 호환성이 주된 초점이었지만 하위 호환성만이 잘 작성되고 잘 유지보수되는 API의 특징은 아니다. API를 올바르게 설계하고, API를 이해하기 쉽게 만들며, 명확하게 문서화하는 능력도 중요하다. API 설계 대회 중에는 이 같은 측면을 연습할 수 없었지만 말이다.

제1회 API 설계 대회는 꽤나 성공적인 행사로 입증됐다. 하지만 이것이 처음이자 마지막 행사로 끝난다면 부끄러울 것이다. 진화를 연습할 API의 개수는 무궁무진하다. 경기를 풍성하게 할 다른 진화 경로도 많다. 심지어 불린 회로에만 초점을 두더라도 말이다. 여러 개의 출력 결과나 순환 회로, 미확인 회로의 구조를 분석하는 방법과 같은 새로운 과업을 상상해보라.

API 설계 대회는 확실히 API를 설계하는 사람들과 하위 호환성에 관해 배워야 할 학생들, 그리고 이처럼 흥미로운 퍼즐을 즐기는 누구에게나 좋은 학습 및 훈련 수단이다.

CHAPTER 18

확장 가능한 비지터 패턴 사례 연구

게임을 하는 것은 API 설계 기술을 배우는 방법 중 하나다. 또 다른 방법은 흥미로운 문제를 찾아, 그것을 분석하고, 잠재적인 해법을 모색해서 어떤 해법이 더 낫고, 그 이유는 무엇인지 파악하는 등 다양한 종류의 정신 훈련을 수행하는 것이다. 이러한 연습을 하는 과정에서 문제에 대한 통찰력을 심층적으로 만들어주는 놀라운 결과를 발견할 수 있다.

여기서는 흥미로운 예제를 하나 살펴보겠다. 이것은 자바 소스를 모델링하는 새로운 API에 대한 JDK 1.6 제안서에 관해 처음 들었을 때 시작됐다. 해당 API의 최초 버전은 JDK 1.5의 apt 도구에 포함돼 있었는데, 이 도구를 이용하면 클래스나 메서드, 필드에 지정된 어노테이션을 후처리할 수 있었다. 이 도구는 소스 모델을 제공해야 했고, 이것은 거의 리플렉션과 유사한 API였지만 소스에 초점을 둔 것이었다. apt 도구는 패키지를 com.sun.mirror 패키지에 두곤 했는데, 이 패키지는 완전히 공식적인 패키지는 아니었다. 하지만 JDK 1.6의 경우 컴파일러 팀에서는 javax.lang.model 패키지에 위치한 공식 API를 정의하는 자바 규격 요청서(JSR; Java Specification Request) 프로세스를 시작했다. 그때 당시 나는 해당 API와 그것의 이웃 API가 메서드 본문의 내부 구조에 대한 모델을 정의하는 것이었음을 발견했다.

여기서 내 관심을 끈 것은 그것이 바이너리 호환성은 유지하지만 소스 호환성은 유지하지 못하는 형태의 진화였다는 점이다. 사실, 자바에서 소스 호환성을 유지하는 것은 거의 불가능에 가깝다. 4장의 "소스 호환성" 절에서 살펴본 바와 같이 API 상의 거의 모든 변경사항은 기존 소스를 컴파일하지 못하게 하기 때문이다. 하지만 호환성에 대한 훨씬 더 큰 위협은 따로 있었다. 바로 인터페이스에 새로운 메서드를 추가할 계획이었던 것이다. 가상 머신 규격에 따르면 이 경우에는 바이너리 호환성이 유지된다. 하지만 실제적인 목적을 보자면 그것은 전혀 호환성을 유지하지 못한다. 시스템은 인터페이스에 메서드를 추가한 이후에 링크되겠지만 누군가가 구현되지 않은 인터페이스의 메서드를 호출하면 런타임 오류가 일어날 것이다. 말할 것도 없이 나는 이러한 종류의 호환성을 전혀 좋아하지 않는다.

나는 그제서야 비로소 더 나은 해법을 찾기 위한 정신적인 연습을 시작했다. 컴파일러 개발자들은 제네릭을 기반으로 모든 종류의 호환성을 유지하는 해법을 제안하는 종이를 내게 보여줬다("표현 문제 제고"[1] 참고). 하지만 그들은 그 방법을 사용하고 싶어하지 않았는데, 제안서를 들여다 보니 그 이유를 이해할 수 있었다. 그 해법은 제네릭에 과도하게 의존하고 일반 개발자가 이해하기에는 너무

---

1   매즈 토저슨(Mads Torgersen), ECOOP 2004의 "표현 문제 제고(The Expression Problem Revisited)" – 객체 지향 프로그래밍: 18회 유럽 콘퍼런스, 오슬로, 노르웨이, 2004년 6월 14~18일. Proceedings. ed. 마틴 오더스키(Martin Odersky), 123~146(베를린: Springer-Verlag, 2004).

어려웠다. 그걸 전부 이해하려면 대학교에서 몇 년에 걸쳐 타입 이론을 연구해야 할 정도였다. 이것은 너무 정확한 API의 예다. 이러한 API는 사용자에게 겁을 줄 수도 있기 때문에 사용하고 싶지 않을 것이다. 당연히 컴파일러 팀에서는 인터페이스에 메서드를 추가하는 것을 포함한 해법을 더 선호했다. 실제적인 이유로는 그 방법이 더 쉽지만 정신적인 연습을 하기에는 그 방법으로는 충분하지 않다. 그럼 문제를 해결하는 다른 방법을 찾아보자.

`javax.lang.model` 패키지 때문에 문제가 발생하긴 했지만 그 문제는 해당 영역에만 한정되지 않는다. 사실 그 문제는 API에서 비지터(visitor)를 사용할 때마다 나타난다. 비지터를 진화시키는 것은 어렵다. 비지터 인터페이스에 들어 있는 메서드는 한 번만 정의된다. 하지만 해당 메서드가 실행되는 대상 자료구조는 진화해야 할지도 모른다. 문제는 이러한 상황에서 어떻게 하느냐다. 비지터 인터페이스에 메서드를 추가하는 것도 일종의 해법이다. 하지만 그 방법은 다소 "단순 무식한" 방법이라서 이성적인 사고를 한다면 자랑스러워 하지 않을 법한 방법에 속한다. 한편 정신적인 연습은 뇌를 자극해서 아름답고, 진실되고, 우아한 해법을 찾기 위해 존재한다.

비지터 패턴은 잘 알려져 있다. 비지터 패턴은 보통 계층적인 자료구조에 해당하는 연산을 데이터 표현으로부터 분리한다. 비지터 패턴을 이용하면 한 팀이 자료구조의 정의 및 해당 자료구조를 탐색하는 방법을 제공하고 다른 팀에서는 데이터를 구성할 수 있다. 여전히 다른 팀에서는 해당 데이터를 대상으로 실행되는 연산을 작성할 수 있다. 비지터 패턴은 간단하고 사용하기 쉽다. 반면 탐색 인터페이스를 비롯한 데이터 인터페이스의 진화와 관련된 숨겨진 문제를 포함하고 있다.

먼저 간단한 예제로 시작해서 천천히 진화 문제를 살펴본 다음, 진화 문제를 해결하는 해법을 바꿔 보기로 하자. 최종적으로 단순하고 우아한 해법이 모든 문제를 해결할 것이다. 하지만 종착지에 이르는 것만이 목표는 아니다. 종착지에 이르는 여정 또한 흥미로울 것이기 때문이다. 그 여정에서는 추리 연쇄를 보여줄 것이다. 그뿐만 아니라 여러분이 아주 엄격한 사람이 아니고 "진정한" 확장 가능한 비지터가 아니라 적당한 수준의 확장 가능한 비지터를 필요로 한다면 충분히 귀중한 아이디어도 얻을 것이다.

문제에 관해 생각하는 첫걸음은 문제를 해결할 동기를 부여하는 사례를 만드는 것이다. 비지터는 다양한 상황에서 사용할 수 있지만 가장 유용한 상황은 이종 자료 구조의 계층을 탐색하는 것과 관련이 있나. 가장 깊은 계승구소 중 하나는 (1 + 2) * 3 - 8 같은 식 트리를 표현하는 계층구조다. 다음과 같은 간단한 식 언어에 대한 모델을 표현하고 싶다고 해보자.

```java
public abstract class Expression {
    Expression() {
    }

    public abstract void visit(Visitor v);
}

public final class Plus extends Expression {
    private final Expression first;
    private final Expression second;

    public Plus(Expression first, Expression second) {
        this.first = first;
        this.second = second;
    }

    public Expression getFirst() {
        return first;
    }

    public Expression getSecond() {
        return second;
    }

    @Override
    public void visit(Visitor v) {
        v.visitPlus(this);
    }
}

public final class Number extends Expression {
    private final int value;

    public Number(int value) {
        this.value = value;
    }
```

```
    public int getValue() {
        return value;
    }


    @Override
    public void visit(Visitor v) {
        v.visitNumber(this);
    }
}


public interface Visitor {
    public void visitPlus(Plus s);
    public void visitNumber(Number n);
}
```

위 코드는 숫자와 "더하기" 연산만 표현할 수 있는 모델을 만들어준다. 하지만 1 + 1이나 1 + 2 + 3 같은 식의 구조를 만들 만큼 충분히 강력하다. 아울러 그러한 모델을 대상으로 쓰기 연산을 손쉽게 만들 수도 있다. 예를 들어, 다음과 같은 코드를 작성해 어떠한 식도 출력할 수 있다.

```
public class PrintVisitor implements Visitor {
    StringBuffer sb = new StringBuffer();

    public void visitPlus(Plus s) {
        s.getFirst().visit(this);
        sb.append(" + ");
        s.getSecond().visit(this);
    }

    public void visitNumber(Number n) {
        sb.append(n.getValue());
    }
}


@Test public void printOnePlusOne() {
    Number one = new Number(1);
    Expression plus = new Plus(one, one);
    PrintVisitor print = new PrintVisitor();
```

```
    plus.visit(print);
    assertEquals("1 + 1", print.sb.toString());
}
```

위 코드는 어떤 프로그래밍 책에서도 볼 수 있는 기초적인 예제다. 하지만 이제 몇 가지 문제를 시뮬레이션해보자. 또 다른 요소를 지원하도록 예제를 개선함으로써 언어를 진화시켜보자. −를 추가하고 싶다고 해보자. 그럼 다음과 같은 새로운 클래스를 도입하는 것이 일반적이다.

```java
/** @since 2.0 */
public final class Minus extends Expression {
    private final Expression first;
    private final Expression second;

    public Minus(Expression first, Expression second) {
        this.first = first;
        this.second = second;
    }

    public Expression getFirst() {
        return first;
    }

    public Expression getSecond() {
        return second;
    }

    public void visit(Visitor v) {
        /* 이번엔 또 뭐야? 인터페이스에 새로운 메서드를 추가하라고!? */
        v.visitMinus(this);
    }
}
```

하지만 단순히 데이터 클래스를 추가하는 것만으로는 부족하다. 새로운 visitMinus 메서드를 추가해 Visitor도 강화해야 한다. 하지만 말은 쉽지만 실제로 그렇게 하기는 쉽지 않다. 인터페이스에 메서드를 추가하는 것은 호환성이 깨지는 진화이기 때문이다. 링크 과정에서는 망가지지 않을 수도 있다. 기존 코드가 새로운 버전의 Visitor 인터페이스에 대해 더는 컴파일할 수 없을 테지만 말이다.

새 버전에는 아직 구현되지 않은 새로운 메서드가 추가된다. 게다가 누군가가 기존 비지터에 새로운 자료구조를 전달하려고 하면 java.lang.AbstractMethodError가 발생하면서 실행되지 않을 것이다.

```
Number one = new Number(1);
Number two = new Number(2);
Expression plus = new Minus(one, two);

PrintVisitor print = new PrintVisitor();
plus.visit(print); // AbstractMethodError를 내면서 실패

assertEquals("1 - 2", print.sb.toString());
```

이처럼 인기 있는 디자인 패턴에 불가피한 진화 문제가 감춰져 있는 듯하다. 비지터 패턴은 사내 시스템 설계에서는 효과적일 수도 있지만 공개된 API에서 사용되면 거의 즉시 확장 가능하지 않은 것으로 드러날 것이다. 이러한 이유로 비지터 패턴은 적어도 현재 형태로는 우주를 설계하는 데 적합하지 않다. API 설계 패턴의 제약에 적절한 지능적인 형태의 비지터를 찾을 필요가 있다. 이 과정은 이어지는 절에서 수행할 정신 연습의 일부로 살펴본다.

추상 클래스

우선 간단하고 거의 동작 가능한 해법은 Visitor를 추상 클래스로 바꾸는 것이다. 사실 추상 클래스는 6장의 "추상 클래스는 유용한가?" 절에서 쓸모없다고 이야기한 바 있다. 하지만 간단한 형태의 진화가 필요하다면 추상 클래스가 생각날 수밖에 없을 것이다. 추상 클래스는 서브클래싱이 필요하고 새로운 메서드를 추가하는 것의 위험을 비교적 낮추고 싶을 때 자바에서 맨 먼저 이용할 수 있는 해법이다. API의 최초 버전에서 인터페이스를 사용하는 대신 모든 메서드가 abstract로 지정된 추상 클래스를 사용하기로 했다면 다음과 같이 Minus 클래스를 도입하고 난 이후 2.0 버전에서 비지터를 향상시킬 기회가 생긴다.

```
/** @since 2.0 */
public final class Minus extends Expression {
    private final Expression first;
    private final Expression second;
```

```java
    public Minus(Expression first, Expression second) {
        this.first = first;
        this.second = second;
    }

    public Expression getFirst() {
        return first;
    }

    public Expression getSecond() {
        return second;
    }

    public void visit(Visitor v) {
        v.visitMinus(this);
    }
}

public abstract class Visitor {
    public abstract void visitPlus(Plus s);

    public abstract void visitNumber(Number n);

    /** @since 2.0 */
    public void visitMinus(Minus s) {
        throw new IllegalStateException("Old visitor used on new expressions");
    }
}
```

Minus.visit(Visitor)에서는 visitMinus 메서드를 호출한다. 기본 구현에서 던지는 예외는 1.0 버전에서 직접 비지터를 작성했고 2.0 버전의 자료구조에서도 해당 비지터를 사용하고 싶은 개발자에게 유용하다. 개발자는 새로운 메서드가 추가될지 모르기 때문에 메서드를 재정의하지 않았고, 비지터에게는 예상치 못한 상황이므로 예외가 발생하는 것이 비교적 자연스러운 일이다. 아무런 경고 없이 조용히 계속 실행되기보다는 실행을 중단하는 편이 더 낫다. 그렇게 하지 않으면 잠재적인 동작 방식의 문제를 발견하기가 어려울 것이다.

클래스에 메서드를 추가하면 호환성이 완전히 유지되지 않는다고 주장할 수도 있다. 기존 하위 클래스에는 이미 메서드가 정의돼 있을지도 모른다. 메서드가 public이 아닐 수도 있다. 또는 심지어 public이더라도 앞으로 2.0 버전에서 해야 할 것으로 예상되는 바와 완전히 다르게 동작할 수 있다. 하지만 비지터를 이용하면 그렇게 되지 않는다. 새로운 메서드를 추가하는 것과 더불어 새로운 클래스도 추가한다. 가상 머신의 바이트코드가 매개변수 타입을 메서드 식별자에 부호화하기 때문에 심지어 이름이 같은 경우에도 새로 정의된 메서드와 일치하는 메서드는 존재할 수 없다.

이러한 새 "추상 클래스" 기반의 비지터 버전은 인터페이스를 포함한 전통적인 비지터 패턴과 최소한으로 다르며, 대부분의 진화 문제를 해결할 것을 약속한다. 아울러 충분한 소스 호환성을 보장한다. 바이너리 호환성도 보장한다. 물론 기존 비지터와 새로운 언어 요소를 섞어쓸 경우에는 예외가 발생한다. 하지만 이것은 사소한 단점에 불과하다. 우리는 상당한 진전을 이뤄냈다. 비지터 패턴은 다시 한 번 우리가 API의 세계를 설계하는 데 도움을 줄 가능성이 있다.

진화 준비

예외를 던지는 것이 적절한 기본 동작 방식이 아닌 경우가 있을지도 모른다. 예를 들어, 트리가 1.0 버전의 언어에서 유효한지 검증하고 싶을 경우 다음과 같이 해야 한다.

```java
private class Valid10Language extends Visitor/* version1.0 */{
    public void visitPlus(Plus s) {
        s.getFirst().visit(this);
        s.getSecond().visit(this);
    }

    public void visitNumber(Number n) {
    }
}

public static boolean isValid10Language(Expression expression) {
    Valid10Language valid = new Valid10Language();
    try {
        expression.visit(valid);
        return true; // 그렇다. 알지 못하는 요소가 없다.
    } catch (IllegalStateException ex) {
```

```
            return false; // 아니다. 아마 Visitor/*2.0*/의 visitMinus에서 나왔을 것이다.
        }
    }
```

이런 코드를 작성하는 것도 가능하지만 흔치는 않다. 우선 이 코드에서는 예외적인 상태에 대한 예외가 아니라 일반 실행 제어에 예외를 사용한다. 두 번째 문제는, 이 책을 쓰는 지금, Visitor 버전 1.0만 사용할 수 있을 경우 이후의 모든 메서드는 예외를 던질 것이라는 사실을 알아야 한다는 것이다. 이는 문서에 언급돼 있을 수도 있지만 Visitor API의 제작자가 진화 문제에 대해 알고 있는 경우에만 해당한다. 하지만 제작자가 진화 문제를 알고 있을 경우 더 나은 접근법이 있다. 게다가 세 번째 문제도 있다. 이 예외는 올바른 것으로서, 언어에 새로운 요소에 대한 핸들러가 누락됐다는 신호를 보여준다는 점을 알아둘 필요가 있다. 비슷한 예외가 다른 곳에서 발생할 수 있기 때문에 이렇게 하기가 어려울 수도 있다. 요약하자면 이 API는 적어도 이 작업에 대해서는 지저분한 편이다.

첫 번째 버전의 API는 언제나 완벽할 수 없다는 사실을 익히 알고 있을 테니 처음부터 진화를 준비하는 편이 낫다. 개발자들이 알지 못하는 요소를 처리할 수 있는 해법을 찾아봐야 한다. 개발자들은 예외를 던지거나 언어 유효성 검증의 경우처럼 좀 더 적절한 조치를 취할 수 있다. 이러한 이유로 첫 번째 버전의 Visitor에서 즉시 실패 처리 메서드를 정의한다면 훨씬 더 낫다.

```
public abstract class Visitor/* 1.0 */{
    public void visitUnknown(Expression exp) {
        throw new IllegalStateException("Unknown element faced: " + exp);
    }

    public abstract void visitPlus(Plus s);
    public abstract void visitNumber(Number n);
}
```

visitUnknown 메서드는 첫 번째 버전의 인터페이스에서 호출되지 않는다. 하지만 진화가 있을 것임을 알려주는, 손쉽게 발견할 수 있는 경고로서 존재한다. 그런 다음 새로 추가된 모든 식 요소에 대한 기본 실패 처리 메커니즘이 된다.

```
public abstract class Visitor/* 2.0 */{
    public void visitUnknown(Expression exp) {
        throw new IllegalStateException("Unknown element faced: " + exp);
```

```
    }

    public abstract void visitPlus(Plus s);
    public abstract void visitNumber(Number n);

    /** @since 2.0 */
    public void visitMinus(Minus s) {
        visitUnknown(s);
    }
}
```

변화는 최소한이고 기본 동작 방식은 그대로 유지되지만(알지 못하는 요소와 마주칠 경우 IllegalStateException이 발생한다) 이 버전은 식 트리의 유효성을 검증하고 싶은 API 사용자가 좀 더 편하게 이용할 수 있다. 이 버전에서는 예외를 가지고 곡예할 필요가 없다.

```
private class Valid10Language extends Visitor/* version1.0 */{
    boolean invalid;

    @Override
    public void visitUnknown(Expression exp) {
        invalid = true;
    }

    public void visitPlus(Plus s) {
        s.getFirst().visit(this);
        s.getSecond().visit(this);
    }

    public void visitNumber(Number n) {
    }
}

public static boolean isValid10Language(Expression expression) {
    Valid10Language valid = new Valid10Language();
    expression.visit(valid);
    return !valid.invalid;
}
```

진화에 대해 미리 생각해 봄으로써 비지터 작성자가 API를 훨씬 더 깔끔한 방식으로 사용할 수 있게 했다. 이것은 알 수 없는 모든 요소의 처리를 visitUnknown 메서드에서 담당하기 때문이다. 바로 이 메서드에서 공통 처리를 담당할 수 있다. 이 경우 이러한 특정한 유스 케이스에서 API의 능력이 대폭 향상되며, 다른 기존 사용법에는 부정적인 영향을 주지 않는다. 이전처럼 두 개의 추상 메서드만 구현하면 되고, 이전 절에서 동작했던 코드는 계속해서 아무런 수정 없이도 동작한다.

기본 탐색

API 사용자가 늘 API 설계를 할 수 있는 데까지 시험해보려 하고, 언제나 여러분이 생각했던 것보다 많은 일을 하고 싶어 한다는 점을 염두에 둔다. API 사용자에게 그러한 일들이 유효한 유스 케이스가 아니며, API가 API 사용자의 예외적인 경우까지는 고려하지 않았음을 말해주는 데는 아무런 문제가 없다. 하지만 API를 과도하게 복잡하게 만들지 않고도 지원할 수 있는 유스 케이스가 많아질수록 더 많은 API 사용자가 만족할 것이다. 그러한 사용자가 많아질수록 API도 더 유용해질 것이다. 이러한 이유로 현재 API의 지평선 너머에 뭐가 있는지 물어보고 정말로 불가능한 것이 무엇인지 파악해 보는 것이 합당하다. visitUnknown 메서드에서 지원하지 않는 간단한 문제는 선택된 노드에만 주의를 기울이면서 동시에 식의 전체 구조를 탐색하는 것이다. 사실 이것은 순수한 비지터 패턴이 아니라 스캐너에 가깝지만 이러한 사소한 용어 문제가 그러한 문제를 해결하는 최적의 API를 찾으려는 노력을 막지는 못할 것이다. 그러한 스캐너는 정적 언어용으로는 손쉽게 작성할 수 있다. 하지만 요소가 증가함에 따라 언어도 진화한다면 문제가 생길 것이다. 비지터를 통한 간단한 해법은 다음과 같다.

```java
private class CountNumbers extends Visitor/* version1.0 */{
    int cnt;

    @Override
    public void visitUnknown(Expression exp) {
        // 숫자가 아님
    }

    public void visitPlus(Plus s) {
        s.getFirst().visit(this);
        s.getSecond().visit(this);
    }
```

```
    public void visitNumber(Number n) {
        cnt++;
    }
}

public static int countNumbers(Expression expression) {
    CountNumbers counter = new CountNumbers();
    expression.visit(counter);
    return counter.cnt;
}
```

이 해법은 1.0 버전의 언어에서는 잘 동작할지도 모르지만 언어 요소에 Minus가 포함되면 이내 모든 것이 잘못돼 버린다. visitUnknown 메서드를 재정의할 수도 있지만 문제는 그 안에서 어떻게 할 것인가다. 아마 아무것도 하지 않을 수도 있지만 그렇게 하는 것은 맞지 않다. Minus의 하위 트리는 완전히 무시되어 1 + (3 - 4) 같은 식이 단 하나의 숫자만 담고 있는 것으로 표현될 것이기 때문이다.

```
Number one = new Number(1);
Number three = new Number(3);
Number four = new Number(4);
Expression minus = new Plus(one, new Minus(three, four));

assertEquals(
    "Should have three numbers, but visitor does not " +
    "know how to go through minus",
    3, CountNumbersTest.countNumbers(minus)
);
```

알 수 없는 요소에 도달했다는 사실을 알면 좋겠지만 특정 요소(CountNumbers가 하는 것처럼)를 찾는 비지터의 경우 "기본 방문(default visit)"을 수행하는 기능을 가지고 싶을 것이다. Minus의 경우 이 기능은 getFirst().visit(this)와 getSecond().visit(this)만 호출할 것이다. visitUnknown 메서드 내에서 이러한 "기본 방문"을 이용할 수 있었다면 1 + (3 - 4)에 포함된 총 숫자의 수는 올바르게 3으로 계산될 것이며, 심지어 1.0 버전의 수식 언어를 대상으로 작성된 기존 비지터를 사용한 경우에도 그럴 것이다. 문제는 "기본 비지터"를 어떻게 호출하느냐다.

순진한 방법은 이것을 모든 Visitor 메서드의 기본 구현체에 집어넣는 방법일 것이다. Visitor가 이제 클래스이기 때문에 그렇게 할 수 있다. 하지만 이 방법은 효과가 없을 텐데, 앞에서 살펴본 것과 같이 Valid10을 작성할 수는 없기 때문이다. visitUnknown 메서드가 호출될 곳이나 상황이 없을 것이다. 모든 메서드는 기본 동작 방식을 가질 것이며, 이것은 여러분이 원하는 바가 아니다. 여러분은 API 사용자에게 다양한 상황에 쓸 적절한 도구를 주고 싶을 것이다. 사용자는 식 트리에서 예상치 못한 요소가 있다는 사실을 통지받아야 한다. 그래야만 사용자가 그것을 오류로 보고할지, 코드에서 false를 반환해야 한다는 의미로 사용할지, 아니면 내부적으로 무슨 일이 있는지 파악하는 등 그것을 어떻게 처리할지 결정할 수 있다. 이러한 모든 가능성은 유효한 유스 케이스이며, API 사용자가 코드를 작성하는 시점에서 의식적인 결정을 내릴 수 있고, API가 새로운 요소와 기능으로 향상되는 경우에도 유효한 상태를 유지하게끔 지원돼야 한다. 가능성 있는 기능 향상으로는 비지터 구현체가 visitUnknown 메서드의 반환값을 기준으로 알 수 없는 요소를 탐색해야 할지 여부를 결정하게 하는 것이 있다.

```java
public abstract class Visitor/* 1.0 */{
    public boolean visitUnknown(Expression e) {
        throw new IllegalStateException("Unknown element faced: " + e);
    }

    public void visitPlus(Plus s) {
        if (visitUnknown(s)) {
            s.getFirst().visit(this);
            s.getSecond().visit(this);
        }
    }

    public void visitNumber(Number n) {
        visitUnknown(n);
    }
}
```

이런 식으로 알 수 없는 요소에 대한 기본 동작 방식을 구할 수 있으며, 아무것도 하지 않거나 "깊은" 기본 방문을 수행하기로 결정할 수도 있다. 이러한 API를 이용하면 지금까지 요청한 모든 작업을 수행할 수 있고, 심지어 식 트리의 총 개수를 세는 것도 가능하다.

```java
private class CountNumbers extends Visitor/* version1.0 */{
    int cnt;

    @Override
    public boolean visitUnknown(Expression exp) {
        return true;
    }

    @Override
    public void visitNumber(Number n) {
        cnt++;
    }
}

public static int countNumbers(Expression expression) {
    CountNumbers counter = new CountNumbers();
    expression.visit(counter);
    return counter.cnt;
}
```

위 코드는 한 버전의 API에 대해서도 동작할뿐더러 영원히 동작할 준비도 돼 있다. 트리가 새로운 요소를 통해 규모가 커지더라도 기본 메서드에서 제공되는 return true는 모든 요소가 처리될 것임을 보장한다. 실제 탐색은 API 제공자의 몫으로 남는다. 제공자는 모든 API 요소도 관리하며, 이로써 이 작업에 대한 일관성과 적절한 동작 방식이 보장된다.

명확한 버전 정의

지금까지는 Visitor를 추상 클래스로 바꿨을 때 일어날 수 있는 일에 관해 살펴봤다. 모든 것이 동작하긴 했지만 원래의 간단한 추상 클래스가 몇 개의 추상 메서드를 가진 것에서 비교적 복잡한 기본 동작을 제공하는 복잡한 메서드 조합으로 변화했다는 점을 눈여겨보자. 이러한 메서드는 새로운 언어 버전이 만들어질 때마다 함께 늘어날 것이다. 새로운 각 메서드에는 @since 설명이 포함될 것이다. 7.0 버전의 언어만 받아들이고 다른 모든 버전의 언어 표현 요소를 무시하기는 점차 어려워질 것이다. 그럼에도 이것은 합당한 API 요구사항인 것처럼 보인다. 내가 만약 언어 요소를 처리하는 도구를 작성해야 했다면 해당 버전에 대해 요소가 생성됐을 때 요소의 구조를 보여주는 뷰를 가지고 싶을 것이다. 여러 번의 릴리스에 걸쳐 누적된 visit 메서드가 포함된 하나의 커다란 클래스를 서브클래싱하고 어느 메서드가 특정 버전에 추가됐는지 파악하기 위해 해당 클래스의 자바독을 검색하기보다는 내가 관심이 있는 메서드만 담고 있는 깔끔한 인터페이스를 두고 싶을 것이다. 이런 식으로 컴파일 과정에서 내가 필요로 하는 모든 메서드를 구현했다는 확신을 얻을 수 있을 것이다. 이렇게 하기는 훨씬 쉽다. 그리고 사실 몇몇 메서드를 서브클래싱하고, 프로그램을 실행하며(다른 어떤 메서드까지도 구현해야 하는지 파악할 목적으로), 그러한 메서드를 재정의하는 등의 과정을 무한정 반복하는 것에 비해 더 무지한 접근법이다. 이러한 관점에서 이 방법은 각 언어 버전에 대해 인터페이스가 분리돼 있을 경우 훨씬 더 나은 방법일 것이다. 그럼 다음과 같은 인터페이스를 갖게 될 것이다.

```
public interface Visitor {
    public void visitUnknown(Expression e);
}

public interface Visitor10 extends Visitor {
    public void visitPlus(Plus s);
    public void visitNumber(Number n);
}

/** @since 2.0 */
public interface Visitor20 extends Visitor10 {
    public void visitMinus(Minus s);
}
```

첫 번째 버전의 API에는 단 하나의 비지터만 있는 반면 두 번째 버전에는 새로운 유형의 비지터뿐만 아니라 새로운 요소를 추가해야 한다. 이후에 API가 변경될 때마다 점차 뭔가가 추가될 것이다. 그 결과, 실제 언어 버전에서 지원하는 식을 탐색하기 위한 다른 여러 인터페이스가 만들어질 것이다. 하지만 여기엔 명확한 이점이 있다. 즉, 7.0 버전에 대한 방문을 구현하기로 할 경우 Visitor70을 구현하기만 하면 된다. 이는 2.0 버전 언어의 요소를 출력하고 싶을 때도 같다. 즉, 정확한 인터페이스를 구현하고 2.0 버전에 필요한 모든 visit 메서드가 제공된다는 것을 보장할 수 있다.

```java
class PrintVisitor20 implements Visitor20 {
    StringBuffer sb = new StringBuffer();

    public void visitUnknown(Expression exp) {
        sb.append("unknown");
    }

    public void visitPlus(Plus s) {
        s.getFirst().visit(this);
        sb.append(" + ");
        s.getSecond().visit(this);
    }

    public void visitNumber(Number n) {
        sb.append(n.getValue());
    }

    public void visitMinus(Minus m) {
        m.getFirst().visit(this);
        sb.append(" - ");
        m.getSecond().visit(this);
    }
}

Number one = new Number(1);
Number two = new Number(2);
Expression plus = new Minus(one, two);

PrintVisitor20 print = new PrintVisitor20();
plus.visit(print);

assertEquals("1 - 2", print.sb.toString());
```

API는 더 명확해졌고, 이는 바람직한 모습이다. 하지만 구현을 약간 복잡하게 해야만 한다. 이제 각 식 요소는 올바른 visit 메서드에 대한 올바른 디스패치 로직을 담고 있어야 한다.

```java
public void visit(Visitor v) {
    if (v instanceof Visitor20) {
        ((Visitor20) v).visitMinus(this);
    } else {
        v.visitUnknown(this);
    }
}
```

여러분은 어떤 것을 호출해야 할지 결정하기 위해 런타임 검사를 이용해야 했다. 다시 한번 이야기하지만 이것은 컴파일러 검사를 포기하는 셈이다. 적절한 코드가 실행되기 전까지는 실수를 저질렀는지 여부를 판단하지 못할 것이다. 물론 이 코드는 언어 구조 구현의 일부로서, 이 예제에서는 딱한 번 여러분이 이 코드를 작성했다. 그러한 이유로 거기에 선택적으로 충분한 주의를 기울여 올바르게 만드는 것이 가능하다. 그럼에도 이처럼 지저분하고 위험한 코드 조각은 여러 클래스를 통해 visit 메서드에 퍼질 것이다. 그 결과, 코드에서 해당 부분이 어디에 있는지 파악하기가 어려워진다. 또 한 가지 문제는 새로운 언어 버전이 만들어질 때마다 코드의 길이가 증가할 수 있으며, 특히 비단조적 진화를 허용할 경우에는 더욱 그렇다.

비단조적 진화

보통 진화는 한 방향으로만 진행된다. 즉, 진화는 단조적(monotonic)이다. 하지만 새로운 버전의 식 언어를 만들었는데, 그 언어에서는 정수를 쓸모없는 것으로 간주하고 모든 숫자를 실수로 처리한다고 상상해 보자. 물론 그렇게 하더라도 여전히 정수를 지원할 수 있겠지만 코드에서 정수를 사용해야 하는 비지터가 더는 없다고 가정해보자. 결과적으로 Number 클래스는 3.0 버전의 모델을 표현하는 자료구조에서 있을 곳이 아무데도 없다.

```java
/** @since 3.0 */
public final class Real extends Expression {
    private final double value;

    public Real(double value) {
        this.value = value;
    }
```

```
    public double getValue() {
        return value;
    }

    public void visit(Visitor v)
}

/** @since 3.0 */
public interface Visitor30 extends Visitor {
    public void visitPlus(Plus s);
    public void visitMinus(Minus s);
    public void visitReal(Real r);
}
```

참고로 모델에 새로운 요소를 정의했을 뿐만 아니라 새로운 비지터도 도입했다. 이 비지터는 특별한데, 1.0 및 2.0 버전의 언어에 정의된 기존 비지터를 아무것도 확장하지 않기 때문이다. 서브클래싱은 적절하지 않다. Visitor30에서는 visitNumber를 정의하지 않는데, 3.0 버전의 식 언어에서는 정수 숫자가 없기 때문이다. 오직 실수만 지원한다.

이 버전은 잘 동작하고 언어를 명확하게 정의하기 위한 이전 요구사항을 충족한다. 3.0 버전을 사용하기로 했다면 Visitor30을 구현해야 한다. 하지만 이렇게 해서 visit 메서드의 구현이 훨씬 더 복잡해졌다. 이제 모든 데이터 요소는 다른 비지터 타입에 대해 런타임 검사를 수행해야 한다. 예를 들어, 이미 복잡해진 Minus의 구현은 훨씬 더 복잡해질 것이다.

```
/** @since 2.0 */
public final class Minus/* 3.0 */extends Expression {
    private final Expression first;
    private final Expression second;

    public Minus(Expression first, Expression second) {
        this.first = first;
        this.second = second;
    }

    public Expression getFirst() {
```

```
            return first;
        }

    public Expression getSecond() {
        return second;
    }

    public void visit(Visitor v) {
        if (v instanceof Visitor20) {
            ((Visitor20) v).visitMinus(this);
        } else if (v instanceof Visitor30) {
            ((Visitor30) v).visitMinus(this);
        } else {
            v.visitUnknown(this);
        }
    }
}
```

3.0 버전의 내부 구현은 2.0 버전에 비해 확실히 더 지저분하다. 새로운 비단조적 버전이 만들어질 때마다 이 같은 상황은 훨씬 더 악화될 것이다.

인터페이스를 사용하는 자료구조

비지터에 관해 살펴보는 내내 자료구조는 가능한 한 최종적인 클래스로 표현되는 것으로 가정해왔다. 그 결과, 항상 각 요소에 대해 단 하나의 구현만이 있을 테고 런타임 instanceof 검사도 한 라이브러리로 제한될 것이다.

하지만 클래스를 아예 안 쓰는 편이 나을 때도 있다. 주된 이유는 성능과 관련이 있다. 수천 수백만 개의 인스턴스를 생성한다고 해보자. 모든 바이트를 세어 보면 객체가 두 개 있는 것과 하나 있는 것 사이에는 엄청난 차이가 만들어질 수 있다. 예를 들어, 컴파일러와 다른 언어 처리기에서는 보통 Number 같은 모델 클래스의 인스턴스를 생성하는 것 말고도 해야 할 일이 있다. 텍스트 내 요소의 오프셋과 같이 별도의 관련 정보도 관리해야 한다. 위임의 부담 없이 기존 타입을 새로운 데이터로 강화할 수 있게 만들려면 서브클래싱을 허용할 필요가 있다. 이는 구현자가 다중 상속을 이용해 인터페이스의 구현체를 추가로 제공하고자 할 때도 유용할 수 있다. 메모리 소비를 최적화하고 추가적인 모델 객체 인스턴스의 생성을 방지해야 한다면 모델 정의에 인터페이스를 사용하는 것이 합당하다.

하지만 모델이 클라이언트 API를 표현하기 때문에 클래스를 개발자가 구현할 수 있는 뭔가로 바꾸는 것은 이번 장에서 권장한 모든 사항에 반대되는 것으로 보일지도 모른다. 그렇다. 모델에 인터페이스를 사용한다면 그것들을 처음부터 올바르게 만들어야만 한다. 그 이후에는 기존의 모든 구현체를 망가뜨리지 않고서는 메서드를 추가할 방법이 없다. 놀랍게도 그렇다고 해서 API를 진화시키는 방법이 전혀 없다는 의미는 아니다. 비지터 패턴은 멋진 방식으로 이를 가능케 한다.

먼저 2.0 버전의 Minus를 만들었던 것처럼 새 API 릴리스에 새로운 모델 요소를 만든다. API에 새로운 클래스를 추가하는 것은 바이너리 호환성을 완전히 준수하며, 소스 호환성도 거의 준수하므로 이렇게 하는 것은 절대적으로 올바른 진화 전략이다. 새 클래스에서 Expression 기반 클래스를 확장한다면 적어도 visitUnknown(Expression)에는 언제든지 새로운 클래스를 전달할 수 있다. 그러고 나면 단순히 새 visit 메서드를 비지터 클래스에 추가하는 문제가 된다. 앞에서 이미 이 방법이 두 가지 시나리오에서 모두 가능하다는 것을 목격했다. 추상 클래스를 이용할 경우 새 메서드를 추가하고, 인터페이스를 이용할 경우 새 버전의 언어에 대한 새로운 비지터 인터페이스를 정의할 수 있다. 게다가 비단조적인 진화를 이용하는 방법도 언제든지 이용할 수 있다. 이 접근법은 정확히 Real과 Visitor30(Number는 전혀 언급하지 않는)에서 했던 것처럼 더는 필요하지 않은 요소를 담고 있는 잘못된 모델 인터페이스로부터 복구해야 할 때 유용할 수 있다.

첫 번째 버전을 릴리스할 때는 인터페이스를 제대로 만드는 것이 언제나 더 낫다. 하지만 비지터를 이용하면 발생 가능한 설계 실수로부터 복구할 방법이 있는 듯하다. 식 노드를 표현하는 데 인터페이스를 사용하는 것조차도 수용할 만한 방식처럼 보인다. 진화가 허용되기 때문에 이것은 적절한 API 설계 패턴으로 분류될 수 있다.

클라이언트 비지터와 제공자 비지터

인터페이스 사용과 관련된 다소 지저분한 문제가 하나 있다. 언어를 몇 번에 걸쳐 개정한 이후로 visit 메서드가 얼마나 지저분해질 수 있는지 확인했을 것이다. 이것은 수용할 만하다고 이야기했는데, 구현체가 단 하나밖에 없어서 그것을 바로잡을 수 있기 때문이다. 하지만 인터페이스를 이용할 경우, 즉 기본 구현체가 없을 경우 지저분한 코드가 각 인터페이스의 모든 구현체에 존재해야 한다. 아울러 이러한 구현체들은 서로 보조를 맞춰야 한다. 새로운 비지터를 정의하는 API 버전이 새로 만들어질 때마다 모든 구현체는 v instanceof VisitorXY를 적절히 검사하게끔 수정해야 한다. 이 경우 인터페이스끼리 서로 어긋날 가능성이 농후하기 때문에 이렇게 하는 것은 좋지 않다.

이 같은 불편한 상황을 해결하려면 API를 개선할 기법이 필요하다. 이 기법은 이번 장에서 필수적인 내용이고 8장에서 간략하게 설명한 바와 같이 클라이언트 API와 제공자 API를 분리하는 데 토대를 둔다. 이전의 모든 예제에서는 두 가지 서로 다른 용도에 VisitorXY 타입을 사용했다. 어떤 개발자는 VisitorXY에서 모델 데이터 클래스나 인터페이스를 탐색하도록 구현하기도 했다. 모델 클래스의 여러 구현체에서는 visit 메서드의 구현체 내에서 올바르게 디스패치하기 위해 VisitorXY를 사용한 경우도 있다. 이것은 지금까지 비지터 패턴에서 봐온 진화 문제의 근본 원인이다. 다행히도 해법은 간단하다. 클래스를 둘로 쪼개는 것이다. 다음은 1.0 버전의 식 언어를 개선한 버전이다.

```java
public interface Expression {
    public abstract void visit(Visitor v);
}

public interface Plus extends Expression {
    public Expression getFirst();
    public Expression getSecond();
}

public interface Number extends Expression {
    public int getValue();
}

public abstract class Visitor {
    Visitor() {
    }

    public static Visitor create(Version10 v) {
        return create10(v);
    }

    public interface Version10 {
        public boolean visitUnknown(Expression e);
```

```
        public void visitPlus(Plus s);
        public void visitNumber(Number n);
    }

    public abstract void dispatchPlus(Plus p);
    public abstract void dispatchNumber(Number n);
}
```

이 예제에서는 모델 클래스가 인터페이스로 표현되지만 성능 최적화에 대한 필요성이 없다면 최종 클래스가 여전히 동작할 것이다. Expression에서는 "클라이언트 비지터"(어쩌면 "디스패치"라고 불러야 할지도 모르는)를 받아들이는 visit 메서드를 정의하고 있다. 이것은 외부 모듈 구현체가 아무것도 없는 비지터지만 이것을 상대로 올바른 디스패치 메서드를 호출할 수 있다. 비지터를 작성하고 싶은 API 사용자는 Visitor.Version10 "제공자 비지터" 인터페이스를 구현해서 Visitor.create를 이용해 그것을 변환하면 된다. 그런 다음 expression.visit(v)를 호출할 때 사용할 수 있다. 그 결과, 진화 요구사항을 수용하기가 쉬워진다. Minus 식이 추가된 2.0 버전의 언어로 진화하면 다음과 같은 사항이 추가될 것이다.

```
/** @since 2.0 */
public interface Minus extends Expression {
    public Expression getFirst();
    public Expression getSecond();
}

public abstract class Visitor {
    Visitor() {
    }

    /** @since 2.0 */
    public static Visitor create(Version20 v) {
        return create20(v);
    }

    /** @since 2.0 */
    public interface Version20 extends Version10 {
        public void visitMinus(Minus m);
```

```
    }

    /** @since 2.0 */
    public abstract void dispatchNumber(Number n);
}
```

다른 모든 메서드와 클래스는 그대로 유지될 것이다. 새로운 "제공자 비지터" 인터페이스는 기존 인터페이스를 확장할 것이다. 팩터리 메서드에서도 제공자 비지터를 "클라이언트 비지터"로 변환할 것이며, 클라이언트 비지터에는 Minus.visit(Visitor)의 구현체에서 디스패치를 위해 호출할 수도 있는 새로운 메서드가 포함될 것이다.

정수를 실수로 대체하는 3.0 버전에서도 이와 비슷한 변화가 일어날 것이다. 하지만 Version30 인터페이스에서는 이미 존재하는 것을 아무것도 확장하지 않을 것이다. 왜냐하면 3.0은 모델에 비단조적인 변화를 가져와 이전의 메서드는 모두 필요로 하지 않고 그중 일부만 필요로 할 것이기 때문이다. 다음 코드를 보자.

```
/** @since 3.0 */
public interface Real extends Expression {
    public double getValue();
}

public abstract class Visitor {
    Visitor() {
    }

    /** @since 3.0 */
    public static Visitor create(Version30 v) {
        return create30(v);
    }

    /** @since 3.0 */
    public interface Version30 {
        public boolean visitUnknown(Expression e);
        public void visitPlus(Plus s);
        public void visitMinus(Minus s);
        public void visitReal(Real r);
```

```
    }

    /** @since 3.0 */
    public abstract void dispatchReal(Real r);
}
```

삼중 디스패치

비지터 패턴은 "이중 디스패치(double dispatch)"라고 불릴 때가 많은데, expression.visit(visitor)가 호출될 때 호출되는 비지터 내의 실제 메서드가 비지터에 대한 디스패치뿐 아니라 실제 식 하위 타입에 대한 호출 디스패치에 좌우되기 때문이다. 여기서 설명한 "클라이언트 비지터와 제공자 비지터" 패턴은 "삼중 디스패치(triple dispatch)"로 부를 수도 있다. 제공자 비지터에서 호출되는 실제 메서드가 식, 언어 버전, 비지터 구현체의 함수이기 때문이다. Visitor.create 메서드가 3.0 버전에서 어떻게 구현되는지 살펴보자. 다음은 1.0 버전을 대상으로 작성된 비지터에 대한 메서드다.

```
static Visitor create10(final Visitor.Version10 v) {
    return new Visitor() {
        @Override
        public void dispatchPlus(Plus p) {
            v.visitPlus(p);
        }

        @Override
        public void dispatchNumber(Number n) {
            v.visitNumber(n);
        }

        @Override
        public void dispatchMinus(Minus m) {
            if (v.visitUnknown(m)) {
                m.getFirst().visit(this);
                m.getSecond().visit(this);
            }
        }
    }
```

```
        @Override
        public void dispatchReal(Real r) {
            v.visitUnknown(r);
        }
    };
}
```

Plus와 Number 요소만 1.0 버전에 있었기에 이것들만 디스패치되며, 다른 모든 요소에서는
visitUnknown 메서드를 호출한다. 게다가 Minus 요소를 처리할 때는 반환값을 검사해 그것이 true
이면 앞에서 살펴본 CountNumbers 비지터를 지원하기 위해 "깊은" 방문을 수행한다. 2.0 버전의 언
어 모델을 대상으로 작성된 비지터 처리는 약간 더 단순한데, Minus 처리 코드에 대한 실패 처리
(fallback)를 수행할 필요가 없기 때문이다.

```
static Visitor create20(final Visitor.Version20 v) {
    return new Visitor() {
        @Override
        public void dispatchPlus(Plus p) {
            v.visitPlus(p);
        }

        @Override
        public void dispatchNumber(Number n) {
            v.visitNumber(n);
        }

        @Override
        public void dispatchMinus(Minus m) {
            v.visitMinus(m);
        }

        @Override
        public void dispatchReal(Real r) {
            v.visitUnknown(r);
        }
    };
}
```

3.0 버전의 언어 모델의 비지터 지원은 좀 더 복잡하긴 하지만 여전히 가능하다. 그 이유는 기존 모델의 정수를 실수로 변환하는 것이 합당하며, 여기엔 약간의 추가 작업만이 필요하기 때문이다.

```java
static Visitor create30(final Visitor.Version30 v) {
    return new Visitor() {
        @Override
        public void dispatchReal(Real r) {
            v.visitReal(r);
        }

        @Override
        public void dispatchNumber(final Number n) {
            class RealWrapper implements Real {
                public double getValue() {
                    return n.getValue();
                }

                public void visit(Visitor v) {
                    n.visit(v);
                }
            }
            v.visitReal(new RealWrapper());
        }

        @Override
        public void dispatchPlus(Plus p) {
            v.visitPlus(p);
        }

        @Override
        public void dispatchMinus(Minus m) {
            v.visitMinus(m);
        }
    };
}
```

이 해법에 새롭게 추가된 요소는 정수를 표현하는 객체를 장식하고 그것이 실수로 보이게끔 만들어 주는 RealWrapper 클래스다. 이런 식으로 Version30에서는 정수를 제공하는 이전 버전의 모델을 탐색할 수 있다.

비지터를 위한 행복한 결말

"클라이언트 비지터와 제공자 비지터" 패턴은 지금까지 접한 질문이나 문제에 대한 훌륭한 답이다. 이것은 진짜 "확장 가능한 비지터"이기도 하다.

- 모델에 새로운 요소를 추가하는 것이 가능하다.

- visitUnknown 메서드를 지원한다.

- 알지 못하는 요소를 대상으로 기본적인 깊은 탐색을 지원한다.

- 언어 모델 버전이 각각 자체적인 비지터 인터페이스를 갖기 때문에 명확히 분리되고, 자유롭게 모델과 비지터 버전을 섞거나 모델과 비지터를 가리지 않고 순회할 수 있다.

- 비단조적인 진화를 지원한다.

- 해법이 타입에 안전하다. 리플렉션이나 인트로스펙션을 사용할 필요가 없다.

- 모델 클래스에 대한 인터페이스 사용 및 타입에 안전한 진화가 가능하다.

이 이상 요구하는 것은 무리다! 결국 여러분은 행복한 결말을 맞이했다. 이 모든 것은 여러분이 단 한 가지 중요한 규칙을 준수했기에 일어난 일이다. 즉, 8장에서 조언한 바와 같이 *클라이언트 및 제공자 인터페이스를 두 부분으로 분리*했기 때문이다. 오래된 지혜를 빌리자면 "컴퓨터 과학의 모든 문제는 또 다른 간접 계층을 통해 해결할 수 있다". 이 말은 API 세계에서도 통하는 듯하다.

편의성 문법

행복한 결말에도 불구하고 좀 더 살펴볼 것이 있다. Print 비지터 예제를 새로운 방식으로 재작성할 경우 전통적인 코드가 visitPlus 메서드를 컴파일하지 못한다는 사실을 알게 될 것이다.

```java
public class PrintVisitor implements Visitor.Version10 {
    StringBuffer sb = new StringBuffer();
```

```
        final Visitor dispatch = Visitor.create(this);

        public void visitPlus(Plus s) {
            // s.getFirst().visit(this); // 컴파일되지 않는다. 다음 부분이 필요하다.
            s.getFirst().visit(dispatch);
            sb.append(" + ");
            s.getSecond().visit(dispatch);
        }

        public void visitNumber(Number n) {
            sb.append(n.getValue());
        }

        public boolean visitUnknown(Expression e) {
            sb.append("unknown");
            return true;
        }
    }
```

Expression.visit 메서드는 Visitor와 PrintVisitor 클래스만이 Version10 인터페이스를 구현할 것으로 기대한다. 타입을 올바르게 지정하려면 항상 새로운 "디스패처"를 생성하거나 final Visitor dispatch 변수에 했던 것과 같이 그러한 디스패치에 대한 참조를 유지할 필요가 있다. 이 변수는 디스패치를 시작하는 데 필요하므로 이렇게 변경할 경우 해당 변수가 비지터 구현체로 옮겨지고, 그렇게 해서 visit 메서드에서 접근할 수 있게 된다. 하지만 그러자면 Visitor 객체가 Print 클래스의 인스턴스 변수이기 때문에 Visitor 객체를 얻기 위해 두 번에 걸쳐 참조해야 한다. 게다가 이 기법을 찾기가 어려울 수도 있다. 한편으로 자바독에 적힌 내용과 예제 사용법을 참고하면 이러한 문제가 해결될 것이다. 하지만 이것은 편의성 문법이 없는, 비지터 패턴에 새롭게 향상된 점이 없는 전통적인 해결책에 해당한다.

올바른 비지터 작성법을 찾기 쉽게 인터페이스를 강화하는 해법도 있다. VersionXY 인터페이스에 포함된 각 메서드는 새로운 매개변수로 Visitor self를 받는다.

```
    public abstract class Visitor {
        Visitor() {
        }
```

```
    public static Visitor create(Version10 v) {
        return create10(v);
    }

    public interface Version10 {
        public boolean visitUnknown(Expression e, Visitor self);
        public void visitPlus(Plus s, Visitor self);
        public void visitNumber(Number n, Visitor self);
    }

    public abstract void dispatchPlus(Plus p);
    public abstract void dispatchNumber(Number n);
}
```

self는 늘 Expression.visit(Visitor) 메서드에 전달된 Visitor이고 기존 Print 비지터 예제에서 this 대신 사용할 수 있다.

```
public class PrintVisitor implements Visitor.Version10 {
    StringBuffer sb = new StringBuffer();

    public void visitPlus(Plus s, Visitor self) {
        s.getFirst().visit(self);
        sb.append(" + ");
        s.getSecond().visit(self);
    }

    public void visitNumber(Number n, Visitor self) {
        sb.append(n.getValue());
    }

    public boolean visitUnknown(Expression e, Visitor self) {
        sb.append("unknown");
        return true;
    }
}
```

```
@Test public void printOnePlusOne() {
    Number one = newNumber(1);
    Expression plus = newPlus(one, one);

    PrintVisitor print = new PrintVisitor();
    plus.visit(Visitor.create(print));

    assertEquals("1 + 1", print.sb.toString());
}
```

이러한 두 방식 가운데 어느 것을 사용하느냐는 패턴 사용자의 결정에 좌우된다. 첫 번째 방법은 발견하기가 어렵지만 단순하다. 두 번째 방법은 좀 더 복잡하다. 하지만 두 번째 방법은 비지터를 재귀적으로 사용하려는 사람에게 필요한 방법이다. 아무튼 실제로 어떤 방식을 택하느냐와 관계없이 적절히 구현된 비지터는 API 세계의 기본 요소로서 작용할 수 있는 훌륭한 API 설계 패턴에 해당한다.

CHAPTER 19

시한부 절차

이 책에서 제안하는 대부분의 내용은 뭔가를 호환성 있게 유지하고, 라이브러리와 API를 늘 호환성 있게 설계하며, API 클라이언트의 코드를 망가뜨릴 수 있는 일은 절대 하지 말 것을 당부한다. 이것은 API에서 메서드, 필드, 클래스, 패키지를 제거해서는 안 된다는 것을 의미하는데, 그렇게 할 경우 일부 잠재적인 클라이언트에 대해 호환성이 깨질 가능성이 있기 때문이다. 결과적으로, 라이브러리를 수정하지 않은 채로 두거나 라이브러리에 새로운 항목을 추가하면 된다. 한 가지 흥미로운 질문은 개발자가 이 같은 식으로 행동하기 시작했을 때 어떤 일이 일어날 것이냐다. 코드의 양이 한도 끝도 없이 늘어나지는 않을까? 개발자들이 기존 라이브러리를 유지보수하는 데 대부분의 시간을 보내지는 않을까? 개발자들이 새로운 코드를 작성할 시간이 아예 안 생기는 건 아닐까?

경험상 이렇게 될 가능성은 낮다. 한편으로 라이브러리는 유지보수를 필요로 할 수도 있는데, 라이브러리가 버그로 가득 차 있어서 그 상태로는 사람들이 사용할 가능성이 낮을 것이기 때문이다. 또 한편으로는 라이브러리가 기대한 대로 동작할 수도 있으며, 그렇다면 아예 건드리지 않는 편이 더 낫다. 새로운 기능을 추가하거나 API를 새로운 요구사항에 맞춰야 하는 압력이 있을지도 모른다. 이것은 "마케팅 공격"의 일환일 수도 있으며, 이 경우 변경사항은 라이브러리가 사람들에게 유용하다는 것을 개발자들에게 확신시키는 데 사용된다. 하지만 아마 이것은 사용자의 수가 상당하다는 것을 의미할 것이다. 이러한 투자는 확실한 보상을 가져다줄 것이다. 하지만 때로는 전체 라이브러리는 여전히 사용할 만하고 유용하지만 특정 부분은 제거할 필요가 있는 경우가 있다. API의 일부만 제거하는 방법이 있을까?

이미 앞에서 여러 번에 걸쳐 언급한 바와 같이 약간의 비호환성조차도 라이브러리 전체가 호환되지 않는 방식으로 진화하고 있다고 인식되게 할 수 있다. "비호환성"은 외부 세계에 보내기에는 대체로 잘못된 메시지이기 때문에 가능한 한 이를 방지하는 것이 바람직하다. 이것의 극단적인 예를 자바 프레임워크의 뿌리인 핵심 라이브러리에서 찾을 수 있다. 1.5 버전이 출시됐을 때 핵심 클래스는 rt.jar에 패키징돼 있었다. 그것의 모든 내용은 1.0 버전부터, 즉 1996부터 나온 기존의 모든 릴리스를 포함한다. 모든 API 클래스는 여전히 거기에 들어 있고, 심지어 *지원 중단*(사용할 수도 없고 삭제될 것으로 표시된)된 이후로 10년째 들어 있는 것도 있다. 그러한 API가 여전히 거기에 들어 있는 이유는 호환성에 대한 약속이 라이브러리를 정리하는 것보다 중요하기 때문이다. 여기엔 메서드와 클래스 하나뿐만이 아니라 java.beans.beancontext 같은 패키지 전체도 포함된다. 이것들은 호환성이라는 이유만으로 그곳에 존재하며, 그저 한 번 자바 개발자와 약속했던 사항을 지키기 위해 유지보수되고 있다.

사실 장기적인 호환성을 전달하는 것은 커다란 업적이다. 이러한 약속을 지키려면 시간과 돈을 투자 해야 한다. 해법을 유지하는 데는 비용이 들고, 잘못된 것으로 알려졌거나 새로운 버전으로 대체돼 온 것들을 계속 뒷바라지하는 일은 지루하며, 여러 해에 걸쳐 그렇게 할 때는 특히 그렇다. 그러한 수준의 호환성을 지키게끔 동기를 부여하는 중요한 비전이 있어야만 한다. 이러한 배경을 가진 사람 들이 이것이 동작을 담보하는 유일한 방법이라고 믿게 만들려면 강력한 동기부여가 있어야 한다. 그 들은 호환성을 유지보수하지 않으면 약속이 깨지고 호환성도 완전히 망가진다고 믿을 필요가 있다. 이 같은 관점은 "API는 별과 같아서 한 번 생긴 것은 결코 사라지지 않는다"처럼 특정 관점에서는 참인 주장을 낳는다. 하지만 좀 더 역동적인 마음가짐으로 접근하면 이러한 주장이 공허한 것으로 보이기 쉽다.

여기서 중요한 점은 훌륭한 런타임 지원의 도움을 약간 받고 API를 주의깊게 다룬다면 더는 필요하 지 않은 클래스를 제거하는 것도 가능하다는 것이다. 넷빈즈 프로젝트에서 그러한 사례를 볼 수 있 다. 오래 전에 우리는 모놀리식 openide.jar 패키지에 들어 있는 OpenAPIs라는 기반 API를 가지 고 시작했다. 몇 년 간의 유지보수 끝에 API의 대부분은 지원 중단된 부분들로 지저분해졌다. 특정 클래스는 최악의 선택으로 판명됐는데, 해당 클래스가 전체 API의 미래 진화를 가로막았다. 프로젝 트에서는 모듈화를 이용해 이러한 클래스를 제거했다. 아울러 넷빈즈 런타임 컨테이너의 도움을 약 간 받아서 원치 않은 클래스를 별도의 JAR 파일로 추출해낼 수 있었다. 우리는 천천히 이러한 클래 스를 지원 중단 클래스로 표시할 수 있었고, 이러한 API를 사용하는 사용자에게 하위 호환성을 지 키면서 제품에서 그것들을 제거할 수 있었다.

명세 버전의 중요성

넷빈즈 사례를 통해 "호환성 있는 제거"를 이해할 수 있으려면 우선 우리가 특정 API에 대한 의존성 을 표현하는 것으로는 충분하지 않고 API의 버전을 지정할 필요가 있음을 깨달았다는 사실을 알아 둬야 한다. 즉, 다음과 같이 말하는 것만으로는 충분하지 않다.

```
import java.awt.*;
```

패키지를 지정하는 것뿐만 아니라 해당 의존성이 특정 패키지의 개정 버전에 있다는 점도 이야기해 야 한다. 예를 들어, java.awt 패키지가 JDK 1.2부터 존재한다는 점을 명시해야 한다. 이러한 정보는 해당 패키지를 사용하는 각 애플리케이션에 포함돼야 한다. 그런 정보가 있으면 런타임 시스템이 java.awt의 1.2 개정 버전의 환경에서 재현되도록 환경을 재조정하게 할 수 있다.

모듈 의존성의 중요성

넷빈즈에도 적용된 또 하나의 필요조건은 애플리케이션 라이브러리를 실제 JAR 파일에 대한 경로를 통해 지정하는 것이 아니라 의존성을 통해 지정해야 한다는 것이다. 그러한 의존성은 해석이 필요하지만 이러한 해석 과정에서 라이브러리의 개정 버전 간의 잠재적인 비일관성과 비호환성을 감추는 별도의 로직을 추가할 수 있다.

전통적인 자바 -classpath 접근법을 이용하면 "rt.jar가 필요한데, 왜냐하면 rt.jar가 바로 java.awt 패키지를 담고 있는 JAR 파일이기 때문이다."라고만 이야기할 수 있다. 하지만 이 같은 방법은 구현 세부사항을 과도하게 노출한다. 결국, 실제 요구사항은 다음과 같이 지정하는 것이다. "애플리케이션은 JDK 1.2를 대상으로 컴파일됐고 1.2 개정 버전이었을 때의 상태로 java.awt 패키지를 필요로 한다."

크게 개선된 것처럼 보이지 않을 수도 있지만 이 방법은 실제로 "호환성 있는 제거"의 기회를 만들어준다. 런타임 시스템은 특정 컴포넌트(이 예제의 경우 java.awt 같은 패키지)의 이력을 이해할 수 있다. 따라서 기대하는 클래스들을 실제 런타임 경로에 주입할 수 있다. 이러한 이유로 해당 패키지의 새 버전(1.3 같은)에서 java.awt.Canvas 클래스를 포함하지 않는 것이 가능할 수 있다. 실제로 1.3 버전을 대상으로 컴파일하는 사람들 중에서 해당 클래스를 사용할 수 있는 사람은 아무도 없겠지만 1.2 버전을 대상으로 컴파일한 다음 1.3 버전을 대상으로 실행하고 싶은 개발자들의 경우에는 어떨까? 그러한 개발자들은 NoClassDefFoundError를 보게 될까? 아니다. 전혀 그렇지 않다. 그들이 만든 애플리케이션에서는 1.2 버전을 원한다고 기술돼 있으므로 런타임 시스템은 "1.2 버전을 구해" 클래스들을 주입해서 기존 개정 버전을 흉내 낸다. 그러한 클래스는 이제 새로운 개정 버전에서는 지원 중단되거나, 아무 동작도 하지 않거나 없어졌을지도 모른다. 하지만 그것들의 이전 버전이 여전히 유지되고 있다면 시스템에서는 그것들을 투명하게 이용 가능한 상태로 만들 수 있다. java.awt.Canvas 클래스는 1.2 버전부터 정확히 그와 모습이다. 결과적으로 애플리케이션은 문제 없이 링크되고 실행된다. 이것은 호환성 있는 개발을 가능하게 만드는 방법의 한 예로, 심지어 API가 축소되는 경우에도 가능한 방법이다.

자동 의존성 조정

넷빈즈 모듈 시스템에서는 모든 모듈이 의존성을 조정하는 데 사용될 수 있는 힌트를 제공할 수 있다. 의존성은 특정 모듈이 생성됐던 환경을 재현하는 데 사용된다.

예를 들어, 넷빈즈 프로젝트에서는 사용자 설정을 관리하기 위한 낡고 불필요한 클래스인 SystemOption 클래스를 제거하기로 했다. 이 클래스는 java.util.Preferences를 사용하는 것으로 대체됐다. 이 클래스를 지원 중단하는 것은 쉬웠다. 왜냐하면 이 클래스는 org.openide.options라는 자체 모듈에 포함돼 있었기 때문이다. 이 모듈에는 SystemOption 말고는 거의 아무것도 포함돼 있지 않아서 이 모듈도 완전히 지원이 중단됐다. 하지만 문제는 다른 다양한 모듈에서 SystemOption을 기반으로 한 API를 노출하고 있다는 점이었다. 예를 들어, 편집기 지원 기능에서는 public class PrintSettings extends SystemOption을 제공했다. SystemOption을 제거하면 PrintSettings를 유지할 수 없었다. 그래서 PrintSettings도 지원 중단하기로 결정했다. 원래의 상황이 그림 19.1에 나와 있다. org.openide.options 모듈의 6.7 버전에는 SystemOption 클래스가 포함돼 있다. PrintSettings 클래스는 org.openide.text 모듈에 CloneableEditorSupport 같은 다른 클래스와 함께 들어 있다. org.openide.text 모듈의 버전은 6.15이고, 이 모듈은 적어도 6.7 버전의 org.openide.options에 대한 의존성을 가지고 있다.

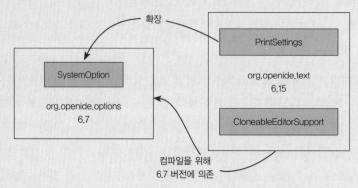

그림 19.1. 지원 중단되기 전의 PrintSettings와 SystemOption

우리는 PrintSettings 클래스를 org.openide.text 모듈에서 org.openide.options 모듈로 옮기고 그림 19.2와 같이 명세 버전을 6.8로 높였다. org.openide.text 모듈의 버전은 6.18로 올라갔다. 이제 더는 org.openide.options에 대한 의존성을 필요로 하지 않는다. org.openide.text 모듈에는 CloneableEditorSupport를 비롯해 비슷하지만 여전히 유용한 클래스가 포함돼 있다. 다른 지원 중단될 클래스는 이제 자체적인 모듈을 구성하며, 이것들은 더는 시스템의 다른 부분에서 필요로 하지 않는다. 이로써 API 사용자가 SystemOption과 PrintSettings에서 다른 것으로 전환하는 즉시 모듈을 완전히 지원 중단시키는 진화 계획에 이바지한다.

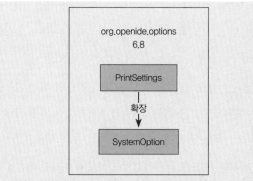
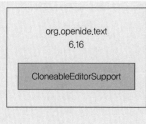

그림 19.2 지원 중단된 후의 PrintSettings와 SystemOption

하지만 하위 호환성을 유지보수할 생각도 있었다. 모듈에서 `PrintSettings`를 제거하는 것은 확실히 호환성을 보장하는 방법이 아니었다. 그러나 해당 클래스는 여전히 다른 모듈에 존재한다. 누군가가 6.16 버전보다 낮은 버전에서 `org.openide.text`를 사용하고 싶다면 모듈의 의존성도 `org.openide.options > 6.8`을 요청하게끔 변경하라고 알려주는 자동 모듈 의존성 트리거를 지정하는 것으로 충분하다. 이것은 `org.openide.text`의 모든 기존 사용자도 여전히 컴파일 시점에 해당 모듈의 모든 클래스를 계속해서 보게 된다는 것을 의미한다. `CloneableEditorSupport` 클래스만 필요한 사람들은 의존성을 `org.openide.text > 6.16`으로 높여서 더는 그것을 필요로 하지 않음으로써 `org.openide.options`에 대한 지원을 중단하는 데 기여할 수 있다.

한 가지 짚고 넘어가자면 해당 클래스는 새 버전의 공식 라이브러리에는 존재하지 않는다. 이것은 순전히 호환성을 위해 유지되고 있을 뿐이다. 이전 버전을 대상으로 컴파일하는 개발자들은 컴파일 및 실행에 성공하며, 새로운 버전으로 전환한 이들은 자신의 코드를 수정해야 한다. 넷빈즈에서는 이러한 코드 수정이 두 가지 형태를 띨 수 있다. 즉, 개발자들은 자신의 코드가 지원 중단된 클래스에 의존하지 않도록 수정하거나 애플리케이션 의존성이 `java.awt-deprecated`에 의존하도록 수정해야 한다. 모든 이들에게는 다음과 같은 세 가지 선택지가 있다.

1. 완전히 호환 가능한 모드를 유지한 채로 이전 버전에서 했던 것처럼 라이브러리를 대상으로 컴파일한다.

2. 새로운 버전으로 업데이트하지만 모듈 의존성에 지원 중단된 라이브러리를 포함시킨다.

3. 새로운 버전으로 업데이트하고 이전 및 제거된 클래스를 참조하지 않도록 코드를 수정한다.

넷빈즈 프로젝트의 경험에 따르면 개발자들은 새 버전으로 손쉽게 업그레이드할 수 있을지 걱정할 때가 많다. 이 경우 개발자들은 1번 해법을 선호한다. 이것은 개발자들이 아무것도 하고 싶어하지 않으며 애플리케이션도 계속해서 실행돼야 한다는 것을 의미한다. 좋다. 그러한 개발자들을 위한 해답이 있다. 즉, 그냥 이전 버전에 대해 호환 가능한 모드를 유지하면 모든 것이 기대한 대로 동작할 것이다.

하지만 경험상 개발을 최신 상태로 유지하고 싶은 사람도 있었다. 그들은 새 릴리스의 최신 기능을 사용하고 싶어 하며 코드를 변경하는 것도 개의치 않는다. 그러한 사람들은 3번 해법을 택할 가능성이 높다. 즉, 코드를 수정해서 최신 버전의 라이브러리와 호환되고 함께 사용할 수 있게 만들 것이다.

요점은 여전히 지원 중단된 라이브러리를 사용하지만 코드를 건드리고 수정하고자 함으로써 2번 해법을 택하려는 사람의 수가 아주 적다는 것이다. 여러분은 쉬운 해법을 찾아볼 수도 있으며, 이 경우 완전히 호환 가능한 환경에서 실행하는 것은 이전 버전과 마찬가지로 여러분의 선택이다. 아니면 소스를 기꺼이 수정할 의향도 있을 텐데, 그것은 "시한부" 클래스를 사용하지 않으면서 모든 새로운 기능으로 완전히 업그레이드하는 것이 훨씬 더 합리적임을 의미한다.

참고로 이것은 단순한 지원 중단과는 다르다. 지원 중단은 단순히 컴파일 시점의 경고에 불과하다. 이때 결정한 사항은 런타임에 볼 수 있다. 런타임에서는 낡고 업데이트되지 않은 의존성의 결과로 개발자들에게 새로운 버전으로 바꾸라고 경고하는 내용이 출력된다. 이로써 개발자들은 코드가 낡고 있으며, 업데이트해야 할 때라는 사실을 알게 된다. 넷빈즈에서 경험한 바에 따르면 개발자들은 이러한 상황에서 업데이트를 진행한다.

시간이 지나면 이전 API에 의존하는 프로젝트의 수는 줄어들 것이다. 물론 새로운 프로젝트에서는 기존 API를 전혀 못 볼 테지만 이전 API도 결국은 새로운 버전으로 업데이트돼야 할 것이다. "호환성 있는 제거"의 좋은 점은 모든 프로젝트가 한 번에 모두 업데이트될 필요는 없다는 것이다. 개발자들은 새로운 버전으로 바꿀 수도 있고 아닐 수도 있지만, 개발자들 모두 저마다 익숙한 런타임 환경을 언제든지 이용할 수 있다.

제거된 부분을 영원히 놔둬야 하는가?

내가 절대 사용해서는 안 될 클래스에 지원 중단 어노테이션을 사용하는 대신 그러한 클래스를 별도의 JAR 파일로 옮기는 방법을 제안하는 것처럼 생각할 수도 있다. 하지만 하위 호환성을 지키기 위해서는 그러한 클래스를 그대로 유지할 필요가 있다. 이것은 거의 맞는 말이지만 전적으로 맞는 말은 아니다.

넷빈즈 팀에서 지원 중단된 API를 한동안 그대로 유지하는 것은 사실이다. 하지만 모든 넷빈즈 IDE 모듈에서 그러한 API에 의존하는 것을 중단하면 금방 그것들은 사용되는 일 없이 디스크에 들어 있기만 할 뿐이다. 그것들은 실행 과정에서 메모리로 적재되지도 않고 컴파일 과정에서 사용되지도 않는다. 누군가가 호환성 문제 때문에 정말로 그것들을 필요로 하지 않는다면 말이다. 사실 이렇게 하면 컴퓨터 자원이 절약된다. 하지만 호환성 브리지가 더는 필요하지 않다면 더 큰 혜택이 따라온다. 기존 버전의 API를 사용하는 사용자의 수가 어느 한도보다 낮을 때 이러한 현상이 일어난다. 그렇게 되면 넷빈즈 IDE 같은 프레임워크의 "기본" 배포판에 API를 포함시키는 것을 중단할 수 있다. 그렇다고 해서 API가 완전히 삭제된다는 의미는 아니다. 여전히 다운로드할 수 있고, 다만 기본 배포판에 그것을 더는 포함시킬 필요가 없다는 의미다. 이것은 아직 새로운 버전으로 마이그레이션하지 않았을지도 모르는 사람들에게 마이그레이션할 적절한 시점임을 말해주는 신호다. 그럼에도 억지로 그렇게 해야 하는 것은 아닌데, 호환성 브리지를 다운로드할 선택의 여지는 있기 때문이다. 바람직한 런타임 컨테이너라면 필요에 따라 자동으로 다운로드할 수 있을 것이며, 이를 통해 프레임워크에서 제공할 수도 있는 비호환성으로부터 애플리케이션을 보호할 수 있다.

이러한 기술을 이용하면 완전한 호환성을 달성할 수 있고 API의 일부분을 제거하는 것을 비롯해 API의 진화 측면에서 크나큰 자유를 보장할 수 있다. 넷빈즈 프로젝트에서는 이러한 접근법을 이용하며, 지금까지 이를 성공적으로 증명해왔다. 우리는 API를 다이아몬드처럼 취급할 수 있음과 동시에 모조품으로 판명된 부분들은 쓰레기통으로 버릴 수 있다.

모놀리식 API 나누기

2장의 "애플리케이션 모듈화" 절에서 설명한 것처럼 이 책에서는 모듈화 설계 및 컴포넌트 기반 아키텍처를 지지한다. 이상적인 애플리케이션이라면 조립하고 서로 접합되는 모듈화된 기본 요소로 구성된다. 하지만 그러자면 컴포넌트의 크기를 적절히 조절해야 한다. 여기서 "크기"는 라이브러리 배포판의 킬로바이트 양을 의미하는 것이 아니다. 요즘에는 이것이 전혀 문제가 되지 않으며, 적어도 인터넷 연결이 가능한 데스크톱 컴퓨터에서는 그렇다. "크기"는 확인 가능한 클래스의 양을 가리키지도 않는다. 그것들은 전혀 사용할 일이 없다. "크기"는 외부 의존성의 수로 측정된다. 모든 라이브러리의 의존성을 충족시키는 데 필요하다는 이유로 단순히 수십 또는 수천 개의 추가적인 라이브러리에 의존한다거나 어떤 작지만 유용한 기능을 담고 있다는 이유로 단 하나의 라이브러리에 의존하는 것은 굉장히 바람직하지 않은 일이다. 이 같은 상황이 발생하면 모놀리식 라이브러리를 더 작은 조각으로 나누는 것 말고는 더 나은 해결책이 없다.

기존의 넷빈즈 openide와 자바의 rt.jar

적어도 이 책의 기조를 따른다면 나타나지 않아야 할 모놀리식 라이브러리가 분명 나타날 때가 있다. 그래서 이러한 현실에 대비할 필요가 있다. 프로젝트는 작은 규모로 시작한 다음 규모가 늘어나서 자바의 rt.jar나 기존 넷빈즈 openide.jar의 크기로 발전할 수 있다.

이처럼 라이브러리의 부피가 늘어나는 이유는 이러한 API가 세상에서 가장 중요하다는 기대에서 비롯된다. 그래서 API는 API의 "핵심부"에 속해야 할 것처럼 보여진다. 이런 식으로 코드가 점점 핵심 API에 추가되고, 그 규모는 핵심 API를 활용하려 하거나 활용할 수 있는 사람이 아무도 없는 상태까지 늘어난다. rt.jar는 나눠야 할 라이브러리의 한 예지만 언제 자바 팀이 rt.jar를 나눌 용기를 갖게 될지는 알 수 없다.

openide.jar는 원래는 모든 공개 넷빈즈 API를 담고 있는 JAR 파일이었다. 이러한 API는 모든 넷빈즈 IDE 모듈에서 필요로 하는 것들이었다. 모듈에서는 다양한 서비스를 필요로 하기 때문에 방대한 API가 이 JAR 파일에 들어있었다. API에서는 창, 뷰어, 편집기를 관리하는 것에서부터 컴파일, 실행, 디버깅을 위한 서비스에 이르기까지 다양한 기능을 제공했다. 이 모든 것들이 하나의 JAR 파일에 들어 있었고, 이러한 모든 것들이 함께 패키징되고 배포됐다. 실행 지원 기능이 없는 애플리케이션을 만들고 싶어도 어찌됐건 JAR를 포함시켜야 했다.

이러한 문제를 모두 해결하기까지는 오랜 시간이 걸렸다. 여러 차례의 단계, 즉 넷빈즈 IDE 5.0으로 시작하는 여러 번의 릴리스를 수행하고 나서야 이러한 모놀리식 API 라이브러리를 모두 제거할 수 있었다. 대신 이제는 약 15개에서 20개에 이르는 더 작은 규모의 API가 있으며, 이러한 API는 그것이 어디서 사용되느냐에 따라 개별적으로 활성화하거나 비활성화할 수 있다.

커다란 모놀리식 JAR를 더 작은 조각으로 잘라내는 방법은 무엇일까? 패키지나 클래스를 쪼갤 수 있다. 다른 것은 적절하지 않다. 클래스보다 더 작은 단위도 있지만 바이트코드 패치를 수행하지 않고는 클래스보다 작은 것을 JVM에 전달하기는 쉽지 않다. 그럼 JAR 클래스와 패키지를 나누는 경우를 조사해보자.

바이트코드 패치

대부분의 사람들에게 바이트코드는 이해할 수 있는 범위를 벗어나는 주제다. 바이트코드는 이해하기가 불가능한 것도 아니고, 원한다면 어느 정도 조작할 수 있는 것이기도 하다. 나는 과거에 몇 번 그렇게 한 적이 있다. 하지만 바이트코드는 확실히 나의 무지 수준을 넘어선 것이다. 나는 바이트코드에 관해 뭔가를 기억해야 하는 것을 원치 않는다. 필요하다면 내 지식의 지평선을 넘어 바이트코드를 탐험하고, 만나고, 수정하는 여정에 착수할 수도 있다. 하지만 언제든지 집으로 무사히 되돌아올 수 있고 가능한 한 빨리 내가 한 경험들을 잊으려 노력할 수 있어서 좋다. 다른 대부분의 자바 개발자들도 나와 비슷한 태도를 지녔을 거라 예상한다.

한편으로 시간은 변하고 바이트코드 위빙(bytecode weaving)은 더는 불안정하고 위험한 것으로 여겨지는 것이 아니다. 특히 관점 지향(aspect-oriented) 기술이 널리 수용되면서 개발자들은 바이트코드 조작을 수용 가능한 대안으로 보기 시작하고 있다. 이러한 현상의 중요한 원인 중 하나는 현재 이러한 조작을 허용하는 고수준 언어가 있기 때문이다. 이제 더 이상 바이트 배열을 직접 주의깊게 살펴보거나 저수준 라이브러리를 이용하지 않아도 된다. 대신 어스펙트를 작성하는 것만으로도 충분하다. 어스펙트는 일반 바이트코드 조작만큼 강력하지는 않지만 이것은 어셈블리 프로그래머들이 C에 관해 이야기하곤 했던 것, 즉 C는 너무 고수준 언어이고, 너무 느리다는 등의 이야기와 다르지 않다.

하지만 특정 바이트코드 조작을 위한 고수준 기본 기능(어스펙트에서 제공하는 것과 같은)을 부여해 우리의 지평선을 확장했을 때의 이점은 바이트코드 조작이 전혀 일반적이지 않은 것과 관련된 단점을 넘어선다. 이러한 이점은 자바 개발자들의 일반적인 태도를 변화시키는 데 기여했다. 요즘에는 적어도 특정 바이트코드 변경은 더는 터부시되지 않는다. 하지만 나에게는 그러한 고수준 도구에 대한 경험이 많지 않기 때문에 이 주제에 대해서는 다른 저자의 몫으로 남겨두겠다.

개별 클래스를 나누고 패키지를 나누는 것 사이의 유일한 차이점은 패키지가 "봉인(sealed)"돼 있느냐와 관련돼 있다. 패키지가 봉인돼 있으면 클래스로더나 가상 머신 입장에서 한 클래스가 두 개의 서로 다른 JAR 파일에 들어 있다는 사실을 받아들이기가 쉽지 않을 것이다. 하지만 패키지 전체를 각기 개별적인 JAR 파일로 옮길 경우 이러한 문제에 직면할 가능성은 높지 않다.

이제 문제는 너무나도 많이 새로 생성된 JAR 파일에 의존하는 클래스와 관련이 있다. 이러한 클래스가 새로 생성된 그러한 JAR 파일에 어울리지 않는 것들에 많이 의존하고 있다면 어떻게 될까? 예를 들어, 넷빈즈에는 다음과 같은 코드가 있었다.

```
public abstract class TopManager {
    public abstract ExecutionEngine getExecutionEngine();
    public abstract CompilationEngine getCompilationEngine();
}
```

이 클래스를 제거하기 위해 우리는 JAR 파일을 하나 더 만들어 거기에 openide-compat.jar라는 이름을 붙이고 거기에 다른 어떤 것과도 어울리지 않은 클래스를 추가했다. 가령 TopManager 클래스는 결국 그런 식으로 거기에 들어가게 됐다. 해결해야 할 마지막 문제는 접근자 메서드를 옮길 API를 찾는 것이었다. 가장 자연스러운 방법은 static ExecutionEngine.getDefault() 및 컴파일 엔진에 대한 비슷한 인스턴스 메서드를 도입하고 TopManager가 이러한 새 메서드로 위임하게 만드는 것이었다. 우리는 매니저 클래스를 지원 중단했고, 그것에 대한 참조를 모두 대체했다. 그런 식으로 openide-compat.jar가 없어지시 않고 그대로 손재하게 만들 수 있었고, 특히 API의 외부 사용사를 위해시는 그래야만 했다. TopManager가 포함된 기존 환경을 요청하는 사용자를 위해 우리는 "모듈 의존성의 중요성" 절에서 자세히 설명한 바와 같이 자동 의존성도 포함시켰다.

작은 API 대 큰 API

최근에 내 동료 중 한 명은 넷빈즈 편집기 지원 기능이 너무 모듈화돼 있다고 불평했다. 그는 즐겨찾기를 제공하는 모듈 하나, 들여쓰기를 처리하는 모듈 하나, 코드 접기/펼치기, 코드 완성, 설정을 위한 모듈이 하나씩 있다고 불평했다. 그가 보기에 이렇게 하면 편집기 API를 사용하는 사람을 불편하게 만들고, 모든 것들이 여러 군데에 퍼져 있어서 각 부분들을 찾기가 거의 불가능할 지경이라고 했다.

동료가 제안한(그리고 만들려고 시도하기도 했던) 것은 편집기 기능을 이용하기 위한 단 하나의 통합된 API였다. 그는 십여 개의 작은 API 대신 사용자가 편집기를 생성하는 데 필요한 모든 것이 담긴 단 하나의 API만을 보고 배울 수 있기를 원했다.

나는 이러한 조합이 API의 기술적 세부사항과 API의 사용성 간의 완벽한 균형을 만들어낸다고 믿는다. 작은 모듈은 모든 것들을 제어할 수 있게 만들어주는 저수준이자 조립자와 유사한 API를 제공하며, 동시에 캡슐화 래퍼는 고수준 관점에서 모든 것에 접근할 수 있다. 사용자는 래퍼로 시작해 거의 즉시 생산성을 높일 수 있다. 조립자와 유사한 API를 사용해야 한다면 손쉬운 마이그레이션 경로가 있을 수도 있고, 아니면 더 나은 경우에는 그것들을 고수준 API와 합칠 수도 있다. 이것은 사용자 관점에서 상당히 바람직한 상황이다.

게다가 개별 모듈의 안정성과 생명주기는 다양할 수 있다. 예를 들어, 고수준 모듈은 금방 쓸모없어질 수도 있는 반면 저수준 및 기술과 관련된 모듈은 더 긴 시간 동안 호환성을 유지해야 할 수도 있다. 그러한 상황에서는 그저 기존의 고수준 모듈을 버리고 처음부터 새로운 추상화를 만들면 된다. 상세 API의 저수준 "어셈블리어"는 동일하게 유지한 채로 기존 및 새로운 고수준 추상화 간의 협업 기반을 제공해 추상화를 빠르고 효율적으로 만들어낼 수 있다. 예를 들어, 서블릿 API 같은 것은 다양한 웹 프레임워크가 매주 나타나고 사라지는 와중에도 그대로 유지될 것이다.

나는 이것을 다수의 작은 저수준 API 모듈이 포화할 수 있는 문제를 극복하는 좋은 해법이라 생각한다.

이처럼 기능을 새로 생성된 상위 타입으로 추상화하는 것은 기존 API를 분리하고 시한부 절차를 진행하는 데 유용하다. 이것은 기존 메서드 호출을 새롭고 더 작은 API로 위임하는 브리지에 해당한다. 이러한 수술을 거치고 나면 라이브러리의 중요한 기능을 유지하면서 라이브러리를 날씬하고 효율적인 형태로 제공할 수 있다.

적절한 진화 계획과 시한부 절차를 이용하면 하위 호환성, 정확성, 투자 보전, 그리고 그 밖의 API의 진화 및 기술적인 측면과 단순함, 이해도, 최대한의 무지한 사용, 우아함, 아름다움과 균형을 맞출 방법이 있다. 우리는 API 여정의 끝에 도달했고, 여러분이 API의 세계와 API의 필요성, API의 진화 법칙을 이해했을 때 가장 오래되고 가장 완벽한 과학을 만들어낸 사람이 언제나 찾고자 했던 모든 것, 즉 아름다움과 진리, 우아함을 담고 있는 형태로 API를 빚어낼 수 있을 것이다. 적절히 설계된 API 우주는 지내기에 나쁜 곳이 아니다.

후기

미래

API를 설계하는 것은 쉬운 일도 아니고 비용이 적게 드는 것도 아니다. API를 만드는 것은 확실히 API를 전혀 제공하지 않는 제품을 출시하는 것에 비해 해야 할 일이 많다. 그럼에도 "무지"라는 맥락에서 이 책의 주된 메시지는 적절한 API를 이용하면 시스템에 대한 이해를 최소화하면서도 더 나은 시스템을 설계할 수 있다는 것이다. 시스템을 구성하는 개별 컴포넌트의 API를 적절히 설계하고 사용하면 해당 컴포넌트를 설계하는 데 사용된 시스템 공학 방법론을 개선할 수 있다. 시스템 공학 기술을 향상시키는 것은 무지의 혜택을 최대화하는 방법 중 하나다.

지난 10년 동안 모아온 노트를 정리할 때다. 지금 당장은 내가 넷빈즈 API를 설계할 때 얻은 경험을 설명하는 조언과 팁들도 마무리했다. 그렇다고 해서 이 주제가 완전히 분석되고 더는 이야기할 게 없다는 의미는 아니다. 이 책은 완벽 해설서가 아니다. 이후 몇 달이나 몇 년에 걸쳐 계속 쓸 수도 있다. 하지만 그렇게 하다 보면 이 책이 독자의 손에 들어가지 못하게 될 것이다. 나와 이야기했던 모든 이들은 내게 이 같은 책이 필요했다고 말해줬고, 그래서 나는 지금 이 책을 출간하고자 한다. 그러나 결론을 내리기에 앞서 API 설계와 소프트웨어 공학의 미래에 관해 전체적으로 몇 가지만 이야기하겠다.

1부에서는 모든 API 설계를 예술(때때로 그런 척 하는)로서가 아니라 강력한 이성적 배경을 둔 과학적 훈련으로 묘사한다. 1부에서는 용어 및 어떤 API 설계가 좋은가를 측정하는 데 객관적인 도움을 줄 수 있는 초기 전제조건을 정의한다. 이러한 규칙은 언어 중립적이고 자바뿐 아니라 다른 어떤 프로그래밍 언어에도 적용할 수 있게끔 노력했다. 이론은 완전해질 가능성이 낮다. 다른 API 설계 원칙들은 다른 곳에 존재하거나 여전히 발견되기를 기다리고 있다. 하지만 그렇다고 해서 겁 먹을 필요는 없다. 1장에서 다양한 원칙의 품질을 평가하는 도구(조언의 어떤 부분이 공유 라이브러리 및 그러한 라이브러리의 API 설계를 개선하는 데 도움되는지 파악하기 위한)를 제공하기 때문이다. 1장에서는 큰 메타 원칙인 선택적 무지를 소개한다. 무지는 다양한 목표가 실제로 도움을 주는지 측정할 수 있는 도구에 해당한다. 그 까닭은 만약 다양한 목표가 사람들로 하여금 더 많은 것들을 달성하고 더 나은 소프트웨어 시스템을 더욱 쉽게 구축하면서도 더 적게 알아도 되게끔 만들어준다면 이 조언은 좋은 것이기 때문이다. 이 같은 조언은 필요하며, 특히 소프트웨어 시스템이 해당 시스템을 설계한 사람의 지적 역량을 능가할 미래에는 더욱 절실하다.

이 책의 상당 부분은 그러한 이론을 자바로 투영하는 데 할애한다. 때로는 이러한 투영을 널리 적용할 수도 있고, 때로는 객체 지향 언어에만 적용되기도 한다. 때로는 그러한 투영이 사소하고, 때로는 복잡하며, 논란의 소지가 많을 때도 있다. 다시 한 번 이야기하지만 그러한 투영이 모든 것을 다룰 가능성은 낮지만 자바를 위한 API 설계 패턴을 시작하는 적당한 출발점은 제공해준다. 우리는 지금까지 자바로 API를 설계할 수 있다는 것을 봐왔다. 다양한 언어 구문의 의미를 진화 및 API 사용자의 입장에서 알 필요가 있다.

3부에서는 API를 설계하거나 특히 유지보수할 때 준수해야 할 일상적인 절차의 팁과 기법, 설명을 제공한다. 이 부분에서 나는 가장 큰 진화를 기대한다. 도구가 개선되면 실천법도 개선될 것이다. 아무튼 미래 목표는 명확하다. 소프트웨어 조립 기술과 API 설계(소프트웨어 조립의 핵심 부분에 해당하는)는 단순화되고 일반 대중도 이용할 수 있게 돼야 한다. 어떻게 그렇게 할 수 있는지 좀 더 자세히 살펴보자.

정보 원리

아이작 뉴턴이 1687년에 『자연철학의 수학적 원리(Philosophiae Naturalis Principia Mathematica)』를 출간했을 때 그것은 과학 역사에서 엄청난 순간이었다. 과학과 관련된 단행본 중에서 최고로 여겨지고, 3부작으로 구성된 이 책에는 힘의 초기 정의와 그것의 상호작용, 운동의 법칙 정의, 그러한 모든 것을 가능케 하는 새로운 수학적 도구(미분학)와 같은 중요한 결실과 원리가 담겨 있다. 그것은 한 사람이 이룩하기에는 엄청난 업적이었다.

하지만 이 책의 가장 중요한 측면은 이 책에 담긴 내용이 아니라 그 책에서 누락된 것들을 어떻게 다뤘느냐다. 아이작 뉴턴은 이전까지는 설명하지 못했던 것들에 대해 가까스로 설명할 수는 있었지만 자신의 역학적 세계가 현실 세계를 완전하게 반영하지는 않았으리라는 사실도 알고 있었다. 오늘날 우리는 실제로 그렇지 못하다는 사실을 누구나 알고 있다. 그럼에도 아이작 뉴턴의 책은 처음부터 그러한 부분에 대비하고 있었고, 여전히 유용하고 중요하다. 특정 애플리케이션에 대해서는 이 책이 충분히 훌륭한 결과를 주고, 그리고 훨씬 더 중요한 것은 교구로 사용될 수 있다는 점이다. 뉴턴의 이론은 초심자에게 상당히 이해하기 쉬운 편이고, 이러한 초심자에게 그 책은 현대 물리학에 한 걸음 다가갈 수 있게 완벽한 입문서 역할을 한다.

그러한 이론을 최초로 만들어낸 것은 뉴턴이 아니었다. 뉴턴 이전의 많은 대가들도 시도했고, 가장 중요하게는 데카르트가 그랬다. 하지만 겸손함에서 차이가 있었다. 데카르트는 자기 자신이 온 세계를 설명할 수 있다고 믿고 자신이 쓴 저작에서도 그렇게 하려고 시도했던 반면 뉴턴은 확실히 자신이 쓴 저작이 확정적인 내용을 담고 있지는 않다고 인정했다. 이 같은 태도는 후임자에게 가능성을 제시할뿐더러 뉴턴으로 하여금 자신이 어떻게 설명해야 할지 알고 있었던 현상을 적절히 설명하는 데 집중할 수 있게 해줬다. 반면 데카르트는 모든 것을 설명해야만 했다. 말할 것도 없이 그렇게 하는 것은 엄청난 양의 일이며, 움직이는 두 물체의 상호작용을 설명하는 것과 같은 특정 상황에서는 충분히 깊게 들어갈 수도 없고 그가 내린 결론이 올바르지 않을 때도 있었다. 하지만 내가 알기로 『수학적 원리』는 그렇지 않았다. 이 책의 내용은 오늘날에도 유효하다.

게다가 『수학적 원리』는 세상의 복잡성 전체를 설명하는 것을 다른 이들의 몫으로 남겼다. 그렇게 해서 그 책은 유럽 과학자들의 엄청난 활동을 자극했다. 유럽 과학자들은 뉴턴의 이론과 기법을 뉴턴이 자신의 원대한 꿈에서는 예측할 수 없었을 정도로 다양한 방식으로 수용하고 확장했다. 이러한 과학적인 협동 덕분에 물리학은 18세기와 19세기에 유럽을 진일보하게 한 산업혁명의 원동력으로 작용했다.

『수학적 원리』의 유용성은 더욱 확대되어 모든 이들이 현실 세계의 작동 방식을 설명하기 위한, 또는 적어도 비슷하게 계산하기 위한 견고한 수단을 제공했다. 그뿐만 아니라 심지어 세계가 뉴턴의 이론과 달라지기 시작하거나 그 이론과 다르다고 알려지는 경우에도 유효한 것으로 남게 될 엄격하고 견고한 배경 이론을 제공하는 데도 유용했다. 여러분은 언제든지 전제조건을 검증할 수 있다. 현실이 이론과 일치한다면 이론상의 결론을 현실의 대상에 적용해 현실 세계에서 적용 가능한 타당한 결과를 얻을 수 있다. 그러한 이론과 현실의 일치는 주위에서 마주치는 거의 모든 경우에 공통적으로 적용된다. 우리가 접하는 대부분의 세계는 빠른 속도나 미세한 개체에 의존하지 않기 때문에 뉴턴의 이론은 일상적으로 접하는 현실 세계의 문제를 이해하기 위한 보편적인 도구에 해당한다. 이것은 300년이 넘는 과거에 쓰인 책 치고는 엄청난 성공이다.

이 책을 읽고 나면 뉴턴의 업적과 특히 뉴턴이 만들어낸 형식, 특히 겸손함에 대해 내가 깊이 존경하고 있다는 사실을 알 수 있다. 나는 같은 경로와 구조를 따르고 싶었고, 뉴턴이 자신의 역학적인 세계에 접근했던 것과 같은 형식으로 API 설계라는 주제에 접근하고 싶었다. 나는 다른 이들이 자신의 생각을 표현할 수 있는 포럼을 만들어 그들의 생각을 묘사하고 탐험하고 싶었다. 하지만 나는 내 지식과 조언이 여기서 그치지 않는다는 점을 인정할 준비가 언제나 돼 있었다. 해야 할 일이 훨씬 더 많고 이 책은 첫걸음에 불과하다. 사실 내 영혼의 어두운 부분 어딘가에는 이 책이 『수학적 원리』로서의 중요한 한 걸음이 되기를 바라는 것도 있다. 하지만 나는 이 책이 왜 『수학적 원리』처럼 될 수 없는가를 뼈저리게 깨닫고 있다. 이 책은 단순히 연구 일지, 즉 지난 10년 동안 넷빈즈 연구소에서 기록해온 노트의 모음에 불과하다. 뉴턴의 『수학적 원리』가 여러 해에 걸친 과학 연구 및 저술, 서신

교환의 산물이라는 상황과는 아주 동떨어진 것이다. 그럼에도 나는 비슷한 구조를 따르기로 했다. 1부에서는 API 설계의 이면에 놓인 영원히 변치 않는 골격을 만들려고 노력했다. 1부의 내용은 최대한 객관적으로 썼다. 특정 프로그래밍 언어에 종속되지 않고, 그렇게 함으로써 일반적으로 적용할 수 있게 돼 있다. 뉴턴이 유클리드의 기하 공간에 힘의 추상화를 추가해 그것을 현실 세계에 집어넣은 것과 마찬가지로 이론에서 설명한 구조는 이미 존재하거나 예측 불가능한 미래에 나타날 어떠한 프로그래밍 언어에도 적용하거나 집어넣을 수 있을 것이다.

나는 이러한 골격을 기반으로 적절한 자바 API 설계를 위해 추천하는 바를 적어내려갔다. 이 조언은 이론만큼 오래 지속될 가능성은 낮다. 자바가 사라지거나 형태가 상당히 변한다면 유효하지 않게 될 수도 있다. 하지만 이 책을 쓰는 지금은 중요하다. 모든 개발자가 자바로 라이브러리와 API를 작성하고 있으며, 이 조언이 유용하다고 생각할지도 모른다. 게다가 사실 나는 이론을 무에서부터 공식화한 것이 아니다. 주로 실제 자바 개발 경험(경험주의의 좋은 예이지 않은가?)에서 그것들을 뽑아냈고, 이러한 모험은 이 책의 2부에 담겨 있다. 그 모험들은 이론 원리가 만들어지도록 이끄는 가이드로 볼 수도 있고 이론의 결과로 봐도 무방하다. 사실 가장 좋은 시나리오는 동시에 그 두 가지가 되는 것이다. 하지만 그렇게 될 가능성은 낮은데, 이 책은 뉴턴의 『수학적 원리』만큼 엄밀하지 않기 때문이다. 실제 증명도 없고 심지어 내가 증명하려고 시도하는 경우에도 실제 증명보다는 피상적인 증명에 가깝다.

어쨌든 나는 일부러 이 책을 기반으로 삼고자 하는 이들을 위해 가능성을 열어두고 있다. 프로젝트에서 설계 팁을 활용하고, 그것들을 확장하고, 공개하라. 이 책을 API 설계에 관해 배우는 교재로 활용하고, 내가 잘못했다는 것을 증명하고, 그것을 기반으로 삼아라. 나는 시간과 지적 능력, 인내심의 부족 탓에 많은 주제를 다루지 못했다. 여러분이 그러한 주제를 탐험하고 힌트를 제공하길 기대한다. 다음은 내가 생각하기에 좀 더 파헤쳐볼 만한 주제를 정리한 것이다.

무지는 생활의 일부다

미래를 예측하는 것은 늘 어렵고, 모든 예측은 약간의 위험과 불확실성과 연관돼 있다. 미래에 어떤 일이 일어날 것인가에 대해 내기를 걸어야 했다면 나는 무지에 걸었을 것이다. 즉, 무지가 소프트웨어 공학의 세계를 반드시 정복할 것이라 말했을 것이다. 1장에서 그 이유에 대해 자세히 살펴봤지만 그러한 이유를 몇 가지 들어 그것들이 어떻게 미래에 진화할 수 있는지 살펴보자.

프로그래머가 더욱더 많아야 할 필요성은 오랫동안(계속해서는 아니지만) 지속될 가능성이 높다. 개발자들이 사용하는 언어나 도구는 바뀔지도 모른다. 하지만 사회가 계속해서 정보를 필요로 하는 이상 정보를 조직화하는 데 이바지할 수 있는 사람에 대한 수요는 늘 있을 것이다. 그런 사람들이 우리보다 더 똑똑하거나 더 많은 교육을 받지는 않을 것이다. 그럼에도 그들은 더 큰 시스템을 대상으로 일하고, 더 정교한 결과를 제공하며, 그 결과를 더 다채롭거나 다양한 차원으로 제공하도록 요구받을 것이다. 간단히 말해 그들은 오늘날 우리가 하는 것보다 더 많은 것들을 이뤄내야 할 것이다. 그들의 실력이 대략 우리의 실력과 비슷한 수준이라고 가정하면 어떤 일이 일어날지는 명백하다. 즉, 시스템에서 개인이 이해할 수 있는 부분은 점점 더 작아질 것이다. 이것은 무지를 적용하기에 완벽한 환경인데, 특히 우리는 큰 규모의 시스템이 신뢰할 수 없게 되기를 바라지는 않기 때문이다. 심지어 우리가 시스템의 일부만 이해할 수 있다고 하더라도 여전히 시스템은 적절히 동작하길 바라고 제어하지 못하게 되길 바라지는 않을 것이다. 선택적 무지는 그러한 문제의 해답을 준다. 바로 이러한 시스템의 핵심 측면을 골라 그것들이 기대한 대로 동작하도록 검사하고 검증하는 것이다. 무지는 생활의 일부다.

다른 이유로는 커다란 덩어리로부터 애플리케이션을 조립하는 것이 아주 편리하기 때문이다. 나는 다양한 리눅스 포럼에서 이를 목격할 수 있다. 리눅스 포럼의 트래픽 대부분은 시스템을 재시작한 후 X 윈도우 시스템이 실행되게 하는 것과 같이 일부 작업을 수행하기 위해 실행할 수 있는 셸 스크립트 예제를 비롯한 패키지 설치 및 설정 파일 최적화에 관한 팁과 트릭이 차지한다. 이러한 정보의 양은 프로그램의 C 소스를 패치하는 법이나 프로그램을 디버깅하는 법 등과 관련된 팁의 개수를 훨씬 능가한다. 재차 이야기하지만 이것은 부인할 수 없는 무지의 신호다. 대부분의 리눅스 사용자는 자신이 사용하는 애플리케이션이 어떻게 만들어져 있는지 전혀 알지 못한다. 유일하게 관심을 두는 부분은 프로그램의 명령줄 옵션과 프로그램의 출력 결과, 그리고 작업에 성공하는 것이다. 바이너리를 실행하고 pipe와 grep을 이용해 중요한 정보를 찾는다. 그런 다음 해당 정보를 처리하고 시스템이 작업을 완료하고 동작한다. 아주 뛰어난 무지다. 게다가 이것은 API의 중요성을 보여주기도 한다. 명령줄 옵션과 유닉스 유틸리티에서 출력하는 텍스트는 가장 중요한 API로서 모든 고급 유닉스 사용자에게 사용되며, 그들을 유틸리티의 내부적인 구현 세부사항으로부터 격리해준다. 나는 그것을 나 스스로의 경험을 통해 알고 있다. 내 컴퓨터의 문제를 고쳐야 할 때마다 나는 기존 바이너리를 기반으로 한 해법을 찾는다. 심지어 나는 디버거와 라이브러리 소스코드를 열어 C 코드에 들어 있는 버그를 추적하기에 앞서 셸 스크립트를 작성하거나 해법을 찾기 위해 설정 파일을 수정하느라 하루를 보낸 적도 있다. 이러한 두 세계 사이의 장벽은 너무나도 높고, 그 장벽을 가로질러 가는 것은 너무나도 고통스러워서 대부분의 사람들은 스크립트와 명령줄 인자 쪽에 머물러 있을 것이다. 이를테면, 나는 십여 회에 걸쳐 X 서버의 특정 버그를 우회하려고 시도한 적이 있다. 하지만 지난 5년간 소스코드를 내려받아 세그먼테이션 폴트(segmentation fault)를 고쳐야 했던 적은 딱 한 번밖에 없었다. 유닉스 애플리케이션을 호출하고 조합하는 것은 굉장히 쉽고 그것들을 더 커다란 기능 조각으로 조립하는 것도 쉽기 때문에 사용자의 수는 라이브러리의 C 소스 내부를 파헤치는 해커의 수를 훨씬 능가한다. 이러한 두 집단 간의 비율은 크게 차이가 나기 때문에 왜 단순하고 일관성 있으며 사용하기 쉬운 API가 중요한가를 분명히 보여주는 증거에 해당한다. 이 같은 고찰은 사실 유닉스 세계에만 국한되지 않는 일반적인 내용이다. API가 훌륭할수록 모든 세부사항을 이해하지 않고도 구축할 수 있는 시스템의 규모는 커진다. 무지는 생활의 일부다.

미래를 위해 해야 할 일은 선택적 무지를 활용할 수 있는 상황을 더 찾아서 그것을 적절히 적용하는 방안을 알아내는 것이다. 훌륭한 API와 자동화된 테스트의 중요성에 관해서는 이 책에서 심도 있게 살펴봤다. 하지만 다른 수많은 도구와 실천법은 현재 우리가 가지고 있는 지식의 양으로도(또는 지금 당장 가지고 있는 것보다 더 낮거나 더 높은 지식 수준으로도) 더 신뢰성 있는 시스템을 설계하는 데 도움될 것이다. 결국 시스템을 설계할 때마다 나는 해당 시스템이 어째서 동작하는가에 관한 세부사항을 내 머릿속에 보관하고 싶지 않다. 만약 그러한 세부사항을 내 머릿속에 보관한다면 내 친구들과 취미, 가족, 그리고 삶에 관한 기억으로 채우고 싶은 귀중한 공간이 부족해질 것이다. 물론 나는 시스템에 고쳐야 할 버그가 있다는 이유만으로 시스템이 적절히 동작하게 만들어야 한다. 때로는 시스템으로 되돌아와서 시스템이 어떤 일을 하도록 수정해야 할 것이다. 그 순간에 나는 시스템에 관한 모든 중요한 지식을 떠올려서 적용한 후 즉시 잊어버리고 싶다. 무지는 내 친구다. 그러한 접근법을 강화할 기법을 발견하는 사람이라면 누구든지 나의 영웅이며, 분명 나한테만 해당되는 이야기는 아닐 것이다. 무지는 우리 모두의 친구다.

API 설계 방법론

내 친구인 팀 부드로는 이 책을 쓰는 것을 도울지 고민하면서 늘 이렇게 말했다. "방법론을 만들어야 해".

나는 입이 떡 벌어진 채로 듣고서 이렇게 반박했다. "그런데 방법론은 없어. 그냥 조언들을 모아놓은 거야. 따라야 할 체크리스트가 아냐."

"괜찮아." 팀이 대답했다. "그걸 체크리스트로 만들고, 다시 그걸 방법론으로 만들어. 방법론이 없으면 아무도 네 이야기에 귀 기울이지 않을 거야!"

글쎄, 나는 그의 관점이 불편하게만 느껴졌지만 거기에 뭔가가 있는 것은 아직까지도 그 관점을 내 마음속 한켠에 보관해두고 있기 때문이다. 이제 API 설계의 미래를 제시할 때 그것에 관해 조금 이야기하고자 한다.

이 책에는 많은 조언이 담겨 있으며, 주로 노트의 형태를 띤다. 조언은 내가 자바 프레임워크를 설계하면서 겪은 모험을 토대로 하고, 그래서 하지 말아야 할 사항으로 구성된 체크리스트에 가깝다. 즉, 후속 릴리스에서 라이브러리나 프레임워크의 API를 성공적으로 유지보수하는 데 걸림돌이 될 수 있는 사항들 말이다. 아키텍트로 일한 초기에는 적절한 방법론에 관해 아는 바가 없었다. 설계 결정은 주로 직관을 통해 이뤄졌다. 시간이 지나면서 실수가 쌓이고 곤란한 상황에 처하기 시작하자 나는 배우기 시작했고 일종의 방법론이 구체화되기 시작했다.

지금도 나는 방법론을 공식화하는 것을 주저한다. 그것을 차라리 다른 이들에게 맡기기도 하는데, 그것이 어떤 모습이어야 할지 예측하는 것은 두렵지 않다. 이 책에는 1부가 담겨 있으며, 어떤 방법론이든 이론적 배경이 있어야 한다. 하지만 뉴턴의 법칙이 무너지지 않을 다리를 설계하는 법을 정의하지는 않듯이 이론의 목표는 실제 상황에 해당 이론을 적용하려는 이들을 위한 안내서를 제공하는 데 있지 않다. 이 책의 2부에서는 주로 이론을 특정 프로그래밍 언어에 투영하는 것을 다루고 일상적인 조언이 담긴 3부에서도 방법론보다는 도구와 방법론에 좀 더 집중한다. 그럼에도 3부의 내용이 API 설계 방법론을 탐험하기 위한 훌륭한 출발점이 될 수 있다고 생각한다.

API 설계 방법론을 찾는 여정을 시작하기에 앞서 적절한 API 설계 방법론의 이름을 찾을 필요가 있다. 이름은 사물이나 사건의 가장 중요한 속성이다. 이름을 잘 지으면 그 이름을 들었을 때 머릿속에서 종이 울리기 시작하고, 알맞게 울린 종은 올바른 태도를 만들어낸다. 이러한 태도는 방법론을 수용하는 데 영향을 끼친다. 그러므로 그러한 방법론에 사용할 수 있는 가능한 한 좋은 이름을 찾아보자. 이름은 "높은(high)"을 포함할 수 있다. 높은 것은 좋은 것이다. 확실히 "낮은(low)" 것보다는 낫다. 심지어 "대단히 효과적인(highly effective)"의 경우처럼 형용사일 수도 있다. 그렇다. "효과적"이다. "효과적"을 포함하기로 하자. 비용은 언제나 너무 높기 때문에 대단히 효과적인 방법론을 이용해 비용을 낮추자. 그리고 이름에 일종의 "구조(structure)"를 추가하자. 구조는 언제나 좋은 것으로서, 혼돈보다 낫고 합리적인 방식으로 사용될 경우에는... 아, 그래, "합리적"이라고도 한다. 그러고 나면 향상된 결과를 만들어낼 수 있다. 그런데 "향상된(enhanced)"이라는 표현도 일관된 결과를 제공할 수 있는 방법론에 쓰기에는 강한 이름이다. "일관된(consistent)"도 나쁘지 않다. 나는 거기서 약간의 장애 공격과 같은 일종의 위협을 느낀다. 그것을 "통합된"으로 대체하는 편이 낫다. 그렇다, 통합은 좋은 것이다. 통합은 우리 개발자 모두에게 필요한 것이다! 그럼 우리의 방법론을 부를 적절하고 강력한 단어들을 찾은 듯하고, 이제 그것에 해당하는 내용을 찾고자 노력할 수도 있다. 아니다. 그냥 농담이다. 다시 한 번 시작해 보자.

이론은 그것의 응용 및 이 책에서 전해준 프로세스 조언과 함께 늘 모든 것은 완벽하지 않고 진화한다는 전제와 함께 작동한다. 완벽하고 정적인 세계에서는 이성을 통해 모든 가능한 해법을 탐색한 다음 최적의 해법을 선택할 수 있을 것이다. 그렇게 하는 데는 시간이 걸릴 수도 있지만 어느 정도는 가능한 최선의 결과를 얻을지도 모른다. 이것은 정적인 물체의 기하학에 관해 추론할 때 적용할 수 있는 사고 방식이다. 하지만 우리의 세계는 그렇지 않다. 우리의 세계는 변화한다. 완벽한 해법을 찾기 위해 수십 년에 걸쳐 노력하는 것은 쓸데 없는 일일 것이며, 해법을 찾은 그 시점에도 우리 세계에 그 해법을 더는 적용할 수 없을지도 모른다. 물론 완벽한 해법을 찾는 것은 아니라는 점을 인정한다면 대부분의 세련됨과 아름다움을 포기하는 셈이다. 하지만 그것은 적어도 정직한 태도이고, 진리 탐구를 간소화할지도 모른다.

소프트웨어 공학은 언제나 합리주의와 경험주의의 사이를 오간다. 수학에 더 가까울 때는 절대적이고 완벽한 해법을 찾는다. 경험주의에 더 가까울 때는 심지어 완벽하지 않은 해법이지만 요구사항을 충족하고 이치에 맞는 경우에는 그것을 받아들일 수도 있다. 어떻게 인식하느냐에 따라 어떤 것을 수용할 수 있느냐가 결정된다. 첫 번째 학파는 코드 작성을 시작하기에 앞서 만들어지는 완벽한 계획과 완벽한 문서화를 지지하는 방법론에 영향을 끼쳐왔다. 훌륭한 계획 단계를 밟는다면 코드 작성은 식은 죽 먹기다. 이것은 정적이거나 완벽하게 파악된 세계에 완벽한 도구다. 하지만 우리의 세계와 그 세계에 관한 지식은 모두 변화한다. 익스트림 프로그래밍(XP; Extreme Programming)으로 개척된 일련의 방법론에 영향을 준 운동이 있는 것은 바로 이러한 이유에서다. 이러한 방법론은 처음부터 우리의 지식이 결코 완벽하지 않다는 점을 인정하고 그러한 불리한 조건에도 성공적인 시스템을 전달하는 법을 조언한다. 내가 감명받은 부분은 이러한 사조가 지난 10여년간 성숙해지고 견고해졌다는 것이다.

API 설계에 대한 다양한 접근법에 관해 생각할 때 나는 이러한 다양한 방법론들이 합리주의와 경험주의를 모두 포괄하고 서로 교류하는 모습을 볼 수 있다. 나는 이러한 두 접근법을 모두 깊이 존중하며, 진리도 아름다울 때가 좋다. 그것이 좀 더 우아하게 느껴지기 때문이다. 하지만 이 책을 읽고 나면 알겠지만 아름다움은 진리의 필요조건이 아니다. 우리는 모든 것을 완전하게 이해하지 않고도 XP 같은 방법론처럼 세계에 관한 부분적인 지식만으로도 훌륭한 API를 설계할 수 있다. 나는 이제 이 책에서 지지하는 API 설계 방식을 기반으로 한 미래 방법론의 적절한 이름을 찾는 것이 끝났다고 생각한다. XP는 애자일(agile)이라고 하는 소프트웨어 방법론에 속한다. 그러니 우리의 방법론을 애자일 API 설계라고 부르기로 하자.

애자일 API 설계는 강력한 단어를 토대로 만들어진 상당히 세련된 이름이다. 이 이름은 마음속의 종을 알맞게 울리고 공허한 이름이 아니다. 즉, 내용이 이름을 뒷받침한다. 맹세하건대 나는 이 책에서 마지막으로 미래를 상상하며 쓴 이 부분을 쓰기 전까지 이름에 관해 절대 생각한 적이 없다. 하지만 이전의 여러 장에서 언급한 조언들을 모두 돌이켜보니 그 이름이 절대적으로 완벽하다는 사실을 알았다. "첫 번째 버전은 절대 완벽하지 않다", "사용자를 알라", "미래 진화에 대비하라" 등과 같이 자주 반복되는 조언들은 모두 애자일 소프트웨어 방법론에서 제시하는 조언과 아주 비슷하다. 나는 여전히 이곳에 실제 방법론을 제공하는 데 주저하지만 라이브러리나 프레임워크를 개발할 때 이 책의 조언들을 이용한다면 여러분이 애자일 API 설계 원칙들을 따르고 있다고 모든 이들에게 마음껏 이야기해도 된다.

진화 준비가 끝난 언어

이 책에서 제시한 조언들은 일부러 자바의 경계를 벗어나지 않으려고 노력했다. 이로써 API 설계에 대한 부담을 좀 더 즐거운 경험으로 만들 수도 있는 다양한 언어 확장에 관해 생각해볼 수 있을 것이다. 하지만 그것은 새로운 프로그래밍 언어를 만드는 것과 마찬가지일 것이다. 그러한 언어는 더욱 사용하거나 프로그래밍하기가 쉬울 수도 있겠지만 도입하기는 더 어려울 것이다. 그 이유는 소프트웨어 업계는 보통 소프트웨어 프로젝트의 코드 작성에 사용되는 프로그래밍 언어를 선택하는 데 보수적인 태도를 보이기 때문이다. 이것은 놀랄 만한 일이 아니다. 새로운 언어는 새로운 기술을 요구하고, 개발자들이 그러한 기술을 확보하는 데는 시간이 걸린다. 이러한 이유로 일반 자바에서도 그것을 보여주는 것이 중요하고, 여러분도 애자일 API 설계를 연습할 수 있다. 하지만 API가 진화에 대비하게 만들려면 뭔가를 올바르게 동작시키는 올바른 기법을 수행하기 위해 컴파일러와 가상 머신의 내부 구조에 대한 통찰력이 다소 필요할 때가 있다. 간혹 이러한 기법은 터무니없이 복잡할 때가 있다(5장의 "프렌드 코드에서만 접근하는 것을 허용하라" 절의 접근자나 10장의 "위임과 합성"

절의 접근 제한자 같은). 그러한 이유로 어떤 미래의 언어나 메이븐 같은 소프트웨어 빌드 시스템이 이러한 기법을 어떻게 자연스러운 코드 구문으로 바꿀 수 있었는지 물어보는 것도 일리가 있다.

나는 일부러 "미래"라는 단어를 썼는데, 지금 현재는 그러한 기능을 제공할 수 있는 언어나 시스템을 알지 못하기 때문이다. 현재 기껏해야 여러분이 찾을 수 있는 것은 API 설계의 다양한 측면에 유용한 사내 시스템뿐이고 다른 일반 솔루션은 없는 듯하다.

해법의 일부는 컴파일러에 들어가거나 적어도 소스에 반영돼야 하며, 나중에 특정 어노테이션 처리기에 의해 처리돼야 한다. 가령, JDK 1.5를 대상으로 컴파일할 경우 컴파일러에게 후속 자바 릴리스에 도입된 메서드나 클래스는 아무것도 사용할 수 없다고 이야기할 수 있어야 한다. 이것은 rt.jar만이 아니라 어떤 라이브러리에도 작동해야 한다. 만약 특정 버전에서의 API의 상태를 파악할 수 있다면 해법은 쉽다. 이를테면, 라이브러리와 해당 라이브러리의 API에서는 각 클래스나 메서드, 필드에 @Version(1.4) 속성을 지닌 어노테이션을 지정할 수도 있다. 컴파일러가 이 속성에 주의를 기울이고 컴파일하려는 대상 라이브러리 버전보다 새로운 것들을 모두 무시한다면 "찾을 수 없음 오류(not found error)"가 발생할 것이다. 물론 이 경우 API에서 볼 수 있는 각 요소에 @Version 속성으로 어노테이션이 지정돼 있어야 할 것이다. 이것은 패키징과 버전 관리가 언어의 일부가 된다는 것을 의미한다. 나와 함께 이야기를 나눠본 어떤 컴파일러 전문가도 만들 준비가 되지 않은 중대한 시점 이동(mental shift)이다. 나는 언어 설계자들이 모듈화에 관해 생각해왔다는 것을 안다. 하지만 그것은 70년대에 나온 모듈라(Modular) 프로그래밍 언어를 위해 만들어진 모듈화에 해당한다. 그러한 모듈화는 프로그램을 부분별로, 즉 모듈별로 어떻게 컴파일할 수 있는지 해결해주지만 어떤 한 부분이 바뀌면 어떤 일이 일어날지에 대해서는 규정하지 않는다. 그것은 각기 독립적인 부분으로 만들어진 동적 조립품이 아니라 정적인 형태의 모듈화에 해당한다. 30년 전에는 진일보한 것이었을 수도 있지만 그 이후로 세계는 더욱 애자일해졌고 우리는 언어를 그에 맞게 조정해야 한다.

이를 컴파일러 차원에서 지원하면 더 좋겠지만 컴파일러에서 이 모든 것을 할 수는 없는 노릇이다. 시스템은 더 복잡해져야 한다. 시스템은 시스템 자체의 이력을 인지할 필요가 있다. 예를 들어, API에서 메서드나 클래스를 제거하려고 하는데 API가 이미 이전 버전에서 공개됐다면 오류를 일으켜야 한다. 이 경우 모든 중요한 이전 버전들의 스냅샷을 확보하고 컴파일러나 시스템이 다른 부분에서 바이너리 하위 호환성 위반이 발생하지는 않았는지 검사할 필요가 있다. 다시 한 번 이야기하지만 이것은 적절한 버전 번호 체계를 통해 체계적으로 동작할 필요가 있다. 새로운 버전의 라이브러리가 이전 버전과 완전히 호환되지는 않는다는 것을 표현할 수 있는 정책이 있어야 하고, 이 경우 바이너리 호환성 검사는 완전히 생략될 것이다. 그동안 이러한 기능을 위한 도구를 만들려는 시도가 많이 있었다. 하지만 그러한 도구는 충분히 일반적이지 않고, 적절히 설정하기 위해서는 많은 양의 수동 설정과 조정이 필요하다. 미래의 언어 또는 시스템에서는 새로운 라이브러리를 개발하기 시작할 때마다 이를 즉각적으로 준비해줄 수 있어야 할 것이다.

고려해야 할 또 한 가지는 public, protected, final 같은 접근 제한자는 쓸모없지 않다는 것이다. 10장의 "위임과 합성" 절에서 살펴본 내용을 감안하면 그럴 가능성이 높다고 생각한다. API를 설계하는 목적상 클래스나 인터페이스가 서브클래싱돼야 할지 여부를 지정하고, 잠재적으로 누가 그렇게 할 수 있는지 제한하는 수단을 자주 보게 될 것이다. 그러면 각 메서드에 대해 해당 메서드가 호출 가능하다거나 개발자가 자신이 작성한 코드를 주입할 수 있거나 주입해야 하는 지점에 해당하는지 지정할 수 있다. 어떤 메서드도 두 가지 의미를 동시에 지녀서는 안 된다. 두 가지 의미를 지닐 경우 두 번째 의미를 설명하는 것은 좀 더 일반적인 경우를 설명하는 것보다 복잡할 것이다. 예를 들어, 호출 가능한 메서드(예: public final)를 설명하는 방법은 public(두 가지 의미를 지닌)보다 복잡해서는 안 된다. 접근 제한자를 제거하자는 주장이 아니다. 하지만 접근 제한자가 사람들이 API 설계를 할 때 수행하는 작업과 좀 더 조화를 이루길 바란다. 접근 제한자가 주로 API 요소에 대한 사람들의 의도를 표현하도록 고안됐다면 악명 높고 위험한 "우연에 의한 재사용(reuse by accident)" 코딩 스타일, 즉 현재 주로 객체 지향 언어에서 흔히 볼 수 있는 코딩 스타일이 예방될 것이다. 나는 접근 제한자가 어떤 형태여야 하는가를 규정하고 싶지는 않지만 현재 상황에서는 API를 설계할 때 훨씬 더 주의를 기울여 뭔가를 좀 더 무지하게 만들 필요가 있다는 사실을 알고 있다. 즉, 사람들이 뭔가를 사용할 때 그것에 관해 생각하느라 너무 많은 시간을 보내지 않게 하고 그것을 만든 사람의 의도를 오해하기가 어렵게 만들어야 한다는 것이다.

이번 절에서 컴파일러에 관해 이야기할 때 내가 다소 거칠게 표현하긴 했지만 불평하려는 것은 아니다. 오히려 잘못된 점을 발견하면 기뻐할 것이다. 애자일 API 설계에 적합한 시스템과 언어가 이미 있다면 나는 그러한 사실에 기뻐할 것이다. 그렇지 않다면 언어 설계자에게 이처럼 새롭고 애자일한 각도에서 해법에 관해 생각해 달라고 부탁하고 싶다. 여러분에게 런타임과 빌드 시스템이 있다면 그 사이에 나는 넷빈즈 런타임 컨테이너의 경우처럼 외부에서 할 수 있는 게 뭔지 찾아보겠다.

교육의 역할

무지는 어디에나 있다. 무지를 맞이할 준비가 됐는가? 사람들에게 무지에 관해 가르치는가? 사람들에게 전 세계에서 골라온 다수의 라이브러리로부터 거대한 애플리케이션을 구축하는 방법을 말해주는가? 나는 이 모든 질문의 답이 "아니요"일까봐 두렵고, 이것이 가까운 미래에 바뀌었으면 한다.

이따금 나는 다양한 대학교를 방문해서 학생들에게 나를 소개한다. 나는 여전히 학교에서 코드를 재사용하는 법을 지지하고 설명하기보다 기본적인 코딩 기술을 가르치고 있다는 인상을 받는다. 아니나 다를까 대학교에서는 합리주의적인 접근법을 선호해서 아름다움과 우아함을 통해 깨우쳐지는 배움의 여정을 권하는 것 같다. 물론 프로그래머들이 퀵 정렬 알고리즘을 작성하는 법을 알고 있거나 각종 그래픽 관련 알고리즘을 이해하고 있다면 완벽할 것이다. 하지만 그들이 알아야 할 것은 그것뿐만이 아니다.

스키 가르치기

우연히 스키 강사 과정에 참여한 적이 있다. 나는 시험 볼 시간이 없어서 스키 입문자를 가르치는 자격증을 따지도 못했고 소프트웨어 아키텍트로 생계를 유지해야 하지만 스키를 가르치는 방법론에 대해서는 충분히 알고 있다.

스키 강사는 언제나 기초적인 사항을 가르치는 것으로 시작해서 사람들이 스키 위에 계속 서 있게 하고 적어도 회전을 하기 위한 기술은 이해할 수 있게 만들어준다. 몇 시간 동안 연습하고 나면 대개 학생들을 두 부류로 나눠야 한다. 한 부류는 "생존"에 맞춰진 부류이고, 다른 하나는 "레이싱"에 맞춰진 부류다. 두 부류 모두 스키를 상당히 즐기고 어떤 언덕에서도 내려올 수 있다. 하지만 두 번째 그룹만이 원심력을 느낄 수 있다. 여기서 원심력은 사람들이 오토바이, 스키, 스노우보드를 좋아하는 가장 큰 이유다.

나는 프로그래머에게도 비슷한 교육 방식을 사용해야 한다고 생각한다. 우리는 모든 이들이 기초적인 사항들을 이해하게 만들 필요가 있으며, 내 생각에 이러한 기초에는 선택적 무지의 원리도 포함돼 있어야 한다. 그래야만 얼마나 훌륭한 프로그래머냐에 관계없이 그들이 제작하는 시스템을 신뢰할 수 있음을 보장할 수 있다. 잠시 후에 갈림길이 하나 생길 것이다. 하나는 외부 컴포넌트를 재사용하는 것과 같은 실제 기술을 숙달하고 레거시 코드 입문으로 이어지는 길이다. 다른 하나는 좀 더 "학구적"인 경로로서 무지를 적용하는 새로운 방법을 발견하는 방향으로 나아가 공유 라이브러리 등을 만들어내는 경우다.

나는 이 스키 우화를 약간 관련성은 떨어지지만 흥미로운 고찰, 즉 훌륭한 도구가 도움이 된다는 결론으로 끝내고 싶다. 내가 어렸을 때는 "레이싱 스키 방식"을 연습하기가 쉽지 않았는데, 스키가 방향 전환에 최적화돼 있지 않았기 때문이다. 1996년에 처음으로 스노우보드를 탔을 때 거의 곧바로 스노우보드로 전향하고 몇 년 동안 스키를 포기했다. 하지만 스키 제작자가 트렌드를 포착했고, 요즘에는 카빙 스키(carving ski)를 이용하면 방향 전환도 어렵지 않다. 도구가 향상되고, 결과적으로 "레이싱 스키를 타는 사람들"의 비율도 늘어났다. 요즘에는 스키를 타는 사람들 가운데 원심력을 이용하는 사람의 수가 10년 전에 비해 훨씬 많다. 훌륭한 도구는 대중이 더 높은 수준에 더욱 손쉽게 도달할 수 있게 만들고, 그와 마찬가지로 우리에게도 API 설계를 위한 훌륭한 도구가 필요하다.

우리는 두 진영을 모두 가르쳐야 한다. 우리는 사람들이 "과학"을 하도록, 즉 새로운 원리와 알고리즘을 파악하고, 방법론, 법칙, 그리고 무지한 방식의 개발을 수행하는 데 중요한 점들을 파악하게 해야 한다. 하지만 동시에 훌륭하고 신뢰할 수 있는 일을 할 수 있을 사람들, 즉 선택적 무지라는 삶을 살게 될 사람들도 필요하다. 하지만 이 모든 것을 가르칠 필요가 있다. 그렇지 않으면 학생들이 대학에서 나오자마자 소프트웨어 엔지니어의 삶이 기대했던 것과 다르다는 사실을 알게 될 것이다. 모든 이들이 학교 생활을 마치고 스스로 만든 프레임워크를 만들고 작업하는 데 10년이라는 시간을 보내지는 않는다. 대부분의 학생들은 일을 시작하고 다른 사람이 작성한 코드를 유지보수하는 일을 맡게 된다. 이것은 대학이 학생들을 위해 전혀 대비하지 않는 부분이다.

외부 코드에 대한 두려움

요즘에는 학생들이 자신이 작성하지 않은 코드를 두려워하는 듯하다. 작년에 린즈(Linz)에 있는 요하네스 케플러 대학(Johannes Kepler University)에서 넷빈즈 플랫폼에 관해 강의한 적이 있다. 나는 학생들에게 세 가지 선택권을 줬다. 넷빈즈 플랫폼에 뭔가 기능을 더하는 새로운 모듈을 제작하거나, 기능이 미흡한 기존 모듈을 찾아 그것을 수정하거나 패치해서 새로운 뭔가를 하게 만들거나, 아니면 세 개의 버그를 고치게 했다. 내가 생각하기에 이 세 가지 작업 가운데 가장 간단한 것은 세 번째 작업이다. 넷빈즈에는 천여 개의 공개된 버그가 있고, 대부분의 버그는 고치기도 쉬운데, 단순히 개발자가 시간을 들여 고칠 만큼 중요하지 않을 뿐이다. 때로는 단 한 줄만 고치면 되는 것도 있다. 그리고 다음으로 간단한 작업은 기존 모듈을 개선하는 것이다. 기존 코드는 예제의 역할을 할 수 있다. 기존 코드에 접합하기만 하면 되고 많은 지식이 필요하지 않다. 대부분의 경우 예제를 활용하면 된다. 처음부터 뭔가를 작성하는 것보다는 훨씬 쉽다. 하지만 학생들이 선택한 작업은 무엇이었을까? 아무도 다른 버그를 고치지 않았고, 한 사람만이 특정 모듈에 패치를 제공했으며, 나머지 학생들은 모두 직접 스스로 코드를 작성했다. 간단히 말해서 학생들은 외부 코드를 두려워한다. 이것은 학생들에게 전혀 좋은 소식이 아니다. 왜냐하면 대학을 졸업하고 나면 다른 누군가에게 물려받은 레거시 코드의 버그를 수정하는 데 대부분의 시간을 보낼 것이기 때문이다.

전산학의 현재 상태와 관련해서 하나 더 참견하자면 학생들이 작성한 코드의 품질을 측정하는 방식이다. 내가 대학을 다닐 때는 프로그램을 작성하고, 그것을 교수에게 보여준 다음 승인받거나 승인받지 못했다. 하지만 당시에는 인터넷에 접속할 기회가 드물었고 오픈소스 운동은 요즘만큼 활발하지 않았다. 그러한 이유로 내가 대학을 졸업한 이후로는 어느 정도 상황이 진전되기를 기대하는데, 특히 인터넷의 위력과 사용자의 기여를 기다리는 오픈소스 프로젝트의 수를 감안했을 때는 더욱 그렇다. 하지만 아무런 진전도 없는 듯하다. 여전히 학생들은 아무것도 없는 상태에서 프로젝트를 시작한 다음 프로젝트를 교수에게 보여주고, 그걸로 끝난다. 그러고 나서 프로젝트는 잊혀진다. 학생들에게 기존 코드를 활용하는 법을 보여주는 것은 훨씬 더 귀중할 것이다. 예를 들어, 학생들은 자신이 작성한 해법을 기존 오픈소스 프로젝트에 통합하는 것으로 평가받을 수도 있을 것이다. 가장 높은 등급은 프로젝트의 코드 기반에 자신이 작성한 코드를 반영한 사람일 것이다. 그것은 단순히 코드 작성 실력에 관한 것이 아니라 의사소통과 커뮤니티의 다른 사람들과 함께 일하는 능력에 관한 것이기 때문이다. 평균 등급은 프로젝트가 동작하게 만들긴 하지만 작업 결과에 미흡한 부분이 있어서 통합을 거부당한 경우다. 이 방식은 교수에게 이로울 수도 있는데, 대부분의 평가가 커뮤니티 구성원에 의해 이뤄지기 때문이다. 하지만 여전히 이렇게 될 징조는 보이지 않는다.

교육의 역할은 우리의 프로젝트를 맡게 될 신입 엔지니어를 육성하는 데 중요하다. 우리는 신입 엔지니어들이 일할 준비를 갖추고, 기존 코드를 유지보수할 수 있으며, 선택적 무지 방식으로 업무를 수행하고, 엄청나게 많은 기반 요소들을 가지고 자신만의 해법을 조립할 수 있게 만들어야 한다. 모든 이들은 무지 모드에서 의식적으로 일하는 기술을 갖춰야 한다. 모든 이들이 라이브러리나 프레임워크 같은 엄청나게 큰 규모의 기반 요소들이 재사용 가능한지 여부를 평가할 수 있어야 한다. 아울러 무지의 "선택적인" 부분도 갖춰야 한다. 이를테면, 한 프로젝트에 영원히 참여하는 사람은 없으며, 프로젝트에 대한 지식은 자동화된 검증 도구와 테스트에 감춰져 있다는 사실을 이해해야 한다. 이러한 엔지니어들은 무지하도록 교육받더라도 자신의 지식을 "구축 가능한" 것으로 만들 수 있어야 한다. 예를 들어, 리눅스 커널을 자세히 들여다보거나 넷빈즈 플랫폼을 디버깅하거나 하는 등의 작업을 두려워해서는 안 된다.

공유하라!

애자일 API 설계의 시대가 이제 막 시작됐다. 이 책은 시작에 불과하다. 적절한 API 설계와 관련된 지식은 진화할 것이고, 내가 이 책을 쓰고 출간함으로써 괜찮은 초기 동력을 선사했길 희망한다. 하지만 다른 사람들도 이를 토대로 자신이 발견한 바를 공유할 필요가 있다. 10세대에 걸친 물리학자들이 뉴턴의 업적을 강화하고, 개선하고, 확장한 것처럼 더 많은 사람들이 자신의 성과를 공유함으로써 애자일 API 설계를 미래를 위한 설계 결정으로 만들 필요가 있다. 공유는 중요하며, 아이작 뉴턴과 그의 동료들이 활동하던 시대에 비해 오늘날에는 협동이 훨씬 더 쉽게 일어날 수 있다. 나는 이 책에 관한 논의, 오류 수정, 추가 내용에 활용할 수 있는 도메인을 하나 등록했다. http://agile.apidesign.org로 와서 여러분의 의견과 생각을 나눠주길 바란다. 나는 도메인을 3년 동안 임대했지만 이 책이 관심을 받을 경우를 대비해 임대 기간을 이후 300년으로 연장할 준비가 돼 있다. 무지와 API 설계를 즐기길 바란다.

참고 문헌

- Bloch, Joshua. Effective Java. Upper Saddle River, NJ: Prentice Hall, 2001.
  - 한국어판: 『이펙티브 자바』(인사이트, 2014)

- Dijkstra, Edsger. "On the fact that the Atlantic Ocean has two sides." http://www.cs.utexas.edu/~EWD/transcriptions/EWD06xx/EWD611.html, 1976.

- Dijkstra, Edsger. Selected Writings on Computing: A Personal Perspective. New York: Springer-Verlag, 1982.

- Drepper, Ulrich. "How to Write Shared Libraries." http://people.redhat.com/drepper/dsohowto.pdf, 2006.

- Gamma, Erich, Richard Helm, Ralph Johnson, and John Vlissides. Design Patterns: Elements of Reusable Object-Oriented Software. Upper Saddle River, NJ: Addison-Wesley, 1995.
  - 한국어판: 『GoF의 디자인 패턴: 재사용성을 지닌 객체지향 소프트웨어의 핵심 요소』(피어슨에듀케이션코리아(PTG), 2007)

- Hansen, Per Brinch. "Java's Insecure Parallelism." http://brinch-hansen.net/papers/1999b.pdf, 1999.

- Hunt, Andy, and Dave Thomas. Pragmatic Unit Testing in Java with JUnit. Raleigh, NC and Dallas, TX: Pragmatic Bookshelf, 2003.
  - 한국어판: 『실용주의 프로그래머를 위한 단위 테스트 with JUnit』(인사이트, 2004)

- Orwell, George. Nineteen Eighty-Four. London: Secker & Warburg, 1949.
  - 한국어판: 『1984』(민음사, 2003)

- Rooney, Garrett. "Preserving Backward Compatibility." http://www.onlamp.com/pub/a/onlamp/2005/02/17/backwardscompatibility.html, 2005.

- Torgersen, Mads. "The Expression Problem Revisited." In ECOOP 2004 – Object Oriented Programming: 18th European Conference Oslo,Norway, June 14-18 2004, Proceedings, edited by Martin Odersky, 123-146. Berlin: Springer-Verlag, 2004.

- Vopenka, Petr. Úhelny kamen evropské vzdelanosti a moci. Prague: Práh, 1999.

[O – Z]

[ㅁ – ㅅ]